"101 计划"核心教材
化学领域

化学测量学实验

（上册）

主　编　任　斌
副主编　郑成斌　方　宁　颜佳伟　徐伟高

中国教育出版传媒集团
高等教育出版社·北京

内容提要

本书为化学“101 计划”核心教材。化学测量学实验为化学“101 计划”4 门实验课程之一，融合吸收了大学化学实验中涉及物质结构和物性测量的实验，创新设计了仪器搭建、计算化学和人工智能辅助的化学计量学等实验，并吸纳前沿研究成果向教学转化，构建了具有梯次难度的实验，为学生创新能力和实际动手能力的提升提供了支撑。本书分上、中、下三册，共 11 章。上册包括电化学实验、原子光谱实验、电子光谱实验、振动光谱实验；中册包括质谱实验、色谱实验、先进表征技术实验、计算化学实验；下册包括人工智能辅助的化学计量学实验、物理化学测量实验、高分子物理实验。本书将各章的共性原理前置到每章前面，每个实验后提供思考题，供学生实验预习时理解实验要点。部分实验还提供了数字资源和微视频（扫描相对应的二维码查看），供需要背景知识和拓展阅读的学生使用。

本书不仅可供高等学校化学测量学实验课程教学使用，也可供其他相关专业师生和科研人员参考。

图书在版编目（CIP）数据

化学测量学实验. 上册 / 任斌主编 ; 郑成斌等副主编. -- 北京 : 高等教育出版社，2025. 8. -- ISBN 978-7-04-064852-2

Ⅰ. O6-3

中国国家版本馆 CIP 数据核字第 2025DP0778 号

HuaXue CeLiangXue ShiYan

策划编辑 张 政　　责任编辑 张 政　　封面设计 王 洋　　版式设计 徐艳妮

责任绘图 马天驰　　责任校对 胡美萍　　责任印制 赵义民

出版发行 高等教育出版社

社 址 北京市西城区德外大街 4 号

邮政编码 100120

印 刷 北京盛通印刷股份有限公司

开 本 787 mm × 1092 mm 1/16

印 张 26.25

字 数 620 千字

购书热线 010-58581118

咨询电话 400-810-0598

网 址 http://www.hep.edu.cn

http://www.hep.com.cn

网上订购 http://www.hepmall.com.cn

http://www.hepmall.com

http://www.hepmall.cn

版 次 2025 年 8 月第 1 版

印 次 2025 年 8 月第 1 次印刷

定 价 63.00 元

物 料 号 64852-00

本书编委会

主　编：任　斌

副主编：郑成斌　方　宁　颜佳伟　徐伟高

编　委：（按姓氏笔画排序）

王宇成（厦门大学）　王　荣（郑州大学）

王　康（南京大学）　王喜章（南京大学）

王　翔（厦门大学）　王瑞勇（郑州大学）

王　楠（华中科技大学）　方　宁（厦门大学）

方雪恩（复旦大学）　方萍萍（中山大学）

孔继烈（复旦大学）　龙亿涛（南京大学）

龙　新（北京化工大学）　包慧敏（复旦大学）

任　斌（厦门大学）　刘定斌（南开大学）

刘星岑（山东大学）　刘　洋（清华大学）

闫　凯（华中科技大学）　严晓文（厦门大学）

汪　骋（厦门大学）　邵　倩（北京化工大学）

李一峻（南开大学）　李会香（复旦大学）

李　昆（湖南大学）　李　佳（湖南大学）

李顺华（厦门大学）　李璐凡（北京化工大学）

杨嘉慧（四川大学）　杨　鹰（西北大学）

肖　菲（华中科技大学）　吴　红（中国科学技术大学）

吴　洁（南京大学）　吴　霞（山东大学）

何学文（苏州大学）　何　蔓（武汉大学）

谷　宇（厦门大学）
宋国胜（湖南大学）
张立敏（华东师范大学）
张金懿（四川大学）
张海波（武汉大学）
陈明树（厦门大学）
林建斌（厦门大学）
周剑章（厦门大学）
郑明森（厦门大学）
胡万群（中国科学技术大学）
胡正利（南京大学）
郭玉梅（山东大学）
徐伟高（南京大学）
黄腾翔（厦门大学）
韩联欢（厦门大学）
程存峰（中国科学技术大学）
颜佳伟（厦门大学）
应佚伦（南京大学）
张　力（厦门大学）
张来英（厦门大学）
张春婷（北京化工大学）
张翠玲（华东师范大学）
林　瑶（四川大学）
周志有（厦门大学）
郑成斌（四川大学）
郑婷婷（华东师范大学）
胡玉斐（中山大学）
贺　鑫（湖南大学）
聂　菲（西北大学）
陶华冰（厦门大学）
淳　远（南京大学）
景继月（北京化工大学）
潘玉珍（大连理工大学）
颜海龙（湖南大学）

总 序

自2023年4月启动以来，化学“101计划”以高质量化学学科人才培养体系构建和拔尖创新人才培养为目标，从化学学科全局视野系统性重构化学拔尖创新人才培养的核心知识框架，以核心课程建设（含理论课和实验课）推动化学专业课程体系改革，以教案、教材建设推动教学内容迭代，以数字化资源建设推动教学方式转变，以课堂观察、名师引领、研修培训推动课堂教学质量提升，着力建设一流核心课程体系和一流核心教材体系，培育高水平师资团队，探索构建具有中国特色的化学拔尖创新人才高质量自主培养体系。

教材是教师教学和学生学习的主要依据，是培根铸魂、启智增慧的核心载体，是践行拔尖创新人才自主培养的有力支撑，出版一套高水平核心教材是化学“101计划”的重点任务之一。为此，化学“101计划”汇聚国内化学领域具有丰富教学经验与顶尖学术水平的教师和专家团队，以普通化学、无机化学、有机化学、分析化学、物理化学、结构化学、高分子化学与物理、化学生物学、基础化学实验、合成化学实验、化学测量学实验和化学生物学实验12门核心课程的知识体系建设成果为基础，充分借鉴国内外先进课程与优秀教材建设经验，以学生的能力培养为导向，在纸质教材、电子教案、数字资源等方面进行了多角度、多层次的探索，着力构建“世界一流、中国特色、101风格”的化学核心教材体系。

系列教材总体遵循思政元素的思想性、知识体系的系统性、学术案例的前沿性、能力培养的引导性和呈现方式的融合性五大原则。在知识内容的分类上，理论课程注重“守正”，按照二级学科设置，实验课程突出“创新”，促进二级学科的交叉；在知识内容的选择上，兼顾基础和前沿，注重提升内容的创新性、高阶性和挑战度，并选取有代表性的中国优秀科研成果作为案例，有机融入思政元素，挖掘知识的育人内涵；在编排设计上，融入现代教育理念和教学方法，探索内容铺排和呈现方式的创新，注重激发学生学习主动性，培养学生自主学习、分析和解决问题的综合能力。

系列教材采用适应专业知识快速更新的融合式编写模式，以边栏拓展阅读等形式将纸质教材与数字资源相链接，拓展教材内容；同时配套翻译国外优秀教材，与系列新编教材相辅相成；此外，配套出版电子教案集。这些探索和实践分别从“教什么”和“怎么教”两条逻辑，融合教学新理念、新内容和新方法，形成以纸质教材为核心、数字资源为辅助的新形态教材体系。

参与编写系列教材的编委和撰稿人主要是来自30所“化学拔尖学生培养计划2.0基地”获批高校从事教学和科研的教师、专家和学者，尽管工作任务繁重，但他们仍然抽出大量的宝贵时间，秉持严谨认真的科学态度和精益求精的工作精神，保质保量地完成了系列教材的编写工作。在此，我表示衷心的感谢。此外，多位院士和资深专家对系列教材的编写和审订提供了诸多宝贵意见和建议，对教材的质量进行了严格把关，感谢他们的悉心指导和支持。同时我也非常感谢各参与出版社的有关领导和编辑们在系列教材出版过程中的辛勤付出。

作为新时代化学领域首次有组织、系统性建设核心教材体系的集体探索，这套教材是所有指导专家、编委、撰稿人和编辑同仁们集体的智慧结晶和劳动成果，也是传递化学“101计划”改革理念和思路的重要载体，期盼能对广大读者有所裨益。“合抱之木，生于毫末；九层之台，起于累土。”系列教材的出版绝非终点，而是起点。真诚希望广大读者在使用过程中提出宝贵意见和建议，以便我们今后修订，使之不断完善，为我国化学拔尖创新人才培养提供启示与支撑。

化学“101计划”牵头人

中国科学院院士

2024年10月于中山大学

前言

化学测量学是脱胎于分析化学发展起来的一门新的二级学科，利用物质间和物质与各种外场间相互作用的原理、规律，并广泛吸纳当今科学技术的最新成就，发展化学测量相关的原理、策略、方法与技术，研制各类测量仪器、装置和软件，多尺度、多模态、多视角地实现对物质化学组成、结构、性能、时空分布规律和演化过程的认知，是现代科学的"眼睛"。2017年，国家自然科学基金委员会根据化学学科发展的特点，对化学原有8个资助学科进行整合，将原来的分析化学调整为化学测量学。这是一门建立在化学、生物学、材料学、物理学、数学、计算机科学、仪器制造和信息科学等多个学科基础上的综合性交叉学科。但是，高等学校的化学课程体系并没有跟随着学科的发展进行调整，多数高校的化学实验课程仍然沿用20世纪80年代建立的基于二级学科分类的体系。学生在知识点掌握上相对孤立，难以建立深层次的知识联系，不利于学科交叉融合。特别是随着仪器自动化和智能化的发展，学生在进行化学测量时，通常仅了解商品化仪器工作原理，验证一些经典实验体系，导致很多仪器对学生而言是"黑箱"，学生的实验操作仅限于点击鼠标，这也导致学生进入产业和科研实验室后，无法满足用人单位对仪器操作、维护甚至研制的技能需求。

2021年2月，教育部批准设立化学测量学与技术特色专业，并由厦门大学负责建设，以弥补这一高校人才培养和产业对高技术人才需求的鸿沟。特别是，在2023年4月教育部启动的基础学科领域教育教学改革试点工作（基础学科系列"101计划"）中，将化学测量学实验课程纳入其中。化学测量学实验课程和教材建设牵头高校为厦门大学、复旦大学和南京大学，牵头专家为厦门大学任斌教授，30所"化学拔尖学生培养计划2.0基地"高校和部分重点院校共同参与建设。

化学测量学实验课程设计思路突破了化学实验的传统分类，融合吸收了分析化学实验、仪器分析实验、物理化学实验、高分子物理实验和综合化学实验中涉及物质结构和物性测量的实验内容，创新设计了仪器搭建、计算化学和人工智能辅助的化学计量学等实验，并吸纳前沿研究成果向教学转化，构建了具有梯次难度的实验，为学生创新能力和实际动手能力的提升提供了支撑。各章节以仪器测量方法为核心，贯穿测量原理、仪器构造与功能、仪器各部件作用、仪器操作、模块化的仪器搭建，样品处理和制备、测试条件优化、定性分析、定量测量，综合应用实验、拓展实验，数据分析和处理，设计出从测量原理、仪器认识到仪器综合应用、仪器搭建的多层次实验内容。在部分知识点下编制多个并行实验或梯次实验，各高校可以针对本校的教学需求和学生的学习需要选择不同实验。还根据学生的认知规律，以合成为切入点，通过“样品—结构（晶体、形貌等）—性质（元素性质、基本参数的测定等）—性能（活性等）”的认识过程进阶式地设计实验。希望通过本实验课程训练，学生能够掌握常用化学测量策略、原理、方法与技术，理解各种检测信号的产生原理，并提升图谱获得、显示和解析的能力；掌握原子、分子、化学键、物质结构和物理性质的基本测量方法，理解原子和分子结构、化学键等与激励源的作用，并能够针对特定需求综合应用多种化学测量方法及仪器；培养能够开发针对特定需求的仪器，运用新原理和新方法设计制造新型仪器设备，高效使用仪器设备，以及提供相关化学测量服务的能力和素质。

本书分上、中、下三册，共 11 章。上册包括电化学实验、原子光谱实验、电子光谱实验、振动光谱实验；中册包括质谱实验、色谱实验、先进表征技术实验、计算化学实验；下册包括人工智能辅助的化学计量学实验、物理化学测量实验、高分子物理实验。本书涵盖了与化学相关的电化学、质谱、原子光谱、电子光谱、扫描电镜、透射电镜、X 射线光电子能谱、X 射线衍射技术、核磁共振波谱分析、色谱、计算化学、人工智能辅助的化学计量学等；也包含涉及热力学性质、动力学性质、胶体与表界面性质、分子结构性质等的物理化学测量实验，以及主要借助物质的光、电、热、力、流体等性质来获取高分子各种性质的高分子物理实验。本书将各章的共性原理前置到每章前面，每个实验后提供思考题，供学生实验预习时理解实验要点。部分实验还提供了数字资源和微视频（扫描相对应的二维码查看），供需要背景知识和拓展阅读的学生使用。本书不仅可供高等学校化学测量学实验课程教学使用，也可供其他相关专业师生和科研人员参考。

由于这是一门全新的实验课程，为了建设这门课程，课程组建立了课程建设组、教材编写组、课堂提升组和工作组，全国 30 所“化学拔尖学生培养计划 2.0 基地”高校和部分重点高校参与了这门课程的建设。各个高校积极地将所在院系相关的实验内容分享给课程建设组，并由有经验的专家筛选，梳理确定了全部入选实验。在此感谢所有参与化学“101 计划”化学测量学实验课程建设的编者和各个章节的主要责任专家，他们在繁重的教学和科研工作之余积极参与这门课程的设计和教材内容的撰写，没有他们的积极参与和相关院校的支持，几乎不可能顺利建成这门课程。

在本书出版之际，特别感谢化学“101 计划”指导专家田中群院士、张希院士、谭蔚泓院士对化学测量学实验课程和教材建设的细致指导，审阅全书并提出了很多宝贵的修改意见和建议，感谢化学“101 计划”专家组和秘书处、相关虚拟教研室，感谢厦门大学的支持，感谢高等教育出版社各级领导和编辑对本书出版的大力支持。感谢张来英老师作为课程的协调人，不厌其烦地推动各章节的编者在规定时间完成规定的任务。

化学“101 计划”于 2023 年 4 月启动，每门课程和教材建设期还较短，这与“十年磨一剑”的经典教材建设相比，时间无疑过于紧迫。加上编者知识水平所限，疏漏之处在所难免，恳请读者批评指正，以便再版时可以进一步修改提升。

编　者

2024 年 9 月

目 录

第1章 电化学实验

诞生于18和19世纪之交的电化学科学迄今依然展示出勃勃生机，它主要研究电能与化学能、电能与物质之间相互转化及其规律，是实现“双碳”目标的重要支撑学科，在电化学能源、先进制造、表面处理、分析传感等领域发挥重要作用。电化学既是基本表征手段，也是分析传感技术，同时还能实现能量和物质的转化，为此本实验模块重新梳理了原本分散在分析化学、仪器分析、物理化学、综合化学实验中与电化学相关的实验内容，精心挑选出近期得到蓬勃发展的电化学技术和体系，将学生主动探索融入每一个实验的设计。为了让师生能够掌握实验设计逻辑，这个模块将电化学共性原理整合到1.1节—1.3节，避免重复。实验部分共7部分。实验第1部分开始引入传统的基础电化学实验。实验第2部分保留了在电化学发展史上发挥重要作用的电化学滴定。实验第3部分涉及电化学仪器、原理到自行搭建。实验第4部分主要展示常用的电化学研究方法，重点在循环伏安技术，也包含科研实验室常用的旋转圆盘电极技术、极化曲线技术、电化学交流阻抗技术等。实验第5部分涉及电化学分析方法及微电极技术。实验第6部分涉及当今最为重要的几个电化学体系。实验第7部分选取了国际上最前沿的纳米孔道电化学单分子测量方法。本模块中涉及A、B、C的平行实验，各个高校可以根据各自的教学学时和实验条件选择其一即可。电化学实验模块提供了一个菜单式的、有梯次的实验设计，实验教学老师可以基于教材，大胆跨越不同的节以重新梳理出从基础、方法到体系的综合实验。通过本模块的学习，学生应能熟练利用电化学技术开展体系的表征与分析，应对有挑战的科研。

1.1 电化学原理

电化学是研究化学能和电能相互转化及其规律的科学。电化学起源于相界面上的电荷分离及所建立的界面电位差，因此电化学现象在自然界中普遍存在。化学能与电能的转化是电化学科学的基本问题，存在精确的定量关系，要实现和利用化学能和电能相互转化，需要在电化学装置中进行，它通常包括电极材料、电解液及构成电流通路的外电路。与传统的化学反应中反应物之间必须直接接触不同，电化学反应过程中的反应物在空间上不需要直接接触，表现出与一般化学反应的显著差别。

1.1.1 电化学热力学

为了能够最高程度地利用化学能，并能定量关联热力学和电化学，电化学反应和电化学池的结构都必须满足热力学可逆的要求，这便构成了可逆电池。利用可逆电池不仅可以获得最大输出电功，而且可以从热力学数据计算电池的电动势；反之，实验测得的可逆电池电动势也可以用于计算化学反应的热力学数据和物理化学参数，包括反应的吉布斯自由能变化、焓变、熵变、离子平均活度系数、反应平衡常数和溶液 pH 等。电化学热力学在电化学和物理化学的发展过程中扮演过重要角色，曾对推动相关学科的发展起到了重要作用，是理解和设计电化学系统的重要基础。

能斯特方程(Nernst equation)是电化学热力学中的一个基本方程，它反映了可逆电极中参与反应的各物质的活度与电极电势之间的定量关系。对于任一电极反应 $a\mathrm{O}+ne^- \rightleftharpoons b\mathrm{R}$，其电极电势 φ 的能斯特公式为

$$\varphi=\varphi^{\ominus}+\frac{RT}{nF}\ln\frac{a_{\mathrm{O}}^{a}}{a_{\mathrm{R}}^{b}} \tag{1.0.1}$$

式中：φ 为电极电势，$\varphi^{\ominus}$ 为标准电极电势，a 为活度，n 为电极反应中的电子转移数，F 为法拉第常数，R 为摩尔气体常数。

能斯特方程在电化学中有广泛的应用，适用于计算非标准状态下参与反应的各物质的活度改变时电极电势变化的数值。通过能斯特方程，可以直接计算任意两个电极反应组成的可逆电池的电动势，可判断非标准状态下参与反应的各物质的活度改变对氧化还原反应方向的影响，可用于绘制电极电势-pH 图以理解电解液酸度对氧化还原反应的影响。

1.1.2 电化学动力学

当化学电源工作或发生电解等过程时，电流回路中必然有电流通过，此时电极电势偏离其热力学平衡值，产生极化。这意味着电化学动力学研究是不可或缺的，从而使电化学动力学研究替代电化学热力学研究成为电化学的主要研究领域。电化学界面的强电场能改变电极反应的活化能，使电化学动力学具有其特殊的规律性。极化程度(过电势)与所通过的电流密度相关。电化学动力学注重研究发生在界面的电极过程，特别是电化学反应机理和电极电势影响反应速率的规律，涉及电化学反应的速率常数、反应中间体及影响反应速率的各种因素等。

Butler-Volmer 方程是电化学领域的一个最基本的动力学方程，描述了电极反应的反应速率与电极电势的关系，其表达形式为

$$i=nFAk\left\{c_{\mathrm{O}}\exp\left(\frac{\alpha nF}{RT}\eta\right)-c_{\mathrm{R}}\exp\left[\frac{(1-\alpha)nF}{RT}\eta\right]\right\} \tag{1.0.2}$$

式中：i 是反应电流，n 是该电极反应中涉及的电子数目，η 是过电势，α 是正向反应的传递系数，表示由电极电势变化引起的界面电场能量对正向反应活化能的影响程度。可见，反应电流与过电势呈指数关系，过电势的微小变化就可以引起反应速率呈指数的改变。

在高过电势区间，Butler-Volmer 方程可简化为 Tafel 公式：

$$\eta=a+b\lg j \tag{1.0.3}$$

Tafel 公式描述的是过电势与电流密度的对数之间的关系，是一个半对数关系式。截距 a 为电流密度等于 $1\ \mathrm{A\cdot cm^{-2}}$ 时的过电势，由斜率 b 可计算电化学反应的传递系数和分析电化学反应的反应机理。需要指出，Tafel 公式是从研究氢在电极上析出反应的实验规律中总结出来的，常用于电化学极化明显的不可逆电极反应。

1.1.3 基本概念简介

电化学在化学、材料科学、能源存储和转换、环境检测及生命科学等领域具有广泛的应用,所起的重要作用已经超出了学科本身的范畴。为了理解电化学原理,需要注重其相关概念的理解,从而掌握必要的电化学理论基础和实验方法。以下介绍电化学的一些基本概念和术语。

(1) 电极　严格意义上,电极是由电子导体和电解液共同构成的部分。电极与电解液界面是发生氧化或还原反应的场所,因此界面结构和性质将显著影响电化学反应。由于每个电池包括两个电极,即包括两个在不同区域发生的电极反应,因此电极也是构成电池的"半电池"。需要指出,通常提到的电极仅仅是指电子导体(电极材料)。

(2) 电极电势　电极电势是指电化学界面的氧化还原电对处于平衡状态时,相对于某一参比电极的电势值,如氢标还原电极电势是相对于标准氢电极的电势。调节电极电势是电化学体系中调控金属电极费米能级的一种简便方法。电极电势的改变主要影响电极的电子结构——改变电极表面的带电性质,同时影响分子在电极表面的吸附状态。电化学最显著的特色是可以通过改变工作电极的电势,调控电极表面上的反应速率甚至方向。由于电极电势可以连续调节,与热催化相比,电化学反应可以避免使用专门的氧化或还原试剂,从而实现绿色化学过程。

(3) 电极反应　电极反应是特殊的异相氧化还原反应,具有以下几个特点:① 电子作为反应物,并且电子所处的能量可通过调节金属电极的电极电势来调控费米能级而改变。② 电化学界面存在强电场,可以在一定范围内连续地调节电场强度,从而有效地改变电极反应的活化能并极大地提高反应速率。③ 可以方便地改变电势,使反应方向发生逆转。当电势负移,电极上电子的能量升高,可以转移到具有合适空轨道的氧化态物种,该物种因得到电子而被还原;当电势正移,其费米能级低于还原态物种的电子能量时,该物种的电子向电极转移,而被氧化。④ 与均相化学反应不同,电池中两个电极反应分区进行,而电极表面是电荷传递的地点,相当于异相催化反应中催化剂的作用。

(4) 电流密度　单位时间内通过导体任一横截面的电荷量叫作电流强度,简称电流。电流密度的计算需要根据情况选择电极表观面积或电化学活性面积。计算电流密度时需要区分法拉第电流和非法拉第电流。当电极反应处于平衡时,电极反应的两个方向进行的反应速率相等,此时相应的按两个反应方向进行的阳极反应和阴极反应的电流密度绝对值称为交换电流密度。交换电流密度反映了电极反应的内在活性,高交换电流密度通常意味着电极反应更容易进行,具有更高的可逆性。

1.2 电化学测试技术

电化学测试中需要使用不同作用的电极以形成电流回路并实现电势控制或测量。作为研究对象的电极称为研究电极或工作电极,是电化学反应发生的场所;辅助电极(也称为对电极)的作用是与工作电极组成电流回路以通过电流,辅助电极不能影响工作电极上的反应,故常选择铂或碳等稳定的材料;参比电极则与工作电极构成电势回路,其应具有明确并且稳定的电极电势,为工作电极电势的准确测量提供基准。

进行电化学测试时,电极构型需要根据研究目的和具体情况进行选择。最常见的为三电极构型,包含工作电极、辅助电极和参比电极。其优点在于,参比电极仅通过可以忽略的电流,因此可以保持电势的稳定,从而实现对工作电极电势的精准控制和流过工作电极电流的准确测量。在两电极构型中,一个电极为工作电极,另一个电极为辅助电极或参比电极;这种构型中,为了保证恒电位仪的正常工作,需要将恒电位仪的参比电极和辅助电极的导线连接到一起。在测量状态下,辅助电极(参比电极)为了能够提供与工作电极大小相同的电流,不可避免地发生极化;另外,电解液都存在电阻,因此当电流流过电解液时,不可避免地会产生欧姆降(*IR* 降)。这两个因素均会导致两电极构型实际施加在工作电极上的电势偏离设置值,导致电势控制的不准确,因此电化学基础研究中较少采用两电极构型,而普遍采用三电极构型。

需要指出,即使使用三电极构型,工作电极与参比电极构成的电势测量回路中仍然存在 *IR* 降,实际实验中,皆需要采取合适的方法以尽量减小 *IR* 降导致的电势和电流测量误差,从而获得正确的电化学数据。这要求理解电化学测量原理和恒电位仪工作原理(具体电路原理请参见实验 1-5),从而正确地设计和使用电解池,并能合理地利用恒电位仪的 *IR* 降补偿功能。市面上常见的恒电位仪的电路核心皆是基于运算放大器。通常会利用加法电路和电势跟随器,实现电势控制。利用比例放大电路将微弱的电流转化成电势进行检测。恒电位仪的工作原理是将采样信号与设定的控制电势进行比较,当电势偏离设定值时,则反馈调节机制使得电势恢复到设定值,从而保持电势恒定。

电化学测试技术主要是对研究电极施加变化的电势或电流信号进行检测,分析对应的电流或电势信号的变化,从而得到电流、电势和由此获得的阻抗信息等,并推出电极过程的信息,包括电化学反应机理、反应速率、质量传输等。在进行电化学测试时,需要根据实验目的选择合适的电极材料和电解液,并使用恒电位仪精确控制或测量电极电势。本书电化学模块较多使用的电化学技术为循环伏安法,因此在此节单独介绍该研究技术。

(1) 激励信号与典型伏安图　循环伏安法(cyclic voltammetry,CV)是最常用的电化学研究方法之一,其基本原理是对工作电极施加以一定的扫描速度变化的三角波电势[图 1-0-1(a)所示激励波形的斜率即为扫描速度],检测对应的电流信号。对于先进行正向扫描的 CV 实验,通常先让电极在初始电势 E_i 稳定一段时间后,再以一定扫描速度(v)向电势上限(E_U)扫描,到了上限电势后改变扫描方向,并以相同速度回扫至下限电势(E_L),整个过程记录其电流,并以电流对电势作图并获得循环伏安曲线(cyclic voltammogram),如图 1-0-1(b)和图 1-0-1(c)所示。初始电势可以是三角波形的任一电势,但是通常会选择体系不发生反应的电流,从而保证电极表面状态的一致性。根据实验的需要可以做一次或多次反复扫描,其初始电势、实验终止时所处的电势根据体系的特点和实验的需要来选择。正向扫描和反向扫描的速度通常是相同的,但是也可以选择不同速度。

(2) 溶液相与表面电活性物种　单电子传递反应的溶液相和表面吸附电活性物种的典型循环伏安曲线如图 1-0-1(b)和图 1-0-1(c)所示。

对于涉及可逆的溶液物种反应,循环伏安曲线特征为鸭子形[图 1-0-1(b)],这本质上反映了在循环伏安曲线的不同电势和电流处电极表面附近物种浓度的变化。伴随着电极反应的发生,电极表面附近物种不断地被消耗,使得电极表面物种浓度降低,而远离电极表面处的浓度越接近体相浓度,即反应物浓度随离开电极的距离发生分布不均匀的情形,产生了

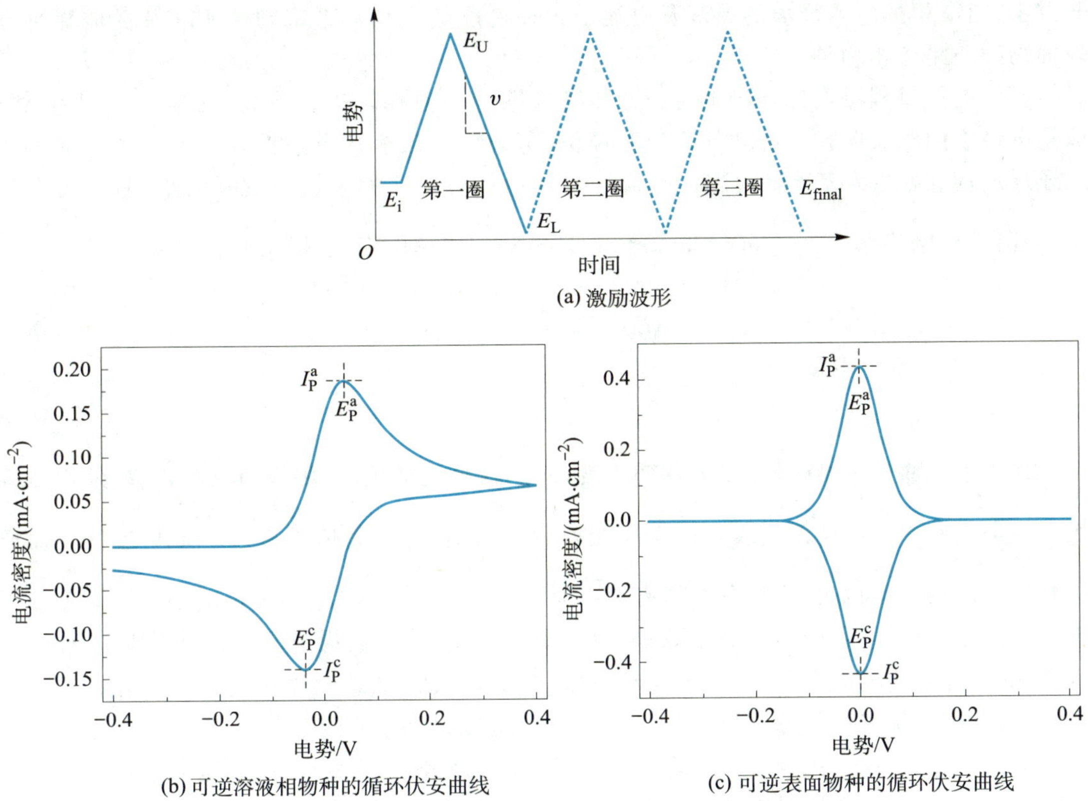

图 1-0-1　循环伏安法示意图

浓度梯度。在峰值电势处，反应物浓度梯度最大，所以电流最大；过了峰值电势，扩散层进一步延伸到体相中，导致浓度梯度下降，电流减小。当反应物的表面浓度降为零之后，反应电流完全受溶液物种扩散控制。由循环伏安曲线通常可得到两组重要的测量数据：① 阴、阳极峰电流值及其比值；② 阴、阳极峰电势差值。通过分析这两组参数，可研究电活性物种在电极上的反应过程并判断其可逆性。其电流峰数值可由 Randles-Sevcik 公式给出：

$$i_p = 0.4463\left(\frac{nF}{RT}\right)^{1/2} nFAD^{1/2}cv^{1/2} \tag{1.0.4}$$

式中：n 是反应传递的电子数，F 是法拉第常数，R 是摩尔气体常数，T 是温度，A 是电极面积，c 是反应物种浓度，D 是其扩散系数，v 是电势扫描速度。由上式可见，峰电流数值与扫描速度的平方根成正比。

对于涉及电极表面吸附物种的反应，其循环伏安曲线呈现对称的高斯峰形，如图 1-0-1(c)所示。其峰电流数值符合如下公式：

$$i_p = \frac{An^2F^2v\Gamma}{4RT} \tag{1.0.5}$$

式中：Γ 是电活性物种在表面的吸附量，n 是反应电子数，F 是法拉第常数，R 是摩尔气体常数，T 是温度，A 是电极面积，v 是电势扫描速度。由式(1.0.5)可见，峰电流数值与扫描速度成正比。与以上涉及溶液相物种的反应不同的是，此时反应不是受溶液传质控制，而是受电极表面可提供的吸附位点的数量限制，或者反应物种的数量仅限于薄层区。因此，在电化学研究中,通常根据电流峰形的特征及电流随扫描速度的变化关系来判断所涉及反应物种是表面物种还是体相物种。

(3) 电极过程可逆性 峰电流(i_P)和峰电势(E_P)是循环伏安曲线中的两个重要参数。依据电势正向和反向扫描出现的峰形和峰位,可以判断反应的可逆性。对于一个可逆的氧化还原反应,氧化反应对应的阳极电流峰与还原反应对应的阴极电流峰大小相同、方向相反,阴阳极峰电势差约为$\frac{59}{n}$ mV(25 ℃),并且不随扫描速度变化,即

$$\Delta E_P = E_P^a - E_P^c \approx \frac{59}{n}\ \text{mV} \tag{1.0.6}$$

$$\frac{i_P^a}{i_P^c} \approx 1 \tag{1.0.7}$$

当电极表面被污染时,电子转移速度变慢,阴极峰电势负移,阳极峰电势正移,使得 ΔE_P 变大。实验室中常用此值判断电极表面处理后的清洁程度,其值越接近$\frac{59}{n}$ mV 越好。需要注意的是,该数值与扫描反转电势值有关。对于不可逆反应,峰电流也与电势扫描速度的平方根成正比,但具有不同的比例系数;峰电势间距 ΔE_P 随着扫描速度加快而增加。对于准可逆反应,峰电流与 $v^{1/2}$不具有正比关系;峰电势间距 ΔE_P 随着扫描速度加快而增加。

总之,循环伏安法具有灵敏度高、精度高、实验过程简单和易于操作等优点。通过分析循环伏安曲线,如峰电流、峰电势、峰形及扫描速度的依赖性等,可以研究电活性物种在电极上的反应过程,判断电极反应的可逆程度、中间体、吸附、新相形成,以及偶联化学反应的性质等。

1.3 电极制备和处理技术

三电极构型中的三根电极在电化学测量中扮演着不同的角色,其电化学行为受电极材料和制作工艺的显著影响。下面对工作电极、辅助电极和参比电极分别简单介绍其制备、处理技术和使用注意事项,并介绍电解池的设计原则。

1.3.1 工作电极

工作电极可以根据实验的具体目的选择合适的电极材料,常见的工作电极包括碳电极和金、铂、银等金属电极。

工作电极的设计和制作原则是只能让待研究的表面暴露于电解液中,且电极表面需要易于后续抛光和清洁处理、具有很好的导电接触和电力线分布、不存在漏液和污染等。由于盘状电极最容易进行抛光处理,商品化的工作电极多为盘状。这类电极制作流程如下:先把聚四氟乙烯(PTFE,teflon)或聚醚醚酮(PEEK)加工成比电极尺寸略小的电极套,然后将设计好导电方式的电极通过热压的方法嵌入电极套,再将电极暴露面通过多级抛光获得平整表面。制备好的电极或新购买的商品化电极需要在电解液中进行循环伏安表征确认其质量,特别要避免电极漏液而影响实验数据的准确性。微电极的制作需要更加精巧的技术或借助毛细管拉制设备,如可用玻璃熔融等方式对电极周边进行绝缘包封,再结合抛光的方法

制备。在包封过程中需要避免气泡附着在电极暴露面附近，也要避免电极和包封材料之间因为热膨胀系数差异而出现缝隙并进一步导致漏液。良好的导电接触对于工作电极至关重要，可以采用点焊、焊锡等方法焊接，或者用不易腐蚀的弹簧或螺纹等直接进行机械接触。

工作电极在使用前都需要进行有效的处理。首先是除去表面杂质，以获得性质稳定且洁净的表面，从而表现出特征的可重复的电化学响应；其次是抛光电极，获得平整表面（尤其是对于平面电极而言）；另外可能还需要活化电极表面，引入特定的基团，以改变表面的亲疏水性。常见的电极处理方法包括超声清洗与抛光处理。

超声清洗是利用超声波形成的冲击波来清除电极表面的不溶性污染物，使其分散到清洗液中。清洗过程需将电极放在装有超纯水或有机溶剂的烧杯中，再将烧杯放入超声清洗机的水槽中。

抛光处理包括机械抛光、化学抛光和电化学抛光。机械抛光取决于工作电极的初始状态，需要用从粗到细的抛光粉逐级抛光。当更换抛光粉的时候，一定要避免粗的抛光粉黏附在电极上而被携带到下一级抛光过程中，导致抛光效果不佳。因此，抛光结束后要及时清洗或更换抛光布（麂皮）。对于表面已经非常光亮和平整的电极，只需采用最细的抛光粉进行抛光即可。建议抛光过程：通常在抛光布上加适量的氧化铝粉或金刚石粉，然后添加少量的超纯水调成微微发泡的稀膏状以用于抛光。抛光过程中需保证待抛光的电极表面和抛光布平行，电极轻压在抛光布表面实现均匀抛光，需要避免抛光时用过大的力而划伤抛光布和电极表面。推荐采用画“8”字形的方法以保证电极上的每个位置都能得到均匀抛光，如图 1-0-2 所示。对于金、银、铜等金属电极，除以上的机械抛光方法外，还可以采用化学抛光或电化学抛光的方法，即用强的氧化剂或电化学氧化，将电极表面较厚的一层电极材料氧化，然后再溶解剥离以获得光亮并洁净的表面。化学抛光和电化学抛光后一定要用大量的水清洗，并可辅以超声清洗。需要指出的是，采用强氧化剂进行的化学清洗或电化学清洗在除去表面层的过程中，可能起着抛光作用，也可能导致表面的粗糙化。这取决于刻蚀液的浓度配比及其与电极材料的反应特性。

图 1-0-2 画“8”字形的抛光方法示意图

需要指出，处理好的工作电极一旦暴露在空气中，杂质又将很快吸附到表面上，因此，电化学实验要求工作电极处理完后立即使用。若必须转移或保存，可在其表面上保留一滴超纯水，或者浸没在超纯水中，以短暂隔绝空气，避免来自空气中杂质的污染。

1.3.2 辅助电极

辅助电极的作用是与工作电极串联形成闭合的电流回路，流过辅助电极的电流与流过工作电极的电流大小相等。显然，该电流将导致辅助电极发生极化，而过大的极化会导致发生复杂的副反应。因此，通常要求辅助电极具有较大的真实表面积，使流过它的反应电流密度降低，从而只需较低的极化就能提供所需的反应电流。如果辅助电极面积过小，较大的极化产生的副反应产物可能会影响工作电极上发生的反应过程。而且，一旦施加在辅助电极上的过电势使反应进入极限扩散控制状态，那么进一步提升过电势也不能使电流增加，此时在循环伏安曲线上就会出现电流饱和现象。在条件许可的情况下，通常建议辅助电极的面积比工作电极面积大两个数量级以上，可通过增大辅助电极的几何面积，或者采用镀铂黑等方法来增大其真实面积。另外，辅助电极的形状要根据具体的电化学体系来选择，使工作电极上的电力线分布均匀。

为了保证辅助电极在实验过程中稳定，避免产生干扰工作电极上反应的物种，需要采用化学性质稳定的材料，如铂、金和碳棒等作为辅助电极材料。然而，在电化学实验过程中，即使使用这些化学性质稳定的材料，仍有可能出现干扰实验测量的杂质。主要原因是，辅助电极上发生氧化反应时，可能导致金属电极材料的溶出，溶出的金属离子可以扩散并沉积到工作电极上，形成催化剂，导致获得错误的实验数据。即使使用碳棒作为辅助电极，碳棒氧化产生的物种以及其含有的金属杂质的溶出也可能干扰实验测量。为了避免来自辅助电极的干扰，尽可能将工作电极和辅助电极分室放置，避免物种的相互干扰。

1.3.3 参比电极

在三电极构型的电化学实验中，所施加的电位是工作电极相对于参比电极的电位。作为电位基准，参比电极需要具有理想非极化电极的特征，即其涉及的氧化还原电对应该具有足够大的交换电流密度，即使有一定的电流流过，其电位也仅发生极微小的变化。在三电极构型中，由于流过参比电极的电流可以忽略不计，参比电极的电位可以认为是稳定不变的。以下提到的参比电极都满足理想非极化电极的条件。

电极的绝对电极电势无法测量，因此文献中最常用的是相对于标准氢电极的氢标还原电极电势。标准氢电极构成为：镀有铂黑的铂片浸入氢离子活度为 1 $mol \cdot L^{-1}$ 的酸溶液中，并不断通入压强为 100 kPa 的纯氢气。以标准氢电极为基准，其他满足参比电极条件的电极也都可以作为参比电极，这使得实验测量得到的电化学反应的电极电势值均可以进行比较。然而，标准氢电极需要使用氢气，给实验带来不便。因此，饱和甘汞电极（saturated calomel electrode，SCE）由于其突出的稳定性及易于使用而成为最广泛应用的参比电极。SCE 电极的制作过程很简单，只需将少量甘汞与汞混合摇匀，就可以在汞滴上形成甘汞膜，然后加入饱和 KCl 溶液和少量的 KCl 晶体，连接到电解液的玻璃管端用多孔陶瓷封住，将铂丝不接触溶液地从汞滴处引至外电路，这样即制成饱和甘汞电极。由于 SCE 电极需要采用高浓度的氯离子，而氯离子会扩散到电解液中，其强吸附能力很容易污染研究体系，因此需要根据实验体系考虑 SCE 电极是不是合适的参比电极。如果研究体系对氯离子敏感，可考虑采用汞/硫酸亚汞电极。该参比电极不如饱和甘汞电极稳定，但可以避免氯离子对测量的干扰；或者采用双盐桥的办法，外层盐桥采用不含氯离子的支持电解质。此外，银/氯化银参比电极也备受关注，其无须使用汞，易于制备，并且容易微型化，适用于电解池空间有限的研究体系。

1.3.4 电解池设计原则

电解池起着容纳电解液和电极的作用，通常需要从以下五点考虑其设计：

（1）电解池材料　拟使用的材料必须在实验环境下足够稳定，避免溶出的物种污染研究体系，此外拟采用的材料需要有一定的刚性。最常用的电解池材料包括玻璃、聚四氟乙烯、聚三氟氯乙烯（PCTFE，也称 Kel-F）和聚醚醚酮。需要注意的是，玻璃不耐强碱溶液，聚四氟乙烯稍软易变形、聚三氟氯乙烯刚性优于聚四氟乙烯，但化学稳定性次于聚四氟乙烯。因此在选择材料时，需要根据研究体系综合考虑电解池材料的稳定性和刚性。

(2) 电极相对位置分布 需要避免工作电极受到来自辅助电极和参比电极的物质的干扰。例如,如果辅助电极上生成的物种可以在工作电极上反应,那么物种可能会在辅助电极和工作电极上不断氧化还原循环形成正反馈,使反应电流异常增大,此时,可以通过将电极分别放置在电解池的不同腔室中以消除相互干扰。为了减少溶液 *IR* 降,参比电极通常采用鲁金毛细管靠近工作电极表面,距离一般取鲁金毛细管尖端直径的 2 倍,从而兼顾降低 *IR* 降和不干扰工作电极。

(3) 工作电极的电流密度应分布均匀 为了避免工作电极不同区域的电流密度不同而导致反应速率差异,需要使工作电极和辅助电极之间电力线分布均匀,这就要求根据工作电极的形状选择合适的辅助电极。例如,对于盘状或单面片状的工作电极,可以采用环状或片状的大面积辅助电极;对于双面片状的工作电极,需要在工作电极的两面各放置一个辅助电极,从而保证电力线分布均匀。

(4) 体积要合适 体积的选择与研究目的密切相关。研究对象涉及快速反应时,如进行燃料电池催化剂稳定性的测试时,通常需在高电流下长时间进行,此时反应物被大量消耗,而且催化剂活性越好,则反应物的消耗越大。如果采用小电解池,就会导致反应物浓度显著降低,反应电流变小,造成催化剂稳定性不佳的假象。因此,在这类体系的研究中就需要在一个大的电解池或流动体系中进行,确保在整个测试过程中,反应物浓度基本维持不变。研究对象仅涉及表面吸附时,溶液物种浓度的变化可以忽略不计,就不需要大尺寸的电解池。

(5) 通气和更换溶液的便利性 在电化学实验中,需要避免溶液中溶解的氧气影响待研究的反应过程,此时可以采用电解池密封或液封的方法隔绝空气并结合通惰性气体方法来除氧。通惰性气体时需要将气体以细小气泡的方式通进工作电极室。

(厦门大学 颜佳伟、周剑章、任斌)

基础电化学

实验 1-1 电池电动势的测定及应用

一、实验目的

(1) 掌握可逆电池电动势的测量原理和电位差计的操作技术。

(2) 掌握盐桥和几种常用电极的制备方法,包括电沉积制备银/氯化银电极、电镀铜。

(3) 学会通过原电池电动势的测定求算有关热力学函数、反应平衡常数、标准电极电势和溶液 pH,熟练掌握能斯特方程的运用。

二、实验原理

1. 补偿法测定电池的电动势

电动势(electromotive force,EMF)为通过电池的电流为零时的研究电极与对电极之间的电势差值[《化学名词》(第二版)]。可逆电池的电动势可看作正、负两个电极的电势之差。电动势是衡量电池性能的一个重要指标,代表着电池的做功能力。

严格上讲,电池电动势与电池电压不是一回事。但日常生产生活中,在两者相差不大的情况下,常用直接测量得到的电池电压来近似表征电动势。日常测量电池电压多采用电压表(万用表),电压表测量电压的电路图如图 1-1-1 所示。该方法存在一个问题:电压是通过电流乘以电阻得到的,所以测量时,必须有电流流过待测电池。虽然采用了高电阻的电压表,使得流过的电流较小,但有电流流过化学电池时,从化学角度来讲,电池电动势就会偏离平衡,且不能保持稳定——即电化学中所说的极化。从电子学的角度而言,电池本身有内阻,流过电流就存在分压,会造成电动势测定的偏差。

为了克服这个问题,解决思路是让测量时电路中没有电流流过,使得电池处于可逆状态。本实验采用的补偿法(或叫作对消法),就是用一个大小相等、方向相反的外加电压跟待测电动势补偿(对消),使得测量回路电流等于零。为了达到这个目的,只需把原本单一回路变为并联的 2 个回路,如图 1-1-2 所示。设置外加分压的工作回路有电流流过,而底下的测量回路补偿后就没有电流流过。这样就可以使得待测电池避免极化,从而准确得到电池电动势的数值。实际电位差计电路会多一个标准化回路,由一个开关切换标准化回路和测量回路。通过标准电池来标定工作回路的工作电流,以便进一步准确测量待测电动势的数值。

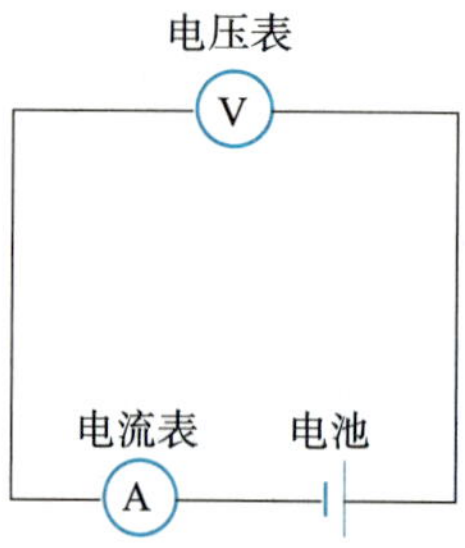

图 1-1-1　电压表测量电池电压的电路图

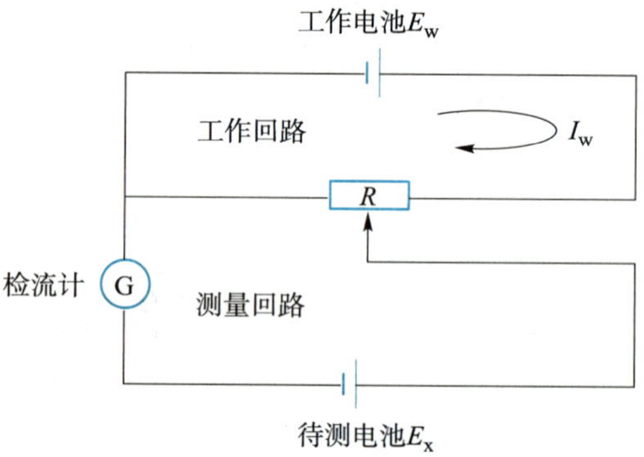

图 1-1-2　补偿法测量电路原理图

此外,当组成或活度不同的两种电解质溶液接触时,在溶液接界处由于正负离子扩散通过界面的离子迁移速度不同造成正负电荷分离而形成双电层,这样产生的电势差称为液体接界扩散电势,简称液接电势。在两种溶液之间插入盐桥以避免原来的两种溶液直接接触,使液接电势减至最小以致接近消除。同时还可以防止溶液中的有害离子扩散到参比电极的内盐桥溶液中影响其电极电势。

2. 电动势法测定反应的热力学函数

用电化学法测定化学反应热力学函数的原理是:当一个化学反应能够设计成一个可逆电池时,则可通过测量可逆电池的电动势来确定反应的热力学量。

电动势与热力学函数之间的关系式:

$$\Delta G = -nFE \tag{1.1.1}$$

式(1.1.1)的前提条件:恒温恒压只做电功。

进一步根据 Gibbs-Helmholtz 方程可得

$$\Delta S=-\left(\frac{\partial \Delta G}{\partial T}\right)_p=nF\left(\frac{\partial E}{\partial T}\right)_p \tag{1.1.2}$$

式中:$\left(\frac{\partial E}{\partial T}\right)_p$ 其实就是本实验测定的不同温度下电动势曲线的斜率(下标 p 表示恒压条件),代入式(1.1.2)就可得到熵变 ΔS,进而利用其他热力学公式计算 ΔH。

3. 电动势法测定 AgCl 的溶度积

测定可逆电池的电动势后,还可以利用吉布斯自由能变 ΔG 与反应速率常数的关系,进一步计算反应的速率常数。

(1) 反应平衡常数与电池电动势的关系　等温等压下,体系吉布斯自由能的降低等于体系所做的最大有用功。在电池反应中,如果非膨胀功只有电功一种,那么反应过程中吉布斯自由能的降低就等于电功,即

$$\Delta_r G=-W$$

因为

$$W=EQ$$

式中:E 为电动势,Q 为电荷量。

$$Q=nF$$

式中:n 为电子转移数,F 为法拉第常数。

所以

$$W=nFE \qquad \Delta_r G=-nFE$$

当体系处于平衡态时,上式可写为

$$\Delta_r G_m=-nFE=-RT\ln K$$

从而得到

$$\ln K=\frac{nFE}{RT} \tag{1.1.3}$$

当 $t=298$ K 时,有 $\lg K=\frac{nE}{0.0591\ \text{V}}=\frac{n(\varphi_{正}-\varphi_{负})}{0.0591\ \text{V}}$　(1.1.4)

将测量的电动势代入式(1.1.3)可计算得对应电池反应的平衡常数。

(2) 电池设计　以 AgCl 溶度积(注意:不同于沉淀反应 Ag^++Cl^-══AgCl 的 K)为例。电池表达式如下:

$$(-)\,Ag(s),AgCl(s)\,|\,HCl(a_1)\,\|\,AgNO_3(a_2)\,|\,Ag(s)\,(+)$$

负极反应:$Ag+Cl^-$══$AgCl+e^-$　　$\varphi_{负}=\varphi_{AgCl/Ag}$

正极反应:Ag^++e^-══Ag　　$\varphi_{正}=\varphi_{Ag^+/Ag}$

总的电池反应:Ag^++Cl^-══$AgCl$　　$E=\varphi_{Ag^+/Ag}-\varphi_{AgCl/Ag}$

用于测定电势的可逆电池设计要点是总的电池反应式应该等于待测反应的。

(3) 测量电池电动势,根据能斯特方程计算出标准电池电动势,进而根据上述式子算出平衡常数(或溶度积)。

4. 银电极和铜电极的标准电极电势的测定

由于电极电势的绝对值无法测定,电化学相关数据手册上所列的电极电势均为相对标准氢电极(标准氢电极是氢气压力为 100 kPa,溶液中氢活度为 1 时,其电极电势规定为零)的电势。将标准氢电极与待测电极组成电池,所测电池电动势就是待测电极的电极电势。

由于氢电极使用不便，实践中常用另外一些易制备、电极电势稳定的电极作为参比电极。常用的参比电极有甘汞电极、银/氯化银电极等。这些电极与标准氢电极比较而得的电势已精确测出，可参见电化学相关数据手册。本实验过程中分别采用了银/氯化银电极和甘汞电极作为参比电极。

(1) 对铜电极可设计电池如下：

$$(-)\mathrm{Hg(l)-Hg_2Cl_2(s)}\,|\,\mathrm{KCl}(\text{饱和})\,\|\,\mathrm{CuSO_4}(0.1000\ \mathrm{mol\cdot kg^{-1}})\,|\,\mathrm{Cu(s)}(+)$$

铜电极的反应：$Cu^{2+}+2e^-=\!=\!=Cu$

甘汞电极的反应：$2Hg+2Cl^-=\!=\!=Hg_2Cl_2+2e^-$

根据能斯特方程，电池电动势与溶液铜离子活度关系式为

$$E_{\mathrm{cell}}=\varphi_+-\varphi_-=\varphi^{\ominus}_{\mathrm{Cu^{2+}/Cu}}+\frac{RT}{2F}\ln a_{\mathrm{Cu^{2+}}}-\varphi_{\text{饱和甘汞}} \tag{1.1.5}$$

已知 $a_{\mathrm{Cu^{2+}}}$ 及 $\varphi_{\text{饱和甘汞}}$，测得电动势 E，即可由式(1.1.5)求得 $\varphi^{\ominus}_{\mathrm{Cu^{2+}/Cu}}$。运用能斯特方程计算时，应先将相关浓度乘以平均活度系数，转换为活度后再代入计算。

(2) 对银电极可设计电池：

$$(-)\mathrm{Hg(l)-Hg_2Cl_2(s)}\,|\,\mathrm{KCl}(\text{饱和})\,\|\,\mathrm{AgNO_3}(0.1000\ \mathrm{mol\cdot kg^{-1}})\,|\,\mathrm{Ag(s)}(+)$$

银电极的反应：$Ag^++e^-=\!=\!=Ag$

甘汞电极的反应：$2Hg+2Cl^-=\!=\!=Hg_2Cl_2+2e^-$

根据能斯特方程，电池电动势与溶液银离子活度关系式为

$$E_{\mathrm{cell}}=\varphi_+-\varphi_-=\varphi^{\ominus}_{\mathrm{Ag^{+}/Ag}}+\frac{RT}{F}\ln a_{\mathrm{Ag^{+}}}-\varphi_{\text{饱和甘汞}} \tag{1.1.6}$$

与铜电极计算类似，可由式(1.1.6)求算 $\varphi^{\ominus}_{\mathrm{Ag^{+}/Ag}}$。

5. 溶液 pH 的测定及醌-氢醌电极的运用

利用各种氢离子指示电极与参比电极组成电池，根据能斯特方程即可从电池电动势算出溶液的 pH。常用指示电极有：氢电极、醌-氢醌电极和玻璃电极。化学实验室使用的 pH 计常用玻璃复合电极。本实验采用醌-氢醌电极。醌-氢醌(quinhydrone，$Q\cdot H_2Q$)分子式为 $C_{12}H_{10}O_4$，结构式如图 1-1-3 所示。醌-氢醌是一种暗绿色的晶体(向光观测为红棕色)，它在水中的溶解度很小，溶解后解离为等摩尔的醌(即对苯醌，1,4-benzoquinone，简写为 Q)和氢醌(也称对苯二酚，hydroquinone，简写为 H_2Q)，故可认为二者活度 a 相等。氢离子参与醌和氢醌之间的氧化还原反应，如式(1.1.7)所示，此式便为定量测定氢离子浓度的原理。

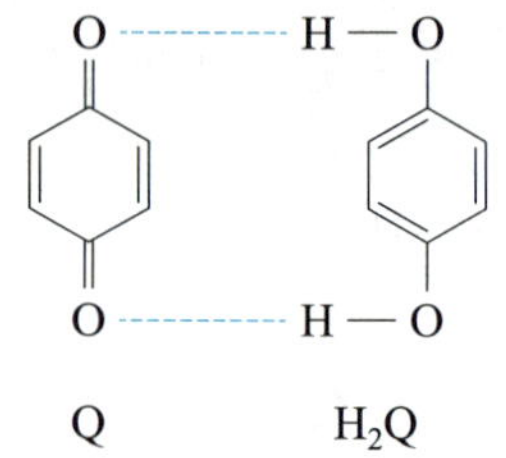

图 1-1-3 醌-氢醌结构式

$$Q+2H_3O^++2e^-=\!=\!=H_2Q+2H_2O \tag{1.1.7}$$

将待测 pH 的溶液用醌-氢醌饱和后，再插入一只光亮 Pt 电极就构成醌-氢醌电极。将醌-氢醌电极和参比电极(如饱和甘汞电极)构成电池，电池表达式如下：

$$(-)\mathrm{Hg-Hg_2Cl_2(s)}\,|\,\mathrm{KCl(sat)}\,\|\,\mathrm{H_2Q(sat),Q(sat),H_3O^+(unk)}\,|\,\mathrm{Pt}(+)$$

根据能斯特方程，电池电动势与 pH 关系式为

$$E_{\mathrm{cell}}=\varphi_+-\varphi_-=\varphi^{\ominus}_{\mathrm{Q/H_2Q}}-\frac{2.303RT}{F}\mathrm{pH}-\varphi_{\text{饱和甘汞}} \tag{1.1.8}$$

测定电池电动势,即可由式(1.1.8)求算溶液 pH。

醌-氢醌电极的优点是构造简单、制备方便、耐用、容易建立平衡,还可用于一些非水溶剂的体系。其缺点是醌-氢醌在碱性环境中易氧化,只能用在 pH<8 的环境中,而且不能有强的氧化剂和强的还原剂存在。空气中的氧溶于溶液中也能把醌-氢醌氧化。因此,醌-氢醌电极应该在使用时临时配制,用后把溶液倒入废液瓶内。$\varphi^{\ominus}_{Q/H_2Q}=0.6995\ V$,其电势与温度的关系:$\varphi_{Q/H_2Q}=[\varphi^{\ominus}_{Q/H_2Q}/V-0.00074\times(t/℃-25.00)]\ V$。

三、仪器与试剂

1. 实验仪器

SDC-Ⅱ数字电位差综合测试仪;水浴恒温装置;恒流电源;大、中、小号 U 形玻璃管各 1 个;铁架台(以便 2 套电池同时恒温);锌电极 1 支;银电极 2 支(Φ 4 mm);饱和甘汞电极 1 支;铜电极 2 支(Φ 4 mm);铂电极 2 支(一共 2 支,用于不同实验);台秤;100 mL 和 250 mL 烧杯各一个;金相砂纸。

2. 试剂及耗材

琼脂;硝酸钾(AR);氯化钾(AR);醌-氢醌晶体;硝酸银溶液(0.1 $mol\cdot L^{-1}$);稀硝酸(1∶3);稀盐酸(1.0 $mol\cdot L^{-1}$);氯化钾饱和溶液;硝酸亚汞饱和溶液;硫酸铜溶液(0.1 $mol\cdot L^{-1}$);铜镀液(每升含 125 g $CuSO_4\cdot 5H_2O$,25 g H_2SO_4,50 mL 乙醇);丙酮;乙醇。

四、实验步骤

1. 2 种盐桥制备

(1) **配方 1**:3 g 琼脂+100 mL 水+10 g KCl。在水浴加热条件下,将 3 g 琼脂溶于 100 mL 去离子水中,再加入 10 g 氯化钾。溶解过程中不时用玻璃棒搅拌。用滴管趁热吸取溶解了氯化钾的琼脂,快速加入 U 形管底部。用流水冷却 U 形管底部的盐桥。用于大号和中号盐桥。

(2) **配方 2**:3 g 琼脂+100 mL 水+20 g KNO_3。其余操作同上。

2. 电极制备

(1) 制备锌汞齐电极:锌电极先用细砂纸打磨光亮(平面电极采用画“8”字形磨法),去离子水清洗吸干后,浸入硝酸亚汞溶液中 3~5 s,进行汞齐化。

(2) 电镀法制备铜电极:铜电极先用细砂纸打磨光亮,去离子水清洗吸干后,在稀硝酸中浸泡一会儿,取出洗净,作为负极;以另一铜片作正极在镀液中电镀,电流密度 10 $mA\cdot cm^{-2}$,时间 20 min,得表面红色电极,洗净后放入 0.1 $mol\cdot L^{-1}$ $CuSO_4$ 溶液中备用。电镀装置如图 1-1-4 所示。

(3) 铂片电极的处理:铂电极的抛光在加入三氧化二铝抛光粉和少量纯净水的抛光布上进行,然后用超声清洗 20 min。用王水或食人鱼溶液①浸泡清洗,再用去离子水清洗。

---

① 浓硫酸和 30% H_2O_2 溶液(体积比 7∶3)的混合溶液。

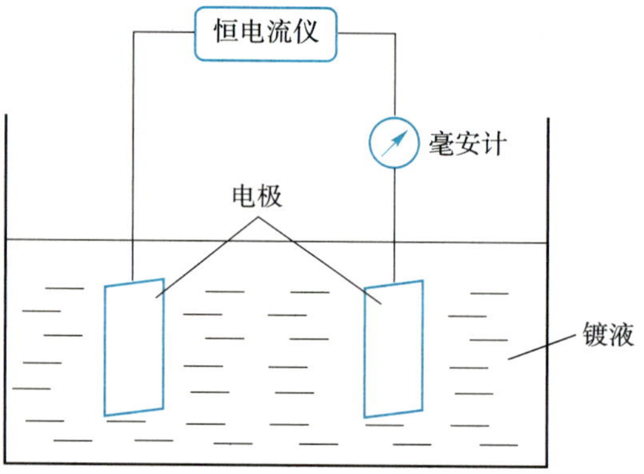

图 1-1-4 电镀装置

（4）银电极清洗：① 先用砂纸除去银电极表面的物质，露出银色，测量表面积。② 用丙酮溶液清洗银电极，除去表面油污。③ 用去离子水清洗银电极后，放入 5% HNO_3 溶液中 1 min 左右除去表面氧化物。

（5）电解氯化法制备银/氯化银电极：取清洗干净的银电极作为正极，铂电极作为负极，在 1 $mol \cdot L^{-1}$ HCl 溶液中恒电流电解。电沉积装置图同样如图 1-1-4 所示。控制电流 1 mA（8 $mA \cdot cm^{-2}$），电解 10 min，可得淡紫色的银/氯化银电极。该电极不用时要保存于 KCl 溶液中，置于暗处。（扩展：可查文献了解银/氯化银电极制备采用的电解液浓度、电流密度和电沉积时间的参数组合。）

（6）醌-氢醌电极的制备：将少量（零点几克即可）醌-氢醌晶体溶解于未知 pH 溶液（自制：往 100 mL 水中加若干滴稀盐酸）中至饱和。然后移入电解池中，并置于超级恒温槽中恒温。

3. 5 个电池的组装

A. $(-)Zn \mid Zn^{2+}(1.0\ mol \cdot L^{-1}) \parallel Fe(CN)_6^{3-}(0.2\ mol \cdot L^{-1}), Fe(CN)_6^{4-}(0.2\ mol \cdot L^{-1}) \mid Pt(+)$

B. $(-)Ag(s), AgCl(s) \mid HCl(a_1) \parallel AgNO_3(a_2) \mid Ag(s)(+)$

C. $(-)Hg(l)-Hg_2Cl_2(s) \mid$ KCl(饱和) $\parallel AgNO_3(0.1\ mol \cdot L^{-1}) \mid Ag(s)(+)$

D. $(-)Hg(l)-Hg_2Cl_2(s) \mid$ KCl(饱和) $\parallel CuSO_4(0.1\ mol \cdot L^{-1}) \mid Cu(s)(+)$

E. $(-)Hg-Hg_2Cl_2(s) \mid KCl(sat) \parallel H_2Q(sat), Q(sat), H_3O^+(unk) \mid Pt(+)$

以电池 A 为例，原电池组装步骤为

（1）盐桥的制备：3 g 琼脂+100 mL 水+10 g KCl，水浴溶解加入 U 形管底部。

（2）电极的处理：

负极：Zn 电极打磨、汞齐化[浸入 $Hg(NO_3)_2$ 溶液中]。

正极：Pt 电极（王水处理）。

（3）电解液注入：在 U 形管两边用加液器或移液枪分别加入 20 mL 氯化锌溶液（负极），10 mL 铁氰化钾溶液和 10 mL 亚铁氰化钾溶液（正极）。

电池 A 用大号 U 形管，电池 B 和电池 C 用小号 U 形管，电池 D 用中号 U 形管，电池 E 用烧杯作为电解池。原电池组装及电动势测量示意图见图 1-1-5。

4. 电动势测定

分别测定 5 个电池的电动势，其中电池 A 和电池 B 需要测定 5 个温度的电动势，其余 3

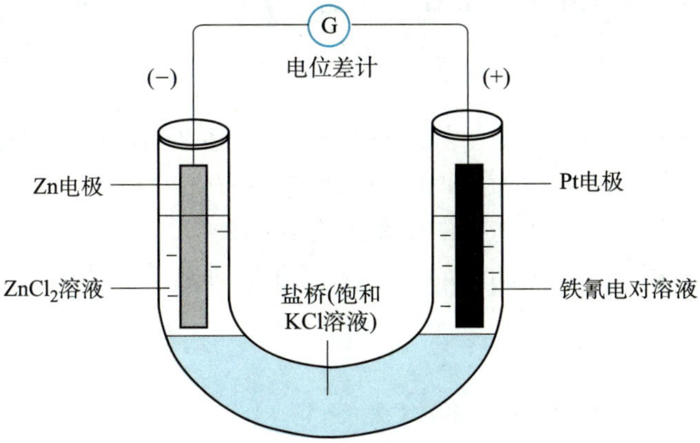

图 1-1-5　电池 A 组装及电动势测量示意图

个电池测定 25 ℃下的电动势。

五、注意事项

(1) 盐桥的准备:U 形管中不得有气泡或空隙;琼脂和电解质在加热时应充分溶解,确保最后电解质均匀分布于凝胶中。

(2) 恒温槽要事先设置正确的温度(±0.02 ℃)。

(3) U 形管放入恒温水槽中恒温时,U 形管内溶液液面务必要低于恒温水槽的水面,以保证恒温效果。

(4) 电极的处理:① 银电极和铜电极在使用前先用砂纸打磨。② 锌电极要先用砂纸打磨,再汞齐化,后用蒸馏水洗净再用滤纸吸干,且滤纸要回收,以免污染。③ 铂电极用王水处理几秒即可,用蒸馏水洗净后用滤纸擦干。

(5) 原电池的正负极勿接错。

(6) 电动势测量:① 每次测量电动势前都要对工作电流进行标准化。② 调节工作电流或测定未知电动势时,旋钮开关要由粗到细依次调节,测量时间要短暂,避免大电流长时间流过电池(减小极化)。

(7) 醌-氢醌电极应该在使用时临时配制,用后把溶液倒入废液瓶内。

(8) 银/氯化银电极不用时应浸入氯化钾溶液中,置于暗处。

(9) 甘汞电极使用后应该置于饱和氯化钾溶液中。

六、数据处理与分析

(1) 测量不同温度下电池 A 的电动势,以温度 T 为横坐标,电动势 E 为纵坐标,作 $E-T$ 图求直线斜率,得到温度系数关系式,再根据热力学公式进一步求算 298 K 温度下的热力学量。

(2) 测量不同温度下电池 B 的电动势,同上计算 298 K 温度下的热力学量;根据能斯特方程计算出标准电池电动势,进而算出平衡常数(或溶度积)。

(3) 测量 298 K 下电池 C 和电池 D 的电动势,根据能斯特方程计算出标准电池电动势。

(4) 测量 298 K 下电池 E 的电动势,根据能斯特方程计算出 pH。

七、思考题

(1) 根据补偿法测定原电池电动势的基本原理,描述在实际操作中应注意的问题。
(2) 为什么需要在锌电极表面处理上一层均匀的汞齐?
(3) 电池电动势测量中采用盐桥的主要用途是什么?
(4) 补偿法除了用于电池电动势的测量,在其他方面还有什么应用?

八、附录

1. 25 ℃下几种溶液的平均活度系数(表 1-1-1)

表 1-1-1 几种溶液的平均活度系数(25 ℃)

溶液	浓度/($mol \cdot kg^{-1}$)	平均活度系数
$CuSO_4$	0.001	0.740
$CuSO_4$	0.010	0.410
$CuSO_4$	0.100	0.160
$AgNO_3$	0.010	0.896
$AgNO_3$	0.100	0.731
HCl	1.000	0.809

数据来源:Handbook of Chemistry and Physics.96th.Florida:CRC Press.2016.

2. 电位差计的使用

电位差计测量分两步:

第一步,内标校正。

(1) 将"测量选择"旋钮置于"内标"。

(2) 将"1.0"置于"1",补偿旋钮左旋到底,其他旋钮均置于"0",此时"电势指标"显示"1.00000"V,若显示小于"1.00000"V,则可以调节补偿电位器以达到显示"1.00000"V,若显示大于"1.00000"V,则应适当减小"$10^0 \sim 10^{-4}$"旋钮,使显示小于"1.00000"V,然后再调节补偿电位器以达到"1.00000"V。

(3) 待"检零指示"显示数值稳定后,按一下"采零"键,此时"检零指示"应显示为"0000"。

第二步测量。

(1) 将"测量选择"旋钮置于"测量"。

(2) 用测试线将被测电池按"+","-"极性与测量插孔连接。

(3) 调节"$10^0 \sim 10^{-4}$"五个旋钮,使得"检零指示"显示数值为负且绝对值最小。

(4) 调节"补偿旋钮",使得"检零指示"显示为"0000",此时,"电势显示"的数值即为被测电动势的值。

注意:

(1) 测量过程中,若"检零指示"显示溢出符号"OUL",说明"电势指示"显示的数值与被测电动势值相差过大。

（2）电阻箱“10^{-4}”挡值若稍有偏差，可调节“补偿”电位器达到对应值。

九、参考文献

（厦门大学　周剑章）

实验 1-2A　氟离子选择电极测定自来水中氟离子浓度

一、实验目的

（1）能够阐述电位分析法的基本原理。

（2）能够进行离子选择电极的直接电位法检测。

（3）能够掌握标准曲线法、标准加入法和 Gran 作图法。

二、实验原理

离子选择电极是一种膜电极，它是一类利用膜电位测定溶液中离子活度或浓度的电化学传感器。它设备简单、检测迅速、且不破坏样品，适用于很多领域，如环境监测、水质和土壤分析、临床化验、农业、食品和药物分析等。

氟离子选择电极的离子敏感膜由 LaF_3 单晶制成，为了改善膜的导电性能，晶体中还掺杂了少量 EuF_2 和 CaF_2，如图 1-2A-1 所示。将氟离子选择电极插入待测溶液中，膜内外 F^- 由于浓度差异（活度差）会进行离子扩散，高浓度侧 F^- 向低浓度侧迁移，直至动态平衡，此时膜电位 φ 与待测溶液中 F^- 活度符合能斯特方程，可以作为定量测定的依据：

$$\varphi_{F^-}=K-(RT/F)\ln a_{F^-}=K-s\lg(\gamma c_{F^-}) \qquad (1.2A.1)$$

式中：K 为常数，s 为能斯特斜率，γ 为活度系数。氟离子选择电极对氟离子有很好的选择性，常见阴离子（除 OH^- 外）不干扰电极响应。

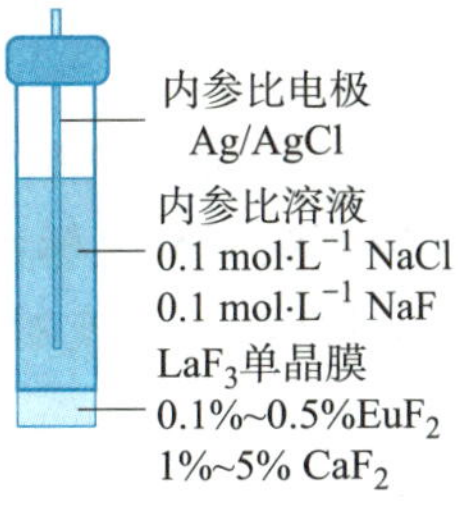

图 1-2A-1　氟离子选择电极示意图

由能斯特方程可知，膜电位随着待测离子活度发生变化，为了使标准溶液与待测溶液活度系数都尽量接近 1，必须用惰性电解质控制离子强度，同时还要控制溶液的 pH。将含有惰性电解质和缓冲剂的溶液称为总离子强度调节缓冲溶液（total ionic strength adjustment buffers，TISAB）。对氟离子选择电极来说，TISAB 由 NaCl、NaAc-HAc 缓冲溶液、柠檬酸钠组成，控制 pH 在 5.0～5.5。加入 TISAB 后，溶液的活度系数 γ 可近似视为 1。

离子选择电极的测定体系由离子选择电极和参比电极组成，用离子计测得两电极之间

的电动势。测量电池为

氟离子选择电极|试液($c=x$)‖参比电极

电池电动势为
$$E_x=\varphi_{参比}-\varphi_{F^-}=k+s\lg c_{F^-} \tag{1.2A.2}$$

由于参比电极电位保持不变,电动势的变化就可以认为是离子选择电极电位的变化,下面的表述中将离子计测得的电动势简称电位。

测定样品离子浓度有三种方法:

(1) 标准曲线法　配制一系列不同浓度的 F^- 标准溶液(含 TISAB),以测得的电位值 E 对 $\lg c_{F^-}$ 作图,然后基于测得的样品溶液的电位值 E_x,由标准曲线直接读取或由标准曲线方程计算出样品 F^- 浓度。

(2) 标准加入法　首先测量体积为 V_x、浓度为 c_x 的样品溶液(含 TISAB)的电位值 E_x,则有

$$E_x=k+s\lg c_x \tag{1.2A.3}$$

然后在样品液中加入体积为 V_s、浓度为 c_s 的 F^- 标准溶液,测得其电位值 E_1:

$$E_1=k+s\lg\frac{V_sc_s+V_xc_x}{V_s+V_x} \tag{1.2A.4}$$

合并式(1.2A.3)和式(1.2A.4),重排后取反对数,得

$$c_x=\frac{V_sc_s}{(V_x+V_s)10^{\frac{\Delta E}{s}}-V_x} \tag{1.2A.5}$$

标准加入法通常要求加入的标准溶液的体积是样品溶液体积的$\frac{1}{100}$,而加入的标准溶液的浓度需要比样品溶液的大 100 倍,这样能使加入标准溶液后测得的电位变化达 20~30 mV。由于 $V_x \gg V_s$(通常为 100 倍),式(1.2A.5)分母上的 V_s 可忽略,则式(1.2A.5)可简化为

$$c_x=\frac{V_sc_s}{V_x(10^{\frac{\Delta E}{s}}-1)} \tag{1.2A.6}$$

式中:ΔE 为加入标准溶液前后测得的电位值之差;s 为电极的实际斜率,可由标准曲线获得。

(3) Gran 作图法　Gran 作图法相当于多点标准加入法。测得样品溶液的电位值 E_x 后,定量加入 5 次标准溶液,并测定每次加入标准溶液后相应的电位值 E,其也符合式(1.2A.4),该式取反对数,可改写为

$$(V_x+V_s)10^{\frac{E}{s}}=10^{\frac{k}{s}}(c_xV_x+c_sV_s) \tag{1.2A.7}$$

以 $(V_x+V_s)10^{E/s}$ 对 V_s 作图得一条直线。将直线外推,与横坐标相交于 V_e,如图 1-2A-2 所示。

则由式(1.2A.7)可得

$$c_x=\frac{c_s|V_e|}{V_x} \tag{1.2A.8}$$

若用 Gran 坐标纸,则只要将测得的电位值 E 对 V_s 作图。该坐标纸是已校准 10%体积变化的半反对数坐标纸。

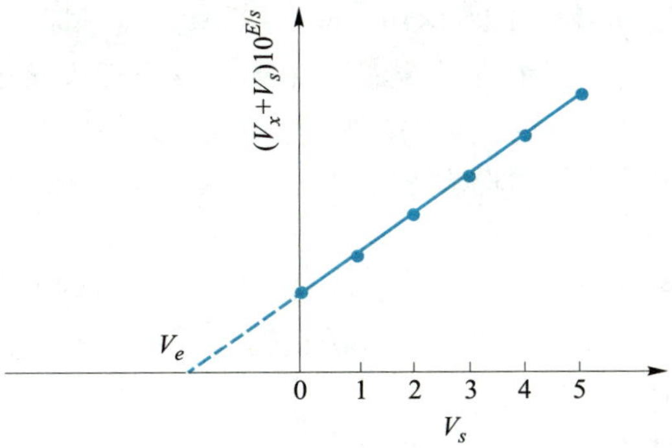

图 1-2A-2　Gran 图

实际作图时应注意：

① 纵坐标是实测的电位值，由于纵坐标是按 $10^{E/s}$ 为标度的（s 是给定的离子选择电极的斜率，一价离子为 58 mV，二价离子为 29 mV；E 是电位值，按 5 mV 比例设定），按 $10^{5/58}$，$10^{10/58}$，…，$10^{5n/58}$ 算出，因此标定纵坐标时一价离子一大格应为 5 mV，二价离子一大格为 2.5 mV。

② 横坐标为加入标准溶液的体积，若试液 V_x 取 100 mL，则横坐标每一大格为 1 mL；若 V_x 取 50 mL，则每一大格为 0.5 mL。

③ 需要做空白试验。Gran 坐标纸采用给定的离子选择电极斜率 58 mV 制成，若离子选择电极的实际斜率比该值大或小，则所得直线与横坐标的交点将稍偏于原点的右侧或左侧。为了校准这种偏差，应做空白试验。由试液和空白试验所得两条直线与横坐标交点之间的距离为 $|V_e|$ 值。

三、仪器与试剂

1. 实验仪器

离子计；搅拌器；氟离子选择电极；参比电极；100 mL 容量瓶 7 个；100 mL 烧杯 7 个；1 mL和 10 mL 移液管（枪）各 1 支；50 mL 移液管 1 支；10 mL 量杯 1 个。

2. 试剂及耗材

① F^- 储备液（0.1000 $mol\cdot L^{-1}$）：准确称取 4.1988 g NaF（120 ℃烘干 2 h），溶解后转移至 1000 mL 容量瓶中，摇匀，定容。

② TISAB：称取 58 g NaCl，10 g 水合柠檬酸三钠，溶于 500 mL 去离子水中，再加入 57 mL 冰醋酸，搅拌后缓慢加入 6 $mol\cdot L^{-1}$ NaOH 溶液直至 pH 为 5.0～5.5，再转移至 1000 mL 容量瓶中，摇匀，定容。

四、实验步骤

（1）氟离子选择电极的准备　将氟离子选择电极浸泡在 1×10^{-4} $mol\cdot L^{-1}$ F^- 溶液中约 30 min（活化电极）。再在去离子水中将氟离子选择电极清洗至空白电位值为（400±20）mV（此值与电极批次有关）。

（2）标准溶液的配制　移取 10.00 mL 1.000×10^{-1} $mol\cdot L^{-1}$ NaF 储备液于 100 mL 容量瓶中，用逐级稀释法配制含 10% TISAB 的 1.000×10^{-2} $mol\cdot L^{-1}$，1.000×10^{-3} $mol\cdot L^{-1}$，$1.000\times$

10^{-4} mol·L^{-1}，1.000×10^{-5} mol·L^{-1}，1.000×10^{-6} mol·L^{-1}的氟离子标准溶液。

（3）绘制标准曲线 将配好的标准溶液分别倒入各个标准溶液润洗后的烧杯中，插入氟离子选择电极和参比电极，加入搅拌子搅拌，连接离子计，待电位值稳定后读数。按照浓度由小到大的顺序依次测量。全部测完后用去离子水冲洗氟离子选择电极至初始电位（400±20）mV。

（4）样品测试 准确移取自来水样 50.00 mL 于 100 mL 容量瓶中，加入 10 mL TISAB 后用去离子水定容。之后全部倒入干燥的 100 mL 烧杯中，插入电极，加入搅拌子搅拌，连接离子计，待稳定后读数，记录为 E_x。

（5）标准加入法 根据 E_x，选择标准加入液（以与 E_x 相近电位所对应标准溶液浓度 100 倍的标准液为标准加入液）。准确移取 1.00 mL 标准加入液直接加入上述步骤（4）中的自来水样烧杯中，待稳定后读数，记为 E_1。

（6）Gran 作图法 继上一步加入标准加入液后，继续依次加入标准加入液 4 次，每次 1.00 mL，待稳定后读数，依次记为 E_2，E_3，E_4，E_5。测完后用去离子水冲洗氟离子选择电极至初始电位（400±20）mV。

（7）以去离子水代替自来水，配制 100 mL 空白溶液，重复上述标准加入液的 5 次加入测定（每次 1.00 mL）。待稳定后读数，依次记为 E'_1，E'_2，E'_3，E'_4，E'_5。

（8）测完后用去离子水冲洗氟离子选择电极至初始电位（400±20）mV，再浸泡到去离子水中（长久不用则干法保存）。关闭电源，整理实验台。

五、数据处理与分析

（1）把标准溶液的电位数据记录在表 1-2A-1 中。

表 1-2A-1 氟离子标准溶液的电位数据测定

标准溶液	1#	2#	3#	4#	5#
浓度/(mol·L^{-1})	1.00×10^{-6}	1.00×10^{-5}	1.00×10^{-4}	1.00×10^{-3}	1.00×10^{-2}
$-\lg c_{F^-}$	6.00	5.00	4.00	3.00	2.00
E/mV					

（2）样品测试数据记录。

样品溶液的 E_x = ____________

（3）把标准加入法及 Gran 作图法测定的电位数据记录在表 1-2A-2 中。

表 1-2A-2 标准加入法及 Gran 作图法的电位数据测定

加样/mL	1.00	2.00	3.00	4.00	5.00
样品液 E/mV					
空白液 E'/mV					

（4）自来水中氟离子的计算。

① 标准曲线法：根据表 1-2A-1 数据，以 E 对 $-\lg c_{F^-}$ 绘制标准曲线，并分别利用标准作图法直接读取和利用标准曲线方程计算 E_x 对应的浓度 c_x。

② 标准加入法：按式(1.2A.6)计算 c_x。

③ Gran 作图法：根据表 1-2A-2 数据，作图得到 $|V_e|$，再按式(1.2A.8)计算 c_x。

④ 自来水中氟离子的浓度 $c_{F^-}=2c_x$。

六、思考题

(1) 解释在强酸性和强碱性条件下 H^+ 和 OH^- 对氟离子选择电极的干扰。

(2) 某些阳离子(如 Al^{3+}、Fe^{3+} 等)能与 F^- 生成稳定的络合物，从而降低游离的 F^- 浓度，使测得结果偏低。结合本实验说明如何消除它们的干扰。

(3) 测定标准溶液系列时，为什么按浓度从低到高的顺序进行？

(4) 以本实验中所用 TISAB 为例，说明各组分所起的作用。

七、知识拓展

绝大多数离子选择电极的线性范围在 $10^{-6}\sim10^{-1}$ mol·L^{-1} 之间，检测限为 10^{-7} mol·L^{-1}，可以满足常量或微量离子分析的需要，但对痕量或超痕量离子的检测则无能为力。一般认为，当外部溶液中待测离子浓度极低时，内充液中的待测离子将在离子敏感膜内的离子平衡中起主要作用，甚至穿透离子敏感膜进入待测溶液中。通常内充液中待测离子浓度较高，这就限制了离子选择电极的检测下限。

按照这种设想，Pretsch 等人认为检测限可以通过改变内充液的成分得到很大的改进。例如，常规的液膜 Pb^{2+} 选择电极，其内充液为 5×10^{-4} mol·L^{-1} Pb^{2+} 和 5×10^{-2} mol·L^{-1} Mg^{2+}，对 Pb^{2+} 的检测限为 4×10^{-6} mol·L^{-1}。他们在内充液中加入 5×10^{-2} mol·L^{-1} EDTA 和 10^{-3} mol·L^{-1} Pb^{2+}，通过计算得知，此时游离 Pb^{2+} 的浓度为 10^{-12} mol·L^{-1}。经过改进的 Pb^{2+} 选择性电极检测限可降至 5×10^{-12} mol·L^{-1}，下降了 6 个数量级(即精度提高 6 个数量级)。利用同样的方法，改造过的 Ca^{2+} 选择电极也可以将检测下限降至 10^{-12} mol·L^{-1}。经改造过的离子选择电极可用于痕量甚至超痕量离子的测定，大大拓宽了离子选择电极的应用范围。

八、参考文献

(南京大学　吴洁，南开大学　李一峻)

实验 1-2B　全固态钠离子选择电极的制备及其性能表征

一、实验目的

(1) 能够掌握全固态离子选择电极的电极构造及制备方法。

（2）能够利用一次性丝网印刷电极制备全固态钠离子选择电极。

（3）能够测试全固态离子选择电极的检测范围、灵敏度、检测限和离子选择性系数。

（4）能够拓展制备响应其他离子的全固态离子选择电极。

二、实验原理

传统的离子选择电极为液接式构造，由于内部含有填充溶液，不利于小型化和集成化等应用发展。1971 年，由 Cattrall 等提出了全固态离子选择电极（solid-state ion-selective electrodes，S-ISEs）。现今，全固态离子选择电极已成为可穿戴电化学生物传感器的重要组成部分。

1. 全固态钠离子选择电极的电极构造

本实验中全固态钠离子选择电极的制备采用“离子选择性膜-固态转导层-导电基底”的三明治结构，如图 1-2B-1 所示。离子选择性膜是全固态钠离子选择电极的核心元件，是一种浸有钠离子载体的流动载体膜，仅选择性结合和识别钠离子，而对其他离子无响应或弱响应。固态转导层是全固态离子选择电极的重要元件，主要作用是将输入的离子信号转换为可测量的电势信号，是一个离子-电子换能器。导电聚合物因其固有的氧化还原和离子交换性能，是理想的固态转导层材料。全固态钠离子选择电极的电极电势在理论上也符合能斯特方程：

$$\varphi_{Na^+} = K + \frac{RT}{F}\ln a_{Na^+} \qquad (1.2B.1)$$

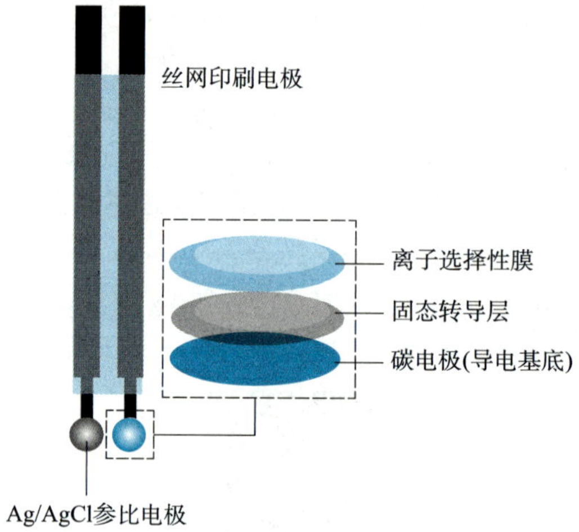

图 1-2B-1 在印刷电极基底上制备的全固态钠离子选择电极的电极构造

以一次性印刷电极为基底电极制备的全固态钠离子选择电极片在测量试液时，测量电池可书写为

印刷的 Ag/AgCl 参比电极 ‖ 试液（$c=x$）‖ 全固态钠离子选择电极

电池电动势为

$$E = \varphi_{Na^+} - \varphi_{参比} = k + \frac{RT}{F}\ln a_{Na^+} = k + s\lg a_{Na^+} \qquad (1.2B.2)$$

在 298 K 时，电池电动势为

$$E = k + 0.059\ \text{V}\ \lg a_{Na^+} \tag{1.2B.3}$$

2. 离子选择电极的检测范围、检测限和灵敏度

对一系列钠离子标准溶液进行测试，以电位值 E 对 $\lg a_{Na^+}$ 作图，通过建立的线性曲线，如图 1-2B-2 所示，得到所制备全固态钠离子选择电极的检测范围、检测限、灵敏度。

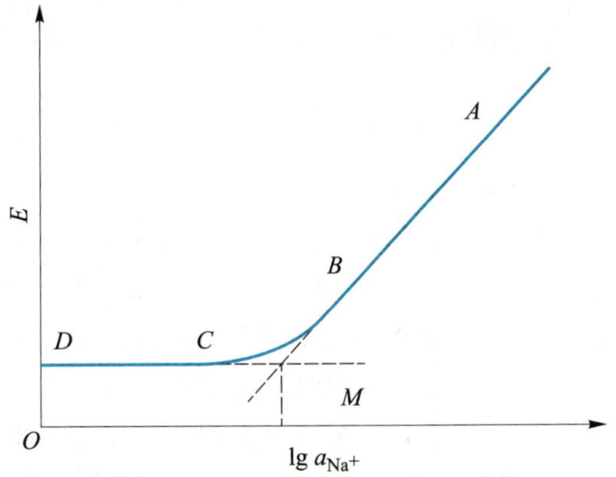

图 1-2B-2　电位值 E 对 $\lg a_{Na^+}$ 的曲线

检测范围为：AB 线对应的检测离子的浓度范围。

检测限为：AB 线与 CD 延长线的交点 M 所对应的测定离子的浓度。

灵敏度为：AB 线的斜率。

3. 离子选择性系数 $K_{i,j}^{pot}$

离子选择性系数 $K_{i,j}^{pot}$ 的定义为：在相同的测定条件下，待测离子和干扰离子产生相同电位时待测离子活度 a_i 与干扰离子活度 a_j 的比值，即

$$K_{i,j}^{pot} = \frac{a_i}{a_j} \tag{1.2B.4}$$

$K_{i,j}^{pot}$ 可利用分别溶液法测量：分别在待测离子 i（电荷为 z_i）和干扰离子 j（电荷为 z_j）的标准溶液中测量电位值 E，再根据式(1.2B.5)计算得到。

$$\lg K_{i,j}^{pot} = \frac{E_j - E_i}{S} + \lg \frac{a_i}{a_j^{Z_i/Z_j}} \tag{1.2B.5}$$

三、仪器与试剂

1. 实验仪器

丝网印刷电极若干；电极接头；电化学工作站；搅拌器；10 mL 小烧杯 9 个；10 μL 移液枪 1 支。

2. 试剂

① 固态转导层沉积液：0.01 mol·L^{-1} 3,4-乙烯二氧噻吩(EDOT)和 0.1 mol·L^{-1} 聚(4-苯乙烯磺酸钠)(NaPSS)的混合液。

② 钠离子选择膜溶液：将 1 mg 钠离子载体 X、0.55 mg 四[3,5-二(三氟甲基)苯基]硼酸钠(Na-TFPB)、33 mg 高分子量聚氯乙烯(PVC)、65.45 mg 癸二酸二辛酯(DOS)加入 660 μL 环己酮中，室温下振荡 1.5 h 得到无固体颗粒的钠离子选择膜溶液。

③ 参比电极保护液：称取 79.1 mg 聚乙烯醇缩丁醛（PVB）、50 mg 氯化钠、2 mg 泊洛沙姆（F127）、0.2 mg 多壁碳纳米管（MCNTs）加入 1 mL 甲醇中，室温下振荡 30 min 得到参比电极保护液。

④ 氯化钠标准溶液：用逐次稀释法分别配制 1.0 $mmol\cdot L^{-1}$，5.0 $mmol\cdot L^{-1}$，10.0 $mmol\cdot L^{-1}$，50.0 $mmol\cdot L^{-1}$，100.0 $mmol\cdot L^{-1}$，200.0 $mmol\cdot L^{-1}$的 NaCl 标准溶液。

⑤ 干扰离子溶液：分别配制浓度为 50.0 $mmol\cdot L^{-1}$的 KCl 溶液、NH_4Cl 溶液、$CaCl_2$ 溶液。

四、实验步骤

1. 全固态钠离子选择电极的制备

（1）制备固态转导层　将一次性丝网印刷电极浸润在固态转导层沉积液中，利用三电极体系（以一次性丝网印刷碳电极为工作电极、银丝/氯化银为参比电极、铂丝为对电极），通过恒电流聚合沉积法，将 PEDOT：PSS 沉积到基底电极上。沉积电流密度为 0.2 $mA\cdot cm^{-2}$，沉积电荷数为 10 mC（根据基底电极批次选择）。完成后取出电极，用 N_2 吹干待用。

（2）制备及滴涂钠离子选择膜溶液　取一定体积钠离子选择膜溶液滴涂并完全覆盖在 PEDOT：PSS 固态转导层上（钠离子选择膜溶液的滴涂体积根据基底电极面积选择，一般为 1~10 μL），再放置于干燥器中，室温下晾干。

（3）制备 PVB 保护的 Ag/AgCl 参比电极　取一定体积参比电极保护液滴涂并完全覆盖在印刷的 Ag/AgCl 参比电极表面（参比电极保护液的滴涂体积根据参比电极面积选择，一般为 1~10 μL），室温下晾干，得到 PVB 保护的 Ag/AgCl 参比电极。

2. 绘制检测曲线

（1）将制备好的钠离子选择电极片依次置入 1.0 $mmol\cdot L^{-1}$，5.0 $mmol\cdot L^{-1}$，10.0 $mmol\cdot L^{-1}$，50.0 $mmol\cdot L^{-1}$，100.0 $mmol\cdot L^{-1}$，200.0 $mmol\cdot L^{-1}$氯化钠标准溶液，选择开路电压方法（OCPT）进行电极极化和测试，总时间设置为 600 s。钠离子选择电极片需冲洗吹干后再置入标准溶液，在每个浓度下测试时，静置 30 s，OCPT 测试 20 s。

（2）测试完成后，保存检测文件，同时选择以“.txt”文件形式导出数据以进行后续数据分析处理。

3. 测量 $K^{pot}_{Na^+,K^+}$，$K^{pot}_{Na^+,NH_4^+}$，$K^{pot}_{Na^+,Ca^{2+}}$

将钠离子选择电极片依次置入干扰离子溶液，测量 E_{K^+}，$E_{NH_4^+}$，$E_{Ca^{2+}}$。

五、注意事项

（1）离子选择性膜溶液要完全覆盖沉积有 PEDOT：PSS 固态传导层的电极，晾干后的离子选择性膜表面光滑平整，不能有气泡。

（2）参比电极保护液黏性较大，易挥发，需要快速移至印刷的 Ag/AgCl 参比电极表面。

（3）在电极片上修饰，需避免钠离子选择膜与参比电极保护液的接触。

六、数据处理与分析

（1）把标准溶液的电位数据记录在表 1-2B-1 中，并根据表 1-2B-1 中的数据建立钠离子工作曲线，再按照图 1-2B-2 求得检测范围、检测限和灵敏度。

表 1-2B-1　钠离子标准溶液的测定

$c_{Na^+}/(mmol \cdot L^{-1})$	1.0	5.0	10.0	50.0	100.0	200.0
$\lg[c_{Na^+}/(mmol \cdot L^{-1})]$						
E/mV						

（2）把 50.0 mmol·L^{-1}氯化钾、氯化氨和氯化钙溶液的电位数据记录在表 1-2B-2 中。再根据式(1.2B.5)计算得到$K^{pot}_{Na^+,K^+}$，$K^{pot}_{Na^+,NH_4^+}$，$K^{pot}_{Na^+,Ca^{2+}}$。

表 1-2B-2　干扰离子溶液的测定

样品	氯化钾	氯化氨	氯化钙
E/mV			

七、思考题

（1）考察该电极的能斯特响应性能，讨论其偏离能斯特方程的可能原因。

（2）在本实验中，对标准溶液进行测试时，标准溶液的体积是否需要准确移取？并解释原因。

（3）讨论制备全固态钠离子选择电极的关键操作有哪些。

八、知识拓展

自 pH 玻璃电极出现至今，离子选择电极的研究已经取得了很大进展。在首次发现基于卤化银薄膜的离子选择电极后，发现了以 LaF_3 晶体为膜材料的氟离子选择电极。继而基于聚合物离子选择性膜的离子选择电极，因其具有较大的检测范围、优良的可加工性、丰富的可检测离子等优势，成为主要的研究对象。

传统的离子选择电极由于内部含有填充溶液，不利于存储和小型化等应用发展，为了消除内部填充液，出现了全固态离子选择电极，为离子选择电极的研究开创了新局面。全固态离子选择电极是 1971 年由 Cattrall 等提出，他们以铂丝为导电基底，将钙离子选择性敏感膜溶液涂覆在铂丝表面，制备出第一代固态离子选择电极，也称为涂丝电极，但是，由于离子选择性膜和导电基底之间缺少离子-电子转导物质，缺少稳定的界面电势，同时导电基底和离子选择性膜之间易存在水层，使得这类电极的电位稳定性较差。1992 年，Cadogan 等将聚吡咯修饰到导电基底和离子选择性膜之间，通过离子电子转换作用，稳定了导电基底和离子选择性膜之间的电势。近年来，设计具有大电容且高疏水的转导层，制备稳定、灵敏、便携化的全固态离子选择电极正逐渐成为研究的新趋势。

全固态离子选择电极也是可穿戴电化学生物传感器的重要组成部分，可穿戴在人体皮肤上并可长时间实时监测人体汗液、泪液或唾液中的电解质浓度，以实时反映人体健康状态。2016 年，加州大学伯克利分校的高伟等人在《自然》(*Nature*)上报道了一种基于柔性聚对苯二甲酸乙二酯(PET)的电化学传感器阵列，包括全固态钾离子和钠离子选择电极、葡萄糖传感器、乳酸传感器和温度传感器。通过与硅集成电路结合，集成了信号转导、信号调节处理和无线输出等功能，制备了高度集成化的可穿戴汗液检测设备，并实现了人体汗液中钾离子、钠离子、葡萄糖、乳酸、温度的长时间监测。

九、参考文献

（南京大学　吴洁）

电化学滴定

实验 1-3A　电位滴定法测定弱酸解离常数

一、实验目的

（1）掌握电位滴定法测定一元弱酸解离常数。

（2）掌握确定电位滴定终点的方法。

（3）学习使用自动电位滴定计。

二、实验原理

1795年，德克劳西发明了“碱量计”，可以说这是最原始的滴定管。到20世纪20—30年代，滴定分析的基本理论已建立，如滴定曲线、滴定误差、指示剂的作用原理、沉淀的生成和溶解等基本理论。滴定分析具有简单、快速、重现性和准确性好的特点，尤其适合于原料和成品的分析（含量测定），在生产过程中的质量控制和常规分析方面仍然有着广泛地使用。

然而，由于受指示剂变色范围、滴定突跃范围和人眼辨别颜色变化限度的影响，或者溶液浑浊难以用眼睛清晰辨别，有时导致没有合适的指示剂，无法准确判定滴定终点，使得以指示剂指示终点的化学滴定分析的应用受到了很大的限制。针对这一问题，利用指示电极在滴定过程中电位的变化及化学计量点附近电位的突跃来确定滴定终点的电位滴定法得到了大量的研究和应用。电位滴定法是通过逐次加入滴定液，随着滴定剂的加入，发生化学反应，待测离子或与之有关离子的浓度发生变化，指示电极的电位也随着发生变化，记录每次的电位测量值，在化学计量点附近，电位发生突跃，通过计算滴定曲线上的拐点体积得到滴定终点。

电位滴定法是通过传感器（指示电极）测量滴定过程中电位的突变来指示滴定终点的

一类电化学分析法。测定的依据是:待测离子的活度与其电位之间的关系遵守能斯特方程,即

$$\varphi=\varphi^{\ominus}+\frac{0.059\ \mathrm{V}}{n}\lg\frac{[\mathrm{Ox}]}{[\mathrm{Red}]} \tag{1.3A.1}$$

此式给出了电位与溶液中对应离子活度的简单关系。对于氧化还原体系,应用式(1.3A.1),通过测定一个可逆电池的电位来确定溶液中某组分的离子活度或浓度的方法就是电位法。

用电位滴定法测定弱酸解离常数 K 时,可采用玻璃电极和参比电极(如甘汞电极)组成测量电池,例如:

$$\mathrm{pH}\ 玻璃电极\ \left|\ \mathrm{H^+}(c=x)\ \right|\ \mathrm{KCl(s)},\mathrm{Hg_2Cl_2},\mathrm{Hg} \tag{1.3A.2}$$

溶液 pH:

$$\mathrm{pH}_x=\mathrm{pH}_s+\frac{E_{电池x}-E_{电池s}}{0.059\ \mathrm{V}} \tag{1.3A.3}$$

作图法,以 pH 为纵坐标,以加入滴定剂体积 V 为横坐标,绘制 pH-V 电位滴定曲线,曲线斜率最大处所对应的滴定剂体积为终点体积。即在一阶微商曲线中,曲线的极大值所对应的滴定剂体积为终点体积。

当用 NaOH 标准溶液滴定弱酸溶液时,仪器可直接给出 pH 随 NaOH 体积变化的 pH-V 滴定曲线。通过微分可得到滴定终点时消耗的 NaOH 体积,并由此计算出终点时弱酸盐浓度 $c_{盐}$,再根据下式算出弱酸解离常数 K_a。

$$[\mathrm{OH^-}]=\sqrt{K_b c_{盐}}=\sqrt{\frac{K_w}{K_a}c_{盐}} \tag{1.3A.4}$$

则

$$K_a=\frac{K_w c_{盐}}{[\mathrm{OH^-}]^2} \tag{1.3A.5}$$

现代自动电位滴定仪迅速发展,具塞式滴定管的分辨率已达万分之一;它的搅拌器,滴定装置都由主机自动控制启动、停止和滴定速度;滴定步骤可编制成为方法保存,滴定数据自动记录在仪器内;仪器自动判定滴定结束的条件,过程停止后,仪器内的微控制器会自动计算出终点和测量结果,当方法参数不能判断终点时,可以修改参数后重新计算,并可保留许多历史测量数据供随时查看。本次实验所用到的实验装置如图 1-3A-1 所示。

等量滴定,每次加入的体积是恒定的,为了提高测定效率,可以预先加入一定体积的滴定溶液,在每一点等待电位漂移值达到要求数值或等待固定时间,记录测量值。计算曲线的一阶差分,(根据不同算法)选取电位变化最大处的 3~4 个相邻测量点,根据测量值的变化按预定算法进行内插,得到拐点位置,即为终点,如图 1-3A-2 所示。

一般在计量点附近会有相对大的电位变化,出现电位突跃,如果每次加液体积过大,计算出终点电位和体积就会有一定误差,那么只能减小每次加液体积,这样一来会降低滴定效率,故此模式多用于动态滴定不适用的滴定。

电位滴定法的精度主要由终点判断的误差决定。在突跃范围过窄的条件下,由于噪声干扰和电位测量误差,限制了每次加入的体积的调整范围,分析精度会降低。不难发现,在突跃范围过窄的条件下的噪声干扰和电位测量误差是影响电位滴定精度的重要因素。除开发性能更好的电极和改进电路设计外,许多研究工作使用了化学计量法来改进终点判断的精度。

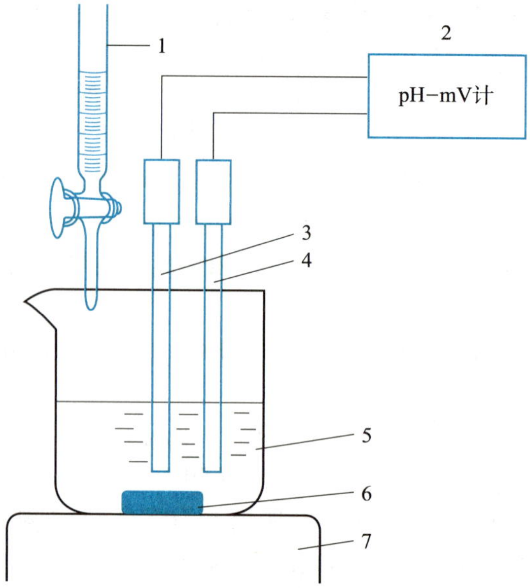

1—滴定管；2—pH-mV 计；3—指示电极；4—参比电极；5—试液；6—搅拌子；7—电磁搅拌器

图 1-3A-1 电位滴定法测定弱酸解离常数实验装置示意图

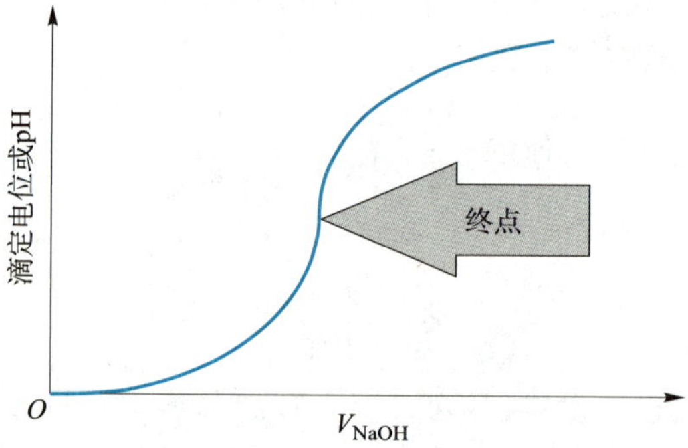

图 1-3A-2 等量滴定电位或 pH 对滴定体积的变化曲线图

以加入滴定剂的体积 V 为横坐标，以$\frac{\Delta pH}{\Delta V}$为纵坐标，画出滴定曲线，如图 1-3A-3 所示。曲线的最高点即为滴定终点。由最高点引横轴的垂线，交点就是消耗滴定剂的体积。

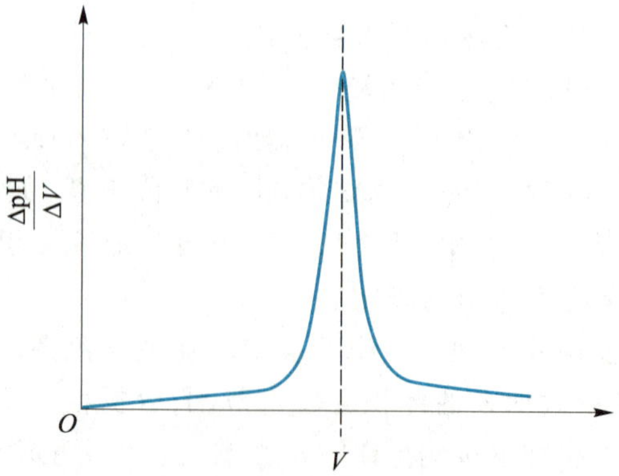

图 1-3A-3 $\frac{\Delta pH}{\Delta V}$-$V$ 曲线图

三、仪器与试剂

1. 实验仪器

自动电位滴定计 1 套;pH 玻璃电极;饱和甘汞电极 1 支;磁力搅拌器 1 台;滴定装置 1 套;100 mL 烧杯 1 个;搅拌子 1 个。

2. 试剂及耗材

0.1000 mol·L^{-1} NaOH 标准溶液;HAc(AR)。

四、实验步骤

1. 弱酸的电位滴定

(1) 小心摘去 pH 玻璃电极的塑料外套,将其固定在电极架上,将导线与仪器连接安装好。

(2) 打开仪器和搅拌器的电源,按要求调试好仪器,将测量选择开关置于 pH 挡。

(3) 用 pH=7 的标准缓冲溶液校准 pH 计。

(4) 准确移取 25 mL 0.1 mol·L^{-1}醋酸溶液至一干净的 100 mL 烧杯中。烧杯置于滴定装置的搅拌器上,将电极架下移,使 pH 玻璃电极和饱和甘汞电极插入试液。用碱式滴定管逐渐滴加 0.1000 mol·L^{-1} NaOH 标准溶液,并在搅拌的条件下读取 pH。刚开始滴定时 NaOH 溶液可多加一些,然后逐渐减少。接近终点时每次加 0.1 mL。

将 pH 计显示的 pH 和滴定液体积变化记录于表 1-3A-1 中。

表 1-3A-1　pH 和滴定液体积(V)记录表

V/mL	pH	ΔpH/ΔV	V/mL	pH	ΔpH/ΔV

2. 测量

用一级微商法算出终点 pH 后,可用自动电位滴定计进行自动滴定,绘制 pH-V,$\frac{\Delta \text{pH}}{\Delta V}$-$V$ 曲线图并导出。

五、注意事项

（1）玻璃电极使用时必须小心，以防损坏。

（2）新的或长期未用的玻璃电极在使用前应在蒸馏水或稀盐酸中浸泡 24 h。

（3）所使用的反应容器一定要冲洗干净，实验过程中搅拌子位置及搅拌速度需要保持一致。

（4）滴定时，在滴入 NaOH 溶液后须等待 pH 计读数稳定，不可提前滴入第二滴。滴定速度过快可能引起局部 NaOH 浓度过高，造成实验误差。

（5）NaOH 溶液具有一定的腐蚀性，防止和皮肤发生接触。

六、数据处理与分析

（1）绘制 pH-V 图（图 1-3A-4）与 $\dfrac{\Delta pH}{\Delta V}$-$V$ 图，并从图上找出终点体积，并换算为[OH^-]。

$$V=12.53\ mL \quad pH=8.81$$

即

$$[OH^-]=1.0\times10^{-5.19}\ mol\cdot L^{-1}$$

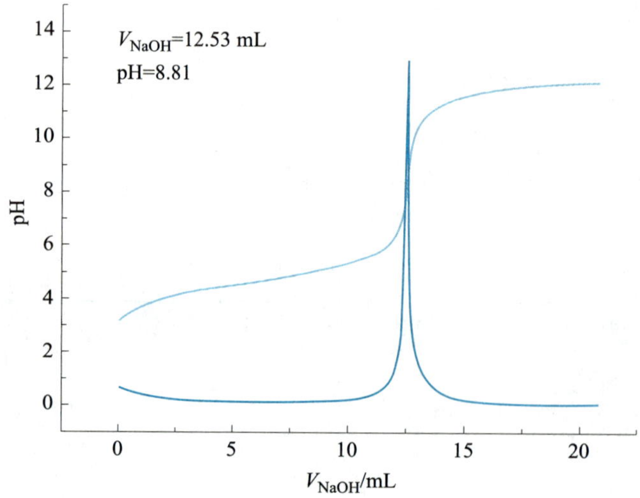

图 1-3A-4 pH-V 曲线图

（2）由终点体积计算一元弱酸的原始浓度：

$$c_x=\frac{c_{碱}V_{终}}{V_{HAc}}=\frac{0.1000\times12.53}{25.00}\ mol\cdot L^{-1}=0.0501\ mol\cdot L^{-1}$$

（3）计算终点时弱酸盐的浓度 $c_{盐}$：

$$c_{盐}=\frac{(cV)_{NaOH}}{V_{NaOH}+V_{HAc}}=\frac{0.1000\times12.53}{12.53+25.00}\ mol\cdot L^{-1}=0.0334\ mol\cdot L^{-1}$$

（4）计算弱酸的解离常数 K_a：

$$K_a=\frac{K_w c_{盐}}{[OH^-]^2}=\frac{1\times10^{-14}\times0.0334}{(1.0\times10^{-5.19})^2}=8.02\times10^{-6}$$

七、思考题

（1）测定未知溶液 pH 时，为什么要用 pH 标准缓冲溶液进行校准？

(2) 测得的弱酸 K_a 与文献值比较是否有差异？如有，说明原因。

(3) 用 NaOH 标准溶液滴定 H_3PO_4 溶液，滴定曲线形状是什么样的？如何计算 K_{a1}，K_{a2} 和 K_{a3}？

(4) 影响终点判断准确度主要有以下两个因素，包括滴定终点的敏锐度和曲线的对称性，它们分别受什么条件的影响？

八、参考文献

（华中科技大学　肖菲）

实验 1-3B　电位滴定法确定全钒液流电池电解液中不同价态钒离子的含量

一、实验目的

(1) 能够应用能斯特方程阐述电极电势与电解液中氧化还原电对活度（或浓度）之间的关系，能够利用能斯特方程计算电解液中不同价态钒离子的浓度。

(2) 能够阐述电位滴定法依据的原理和实验中的主要操作步骤。

(3) 能够阐述 pH 计的基本结构和工作原理，能够利用 pH 计作为电位计进行手动电位滴定分析，理解自动滴定仪的原理。

(4) 能够绘制电极电势-滴定液体积（$E-V$）曲线和 $\Delta E/\Delta V-V$ 一阶微商曲线，能够使用一阶微商曲线确定滴定终点。

(5) 能够拓展仪器分析方法在新能源领域中的定性和定量分析应用。

二、实验原理

1. 全钒液流电池及其电解液

全钒液流电池电解液中的活性材料均含有钒元素，负极电解液中氧化还原电对为 V^{3+}/V^{2+}，正极电解液中氧化还原电对为 VO_2^+/VO^{2+}，这些不同价态的钒离子均溶解在硫酸中。全钒液流电池通过负极侧 V^{3+}/V^{2+} 和正极侧 VO_2^+/VO^{2+} 的氧化还原反应能实现电能和化学能的相互转化，充放电过程如反应（1.3B.1）—反应（1.3B.3）所示。

负极侧：

$$V^{3+}+e^- \underset{\text{放电}}{\overset{\text{充电}}{\rightleftharpoons}} V^{2+} \qquad \varphi^{\ominus}=-0.255\ \text{V(vs.SHE)} \tag{1.3B.1}$$

正极侧：

$$VO^{2+}+H_2O \underset{放电}{\overset{充电}{\rightleftharpoons}} VO_2^+ + 2H^+ + e^- \qquad \varphi^\ominus = 0.991\ V(vs.SHE) \tag{1.3B.2}$$

电池总反应：

$$VO^{2+}+H_2O+V^{3+} \underset{放电}{\overset{充电}{\rightleftharpoons}} VO_2^+ + 2H^+ + V^{2+} \qquad E^\ominus = 1.246\ V(vs.SHE) \tag{1.3B.3}$$

全钒液流电池电解液中各种价态的钒离子浓度的准确分析检测是全钒液流电池技术开发、电池运行和维护、电解液制备的基础。因此，全钒液流电池中各种价态钒离子含量的测定非常重要。商品化的电解液是+3.5 价的钒离子溶液（即 V^{3+} 和 VO^{2+} 在电解液中各占一半），钒离子浓度的准确定量分析也是检验商品电解液是否合格的关键途径。

2. 电位滴定原理

（1）pH 计的基本结构　pH 计的主要部件包括复合电极、高输入阻抗计（high input impedance meter）和放大器（amplifier），有的 pH 计还带有温度探针。

复合电极是 pH 计用于测量氢离子浓度的部件，它包括一根传感器电极（pH 玻璃电极）和一根参比电极。通常参比电极的导电材料使用 Ag/AgCl，浸泡在 KCl 溶液中，通过一个玻璃或陶瓷隔膜与待测溶液导通。pH 玻璃电极的金属材料通常使用银丝，浸泡在 AgCl 饱和的 0.1 $mol\cdot L^{-1}$ 盐酸中，这些盐酸通过玻璃薄膜（球形玻璃泡）在复合电极内部与参比电极侧溶液隔开，在复合电极顶端与待测溶液隔开，如图 1-3B-1 所示。pH 玻璃电极对氢离子敏感，当 pH 电极玻璃泡内外氢离子的相对浓度发生变化时，玻璃电极和参比电极之间的电压也会发生毫伏级的变化。这个变化的电压由高输入阻抗计测量并通过放大器进行信号处理后输出电势值或 pH。电势 E 与 pH 的关系如式（1.3B.4）和式（1.3B.5）所示。

$$E=\varphi_{pH玻璃}-\varphi_{参比} \tag{1.3B.4}$$

$$E=E^\ominus+\frac{2.303RT}{nF}\lg a_{H+} \tag{1.3B.5}$$

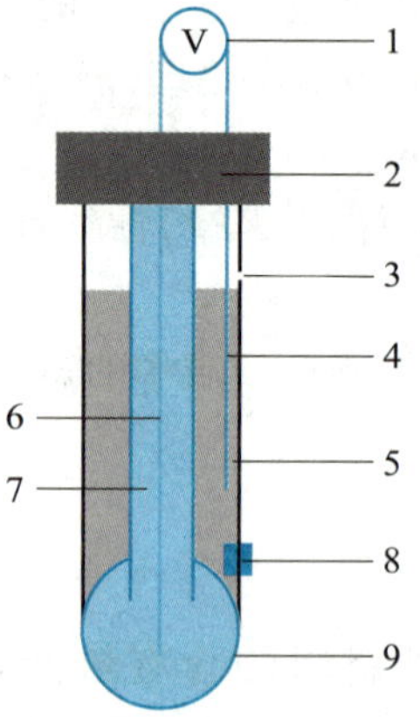

1—高输入阻抗计（电压表）；2—密封件；3—参比电极侧溶液加液孔；4—Ag/AgCl 电极；5—KCl 溶液；6—银丝；7—0.1 $mol\cdot L^{-1}$ 盐酸；8—玻璃隔膜；9—pH 电极玻璃泡

图 1-3B-1　pH 计的基本结构示意图

（2）pH 计改装为电位计的原理　由 pH 计的工作原理可知，pH 计中有一个高灵敏度的电压表（高输入阻抗计），因此可借助这个电压表用于测量指示电极和参比电极之间的电压，从而将其改造为一个电位计。通过 pH 计的外部接口（图 1-3B-2），参比电极接到参比电极接线柱，指示电极接到 pH 电极接线柱，即可搭建本实验的实验装置，装置如图 1-3B-3 所示。

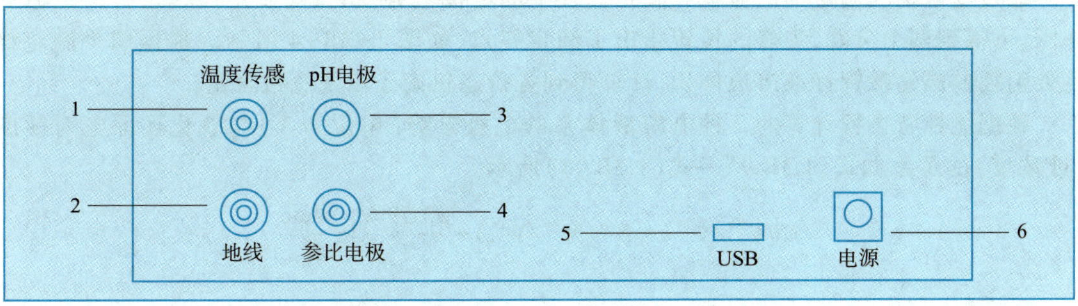

1—温度传感器接线柱；2—地线接线柱；3—pH 电极接线柱；4—参比电极接线柱；5—USB 接口；6—电源线插座

图 1-3B-2 pH 计背面板接口示意图

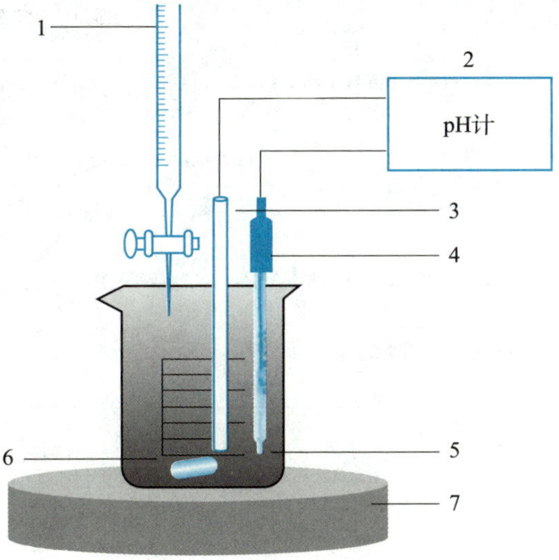

1—滴定管；2—pH 计；3—铂电极；4—参比电极；5—待测溶液；6—搅拌子；7—磁力搅拌器

图 1-3B-3 pH 计改装为电位计进行电位滴定装置示意图

（3）滴定原理及滴定终点指示原理 本实验利用 V^{2+}、V^{3+} 和 VO^{2+} 等钒离子被高锰酸钾氧化到高价态引起的电极电势变化进行滴定，发生的反应如反应（1.3B.6）—反应（1.3B.8）所示。被滴定的电解液可选择负极电解液（V^{3+}/V^{2+}）、正极电解液（VO_2^+/VO^{2+}）和商品电解液（VO^{2+}/V^{3+}）3 种体系。

$$MnO_4^- + 5V^{2+} + 8H^+ = Mn^{2+} + 5V^{3+} + 4H_2O \quad (1.3B.6)$$

$$MnO_4^- + 5V^{3+} + H_2O = Mn^{2+} + 5VO^{2+} + 2H^+ \quad (1.3B.7)$$

$$MnO_4^- + 5VO^{2+} + H_2O = Mn^{2+} + 5VO_2^+ + 2H^+ \quad (1.3B.8)$$

本实验中以滴定商品电解液为例。商品电解液中含有的钒离子为 V^{3+} 和 VO^{2+}，随着滴定剂高锰酸钾溶液的持续滴入，V^{3+} 首先被氧化为 VO^{2+}，V^{3+} 全部被氧化后，VO^{2+} 开始被氧化为 VO_2^+。因此在滴定过程中将出现两个离子浓度比值的急剧变化点：V^{3+} 即将被耗尽时的 $[VO^{2+}]/[V^{3+}]$ 和 VO^{2+} 即将被耗尽时的 $[VO_2^+]/[VO^{2+}]$，这两个点即滴定分析中的计量点。

因此,指示电极的电极电势在计量点附近发生电势突跃。

通过记录消耗滴定剂的体积和滴定过程中的电极电势变化,对滴定曲线进行一级微商作图,可得到两个尖峰,尖峰的位置指出了滴定终点,如图 1-3B-4 所示。根据两个滴定终点处消耗的高锰酸钾标准溶液体积,计算得到各价态钒离子以及总钒含量。

根据能斯特方程计算的 3 种电解液体系的电极电势(单位为 V)与氧化还原电对活度(或浓度)的关系如式(1.3B.9)—式(1.3B.11)所示。

$$E(V^{3+}/V^{2+})=E^{\ominus}(V^{3+}/V^{2+})+\frac{0.059\ \text{V}}{1}\lg\frac{a_{V^{3+}}}{a_{V^{2+}}}$$

$$=-0.255\ \text{V}+0.059\ \text{V}\ \lg\frac{a_{V^{3+}}}{a_{V^{2+}}} \qquad (1.3B.9)$$

$$E(VO^{2+}/V^{3+})=E^{\ominus}(VO^{2+}/V^{3+})+\frac{0.059\ \text{V}}{1}\lg\frac{a_{VO^{2+}}}{a_{V^{3+}}}+\frac{0.059\ \text{V}}{1}\lg\frac{a_{H^+}^2}{1}$$

$$=0.337\ \text{V}+0.059\ \text{V}\ \lg\frac{a_{VO^{2+}}}{a_{V^{3+}}}-0.059\ \text{V}\times 2\text{pH} \qquad (1.3B.10)$$

$$E(VO_2^+/VO^{2+})=E^{\ominus}(VO_2^+/VO^{2+})+\frac{0.059\ \text{V}}{1}\lg\frac{a_{VO_2^+}}{a_{VO^{2+}}}+\frac{0.059\ \text{V}}{1}\lg\frac{a_{H^+}^2}{1}$$

$$=1.000\ \text{V}+0.059\ \text{V}\ \lg\frac{a_{VO_2^+}}{a_{VO^{2+}}}-0.059\ \text{V}\times 2\text{pH} \qquad (1.3B.11)$$

式中:E 为电极电势,a 为相应离子的活度(或浓度)。

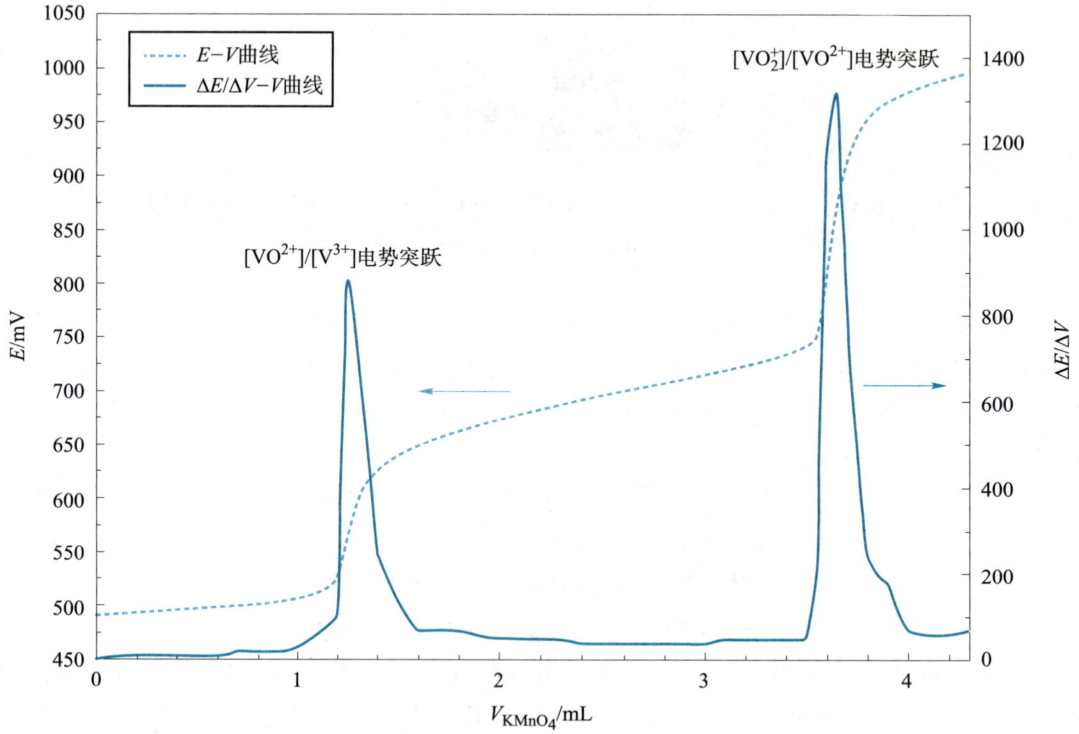

图 1-3B-4 全钒液流电池商用电解液的电位滴定 E–V 曲线及 $\Delta E/\Delta V$–V 曲线示意图

三、仪器与试剂

1. 实验仪器

具有参比电极接线柱和 pH 电极接线柱的 pH 计 1 台；电子分析天平 1 台；磁力搅拌器 1 台；酸式滴定管及铁架台 1 套；铂电极 1 支；饱和甘汞电极 1 支；计算机 1 台。

2. 试剂及耗材

钒电解液（自制）；$KMnO_4$（AR），滴定液浓度为 0.03 $mol\cdot L^{-1}$。

四、实验步骤

1. 搭建电位滴定装置

本实验中指示电极采用铂电极，参比电极采用饱和甘汞电极。因此，铂电极连接 pH 计的 pH 电极接线柱，饱和甘汞电极连接 pH 计的参比电极接线柱。将搅拌子放入 250 mL 烧杯中，再将铂电极和饱和甘汞电极用铁架台固定悬置于烧杯中。注意控制电极下端的位置，要将其浸入待测溶液液面以下，并防止搅拌子触碰电极。将酸式滴定管在铁架台的蝴蝶夹上固定好，调整好滴定管与烧杯的位置。

2. 记录滴定过程中的电势变化和滴定液体积变化

（1）移取总钒浓度为 0.003 $mol\cdot L^{-1}$（1.5 $mol\cdot L^{-1}$稀释 500 倍）钒电解液 150 mL 于 250 mL 烧杯中，打开磁力搅拌器。

（2）将 50 mL 高锰酸钾标准溶液移入酸式滴定管，在表 1-3B-1 中记录滴定液体积和电极电势。

（3）开始滴加高锰酸钾标准溶液，滴加速度控制在 1 $mL\cdot min^{-1}$，每滴加 0.1 mL 滴定液记录电极电势值。

（4）滴定至电极电势约 400 mV 时开始缓慢逐滴滴加，此时每升高 10 mV 记录一次滴定液体积，电极电势升至约 650 mV 时停止滴加，获得第一个电势突跃点。

（5）继续滴加高锰酸钾标准溶液，滴加速度控制在 1 $mL\cdot min^{-1}$。滴定至电势约 700 mV 时缓慢逐滴滴加，此时每升高 10 mV 记录一次滴定液体积，待电极电势升至约 1000 mV 停止滴加，获得第二个电势突跃点。

3. 绘制电位滴定 E–V 曲线及 $\Delta E/\Delta V$–V 曲线

根据表 1-3B-1 中记录的电极电势值和滴定液体积绘制电位滴定 E–V 曲线。然后进行一阶微商处理绘制 $\Delta E/\Delta V$–V 曲线，如图 1-3B-4 所示。

4. 计算 V^{3+} 和 VO^{2+} 的浓度

计算得出 V^{3+}、VO^{2+} 及总钒的浓度，将计算结果填入表 1-3B-2。

五、注意事项

（1）滴定时，在滴入的 $KMnO_4$ 溶液没有完全褪色前，不可滴入第二滴。滴定速度过快可能引起局部 $KMnO_4$ 浓度过高分解，放出氧气并生成 MnO_2 固体，造成实验误差。

（2）钒电解液中的 V^{2+}、V^{3+} 和 VO^{2+} 等钒离子在空气中都容易被氧化到最高价态，因此钒电解液滴定前不能长时间与空气接触，防止造成实验误差。制备好的钒电解液应用氮气保护并密封保存。

（3）钒电解液中的高价钒和硫酸都具有一定的腐蚀性，防止和皮肤发生接触。

六、数据处理与分析

1. 记录电位滴定数据

将 pH 计显示的电极电势和滴定液体积变化记录于表 1-3B-1 中。

表 1-3B-1 电极电势（E）和滴定液体积（V）记录表

V/mL	E/mV	$\Delta E/\Delta V$	V/mL	E/mV	$\Delta E/\Delta V$	V/mL	E/mV	$\Delta E/\Delta V$

2. 绘制电位滴定 E-V 曲线及 $\Delta E/\Delta V$-V 曲线

根据表 1-3B-1 中记录的电极电势和滴定液体积绘制电位滴定 E-V 曲线。并进行一阶微商处理绘制 $\Delta E/\Delta V$-V 曲线，示例如图 1-3B-4 所示。根据作出的曲线分析 V^{3+} 和 VO^{2+} 即将被耗尽时的电极电势和对应的高锰酸钾体积。

3. 计算 V^{3+} 和 VO^{2+} 的浓度

通过式（1.3B.12）和式（1.3B.13）计算得出 V^{3+}、VO^{2+} 及总钒的浓度，将计算结果填入表 1-3B-2。将计算结果代入式（1.3B.10）和式（1.3B.11），验证结果的准确性。

$$c_{V^{3+}} = 5\times\frac{V_1\times c_{KMnO_4}}{150}\times 500 \tag{1.3B.12}$$

$$c_{VO^{2+}} = 5\times\frac{(V_2-V_1)\times c_{KMnO_4}}{150}\times 500 \tag{1.3B.13}$$

表 1-3B-2　电解液浓度的计算结果记录表

电解液	$V^{3+}/(mol\cdot L^{-1})$	$VO^{2+}/(mol\cdot L^{-1})$	总钒浓度$/(mol\cdot L^{-1})$
A 组			
B 组			

七、思考题

（1）本实验记录的电极电势反应了电解液的什么变化？与通过能斯特方程求得的电势有什么不同？

（2）为什么本实验中的电极电势的变化没有考虑氢离子浓度变化的影响？也没有考虑 MnO_4^{2-} 和 Mn^{2+}浓度变化的影响？

（3）滴定全钒液流电池的正极电解液时电极电势是否还是出现两次突跃？按照本实验的方法能否求出正极电解液的总钒浓度？为什么？如何测得正极电解液的总钒浓度？

（4）本实验中制备的硫酸氧钒电解液总浓度约为 1.5 $mol\cdot L^{-1}$,电位滴定计算得到电解液总钒浓度是否与之一致？为什么？

八、知识拓展

1. $VOSO_4$ 电解液的制备

试剂：V_2O_5(AR)，$H_2C_2O_4$(AR)，H_3PO_4(85%)(AR)，H_2SO_4(98%)(AR)。

以五氧化二钒、硫酸和草酸为原料，制备硫酸氧钒（$VOSO_4$）电解液的反应方程式为

$$V_2O_5+(COOH)_2+2H_2SO_4 \xlongequal{} 2VOSO_4+4H_2O+2CO_2\uparrow \qquad (1.3B.14)$$

由反应（1.3B.14）可知制得 2 mol $VOSO_4$ 同时生成 4 mol H_2O。制备 10 mL $VOSO_4$ 电解液，反应后产生 $VOSO_4$ 电解液的体积为 10.8 mL。制备 10 mL 1.5 $mol\cdot L^{-1}$ $VOSO_4$ 电解液，需称取 V_2O_5 固体的质量为 1.4732 g，称取草酸固体的质量为 1.0722 g。

制备过程：取 1.4732 g V_2O_5 固体和 10 mL 4 $mol\cdot L^{-1}$ H_2SO_4 溶液于圆底烧瓶中，加回流装置，放入水浴锅恒温 80 ℃ 搅拌 10 min。向烧瓶加入 1.0722 g 草酸固体，恒温 80 ℃ 搅拌 4 h。反应结束后，冷却电解液，制得 1.5 $mol\cdot L^{-1}$ $VOSO_4$ 电解液。电解液移入容量瓶或细口瓶充入氮气密封保存。

2. 商用钒电解液的制备

采用 H 形电解池或液流电池装置，以石墨棒或碳毡为导电材料，电化学还原 $VOSO_4$ 电解液制备+3.5 价钒电解液。反应方程式如反应（1.3B.15）和反应（1.3B.16）所示。正极和负极电解液均为 5 mL 1.5 $mol\cdot L^{-1}$ $VOSO_4$ 电解液，以 100 mA 恒电流对电解池极化（充电）60 min。充电完成后，负极侧为接近+3.5 价的钒电解液，正极侧为接近+4.5 价的钒电解液。本实验中无须制得严格+3.5 价的钒电解液。负极侧和正极侧的电解液可进行分组电位滴定。

电解反应的方程式如下：

正极侧：

$$VO^{2+}+H_2O \xlongequal{} VO_2^{+}+e^{-}+2H^{+} \qquad (1.3B.15)$$

负极侧：

$$VO^{2+}+e^{-}+2H^{+}=\!=\!=V^{3+}+H_2O \quad (1.3B.16)$$

3. 高锰酸钾滴定液的配制和标定

试剂：$KMnO_4$(AR)，$Na_2C_2O_4$(AR)。

配制高锰酸钾标准溶液($0.03\ mol\cdot L^{-1}$)：称取 1.185 g 高锰酸钾固体于 250 mL 烧杯中，采用恒温磁力搅拌器加热至沸腾，并保持微沸 1 h，冷却，补水定容至 250 mL 容量瓶中，置于暗处常温保存 7 天，待标定。

标定高锰酸钾标准溶液：准确称取 3.0 g 草酸钠固体于 100 mL 烧杯中，溶解后补水定容至 250 mL 容量瓶中($0.09\ mol\cdot L^{-1}$)；取 25 mL 上述草酸钠溶液，加入 4 mL $3\ mol\cdot L^{-1}$硫酸，采用恒温磁力搅拌器在水浴锅中加热至 75～85 ℃，趁热用高锰酸钾标准滴定溶液滴定至粉红色，且半分钟内不褪色，记下高锰酸钾标准溶液消耗的体积为 V_{KMnO_4}，由式(1.3B.18)计算得高锰酸钾标准溶液的浓度 c_{KMnO_4}。

$$2MnO_4^{-}+5C_2O_4^{2-}+16H^{+}=\!=\!=2Mn^{2+}+10CO_2\uparrow+8H_2O \quad (1.3B.17)$$

$$c_{KMnO_4}=\frac{\frac{2}{5}\times\frac{m_{NaC_2O_4}}{M_{NaC_2O_4}}\times\frac{25}{250}}{V_{KMnO_4}} \quad (1.3B.18)$$

4. 利用硫酸亚铁铵滴定钒电解液的原理

试剂：钒电解液(自制)，总钒含量 $1.5\ mol\cdot L^{-1}$；$(NH_4)_2Fe(SO_4)_2$(AR)。

采用硫酸亚铁铵标准溶液进行电位滴定，硫酸亚铁铵作为还原剂，与钒离子发生氧化还原反应，VO_2^{+} 被还原的过程如反应(1.3B.19)所示，根据硫酸亚铁铵标准溶液的消耗量 V_3，由式(1.3B.20)和式(1.3B.21)计算得钒电解液中 VO_2^{+} 浓度。

$$VO_2^{+}+Fe^{2+}+2H^{+}=\!=\!=VO^{2+}+Fe^{3+}+H_2O \quad (1.3B.19)$$

$$E(Fe^{3+}/Fe^{2+})=E^{\ominus}(Fe^{3+}/Fe^{2+})+\frac{0.059\ V}{1}\lg\frac{a_{Fe^{3+}}}{a_{Fe^{2+}}}$$

$$=0.771\ V+0.059\ V\lg\frac{a_{Fe^{3+}}}{a_{Fe^{2+}}} \quad (1.3B.20)$$

$$c_{VO_2^{+}}=\frac{V_3\times c_{(NH_4)_2Fe(SO_4)_2}}{0.5\ mL} \quad (1.3B.21)$$

式中：0.5 mL 为钒电解液体积。

九、参考文献

（西北大学 杨鹰）

实验 1-4 库仑滴定法测定硫代硫酸钠的浓度

一、实验目的

(1) 能够掌握库仑滴定法的原理及电位分析法指示滴定终点的方法。

(2) 能够学会应用法拉第定律求算未知物浓度。

二、实验原理

库仑滴定法也称恒电流库仑分析法,它是在恒定电流的条件下电解,由电极反应产生的电生“滴定剂”与待测物质发生反应,用电化学方法(也可用化学指示剂)确定“滴定”的终点,由恒电流的大小和到达终点需要的时间计算出消耗的电荷量,根据法拉第定律求得待测物质的含量。

本实验的装置,分为“电解系统”和“指示系统”,如图 1-4-1 所示。电解系统的阳极(工作电极,WE)为双 Pt 片,阴极(辅助电极,AE)为插入套管中的 Pt 丝(内置 3 $mol\cdot L^{-1}$ H_2SO_4 溶液)。工作阳极进行氧化反应:$2I^- - 2e^- = I_2$;阴极进行还原反应:$2H^+ + 2e^- = H_2$。指示系统的电极分别为单铂片(作为指示电极,IE)与插入饱和 K_2SO_4 溶液的钨棒(作为参比电极,RE)。

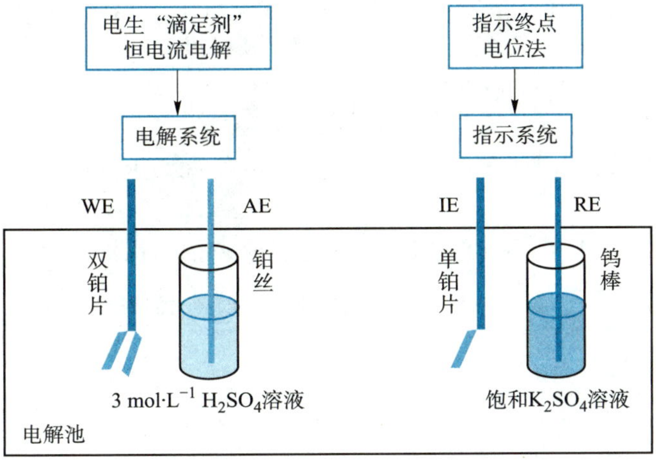

图 1-4-1 库仑滴定法的装置原理图

在酸性介质中,0.1 $mol\cdot L^{-1}$ KI 在 Pt 阳极上电解产生“滴定剂”I_2“滴定”$S_2O_3^{2-}$,滴定反应为

$$I_2 + 2S_2O_3^{2-} \rightleftharpoons S_4O_6^{2-} + 2I^- \qquad (1.4.1)$$

用电位滴定法指示终点。根据法拉第定律,由电解时间和通入的电流计算 $Na_2S_2O_3$ 浓度。

三、仪器与试剂

1. 实验仪器

ZDJ-5 库仑滴定仪(雷磁,上海精密科学仪器有限公司)及其配套组合电极 4 支和电解杯 2 个;1 mL 移液枪 1 支;10 mL 量杯 2 个;搅拌子 2 个;镊子 1 把。

2. 试剂及耗材

饱和 K_2SO_4 溶液;0.1 mol·L^{-1} KI 溶液;未知浓度 $Na_2S_2O_3$ 溶液(浓度约为 3×10^{-3} mol·L^{-1})。

四、实验步骤

(1) 准备电解装置。

① 用去离子水仔细清洗四个电极、电解杯及搅拌子。

② 向电解杯中加入 5 mL 0.1 mol·L^{-1} KI 溶液,5 mL 饱和 K_2SO_4 溶液,准确移取1.00 mL 未知浓度 $Na_2S_2O_3$ 溶液于电解池中,放入搅拌子,加去离子水将 4 个电极浸没。

③ 把电解电极和指示电极分别连接至仪器的电解系统和终点指示系统的对应端口。

(2) 全自动库仑滴定。

① 打开仪器,设置电解参数。电解电流:1 mA;平衡时间:2 s;最小电解时间:2 s;最大电解时间:350 s。

② 开始滴定,仪器自动电解并实时显示滴定曲线和滴定数据,自动判断终点。发现滴定终点后,仪器自动显示终点的电解时间。随后终止滴定,记录终点电解时间。

(3) 重复实验。认真清洗电极、搅拌子及电解池。更换电解液,做平行滴定 3 次,以 3 次数据偏差±3 s 视为合格。

(4)清洗电极及电解池、搅拌子,关闭仪器。

五、数据处理与分析

(1) 按式(1.4.2)计算未知浓度 $Na_2S_2O_3$ 溶液浓度(mol·L^{-1}):

$$c(Na_2S_2O_3)=\frac{it}{96485V} \tag{1.4.2}$$

式中:电流 i,单位为 mA;电解时间 t,单位为 s;所移取未知浓度 $Na_2S_2O_3$ 溶液的体积 V,单位为 mL。

(2) 将数据记录在表 1-4-1 中,并计算浓度的平均值和标准偏差。

表 1-4-1 库仑滴定测定 $Na_2S_2O_3$ 的浓度

电解次数	1	2	3
电解时间/s			
$c(Na_2S_2O_3)/(mol\cdot L^{-1})$			
$\bar{c}/(mol\cdot L^{-1})$			
σ			

注:标准偏差 σ 的计算公式为 $\sigma=\sqrt{\frac{\sum_i (X_i-\bar{X})^2}{n-1}}$。

六、注意事项

(1) 仪器装置的掌握:电极的极性切勿接错,“电解系统”的阴极及“指示系统”的参比电极套管中的溶液不能加错。

（2）每次移取未知浓度的 $Na_2S_2O_3$ 溶液必须准确，移液管上容易挂壁，导致误差较大，可慢慢放出溶液避免这种现象。

（3）记录仪器的实际电流值，并用实际电流值进行计算。

（4）一定要等仪器显示出终点电解时间后，才能停止电解。

七、思考题

（1）试说明电位分析法指示终点的原理。

（2）本实验中是将 Pt 阳极还是 Pt 阴极隔开？为什么？

（3）这里为什么不测量加入去离子水的体积呢？

（4）回顾一下大学化学实验中间接碘量法测定 $Na_2S_2O_3$ 浓度的实验内容。两种方法滴定反应相同，但原理与操作差别很大，试比较一下这两种方法的优缺点。

八、参考文献

（南京大学　吴洁）

电化学仪器

实验 1-5　恒电位仪与氢析出反应测量

一、实验目的

（1）掌握恒电位仪的基本电路图。

（2）掌握运算放大器的功能与工作原理。

（3）合理使用恒电位仪的电位补偿功能，准确测量氢析出反应的极化曲线。

二、实验原理

1. 电化学三电极体系

电化学体系中最受关注的是当电极界面电位改变时，电化学特性参数的变化规律，如电流、阻抗和双电层等。为了简化电极界面过程的研究，通常只关注单根电极的电化学行为，这根电极称为工作电极(WE);另一根电极仅用来构成电流回路,称为辅助电极或对电极(CE)。WE与CE构成两电极体系。在两电极体系中,当施加极化电位后,WE和CE的电位会同时变化。由于CE的电位不恒定,因此两电极体系无法精确控制WE的界面电位。在工业生产中(如工业电解、电镀、电合成及电池等),更关注的是电化学器件的整体效率(如槽压),并不需要准确控制单根电极上的电极电势。因此,两电极体系被广泛应用于工业生产。然而,在基础研究中,研究者需要准确控制WE的界面电位,以便定量研究WE界面处的电化学反应过程。因此,两电极体系在基础理论研究中并不适用。为了准确控制WE的电极电势,需要引入第三根参比电极(RE)。在电化学极化过程中,RE的电位恒定,只需控制WE与RE之间的电位差,即可准确控制WE的电极电势。通过恒电位仪可以准确控制WE与RE之间的电位差。

2. 恒电位仪的工作原理与电路图

恒电位仪的结构框架如图1-5-1所示。计算机软件部分给出电压数字信号,经过单片机中的数模(D/A)转化器,将数字量转换为模拟量;恒电位电路接收模拟量信号后,反馈调节RE与WE之间的电位差值;WE与CE之间构成回路,产生的电流信号通过电流转电压的方式转变为电压信号,进一步转化为模拟量;后经过模数(A/D)转化器,将模拟量转化为数值信号,最后反馈到计算机。

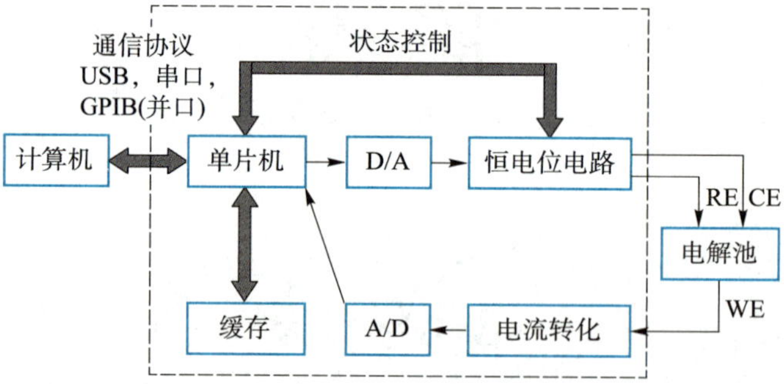

图1-5-1 恒电位仪的结构框架

电路是恒电位仪实现电位控制的核心部分。恒电位仪中的电路主要分为电源电路和恒电位电路,了解并掌握这两部分的基本电路图,才能理解恒电位仪的基本原理。恒电位仪通常使用直流电源。一般实验室电路中使用的是220 V交流电,而电源电路的作用就是将交流电转化为稳定的直流电。图1-5-2显示了恒电位仪的电源电路的示意图。该电路具有三部分功能:变压、整流和滤波。来自实验室电路的220 V交流电经过变压器转换为24 V的交流电,再经过整流桥和滤波器转化为稳定的直流电。

恒电位电路主要由运算放大器和电阻元件组成。运算放大器(OP)是恒电位仪的核心部件,如图1-5-3所示。OP具有两个重要特性:虚短、虚断。OP的电压放大倍数非常高,一般通用OP的开环电压放大倍数在一万倍以上。因此,OP的同相输入端和反相输入端的电压差非常小($U_{in+} \approx U_{in-}$),近似短路,即“虚短”。此外,OP的输入电阻非常大,通用型OP的输入电阻在1 MΩ以上,这导致流入的电流极低,通常在微安(μA)级别,可以近似认为两个输入端无电流流入或流出,即为“虚断”。

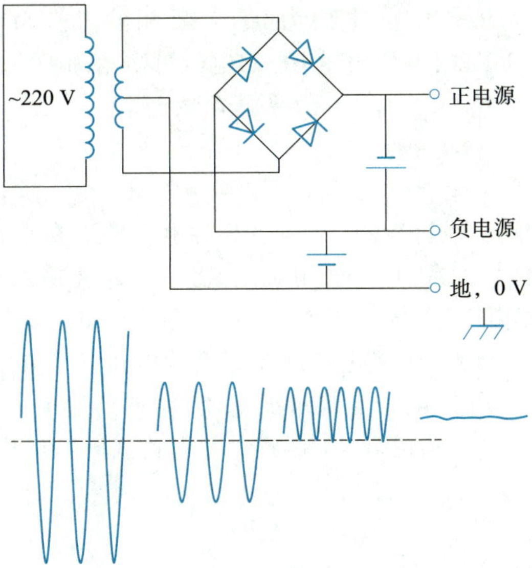

图 1-5-2　恒电位仪的电源电路示意图

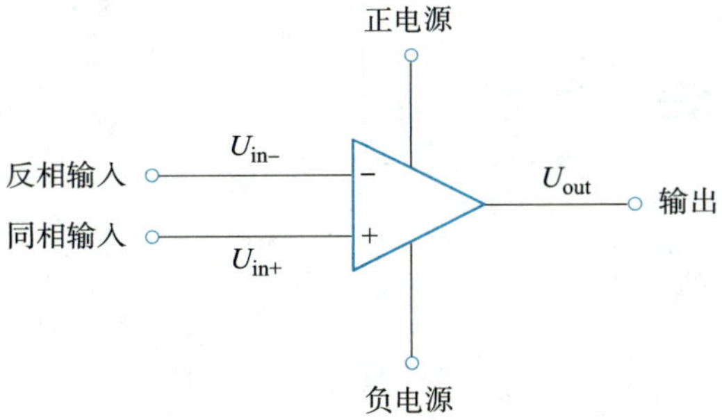

图 1-5-3　运算放大器的结构示意图

在了解 OP 的基本特性后，恒电位电路就相对容易理解，如图 1-5-4 所示。简易的恒电位电路包含三个 OP。OP1 的同相输入端接地。电路板中的地线可作为电位参考点（设定为 0V）。由于 OP1 的"虚短"特性，A 点电位与 B 点电位相等，均为 0 V，即

$$U_A = U_B = 0\ \text{V} \tag{1.5.1}$$

由于"虚短"特性，从 C 端流入的电流经过电阻 R_1，不会流入 OP1，而是直接流向 R_2，到达 D 点。由于 R_1 和 R_2 的阻值相等（均为 R）。D 点和 B 点之间的电位差等于 B 点和 C 点之间的电位差，即

$$U_C - U_B = U_B - U_D \tag{1.5.2}$$

将式（1.5.1）代入式（1.5.2），可得

$$U_C = -U_D \tag{1.5.3}$$

OP2 的同相输入端与 RE 端（E 点）相连，由于 OP2 的"虚短"特性，E 点电位等于 F 点电位，且等于 D 点电位［式（1.5.4）］。由于 OP2 的"虚断"特性，RE 端近乎无电流流通。

$$U_D = U_E = U_F \tag{1.5.4}$$

将式（1.5.3）与式（1.5.4）联立，可得

$$U_C = -U_E \tag{1.5.5}$$

OP3 的同相输入端与地线相连，电位为 0。其反相输入端与 WE 相连（G 点）。由于 OP3 的“虚短”特性，$U_G=0$ V，则 WE 相对 RE 的电位可表示为

$$U_{WE}-U_{RE}=U_G-U_E=-U_E \tag{1.5.6}$$

联立式（1.5.5）与式（1.5.6）可得

$$U_{WE}-U_{RE}=U_C \tag{1.5.7}$$

即 C 点输入的电压信号等于 WE 相对于 RE 的电位差。在电化学研究工作过程中，研究者若需要控制 WE 上的电位为 -1.0 V（相对于 RE），只需要输入电压信号为 -1.0 V（U_C = -1.0 V），即可控制 WE 相对 RE 的电位差为 -1.0 V。由于 OP2 的“虚断”特性，RE 上近似无电流通过，保持电位恒定。因此，可稳定控制 WE 上的电压。当在 WE 上施加电压后，电极上发生电荷转移（如还原反应），电子迁移形成电流，电流经过 G 点，经过电阻 R_3（由于“虚断”特性，电流不能流入 OP3），到达 H 点，再经过外电路流向 CE，构成电流回路。H 点电位与 G 点电位相差为 $i\times R_3$，即

$$U_H=i\times R_3 \tag{1.5.8}$$

式中：R_3 已知。只需测量 U_H，即可得出电流。

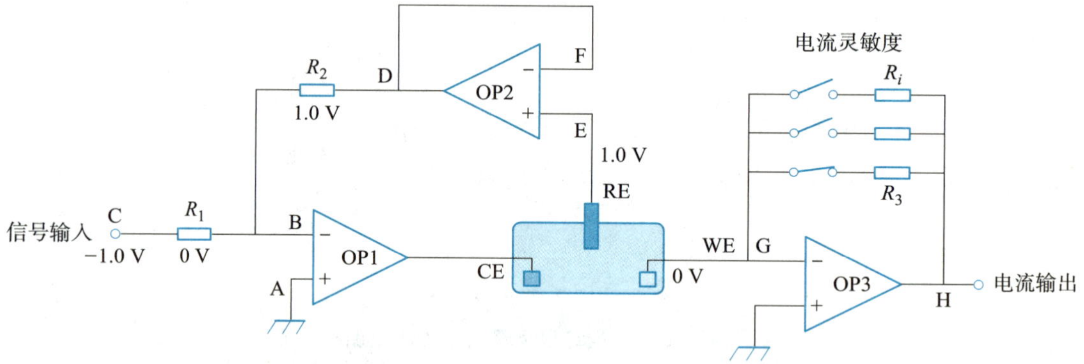

图 1-5-4 典型的恒电位电路示意图

3. 恒电位仪的欧姆补偿功能与正确使用

三电极电化学池的等效电路图如图 1-5-5 所示。Z_f 表示溶液中活性物质的氧化还原反应相关的法拉第阻抗（不考虑活性物质的扩散阻抗）。溶液电阻包括 CE 与 RE 之间的溶液电阻（R_s）及 RE 与 WE 之间的溶液电阻（R_u）。当电流流过电化学反应池时，会产生与溶液电阻和电流值的乘积成比例的电位下降。在控制 WE 的电位时，恒电位仪不能识别溶液中的欧姆降。由于设定电位仅施加在 WE 和 RE 之间，其中包含了溶液电阻引起的电位下降部分，实际施加到 WE 的电位会因这部分电位降而不足。因此，需要对 RE 与 WE 之间溶液电阻进行补偿，如图 1-5-6 所示。

这种未补偿的溶液电阻会产生一些不利因素。例如，循环伏安测量中的峰值电位出现漂移。因此，有必要对溶液电阻进行补偿。相应的处理方法是进行正反馈处理，将电解电流和溶液欧姆电阻所引起的电位降叠加到设定电位上，如图 1-5-7 所示。当测量得到 RE 与 WE 之间的欧姆电阻后，根据拟补偿的阻值与对应的电流值，计算出需要补偿的欧姆降（U_1）。通过调节滑动变阻器（R_5）的阻值，使 A 点的电位值变为 U_1。由于 R_1、R_2、R_4 的阻值相等，C 点电位值等于 A 点电位值加上 B 点电位值。在此情况下，输入端输入 U_2，RE 端设

定的电位值则为 U_1+U_2，从而实现电位补偿的目的。需要注意的是，电位补偿不宜超过 80%，否则可能导致恒电位仪的振荡。

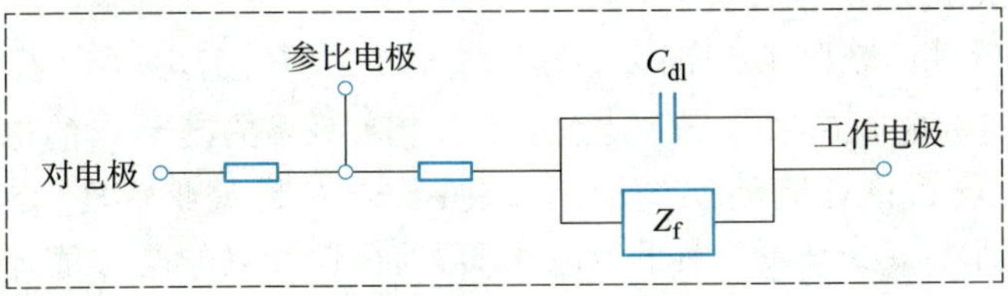

图 1-5-5　三电极电化学池的等效电路图

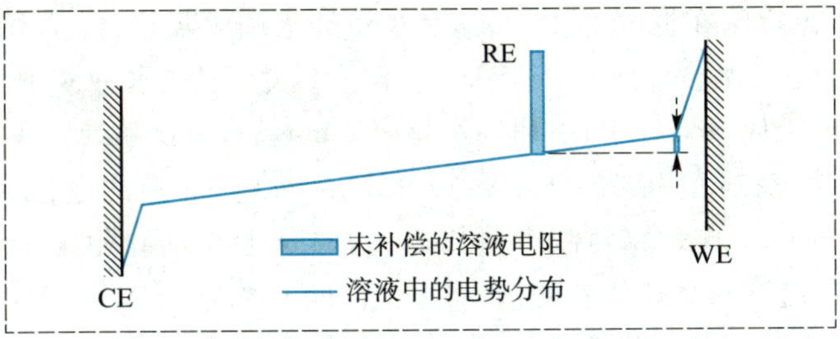

图 1-5-6　WE 与 RE 之间未补偿的溶液电阻示意图

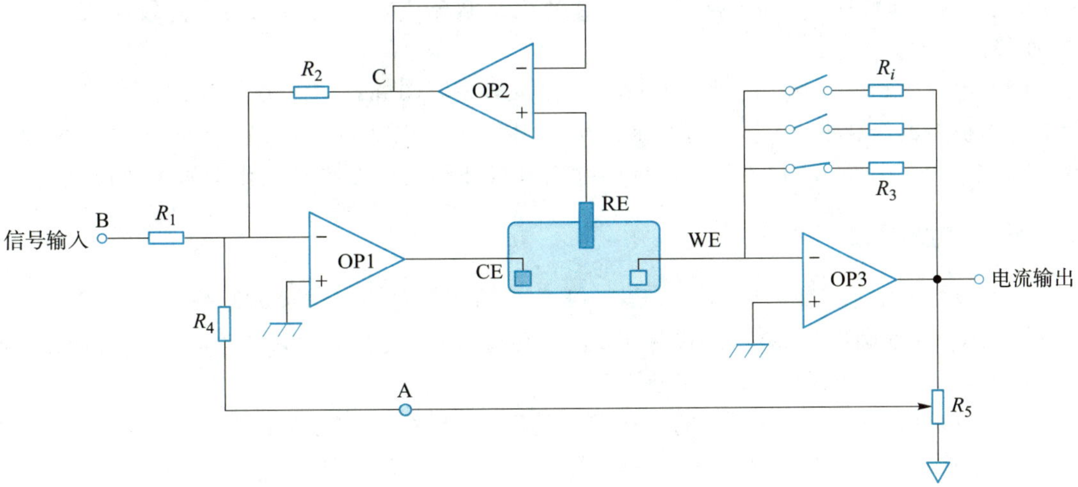

图 1-5-7　用于溶液欧姆电阻补偿的正反馈电路

三、仪器与试剂

1. 实验仪器

恒电位仪；恒电位电路模拟软件。

2. 试剂及耗材

电解池；抛光布；铂电极；饱和甘汞电极；0.5 mol·L^{-1} H_2SO_4 溶液；去离子水；Al_2O_3 抛光粉。

3. 气体

氮气。

四、实验步骤

1. 恒电位模拟电路的电位计算

打开恒电位仪软件的教学原理部分，设定输入电位（U_{in}），RE 与 CE 之间的电阻（R_s），以及 WE 与 RE 之间的电阻（R_u）。现场考查学生计算不同关键节点的电位值，针对计算错误的部分，与学生现场讨论计算错误的原因。注：若未安装专业软件，亦可在其他软件（如 PowerPoint、WPS 演示、Keynote 等）中手绘电路图，进行各节点的电位值计算。

2. 电化学氢析出反应测量

（1）对铂电极表面进行抛光处理：用超纯水润洗抛光布，去除布上的杂质或可能的颗粒物；将适量 Al_2O_3 抛光粉倒在抛光布上，再滴加少量纯水调成浆状，将铂电极垂直置于研磨布上，匀速画“8”字进行机械抛光，抛光 3～5 min。抛光结束，用纯水冲洗电极表面和侧壁去除 Al_2O_3 抛光粉；再将电极放入烧杯中，加超纯水超声 2 min 后，更换超纯水重复超声清洗一次。

（2）电极电化学清扫：在−0.28～1.4 V（vs.SCE，后续电位同）的电位区间，以 500 $mV\cdot s^{-1}$ 的扫描速度在0.5 $mol\cdot L^{-1}$ H_2SO_4 溶液中清扫 5～10 min，直至曲线稳定。

（3）不同扫描速度下的循环伏安测量：将电位区间调整为−0.25～1.2 V，分别以 50 $mV\cdot s^{-1}$，20 $mV\cdot s^{-1}$的扫描速度记录循环伏安曲线，每个扫描速度记录 2 圈。

（4）除氧实验：往 0.5 $mol\cdot L^{-1}$ H_2SO_4 溶液中通氮气 5～10 min，除去溶液中的溶解氧气，再次分别以 50 $mV\cdot s^{-1}$，20 $mV\cdot s^{-1}$的扫描速度记录循环伏安曲线，各 2 圈，比较通氮气前后 CV 曲线的变化。

（5）电化学析氢实验：分别以 2 $mV\cdot s^{-1}$，5 $mV\cdot s^{-1}$，10 $mV\cdot s^{-1}$，50 $mV\cdot s^{-1}$的扫描速度测量电化学析氢的极化曲线（不进行溶液欧姆电阻补偿）；以 2 $mV\cdot s^{-1}$或 10 $mV\cdot s^{-1}$的扫描速度，分别在 20%，40%，60%，80%，100%的欧姆电阻补偿条件下测量电化学析氢的极化曲线。

五、注意事项

（1）电极的清洁：确保 WE 表面洁净，避免表面污染对测试结果的影响。

（2）RE 的准确性与稳定性：确保 RE 的电位值准确，且在测试过程中一直保持稳定，避免电极电势漂移对测试结果造成影响。

（3）可根据双电层电位区间的基线下沉情况，来判断溶液的除氧程度。溶液的完全除氧有一定的难度，只须观察到除氧前后基线下层有明显改善即可。

六、数据处理与分析

（1）绘制不同扫描速度下的循环伏安曲线，对比通氮气除氧前后循环伏安曲线的变化，并解释原因。

（2）比较不同实验测试参数（如欧姆降补偿和扫描速度等）对电化学析氢活性（如起始电位、Tafel 斜率等）等性能评价结果的影响，并解释原因。

七、思考题

（1）在使用恒电位仪进行实验时，为什么需要用到 RE、WE 和 CE？每种电极的作用分别是什么？

(2) 请简要描述恒电位仪是如何准确控制 WE 的电极电势的?

(3) 在电化学析氢实验中,不同扫描速度对测试结果有何影响,为什么?

(4) 在电化学析氢实验中,不同程度(20%,40%,60%,80%,100%)的溶液欧姆电阻补偿对测试结果有何影响,为什么?

八、参考文献

(厦门大学　王宇成、周志有)

电化学研究方法

实验 1-6　铂电极和金电极在稀硫酸中的伏安行为

一、实验目的

(1) 熟悉基于三电极体系进行循环伏安实验的工作原理和基本操作。

(2) 掌握铂电极和金电极的处理方法,理解铂电极和金电极在稀硫酸中的伏安行为。

(3) 了解氧气和卤素离子等干扰物对金电极伏安行为的影响。

二、实验原理

铂电极和金电极是电化学研究中的常用电极。例如,铂具有化学性质稳定、容易加工提纯等特点,并且铂对水的解离及甲醇、甲酸等有机小分子氧化等反应具有高效的电催化性能,是燃料电池中重要的催化材料。在进行相关研究前需要确保铂电极表面的洁净,而获得标准的伏安曲线是检验洁净程度的有效方法,并且可以利用其伏安特征获得真实电极面积等参数,因此熟悉这些电极在稀硫酸溶液中的伏安行为十分必要。

循环伏安法是最常用的电化学研究方法之一。在本实验中,我们采用循环伏安法对多晶铂电极和金电极在稀硫酸中的伏安行为进行测量。关于循环伏安法的详细介绍参见 1.2 电化学测试技术。

多晶铂电极在稀硫酸中的循环伏安曲线如图 1-6-1 所示。曲线可分为 3 个区间:① 正电位区间的氧区。电位往正方向扫描时,电流信号对应的是吸附氧和铂的氧化层的形成;往负方向扫描时，显著的阴极还原峰对应的是之前所形成氧化层的还原。② 中间的双层区。该区间没有法拉第反应电流。③ 负电位区间的氢区。电位往负方向扫描时，两个阴极还原峰对应着氢吸附；电位往正方向扫描时，电流峰对应氢脱附。

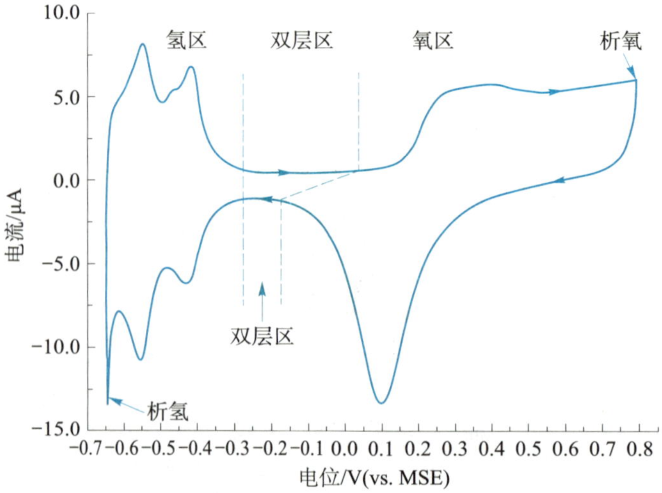

图 1-6-1 多晶铂电极在稀硫酸中的循环伏安曲线

氢在铂电极表面发生单层吸附，由循环伏安曲线中氢区的吸脱附峰可以测定铂电极表面的真实表面积（也称电化学活性面积）。真实表面积 $S_r = \dfrac{n_a N_A}{d_m}$，$d_m$是表面金属原子密度，$N_A$ 是阿伏伽德罗常数，n_a 是吸附原子的物质的量。根据法拉第定律，吸附氢原子的物质的量可由吸附反应消耗的电荷量算得，即$S_r = \dfrac{Q_m N_A}{F d_m} = \dfrac{Q_m}{e d_m}$，$Q_m$为 CV 图中氢吸附或脱附时对应的电流峰积分得到的电荷量（需扣除双层充电的电荷量）。对于多晶铂电极，ed_m通常被接受的数值为 210 μC·cm^{-2}。综上，Q_m（单位 μC）除以 210 μC·cm^{-2}即为铂电极真实表面积（单位 cm^2）。

研究目的不同时，电极材料的伏安行为是选择工作电极种类的重要依据。多晶金电极在稀硫酸中的伏安行为与多晶铂电极特征不同，不会出现类似多晶铂电极上特征的氢吸脱附区，而且电化学窗口区间显著展宽。如果认为氧会在 Au 表面化学吸附，形成一个单原子层，与表面 Au 原子一一对应，那么，这意味着与该层的形成或还原相关联的电荷量与氢吸脱附层一样，可用于计算金电极的真实表面积。390 μC·cm^{-2}通常被用于计算多晶金电极的真实表面积。需要指出的是，氧吸附导致表面氧化物的形成具有较为复杂的机理，这导致氧吸附电荷量与时间相关，并且难以评估形成满单层吸附的电位。氧吸附电荷量可通过氧化峰或还原峰进行测量，但前者容易受到析氧过程的影响，而后者的实际氧吸附量可能超过满单层，从而具有不明确的化学计量关系。可见，该方法的可靠性低于利用氢吸脱附区计算电极真实表面积所获得数据的可靠性。

三、仪器与试剂

1. 实验仪器

电化学工作站 1 台；计算机 1 台；三室玻璃电解池 1 套；铂工作电极 1 支；金工作电极

1 支；铂片辅助电极 1 支；参比电极 1 支；超声清洗仪 1 台（公用）。

2. 试剂及耗材

0.5 mol·L^{-1} H_2SO_4 溶液；50 mL 烧杯 3 个；超纯水洗瓶 1 个；铁架台 1 套；抛光布 2 套；Al_2O_3 抛光粉 2 套；高纯惰性气体；护目镜；手套。

四、实验步骤

(1) 多晶铂电极在稀硫酸中的循环伏安实验

① 往电解池中加入 20 mL 0.5 mol·L^{-1}稀硫酸，安装三电极，接氮气气路，用高纯氮气鼓泡除氧约 20 min。

② 铂电极处理：用氧化铝抛光粉打磨电极表面，在超纯水中超声清洗；接入电化学工作站，以 100 mV·s^{-1}扫描速度在电位下限和上限区间（−0.65～0.80 V）施加循环伏安扫描，直至获得具有典型指纹峰信号的曲线。

③ 设置不同的电位扫描速度（20 mV·s^{-1}，50 mV·s^{-1}，100 mV·s^{-1}，200 mV·s^{-1}，500 mV·s^{-1}，1000 mV·s^{-1}），电位区间设为−0.65～0.60 V，进行循环伏安扫描。

④ 设置不同电位上限，考察其对氧化物还原峰的影响：电位扫描速度设置为 50 mV·s^{-1}，将电位上限分别设置为 0 V，0.20 V，0.40 V，0.60 V，进行循环伏安扫描，比较循环伏安曲线的不同。

(2) 将工作电极换为多晶金电极，设置合适的电位区间，获得其循环伏安曲线。

(3) 记录氧气进入稀硫酸后金电极的循环伏安曲线。

(4) 向稀硫酸中加入卤素离子，记录金电极的循环伏安曲线。

五、注意事项

(1) 在实验室中请穿实验服和佩戴护目镜。

(2) 调节气体流速时要有耐心，缓慢调节，防止电解液喷出。

(3) 在使用电解液过程中，请戴手套。

(4) 电解池封口接头为磨口塞，不可用油脂润滑而是用电解液湿润使其不漏气。

(5) 电解池气体出口处用液封，阻止空气进入。

六、数据处理与分析

(1) 测量循环伏安曲线氢吸脱附峰电荷量，计算该铂电极的真实表面积。

(2) 测量氢吸附峰电流与扫描速度的关系，判断该反应符合涉及表面吸附物种反应还是来自溶液物种的扩散。

(3) 分析改变电位上限对氧化物还原峰影响的规律和原因。

(4) 通过氧化物还原峰获得氧吸附电荷量，计算该金电极的真实表面积。

(5) 分析氧气和卤素离子等干扰物对金电极伏安行为的影响原因。

七、思考题

(1) 鲁金毛细管内如果有较大气泡，可能会导致什么问题？

(2) 循环伏安图中，如果观察到基线明显下沉，可能是什么原因造成的？那么可采取哪些措施改善实验数据？

（3）参比电极的选择有什么注意事项？

（4）抛光铂电极和金电极时使用同一片抛光布有什么不妥？

八、参考文献

（厦门大学　周剑章、颜佳伟）

实验 1-7A　循环伏安法研究铁氰化钾和抗坏血酸电化学反应

一、实验目的

（1）了解循环伏安法的基本原理和应用场景。

（2）了解三电极体系中各电极的作用及工作电极的处理方法。

（3）掌握电化学工作站的使用方法。

（4）能够利用循环伏安曲线形状判断电极反应机理。

二、实验原理

在电解池中，将一随时间线性变化的电位信号加在工作电极上，记录工作电极上 i-E 曲线的方法称为线性扫描伏安法（linear sweep voltammetry，LSV）。在任一时刻，工作电极电位可表示为

$$E(t)=E_i-vt \tag{1.7A.1}$$

式中：E_i 为初始电位（V），v 为扫描速度（$V\cdot s^{-1}$），t 为时间（s）。

工作电极上的 E-t 曲线与记录的 i-E 曲线如图 1-7A-1 所示。工作电极电位随时间线性变化，当达到待测物质的氧化（或还原）电位时，该物质在电极上发生氧化（或还原）反应（称为电极反应），产生相应的电流信号。与溶液中的氧化还原反应不同，电极反应为异相电子传递反应，反应只发生在固/液两相界面上（即电极表面），只有在电极表面的物质才能发生电极反应。伴随电极反应发生的同时，电极表面附近溶液中会出现待测物质浓度分布不均匀的情形，产生了浓度梯度，即电极表面浓度低，离电极表面越远浓度越高。离电极表面足够远（理论上称为无限远）时的浓度为最大值，即待测物质在溶液中的初始浓度，又称本体浓度 c^*。在浓度梯度的作用下，待测物质从高浓度（溶液本体）向低浓度（电极表面）扩散，当扩散到电极表面时即可发生电极反应，产生电流信号。因此，电极反应速率和扩散速度共同决定了外电路中测得的电流信号大小。电极反应速率与电极电位有关，电位越高，电极反应速率越快，电流越大；扩散速度与浓度梯度有关，浓度梯度越大，扩散速度越快，电

流也越大。类似于化学反应动力学中讨论的多步骤化学反应的情况，可以将电流信号当作总反应速率，其中包括电极反应和扩散传质（静止溶液中）两个过程，当其中一个过程的反应速率远大于另一个过程时，总反应速率只由其中较慢的那个过程决定。

当工作电极电位不断升高，电极反应速率不断加快，电流也随之急剧增加。此时的电流信号由电极反应速率决定，又称为动力学电流。当电极电位足够高时（图 1-7A-1 中 E_P 处），电极反应速率非常快，相对较慢的扩散过程决定了电流信号的大小，此时的电流信号只和扩散速度有关，与电极电位无关，称为扩散电流。由于电极反应速率很快，所以待测物质在电极表面附近的浓度急剧下降，扩散层厚度增加，而溶液本体中的待测物质又来不及扩散到电极表面，导致浓度梯度下降，扩散速度变慢，电流信号下降，从而形成峰形电流，这个现象称为耗竭效应。

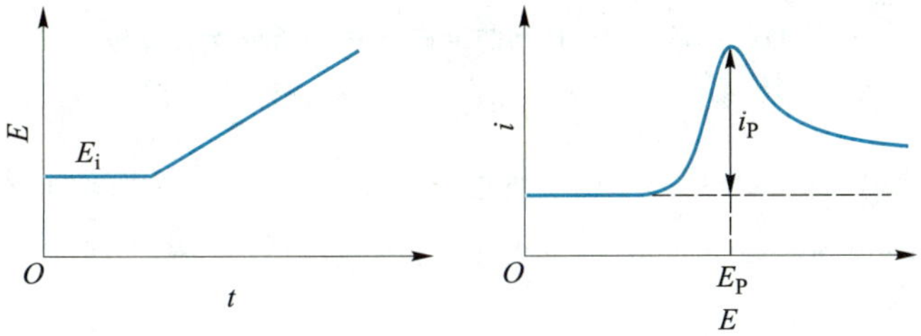

图 1-7A-1　线性扫描电位信号和其电流响应信号

当电位线性扫描达到一定时间 λ 时，将扫描电位反向，可以得到三角波扫描电位信号，这种方法称为循环伏安法（相关知识请参考 1.2　电化学测试技术中的相关介绍）。

在一定实验条件下，峰电位 E_P 仅取决于待测物质的性质，可作为定性分析的依据；峰电流 i_P 则与待测物质的浓度 c^* 成正比，可作为定量分析的依据[式(1.2.1)]。循环伏安法是应用最广泛的电化学方法之一，具有测试快、图形直观等优点，多用于研究未知的氧化还原反应体系，探索电极反应机理，但其用于定量分析时灵敏度不高（通常只能检测到 10^{-6} mol·L^{-1}），所以很少用于定量分析。

以 $Fe(CN)_6^{3-}$ 为例，在电位向负方向扫描时，$Fe(CN)_6^{3-}$ 在电极上发生还原反应，产生一个阴极峰；而在电位反向扫描时，电极表面产生的 $Fe(CN)_6^{4-}$ 能够重新氧化产生阳极电流峰，所以 $Fe(CN)_6^{3-}$ 在循环伏安曲线上呈现出一对氧化还原峰，如图 1-0-1(b)所示，而且其峰电位、峰电流之间的关系可以判断 $Fe(CN)_6^{3-}$ 为典型的可逆氧化还原体系。

在电极反应过程中，如果电极反应的产物不稳定，在溶液中发生某种化学反应并生成另一种物质，此种电极反应称为 EC 反应。以抗坏血酸为例，电位向正方向扫描时，抗坏血酸在电极上发生氧化反应，产生一个阳极峰。电位反向扫描时，由于抗坏血酸氧化产物不稳定，在水溶液中发生水解反应，所以看不到它的阴极峰，在循环伏安曲线上只出现一个单峰，如图 1-7A-2 所示。这是 EC 反应的重要标志之一。

三、仪器与试剂

1. 实验仪器

电化学工作站 1 台；计算机 1 台；玻碳圆盘工作电极（d = 3～4 mm）1 支；参比电极 1 支（Ag/AgCl 或 SCE）；铂丝辅助电极 1 支；抛光台（配有抛光布）1 个；三孔电极盖 1 个。

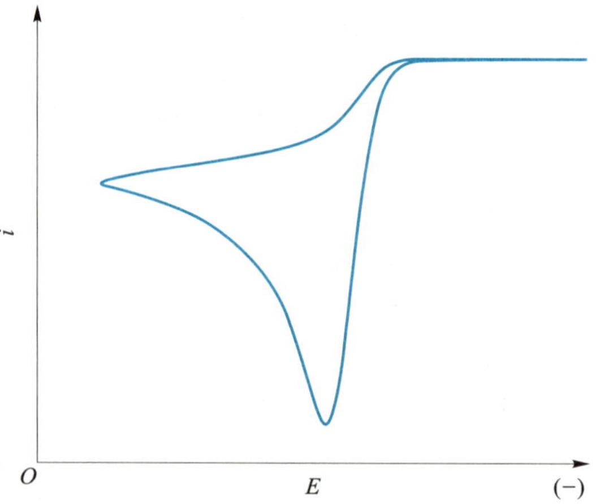

图 1-7A-2 抗坏血酸在稀硫酸中的循环伏安曲线

2. 试剂及耗材

$K_3Fe(CN)_6$ 溶液(0.01 mol·L^{-1});抗坏血酸溶液(0.01 mol·L^{-1});KCl 溶液(1.0 mol·L^{-1});H_2SO_4 溶液(0.5 mol·L^{-1})。25 mL 烧杯 3 只;10 mL 移液管或移液器 1 支;抛光粉(0.05 μm Al_2O_3)1 瓶;纯水洗瓶 1 只。

四、实验步骤

1. 玻碳电极的预处理

(1) 机械抛光处理 在抛光布上加上少许抛光粉,再加上几滴纯水调成糊状。将玻碳电极表面在抛光布上抛光 3~5 min 成镜面。抛光结束后用纯水冲洗电极表面和侧壁以除去电极上附着的抛光粉。

(2) 电解池安装及仪器设定 在 25 mL 烧杯中加入约 20 mL 0.5 mol·L^{-1} H_2SO_4 溶液,将三支电极插入电解液中,接好电极引线(一般绿色为工作电极,红色为辅助电极,黄色或白色为参比电极),确保三支电极均在液面以下,电极表面无气泡,各电极与引线间接触良好。

打开计算机电源开关,运行控制程序,打开工作站电源开关,自检通过后在主控界面中选择循环伏安法。

(3) 玻碳电极的电化学处理 设置如下参数进行循环伏安电化学处理。初始电位:0 V;上限电位:1.1 V;下限电位:−1.2 V;扫描速度:0.2 V·s^{-1};循环次数:20 次;其余参数默认即可。

在扫描过程中注意观察循环伏安曲线的变化,直至循环伏安曲线呈现稳定的背景电流曲线时即可停止扫描,取出三支电极,用纯水冲洗干净。

2. 铁氰化钾的电化学行为

分别取 10.0 mL 0.01 mol·L^{-1} $K_3Fe(CN)_6$ 溶液和 10.0 mL 1.0 mol·L^{-1} KCl 溶液加入 25 mL 烧杯中,摇匀。将三电极插入电解液中,连接电极引线。以下述参数进行循环伏安扫描。初始电位:0.5 V;上限电位:0.5 V;下限电位:−0.1 V;扫描速度:0.1 V·s^{-1};扫描次数:1 次。观察循环伏安曲线的形状,一般情况下峰峰电位差约为 70 mV。如果峰峰电位差较大(100 mV 或更大),电极需要重新处理。

其余参数不变,将扫描速度分别设为 0.02 V·s^{-1},0.05 V·s^{-1},0.1 V·s^{-1},0.15 V·s^{-1},

0.2 $V·s^{-1}$，重复上述实验，记录循环伏安曲线，并记录相应的峰电流值和峰电位值。

将扫描速度设定为 0.2 $V·s^{-1}$，扫描次数设为 5 次，其余参数不变，启动实验，记录循环伏安曲线，观察重复扫描时铁氰化钾循环伏安曲线的变化情况。

3. 抗坏血酸的电化学行为

分别取 10.0 mL 0.010 $mol·L^{-1}$ 抗坏血酸溶液和 10.0 mL 0.5 $mol·L^{-1}$ H_2SO_4 溶液加入 25 mL 烧杯中，摇匀。将三电极用纯水清洗后插入电解液中，连接电极引线。以下述参数进行循环伏安扫描。初始电位：0 V；上限电位：0.8 V；下限电位：0 V；扫描速度：0.1 $V·s^{-1}$；扫描次数：1 次。观察抗坏血酸的循环伏安曲线，注意其形状特点。

将扫描速度分别设为 0.02 $V·s^{-1}$，0.05 $V·s^{-1}$，0.1 $V·s^{-1}$，0.15 $V·s^{-1}$，0.2 $V·s^{-1}$，其余参数不变，重复上述实验，记录循环伏安曲线，并记录相应的峰电流和峰电位值。注意：每次扫描前溶液均需要摇匀。

将扫描速度设定为 0.2 $V·s^{-1}$，扫描次数设为 5 次，其余参数不变，摇匀溶液，启动实验，记录循环伏安曲线，观察重复扫描时抗坏血酸循环伏安曲线的变化情况。

4. 拓展实验

(1) 在抗坏血酸溶液中，将扫描速度设置为电化学工作站最大允许速度，观察循环伏安曲线的变化，并解释其原因。

(2) 在抗坏血酸溶液中加入 1 个搅拌子，在快速搅拌下进行多次循环伏安扫描，观察循环伏安曲线的变化并解释其原因。

5. 实验结束

断开电极引线，退出主控程序，关闭工作站电源及计算机电源，将废液倒入指定废液桶中，用纯水清洗电极及烧杯，整理实验台。

五、注意事项

(1) 为得到一个洁净的圆盘状玻碳电极表面，抛光时务必使电极垂直于抛光台（电极表面平行于抛光台），并以匀速画“8”字方式进行抛光（见图 1-0-2）。

(2) 在玻碳电极电化学处理中，若发现循环伏安曲线上有峰形电流出现，或者背景电流很大，说明电极表面有污染物存在，需要重新进行机械抛光处理和电化学预处理步骤。

(3) 抗坏血酸溶液在空气中易氧化变质，不宜保存，因此需在使用前配制。

六、数据处理与分析

(1) 铁氰化钾的电化学行为　绘制 $i_p^a-v^{1/2}$ 及 $i_p^c-v^{1/2}$ 曲线；计算 ΔE_p，n，E_0' 值；比较 i_p^a 与 i_p^c。根据以上结果讨论铁氰化钾电极反应的可逆性。

(2) 抗坏血酸的电化学行为　根据循环伏安曲线说明抗坏血酸电极反应的机理，绘制 $i_p^a-v^{1/2}$ 曲线。

七、思考题

(1) 铁氰化钾与抗坏血酸的循环伏安曲线有什么不同？为什么？

(2) 每次扫描前为什么抗坏血酸溶液需要摇匀？铁氰化钾溶液为什么不需要摇匀？

(3) 重复扫描时，铁氰化钾与抗坏血酸的表现有什么不同？为什么？

（4）假设在扫描时，电解池中溶液处于快速搅拌状态下（忽略溶液不规则运动给电流造成的波动），试画出此时两种溶液的循环伏安曲线。

（5）对于一个可逆体系，峰电位应和扫描速度无关。但实验结果显示，随着扫描速度的增大，铁氰化钾的阴极峰电位负移，阳极峰电位正移，即峰-峰电位差变大，为什么？

（6）循环伏安法在设置实验参数时，先往正方向扫描还是先往负方向扫描？

（7）抗坏血酸在电极上的反应为 EC 反应机理，只出现一个氧化峰。假设扫描速度非常快，CV 曲线会有什么变化？

八、参考文献

（南开大学　李一峻）

实验 1-7B　循环伏安法研究甲酸电催化氧化

一、实验目的

（1）了解恒电位仪电位控制原理、三电极工作原理和仪器故障排除方法。

（2）掌握电极表面清洁处理技术与电极活性面积计算方法。

（3）掌握循环伏安法基本原理并了解表面物种和体相物种反应的特征。

（4）能够利用循环伏安法推测电化学反应机理。

二、实验原理

电催化是一种发生在电极-电解质界面上的电化学反应过程，利用导电的电催化剂对底物的催化活化作用，通过控制电极电位来改变反应速率或反应方向。电催化技术在燃料电池等电化学能量和物质转化过程中扮演着重要角色。甲酸是一重要的 C1 分子，是甲酸燃料电池的重要燃料。甲酸电氧化（$HCOOH \longrightarrow CO_2 + 2H^+ + 2e^-$）与氧气电还原（$\frac{1}{2}O_2 + 2H^+ + 2e^- \longrightarrow H_2O$）结合，可以构成直接甲酸燃料电池，能将甲酸的化学能转化成电能。甲酸电氧化需在铂（Pt）、钯（Pd）等催化剂催化下才能进行，也受电极电势、电极表面状态等因素的影响，反应过程还涉及毒性中间体——吸附态 CO 等的生成，导致其电化学反应过程比较复杂。

Parsons 等提出在酸性介质中铂电极上的甲酸电氧化遵从双途径机理，如图 1-7B-1 所示。

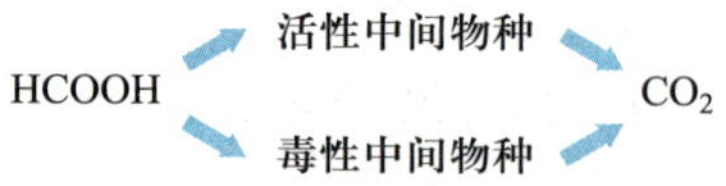

图 1-7B-1　甲酸电氧化的双途径机理

在直接路径中，甲酸两步脱 H^+，向电极转移电子，生成 CO_2：

$$HCOOH \longrightarrow CO_2 + 2H^+ + 2e^- \tag{1.7B.1}$$

在间接路径中，在低电位下 HCOOH 先在 Pt 电极上脱水，形成强吸附的 CO 而毒化电极（解离吸附）：

$$HCOOH \longrightarrow CO_{ad} + H_2O \tag{1.7B.2}$$

然后在较正电位区，吸附的 CO 和 Pt 上的吸附的 OH^- 反应生成 CO_2：

$$CO_{ad} + OH^-_{ad} \longrightarrow CO_2 + H^+ + 2e^- \tag{1.7B.3}$$

由于上述过程涉及物种解离吸附、界面电荷传递、表面毒化和物种扩散等，因此在电催化研究中常需要借助循环伏安法（CV，关于该方法的详细介绍参见本章电化学共性原理的 1.2 电化学测试技术）来揭示其电化学过程和反应机理。以上各个过程相互耦合和影响，导致甲酸在铂电极上的电催化氧化的循环伏安曲线（CV 曲线）呈现出与传统 CV 曲线非常不同的特征（图 1-7B-2 中的 a 线）。在正向扫描中，出现三个特征不同的氧化峰；而在反向扫描中，出现了一个非常大的正向氧化峰，这与传统 CV 研究中负向扫描中应该出现负向还原峰的特征极其不同。本次实验将利用 CV 法结合化学实验设计来推理，指认 CV 曲线上的四个峰。

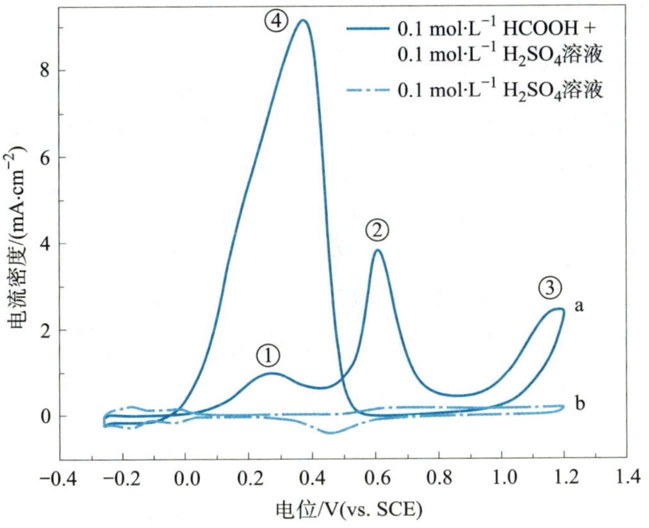

图 1-7B-2　(a) 铂电极在 0.1 mol·L^{-1} HCOOH+0.1 mol·L^{-1} H_2SO_4 溶液中的循环伏安曲线特征（扫描速度 100 mV·s^{-1}）；(b) 0.1 mol·L^{-1} H_2SO_4 溶液中的循环伏安曲线特征

实验中通常先开展铂电极上硫酸溶液的 CV 实验，这与甲酸体系形成非常好的对照实验。铂在硫酸中的 CV 曲线如图 1-7B-1 中的 b 线所示，从图中可以观察到：在 −0.25～0.15 V 电位区间出现两对电流峰，可归因于氢的吸附和脱附过程。电流峰的数目则反映了不同吸附形式的氢，其中较负的电流峰来自弱吸附的氢，而较正的电流峰来自强吸附的氢。当电位正向扫描至 0.6 V 附近，出现一个较大的阳极电流峰包，归因于氧的吸附和铂电极上氧化物种的形成。而当电位负向扫描时，在 0.5 V 附近观察到非常明显的阴极还原峰，归因于铂电极上氧化物的还原。通过积分氢区吸附峰或脱附峰的面积（即电荷量），可以估算参与电子得失的氢的数量。将氢吸附或者脱附峰的积分电荷量除以 210 μC·cm^{-2} 可得到铂的真实表面积，也称为电化学活性表面积(electrochemically active surface area，ECSA)。电化学活性表面积对估算电催化剂的活性面积至关重要。将ECSA除以铂电极的几何面积，可以获得电极的粗糙度。实验中可以通过改变扫描速度，获得这个谱峰与扫描速度的跟随关系，从而更好理解表面反应的特征。本次实验过程要善于利用这个空白对照体系在不同电位下电极表面状态和物种存在形式，推测甲酸体系中的反应过程和涉及的中间物种。

在上述对照实验的基础上，可以对甲酸体系开展研究。如果要利用电化学循环伏安法探究电化学反应机理，需要了解一些电极反应的基本伏安特征。由于电化学反应仅发生在电极表面，而表面又很容易吸附溶液中的杂质。因此，电化学实验对溶液的纯度和电极的清洁程度要求非常高。电化学实验涉及的电解池清洗、溶液配制、电极研磨与清洁处理，以及最后的电化学测试溶液通常要用超纯水配制，并尽量采用优级纯试剂。电极在使用前要在氧化铝等研磨粉上细心研磨抛光，并超声清洗与电化学清洗。在该实验中，将使用到恒电位仪，需要理解恒电位仪的工作原理。此外，将采用三电极体系来开展研究，需要理解采用三电极的原理(这些内容请参考电化学共性原理部分的电化学测试技术、恒电位仪、电解池和电极的介绍部分)。

三、仪器与试剂

1. 实验仪器

恒电位仪1台；计算机1台；超声机1台(共用)；铂工作电极(d=2~5 mm)1支；铂丝对电极1支；参比电极1支。

2. 试剂及耗材

250 mL 1mol·L^{-1} H_2SO_4溶液，250 mL 1 mol·L^{-1} HCOOH溶液，500 mL 0.1 mol·L^{-1} H_2SO_4溶液，500 mL 0.1 mol·L^{-1} HCOOH+0.1 mol·L^{-1} H_2SO_4溶液；三室玻璃电解池一套，50 mL烧杯3只，10 mL移液管或移液枪1支，废液缸1个，超纯水洗瓶1只，铁架台1套，抛光布1套，1 μm Al_2O_3抛光粉1瓶。

四、实验步骤

1. 铂电极的机械抛光处理

(1) 用超纯水润洗抛光布，除去布上的杂质或可能的颗粒物。

(2) 将适量Al_2O_3抛光粉倒在抛光布上，再滴加少量纯水调成浆状，将铂工作电极垂直置于抛光布上，匀速画“8”字进行机械抛光(见图1-0-2)，抛光3~5 min。注意：电极表面要平行抛光布并均匀用力，防止电极表面倾斜。

(3) 抛光结束后，用纯水冲洗电极表面和侧壁以除去Al_2O_3抛光粉。

(4) 再将电极放入烧杯中，加超纯水超声2 min后，更换超纯水重复超声清洗一次。

2. 三电极和电解池组装

(1) 将0.1 mol·L^{-1} H_2SO_4溶液倒入干净的带有铂片辅助电极的三室电解池，依次放入参比电极和工作电极。

注意：实验建议采用Hg/Hg_2SO_4参比电极。如果采用饱和甘汞电极(SCE)作为参比电极，为了防止SCE中Cl^-对体系的干扰，需要采用有盐桥的电解池将SCE隔离。

(2) 实验前要确保溶液彻底浸没电极表面，电极表面没有气泡，且参比电极整个通道没有气泡。连接三根电极线，并确保各个电极皆接触良好。

注意：检查电极和引线是否生锈。

3. 铂电极电化学处理和氢吸脱附研究

(1) 打开恒电位仪、自检，选择循环伏安法(CV)。设置如下参数进行电化学清洗(SCE 参比)。起始电位：0~0.2 V；上限电位：1.4 V；下限电位：-0.29 V；扫描方向：负向；扫描速度：0.5 $V \cdot s^{-1}$；扫描次数：100 次；灵敏度：10^{-4} $A \cdot V^{-1}$。

(2) 启动扫描直到获得氢吸脱附电流峰明显、稳定的 CV 曲线。设置如下条件，以获得 0.1 $V \cdot s^{-1}$ 的 CV 曲线。上限电位：1.25 V；下限电位：约-0.25 V；扫描速度：0.1 $V \cdot s^{-1}$；扫描次数：5 次。注意：调整下限电位，让析氢电流和吸附电流相当。

(3) 扫描速度：0.5 $V \cdot s^{-1}$，0.4 $V \cdot s^{-1}$，0.3 $V \cdot s^{-1}$，0.2 $V \cdot s^{-1}$，0.1 $V \cdot s^{-1}$，0.05 $V \cdot s^{-1}$ 和 0.02 $V \cdot s^{-1}$。上限电位：1.25 V；下限电位：约-0.25 V；扫描次数：5 次。

4. 甲酸氧化实验

(1) 将 0.1 $mol \cdot L^{-1}$ HCOOH+0.1 $mol \cdot L^{-1}$ H_2SO_4 溶液倒入洗过的电解池后，连接好三根电极。

(2) 选择循环伏安法，设置实验条件。起始电位：-0.25 V；上限电位：1.25 V；下限电位：-0.25 V；扫描方向：正向；扫描速度：0.1 $V \cdot s^{-1}$；扫描次数：6 次；灵敏度：10^{-3} $A \cdot V^{-1}$。

(3) 运行循环伏安法，获得循环伏安曲线，观察 CV 曲线特征，并与 0.1 $mol \cdot L^{-1}$ H_2SO_4 溶液中 CV 曲线做对照。

5. 探索实验——CV 法研究甲酸氧化机理

(1) 维持下限电位在-0.25 V，逐步降低上限电位，观察 CV 曲线中峰形和高度的变化，特别观察反向扫描峰电流与正向扫描曲线中的哪个电流峰相关，分析可能的原因。

(2) 改变扫描速度或甲酸浓度(实验室提供 1.0 $mol \cdot L^{-1}$ H_2SO_4 溶液，1.0 $mol \cdot L^{-1}$ HCOOH 溶液)协助判断各个峰的来源，理解正反向峰的控制因素。

6. 拓展实验——电极表面状态对电催化性能的影响

(1) 将铂电极置于 0.1 $mol \cdot L^{-1}$ H_2SO_4 溶液中，在-0.3~+1.8 V 之间，以 0.5 $V \cdot s^{-1}$ 扫描速度对电极表面进行粗糙化处理；也可以通过对铂电极进行异种金属(如金、钌、钯等)的修饰，考察其电催化活性的变化。

(2) 通过循环伏安曲线计算其表面积，对照粗糙前后面积的改变。

(3) 对照粗糙化前后在 0.1 $mol \cdot L^{-1}$ HCOOH+0.1 $mol \cdot L^{-1}$ H_2SO_4 溶液中电催化活性的改变。

7. 实验结束

先断开工作电极连接，取出工作电极，再取出参比电极，用超纯水清洗所有电极和电解池。关闭仪器。

五、注意事项

(1) 实验过程中必须正确选择量程挡和扫描范围。

(2) 参与电化学反应的是电极最表面的一层原子，所以电极表面的洁净将直接影响实验结果。实验中取放电极时应时刻注意避免任何污染。

(3) 在电极转移过程中，用一滴纯水覆盖电极表面，避免来自空气的污染。

(4) 电极清洗后不要用滤纸等物品擦拭。

(5) 实验中所有的数据都应保存在指定目录中。

六、数据处理与分析

(1) 根据扫描速度 0.1 $V \cdot s^{-1}$下的铂电极在稀硫酸的 CV 曲线，积分求取 −0.25～0.1 V 区间的氢吸/脱附电荷量，二者取平均值，计算电极活性面积。

(2) 绘制氢吸脱附峰电流与扫描速度的关系，判断反应类型。

(3) 绘制 −0.25～1.2 V 电位区间的甲酸电氧化 CV 曲线，对每个峰进行归属。

(4) 分别绘制不同上限电位，或者不同甲酸浓度的甲酸电氧化 CV 曲线，根据实验设计思路，指认甲酸体系各个峰，特别是峰 4 与哪些因素有关。

七、思考题

(1) 为什么要用三电极体系，若用两电极体系会有什么后果？

(2) CV 实验过程中，如果对体系搅拌，对峰形有什么影响？

(3) 在 CV 方法中，为什么电流响应会呈现峰形？

(4) 在稀硫酸实验中 −0.25～0.1 V 为什么会有两个峰，为什么这两个峰电流在甲酸溶液中会降低？

(5) 甲酸实验中，为何在起始电位停留不同的时间，几个峰的相对强度会发生变化？

(6) CV 曲线中通常在负向扫描时应该出现氧化态物种的还原峰，为什么在甲酸体系中出现氧化峰（峰 4），而且该峰电流远大于正向扫描的峰 1？

八、参考文献

（厦门大学 任斌、周志有）

实验 1−7C 循环伏安法和计时电流法研究金属电结晶

一、实验目的

(1) 掌握铂电极的清洁处理技术。

(2) 掌握电化学循环伏安技术及其数据分析。

(3) 掌握电化学计时电流技术及其数据分析。

(4) 认识金属电结晶的成核和生长的基本过程。

二、实验原理

将一根固体电极浸入电解质溶液中，由于表面存在过剩电荷，会吸引溶液中相反电荷的离子，从而在电极表面形成电化学双电层。一方面，双电层的厚度通常非常薄(约 10^{-9} m)，但所施加的电压主要降在双电层内，从而形成一个很强的界面电场，驱动电化学反应发生。电活性物种在电极表界面发生电子得失，产生的电化学反应电流称为法拉第电流。另一方面，电位改变也会影响电极表面的荷电状态和离子分布，产生双层电容充放电电流，也称为非法拉第电流。电化学反应发生时，电极表面的反应物浓度就会下降，与体相产生浓度差，驱动反应物从体相向表面扩散。当溶液含有大量支持电解质且处于静止时，物质传递主要受扩散影响。总体上，表面电化学反应与体相物质传递是一个串联过程，反应速率受最慢一步的限制。

电化学有两个基本物理量——电压和电流，可以改变其中一个变量，测量另外一个变量的响应，从而诞生了控电压和控电流两类电化学研究方法。本实验运用了电化学中两种常用的控电位方法——循环伏安法和计时电流法，并应用于表面电化学过程的研究。循环伏安法相关内容请参考电化学共性原理部分的电化学测试技术介绍。

计时电流法是基于电位阶跃技术，测量时通常取无电化学反应发生的电位为初始电位(E_{init})，然后阶跃到某一设定电位 E_1，并保持一段时间 t_1，同时记录电流随时间变化，即 $i-t$ 曲线，如图 1-7C-1 所示。根据测试需要，有时电位还会继续阶跃到另一电位 E_2，再停留一段时间 t_2。计时电流法是典型的暂态实验，测量时电位保持恒定，可用于电极动力学测定。

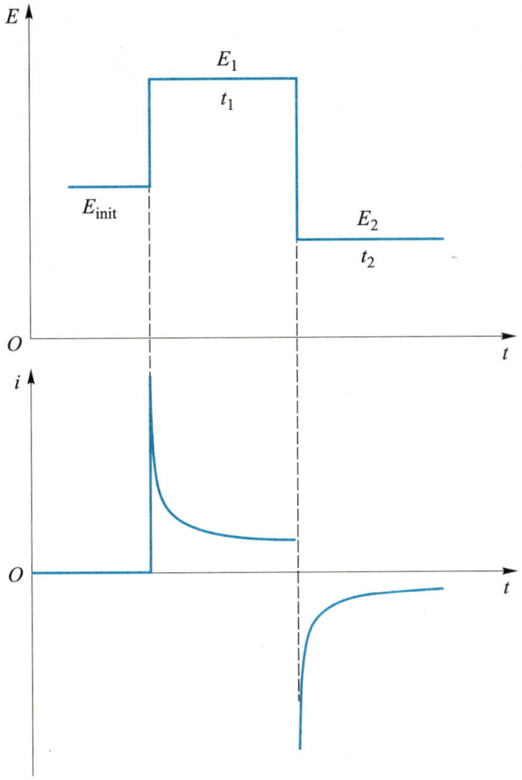

图 1-7C-1　电位阶跃和计时电流曲线

在电位阶跃瞬间，会对电化学双层电容进行充电，产生一个很大的脉冲电流，其维持时间通常为毫秒级别。双层电容充电基本结束后，所设定的电位才真正施加到电化学双电层界面。对于简单的电极反应，$i-t$ 曲线形状与电极反应的可逆性和阶跃电位值有关。在初期，由于电极表面的反应物浓度较大，电化学反应电流往往也较大，并随着时间延长受扩散影响而逐渐衰减。电极完全受扩散影响的时间通常只有几到几十秒(对应扩散层厚度约百微米)。此后，受自然对流影响，电流会保持一个相对稳定值。读取此稳态电流值，并对阶跃电位作图，可得到稳态极化曲线($i-E$)，其通常呈现“S”形，通过读取半波电位可以获得反应的平衡电位信息。

随着阶跃电位幅度的增加，不同电位下记录的 $i-t$ 曲线会逐渐重合在一起。当阶跃电位足够大时，电极表面反应物的浓度会瞬间趋于零，其 $i-t$ 曲线与反应的可逆性和阶跃电位值都无关，反应完全受扩散传质控制。所获得的极限扩散电流满足 Cottrell 方程：

$$i_d(t)=\frac{nFAc^*\sqrt{D}}{\sqrt{\pi t}} \tag{1.7C.1}$$

通过 $i_d-t^{-1/2}$ 作图，可以求得反应物种的扩散系数 D。扩散传质速度与浓度梯度成正比，其比例系数就是扩散系数，它反映了物质扩散的快慢程度。

但由于存在双层电容充放电，以及自然对流影响等，更准确的测量方法是将 Cottrell 方程对时间积分，获得如下电荷量-时间方程：

$$Q_d(t)=\frac{2nFAc^*\sqrt{D}}{\sqrt{\pi}}\sqrt{t} \tag{1.7C.2}$$

通过计算 $Q_d-t^{1/2}$ 作图所得直线的斜率，可以求得反应物种扩散系数 D。

在式(1.7C.2)中，面积 A 通常选取电极的几何面积，而不是微观的电化学活性面积。这是由于在秒级别的测试时间范围内，扩散层的厚度(约 100 μm)远远大于电极的粗糙度(<1 μm)，这使得电极的粗糙程度不会影响扩散电流，因此不能选用电化学活性面积来计算扩散系数。

三、仪器与试剂

1. 实验仪器

上海辰华 CHI660 恒电位仪或类似功能的恒电位仪。

2. 试剂及耗材

0.5 mol·L^{-1} H_2SO_4 溶液，0.01 mol·L^{-1} $AgNO_3$+0.1 mol·L^{-1} KNO_3 溶液，超纯水，高纯氮气。

嵌在聚四氟乙烯的铂圆盘电极(作为工作电极)；饱和甘汞电极(SCE)和 5~10 cm 长度的银丝(作为参比电极)；铂黑辅助电极；配有盐桥的玻璃电解池(盐桥用于隔绝氯离子干扰)；用于电极抛光的绒布和氧化铝抛光粉(0.3 μm)。

四、实验步骤

1. 铂电极的循环伏安测试(以 SCE 为参比电极)

(1) 将铂电极用氧化铝抛光粉机械抛光处理 3~5 min(见图 1-0-2)，超声清洗 2 次，然后用超纯水冲洗干净。

（2）清洗电解池，然后倒入 0.5 mol·L^{-1} H_2SO_4 溶液，装上用于隔绝氯离子干扰的盐桥和 SCE 参比电极；向溶液通入氮气，鼓泡约 10 min，除去溶液中的溶解氧，然后再将氮气改成在溶液上方继续通气，避免空气进入电解池。

（3）在-0.28~1.40 V(vs.SCE，后续电位同)的电位区间中，以扫描速度 500 mV·s^{-1}，连续扫描 5~10 min，对铂电极进行电化学氧化/还原清洁处理，直至 CV 曲线完全重合为止。

（4）在相同溶液中，选取起始电位为 0.2 V，上下限电位分别为-0.25 V 和 1.25 V，再分别以 500 mV·s^{-1}，400 mV·s^{-1}，300 mV·s^{-1}，200 mV·s^{-1}，100 mV·s^{-1}，50 mV·s^{-1}，20 mV·s^{-1}的扫描速度，扫描记录 2 圈 CV 曲线。

2. 铂电极上的银电结晶测试(以银丝为参比电极)

（1）往电解池里倒入 0.01 mol·L^{-1} $AgNO_3$+0.1 mol·L^{-1} KNO_3 溶液，以银丝为参比电极("0 V"对应于该体系的平衡电位)，取实验步骤 1 中已经电化学清洁好的铂电极为工作电极。

（2）运用循环伏安法研究银电结晶过程，设置参数如下：初始电位(E_{init})为 0.30 V，静止时间(quiet time)30 s，下限电位(E_{low})为-0.30 V，上限电位(E_{high})为 0.30 V，扫描速度 100 mV·s^{-1}，电流灵敏度为 1.0×10^{-3}(1.0E-3)(即 1 mA 档)，连续扫描 3 圈 CV 曲线，注意观察前两圈循环中银电沉积的起始电位的差异。然后保持其他参数不变，将扫描速度改为 5 mV·s^{-1}，再记录 1 圈慢速 CV 曲线。

（3）运用计时电流技术(chronoamperometry)进行银电沉积的暂态实验。设置参数如下：

起始电位置于 0.3 V，静止时间(quiet time)30 s，上限电位(E_{high})为 0.3 V，initial step polarity选择 negative，阶跃次数(number of steps)为 2，脉冲宽度(pulse width)为 5 s，数据点采样间隔(sample interval)为 0.0002 s，电流灵敏度为 1.0×10^{-3}(1.0E-3)，下限电位(E_{low})依次取以下数值：+0.02 V，0 V，-0.02 V，-0.04 V，-0.06 V，-0.08 V，-0.09 V，-0.10 V，-0.11 V，-0.12 V，-0.13 V，-0.15 V，-0.20 V 和-0.25 V，共进行 14 次测试。在测试中，电位从起始电位 0.3 V 阶跃到下限电位并停留 5 s，发生银电沉积，然后再阶跃回 0.3 V 让沉积在电极表面的银氧化溶出。

（4）实验结束，将 E_{low} 设为 0.28 V(银不沉积电位)，静止时间 60 s，再运行一次实验，使得电极表面残存的银完全溶出。将电极取出，冲洗，再通过机械抛光，超声清洗。

五、注意事项

（1）恒电位仪实验开始前，必须检查参比电极是否已经接好，甘汞电极的玻璃管是否有气泡，以及电极接头是否已经除锈并确保接触良好。参比电极接触不良会导致噪声大，50 Hz 交流电干扰严重，使得 CV 曲线扫描时会出现"多条曲线同时在走"的现象。

（2）本实验是表面电化学实验，对溶液杂质非常敏感，实验中取放电极时应时刻注意避免任何污染，清洗完电极后不要用滤纸擦拭，也不要直接放置在实验桌上。

（3）实验结束后的银溶出处理一定要按要求完成，否则放置过程中，银会进入铂晶格，严重影响下次实验(铂的 CV 曲线会变形)。

六、数据处理与分析

（1）打开实验步骤 1 所得的铂电极在稀硫酸的 CV 曲线，读取电位正向扫描-0.15 V 附近较强的氢脱附峰的电流值(i_p),并扣除双层电容充放电电流,以校准后的峰电流 i_p 对扫描速度作图,并判断氢吸脱附的反应类型。

(2) 打开 100 $mV\cdot s^{-1}$的 CV 曲线,分别积分电位负向和正向扫描的氢吸脱附电荷量,取两者平均值,求算铂电极的电化学活性面积(真实微观面积),并与电极几何面积作对比,求算电极粗糙度。积分氢区电荷量时,下限电位可选择“氢吸附”与“氢析出”的拐弯处电位,约-0.22 V。

(3) 打开实验步骤 2(2)获得的 100 $mV\cdot s^{-1}$的银电沉积的 CV 数据,观察第一圈和第二圈电位在电位负向扫描过程中的银沉积曲线差异,判断第一圈与第二圈,哪一圈银更容易沉积? 用切线法测量沉积过电势,并分析其原因。

(4) 积分银阳极溶出峰的电荷量,假定银以(100)晶面排列,估算银沉积的原子层数。

(5) 读取实验步骤 2(3)中每个阶跃电位下银沉积的稳态电流值,并将其对电位作图,得到稳态极化曲线,并分析该曲线有何特点。通过曲线拟合(Sigmoidal 函数),求算半波电位。再将 5 $mV\cdot s^{-1}$记录的银沉积 CV 曲线中的负向扫描曲线与稳态极化曲线相叠加,比较两者异同点。

(6) 取实验步骤 2(3)中-0.25 V 时的 $i \sim t$ 曲线,用 CHI 软件中的积分功能(Data proc→integration),将电流转化为电荷量,并将数据导入 Origin 软件,作 $Q-t^{1/2}$图,通过斜率求算 D 值,注意面积选取和长度单位统一。

七、思考题

(1) 电位负向扫描过程中,铂电极的 CV 曲线为什么会出现多个氢吸脱附峰?

(2) 当扫描速度比较低时,有时会观察到铂电极 CV 曲线中“氢区”下沉,而高电位的“氧区”却没有影响,请分析原因。

(3) 在实验步骤 2(3)中,为什么无论阶跃到哪个电位,初期都会有一个很大的电流,然后快速衰减? 为什么银沉积电流曲线会呈现一个先增加而后减小的峰形?

(4) 实验步骤 2(2)和(3)中,为什么在每次实验前要在 0.3 V 先保持 30 s?

八、知识拓展

金属电结晶

金属在电极表面的电结晶过程涉及成核-生长过程。成核容易程度除了受电位影响,还与沉积金属(A)与基底金属(B)的相互作用有关。如果 A—B 的相互作用弱于 A—A 的相互作用,则成核比较困难,需要更高的过电势,提升过饱和度,才能驱动成核。根据在晶体生长过程中是否有新晶核形成,可以分为瞬时成核和连续成核。前者只在初期形成晶核,在生长过程中,几乎不再形成新的晶核,这种模式下,所形成金属纳米晶的尺寸会比较均一;后者则在生长过程中,不断有新的晶核形成,由于后面生长的粒子会比较小,最终得到的粒子的尺寸就会比较不均匀。此外,生长的模式也是多种多样的,有两种典型情况,一种是层状生长,另一种是三维岛状生长,形成离散分布的纳米粒子。金属电结晶可由不同的成核与生长模式组合而成,每种组合都有相应特征的电流-时间曲线。例如,瞬时成核-三维生长和连续成核-三维生长的理论电流-时间曲线分别如式(1.7C.3)和式(1.7C.4)所示:

$$\left(\frac{i}{i_m}\right)^2 = 1.9542\frac{t_m}{t}\left\{1-\exp\left[-1.2564\left(\frac{t}{t_m}\right)\right]\right\}^2 \qquad (1.7C.3)$$

$$\left(\frac{i}{i_m}\right)^2 = 1.2254\frac{t_m}{t}\left\{1-\exp\left[-2.3367\left(\frac{t}{t_m}\right)^2\right]\right\}^2 \qquad (1.7C.4)$$

式中：i_m 和 t_m 分别代表最大电流和达到最大电流的时间。

相应曲线的形状如图 1-7C-2 所示。要判断实测的电结晶过程属于哪一种成核-生长模式，可以将实验所得的电沉积 i-t 曲线，转化为 $(i/i_m)^2$-t/t_m 形式，叠加到图 1-7C-2 中，比较跟哪条曲线更接近。

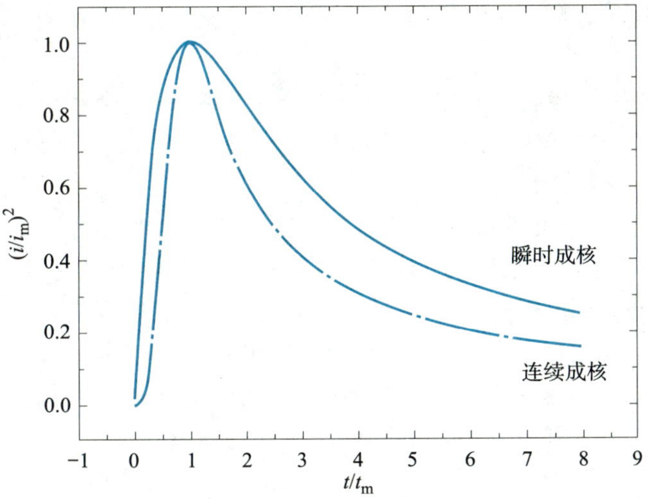

图 1-7C-2　瞬时成核-三维生长和连续成核-三维生长的两种理论电流-时间曲线

九、参考文献

（厦门大学　周志有、任斌）

实验 1-8A　水系锌-碘电池电极极化曲线的测定

一、实验目的

（1）了解恒电位法原理及三电极工作原理。

(2) 理解电极/电解质界面结构及电极极化产生的原因。

(3) 了解不同电解质浓度、扫描速度、温度等因素对电极极化的影响。

(4) 掌握线性伏安法原理。

(5) 学习极化曲线在电极腐蚀与防护中的应用。

二、实验原理

电化学反应是一种氧化还原反应,但与一般的氧化还原反应不同,电化学反应是一种特殊的氧化还原反应。电化学反应的特殊性在于氧化、还原两反应是在不同的位置上进行,即在不同的界面上发生的,在空间上是分开的。而基础化学中所了解的氧化还原反应则没有这种限制,常常是氧化态粒子和还原态粒子通过碰撞交换电荷,在同一地点完成氧化还原过程。

电化学反应在电极-溶液界面进行,当电极浸入溶液中时,会吸引异号电荷到电极表面产生双电层电容。在充电和放电过程中,随着电极电位的变化,双电层电容也在不断发生变化。此时,电极极化将会发生。

当有电流通过时,电极电位偏离平衡电位的现象即为电极极化。在电化学反应中,电极极化常常发生并会影响反应的进行。有很多因素可以导致电极极化发生,如电化学反应产物在电极表面的积聚,电极表面被氧化、还原或腐蚀,以及电极表面被吸附剂覆盖等。这些因素会影响电极表面上电子的传输速率,从而引起电极极化。电极极化的结果通常是电极活性的降低或失效。具体来说,电极极化会导致电化学反应速率降低、效率降低,或者反应选择性减弱。对于某些应用而言,这些影响可能是不利的。

电极极化具有以下规律:① 阴极的电极电位总是变得比平衡电位更负,$\varphi_a<\varphi_{平衡}$;② 阳极的电极电位总是变得比平衡电位更正,$\varphi_e>\varphi_{平衡}$。通常使用过电位($\eta,\Delta\varphi$)来描述电极极化程度。其中,η 为一定电流密度下,电极电位与平衡电极电位的差值;$\Delta\varphi$ 为一定电流密度下,电极电位与静止电位(无电流通过时的电位)的差值。

电极极化主要包括电化学极化、浓差极化和电阻极化。电化学极化也称电荷传递极化或活化极化,是由于电荷传递过程迟缓造成的界面电荷分布状态的改变;浓差极化是由于扩散过程迟缓造成的界面电荷分布状态的改变;电阻极化是由于电流流过电极体系上的欧姆电阻时,会在电阻上引起欧姆降。

为了使电极极化可视化,需要对极化曲线进行测量。极化曲线表示电极电势与极化电流密度或极化电流之间的关系曲线。例如,电极分别是阳极或阴极,所得曲线则分别称为阳极极化曲线或阴极极化曲线,如图 1-8A-1 所示。

极化曲线的测量方法可以分为稳态法和暂态法、恒电位法和恒电流法。

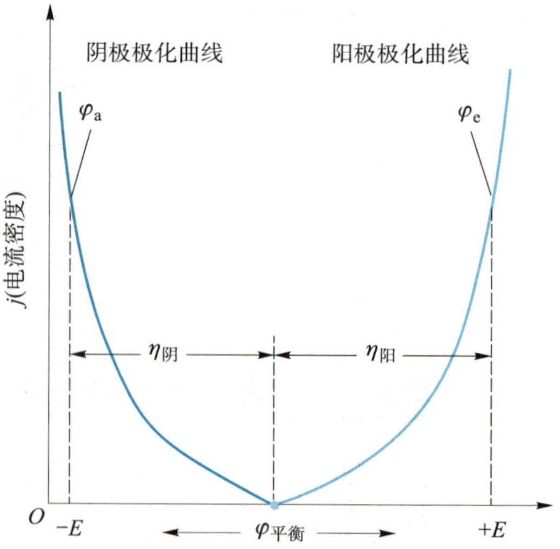

图 1-8A-1 电解池中两电极的极化曲线

稳态法是将电极电位恒定在某一数值，测定相应的稳定电流值，如此逐点地测量一系列各个电极电位下的稳定电流值，以获得完整的极化曲线。对某些体系，达到稳态可能需要很长时间，为节省时间，提高测量重现性，往往人们自行规定每次电位恒定的时间。稳态不等于平衡态，而是在指定时间范围内，电化学系统的各个物理量（如电极电位、电流密度、电极界面状态等）变化甚微，基本上可认为不变。

暂态法是控制电极电位以较慢的速度连续地改变（扫描），并测量对应电位下的瞬时电流值，以瞬时电流与对应的电极电位作图，获得整个的极化曲线。一般来说，电极表面建立稳态所需的时间越长，则电位扫描速度也应越慢。因此对不同的电极体系，扫描速度也不相同。为测得稳态极化曲线，人们通常依次减小扫描速度以测定若干条极化曲线，当测至极化曲线不再明显变化时，可确定此扫描速度下测得的极化曲线即为稳态极化曲线。同样，为节省时间，对于那些只是为了比较不同因素对电极过程影响的极化曲线，则选取适当的扫描速度绘制准稳态极化曲线就可以了。

恒电位法就是将研究电极电位依次恒定在不同的数值上，然后测量对应电位下的电流。极化曲线的测量应尽可能接近体系稳态。稳态体系指被研究体系的极化电流密度（或极化电流）、电极电位、电极表面状态等基本上不随时间的变化而改变。

恒电流法就是控制研究电极上的电流密度依次恒定在不同的数值下，同时测定相应的稳定电极电位值。采用恒电流法测定极化曲线时，由于种种原因，给定电流后，电极电位往往不能立即达到稳态，在不同的体系中，电位趋于稳态所需要的时间也不相同，因此在实际测量时一般电位接近稳定（如 1~3 min 内无大的变化）即可读值，或人为自行规定每次电流恒定的时间。恒电流法不适合电流密度极大值、电极表面状态发生较大变化的过程。

通过线性扫描伏安法（LSV）可以获得极化曲线。线性扫描伏安法是在电极上施加一个线性变化的电压（即电极电位是随外加电压线性变化）记录工作电极上电流的方法。记录的电流随电极电位变化的曲线称为线性扫描伏安图，如图 1-8A-2 所示。

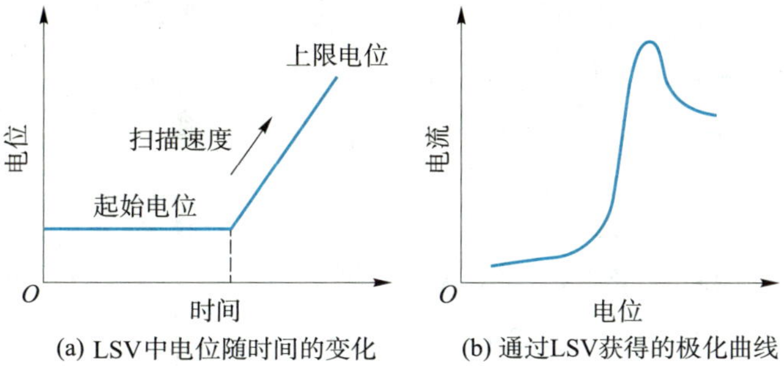

图 1-8A-2 线性扫描伏安图

对于常规尺寸电极，其线性扫描伏安图主要有两种基本形状："峰"形和"S"形，如图 1-8A-3 所示。对于 1—2 过程，无还原反应发生，法拉第电流为零；对于 2—4 过程，还原反应发生，产生还原电流，随电极电位负移，还原电流增大；对于 4—6 过程，当某一电极反应的异相电子转移速率较大时，其电极反应过程存在物质"供不应求"的状态，易获"峰"形伏安图[图 1-8A-3(a)]；当异相电子转移速率降低或液相传质速率加快，易得到"S"形伏安图[图 1-8A-3(b)]。

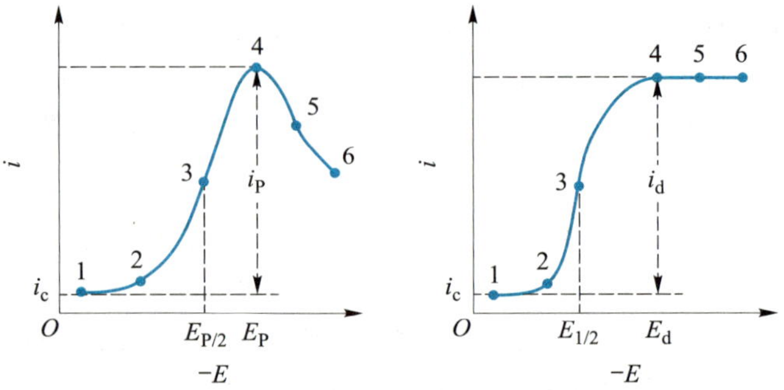

(a)“峰”型线性扫描伏安图　　(b)“S”型线性扫描伏安图

图 1-8A-3　线性扫描伏安图的两种基本形状

对于溶液中只存在氧化物种的可逆过程的 LSV 图，其峰电流 i_p 和扫描速度 v 的关系为

$$i_p \propto 2.69\times10^5 n^{3/2} A D_o^{1/2} c_o^{\infty} v^{1/2}$$

式中：n 为得失电子数，A 为电极面积，D_o 为氧化态物种扩散系数，c_o^{∞} 为氧化态本体浓度。

极化曲线分为四个区，活性溶解区、活化-钝化过渡区、稳定钝化区、过钝化区，如图 1-8A-4(a)所示。将极化曲线的 AC 段电流密度取对数作图，可以获得 Tafel 曲线，如图 1-8A-4(b)所示，进而获得研究对象的极化强度、自腐蚀电位、自腐蚀电流密度等。

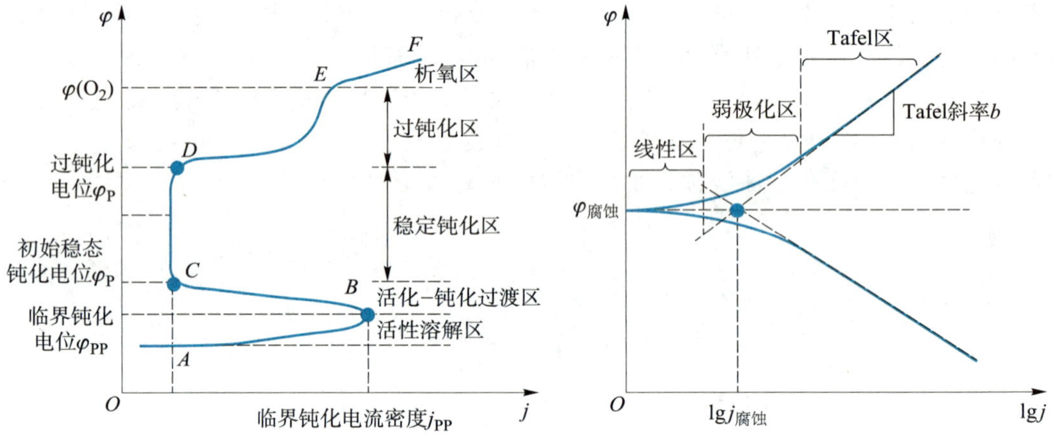

(a) 金属阳极极化曲线（控电位法）　　(b) Tafel曲线

图 1-8A-4　极化曲线

本实验中，借助锌-碘电池体系进行 LSV 测量，探究不同电解质浓度、扫描速度、温度等因素对电极极化的影响。锌-碘电池具有以下优势：碘储量丰富、价格低廉（在海水中含量为 50~60 $\mu g\cdot L^{-1}$）；多种价态，可实现多电子转移，比容量相对较大；水中溶解度低。本实验主要利用 LSV 研究锌-碘电池 $I^-/I_2/I^+$ 的氧化反应过程，如图 1-8A-5 所示。氧化峰①对应 I^-/I_2 的氧化反应过程（1.29 V），氧化峰②对应 I_2/I^+ 的氧化反应过程（1.83 V）。

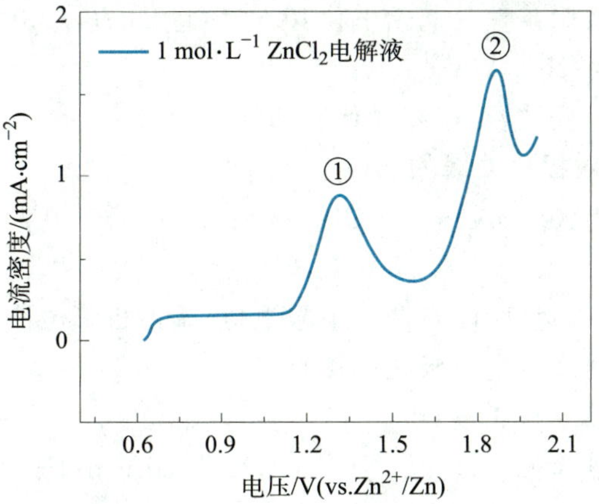

图 1-8A-5　锌-碘电池在 1 $mol \cdot L^{-1}$ $ZnCl_2$ 电解液中氧化过程的 LSV 曲线

三、仪器与试剂

1. 实验仪器

电化学工作站 1 台；计算机 1 台；小型球磨机 1 台；铂对电极（$d=12$ mm）1 片；Ag/AgCl 参比电极 1 支；三电极电解池 1 套。

2. 试剂及耗材

碘；高比表面积活性炭；导电炭黑；羧甲基纤维素钠（分子量 7×10^5）；1～30 $mol \cdot kg^{-1}$ 氯化锌溶液（分别为 1 $mol \cdot kg^{-1}$，10 $mol \cdot kg^{-1}$，20 $mol \cdot kg^{-1}$，30 $mol \cdot kg^{-1}$）；蒸馏水；碳纸；玻璃板；刮刀；安瓿瓶。

四、实验步骤

1. 附碘材料的制备

（1）取 I_2 粉末（40 mg）和活性炭（40 mg）按照质量比 1∶1 混合。

（2）将混合均匀后的材料转移到密封的样品瓶里面，转移到 60 ℃ 烘箱中加热 6 h，然后冷却至室温。

2. 电极制备

（1）将活性物质附碘材料（80 mg）、导电剂高比表面积活性炭（10 mg）、黏结剂羧甲基纤维素钠（10 mg）按质量比 8∶1∶1 混合后研磨至均匀。

（2）加水继续研磨成浆料，均匀刮涂到碳纸集流体上，然后置于 40 ℃ 烘箱中干燥 6 h。

3. 三电极组装

（1）将 1 $mol \cdot kg^{-1}$ $ZnCl_2$ 溶液倒入干净的带有铂网辅助电极的三电极池，依次放入参比电极和工作电极。

注意：实验建议采用 Ag/AgCl 参比电极，工作电极为碘电极；高浓度盐会引起体积变化，电解液浓度为质量摩尔浓度（$mol \cdot kg^{-1}$），溶质是水。

（2）连接三根电极线，并确保各个电极皆接触良好。

4. 电极极化曲线测定

（1）负一价碘的获取：测开路电位，选择扫描线性伏安法，从开路电位开始负向扫描至 0.6 V。

(2) 设置极化曲线实验条件。起始电位:0.6 V;上限电位:2.0 V;扫描方向:正向;扫描速度:0.1 $mV\cdot S^{-1}$;灵敏度:10^{-3} $A\cdot V^{-1}$。

(3) 运行扫描线性伏安法,获得线性伏安曲线。

5. LSV 法扫描速度对极化曲线的影响

(1) 扫描速度分别为:0.1 $mV\cdot s^{-1}$,0.2 $mV\cdot s^{-1}$,0.3 $mV\cdot s^{-1}$,0.4 $mV\cdot s^{-1}$,0.5 $mV\cdot s^{-1}$;上限电位:2.0 V;起始电位:0.6 V。

注意:每改变一个扫描速度,注意调整下限电位,确保析氢电流不至于过大。

(2) 分析不同扫描速度对电极极化的影响。

6. 电解质浓度对电极极化的影响

(1) 电解质浓度分别为:1 $mol\cdot kg^{-1}$,10 $mol\cdot kg^{-1}$,20 $mol\cdot kg^{-1}$,30 $mol\cdot kg^{-1}$;上限电位:2.0 V;下限电位:0.6 V。

注意:电解质浓度的上下限说明——浓度太低,水活度太高,高价产物不稳定,会自放电;浓度过高,虽然水活度降低,但是电解液黏度增大,电池极化会增大。

(2) 分析不同扫描速度对电极极化的影响。

注意:由于碘对水比较敏感,在水活度高的电解液容易水解,因此,提高电解液的盐浓度有助于抑制水的活度,促进碘的转化。

7. 低温对电极极化的影响

(1) 温度分别为:15 ℃,10 ℃,0 ℃;上限电位:1.25 V;下限电位:0.6 V。

注意:高浓电解液在低温下容易凝固,因此需要选择合适浓度的电解质溶液如 10 $mol\cdot kg^{-1}$ $ZnCl_2$ 溶液。

(2) 分析不同温度对电极极化程度的影响及原因。

注意:温度的降低有助于降低水的活度,使得碘转化可逆性增强。但是温度过低会导致离子迁移速度也大大降低,因此电池极化也会大大增加。

8. 实验结束

先断开工作电极连接,取出工作电极,再取出参比电极,用超纯水清洗所有电极和电极壳。关闭仪器。

五、注意事项

(1) 所有实验中必须正确选择量程挡和扫描范围。

(2) 参与电化学反应的是电极最表面一层原子,所以电极表面的洁净程度将直接影响实验结果。实验中取放电极时应时刻注意避免任何污染。

(3) 电极制备:要充分研磨,涂料要均匀,否则会导致电极片局部电流不一样。

(4) 伏安测试:注意各个电极独立,不要接触,将对电极和工作电极平行对称放置。

(5) 参比电极使用前应先用蒸馏水冲洗,再用电解液冲洗,确保没有浓度差。

六、数据处理与分析

(1) 绘制 0.6~2.0 V 电位区间的锌-碘电池电极极化曲线,确定 Tafel 曲线区并取对数作图,提取过电位、腐蚀电位、腐蚀电流等重要参数。

(2) 分析电解质浓度、扫描速度、温度对电极极化的影响结果及原因。

七、思考题

（1）平衡电极电位、自腐蚀电位有何不同？

（2）电极极化程度能否量化？如何评估？

（3）高电解质浓度有利于降低水的活度，但是氯化锌固体在 1 kg 水中最多只能溶解 30 mol。是否可以采用双盐体系如氯化锌-氯化钠来进一步提升盐浓度，从而降低水的活度？双盐体系浓度过高对电池极化有何影响？为什么？

（4）采用搅拌方式减小浓差极化是否可行，为什么？有什么替代方案？

（5）在准备不同浓度的电解质溶液时，是否可以用体积摩尔浓度（$mol\cdot L^{-1}$）替换质量摩尔浓度（$mol\cdot kg^{-1}$）？

八、参考文献

（湖南大学 贺鑫、李佳）

实验 1-8B 旋转圆盘电极法研究电催化氧气还原

一、实验目的

（1）了解旋转圆盘电极的测量原理。

（2）掌握旋转圆盘电极的实验测量技术和数据分析方法。

（3）掌握氧气还原电催化剂活性和选择性的测量技术。

二、实验原理

电化学反应包含电极界面传荷反应和反应物传质两个串联过程，总速度受最慢的一步限制。对于静止溶液，传质主要依靠较慢的扩散传质方式。当反应物浓度较低时，特别是测量溶解度有限的气体反应（如氧气还原和氢气氧化）时，反应很容易受传质限制，无法获得本征的反应动力学参数。要克服此问题，可引入强制对流，提高传质速度。

采用旋转圆盘电极（rotating disk electrode，RDE），不但能够通过电极旋转产生强制对流，强化传质，并且其传质速度很容易通过转速精确控制。此外，旋转圆盘电极还具有电流密度分布均匀、易于建立稳态、稳态极化曲线重复性好等优点，从而使得旋转圆盘电极成为一种常用的电化学稳态测量技术，尤其适用于低浓度反应物。

旋转圆盘电极能取得很大成功的原因是基于 Levich 等发展起来的旋转圆盘电极流体

动力学。当电极旋转时，由于离心力作用，溶液会从圆盘中心呈放射状流出，体相溶液则沿电极垂直方向运动去补充，从而形成强制对流，提高了传质速度，如图 1-8B-1(a)所示。由于液体具有黏滞阻力，最靠近电极表面仍有一层黏滞层液体，会随着电极一起转动。反应物穿过这一黏滞层仍然通过扩散传质。黏滞层的厚度可等效于传质扩散层厚度，并随着电极转速增加而变薄，传质速度加快。

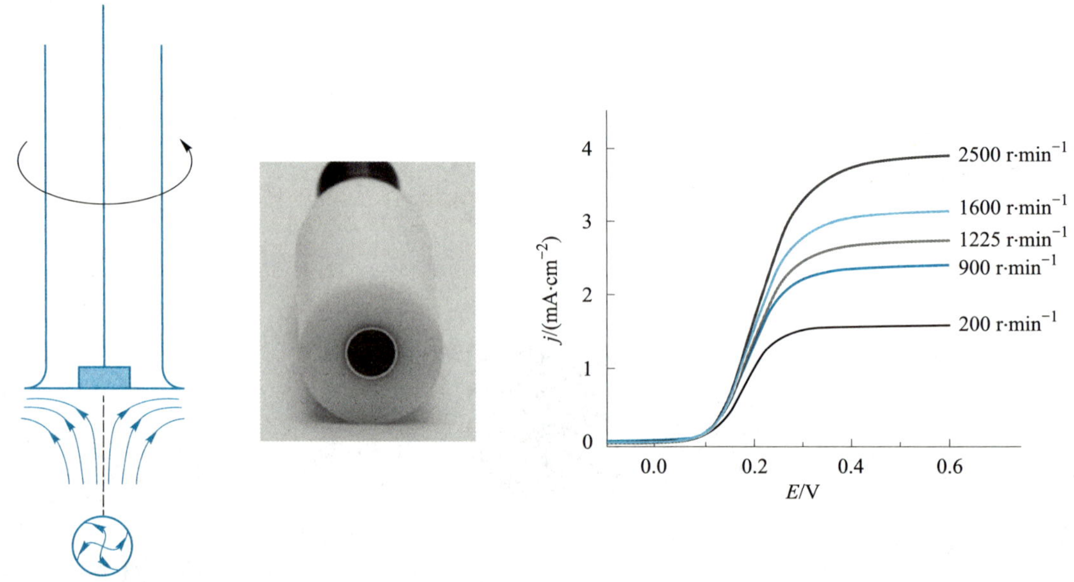

(a) 旋转圆盘电极及其液体流动示意图　　(b) 运用旋转圆盘电极测得的电流-电压极化曲线

图 1-8B-1　旋转圆盘电极原理示意图及其极化曲线

运用旋转圆盘电极，可以得到如图 1-8B-1(b)所示的电化学极化曲线。随着过电势增加，电流逐渐增大，然后达到一个稳定的平台值，称为极限扩散电流(i_d)，其随着电极转速增加而增大。根据旋转圆盘电极的流体力学方程，可推导出极限扩散电流与转速的依赖关系，即 Levich 方程：

$$i_d = 0.62nFAD^{2/3}v^{-1/6}\omega^{1/2}c_0 \tag{1.8B.1}$$

式中：n 为转移电子数；F 为法拉第常数；A 为电极几何面积；v 为动力黏度系数，是溶液黏度与密度的比值，对于水溶液，该值约为 0.01 $cm^2 \cdot s^{-1}$；D 为反应物在溶液中的扩散系数，通常为 $10^{-6} \sim 10^{-5}$ $cm^2 \cdot s^{-1}$，ω 为电极转速；c_0 为反应物的体相浓度。

显然，i_d 与 $\omega^{1/2}$ 成正比，利用其斜率可以求算转移电子数 n 或扩散系数 D 等其中的一个参数。

在旋转圆盘电极极化曲线中，小电流区受动力学控制，中间过渡区受动力学-传质混合控制，平台区则受传质控制。利用动力学-传质混合数据，可以比较准确地求算电化学动力学参数。计算依据为 Koutecky-Levich 方程：

$$\frac{1}{i} = \frac{1}{i_k} + \lambda\omega^{-1/2} \tag{1.8B.2}$$

式中：i_k 为动力电流，即不受传质影响的电化学极化电流，实际上就是本实验想要测量的本征电化学动力学参数；当过电势和体相浓度保持不变时，λ 是一个常数。

可以看出，通过测量一系列不同转速的极化曲线，并选取某一固定电位的电流，对 $\frac{1}{i}$ - $\omega^{-1/2}$ 作图，将得到一条直线。根据直线的截距就可以推算出动力电流 i_k。

当反应是一个不可逆反应或过电势较大时，式(1.8B.2)可以转化为一个更简单的形式：

$$\frac{1}{i}=\frac{1}{i_k}+\frac{1}{i_d} \tag{1.8B.3}$$

式中：i_d 是极限扩散电流。此时，只要根据一个转速的极化曲线数据就可以计算 i_k，测量更加简单方便。

电化学反应往往涉及反应中间体。在圆盘电极边上加一个环电极，即构成旋转环盘电极(rotating ring-disk electrode，RRDE)，如图 1-8B-2 所示。利用双恒电位仪，独立控制盘电极和环电极的电位，就可以实现对反应中间体的检测。在电极旋转条件下，盘电极上生成的物种只有一部分会被转移到环电极上，剩余则被甩到溶液中。转移到环电极上产物的量与盘电极上生成量的比值，定义为环盘电极的收集系数(N_0)。N_0 仅由电极结构参数决定，而与电极转速、电位扫描速度等参数无关。

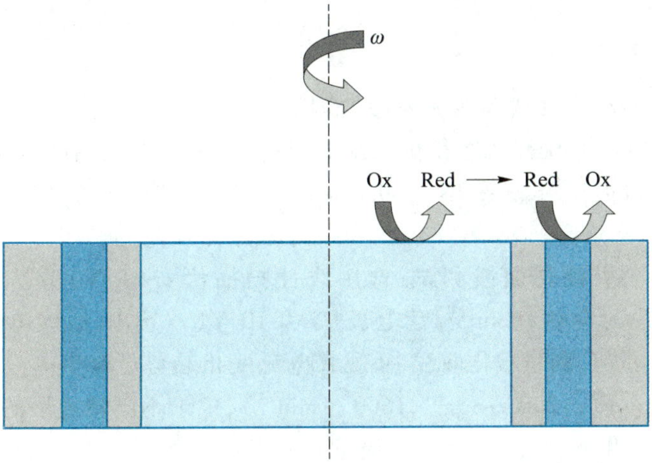

图 1-8B-2　旋转环盘电极示意图

为了定量分析，需要测量收集系数 N_0。通常采用一个简单的传荷反应，如 $Fe(CN)_6^{4-}$ 和 $Fe(CN)_6^{3-}$，在盘电极上设置高电位将 $Fe(CN)_6^{4-}$ 氧化；同时在环电极上设置低电位，将盘电极转移过来的氧化产物 $Fe(CN)_6^{3-}$ 还原。环电流(I_R)与盘电流(I_D)的比值就是收集系数 N_0。

旋转环盘电极广泛应用于氢燃料电池催化剂的性能评价。燃料电池的阴极是氧气还原反应，它有 4 电子和 2 电子两条途径，其中 2 电子过程涉及中间物种 H_2O_2：

(a) $O_2+4H^++4e^- \longrightarrow 2H_2O$

(b) $O_2+2H^++2e^- \longrightarrow H_2O_2$；$H_2O_2+2H^++2e^- \longrightarrow 2H_2O$

H_2O_2 的生成不但降低了氧气还原效率，其还会分解产生氧化性很强的·OH 自由基，破坏电催化剂和隔膜材料等。因此，对于燃料电池氧气还原催化剂，除了评价其氧气还原催化活性，H_2O_2 产率也是一个重要参数。本实验将采用旋转环盘电极技术，测量商业 Pt/C 催化剂在 0.1 mol·L^{-1} $HClO_4$ 溶液的氧气还原性能。氧气还原的催化活性可采用式(1.8B.2)或式(1.8B.3)来计算，H_2O_2 产率则按如下公式计算：

$$H_2O_2 = 200 \times \frac{I_R/N_0}{(I_R/N_0)+I_D} \times 100\% \tag{1.8B.4}$$

三、仪器与试剂

1. 实验仪器

旋转圆盘电极测试系统(MSR 型，Pine Inc)；上海辰华 CHI760 双恒电位仪；旋转环盘电极(玻碳盘-铂环)；饱和甘汞电极(SCE)作为参比电极；铂黑辅助电极；配有隔绝氯离子盐桥的两室玻璃电解池 2 个。

2. 试剂及耗材

5×10^{-3} mol·L^{-1} $K_4Fe(CN)_6$+0.1 mol·L^{-1} KCl 溶液；0.1 mol·L^{-1} $HClO_4$ 溶液；超纯水；商业 Pt/C 催化剂浆料(Pt 含量：10 μg·μL^{-1})；高纯氮气和高纯氧气；用于电极抛光的抛光绒布和氧化铝抛光粉(0.3 μm)。

四、实验步骤

1. 旋转圆盘电流极化曲线和收集系数的测试

(1) 将环盘电极用氧化铝研磨粉机械抛光，超声清洗 2 次，然后用超纯水淋洗。往两室电解池倒入 5×10^{-3} mol·L^{-1} $K_4Fe(CN)_6$+0.1 mol·L^{-1} KCl 溶液，并通氮气 10 min，除去溶液中的溶解氧。

(2) 旋转圆盘电极极化曲线测试：选用线性扫描伏安(LSV)方法，电位扫描速度为 10 mV·s^{-1}，电极转速为 900 r·min^{-1}，盘电极从 -0.10 V(vs.SCE，后续电位同)正向扫描到 +0.60 V(环电极不用接)，测量极化曲线，并观察电流变化趋势。改变电极转速(200 r·min^{-1}，400 r·min^{-1}，900 r·min^{-1}，1200 r·min^{-1}，1600 r·min^{-1})，记录不同转速下的极化曲线。

(3) 环盘电极收集系数测定：将环电极接到双恒电位的工作电极 2(对应于 CHI 760 双恒电位仪的黄色鳄鱼夹)，环电位设为 -0.20 V，盘电极(工作电极 1)从 -0.10 V 正向扫描到 +0.60 V，同时记录盘电流和环电流，观察二者变化趋势与相对大小。

(4) 收集系数的校正：由于溶液中总含有少量 Fe^{3+} 价态的 $Fe(CN)_6^{3-}$，为了精确测量收集系数，需要扣除体相溶液存在的 Fe^{3+} 的干扰。为此，断开盘电极，环电极(作为工作电极 1)从 +0.1 V 负向扫描到 -0.50 V，记录环电极的电流-电位曲线。在低电位区所观察到的还原电流完全来自溶液中 Fe^{3+} 杂质的还原，在计算环电流时，需要扣除。

2. Pt/C 催化剂的氧气还原性能测定

(1) 催化剂电极制备：对环盘电极进行抛光，超声清洗。吸取 10 μL Pt/C 催化剂浆料，滴涂在玻碳盘电极上，在红外灯下缓慢烘干。

(2) 将滴涂 Pt/C 催化剂的电极转移到 0.1 mol·L^{-1} $HClO_4$ 溶液中，并通氮气 10 min 以上，除去溶解氧。电极不旋转，盘电极在 -0.25 ~ 1.20 V 之间，以 50 mV·s^{-1} 扫描速度进行连续电位循环扫描，直至获得稳定的循环伏安曲线，记录 2 圈稳定的 CV 曲线。

(3) 溶液通氧气 10 min 以上,让氧气饱和溶液。双恒电位仪的工作电极 1 接盘电极,工作电极 2 接环电极,电极转速 1600 $r\cdot min^{-1}$,环电极的电位设置在 0.90 V,盘电极在 -0.25~0.80 V 之间以 10 $mV\cdot s^{-1}$ 的扫描速度扫描,记录氧气还原极化曲线。观察正向扫描与反向扫描的极化曲线的差异,以及环电流在不同电位区间的变化趋势。

五、注意事项

(1) 由于氧气还原对溶液杂质(如氯离子)干扰非常敏感,氧气还原和 $Fe(CN)_6^{4-}$ 测试最好使用 2 个不同的电解池。

(2) 在滴涂 Pt/C 催化剂时,为了让催化剂能够在电极表面"铺满、铺均匀",需要趁玻碳电极表面还有一层水膜时就滴加催化剂浆料。此外,在干燥时,电极最好以一定的转速(200~700 $r\cdot min^{-1}$)缓慢旋转,这样可以避免形成"咖啡环"的不均匀涂覆。

(3) 干燥电极时,不能让电极太靠近红外灯,否则温度太高,热胀冷缩较厉害,会引起电极内部接触点断路而损坏电极。

(4) 氧气还原动力学测量对溶液欧姆降很敏感,为了准确测量,需要进行欧姆降补偿。

六、数据处理与分析

(1) 读取实验步骤 1(2)记录的不同转速下极化曲线中的极限扩散电流 i_d,将 i_d 对电极转速的平方根作图($i_d-\omega^{1/2}$),依据式(1.8B.1)计算 $Fe(CN)_6^{4-}$ 的扩散系数 D。

(2) 读取实验步骤 1(3)记录的处于平台状态下的盘电流(I_D)和环电流(I_R),以及实验步骤 1(4)记录的环电极的背景电流(I_R^*),依据($I_R-I_R^*$)/I_D来计算环电极的收集系数 N_0。

(3) 打开实验步骤 2(2)记录的 Pt/C 催化剂的稳态伏安曲线,积分氢吸脱附区电荷量,计算 Pt 的电化学活化面积和单位 Pt 质量的比表面积($m^2\cdot g^{-1}$)。

(4) 依据 Koutecky-Levich 方程[式(1.8B.3)],计算 Pt/C 催化剂在 0.60 V 时的动力电流 i_k,并将该电流分别除以 Pt 的电化学活化面积和 Pt 的质量,计算氧还原面积比活性和质量比活性。

(5) 依据式(1.8B.4),计算 0.30 V 电位下的 H_2O_2 产率。

七、思考题

(1) 旋转圆盘电极测试时,为什么会出现电流平台区?是否可以利用电流平台区数据评价催化剂活性?

(2) 磁力搅拌也能增强传质过程,旋转圆盘电极与之相比,有什么优势?

(3) 测试 Pt/C 催化剂的氧气还原性能时,电位正向扫描还是负向扫描时活性更高?可能的原因是什么?

八、知识拓展

实际燃料电池气体扩散电极与旋转圆盘电极测试的关联性

质子交换膜燃料电池的阴极发生的是氧气还原,阳极发生的是氢气氧化。这两个反应均需要 Pt 等作为催化剂。特别是氧气还原动力学缓慢,需要高载量的 Pt 催化剂,是燃料电池高成本且难以商业化的主要原因。因此,提高 Pt 基催化剂氧还原活性以减少 Pt 用量,或者发展廉价的非贵金属氧还原催化剂一直是燃料电池的研究重点。采用旋转圆盘电极可以很准确评价催化剂在水溶液中的氧气还原性能。然而,实际燃料电池的结构非常复杂,其膜电极采用气体扩散电极技术,如图 1-8B-3 所示。为了避免电解质流失,燃料电池并不使用硫酸、高氯酸等小分子电解质,而是使用全氟磺酸聚合物电解质(即 Nafion)。此外,为了提高电流密度,还采用多孔的气体扩散电极,其特征为固-气-液三相界面。此时氧气的传质主要是气体对流,它比旋转圆盘电极测试时的溶解氧气-液相传质快了约 3 个数量级。因此,燃料电池工作环境与水溶液电极测试存在巨大差异,这导致通过水溶液旋转圆盘电极筛选出的高性能催化剂并不一定能在燃料电池上表现出高性能。虽然存在这些缺点,但旋转圆盘电极在评价电催化剂方面还是存在一些明显优点,如条件易于精确控制、测试结果重现性好、可得到催化剂的固有活性及对测试人员的经验依赖性远低于燃料电池测试等。

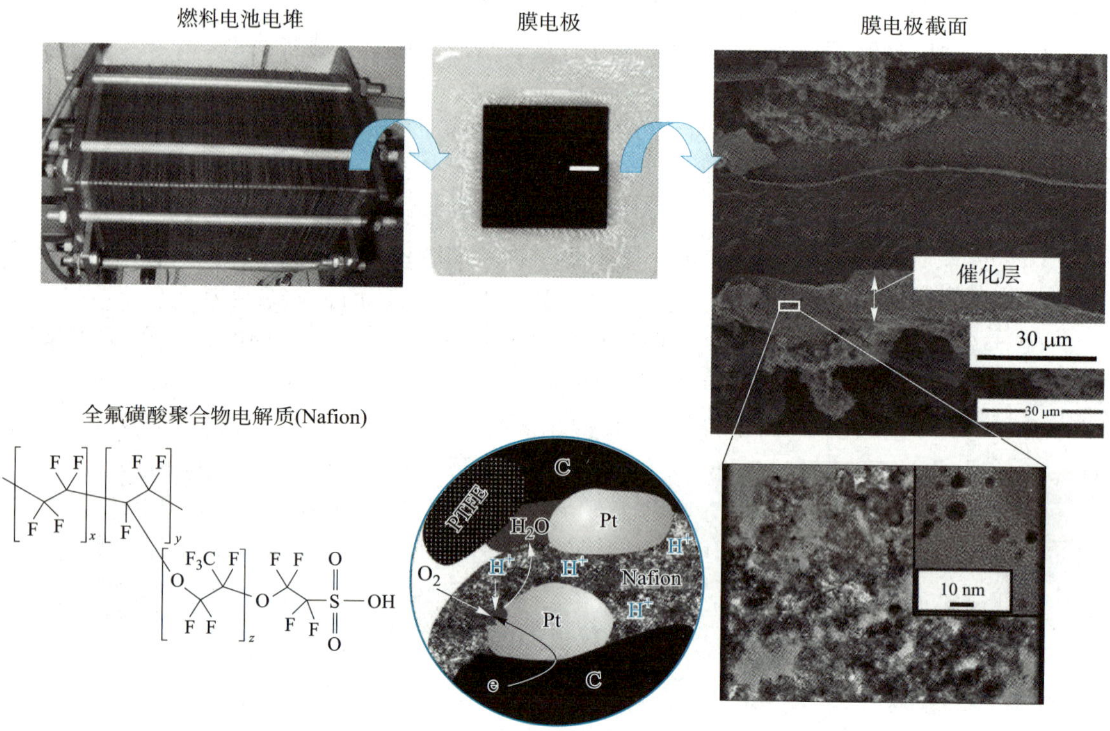

图 1-8B-3 燃料电池结构剖析

九、参考文献

(厦门大学 周志有、王宇成)

实验 1-9　铁氰化钾/亚铁氰化钾氧化-还原过程的电化学交流阻抗研究

一、实验目的

(1) 掌握采用电化学交流阻抗技术进行电化学体系研究的基本原理和方法。

(2) 掌握电化学交流阻抗技术的实验操作,理解实验测量中各因素的影响。

(3) 掌握简单电极反应的等效电路构建方法,能分析对应的电化学反应原理。

(4) 了解复变非线性回归法拟合电化学交流阻抗数据的方法。

二、实验原理

电化学交流阻抗技术(electrochemical impedance spectroscopy,EIS)是化学测量技术中一种非常重要的方法,为研究电极过程动力学和表界面行为提供了一种强大的表征手段。EIS 的工作原理是对电化学系统施加一个小振幅的正弦波交流激励信号(电压或电流),当体系达到交流稳定状态后,测量所研究电极体系的电位/电流或阻抗/导纳,通过分析测量体系中输出的阻抗、相位和时间的变化关系,获取电极反应的相关信息,如欧姆电阻、吸脱附、电化学反应及其电极过程动力学参数等。

1. 电化学交流阻抗的含义

在电化学系统中,当输入一个扰动函数 X 时,系统就会输出一个响应信号 Y。用来描述扰动与响应之间关系的函数称为传输函数 $G(\omega)$。如果这一系统的内部结构是线性且稳定的,那么输出信号就是输入扰动信号的线性函数。

$$\frac{Y}{X}=G(\omega) \tag{1.9.1}$$

如果输入信号 X 为角频率为 ω 的正弦波电流信号,则输出信号 Y 既为角频率也为 ω 的正弦电位信号,此时,传输函数 $G(\omega)$ 也是频率的函数,称为频响函数,这个频响函数就被称为电化学系统的阻抗(impedance),用 Z 表示。

若 G 为阻抗,则有

$$Z=Z'+jZ'' \tag{1.9.2}$$

阻抗 Z 的模值为

$$|Z|=\sqrt{Z'^2+Z''^2} \tag{1.9.3}$$

阻抗的相位角 φ 为

$$\tan\varphi=\frac{-Z''}{Z'} \tag{1.9.4}$$

处理交流阻抗数据的一种有效方法是在复平面上绘制实分量和虚分量。在这样的图中可以同时看到响应的振幅 $|Z|$ 和相位 φ,如图 1-9-1 所示。

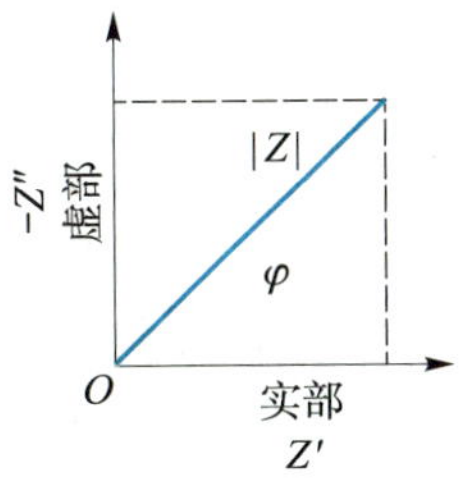

图 1-9-1　复平面上的实分量和虚分量示意图

EIS 技术就是通过在不同频率 $W(f)$ 下测定扰动信号 X 与响应信号 Y 的比值,得到不同频率下阻抗的实部 Z'、虚部 Z''、模值 $|Z|$ 和相位角 φ,然后将这些变量绘制成 Nyquist 图、Bode 图等各种形式的曲线,就得到 EIS 阻抗谱,如图 1-9-2 所示。EIS 阻抗谱提供了丰富的信息,有助于分析电极反应的动力学过程,包括电荷转

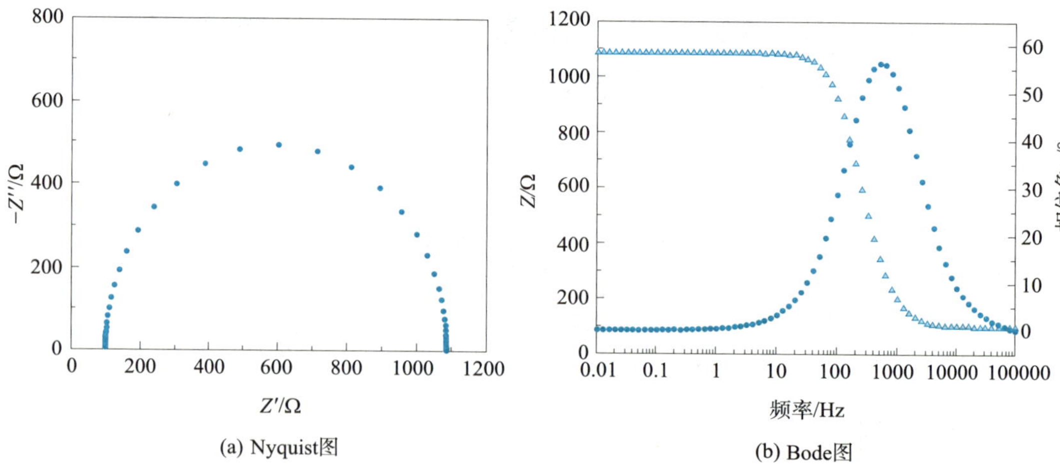

图 1-9-2　EIS 阻抗谱

移、质量传输和吸附过程等。通过适当地拟合这些谱图，可以推断出电化学系统的等效电路，进一步理解电极界面结构和反应机理。

2. 利用 EIS 研究电化学体系的基本思路及其等效电路

将电化学系统看作一个等效电路，这个等效电路是由基本电路元件如电阻(R)、电容(C)、电感(L)等按串联或并联等不同方式组合而成的，通过 EIS 可以测定等效电路的具体构成及各元件的参数值，利用这些元件的电化学含义，可以帮助分析电化学系统的结构及电极过程的性质等。

例如，对于如下的一个电极的表界面，如图 1-9-3 所示，我们可以按以下步骤进行处理：

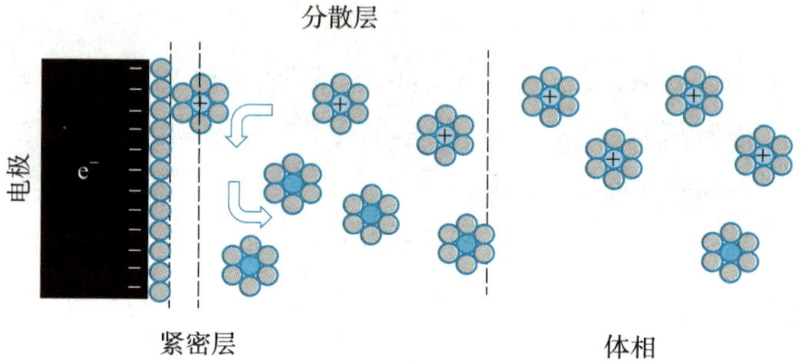

图 1-9-3　电极表界面的电化学反应过程图

电极双电层上的电荷取决于电极电势，微分电容定义为

$$C_{DL}=\left(\frac{\partial q_M}{\partial E}\right)_{T,p,\mu} \tag{1.9.5}$$

式中：q_M为金属上的电荷，E是电极电势。因此，只要q和E的扰动足够小，双电层可视为电容器。

电极对扰动的响应也取决于正在发生的电极反应。如果电极反应较慢，电荷转移将成为速率决定步骤，在此情况下，B-V 方程的线性化给出电流和过电势之间的关系为

$$R_{CT}=\frac{\partial\eta}{\partial I}=\frac{RT}{nFI_0} \tag{1.9.6}$$

式中：R_{CT} 为电荷传递电阻，I_0 为交换电流。

然而，一般来说，电极过程的速率取决于扩散和电荷转移。在这种情况下，必须解决扩散的边界问题。对于扩散控制反应，电极对微扰的响应用 Warburg 阻抗 Z_W 表示：

$$Z_W=\sigma\omega^{-1/2}-i\sigma\omega^{-1/2} \tag{1.9.7}$$

其中

$$\sigma=\frac{RT}{2^{1/2}n^2F^2A}\left(\frac{1}{c_0D_0^{1/2}}+\frac{1}{c_RD_R^{1/2}}\right) \tag{1.9.8}$$

Warburg 阻抗随频率的减小而增大，但它的实分量和虚分量总是相等的。因此，对于扩散控制反应，电流和电位相差 45°。需要注意的是此变化和电极的粗糙度有关。

除电极过程本身的阻抗外，还必须考虑参比电极和工作电极之间电解质溶液的电阻。这种电阻取决于电极的几何形状和溶液的导电性，暂时称其为 R_u。

因此，图 1-9-3 电极表界面的电化学反应过程可以对应为如图 1-9-4 所示的等效电路。

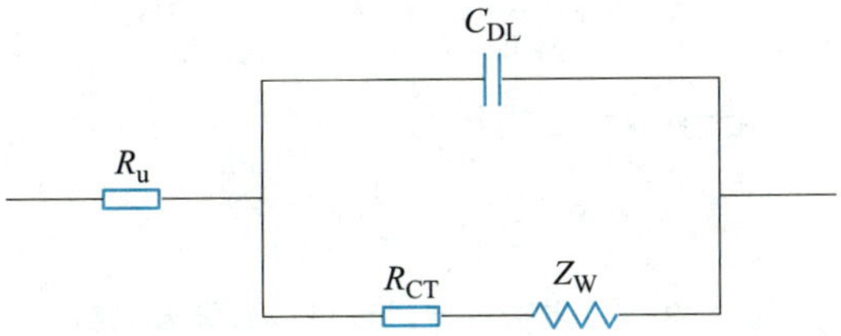

图 1-9-4　电极表界面电化学反应过程对应的等效电路图

此时等效电路的等效电路阻抗 Z 为

$$Z=Z'+iZ''=R_u+\left\{\frac{R_{CT}+\sigma\omega^{-1/2}}{(C_{DL}\sigma\omega^{1/2}+1)^2+\omega^2C_{DL}^2(R_{CT}+\sigma\omega^{-1/2})^2}\right\}-$$

$$i\left\{\frac{\omega C_{DL}(R_{CT}+\sigma\omega^{-1/2})^2+\sigma\omega^{-1/2}(C_{DL}\sigma\omega^{1/2}+1)}{(C_{DL}\sigma\omega^{1/2}+1)^2+\omega^2C_{DL}^2(R_{CT}+\sigma\omega^{-1/2})^2}\right\} \tag{1.9.9}$$

式中：前两项为 Z 的实部，第三项括号中的部分为 Z 的虚部。在正弦波扰动作用下，实部为同相分量，虚部为 90°反相分量。

（1）扩散控制的 EIS　在低频下，式(1.9.9)由 $\omega^{-1/2}$ 主导：

$$Z'=R_u+R_{CT}+\sigma\omega^{-1/2} \tag{1.9.10}$$

$$-Z''=\sigma\omega^{-1/2}+2\sigma^2C_{DL} \tag{1.9.11}$$

重排后

$$-Z''=Z'-R_u-R_{CT}+2\sigma^2C_{DL} \tag{1.9.12}$$

这是一条斜率为常数的直线方程，表示在低频下电极过程完全受扩散控制，$Z_W \gg R_{CT}$。在复平面内绘制出 $-Z''$，相转移为 45°，如图 1-9-5 所示。

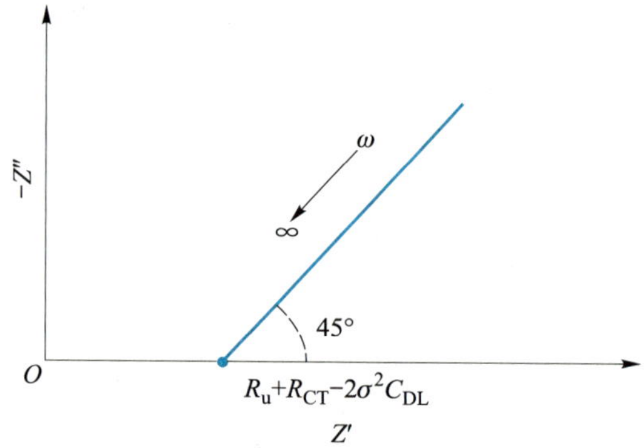

图 1-9-5　扩散控制的 EIS 图

（2）电荷传递过程控制的 EIS（高频）　如果电极过程由电荷传递过程（电化学反应步骤）控制，一般在高频条件下，扩散过程引起的阻抗可以忽略，则电化学系统的等效电路可简化为图 1-9-6 所示的电路。

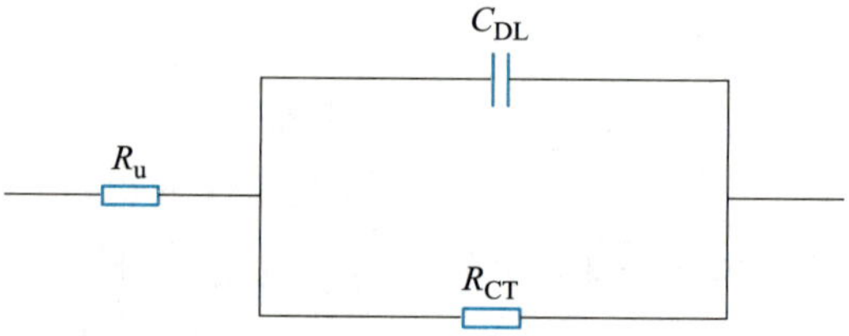

图 1-9-6　电荷传递过程对应的等效电路

由于 $R_{CT} \gg Z_W$，则电路的阻抗为

$$Z' = R_u + \frac{R_{CT}}{1+\omega^2 C_{DL}^2 R_{CT}^2} \tag{1.9.13}$$

$$-Z'' = \frac{\omega C_{DL} R_{CT}^2}{1+\omega^2 C_{DL}^2 R_{CT}^2} \tag{1.9.14}$$

其中 Z' 与 Z'' 的关系为

$$\left(Z' - R_u - \frac{R_{CT}}{2}\right)^2 + Z''^2 = \left(\frac{R_{CT}}{2}\right)^2 \tag{1.9.15}$$

此为一个圆的方程，其中 Z' 与 Z'' 均为正值。圆的最大值为

$$\omega = \omega_{max} = \frac{1}{C_{DL} R_{CT}} \tag{1.9.16}$$

式中：$\omega = 2\pi f$，f 为赫兹频率。

电极过程的控制步骤为电化学反应步骤时，Nyquist 图为半圆，据此可以判断电极过程的控制步骤，如图 1-9-7 所示。从 Nyquist 图上可以直接求出 R_W 和 R_{CT}。由半圆顶点的 ω 可求得 C_{DL}。

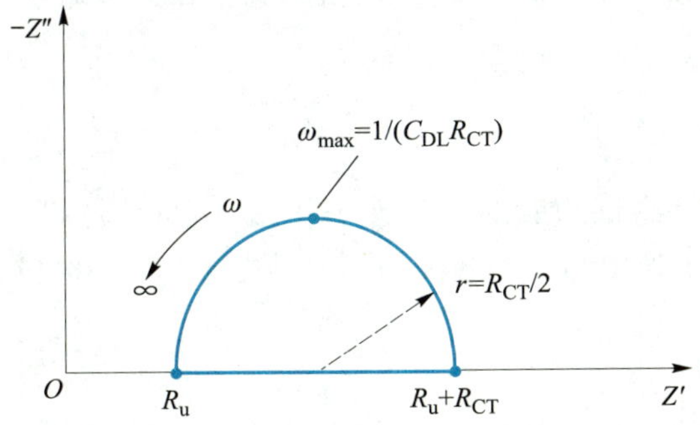

图 1-9-7　电荷传递过程控制的 EIS 图

注意：在固体电极的 EIS 测量中发现，曲线总是或多或少的偏离半圆轨迹，而表现为一段圆弧，称为容抗弧，这种现象被称为“弥散效应”，一般认为同电极表面的不均匀性、电极表面的吸附层及溶液导电性差有关，它反映了电极双电层偏离理想电容的性质。溶液电阻 R_W 除了包括溶液的欧姆电阻，还包括体系中的其他可能存在的欧姆电阻，如电极表面膜的欧姆电阻、电池隔膜的欧姆电阻、电极材料本身的欧姆电阻等。

(3) 电荷传递和扩散过程混合控制的 EIS　电极过程由电荷传递和扩散过程共同控制时，阻抗的响应为图 1-9-5 和图 1-9-7 的组合，其 Nyquist 图是由高频区的一个半圆和低频区的一条 45°的直线构成，如图 1-9-8 所示。高频区由电极反应动力学（电荷传递过程）控制，低频区由电极反应的反应物或产物的扩散控制。

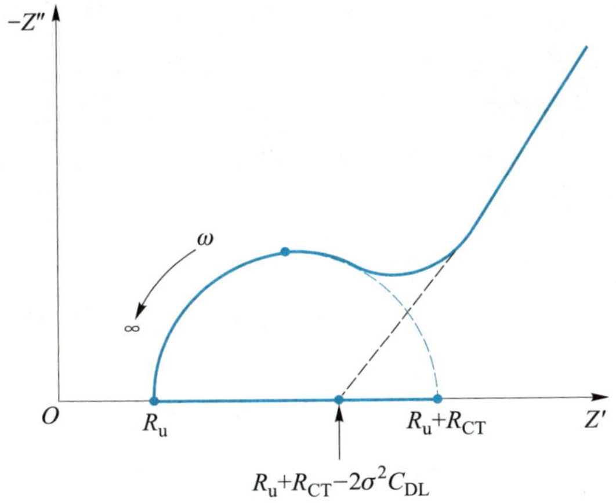

图 1-9-8　电荷传递和扩散过程混合控制的 EIS 图

从图 1-9-8 中我们可以获得如下的信息：

(1) R_u，高频区实轴的截距。

(2) $R_{CT}=RT/(nFI_0)$，由圆的直径给出的交换电流。

(3) 由 ω_{max} 及半圆的最大值，得出双电层的容量。

(4) Warburg 阻抗线的外推到实轴得到 σ。

(5) Warburg 的 45°线，$-Z''=\sigma\omega^{-1/2}+2\sigma^2C_{DL}$。$-Z''$ 与 $\omega^{-1/2}$ 对比，估计 Warburg 系数 σ。

扩散阻抗的直线可能偏离 45°。原因：电极表面很粗糙，以致扩散过程部分相当于球面扩散；除电极电势外，还有另外一个状态变量，这个变量在测量的过程中引起感抗。

三、仪器与试剂

1. 实验仪器

具备循环伏安及阻抗测试功能的电化学工作站1台；计算机1台；三电极体系电解池1套；超声清洗仪1台；工作电极（Pt电极）1支；对电极（Pt片电极）1支和参比电极（饱和Ag/AgCl电极）1支。

2. 试剂及耗材

含10 $mmol\cdot L^{-1}$ $K_3Fe(CN)_6$ 和10 $mmol\cdot L^{-1}$ $K_4Fe(CN)_6$ 的0.5 $mol\cdot L^{-1}$ KCl溶液（即支持电解质为KCl，使用超纯水配制）。烧杯；100 mL棕色容量瓶；电极抛光布；α-氧化铝抛光粉（1.0 μm，0.3 μm，0.05 μm）；纯氩气；气路；洗瓶；超纯水。

四、实验步骤

1. 溶液配制

配制10 $mmol\cdot L^{-1}$ $K_3Fe(CN)_6$+10 $mmol\cdot L^{-1}$ $K_4Fe(CN)_6$+0.5 $mol\cdot L^{-1}$ KCl溶液100 mL。

2. Pt工作电极的机械抛光处理

（1）用超纯水润洗抛光布，除去布上的杂质或可能的颗粒物。

（2）将适量 Al_2O_3 抛光粉倒在抛光布上，再滴加少量纯水调成浆状，将Pt工作电极垂直置于研磨布上，匀速画“8”字进行机械抛光，抛光3~5 min。

（3）抛光结束，用纯水冲洗电极表面和侧壁以除去 Al_2O_3 抛光粉；再将电极放入烧杯中，加超纯水超声2~3 min后，更换超纯水重复超声清洗一次。

注意：电极表面要平行抛光布并均匀用力，防止电极表面倾斜。Pt电极分别用1.0 μm，0.3 μm，0.05 μm的α-氧化铝抛光粉抛光，每次抛光后都进行超声清洗2次。

3. 电解池组装及电解液除氧

（1）将适量10 $mmol\cdot L^{-1}$ $K_3Fe(CN)_6$+10 $mmol\cdot L^{-1}$ $K_4Fe(CN)_6$+0.5 $mol\cdot L^{-1}$ KCl溶液倒入干净的带有Pt片对电极的三室电解池中，依次放入参比电极和工作电极，通高纯氩气除氧20~30 min。

注意：为了防止Ag/AgCl参比电极中 Cl^- 对体系的干扰，需要采用有盐桥的电解池将参比电极隔离。

（2）连接电化学工作站：Pt电极作为工作电极，Pt片电极为对电极，Ag/AgCl电极为参比电极。将电极连接到电化学工作站，先接参比电极，再依次接对电极和工作电极，并确保各个电极皆接触良好，拆除顺序相反。

注意：实验前要确保溶液彻底浸没电极表面，电极表面没有气泡，且参比电极整个通道没有气泡。

4. 循环伏安曲线的测定及电化学交流阻抗实验电极电势的确定

（1）打开电化学工作站并进行自检，选择循环伏安法。

（2）设置如下参数进行CV测试：

起始电位：开路电位；电位范围：-0.2~0.8 V；扫描方向：正/负向均可；扫描速度：

100 mV·s^{-1}；扫描圈数：5 圈。

（3）电化学交流阻抗实验电极电势根据 CV 曲线进行选点，在氧化/还原峰附近 0.4 V 的电位区间内每隔 25 mV 取一点，其余每隔 100 mV 取一点。

5. 电化学交流阻抗的测定

（1）连接好三根电极，选择电化学交流阻抗法。

（2）设置如下参数进行 EIS 测试：

电极电势：根据 CV 曲线进行选择（见实验步骤 4）；频率：100 kHz～0.1 Hz；振幅：5 或 10 mV；每10 倍频率采点数：10。

（3）运行电化学交流阻抗实验，获得阻抗谱图，观察 Nyquist 图和 Bode 图特征。

6. 实验结束

实验结束后，先断开工作电极连接，取出工作电极，再取出参比电极和对电极，用超纯水清洗所有电极和电解池，关闭电化学工作站。

五、注意事项

（1）实验前要对参比电极进行活化，检查电极内是否充满溶液，小管内应无气泡。同时应将电极下端的橡胶帽及电极上部的小橡胶塞拔下。

（2）工作电极表面必须仔细处理，依次用大、中、小三种粒径的 Al_2O_3 抛光粉进行抛光，每次抛光后都进行 2 次超声清洗，每次 3 min，确保无抛光粉残留。

（3）使用三电极体系时，为了确保电极的良好接触和稳定的电位控制。一般遵循先夹参比电极，再夹对电极，最后夹工作电极顺序，拆电极时则反之。

（4）测试过程保证溶液无干扰，以及确保电池的密封性。

（5）每次扫描之间，为使电极表面恢复初始条件，应将电极提起后再放入溶液中或用搅拌子搅拌溶液，等溶液静止 1～2 min 再扫描，以防止电极表面的累积效应。

六、数据处理与分析

（1）记录 Pt 电极在含 10 mmol·L^{-1} $K_3Fe(CN)_6$+10 mmol·L^{-1} $K_4Fe(CN)_6$ 的 0.5 mol·L^{-1} KCl 溶液中的循环伏安曲线。对于 $K_3Fe(CN)_6/K_4Fe(CN)_6$ 体系反应：

阳极反应　　$Fe(CN)_6^{4-} - e^- = Fe(CN)_6^{3-}$

阴极反应　　$Fe(CN)_6^{3-} + e^- = Fe(CN)_6^{4-}$

设置扫描区间为-0.2～0.8 V，起始电位为 0.8 V，在该区间只发生 $Fe(CN)_6^{3-}/Fe(CN)_6^{4-}$ 之间的转化反应，不发生析氢反应和析氧反应，计算图中氧化峰和还原峰的峰电位差 ΔE_p。

（2）记录 10 mmol·L^{-1} $K_3Fe(CN)_6$+10 mmol·L^{-1} $K_4Fe(CN)_6$ 的 EIS 谱图。记录 Nyquist 图和 Bode 图，其中 Nyquist 图为 Z'相对于$-Z''$作图，在高频时呈现出半圆形状，在低频时呈现出一条 45°直线。

（3）通过使用拟合软件选择合适的等效电路对 EIS 曲线进行拟合。在氧化-还原反应电位区间，通过等效电路拟合计算得到 R_u、R_{CT}和 C_{DL}等数据，比较不同电位下电阻和电容值的差异。

七、思考题

(1) 为什么在电化学交流阻抗测试中所施加的交流信号的振幅要小于 10 mV?

(2) 从 Nyquist 图和 Bode 图中可获得哪些信息?

(3) 不同电极电势如何影响其电化学交流阻抗谱?

八、知识拓展

数值模拟(物理模型法)计算 EIS

模拟 $Fe(CN)_6^{3-}/Fe(CN)_6^{4-}$ 氧化还原电对在金属电极上的 EIS 谱图。溶液为 0.01 mol·L^{-1} $K_3Fe(CN)_6$+0.01 mol·L^{-1} $K_4Fe(CN)_6$ 溶液。

第一步:列出描述电解质溶液中物质传输的控制方程。

第二步:写出相应的边界条件。

第三步:计算给定电压输入信号下的电流响应。

第四步:根据 EIS 的定义,基于解析傅里叶变换公式,计算 EIS。

(1) 电解质溶液中物质传输的控制方程　电解质溶液中的物质传输采用 Nernst-Planck 方程来描述:

$$\frac{\partial c_{K^+}}{\partial t}=\frac{\partial}{\partial x}\left(D_{K^+}\frac{\partial c_{K^+}}{\partial x}+z_{K^+}\frac{FD_{K^+}}{RT}c_{K^+}\frac{\partial \varphi}{\partial x}\right)$$

$$\frac{\partial c_{Fe(CN)_6^{3-}}}{\partial t}=\frac{\partial}{\partial x}\left(D_{Fe(CN)_6^{3-}}\frac{\partial c_{Fe(CN)_6^{3-}}}{\partial x}+z_{Fe(CN)_6^{3-}}\frac{FD_{Fe(CN)_6^{3-}}}{RT}c_{Fe(CN)_6^{3-}}\frac{\partial \varphi}{\partial x}\right)$$

$$\frac{\partial c_{Fe(CN)_6^{4-}}}{\partial t}=\frac{\partial}{\partial x}\left(D_{Fe(CN)_6^{4-}}\frac{\partial c_{Fe(CN)_6^{4-}}}{\partial x}+z_{Fe(CN)_6^{4-}}\frac{FD_{Fe(CN)_6^{4-}}}{RT}c_{Fe(CN)_6^{4-}}\frac{\partial \varphi}{\partial x}\right)$$

式中:c_{K^+},$c_{Fe(CN)_6^{3-}}$,$c_{Fe(CN)_6^{4-}}$分别表示 K^+,$Fe(CN)_6^{3-}$ 和 $Fe(CN)_6^{4-}$ 的浓度;D_{K^+},$D_{Fe(CN)_6^{3-}}$和 $D_{Fe(CN)_6^{4-}}$分别表示 K^+,$Fe(CN)_6^{3-}$ 和 $Fe(CN)_6^{4-}$ 的扩散系数;t 表示时间;x 表示空间的位置;φ 表示电位;F,R,T 别表示法拉第常数、摩尔气体常数和温度。其中,阳离子只有 K^+,阴离子包含 $Fe(CN)_6^{3-}$ 和 $Fe(CN)_6^{4-}$ 两种。

对于溶液中电位分布和离子浓度的关系用 Poisson 方程来描述:

$$\frac{\partial^2 \varphi}{\partial x^2}=-\frac{F\left(z_{K^+}c_{K^+}+z_{Fe(CN)_6^{3-}}c_{Fe(CN)_6^{3-}}+z_{Fe(CN)_6^{4-}}c_{Fe(CN)_6^{4-}}\right)}{\varepsilon_s}$$

式中:ε_s 为电解液的介电常数。

为了后续求解的方便,定义一些无量纲量。$C_{K^+}=\frac{c_{K^+}}{c_{K^+}^{bulk}}$,$C_{Fe(CN)_6^{3-}}=\frac{c_{Fe(CN)_6^{3-}}}{c_{K^+}^{bulk}}$,$C_{Fe(CN)_6^{4-}}=\frac{c_{Fe(CN)_6^{4-}}}{c_{K^+}^{bulk}}$依次为无量纲的 K^+,$Fe(CN)_6^{3-}$ 和 $Fe(CN)_6^{4-}$ 的浓度;$U=\frac{\varphi F}{RT}$为无量纲的电位,$X=\frac{x}{\lambda_D}$为无量纲的距离,$\lambda_D=\sqrt{\frac{\varepsilon_s RT}{F^2\left(z_{K^+}^2c_{K^+}^{bulk}+z_{Fe(CN)_6^{3-}}^2c_{Fe(CN)_6^{3-}}^{bulk}+z_{Fe(CN)_6^{4-}}^2c_{Fe(CN)_6^{4-}}^{bulk}\right)}}$为德拜长度,$\tau=\frac{tD_{K^+}}{\lambda_D^2}$为

无量纲的时间；$r_{D,1}=\dfrac{D_{K^+}}{D_{Fe(CN)_6^{3-}}}$，$r_{D,2}=\dfrac{D_{K^+}}{D_{Fe(CN)_6^{4-}}}$分别为 K^+ 和 $Fe(CN)_6^{4-}$ 扩散系数的比值。无量纲形式下的控制方程为

$$\frac{\partial C_{K^+}}{\partial \tau}=\frac{\partial}{\partial X}\left(\frac{\partial C_{K^+}}{\partial X}+C_{K^+}\frac{\partial U}{\partial X}\right)$$

$$r_{D,1}\frac{\partial C_{Fe(CN)_6^{3-}}}{\partial \tau}=\frac{\partial}{\partial X}\left(\frac{\partial C_{Fe(CN)_6^{3-}}}{\partial X}-3\ C_{Fe(CN)_6^{3-}}\frac{\partial U}{\partial X}\right)$$

$$r_{D,2}\frac{\partial C_{Fe(CN)_6^{4-}}}{\partial t}=\frac{\partial}{\partial X}\left(\frac{\partial C_{Fe(CN)_6^{4-}}}{\partial X}-4\ C_{Fe(CN)_6^{4-}}\frac{\partial U}{\partial X}\right)$$

$$\frac{32}{7}\frac{\partial^2 U}{\partial X^2}=-(C_{K^+}-3C_{Fe(CN)_6^{3-}}-4C_{Fe(CN)_6^{4-}})$$

（2）边界条件　左边界条件为 Helmholtz 平面，边界条件如下：

$$J_{K^+}=-\left(\frac{\partial C_{K^+}}{\partial X}+C_{K^+}\frac{\partial U}{\partial X}\right)=0$$

$$J_{Fe(CN)_6^{3-}}=-\left(\frac{\partial C_{Fe(CN)_6^{3-}}}{\partial X}-3\ C_{Fe(CN)_6^{3-}}\frac{\partial U}{\partial X}\right)=\frac{\lambda_D j_{reaction}}{Dc_{K^+}^{bulk}}$$

$$J_{Fe(CN)_6^{4-}}=-\left(\frac{\partial C_{Fe(CN)_6^{4-}}}{\partial X}-4\ C_{Fe(CN)_6^{4-}}\frac{\partial U}{\partial X}\right)=-\frac{\lambda_D j_{reaction}}{Dc_{K^+}^{bulk}}$$

$$\varphi_{HP}=\varphi_M+\frac{\varepsilon_s\delta_{HP}}{\varepsilon_{HP}}\frac{\partial \varphi}{\partial x}\quad\rightarrow\quad U_{HP}=U_M+\left(\frac{\varepsilon_s\delta_{HP}}{\varepsilon_{HP}\lambda_D}\frac{\partial U}{\partial X}\right)$$

右边界为溶液本体，边界条件如下：

$$C_{K^+}=1$$

$$C_{Fe(CN)_6^{3-}}=\frac{1}{7}$$

$$C_{Fe(CN)_6^{4-}}=\frac{1}{7}$$

$$U=0$$

（3）给定电压输入下的电流时域响应　定义氧化电流为正，对于反应

$$Fe(CN)_6^{3-}+e^-\longrightarrow Fe(CN)_6^{4-}$$

反应电流通量为

$$J=k_0\left[C_{Fe(CN)_6^{4-}}\exp\left(\frac{\alpha F\eta}{RT}\right)-c_{Fe(CN)_6^{3-}}\exp\left(-\frac{(1-\alpha)F\eta}{RT}\right)\right]$$

式中，η 为过电位，有

$$\eta=\varphi_M-\varphi_{HP}-E_{eq}$$

反应电流为

$$J_{\text{reaction}}=FJ$$

双电层电流：

$$J_{\text{EDL}}=\frac{\mathrm{d}Q_{\text{EDL}}}{\mathrm{d}t}=\frac{F\int_0^{x_{\mathrm{b}}}\sum z_i c_i \mathrm{d}x}{\mathrm{d}t}$$

总电流：

$$J_{\text{tot}}=J_{\text{reaction}}+J_{\text{EDL}}$$

（4）基于解析傅里叶变换计算 EIS　在这个算例中，我们采用解析傅里叶变换对时域信号进行变换处理，相比数值的快速傅里叶变换（FFT），解析傅里叶变换具有稳定、快速的优点。

进行解析傅里叶变换处理之前，先对时域信号进行线性插值处理：

$$\hat{h}(t)=\left[\sigma(t)-\sigma\left(t-\sum_{i=1}^{1}\Delta t_i\right)\right]\cdot\left(h_1+\frac{h_2-h_1}{\Delta t_1}t\right)+\cdots+$$
$$\left[\sigma\left(t-\sum_{i=1}^{n-2}\Delta t_i\right)-\sigma\left(t-\sum_{i=1}^{n-1}\Delta t_i\right)\right]\cdot\left[h_{n-1}+\frac{h_n-h_{n-1}}{\Delta t_{n-1}}\left(t-\sum_{i=1}^{n-2}\Delta t_i\right)\right]$$

式中：$h(t)$是原始的时域信号，$\sigma(t)$ 是归一化的阶跃函数。对上式作傅里叶变换可以得到

$$\begin{aligned}\hat{H}(\omega)&=\int_0^{\infty}\hat{h}(t)\exp(-j\omega t)\mathrm{d}t\\&=\frac{1}{j\omega}\left[h_1-h_n\exp\left(-j\omega\sum_{i=1}^{n-1}\Delta t_i\right)\right]-\frac{1}{\omega^2}\left[\frac{h_2-h_1}{\Delta t_1}-\frac{h_n-h_{n-1}}{\Delta t_{n-1}}\exp\left(-j\omega\sum_{i=1}^{n-1}\Delta t_i\right)\right]-\\&\quad\frac{1}{\omega^2}\sum_{k=1}^{n-2}\left(\frac{h_{k+2}-h_{k+1}}{\Delta t_{k+1}}-\frac{h_{k+1}-h_k}{\Delta t_k}\right)\exp\left(-j\omega\sum_{i=1}^{k}\Delta t_i\right)\end{aligned}$$

具体的推导如下，对 $\hat{h}(t)$ 的最后一项积分可以得到

$$\begin{aligned}\hat{H}_{n-1}(\omega)&=\int_0^{\infty}\hat{h}(t)\exp(-j\omega t)\mathrm{d}t\\&=\int_0^{\infty}\left[\sigma\left(t-\sum_{i=1}^{n-2}\Delta t_i\right)-\sigma\left(t-\sum_{i=1}^{n-1}\Delta t_i\right)\right]\cdot\\&\quad\left[h_{n-1}+\frac{h_n-h_{n-1}}{\Delta t_{n-1}}\left(t-\sum_{i=1}^{n-2}\Delta t_i\right)\right]\exp(-j\omega t)\mathrm{d}t\\&=\int_{\sum_{i=1}^{n-2}\Delta t_i}^{\sum_{i=1}^{n-1}\Delta t_i}\left[h_{n-1}+\frac{h_n-h_{n-1}}{\Delta t_{n-1}}\left(t-\sum_{i=1}^{n-2}\Delta t_i\right)\right]\exp(-j\omega t)\mathrm{d}t\\&=h_{n-1}\int_{\sum_{i=1}^{n-2}\Delta t_i}^{\sum_{i=1}^{n-1}\Delta t_i}\exp(-j\omega t)\mathrm{d}t+\frac{h_n-h_{n-1}}{\Delta t_{n-1}}\int_{\sum_{i=1}^{n-2}\Delta t_i}^{\sum_{i=1}^{n-1}\Delta t_i}t\exp(-j\omega t)\mathrm{d}t-\\&\quad\frac{h_n-h_{n-1}}{\Delta t_{n-1}}\sum_{i=1}^{n-2}\Delta t_i\int_{\sum_{i=1}^{n-2}\Delta t_i}^{\sum_{i=1}^{n-1}\Delta t_i}\exp(-j\omega t)\mathrm{d}t\end{aligned}$$

同理，可以得到 $\hat{h}(t)$ 其余项的积分结果：

$$\hat{H}_{n-2}(\omega)=\frac{1}{j\omega}h_{n-2}\exp\left(-j\omega\sum_{i=1}^{n-3}\Delta t_i\right)+$$

$$\frac{1}{\omega^2}\frac{h_{n-1}-h_{n-2}}{\Delta t_{n-2}}\left[\exp\left(-j\omega\sum_{i=1}^{n-2}\Delta t_i\right)-\exp\left(-j\omega\sum_{i=1}^{n-3}\Delta t_i\right)\right]-$$

$$\frac{1}{j\omega}h_{n-1}\exp\left(-j\omega\sum_{i=1}^{n-2}\Delta t_i\right)$$

……

$$\hat{H}_2(\omega)=\frac{1}{j\omega}h_2\exp\left(-j\omega\sum_{i=1}^{1}\Delta t_i\right)+$$

$$\frac{1}{\omega^2}\frac{h_3-h_2}{\Delta t_{n-2}}\left[\exp\left(-j\omega\sum_{i=1}^{2}\Delta t_i\right)-\exp\left(-j\omega\sum_{i=1}^{1}\Delta t_i\right)\right]-$$

$$\frac{1}{j\omega}h_3\exp\left(-j\omega\sum_{i=1}^{2}\Delta t_i\right)$$

$$\hat{H}_1(\omega)=\frac{1}{j\omega}h_1+\frac{1}{\omega^2}\frac{h_2-h_1}{\Delta t_1}\left[\exp\left(-j\omega\sum_{i=1}^{1}\Delta t_i\right)-1\right]-\frac{1}{j\omega}h_2\exp\left(-j\omega\sum_{i=1}^{1}\Delta t_i\right)$$

将上述项进行相加可以得到 $\hat{h}(t)$ 变化后的形式 $\hat{H}(\omega)$。

在 MATLAB 中计算可以得到 EIS 谱图的 Nyquist 图和 Bode 图。

九、参考文献

（厦门大学　张力、谷宇）

电化学分析

实验 1-10A　阳极溶出伏安法测定水中微量镉

一、实验目的

（1）了解阳极溶出伏安法的基本原理。

（2）掌握汞膜电极的制备方法。

（3）学习阳极溶出伏安法测定镉的实验技术。

（4）了解阳极溶出伏安法在水样重金属离子测量中的应用。

二、实验原理

溶出伏安法是一种灵敏度高的电化学分析方法，检测限可达 $10^{-9}\sim10^{-8}$ mol·L^{-1}，有时可达 10^{-12} mol·L^{-1}，因此在痕量组分测量中起着重要作用。

溶出伏安法的操作分两步：① 预电解过程；② 溶出过程。预电解是在恒电位和溶液搅拌的条件下进行的，其目的是富集痕量待测组分。富集后让溶液静止 30~60 s，再用各种极谱分析方法（如线性扫描）溶出。

阳极溶出伏安法，通常用小体积悬汞电极或汞膜电极作为工作电极，使待测金属离子发生电解还原并富集在电极表面，形成汞齐合金。然后，将电压从负电位扫描到较正的电位，使汞齐中的待测金属重新氧化溶出，产生比富集时还原电流大得多的氧化峰电流，实现重金属离子的高灵敏电化学分析。

本实验采用沉积薄层汞膜的玻碳作汞膜电极。首先，在-1.0 V（vs. SCE，后续电位同）下电解富集并还原镉离子，然后使电位由-1.0 V 线性扫描至-0.2 V。当电位达到镉的氧化电位时，镉单质氧化溶出，产生氧化电流，电路中的电流迅速增加。当电位继续正移时，由于富集在电极上的镉已大部分溶出，汞齐中镉含量迅速降低，电路中的电流减小，因此得到尖峰形的溶出曲线。

得到的峰电流值与溶液中镉离子的浓度、电解富集时间、富集时的搅拌速度、电极面积和扫描速度等因素有关。当维持其他条件一定时，峰电流 i_p 只与溶液中镉离子的浓度 c 成正比：

$$i_p = kc$$

进一步用标准曲线法或标准加入法均可进行定量测定。标准加入法的计算公式为

$$c_x = \frac{c_s V_s h}{(H-h)V_x}$$

式中：c_x、V_x、h 分别为未知试液中待测组分的浓度、试液的体积和溶出电流峰的峰高；c_s、V_s 分别为加入标准溶液的浓度和体积；H 为试液中加入标准溶液后溶出峰的总高度。这里加入标准溶液的体积 V_s 应尽可能小。

三、仪器与试剂

1. 实验仪器

具备线性扫描伏安模式与计时电流功能的电化学工作站；三电极体系：沉积汞膜的玻碳电极作工作电极、饱和甘汞电极作参比电极、铂电极作辅助电极；电磁搅拌器；电解池或 100 mL 烧杯；移液管：25 mL 1 支、5 mL 2 支、1 mL 1 支。

2. 试剂及耗材

1×10^{-4} mol·L^{-1} Cd^{2+} 标准溶液；含 0.1 mol·L^{-1} KCl 和 1×10^{-4} mol·L^{-1} $HgNO_3$ 且 pH = 2 的电镀液；1 mol·L^{-1} $NH_3\cdot H_2O$－1 mol·L^{-1} NH_4Cl 缓冲溶液；10% Na_2SO_3 溶液（新鲜配制）；待测含镉水样。

四、实验步骤

1. 制备玻碳汞膜电极

(1) 将玻碳在润湿的 Al_2O_3 抛光粉上反复打磨抛光三次，形成镜面。每次打磨结束后，用蒸馏水多次冲洗电极表面，并用超声波清洗 3 min。然后用氮气流吹干电极表面并备用。

(2) 打开电化学工作站电源与软件，选择计时电流模式，将已抛光洗净的玻碳电极浸入含 0.1 $mol \cdot L^{-1}$ KCl 和 10^{-4} $mol \cdot L^{-1}$ $HgNO_3$ 且 pH = 2 的电镀液中，以玻碳电极为阴极，铂片电极为阳极。阴极电位控制在 −1.0 V，在搅拌条件下电镀 5 min，即得到沉积汞膜的玻碳电极。将电极取出，并小心浸入去离子水中备用。

2. 阳极溶出伏安测试

选择线性扫描伏安模式，并设置以下实验参数：富集阶段选择 stripping mode，电位设置为 −1.00 V，搅拌下富集 60 s；同时设置阳极溶出反应起始电位为 −1.00 V，终止电位为 −0.2 V，电位扫描速度为 90 $mV \cdot s^{-1}$，电流振幅为 10^{-5} A。取 25.00 mL 水样于烧杯中，加入 3 mL $NH_3 \cdot H_2O-NH_4Cl$ 缓冲溶液和 2 mL 10% Na_2SO_3 溶液。将三支电极浸入溶液中，加入搅拌子，在富集阶段，启动搅拌器，而在溶出阶段，关闭搅拌器。在上述测定条件下记录溶出伏安曲线。如此重复测定 3 次，记录 3 次溶出伏安曲线给出的峰电流与峰电位值。

3. 标准加入测量

于上述烧杯中加入 0.5 mL 1×10^{-4} $mol \cdot L^{-1}$ Cd^{2+} 标准溶液，按照上述步骤进行 3 次测试，记录数据。

4. 电极清洗

测定完毕后，将电极浸泡于浓硝酸中 30 min，除去汞膜与残留的镉，并用去离子水反复冲洗，得到干净的玻碳电极。

五、注意事项

(1) 打磨玻碳电极时，需要保持电极垂直于台面，以提高玻碳面的抛光效率。

(2) 汞膜电极应保存在新制的蒸馏水中，不宜长时间暴露在空气中，避免生成氧化物。

(3) 整个实验过程应该保持所有测定的设置条件固定不变。

六、数据处理与分析

(1) 将实验设置条件记录于表 1-10A-1 中。

表 1-10A-1　实验设置条件记录表

起始电位	终止电位	富集电位	富集时间	峰电位

(2) 将实验测量数据记录于表 1-10A-2 中。

表 1-10A-2 实验测量数据记录表

Cd^{2+} 标准溶液浓度 c_s/($mol\cdot L^{-1}$)			
Cd^{2+} 标准溶液体积 V_s/mL			
未知水样体积 V_x/mL			
水样溶出峰高 h	(1)	(2)	(3)
水样平均峰 h_a			
加入标准 Cd^{2+} 后峰高 H	(1)	(2)	(3)
平均溶出峰高 H_a			

七、思考题

(1) 哪些实验条件会影响 Cd^{2+} 在汞膜电极表面的还原富集?

(2) 实验中加入 10% Na_2SO_3 溶液的作用是什么?

(3) 在电化学溶出反应阶段,为什么需要停止搅拌?

八、参考文献

(湖南大学 颜海龙)

实验 1-10B 电化学合成聚苯胺修饰电极及其在抗坏血酸检测中的应用

一、实验目的

(1) 掌握电化学制备聚苯胺修饰电极的方法。

(2) 掌握利用循环伏安法对化学修饰电极的电化学性质表征。

(3) 了解化学修饰电极的常用制备方法、功能及其在电化学分析中的应用。

(4) 熟悉利用化学修饰电极对抗坏血酸进行定量分析的方法。

二、实验原理

通过共价键合、吸附、聚合等手段,有目的地将具有功能性(如催化、配合、电色、光电)的物质引入电极表面,赋予电极新的特定功能,这种电极称为化学修饰电极。化学修饰电极于 20 世纪 70 年代兴起并快速发展起来，它突破了传统电化学中只限于研究裸电极/电解液界面的限制，开创了从化学状态上人为控制电极表面结构的领域。利用修饰在电极表面物质的结构特点，控制电极的电位或电流，使待测物质在电极上实现选择性富集、催化或发生化学转化，以提高修饰电极的灵敏度、选择性和稳定性等性能特征，目前已成为重要的电化学传感研究手段，并被广泛应用于电催化和电化学分析领域。

化学修饰电极的制备方法主要有吸附法、共价键合法、电化学法等。① 吸附法是利用基底电极表面与修饰剂溶液发生吸附作用制备化学修饰电极的方法，按照制备技术又可分为：化学吸附法，Langmuir-Blodgett(LB)膜法和自组装膜法。吸附法制备电极的方法简单、周期短且表面容易清洗，但是修饰剂在电极表面附着力差，容易脱落，膜的厚度不容易控制。② 共价键合法是利用化学反应形成的共价键将修饰剂固定在电极表面，该制备方法简单，膜厚可控，并具有较好的稳定性，不易脱落，使用寿命长。但它的制备过程相对较复杂，实验周期长。③ 电化学法是通过电化学方法(如循环伏安法、计时电流法或计时电位法等)在基底电极上发生氧化或还原反应生成溶解度较低的薄膜材料，从而实现电极修饰的一种方法。电化学法制备得到的化学修饰电极通常稳定性好且不易失活，电极表面活性位点分布均匀，活性高。在实际应用过程中，可以根据不同的需求和实际情况选择和优化修饰方法，以获得所需的化学修饰电极。

聚苯胺(polyaniline，PANi)是一种重要的高分子功能材料，具有优异的导电性、化学稳定性和可调控光电化学特性，在化学传感器、太阳能电池、电容器等领域被广泛应用。聚苯胺是由还原态的苯二胺结构和氧化态的醌亚胺结构交替形成的主链组成，如图 1-10B-1 所示，其结构取决于分子结构中这两种重复单元的数量。聚苯胺主链完全由还原态的苯二胺或完全由氧化态的醌亚胺组成时，其导电率极低甚至不导电；在同时含有还原态的苯二胺和氧化态的醌亚胺时，通过离子掺杂后，聚苯胺具有优异的导电性，半氧化态聚苯胺经掺杂后形成的盐导电性最好。因此，可以通过控制电位对聚苯胺掺杂来调控聚苯胺的电化学性质。此外，由于聚苯胺纳米材料具有较大的比表面积、独特的界面电荷特性和电催化活性，使得其在电化学生物传感领域具有良好的应用前景。

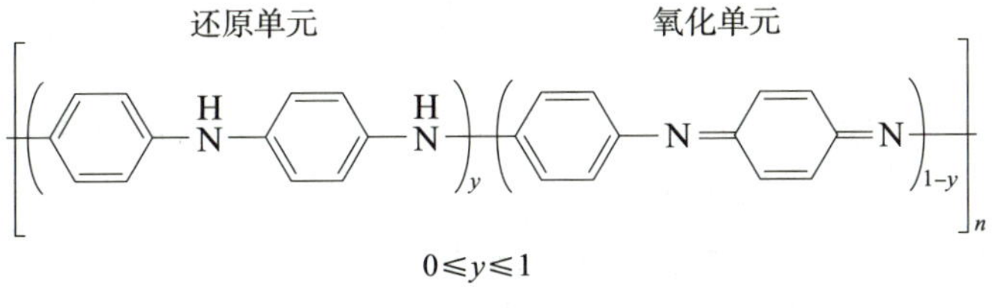

图 1-10B-1 聚苯胺的结构图

电化学聚合是一种常见的聚苯胺修饰电极制备方法，通过恒电位或循环伏安法在电极表面诱导苯胺单体或离子发生氧化还原反应来聚合生成聚苯胺修饰层；通过控制电极电势、电解液组成和聚合时间等条件来调控聚苯胺的形貌、结构和性能。该方法可控性强且具有操作简单的特点，因此被广泛用于聚苯胺化学修饰电极及其生物传感器的制备。大量的研究表明，电化学方法制备的聚苯胺化学修饰电极展现出优异的灵敏度、较宽的线性范围及良好的稳定性和重现性。例如，聚苯胺修饰电极可用于制备具有高灵敏度和高选择性的电化学传感器，以实现对抗坏血酸、多巴胺等重要神经递质的检测。此外，聚苯胺修饰电极还可用于构建高效的电催化反应体系，如电解水制氢及其他氧化还原反应等。

抗坏血酸（ascorbic acid，AH_2），又称为维生素 C（vitamin C），是人体重要的必需营养素之一。它广泛参与人体的多项生命活动，并有助于增强免疫力、抗衰老和抵御心血管疾病。抗坏血酸的含量被作为一些重大疾病诊断的重要指标，在食品分析和临床诊断等方面具有重要意义。抗坏血酸易被氧化失去两个氢原子形成脱氢抗坏血酸，利用该性质可用于抗坏血酸的电化学检测。常见金属电极和玻碳电极等基底电极上的电化学法检测抗坏血酸的灵敏度低、选择性差；采用化学修饰电极可以显著提高抗坏血酸检测的氧化电流，提高检测的灵敏度和选择性。大量研究表明，抗坏血酸在聚苯胺修饰电极上可被电催化氧化，该电化学反应具有灵敏度高、选择性好和稳定性好的优点，可用于体液中抗坏血酸的临床检测。

三、仪器与试剂

1. 实验仪器

具备循环伏安法功能的电化学工作站 1 台；电化学池 1 个；计算机 1 台；铂电极 1 支；铂片电极 1 支；Ag/AgCl 电极（饱和 KCl 溶液）1 支。

2. 试剂及耗材

苯胺（AR）；硫酸（AR）；抗坏血酸（AR）；磷酸二氢钾（AR）；Al_2O_3 抛光粉（1 μm，0.3 μm）；高纯氮气。

四、实验步骤

1. 聚苯胺修饰电极的制备

（1）将铂电极依次用粒径为 1 μm 和 0.3 μm 的 Al_2O_3 抛光粉机械打磨 2 min，用去离子水冲洗干净后，并置于去离子水中超声清洗 5 min。

（2）以铂电极、铂片电极和 Ag/AgCl 电极（饱和 KCl 溶液）分别为工作电极、对电极和参比电极，将其均置于 10 mL 含有 0.05 $mol \cdot L^{-1}$苯胺的 0.5 $mol \cdot L^{-1}$ H_2SO_4 溶液中，将各电极与电化学工作站连接，启动软件，在菜单栏选择“循环伏安法”，在 −0.2 ~ 0.9 V 电位区间以 0.02 $V \cdot s^{-1}$的扫描速度进行 20 圈循环扫描，用去离子水冲洗电极表面物理吸附的苯胺。

（3）将上述电极置于 10 mL 的 0.5 $mol \cdot L^{-1}$ H_2SO_4 溶液中，在 −0.2 ~ 0.9 V 电位区间以 0.1 $V \cdot s^{-1}$的扫描速度进行循环扫描，至循环伏安曲线稳定为止，记录最终的循环伏安曲线，并将该制备的聚苯胺修饰电极留待备用。

2. 聚苯胺修饰电极对抗坏血酸的电化学氧化

（1）以上述制备得到的聚苯胺修饰电极作为工作电极，铂片电极为对电极，Ag/AgCl 电极（饱和 KCl 溶液）为参比电极，分别在含有 10^{-6} $mol \cdot L^{-1}$，10^{-5} $mol \cdot L^{-1}$，10^{-4} $mol \cdot L^{-1}$，10^{-3} $mol \cdot L^{-1}$和10^{-2} $mol \cdot L^{-1}$抗坏血酸的 0.5 $mol \cdot L^{-1}$ H_2SO_4 溶液中，在 −0.2 ~ 0.9 V 电位区间内以 50 $mV \cdot s^{-1}$的扫描速度进行循环伏安扫描，分别记录循环伏安曲线和阳极峰电流。

（2）将上述抗坏血酸标准溶液换为待测浓度的抗坏血酸硫酸溶液，以上述相同实验条件，进行循环伏安扫描，记录循环伏安曲线和阳极峰电流。

五、注意事项

（1）工作电极表面需抛光干净，否则对聚苯胺薄膜的稳定性和电化学活性影响较大。

（2）聚合过程中扫描速度不宜过快，避免聚苯胺薄膜脱落。

（3）电解液须除氧处理。

六、数据处理与分析

（1）绘制聚苯胺修饰电极制备过程中第 1 圈和第 20 圈的循环伏安曲线图。

（2）绘制聚苯胺修饰电极在不同浓度的抗坏血酸溶液中的循环伏安曲线图。

（3）以抗坏血酸浓度为横坐标，阳极峰电流为纵坐标，绘制浓度-峰电流标准曲线。

（4）根据待测溶液测出的阳极峰电流值和浓度-峰电流标准曲线确定未知待测溶液中抗坏血酸浓度。

七、思考题

（1）聚苯胺修饰电极的循环伏安曲线中不同的氧化还原峰与聚苯胺的状态有何联系？

（2）聚苯胺修饰电极在加入抗坏血酸到电解质溶液中后，循环伏安曲线中氧化峰和还原峰的不对称程度增加，为什么？

（3）相对裸电极，聚苯胺修饰电极检测抗坏血酸有哪些优势？

（4）你是否还可以设计其他的修饰电极用于抗坏血酸的选择性检测？

八、参考文献

（清华大学　刘洋）

实验 1-11A　基于葡萄糖氧化酶的电化学传感器灵敏准确测定葡萄糖

一、实验目的

（1）掌握葡萄糖氧化酶法测定血糖含量的实验方法。

（2）熟悉葡萄糖氧化酶法测定部分血糖含量的实验原理。

二、实验原理

酶传感器是将酶作为生物敏感基元，用电化学电极作为信号转换器，通过捕捉目标物与敏感基元之间的反应所产生的与目标物浓度成比例关系的可测信号，实现对目标物定量测定的分析仪器。

按照电化学葡萄糖传感器的发展，可以大致分为四个阶段：以天然介体（氧气）为电子受体的第一代(有酶)传感器、以人工介体为电子受体的第二代(有酶)传感器、无介体的直接电子传递的第三代(有酶)传感器、基于电催化活性纳米材料的直接电子传递的第四代(无酶)传感器。

(1) 第一代电化学葡萄糖生物传感器的原理　第一代葡萄糖传感器的原理是葡萄糖氧化酶在天然状态下,以氧气为受体,催化葡萄糖分解,产生过氧化氢,通过检测过氧化氢浓度或氧气浓度来测量葡萄糖浓度的变化,反应机理如反应(1.11A.1)—反应(1.11A.4)所示。

$$\text{葡萄糖}+GO_x(FAD)\longrightarrow\text{葡萄糖酸内酯}+GO_x(FADH_2) \quad (1.11A.1)$$

$$GO_x(FADH_2)+O_2\longrightarrow GO_x(FAD)+H_2O_2 \quad (1.11A.2)$$

$$H_2O_2\longrightarrow 2H^++O_2+2e^- \quad (1.11A.3)$$

$$2H^++O_2+2e^-\longrightarrow H_2O_2 \quad (1.11A.4)$$

(2) 第二代电化学葡萄糖生物传感器的原理　传统的人造电子介体有二茂铁、铁氰化物、导电性有机盐、过渡金属配合物、苯醌复合物等。这些物质有着较低的氧化还原电压,因此传感器的工作电压可以降低,在低电压下,干扰物的影响就可以排除,第二代葡萄糖传感器反应机理如反应(1.11A.5)—反应(1.11A.7)所示。为了起到电子介体的功能,介体与酶的反应速率必须比氧气与酶反应的速率快很多,氧气的作用才会被最小化,同时,介体必须不溶解、无毒及有着良好的稳定性。

$$\text{葡萄糖}+GO_x(FAD)\longrightarrow\text{葡萄糖酸内酯}+GO_x(FADH_2) \quad (1.11A.5)$$

$$GO_x(FADH_2)+2M_{O_x}\longrightarrow GO_x(FAD)+2M_{red}+2H^+ \quad (1.11A.6)$$

$$M_{red}+H^++e^-\longrightarrow M_{O_x} \quad (1.11A.7)$$

本实验将基于第二代葡萄糖传感器的原理,制作灵敏准确的葡萄糖电化学传感器,如图 1-11A-1 所示。金纳米颗粒作为导电层,普鲁士蓝作电子转移介体,葡萄糖氧化酶通过吸附固定在多孔的电极上,聚氨酯和萘酚分别作高分子扩散抑制层和抗干扰膜。

图 1-11A-1　酶电极示意图

(3) 第三代电化学葡萄糖生物传感器的原理　第三代电化学葡萄糖生物传感器酶的活性中心与电极之间的电子交换不需要氧分子,也不需要人造介体作为电子受体,而是将酶直接固定到电极表面,使酶的氧化还原活性中心与电极接近,电子直接从酶的活性中心传递到电极表面,从而使电极的响应更快,灵敏度更高,真正实现酶的专一性和高效催化功能,反应机理如反应(1.11A.8)和反应(1.11A.9)所示。

$$葡萄糖+GO_x(FAD) \longrightarrow 葡萄糖酸内酯+GO_x(FADH_2) \quad (1.11A.8)$$

$$GO_x(FADH_2) \longrightarrow GO_x(FAD)+2H^++2e^- \quad (1.11A.9)$$

使用纳米结构的材料是实现直接电子传递的最常用方法,因为纳米材料有着优越的量子级的电学和化学特性,可以将酶分子固定在一个足够短的电子隧穿距离之内,从而实现直接电子传递。酶的固定化也是制作葡萄糖传感器的关键步骤,酶的固定化技术分为诱捕、交联、共价固定、吸附、逐层自组装,如图 1-11A-2 所示。

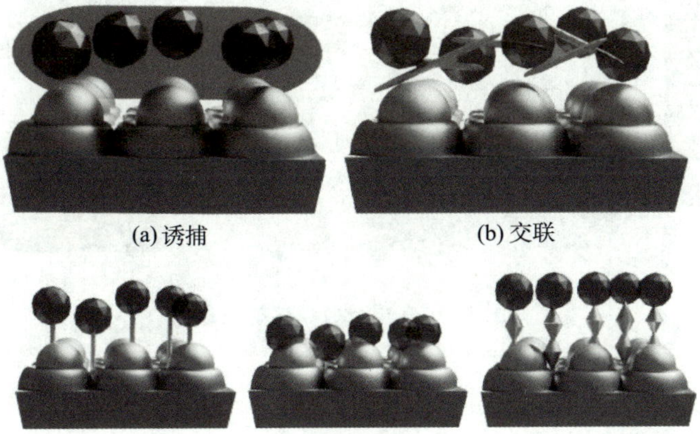

(a) 诱捕 (b) 交联

(c) 共价固体 (d) 吸附 (e) 逐层自组装

图 1-11A-2 酶的固定化技术示意图

(4) 标准曲线法测定未知物浓度的方法　通过计时电流法得到标准曲线,测定未知溶液的电流值,并在标准曲线上查得其浓度。

(5) 血糖仪的原理与发展　血糖仪作为一种便携式医疗设备,在医疗健康领域具有重要的应用价值。它们通常具有体积小、携带方便、操作简便、可以迅速得出检测报告等优点,广泛应用于医院及糖尿病患者的自我监测,适合社区居民的现场检测。血糖仪的检测原理主要分为光化学法和电化学法(酶法),其中电化学法因其反应速率快、用血量少、准确度高等优势,已成为市场上的主流检测方法。

在实际应用中,血糖仪的准确度和精密度是保证其临床检测准确性的基本要求。根据《便携式血糖仪临床操作和质量管理指南》(WS/T 781—2021),对血糖仪的准确度和精密度有明确要求,以确保检测结果的可靠性。此外,血糖仪的检测结果可能受多种因素的影响,如红细胞比容、环境温度、湿度、海拔高度及血液中的干扰物质等。

随着科技的发展,血糖监测技术正朝着更便捷、准确、微创甚至无创的方向发展。例如,动态血糖监测系统(CGM)能够提供连续的血糖数据,帮助患者更好地了解血糖的动态变化,从而优化治疗方案。此外,最新的研究成果已经开发出集成可穿戴诊疗一体化系统,该系统结合了动态血糖检测和给药功能,为糖尿病患者提供了更为便捷的诊疗方案,血糖仪的发展如图 1-11A-3 所示。

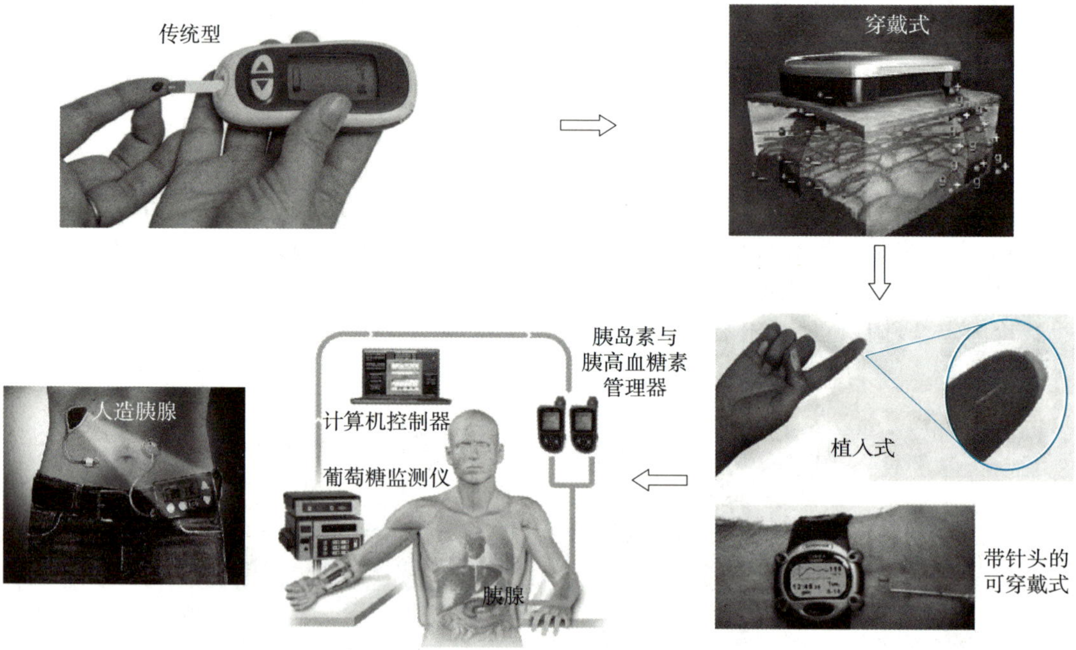

图 1-11A-3 血糖仪的发展

三、仪器与试剂

1. 实验仪器

Ag/AgCl 电极；铂丝；移液枪；电化学工作站；100 mL 容量瓶。

2. 试剂及耗材

0.1 $mol \cdot L^{-1}$磷酸缓冲溶液；1 $mol \cdot L^{-1}$葡萄糖溶液；1%壳聚糖溶液；0.5%萘酚溶液；水溶性聚氨酯；未知浓度的葡萄糖试液；10 $mmol \cdot L^{-1}$氯金酸溶液；$FeCl_3$；KCl；$K_3Fe(CN)_6$；HCl 溶液；去离子水；不锈钢针；多壁碳纳米管。

四、实验步骤

1. 溶液的配制

① 用 0.1 $mol \cdot L^{-1}$磷酸缓冲溶液配制 20 $mg \cdot mL^{-1}$的葡萄糖氧化酶溶液，并与 1%壳聚糖溶液 1∶2(体积比)混合，避光储存在 4 ℃冰箱中。

② 配制含有 2.5 $mmol \cdot L^{-1}$ $FeCl_3$，100 $mmol \cdot L^{-1}$ KCl，2.5 $mmol \cdot L^{-1}$ $K_3Fe(CN)_6$，100 $mmol \cdot L^{-1}$ HCl 的新制普鲁士蓝溶液 100 mL。

2. 普鲁士蓝电极的制备和测试

(1) 将不锈钢针进行打磨，用去离子水洗去表面可溶性杂质，将不锈钢针置于 10 $mmol \cdot L^{-1}$的氯金酸溶液中，静置 1 min，取出后用去离子水冲洗，在含有 2.5 $mmol \cdot L^{-1}$ $FeCl_3$，100 $mmol \cdot L^{-1}$ KCl，2.5 $mmol \cdot L^{-1}$ $K_3Fe(CN)_6$，100 $mmol \cdot L^{-1}$ HCl 的新制溶液中通过循环伏安法将普鲁士蓝沉积到金电极上，电压：0～0.5 V(vs. Ag/AgCl)；扫描速度：20 $mV \cdot s^{-1}$；扫描 1 圈。

（2）电沉积普鲁士蓝的电极在磷酸缓冲液中使用循环伏安法进行测试，确定计时电流的电压。循环伏安测试设置的电压范围：-0.4～0.6 V；扫描速度：50 $mV \cdot s^{-1}$；以此分别在 0 $mmol \cdot L^{-1}$，1 $mmol \cdot L^{-1}$，2 $mmol \cdot L^{-1}$，3 $mmol \cdot L^{-1}$，4 $mmol \cdot L^{-1}$，5 $mmol \cdot L^{-1}$过氧化氢溶液中进行测试，可以观察到氧化还原峰的变化，通过 CV 曲线，确定计时电流与电压，如图 1-11A-4 所示。

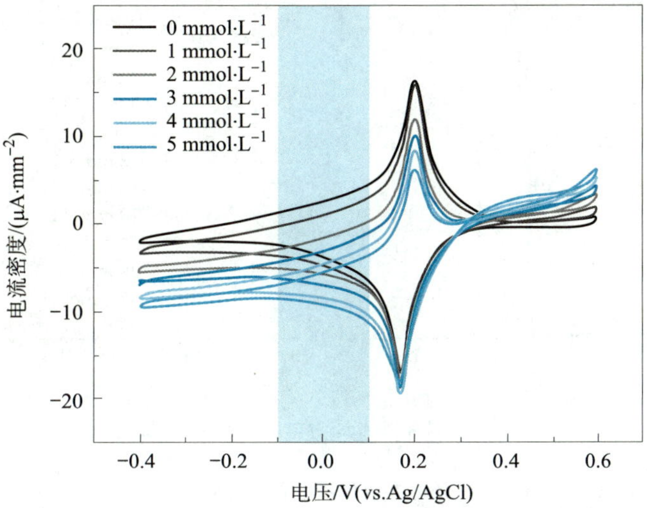

图 1-11A-4　CV 曲线示意图

3. 酶电极的制备

将普鲁士蓝电极浸泡在酶溶液中 2 h 后，再在 25%戊二醛溶液中浸泡 2 h 实现酶的固定化。4 ℃干燥后，在电极表面通过浸渍提拉 3 s 先后覆上聚氨酯膜和 Nafion 膜，常温干燥。电极制备流程图如图 1-11A-5 所示。

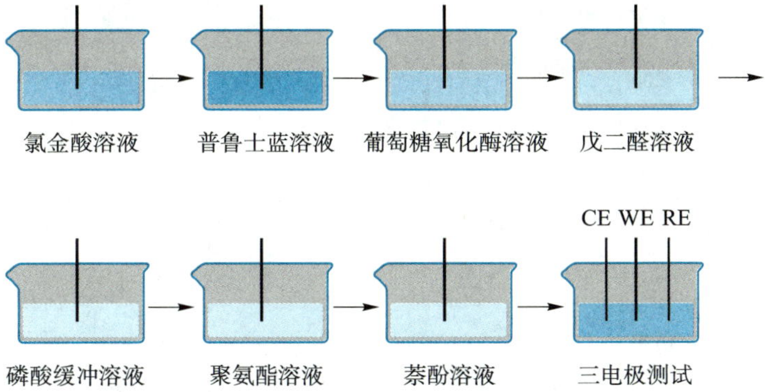

图 1-11A-5　电极制备流程图

4. 电化学测试确定未知试液葡萄糖浓度

（1）*I*-*t* 测试　对电极：铂丝。参比电极：Ag/AgCl 电极。工作电极：酶电极。电解液：10 mL 磷酸缓冲溶液。电化学测试模式：计时电流（*I*-*t*）。电压：0 V。

配制一系列不同葡萄糖浓度（0 $mmol \cdot L^{-1}$、2 $mmol \cdot L^{-1}$、4 $mmol \cdot L^{-1}$、8 $mmol \cdot L^{-1}$、12 $mmol \cdot L^{-1}$、16 $mmol \cdot L^{-1}$、20 $mmol \cdot L^{-1}$、24 $mmol \cdot L^{-1}$、28 $mmol \cdot L^{-1}$、32 $mmol \cdot L^{-1}$）的 PBS 溶

液，按照葡萄糖浓度由低到高的顺序依次进行测试，将电极竖直置于电解液中进行 $I-t$ 测试，每次测试设置时间为 200 s，待实验结束后，进行绘制，如图 1-11A-6 所示。

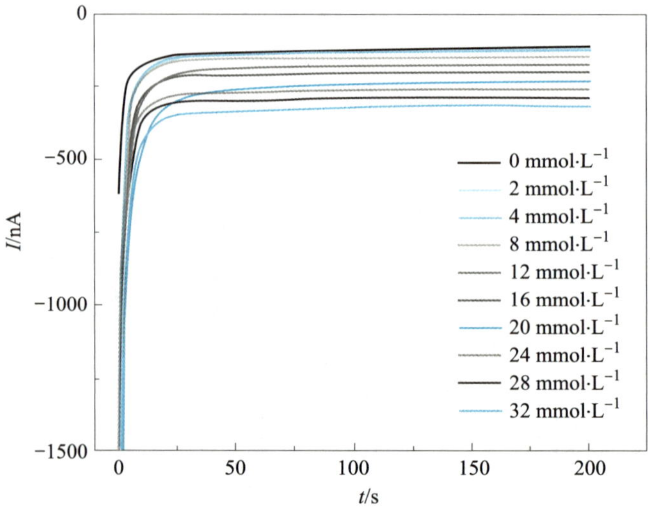

图 1-11A-6 计时电流曲线示意图

（2）线性分析测试 持续搅拌下，在 10 mL PBS 溶液中进行 $I-t$ 测试，测试时间设置为 1000 s，将电极竖直置于电解液中，待 120 s 后电极电流数值稳定之后，每隔 40 s 向溶液中加 10 μL 1 mol · L^{-1} 葡萄糖溶液，观察并记录电流值的大小，重复 25 次，绘制如图 1-11A-7 所示的计时电流曲线。

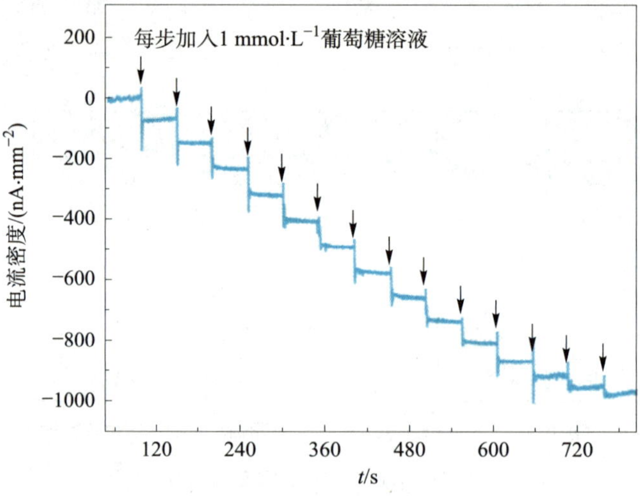

图 1-11A-7 计时电流曲线示意图

测试完毕后将电极取出，用去离子水冲洗电极表面残留的磷酸缓冲溶液。

根据葡萄糖浓度和对应的电流值绘制标准曲线，如图 1-11A-8 所示。

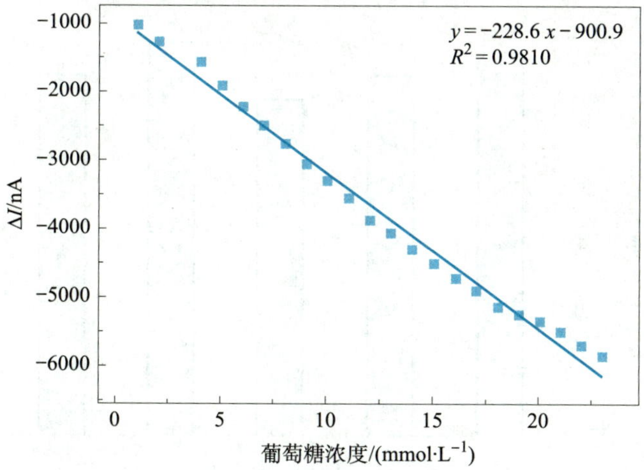

图 1-11A-8　标准曲线示意图

(3) 电极长期稳定性测试　制备好的酶电极在 5 mmol·L^{-1}葡萄糖浓度的 PBS 溶液中进行 I–t 测试，记录 200 s 测试后的电流值，在 4 ℃冰箱中将其避光置于 PBS 溶液中，在制备后第 3,5,7,9,11,13,15 天，分别取出并进行同样的测试，记录电流值，绘制如图 1-11A-9 所示的柱状图。

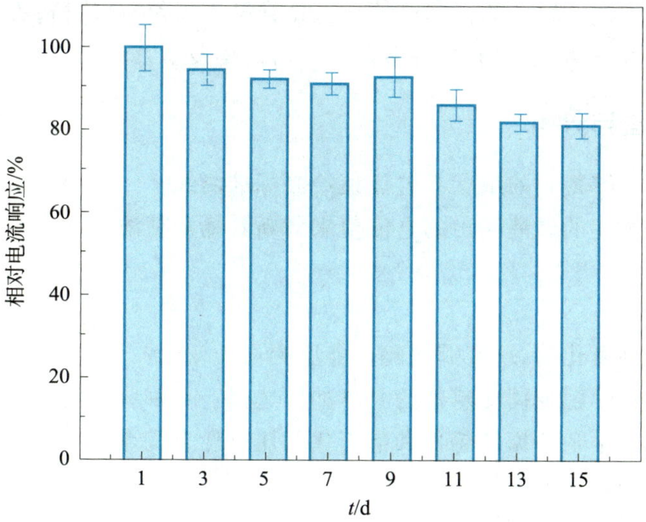

图 1-11A-9　酶电极长期稳定性测试

(4) 电极可重复性测试　相同的步骤制备五根相同的电极，在 5 mmol·L^{-1}葡萄糖浓度的 PBS 溶液中进行 I–t 测试，记录 200 s 测试后的电流值，绘制如图 1-11A-10 所示的柱状图。

(5) 检测汗液中葡萄糖浓度　随机选择一名同学在操场跑步 5 圈，用烧杯收集皮肤上的汗液。在持续搅拌的 10 mL PBS 溶液中加入 10 μL 汗液，观察电流值的变化，在线性拟合曲线中求得汗液中的葡萄糖浓度。

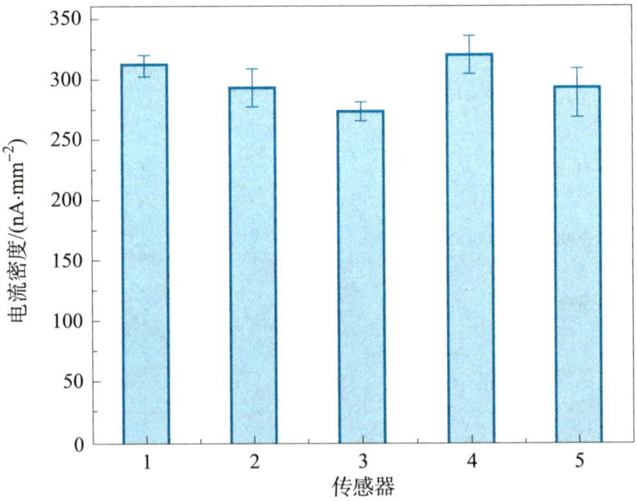

图 1-11A-10　酶电极重现性测试

(6) 检测人工血清中葡萄糖浓度　在持续搅拌的 10 mL PBS 溶液中加入 10 μL 人工血清,观察电流值的变化,在线性拟合曲线中求得人工血清中的葡萄糖浓度。

五、注意事项

(1) 测试过程中注意转子的搅动既要充分搅拌又不能使电极材料脱落。

(2) 为了防止酶失活,配制的各种溶液用完后需要及时存放在 4 ℃冰箱中。

六、数据处理与分析

(1) 根据计时电流得到的浓度和电流值绘制标准曲线。

(2) 根据未知浓度的试液测出的电流值来判断其葡萄糖浓度。

七、思考题

(1) 除了葡萄糖氧化酶,还有哪些酶也能监测血糖变化?

(2) 第二代电化学葡萄糖传感器的介体如何选择?有哪些特性?

(3) 第四代电化学葡萄糖传感器和前三代相比有什么优点和缺点?

(4) 总结酶的固定化方法的优缺点。

(5) 分析高分子扩散抑制层对电极的重要性。

八、知识拓展

植入式葡萄糖传感器发展

实时、连续检测葡萄糖可以有效减少和降低胰岛素依赖性的糖尿病患者低血糖症、高血糖症及其并发症的发生。用于连续血糖监测的传感器探头一般都植入体内,检测组织液中葡萄糖浓度的变化。葡萄糖可以自由地从血管中进入组织液,被附近的细胞吸收利用。组织液中的葡萄糖浓度依赖周围的血流、新陈代谢速率及血管中的葡萄糖浓度变化速率。研究表明，组织液中的葡萄糖浓度变化一般比血液中的葡萄糖浓度变化慢 2~45 min，平均约为 6.7 min。但是，当血液中的葡萄糖浓度开始降低时，组织液中的葡萄糖浓度比血液中的葡萄糖先出现降低，这表明组织液中葡萄糖浓度的降低可以为即将出现的低血糖做出预测。组织液和血液中的葡萄糖浓度的变化延迟时间与传感器的类型与尺寸、外部实验刺激（如进食、葡萄糖耐量测试、口服葡萄糖耐量测试等）、测试对象是否有糖尿病及传感器植入组织的深度等因素相关。

植入式的血糖监测系统又分为两类，一类是皮下微创植入式，即血糖传感探头植入皮下，测试系统仍然在外部。另一类是整个测试系统全部植入体内，检测数据通过无线的方式传输到体外的接收器上。第一类微创式比较常见，现有的商业化的动态血糖监护系统基本都属于这一类。

九、参考文献

（华中科技大学　肖菲）

实验 1-11B　电化学免疫传感器用于 IgG 分析

一、实验目的

（1）熟悉电化学免疫传感器的工作原理。

（2）掌握抗体修饰电极的制备方法与表征。

（3）了解电化学免疫分析的定量分析原理及应用。

二、实验原理

根据 2001 年国际纯粹与应用化学联合会（IUPAC）对生物传感器的分类标准，电化学免疫传感器是基于抗原-抗体反应的，是可进行特异性定量或半定量分析的集成器件，其中抗原-抗体是分子识别元件，且与电化学传感元件直接接触，并通过传感元件将某种或某类化学物质浓度信号转变为相应的电信号，如电流、电位和阻抗等。按照产生电参量来分类，电化学免疫传感器可分为电流型（安培型）免疫传感器、电位型免疫传感器、电导型免疫传感器和电容型免疫传感器等。它具有快速、低成本和操作简单等优点，在医学诊断、食品安全检测和环境监测等领域有着广泛的应用。

电流型免疫传感器利用电活性物质将抗原-抗体识别反应转换为电流信号，利用待测物质浓度与产生电流的线性关系，从而对待测物质进行分析。电流型免疫传感器由于具有灵敏度高、特异性好等优点,被广泛研究和报道,尤其适合于痕量分析。电流型免疫传感器按照工作原理分类,主要有竞争型和夹心型两类,如图 1-11B-1 所示。夹心型免疫传感器是样品中的抗原与修饰电极上的抗体先结合,再加入酶标抗体与电极表面的抗原结合,形成夹心结构从而催化氧化还原反应,产生电流变化,进而利用电流与抗原的浓度关系进行定量分析。竞争型免疫传感器是利用带有电化学探针或酶标记的抗原与样品中的抗原竞争结合电极表面的抗体,标记抗原的浓度与待测抗原的浓度成反比;当目标抗原的浓度不同时,电极表面的电化学活性物质或酶催化产生的电活性物质数量发生变化,从而引起电流变化,由此可用于样品中抗原浓度的测定。例如,利用辣根过氧化物酶(horseradish peroxidase, HRP)修饰的抗原与电极表面抗体结合后,由于过氧化氢会催化邻苯二酚还原,使得还原峰电流增加而氧化峰电流降低,还原电流的大小与吸附在电极表面 HRP 的数量相关。当待测抗原竞争 HRP 标记抗原时,电极表面吸附的 HRP 数量会发生变化,从而引起还原电流的变化,建立还原电流与待测抗原之间的关系,可以用于待测抗原浓度的测定。

免疫球蛋白 G(IgG)是血清中免疫球蛋白的主要成分,约占血清中免疫球蛋白总含量的 75%。IgG 是体内最主要的抗体,具有抗病毒、中和病毒、抗菌及免疫调节的功能。检测机体免疫球蛋白的含量可用于了解机体的体液免疫功能状态,帮助诊断免疫增生、免疫缺陷、感染及自身免疫性等疾病,具有重要的临床意义。大量研究表明,电化学免疫传感器在血液中 IgG 的检测方面显示出独特的优势,具有灵敏度高、选择型好等特点,在疾病临床检测方面显示出巨大的应用前景。

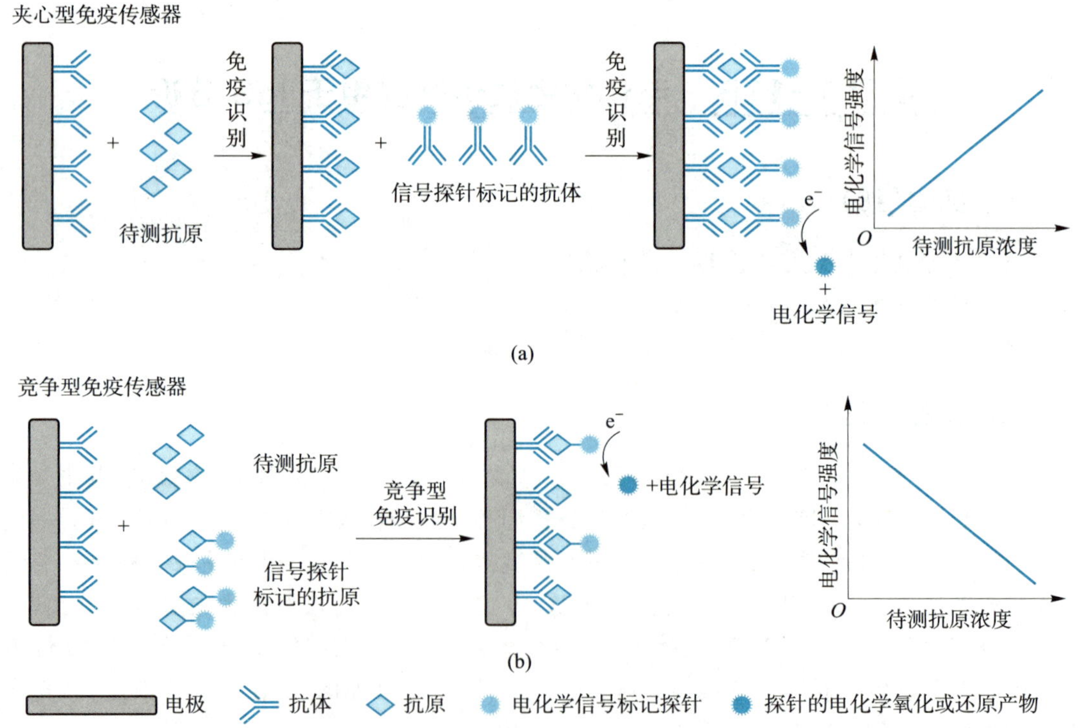

图 1-11B-1 电流型免疫传感器工作原理图

三、仪器与试剂

1. 实验仪器

具备循环伏安法功能的电化学工作站 1 台；电化学池 1 个；计算机 1 台；碳印刷电极若干；铂片电极 1 支；Ag/AgCl 电极（饱和 KCl 溶液）1 支。

2. 试剂及耗材

1-(3-二甲氨基丙基)-3-乙基碳二亚胺盐酸盐（EDC）；*N*-羟基琥珀酰亚胺（NHS）；牛血清蛋白（BSA），IgG；辣根过氧化物酶（horseradish peroxidase，HRP）标记 IgG 抗原（IgG-HRP），IgG 抗体（anti-IgG）；磷酸缓冲溶液（PBS，0.1 $mol \cdot L^{-1}$，pH = 7.4）；1% 牛血清蛋白（bovine serum albumin，BSA）溶液，过氧化氢溶液（3 $mmol \cdot L^{-1}$）；对苯二酚溶液（3 $mmol \cdot L^{-1}$）。

四、实验步骤

1. anti-IgG 修饰电极制备

（1）将碳印刷电极置于 0.1 $mol \cdot L^{-1}$ H_2SO_4 溶液中，在 -0.3 V 的恒电位下处理 20 min，然后用去离子水洗涤，氮气吹干，得到羧基功能化的碳印刷电极。

（2）将上述处理后的电极放入 10 μL 的 EDC-NHS 混合溶液（10 $mmol \cdot L^{-1}$ EDC，6 $mmol \cdot L^{-1}$ NHS）中孵育 20 min，再用去离子水洗涤，氮气吹干。

（3）将上述电极置于 0.5 mL 10 $\mu g \cdot mL^{-1}$ 的抗体溶液中孵育 40 min 后，先用 PBS 缓冲溶液洗涤，再用氮气吹干。

（4）将上述电极置于 1% BSA 溶液中孵育 30 min 后，封闭电极表面的活性位点，这里 BSA 作为抗污染试剂，消除电极的非特异性干扰，用 PBS 缓冲溶液洗涤并氮气吹干，并在 -20 ℃ 下保存。

2. IgG 标准溶液的测量

（1）将上述 anti-IgG 修饰电极分别依次置于含有 10 $\mu g \cdot mL^{-1}$ IgG-HRP 和不同浓度 IgG（1 $\mu g \cdot mL^{-1}$，5 $\mu g \cdot mL^{-1}$，10 $\mu g \cdot mL^{-1}$，15 $\mu g \cdot mL^{-1}$，20 $\mu g \cdot mL^{-1}$）的标准溶液中孵育 30 min，然后用 PBS 缓冲溶液冲洗。

（2）分别以上述电极作为工作电极，铂片电极和 Ag/AgCl 电极分别作为对电极和参比电极，放入有 3 $mol \cdot L^{-1}$ 对苯二酚和 3 $mol \cdot L^{-1}$ H_2O_2 的 PBS 缓冲溶液（pH = 7.4）中进行循环伏安法测试。记录循环伏安曲线及还原峰电流值。

3. 测量未知溶液中 IgG 的含量

将实验步骤 2 中的 IgG 标准溶液换为待测浓度的 IgG 溶液，以上述相同实验步骤和条件进行实验，记录循环伏安曲线及还原峰电流。

五、注意事项

（1）电极表面活化对电极表面抗体数量有影响，活化时间过短会导致抗体数量不足。

（2）电极在抗原中孵育时间不宜过短。

六、数据处理与分析

（1）绘制免疫反应前后不同修饰电极的循环伏安曲线。

（2）绘制不同浓度抗原条件下的循环伏安曲线。

（3）以抗原浓度为横坐标，还原峰电流为纵坐标，绘制浓度-电流标准曲线，并进行线性拟合。

（4）根据未知溶液测出的还原峰电流值和浓度-电流标准曲线来确定未知溶液中 IgG 的浓度。

七、思考题

（1）影响竞争型电化学免疫传感器性能的因素有哪些？

（2）如何提高电化学免疫传感器的检测灵敏度？

（3）增加电极表面抗体密度可以提高传感器的性能吗？

八、知识拓展

抗原与抗体

能引起动物机体特异性应答的化学物质称为抗原。这种免疫应答所产生能够与抗原发生特异性识别反应的蛋白质就是抗体。抗原具有引发抗体产生的特异性（免疫原性）和与抗体发生特异性反应的性质（抗原性）。此外，还有一类小分子虽不能引起免疫应答，但能与抗体反应，这类小分子称为半抗原。抗体是动物体免疫系统产生的，其结构具有球蛋白的特点，通常称为免疫球蛋白（Ig），它们在疾病诊断、治疗和预防中发挥着重要作用。其中，免疫球蛋白又可以分为 IgG、IgM、IgA、IgD 和 IgE 五种类型。由一个细胞克隆所产生的抗体称为单克隆抗体，其化学结构和生物活性是完全相同的；由多个细胞克隆所产生的化学结构和生物活性不均一的抗体称为多克隆抗体。

抗原（Ab）与抗体（Ag）结合所形成的抗原-抗体复合物（Ab-Ag）可写为

$$\mathrm{Ab+Ag \longrightarrow Ab{-}Ag}$$

具有高亲和力的抗体抗原结合点与抗原的决定簇在空间构型上非常适合，两者结合牢固，不易解离。因此，利用抗原抗体的这种高亲和力作用，可以用于高灵敏、高特异性免疫分析。通常抗原与抗体结合反应的平衡常数 $K \geqslant 10^8$ 才具有免疫分析的价值。

九、参考文献

（清华大学　刘洋）

实验 1-12　微电极和玻碳电极上铁氰化钾电化学行为的比较

一、实验目的

（1）了解微电极的制备方法。

（2）掌握微电极的循环伏安特性。

（3）掌握不同电极尺寸下物质传输过程对电化学行为的影响。

（4）掌握两电极体系和三电极体系进行伏安曲线测定时的必要性及区别。

二、实验原理

随着精细加工业的发展，当代电化学已由传统的常规尺寸电极向微电极发展，特别是随着电化学技术在生物体系及扫描成像领域的快速发展，微电极的使用和研究在电化学分析中占比日益增高，不可忽视。微电极是应用广泛的一门电分析化学技术。微电极也称超微电极，通常是指其一维尺寸小于 100 μm，或者小于扩散层厚度的电极。当电极的尺寸从传统毫米级降低至微米时，会呈现出许多不同于常规电极的电化学性质：

（1）电极表面的液相传质速率加快，以致建立稳态所需的时间大为缩短，提高了测量的响应速率。微电极极限电流公式为

$$I_d = knFDc_0r_0 \tag{1.12.1}$$

式中：n 为电子转移数，F 为法拉第常数，D 为扩散系数，c_0 为探针的初始浓度，r_0 为电极的半径。

（2）微电极上通过的电流小，体系的 IR 降小，从而适用于高阻抗体系的伏安测量，且不用考虑欧姆电位降的补偿。

（3）微电极上的稳态电流密度和电极尺寸成正比，而充电电流密度与其无关，所以微电极有助于降低充电电流的干扰，提高测定的灵敏度。

三、仪器与试剂

1. 实验仪器

电化学工作站；超声清洗机；真空干燥箱；毛细管拉制机（PC-10）。

2. 试剂及耗材

$K_3Fe(CN)_6$（AR）；NaOH（AR）；玻璃毛细管（内径 1.0 mm）；铜丝（直径1 mm）；导电胶；碳纤维（直径 10 μm）；玻碳电极（直径 3 mm）；Pt 对电极；Ag/AgCl 参比电极；移液枪；烧杯等。

四、实验步骤

1. 碳纤维电极的制备

（1）将碳纤维与铜丝导线粘连，碳纤维超出铜丝顶端 1 cm 左右。

（2）将绝缘性能良好的玻璃毛细管高温拉制成两个具有尖端的毛细管。

（3）将碳纤维与铜丝导线穿入拉制好的玻璃毛细管中，并暴露出尖端碳纤维，60 ℃ 烘

干 5 min。

(4) 利用胶水对碳纤维尖端进行密封,注意碳纤维与铜丝粘连的一侧不能有气泡,如果产生气泡,轻轻敲击毛细管外壁使气泡消失,60 ℃烘干 30 min。

(5) 配制 0.1mol·L^{-1} NaOH 溶液 10 mL 并洗涤碳纤维电极,即可制备成功。

2. 溶液的配制

配制浓度分别为 0.01 mmol·L^{-1},0.05 mmol·L^{-1},0.10 mmol·L^{-1},0.50 mmol·L^{-1},1.0 mmol·L^{-1}的 $K_3Fe(CN)_6$ 及 0.1 mol·L^{-1} KCl 混合溶液 10 mL;配制 0.1 mol·L^{-1} NaOH 溶液 10 mL。

3. 玻碳电极的循环伏安行为测定

(1) 玻碳电极的清洁:在麂皮上撒上少量抛光粉,然后滴加少量去离子水,竖直握住玻碳电极,使其在麂皮上以圆形路径或"8"字形路径慢速移动。用去离子水冲洗电极表面,移入超声水浴中清洗,每次 1 min,重复 2~3 次。

(2) 搭建玻碳电极、对电极和参比电极的三电极体系,将绿色夹子接工作电极,红色夹子接对电极,白色夹子接参比电极。

(3) 循环伏安法检测:打开软件 CHI 660,构筑三电极体系,选择"循环伏安法",设置参数,改变溶液浓度,调节扫描速度,点击测试。记录玻碳电极在 1 mmol·L^{-1} $K_3Fe(CN)_6$ 溶液中,分别在扫描速度为 0.01 V·s^{-1},0.02 V·s^{-1},0.05 V·s^{-1},0.1 V·s^{-1},0.2 V·s^{-1}的条件下进行循环伏安法测试。电位窗口:-0.1~0.5 V。

(4) 记录扫描速度为 0.05 V·s^{-1},$K_3Fe(CN)_6$ 溶液浓度分别为 0.01 mmol·L^{-1},0.05 mmol·L^{-1},0.10 mmol·L^{-1},0.50 mmol·L^{-1},1.0 mmol·L^{-1}时的循环伏安曲线。

4. 微电极的循环伏安行为测定

(1) 将碳纤维电极分别在丙酮、3 mol·L^{-1} HNO_3 溶液、1.0 mol·L^{-1} KOH 溶液,以及去离子水中超声 3 min,去除碳纤维表面的污染物。

(2) 构筑三电极体系,进入电化学工作站界面,选择"循环伏安法",设置参数同玻碳电极。记录微电极在扫描速度为 0.05 V·s^{-1}时,不同浓度 $K_3Fe(CN)_6$ 溶液中的循环伏安曲线。浓度分别为 0.01 mmol·L^{-1},0.05 mmol·L^{-1},0.10 mmol·L^{-1},0.50 mmol·L^{-1},1.0 mmol·L^{-1}。

(3) 记录微电极在 1 mmol·L^{-1} $K_3Fe(CN)_6$ 溶液中,当扫描速度分别为 0.01 V·s^{-1},0.02 V·s^{-1},0.05 V·s^{-1},0.1 V·s^{-1},0.2 V·s^{-1}时的循环伏安曲线。

五、注意事项

(1) 对碳纤维尖端进行密封,注意碳纤维与铜丝粘连的一侧不能有气泡,如产生气泡,轻轻敲击毛细管外壁使气泡消失。

(2) 微电极暴露不要过长,一般保持在 5 mm 左右。

(3) 保证工作电极、对电极和参比电极连接正确。

六、拓展实验

引入试错教学,使用"玻碳电极-对电极""玻碳电极-参比电极"两种两电极体系,分别对铁氰化钾溶液进行检测。理解不同的电化学检测体系及各个电极组成成分的作用。

七、数据处理与分析

（1）把玻碳电极和微电极在不同浓度的 $K_3Fe(CN)_6$ 溶液及扫描速度下的电化学参数记录于表 1-12-1 和表 1-12-2 中。

表 1-12-1　不同溶液浓度下的电化学测试数据记录

$K_3Fe(CN)_6$ 溶液浓度 $c_0/(mmol \cdot L^{-1})$	玻碳电极		微电极	
	$I_p/\mu A$	$E_{1/2}/V$	$I_d/\mu A$	$E_{1/2}/V$
0.01				
0.05				
0.10				
0.50				
1.00				

表 1-12-2　不同扫描速度下的电化学测试数据记录

扫描速度 $v/(V \cdot s^{-1})$	玻碳电极		微电极	
	$I_p/\mu A$	$E_{1/2}/V$	$I_d/\mu A$	$E_{1/2}/V$
0.01				
0.02				
0.05				
0.10				
0.20				

（2）数据分析：分别绘制玻碳电极和微电极在不同扫描速度下 I_p 和 $v^{1/2}$ 的线性关系，$E_{1/2}$ 和 v 的线性关系；不同浓度下 I_p 和 c 的线性关系，I_d 和 c 的线性关系，以及 $E_{1/2}$ 和 c 的线性关系。

八、思考题

（1）碳纤维微电极比玻碳大电极有哪些优势？

（2）为什么微电极和玻碳电极在 $K_3Fe(CN)_6$ 溶液中测得的循环伏安行为有区别？扫描速度和浓度对不同电极上测得的峰电流和半波电位有何影响？

（3）分别采用玻碳电极和微电极作为工作电极，和对电极构成两电极体系进行测定，会观察到什么现象？

（4）两电极体系是否适用于常规玻碳电极的伏安检测？造成两者差异的原因是什么？思考参比电极的作用对信号的影响。

九、参考文献

（华东师范大学 张立敏）

重要电化学应用

实验1-13A 恒流法电解有机化合物的分析方法

一、实验目的

（1）初步理解并掌握电催化氧化技术的基本原理与操作方法。

（2）了解电解装置的基本结构并掌握搭建电解装置的基本方法。

（3）了解恒流法电解技术中重要基本技术参数的意义。

（4）学习自主设计实验方法来测定参数，并探究各种不同因素对电解的影响。

二、实验原理

随着石油化工、医药等领域技术的发展，越来越多的难降解有机化合物，如染料、抗生素、农药等进入生态环境中，给自然环境和人类健康带来极大的威胁。“绿水青山就是金山银山”，守住水生态、水环境的底线是建设美丽中国的重要一环。目前采用传统水处理技术处理上述有机化合物存在降解困难、有二次污染等问题。而电催化氧化技术是利用电极表面产生的强氧化性物质羟基自由基来降解污染物，具有氧化能力强、无须额外添加化学试剂、无二次污染的特点，因此在处理印染、医药、农药等工业废水方面具有巨大的优势。电化学水处理技术的核心在于降解有机化合物所用的阳极。理想的电极一般需要满足以下条件：导电性好，电能损耗较低；稳定性好，耐酸碱腐蚀，能承受一定的温度；真实表面积大；电催化活性高；电极材料便宜易得。PbO_2 电极是电催化氧化中常用的阳极材料，其优点是电催化活性较好，析氧过电位较高，耐蚀性好，价格经济、可通过大电流及性质稳定等优点。

恒流法电催化氧化技术处理有色有机废水是近年来广泛应用于现代工业废水处理的一项较为热门的研究课题。该方法操作简便、易于控制、无二次污染，且实验材料与设备相对简单,是一个适合在本科教学实验室向大多数学生开设的设计性实验。本实验中详细阐述了实验原理、实验装置的搭建和实验操作方法,重点探究电流密度、电解时间、辅助电解质浓度等技术参数对槽压和有机化合物转化率的影响。

电催化氧化法是工业上处理有机废水的一种常用方法,其降解有机物的过程较为复杂,多数研究者认为,在该过程进行时,可在高析氧电位的阳极表面形成具有强氧化性的羟基自由基(·OH),其标准电极电势为 2.80 V,氧化能力仅次于 F_2(2.87 V)。羟基自由基在反应中作为链引发剂,诱导自由基反应发生,将难降解的有机物氧化成 CO_2、H_2O 和其他产物,反应机理大致如图 1-13A-1 所示。

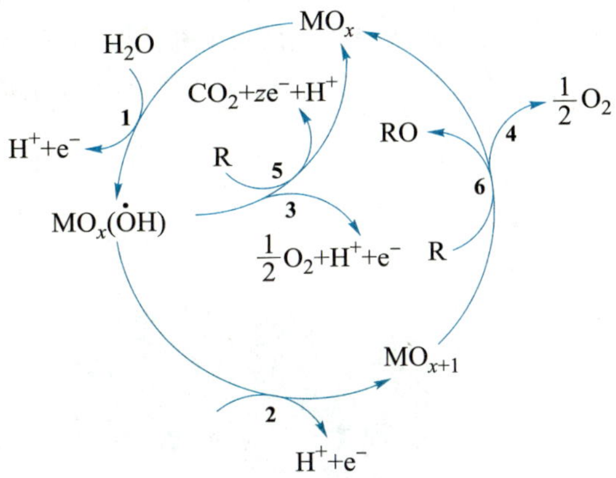

图 1-13A-1　恒流法电催化氧化机理

该方法具有氧化能力强、操作简便、易于控制、无二次污染等优点,在现代工业废水处理中得到越来越广泛的应用。在电解有机化合物技术中,影响电解效果的主要因素有电极材料、电极面积、电解时间、辅助电解质浓度等。电解效果通常通过槽压、甲基橙的转化率等技术指标来反映。

本实验采用恒流法电催化氧化法处理甲基橙溶液,阳极采用氧化性极强且具有高析氧电位的 PbO_2/Ti 电极,主要探究电流密度、电解时间、辅助电解质浓度对电解槽压和甲基橙转化率的影响。本技术通常采用恒电流电解,电流密度可通过设备控制,槽压可由直流稳压电源实时监测。由于甲基橙为有色物质,在碱性条件下,于波长 460 nm 处有最大吸光度,故甲基橙的实时转化率可用可见分光光度法测定。

计算公式如下:

$$转化率=\frac{A_0-A}{A_0}\times100\%$$

式中:A_0 为电解前溶液的吸光度,A 为电解过程中某时刻溶液的吸光度。

本实验方法也可用于电解处理其他有机化合物,如抗生素、农药等,不同学校和专业可结合自身需要进行相应的设计和改进。

三、仪器与试剂

1. 实验仪器

直流跟踪双路稳压稳流电源(32 V/3 A);数显智能控温搅拌器;可见分光光度计;电子天平;电解槽(20 cm×10 cm×15 cm,容量 1.0 L);铜电极(9.0 cm×4.5 cm×0.30 cm);PbO_2/Ti 电极(9.0 cm×3.0 cm×0.10 cm);直尺;搅拌子;秒表等。

2. 试剂及耗材

无水硫酸钠(AR);0.0025 g·L^{-1} 甲基橙溶液;氢氧化钠(AR)。

四、实验步骤

1. 设计搭建电解装置

按图1-13A-2搭建电解装置，电极板阳极为 PbO_2/Ti 电极，阴极板为铜电极。固定两个电极板在电解槽中的横向和纵向位置，以固定电极间的相互距离及电极浸入电解液的深度。加入一定体积的电解液，用直尺测定阳极板的浸入深度，计算阳极的有效面积。阴极的铜电极浸入深度应大于阳极。两电极板分别通过铜线接入直流电源的正负极。

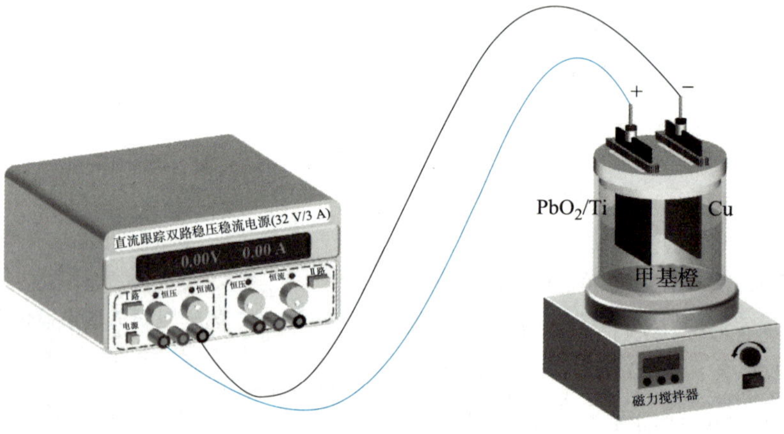

图1-13A-2 电解装置示意图

2. 甲基橙溶液最大吸收波长的确定及工作曲线的绘制

（1）分别移取0.50 mL、1.00 mL、2.00 mL、3.00 mL、4.00 mL、5.00 mL、6.00 mL、7.00 mL、8.00 mL、9.00 mL的0.0025 $g \cdot L^{-1}$甲基橙溶液至25 mL容量瓶中，稀释至刻度并摇匀。

（2）以蒸馏水为参比，使用分光光度计测量0.00050 $g \cdot L^{-1}$甲基橙溶液在不同波长入射光下的吸光度，确定最大吸收波长。

（3）在最大吸收波长下，测定按上述步骤配制的不同浓度甲基橙溶液的吸光度，并绘制工作曲线。

3. 电解相关参数的测定

（1）打开磁力搅拌器和直流跟踪双路稳压稳流电源开关，设置为恒流电解。向电解槽内加入一定体积的不含辅助电解质的0.0025 $g \cdot L^{-1}$甲基橙溶液为电解液，固定某个电流值不变，向电解液内定量加入无水硫酸钠粉末，观察并记录稳压稳流电源上显示的槽压数值，绘制槽压与辅助电解质 Na_2SO_4 浓度之间的关系曲线，确定辅助电解质的最佳加入量。电流密度可选择：① 35 $mA \cdot cm^{-2}$；② 21 $mA \cdot cm^{-2}$；③ 15 $mA \cdot cm^{-2}$等。辅助电解质 Na_2SO_4 的质量浓度可选择在7.0~10.0 $g \cdot L^{-1}$之间。

（2）重新向电解槽内加入一定体积的含辅助电解质的0.0025 $g \cdot L^{-1}$甲基橙溶液为电解液，设置不同电流密度值进行恒流电解，记录槽压，并绘制电流密度与槽压的关系曲线。在本实验条件下，电流密度应小于80 $mA \cdot cm^{-2}$。

（3）设置某个电解电流值，电解含辅助电解质的0.0025 $g \cdot L^{-1}$甲基橙溶液直至肉眼观察电解液明显褪色或近似无色。在电解过程中，每隔3~5 min测定槽压，并观察温度变化。绘制电解时间与槽压的关系曲线。

(4) 在电解前,从电解槽中取 1.00 mL 电解液,经过适当稀释后,测定其吸光度。设置某个电流值进行电解,记录时间,每电解 5 min,从电解槽中取 1.00 mL 电解液,经过适当稀释后,测定其吸光度;电解约 30 min。然后改变电流值的大小,重复上述操作。根据上述结果,绘制甲基橙转化率与电流密度、甲基橙转化率与电解时间之间的关系曲线。

(5) 实验结束后,先关闭电源,断开工作电极连接,取出电极,将处理液倒入指定的废液桶中,用水清洗所有电极和电解池两次。清洗比色皿,关闭分光光度仪。

五、注意事项

(1) 甲基橙作为酸碱指示剂,在酸性条件下和碱性条件下颜色不同,因此最大吸收波长也会随溶液 pH 不同而有所差别。本实验电解液的溶剂为去离子水,辅助电解质为无水硫酸钠,均为中性,pH 在 7 左右,应显碱式色。

(2) 本实验电解液甲基橙溶液的体积可以选择 250~1000 mL。考虑电解效果和经济与环境因素,本实验的辅助电解质 Na_2SO_4 的质量浓度可选择在 7.0~10.0 $g\cdot L^{-1}$之间。

(3) 电解较长时间的甲基橙溶液,其最大吸收波长相对于电解前有少量增大,这可能是因为在甲基橙的电解过程中会生成 CO_2,从而使电解液的 pH 减小;而 pH 越接近甲基橙的变色范围,pH 的少量变化引起的最大吸收波长变化越大。因此,可在测定吸光度前,向待测溶液中加入少量 NaOH 固体,使 pH 大于 7。

(4) 测定槽压随时间变化曲线的实验耗时较长,学生在进行该步骤时可分组进行。

(5) 电解反应时间控制为 40~60 min。在电解反应后期,电解液的颜色已经明显变淡,即电解液内甲基橙的含量已显著减少,因此电能有更多的部分消耗在水的电解和热能的散失上,从而导致槽压降低。

(6) 电流密度过大,电能将主要消耗在水的电解和热能的散失上,显然这将增大能耗,降低电流效率。因此实验中电流密度应控制在合理的区间。在本实验条件下,电流密度应小于 80 $mA\cdot cm^{-2}$。

六、数据处理与分析

(1) 绘制最大吸收波长下标准溶液质量浓度与吸光度的关系图(工作曲线)。

(2) 绘制槽压随辅助电解质 Na_2SO_4 质量浓度的变化曲线。

(3) 绘制电解时间与槽压的关系曲线。

(4) 绘制不同电流密度下槽压随电解时间的变化曲线。

(5) 绘制不同电流密度下甲基橙转化率随电解时间的变化曲线。

(6) 绘制不同电流密度下的 $-\ln(c/c_0)-t$ 关系图,确定电解反应的级数。

七、思考题

(1) 请查阅文献,总结本实验未提及的其他电催化污染物分解机理。

(2) 除了电解法,处理有色有机废水还有哪些方法?

(3) 本实验中,$-\ln(c/c_0)$ 与时间 t 基本符合线性关系。在电流密度较小时,线性关系较好。当电流密度较大时,线性关系发生一定的偏离,原因是什么?

(4) 本方法是否可以处理无色的有机废水,如抗生素污水?如果可以的话,采用什么方法进行过程检测和测量?

(5) 电解法除了处理污染物,还有哪些应用?

八、实验运行模式

本实验综合性较强,实验开设过程分以下3个环节完成:

(1) 实验前　布置实验题目"恒流法电解有机化合物的分析方法",同时给出实验室可以提供的试剂药品、电极材料、电解槽、分析仪器等信息,要求学生通过查阅文献,给出实验方案,绘制数据表格。实验方案中需要包括电解装置的搭建,槽压与电流密度的选择、反应物转化率等重要因素的测定方法及其影响因素的探索步骤;学生提交方案,教师对学生方案进行审核和细化,并根据学生的实验方案进行实验试剂和器材的准备。

(2) 实验中　学生进入实验室进行实验,应在两次实验课的时间内完成,每次4~6学时,如果学生要求更多时间,可在开放实验的时间内自主安排。

(3) 实验后　学生分组撰写科研论文形式的实验报告和汇报展示报告,并组织全班学生与教师的讨论会,分组就"恒流法电解有机化合物的分析方法"课题的研究背景、实验过程、数据处理和分析、实验结果、遇到的问题和改进建议等进行讨论。

九、知识拓展

1. 难降解有机工业废水处理技术

工业废水具有成分复杂、化学耗氧量(COD)高、色度高、含盐类物质及有毒污染物质含量高的特点。针对工业难降解有机污水,目前主要的处理方法包括生物法、物理法及化学法三类。其中化学法又分为化学高级氧化法和电化学高级氧化法。

(1) 生物法处理废水是指利用微生物的代谢作用除去废水中有机污染物的一种方法。对于难降解的有机废水,在正常的停留时间条件下,微生物不能降解这些有机化合物。要降解这些有毒或结构稳定的有机化合物,必须驯化抗毒性的微生物或破坏其稳定的化学结构。目前通常采用的微生物处理技术主要有生物过滤法、生物转盘等。

(2) 物理法是利用相转移的变化来实现废水中有机污染物质降解的一种方法。具体的操作方法有:吸附法、混凝法、萃取法、离子交换法、膜处理技术等。这些方法虽然具有工艺简单,操作方便,成本较少、资源浪费不严重的优点,但是并没有将废水中的有机化合物彻底降解,而且如果操作不当,对环境很容易造成二次污染。

(3) 化学法常用于生物处理的前处理。一般是在催化剂的作用下,用化学氧化剂处理有机废水提高废水的可生化性,或者直接氧化废水中的有机化合物使之稳定。常用的氧化剂有 O_3、ClO_2、H_2O_2、Fenton 试剂等。其中,Fenton 试剂是比较有代表性的新型氧化剂,以铁盐为催化剂,在 H_2O_2 存在的条件下,对有机物进行氧化降解。Fenton 试剂在处理一些难降解有机化合物如苯酚类、苯胺类方面显示出一定的优越性。

现代工业的发展使难降解的有机废水日益增多,对于这类废水的处理,常用氧化剂表现出氧化能力不强,存在选择性氧化等缺点,难以达到实际应用的要求。随着相关研究的深入,高级氧化工艺(advanced oxidation process, AOPs)因其能产生氧化能力极强的羟基自由基,可有效分解有毒、难生物降解废水中的有机污染物,甚至可以将其彻底地矿化,因而引起科学家的重视。电化学氧化技术是高级氧化方法的一种。

2. 电催化氧化法的优点

电化学氧化技术作为高级氧化技术的一种，具有以下优点：① 电子转移只在电极及废水中进行，不需另外添加氧化还原剂，由此避免了添加试剂而引起的二次污染问题。② 通过改变外加电流、电压，可以随时调节反应条件，可控制性较强。③ 电催化过程中产生的具有氧化性的自由基可直接与废水中的有机污染物反应，可将其降解为简单有机化合物或是 CO_2 和 H_2O。④ 能量效率高，反应条件温和，电化学过程在常温、常压下就可进行。⑤ 反应器设备及其操作一般比较简单，成本相对较低。⑥ 当排污规模较小时，可进行就地处理。⑦ 当废水中含有金属离子时，阴阳极可同时起作用，阴极还原金属离子，阳极氧化有机化合物，处理效率较高，可同时回收附加值较高的化学品和金属。⑧ 既可以单独处理，又可以与其他处理技术相结合，如作为前处理，可以提高废水的可生物降解性。⑨ 作为一种清洁工艺，其设备占地面积小，特别适合于人口拥挤的城市中污水的处理。

3. PbO_2/Ti 电极的制备及其改性的研究进展

PbO_2/Ti 电极是电催化氧化中最常用的阳极材料，其优点是析氧电位高、氧化能力强、寿命长、耐蚀性好、价格低廉。但其稳定性和电催化活性还有待提高，在降解过程中，Ti 基体会被氧化生成 TiO_2，导致 PbO_2 活性层与 Ti 基体之间的结合力降低，易造成活性层脱落及电极电催化性能和稳定性降低的问题。目前主要通过基体改性、添加中间层及活性层掺杂对电极进行改性，以提高其稳定性和电催化活性，延长电极使用寿命。因此如何抑制钝化层的生成，改善涂层的机械强度、柔韧度，以及减小基体与涂层之间的内应力，成为提高电极稳定性的研究焦点。

十、参考文献

（武汉大学　张海波）

实验 1-13B　镍电沉积工艺的性能评测方法

一、实验目的

（1）熟悉并掌握 Hull 槽实验基本原理、实验操作和结果分析。

（2）熟悉并掌握极化曲线实验原理、实验操作和结果分析。

（3）熟悉并掌握库仑法电流效率测定原理、实验操作和结果分析。

（4）熟悉并掌握镀液分散能力测定原理、实验操作和结果分析。

（5）试验并了解添加剂糖精、苯亚磺酸钠、镍光亮剂 XNF 和十二烷基硫酸钠对电沉积光亮镍的作用与影响，掌握电镀工艺开发实施方案。

二、实验原理

1. Hull 槽实验——沉积工艺条件优化

电沉积是用电解方法，在导电基底表面沉积一层具有所需形态和性能的金属沉积层的过程。传统上电沉积金属的目的，在于获得防护、装饰和功能性镀层，改变基底表面的特性，改善基底材料的外观、耐腐蚀性和功能，如电、磁、硬度、修复、焊接等特性。近年来，电沉积这一古老而又年轻的技术正日益发挥着重要作用，除广泛应用于传统工业电镀领域外，也已广泛应用于半导体、磁膜材料、催化材料、纳米材料等功能性材料和微机电加工领域中。

电沉积过程中，由外部电源提供的电流通过镀液中两个电极（阴极和阳极）形成闭合的回路。当电解液中有电流通过时，在阴极上发生金属离子的还原反应，同时在阳极上发生金属的氧化（可溶性阳极）或溶液中某些物质（如水）的氧化（不溶性阳极）。其反应可一般地表示如下。

阴极反应： $M^{n+}+ne^- = M$

副反应： $2H^++2e^- = H_2$ （酸性镀液）

$2H_2O+2e^- = H_2+2OH^-$ （碱性镀液）

当镀液中有添加剂时，添加剂也可能在阴极上反应。

阳极反应： $M-ne^- = M^{n+}$ （可溶性阳极）

或

$2H_2O-4e^- = O_2+4H^+$ （不溶性阳极，酸性镀液）

溶液组成（金属离子、导电盐、配合剂及添加剂的种类和浓度）和电沉积的电流密度、镀液 pH、温度、镀液搅拌形式甚至是水和空气质量等因素对镀液性能、沉积层的结构和性能都有很大的影响。先进的镀液组成和合适的沉积条件，可电镀出具有所需要的物理化学性质的沉积层，是电沉积研究的主要目的之一。

镍电沉积层在防护装饰性和功能性方面都有广泛的应用。大量的金属或合金镀层如传统金属 Cr、Au 及其合金、Sn 及其合金，有色枪黑色 Sn-Ni 合金，半导体 Cd-Se 合金等，都是在光亮的镍镀层上电沉积进行的；在低碳钢、锌铸件上沉积镍，可保护基体材料不受腐蚀，并可通过抛光或直接电沉积光亮镍达到装饰的目的；电铸镍层可用于反光等材料的制备；在被磨损的、腐蚀的或加工过度的零件上进行局部电镀镍，可对零件进行修复；在电沉积镍过程中用金刚石、碳化硅等刚性粒子或聚四氟乙烯柔性粒子作为分散微粒进行复合电镀，得到的镍-微粒复合电沉积层具有很高的硬度和良好的耐磨性。

本实验通过电沉积镍工艺研发和性能测定，使学生了解金属电沉积基本原理、掌握电镀工艺开发基本流程、电镀工艺测试基本方法、认识添加剂基本作用原理等。

电沉积镍过程的主要反应为

阴极： $Ni^{n+}+ne^- = Ni$

阳极： $Ni-2e^- = Ni^{2+}$

在整个沉积过程中，实际上至少包含了溶液中的水合（或配合）镍离子向阴极表面扩散、镍离子在阴极表面放电成为吸附原子(电还原)和吸附原子在表面扩散进入金属晶格(电结晶)三个步骤。溶液中镍离子的浓度、添加剂与缓冲剂的种类和浓度、pH、温度及所使用的电流密度、搅拌情况等都能够影响电沉积效果。用 Hull 槽实验能够在较短的时间内,用较少的镀液得到较宽电流密度范围内的沉积效果,获得镀液组成、沉积条件最佳参数,优化电镀工艺。

Hull 槽实验是电镀工艺中最常用、最直观、半定量的一种实验方法。它可以简便且快速地测试镀液性能、镀液组成和工艺条件的改变对镀层质量产生的影响。通过此实验,通常可以用于确定镀液中各种成分的作用与合适用量;选择合适的工艺条件及其参数;测定镀液中添加剂或杂质的大致含量;分析、排除实际生产过程中出现的故障;测定镀液的分散能力。

Hull 槽是梯形结构的镀槽,阴阳极分别置于不平行的两边,容量主要有 1000 mL 和 267 mL 两种。一般常在 267 mL 的 Hull 槽中加入 250 mL 镀液,便于折算镀液中添加物种的含量。Hull 槽的结构如图 1-13B-1 所示。由于阴阳极距离有规律的变化,在固定外加总电流时,阴极上的电流密度分布也发生有规律的变化。往 267 mL Hull 槽中加入 250 mL 镀液,总电流为 1 A,阴极上的电流分布见表 1-13B-1。Hull 槽实验对镀液组成和操作条件的变化非常敏感。因此常用来确定镍镀液各组分及添加剂的浓度、pH 和获得良好沉积层的电流密度范围。

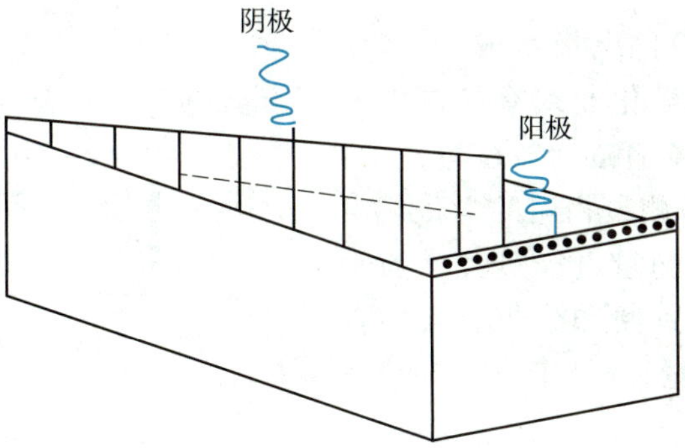

图 1-13B-1 Hull 槽结构示意图

表 1-13B-1 往 267 mL Hull 槽中加入 250 mL 镀液时阴极上的电流分布(总电流 1 A)

距离/cm	近端 ——→ 远端								
	1	2	3	4	5	6	7	8	9
电流密度/($A\cdot dm^{-2}$)	5.45	3.74	2.78	2.08	1.54	1.09	0.72	0.40	0.11

Hull 槽实验结果可用图示记录,如图 1-13B-2 所示。沉积电流密度范围一般为图 1-13B-2 中的 bc 范围(图中 $ab=ad/2$,$cd=bd/3$)。

实验过程中,在进行电沉积实验前必须仔细检查电路是否接触良好或短路,以免影响实验结果或烧坏电源;阴极的前处理将影响镀层质量,因此要认真彻底除油和酸洗;加入添加剂时要按计算量加入,不能多加;新配镀液要预电解;电镀时要带电入槽;电镀过程中镀液会挥发,应及时用去离子水补充并调整 pH。

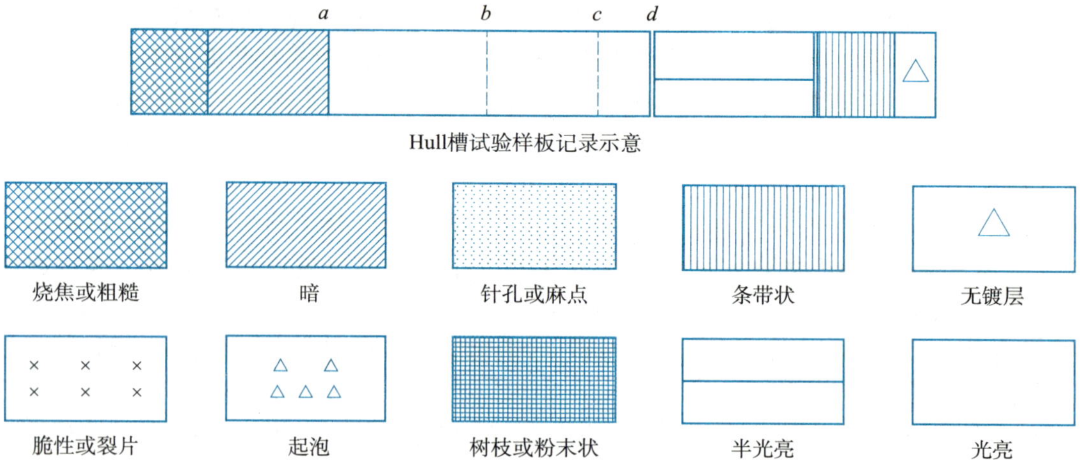

图 1-13B-2　Hull 槽样板及镀层状况记录符号

2. 极化曲线——电镀液性能评定

通过电极的极化电流与极化过电位的关系曲线称为极化曲线，图 1-13B-3 为极化曲线测试的示意图。整个测量系统包括两个回路，一个为极化回路，由研究电极（在本实验中为阴极）和辅助电极组成；另一个为电极电势测量回路，由研究电极和参比电极组成，流经此回路的电流要求很小。极化曲线有控制电流和控制电位两种方法。前者逐次改变电流，后者则逐次改变电位，然后测量相应的电位或电流值。利用该方法可以测量电极过程动力学参数，探索电沉积机理，判断和分析镀液中各组分的作用及其最佳用量，选择工作条件和评定各种电镀液的性能。

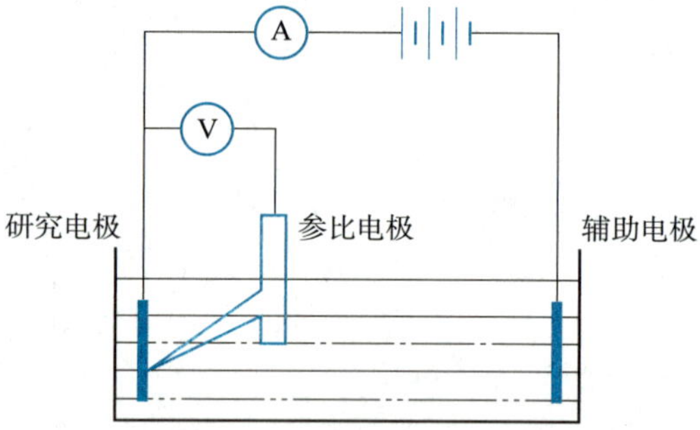

图 1-13B-3　极化曲线测量示意图

金属的阴极反应过程中，在某一极化电流下，电极电位偏离平衡电位的现象称为极化；电位 φ 和电流 i 的比值（$\Delta\varphi/\Delta i$）称为极化度。在某一极化电流下，相应的电极电位偏离平衡电位的值称为过电位。通过极化曲线中极化、极化度和过电位的变化来分析镀液组分和添加剂的作用。通过绘制 Tafel 曲线，求得电极过程动力学参数。

阴极电流效率（η）是在电沉积时实际用于镀层沉积的电荷量与通入的总电荷量之间的比值。由于在实际生产条件下，阴极上不可能只单纯进行金属离子还原为金属的反应，同时还发生氢的析出或添加剂的电化学还原等副反应。副反应也消耗了一部分电荷量，使电沉积金属的电流效率一般达不到 100%。电流效率的高低关系到电能的有效利用和生产效率，同时对镀液稳定性、镀层质量和环境保护也密切相关。因此在选择镀液的组成和确定工作规范时，必须同时考虑电流效率问题。测定电流效率的一个简单方法是用恒电流沉积，根据电流大小和沉积时间计算出电镀消耗的电荷量，由沉积金属的电化学当量可计算出应沉积的金属的质量，然后与阴极试片镀后质量增量相比较，便可用式（1.13B.1）计算阴极电流效率：

$$\eta=\frac{W_{\mathrm{Ni}}}{I\cdot t\cdot C_{\mathrm{Ni}}}\times 100\% \qquad (1.13\mathrm{B}.1)$$

式中：W_{Ni}为阴极片镀后质量增量，g；I 为电镀时所用电流，A；t 为电镀时间，h；C_{Ni}为镍的电化学当量[$=1.095\ \mathrm{g\cdot(A\cdot h)^{-1}}$]。

根据镀层的质量，还可根据式(1.13B.2)和式(1.13B.3)计算镀层的厚度 L 和沉积速度 v，即

$$L=\frac{W_{\mathrm{Ni}}}{S_{\mathrm{c}}\cdot\rho_{\mathrm{Ni}}} \qquad (1.13\mathrm{B}.2)$$

$$v=\frac{L}{t} \qquad (1.13\mathrm{B}.3)$$

式中：S_{c} 为阴极面积；ρ_{Ni}为金属 Ni 的密度($=8.9\ \mathrm{g\cdot cm^{-3}}$)；t 为电镀时间。

分散能力($T.P$)也称为均镀能力，指在某一特定的电镀条件下通过电流时，镀液促使金属均匀沉积在阴极(镀件)上的能力。分散能力的测定有多种方法，测量结果的数值也不一致。这里只介绍哈林槽(远近阴极法)测定法。图 1-13B-4 是哈林槽的结构示意图。测定时槽的两端各放一个面积相等的阴极，在两阴极之间放入一个与阴极尺寸相同的网状或带孔的阳极。远近阴极与阳极的距离比为 5 : 1，即 $k=L_1/L_2=5$，然后按照一定的工艺规范在适当的电流下沉积一定时间，称量得到两个阴极的质量增量($W_{远}$ 和 $W_{近}$)，用式(1.13B.4)计算分散能力，即

$$T.P=\frac{k-\dfrac{W_{近}}{W_{远}}}{k-1}\times 100\% \qquad (1.13\mathrm{B}.4)$$

式中：k 为远近阴极的距离比(本实验中等于 5)；$W_{远}$、$W_{近}$ 分别为沉积后远阴极和近阴极的质量增量。

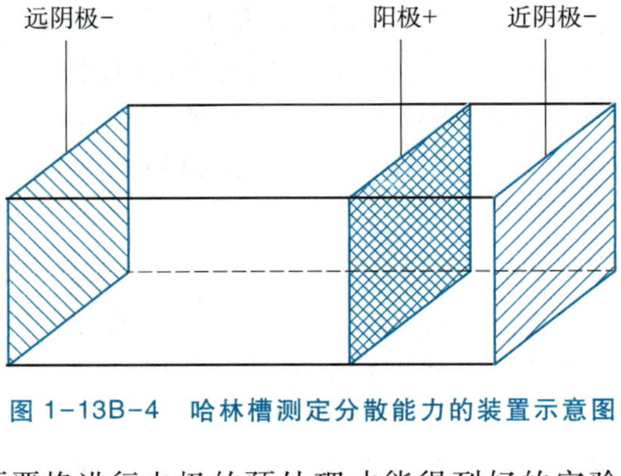

图 1-13B-4 哈林槽测定分散能力的装置示意图

测试极化曲线，必须严格进行电极的预处理才能得到好的实验结果。测试电流效率和分散能力时，阴极片要经除油、酸洗、水洗，滤纸吸干，用电吹风吹干或 60 ℃以下烘箱烘干并冷至室温后称量；沉积后的阴极片也要经水洗并吸干，烘干后称量。电流效率测定时，应准确记录时间和电流。

三、仪器与试剂

1. 实验仪器

Hull 槽测试系统;直流稳压电源;CHI 660A 电化学综合测试系统;电流表;恒温槽;电解池;玻碳或镍电极,饱和甘汞电极。

2. 试剂及耗材

六水硫酸镍;氯化钠(或六水合氯化镍);硼酸;除油液;酸洗液;苯亚磺酸钠;糖精;十二烷基硫酸钠;光亮剂 XNF;镍基础液。

电吹风;导线;镍板阳极;不锈钢或铜片阴极;砂纸;锉刀;pH 试纸;温度计;滤纸;剪刀。

四、实验步骤

1. Hull 槽实验

(1) 基础镀液的配制　按表 1-13B-2 所列的配方配制 500 mL 基础镀液。用水将 267 mL Hull 槽洗净后,加入 250 mL 基础液,置于恒温槽中,进行下面的实验。

表 1-13B-2　基础镀液配方

物质或条件	要求
$NiSO_4 \cdot 6H_2O$	180~220 $g \cdot L^{-1}$
NaCl	10 $g \cdot L^{-1}$(或 35~45 $g \cdot L^{-1}$ $NiCl_2 \cdot 6H_2O$)
H_3BO_3	35 $g \cdot L^{-1}$
pH	3.5~4.5(用稀 H_2SO_4 溶液或稀 NaOH 溶液调节)
温度	50~60 ℃

(2) 将 Hull 槽阴极片(10 cm×7 cm 的不锈钢或纯铜片或黄铜片)用金相砂纸磨光,经碱除油和 30% HCl 溶液弱腐蚀,用自来水和去离子水逐次认真清洗后,带电置于 Hull 槽中,以镍为阳极,以 1 A 的电流沉积 10 min。取出阴极片,用水冲洗干净,经干燥后观察并按图 1-13B-2 记录示意图记录阴极上镍的沉积情况及镀液组成和实验条件,分析实验结果。

(3) 在步骤(2)的溶液中依次加入已配制好的糖精、苯亚磺酸钠、镍光亮剂 XNF 和十二烷基硫酸钠,使其浓度分别为 1.0 $g \cdot L^{-1}$,0.1 $g \cdot L^{-1}$,3 $mL \cdot L^{-1}$,0.1 $g \cdot L^{-1}$,分别进行同步骤(2)的实验和记录,分析实验结果。

(4) 在含所有添加剂的光亮镍镀液中,根据步骤(2)的实验条件,比较镀液搅拌与不搅拌、常温和实验温度下镍的沉积层质量,并进行记录,分析实验结果。

(5) 以 Hull 槽实验获得的较为理想实验结果为依据,根据添加剂作用原理分析,自行寻找添加剂,通过改变添加剂种类及其浓度,或者改变添加剂组合,开展电镀镍新添加剂工艺研发。以 Hull 槽实验获得的较为理想实验结果为依据,通过对比标准液和实际电镀液的实验结果,分析和调整镀液中的添加剂浓度、金属离子杂质种类及其浓度初步分析、判断和调整。

2. 极化曲线测试

(1) 在基础镀液和逐次加入与实验步骤 1 对应添加剂的镀液中测定镍沉积的阴极极化

曲线。实验时,以镍片为对电极,饱和甘汞电极为参比电极,玻璃碳电极为研究电极。从比开路电位稍负的电位开始向阴极方向扫描。电位扫描速度为 10~20 $mV \cdot s^{-1}$。分析极化曲线的变化(极化、过电势、沉积电位、极化度)及原因,比较理论极化曲线和实际 Hull 槽实验结果的对应性,进一步深刻理解添加剂作用机制与电镀控制必要条件。

(2) 根据 Hull 槽实验结果,选择某一电流密度,将基础液和光亮镍镀液在实验温度下,以及光亮镍镀液在室温下,分别用恒电流法沉积 30~40 min,根据沉积前后阴极片的质量增量和通过的总电荷量,计算电流效率、镀层厚度和沉积速率。

(3) 用与步骤(2)相同的实验条件,用哈林槽方法测试镀液的分散能力。

(4) 根据 Hull 槽实验结果,选择某一电流密度,将基础液和光亮镍镀液在实验温度下采用电化学综合测试仪和三电极体系,用恒电流法沉积 120 s,获得计时电位曲线。根据电位值差别,分析添加剂的极化作用及镀层质量变化原因。将获得的玻璃碳-镍电极,采用电化学综合测试仪和三电极体系,于 5%氯化钠溶液中,根据开路电位位置,作 Tafel 曲线,获得腐蚀电流(密度)、腐蚀电位和腐蚀速率等参数,并获得传递系数和交换电流密度等动力学参数。

(5) 电流效率和分散能力测定的具体操作过程为水→碱洗→水→酸洗→水→吹干→称量→水→酸洗→水→带电入槽→出槽→水→吹干→称量。

五、注意事项

(1) 电沉积实验前必须仔细检查电路是否接触良好或短路;电极接线应正确,接线接触电阻应尽量小。

(2) 阴极片要认真水洗。

(3) 除油和酸洗要彻底。

(4) 加入添加剂时要按计算量加入,不能多加;新配镀液要预电解;电镀时要带电入槽。

(5) 电镀过程中如果镀液挥发,应及时用去离子水补充并调整 pH;电沉积时间较长时,要注意保持镀液的浓度、pH、温度等条件不变。

(6) 测试分散能力时,阴极片要经除油、酸洗、水洗,电吹风吹干或 60 ℃以下烘箱烘干并冷至室温后称量。

六、思考题

(1) 配制溶液时的注意事项是什么?

(2) 电沉积过程理论上与实际操作上主要包括哪些步骤?

(3) 光亮镍镀液中各添加剂主要起什么作用?

(4) 从 Hull 槽实验结果可以获得哪些有关电沉积效果的信息(光亮电流密度范围、针孔、镀层结合力、镀层厚度、烧焦等)?

(5) 镀层脆性与应力变化趋势?

(6) 搅拌与温度对 Hull 槽实验结果有什么影响?

(7) 试说明极化曲线测试的基本原理。

(8) 加入添加剂后极化曲线可能有什么变化?

(9) 阴极电流效率和镀液的分散能力测定有什么实际意义? 添加剂、温度对电流效率有什么影响?

（10）本研究性实验对科学研究有何裨益？

（11）镍的阳极极化曲线与阴极极化曲线所反映的电极反应是否相同？试解释阳极钝化的可能原因。

七、参考文献

（厦门大学 韩联欢）

实验1-13C 电解水制氢器件的性能评测方法

一、实验目的

（1）掌握质子交换膜电解槽的基本结构与工作原理。

（2）掌握质子交换膜电解槽的各部件的功能。

（3）掌握质子交换膜电解槽的装配过程。

（4）掌握质子交换膜电解槽的电化学性能测试分析方法。

二、实验原理

随着“碳中和”相关政策的推进实施，可再生能源（如太阳能、风能、水能）成为代替化石燃料的重要选项。相比于传统化石能源，可再生能源具有间歇性和不稳定性，因此需要配备储能装置，以方便平峰填谷，保证电网安全稳定运行。氢能因其清洁、高效，具有较高的质量能量密度，被认为是一种可行的可再生能源储能载体。氢气作为氢能的重要媒介和载体，起着至关重要的作用。根据氢气的来源，可以将氢气分为灰氢、蓝氢、绿氢。灰氢指的是通过化石燃料石油、天然气和煤制取氢气，制氢成本较低但碳排放量大；蓝氢指的是利用化石燃料制氢，同时配合碳捕捉和碳封存技术，碳排放强度相对较低但捕集成本较高；绿氢指的是采用风电、水电、太阳能等可再生能源电解制氢，制氢过程完全没有碳排放，但成本较高。绿氢在制备过程中可以实现零碳排放，因此也被称为最纯正的绿色能源。其中，电解水制氢作为目前最重要的绿氢制备手段之一，备受世界各国关注。现有的电解水制氢技术主要分为4种：碱性电解水制氢技术（AEL）、质子交换膜电解水制氢技术（PEM）、固体氧化物电解水制氢技术（SOEC）、阴离子交换膜电解水制氢技术（AEM）。其中质子交换膜电解水制氢技术具有产氢纯度高、动态响应速度快、电流密度高、结构紧凑等突出优点，可与分布式可再生能源发电系统耦合制氢，实现电力系统的调峰，以及对弃风、弃电的消纳，具有广泛的应用前景。

电解槽作为一种将电能转化为化学能的装置，在氢能领域中起着至关重要的作用。如图 1-13C-1 所示，PEM 电解槽主要由膜电极、气体扩散层、双极板等组成。其中膜电极是整个电解水制氢装置中最主要的反应场所，由阳极催化剂层、阴极催化剂层和质子交换膜组成。气体扩散层的作用是为催化层输送水、氢气或氧气，并提供电子传递通道。双极板又称集流板，主要提供气体流道，以防止电池气室中的氢气与氧气串通，并在串联的阴阳两极之间建立电流通路。电解水制氢的反应中，电能由外部提供。首先通过水泵供水到阳极，水在阳极被分解成氧气（O_2）、质子（H^+）和电子（e^-），质子通过质子交换膜进入阴极。然后电子从阳极流出，经过电源电路到阴极，同时电源提供驱动力（电池电压）。最后在阴极一侧，两个质子和电子重新结合产生氢气（H_2）。PEM 电解池的工作原理及结构如图 1-13C-1 所示。该电解池的阴、阳极反应如下所示：

阳极发生氧化反应　$2H_2O \longrightarrow O_2+4e^-+4H^+$　（1.13C.1）

阴极发生还原反应　$4H^++4e^- \longrightarrow 2H_2$　（1.13C.2）

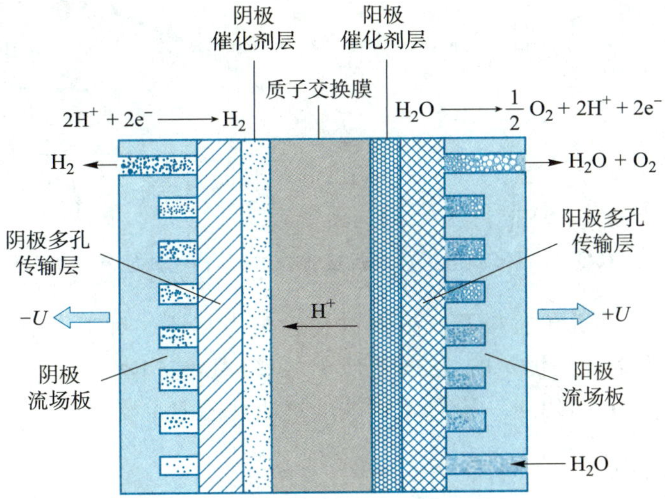

图 1-13C-1　PEM 电解池的基本结构与工作原理

电解水反应涉及质子、电子、水和气体的传输，这些过程都会产生阻抗，从而导致质子交换膜（PEM）电解池的性能下降。图 1-13C-2 显示了电解池中各种物质的传输过程和性能曲线。根据电流密度的大小，可以将性能曲线分为三个区域。① 第一个区域是小电流密度区域，这是活化主导区。它主要与催化剂的活性相关。通过提高催化剂的催化活性，可以减小由于活化导致的损失。在电解池中，通常使用 Pt 基材料和 Ir 基材料作为析氢反应和析氧反应的催化剂，它们分别会带来阴极的活化阻抗（$R_{act,c}$）和阳极的活化阻抗（$R_{act,a}$）。值得注意的是，由于 Pt 表面的析氢反应速率较快，因此通常忽略阴极的活化损失，只考虑阳极的活化阻抗。② 第二个区域是电流密度的中间区域，这是欧姆阻抗主导区（R_{ohm}）。这一部分包括两种阻抗成分，一是氢离子通过质子交换膜从阳极传输到阴极引起的阻抗，二是电子在催化层本体内、多孔传输层本体内以及催化剂层与多孔传输层界面处的传输引起的阻抗。③ 第三个区域是大电流密度区域，这是传质阻抗主导区（R_{mt}）。由于此时电流密度较大，需要传输更多的水和产生的气体，因此水和气体的传输会导致较大的损失。这一过程主要与

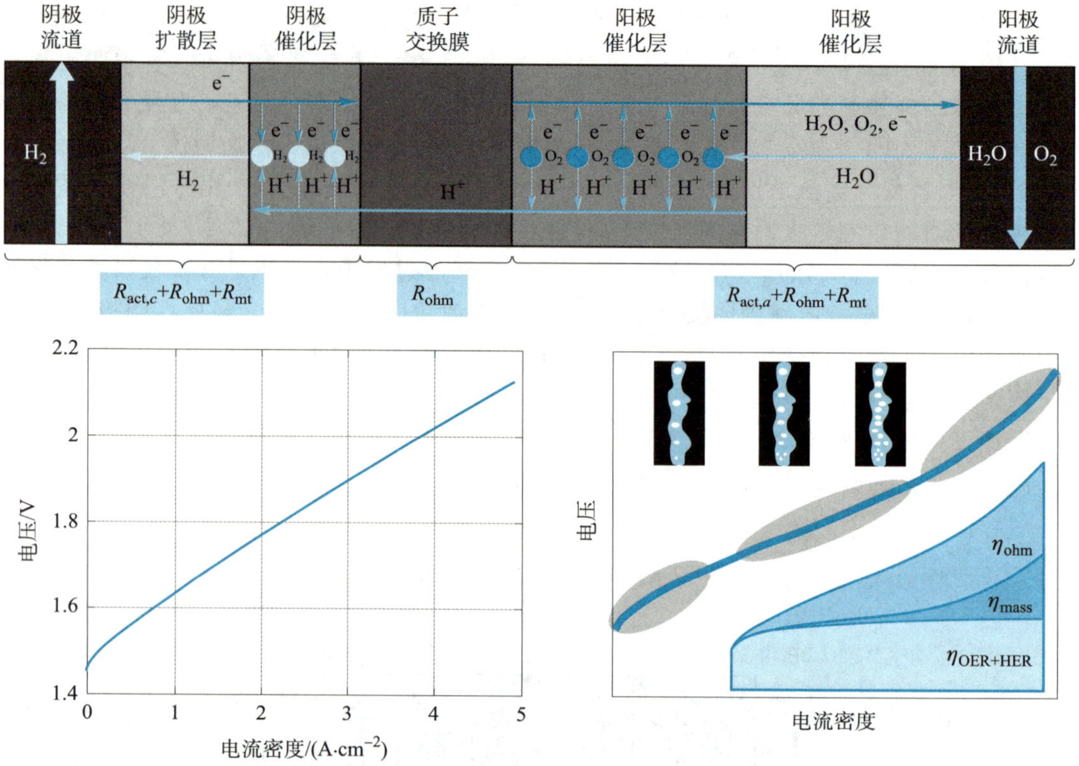

图 1-13C-2　PEM 电解池的反应传输过程、性能曲线及损失分离

水和气体在催化剂层、多孔传输层及流道中的传输阻力相关。对于一个 PEM 电解槽，每个区域所在的电流密度都不是恒定的，这与所使用的材料和结构密切相关。然而，通过对电解池的各个损失进行分析，可以进一步揭示影响电解池性能的主要因素。

三、仪器与试剂

1. 实验仪器

如图 1-13C-3 所示，电解水实验主要在四通道 PEM 电解水测试系统上完成，该系统可以满足四个电解池同时工作。

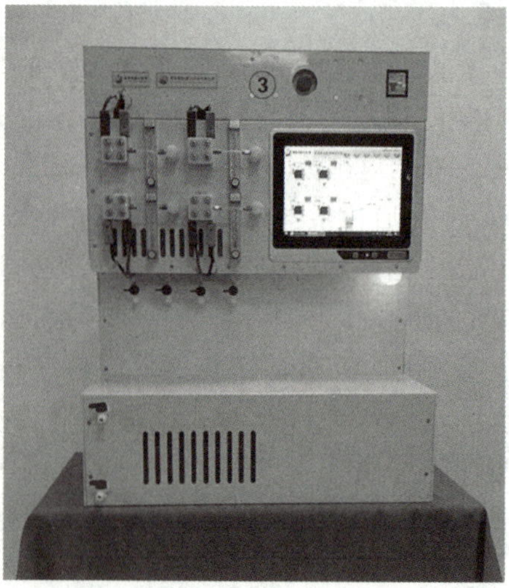

图 1-13C-3　四通道 PEM 电解水测试系统

2. 试剂及耗材

膜电极（包含 Nafion 115 膜，阳极催化剂层和阴极催化剂层）；钛毡；钛网；碳纸；流场板；端板；密封垫片；电动扳手；扭矩扳手；尖嘴镊子。

四、实验步骤

1. 材料准备

（1）清洗垫片，除去表面粘上的之前装配时留下的催化剂层，可用乙醇擦拭干净。

（2）用砂纸打磨双极板上的流道，尤其是流道内部缝隙内,必要时用乙醇浸泡超声。

(3) 钛毡和钛网使用前最好用乙醇浸泡 0.5 h 以除去表面杂质。

(4) 检查多通道测试台基本状况,确保补水罐水量充足,通道上水进出口处垫圈不掉落,离子交换柱及储水罐不漏水,电极夹上干燥无水。

2. PEM 电解池组装

将定位螺栓装入绝缘端板的凹陷部分,确保金属垫圈与凹陷部分对齐。在绝缘端板上方放置阴极流场板,然后放置阴极垫片。在垫片的中间空隙中放入碳纸,确保碳纸位于垫片中心,既不被压在垫片下方,也不悬挂在垫片上方。接下来放置膜电极,膜电极的面积应覆盖扩散层,但不应大于底部定位螺丝的中间空间。在膜电极上方放置阳极垫片,在垫片的中间空隙处首先放置钛毡,然后再放置钛网,最后安装阳极板,组装工作即完成。在装配过程中,请注意垫片的厚度与碳纸、钛毡和钛网的厚度是否匹配。

3. PEM 电解池安装及测试

将已组装好的电解池安装在测试台的空通道上。在安装时,请务必注意夹紧电解池,以防止松动和错位。用双手夹住电解池,根据传感器和四个定位螺丝的位置将电解池牢牢固定在通道上。首先使用扳手对定位螺丝进行预紧,然后使用扭矩扳手(扭矩值为 2 N·m)将电解池紧固,确保内部受力均匀。安装完成后,将电极夹夹在流场板上的连接极耳上,最后连接阴极回流管,即完成整个安装过程。

4. PEM 电解池测试程序设置

(1) 安装好通道后,请启动“四通道电解池-运行工程”控制软件,并设置为 60 ℃。然后单击“启动”按钮以开始通水加热过程。

(2) 达到设定的温度后,打开“BTS 8.0.0”电流电压控制系统。单击“单点启动”按钮并配置工步名称、工步时间、电流或电压及记录时间。配置完成后,单击右下角的“启动”按钮(在左上角也可保存配置的程序,或调用之前保存的控制程序),开始实验。

(3) 在实验结束后,右键单击通道,选择“单点停止”按钮,然后点击“通道数据”按钮。单击右上角以保存为 Excel 格式,命名为“PEM 电解水+姓名+学号”,保存到桌面上的“PEM 电水实验数据”文件夹。

(4) 确保数据保存格式无误后,最后打开“四通道电解池-运行工程”,单击“停止”按钮以关闭水源和加热,完成 PEM 电解水的极化曲线测试实验。

5. 实验组件整理

关闭 PEM 电解池的水热循环后,等待电解槽温度降至 35 ℃左右。然后,使用扳手松开定位螺栓,逐个取下以下部件:电解槽、阳极流场板、阳极垫片、钛网、钛毡、膜电极、阴极垫片、碳纸、阴极流场板、绝缘端板及定位螺栓。接下来,清洗并擦干垫片以确保无残留物。随后,清洗并擦干钛毡和钛网。对双极板上的流道进行打磨、清洗,并擦干。最后,清理实验桌面。将所有这些部件放入塑封袋中,等任课教师检查完成后,即完成整个 PEM 电解水测试实验。

五、注意事项

(1) 电解槽装配时,注意区分阴极和阳极催化层。

(2) 移动电解槽时,使用双手按紧电解槽,避免内部部件滑动移位。

(3) 使用扭矩扳手紧固电解槽时,应对角旋紧螺栓,避免内部结构因受力不均而被破坏。

(4) 工作时,电源正极与电解槽阳极相连;电源负极与电解槽阴极相连。

六、数据处理与分析

导出电压-电流-时间数据,绘制 PEM 电解槽的电压-电流曲线,计算 1 A 电流时的电压效率。

七、思考题

(1) 除了 PEM 电解水技术,还有哪些电解水技术,分别有什么优缺点?

(2) PEM 电解槽和 PEM 燃料电池的区别有哪些?

(3) 提升 PEM 电解槽性能的措施还有哪些?

八、参考文献

(厦门大学 陶华冰)

实验 1-14A 超级电容器活性材料的性能评测方法

一、实验目的

(1) 能够阐述超级电容器的概念和工作原理;能够比较其与传统电容器和二次电池的异同。

(2) 能够掌握超级电容器材料的制备方法,如利用溶液燃烧法合成镍基电极材料;能够熟悉其结构和成分表征方法。

(3) 能够掌握超级电容器的电化学表征/测试原理和方法;能够使用电化学工作站测量电极材料的比电容。

(4) 能够组装纽扣型超级电容器,点亮 LED 灯以展示其应用前景。

(5) 具备运用超级电容器和二次电池的原理和方法去认识电化学储能的本质,以及提高改造物质世界的能力。

二、实验原理

煤、石油、天然气等不可再生碳基化石能源是当今人类社会的主要能量来源,在人类文明的发展过程中发挥着举足轻重的作用，但随着这些化石能源的大规模消耗，导致能源日益枯竭和严峻的环境/气候问题。建立清洁、高效、经济、安全的新能源体系是缓和能源危机，减轻环境和气候压力，以及实现人类社会可持续发展的必由之路，在实现“碳达峰”“碳中和”目标的进程中扮演着至关重要的角色。高性能能量转化和存储设施的研发是提高资源利用率的有效途径，主要的能量存储装置包括二次电池和超级电容器。超级电容器是介于传统静电电容器和电池之间的一种新型能量存储装置，具有比传统电容器更高的能量密度，比电池更高的功率密度，受到了人们的重视。

超级电容器亦称为电化学电容器。根据能量存储机制的不同，超级电容器可以分为赝电容器(pseudo-capacitor)和双电层电容器(EDLC)。赝电容器通过活性物质表面或近表面的氧化还原反应存储能量，涉及氧化还原反应；EDLC 通过电极-电解液界面的静态电荷积累来存储能量，是物理过程。赝电容器和二次电池均涉及氧化还原反应，赝电容器只涉及表面或浅表层，其电化学反应动力学快，可达到高的功率密度，但二次电池涉及表面和体相，其电化学反应动力学缓慢，难以达到高的功率密度。赝电容可分为欠电位沉积赝电容、氧化还原赝电容和嵌入型赝电容。因能量存储机理不同，赝电容器和 EDLC 各有优缺点。虽然赝电容器能够提供比 EDLC 高的比电容和能量密度，但由于法拉第反应比静电吸脱附过程慢，其功率密度比 EDLC 低。此外，在充放电过程中发生氧化还原反应，故赝电容器的循环稳定性远不如 EDLC。

根据器件结构的不同，超级电容器可分为对称型和非对称型(混合型)超级电容器。对称型超级电容器由两个相同的电极构成；非对称型超级电容器的一极使用作为能量源的法拉第电极材料，另一极使用作为功率源的双电层电容材料。非对称型超级电容器结合了不同能量存储器件的优点——增加电容器工作电压，进而提升器件的整体性能，是目前的研究热点之一。虽然混合型超级电容器的能量密度与 EDLC 相比有了很大提升，但其循环稳定性和功率密度目前尚难企及 EDLC 的水平，这还有很大的提升空间。

与二次电池相比，超级电容器具有功率密度高、循环寿命超长等优点，在需要高功率输出的领域展现出广阔的应用前景，包括混合型动力汽车、起重设备、备用电源、能源回收及便携式电子器件等；但其较低的能量密度是限制其发展的瓶颈。因此，在保持其高的功率密度和循环寿命的基础上，研发能量密度接近甚至超过二次电池的超级电容器是该领域追求的目标。

在电化学测试如循环伏安、恒电流充放电、电化学阻抗中，赝电容器的电化学行为与 EDLC 和二次电池既有区别又有相似之处。图 1-14A-1 为赝电容器电极材料的一般性电化学特征。赝电容器的循环伏安曲线存在氧化还原峰，不同于 EDLC 的矩形形状，其氧化峰和还原峰的峰电位差值小于二次电池。在恒电流充放电实验中，电压电容曲线呈现线性上升或下降趋势，类似于 EDLC，但程度小于 EDLC；不出现电压平台，不同于二次电池。在电化学阻抗测试中，赝电容器电极材料的 Nyquist 曲线在低频部分呈现出与实轴接近于垂直的直线，类似于 EDLC，但垂直程度小于 EDLC；在高频区出现一个与界面电荷转移相关的半圆形曲线，类似于 EDLC 和二次电池，但二次电池可能有多个半圆形曲线。

赝电容器材料可分为本征和非本征两大类。本征赝电容器材料的赝电容器特征与材料的形貌结构和尺寸无关，如 $RuO_2 \cdot nH_2O$、MnO_2 和 Nb_2O_5。非本征赝电容器材料在电荷存储过中会发生相转变，其体相材料不展现出赝电容器特性，在充放电过程中会呈现一个电池特

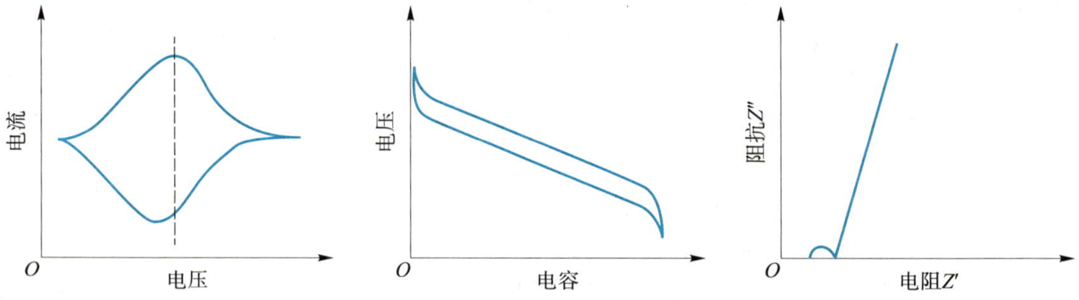

(a) 循环伏安曲线　(b) 恒电流充放电曲线　(c) 交流电化学阻抗谱

图 1-14A-1　赝电容电极材料的一般性电化学特征

征的电压平台，当其尺寸减小到纳米级时，其放电曲线呈现接近线性下降的赝电容器特征。典型的赝电容器电极材料有贵金属氧化物、过渡金属氧化物和氢氧化物及导电聚合物等。

评估超级电容器性能的参数包括：比电容、工作电压、能量密度、功率密度、充放电倍率、循环稳定性、等效串联电阻、时间常数、安全性及成本等。其中能量密度(E)和功率密度(P)是评估超级电容器性能的两个最重要参数，通常可用电容(C)、工作电压(V)、等效串联电阻(R_{ESR})来评估。电容(C)也称为电容量，定义为把电容器的两极板间的电位差增加 1 V 所需的电荷量，是表征电容器容纳电荷本领的物理量。超级电容器的总电容代表超级电容器在给定电压范围内所能存储的电荷总量。其中比电容(C_s)是评估超级电容器材料性能最重要的参数，主要有两种表示方法：一种是质量比电容(C_m，$C_m=\dfrac{C}{m}$)，即单位质量的活性物质所具有的电容；另一种是体积比电容(C_V，$C_V=\dfrac{C}{V}$)，即单位体积的活性物质所具有的电容。电容大小可以由循环伏安、恒电流充放电和电化学交流阻抗等方法评估。

基于循环伏安曲线的电容，可由式(1.14A.1)计算：

$$C=\frac{Q}{\Delta V}=\frac{\int i\mathrm{d}t}{\Delta V}=\frac{\int i\frac{\mathrm{d}V}{v}}{\Delta V}=\frac{1}{v}\frac{\int i\mathrm{d}V}{\Delta V} \tag{1.14A.1}$$

式中：Q 为存储的总电荷量，v 为扫描速度，ΔV 为电容器工作电压范围，i 为电流。

基于恒电流充放电方法的电容，可由式(1.14A.2)计算：

$$C=\frac{Q}{\Delta V}=\frac{\int i\mathrm{d}t}{\Delta V}=\frac{i\Delta t}{\Delta V} \tag{1.14A.2}$$

式中：Δt 为放电时间，i 为恒定电流。

基于电化学交流阻抗方法的电容，可由式(1.14A.3)计算：

$$C=\frac{1}{2\pi fZ''} \tag{1.14A.3}$$

式中：f 为频率，Z''为交流阻抗的虚部。

三、仪器与试剂

1. 实验仪器

具备测量循环伏安曲线、恒电流充放电曲线和电化学交流阻抗谱功能的电化学工作站或恒电位仪 1 台;精密电子天平(0.01 mg 精度)1 台;纽扣电池封口机 1 台;压片机 1 台;饱和甘汞电极 1 根;铂丝电极 1 根;工作电极夹 1 个;玛瑙研钵 2 个;培养皿(9 cm)1 个;纽扣电池夹具 1 个;纽扣电池盒 1 个;纽扣电池壳套装若干;镊子 1 支;平头镍匙 1 支;移液枪(1000~5000 μL 和 20~200 μL)各 1 支;烧杯(25 mL)2 只。

2. 试剂及耗材

条状泡沫镍(1 cm×2 cm)2 片;圆形泡沫镍 4 片;MPF 膜(无纺布隔膜)2 片;$Ni(NO_3)_2 \cdot 6H_2O$(六水硝酸镍,AR);$C_6H_{12}O_6$(葡萄糖,AR);CH_3CH_2OH(无水乙醇,AR);乙炔黑;活性炭;6 $mol \cdot L^{-1}$ KOH 溶液;聚四氟乙烯乳液(4% PTFE)。

四、实验步骤

1. 镍碳复合材料的制备

称取 0.500 g $Ni(NO_3)_2 \cdot 6H_2O$ 和 0.0516 g 葡萄糖,溶于 2.25 mL 去离子水中,再置于烘箱中 215 ℃下反应 1 h,即制得镍碳复合材料[$Ni_2O_2(OH)/C$](PDF#84-1459),研细后备用。

2. 工作电极的制备

将条状泡沫镍用风扇吹干(中速,约 40 min),称量。按照活性物质(镍碳复合材料)、乙炔黑、聚四氟乙烯质量比为 8 : 1 : 1 的比例,分别称取 32.0 mg 活性材料和 4.0 mg 乙炔黑,转移至玛瑙研钵,加入约 1 mL 无水乙醇,研磨均匀糊状物,待涂片时再加入 0.100 mL 4% PTFE 乳液,研磨成糊状浆料,用镍匙平头一端取少量糊状物均匀涂抹在条状泡沫镍上,涂抹面积区域约为1 cm×1 cm,涂抹量(按活性物质计)为 2~3 mg。实验过程中若浆料变干,可滴加适量无水乙醇。涂抹后泡沫镍用风扇吹干(中速,约 60 min),将涂有活性材料的部分在 0.1 MPa 下用压片机压 5 s,再准确称量。

3. 电化学性能测试

将上述泡沫镍装入工作电极夹并插入电解池中,同时将铂丝电极和饱和甘汞电极插入电解池相应位置,并使工作电极涂抹活性物质面朝向铂丝电极,且与之平行、等高。加入 6 $mol \cdot L^{-1}$ KOH 电解液至刚好淹没工作电极的活性物质,分别将工作电极、铂丝电极和甘汞电极连接电化学工作站的绿色、红色和白色电极夹。打开电化学工作站,依次进行开路电压(OCPT)、循环伏安(CV)和恒电流充放电(CP)测试。

(1) 开路电位(OCPT)测试:打开电化学工作站的应用软件,点击"T"快捷键,选取"OCPT",使用默认参数,点击"OK"保存,再点击"►"进行测量,仪器会进行基线测试,时间为 400 s。若基线不平,重复测试,直至基线为水平线,保存数据。

(2) 循环伏安(CV)测试:点击"T"快捷键,选取"CV",然后设置参数为 Init E = 0.5 V, High E = 0.5 V, Low E = -0.1 V, Final E = 0.5 V, Initial Scan Polarity = Negative, Scan rate = 0.01 V/s, Sweep Segments = 6,选中"Auto Sens if Scan Rate< = 0.01 V/s",点击"OK"保存,再点击"►"开始测试。测试结束,保存图谱和数据,并根据 CV 图中氧化还原峰所处电压范围

确定 CP 所用电压值（本实验可选 0.38 V 左右）。

（3）恒电流充放电（CP）：依次测定 1 $A \cdot g^{-1}$，2 $A \cdot g^{-1}$，5 $A \cdot g^{-1}$，10 $A \cdot g^{-1}$，20 $A \cdot g^{-1}$的电流密度①下的 CP 曲线。点击“T”快捷键，选取“CP”，然后进行参数设置。其中“Cathodic Current”和“Anodic Current”根据泡沫镍上活性物质的质量与电流密度乘积获得；设置参数为 High E = 0.38 V，High E Hold Time = 0 s，Low E = 0 V，Low E Hold Time = 0 s，Cathodic Time = 10 s，Anodic Time = 10 s，Initial Polarity = Anodic，Data Storage Intvl = 0.1 s，Number of Segments = 4，Current Switching Priority = Potential，点击“OK”保存设置，再点击“▶”开始测试。测试完成，保存图谱和数据。

4. 纽扣型超级电容器的组装

取 4 片吹干称量后的圆形泡沫镍。其中 2 片泡沫镍上涂抹镍碳复合材料，按照与条形泡沫镍类似的方法涂抹活性物质，涂抹量约为 10 mg。另一片上涂活性炭，活性炭浆料的配制和涂布方法与镍碳复合材料相同，只需将镍碳复合材料替换为活性炭（详见实验步骤“2. 工作电极的制备”）。

取 1 片涂布镍碳材料的泡沫镍圆片，放在有正极标识符号的电池壳底部，活性物质面朝上，盖上 1 片圆形 MPF 膜，滴加三滴 6 $mol \cdot L^{-1}$ KOH 溶液，再依次放入 1 片涂布活性炭的泡沫镍圆片（活性物质面朝下）、1 片圆形金属垫片和 1 个碗形金属弹片（碗口朝上），盖上顶盖，于纽扣电池封口机中在 60 MPa 下压 20 s。同样的步骤组装第二个纽扣型超级电容器。

5. 纽扣型超级电容器的性能测试。

将组装好的 2 个纽扣型超级电容器放入纽扣电池夹具中，正极连接电化学工作站绿色电极夹，负极同时连接红色和白色电极夹。选取“CP”模式，设置参数为 Cathodic Current = 0.02 A，Anodic Current = 0.02 A，High E = 2.0 V，Low E = 0 V，Initial Polarity = Anodic，Number of segment = 1，点击“OK”保存，再点击“▶”进行充电。当电压达到最大值时（一般不超过 2 V）停止充电。将这 2 个充电后纽扣型超级电容器装入电池盒，检测其驱动发光二极管的发光效果，记录驱动二极管发光的时间。

五、注意事项

（1）本实验建议两位同学合作完成。

（2）6 $mol \cdot L^{-1}$ KOH 溶液有强腐蚀性，实验时不能接触到工作电极夹，也要避免接触皮肤和衣物。

（3）由于泡沫镍上涂抹的活性物质只有 2～3 mg，称量需要精确到至少 0.01 mg，并且涂抹前后泡沫镍都需要在室温下完全干燥。

（4）制备镍基复合材料时烘箱温度为 215 ℃的高温，取放样品必须戴上隔热手套，防止烫伤。

六、数据处理与分析

（1）从涂抹前后泡沫镍的质量之差求出泡沫镍上担载物质的总质量，其值乘以浆料中活性物质的实际含量（约 80%），即为泡沫镍上活性物质的质量。

---

① 电流密度的单位一般为 $A \cdot cm^{-2}$，此处用 $A \cdot g^{-1}$是对电极材料的质量归一化。

(2) 利用式(1.14A.2),列表计算出不同电流密度下电容值,再除以活性物质的质量,求出各自的(质量)比电容。

(3) 作质量比电容 C_m-电流密度 j 图,以展示其倍率性能。

七、思考题

(1) 试比较超级电容器和二次电池的异同,超级电容器有什么优势?

(2) 使用三电极体系测量材料电化学性能,3 个电极的作用分别是什么?

(3) 如何计算对称两电极体系的材料质量比电容 C_m? 三电极体系和对称两电极体系测得的材料质量比电容 C_m是否相同?

(4) 通过 CV、CP 和 EIS 方法均可测量比电容,每种方法的优缺点是什么? 哪种方法测得的结果最准确?

八、知识拓展

双电层模型最早是在 1879 年由 Helmholtz 提出的,亦称为 Helmholtz 双电层,如图 1-14A-2(a)所示,他认为固体表面电荷与溶液中带相反电荷的离子构成平行的双电层,其间距等于离子半径,如同平板电容器。Helmholtz 双电层模型过于简单,没有考虑溶液中离子扩散、溶剂极化、离子与电极之间的相互作用等因素。Gouy 和 Chapman 分别于 1910 和 1913 年对 Helmholtz 双电层模型进行修正,提出了扩散双电层模型,如图 1-14A-2(b)所示,他们认为由于静电吸引和热运动导致在溶液中与固体表面电荷相反的离子只有一部分紧密地排列在固体表面上,另一部分离子与固体表面的距离则可以从紧密层一直分散到本体溶液之中。因此双电层实际上包括了紧密层和扩散层两部分。Stern 于 1924 年进一步对 Gouy-Chapman 模型进行了修正,他认为紧密层(Stern 层)有 1~2 个分子层厚,紧密吸附在表面上,在紧密层中,反离子的电性中心构成所谓的 Stern 面,在 Stern 层内电位的变化情形与 Helmholtz 模型一样,另一层则类似 Gouy-Chapman 模型中的扩散层,如图 1-14A-2(c)所示。

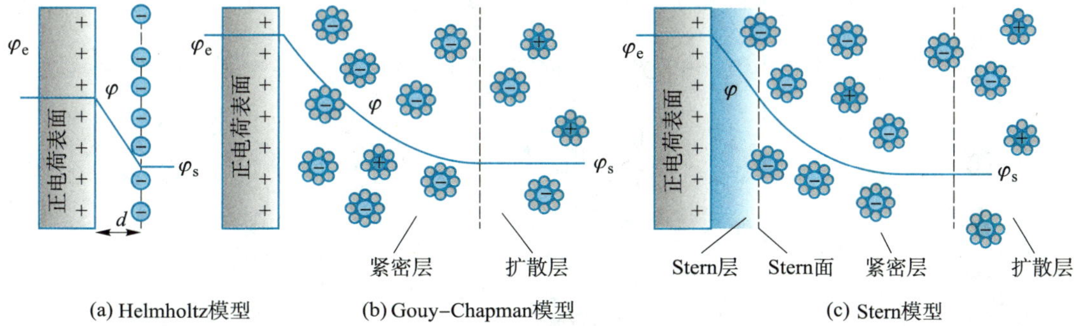

图 1-14A-2　电极表面的双电层模型

1957 年,美国通用电气公司使用高比表面积活性炭为电极材料、以 H_2SO_4 溶液为电解液制备出 EDLC,并申请了第一个 EDLC 专利。1978 年,日本电气股份有限公司(NEC)在美国美孚石油公司许可下将 EDLC 商业化。目前,日本的 NEC、ELNA 和 Panasonic 公司占据着超级电容器的大部分市场。EDLC 电极材料以碳材料为主，如活性炭、碳纳米管、模板炭、石墨烯、碳纳米纤维等。EDLC 通过在电极-电解液界面静态电荷积累来存储能量，在充放电过程中，电子通过外电路在电极表面进出，与此同时电解液阳离子和阴离子在溶液中移动，整个过程中不涉及电化学反应，如图 1-14A-3 所示。因此，EDLC 具有高度可逆性，即优异的循环稳定性。

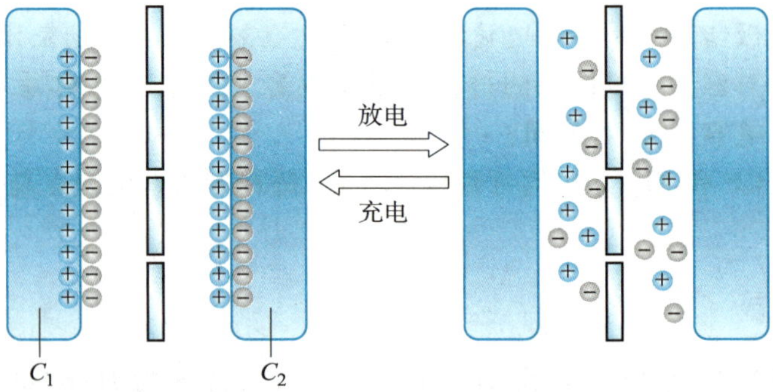

图 1-14A-3 EDLC 充放电状态示意图

1971 年，在 RuO_2 中发现了一种新的电化学电容储能行为——赝电容器，其储能过程是通过 RuO_2 电极材料表面的法拉第电荷转移反应来实现，与 EDLC 的储能机理是截然不同的，而与二次电池的储能过程有相似之处。因此，赝电容器电极材料和电池型材料容易被混淆。Conway 定义了三类能产生赝电容器电化学特性的法拉第机制，如图 1-14A-4 所示，包括：① 欠电位沉积赝电容器，金属离子在高于其氧化还原电位时在另一种金属表面形成单层吸附层，即发生了欠电位沉积，经典的例子是铅在金表面沉积；② 氧化还原赝电容器，离子被电化学吸附于材料的表面或近表面，并伴随着法拉第电荷转移产生氧化还原赝电容器；③ 嵌入型赝电容器，离子嵌入氧化还原活性物质的通道或层间，并伴随着法拉第电荷转移，且材料不发生晶相转变时，会产生嵌入型赝电容器。

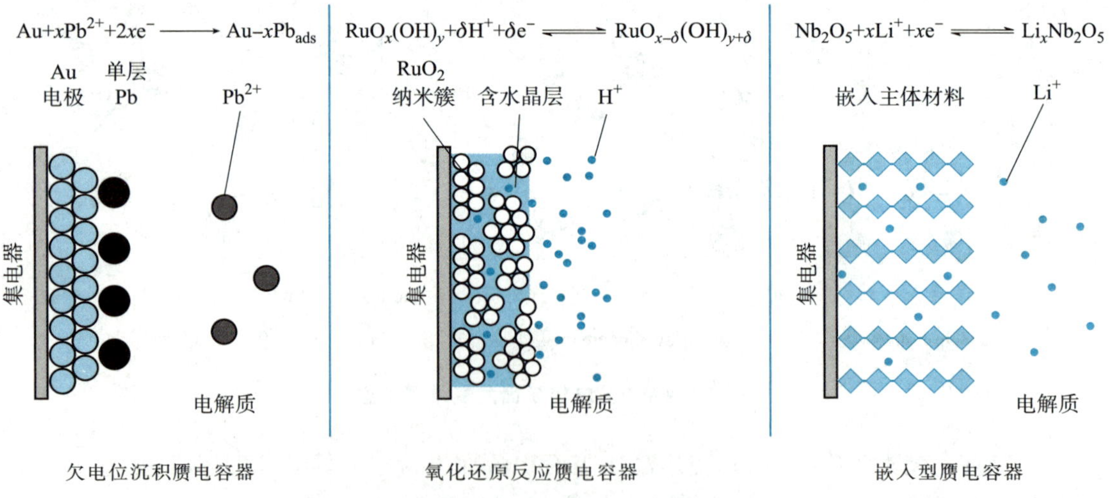

图 1-14A-4 三类赝电容器形成机理示意图

赝电容器的储能过程与二次电池有相似之处,但二者存在明显的不同。在充放电时间上,赝电容器的充放电时间在几秒到几分钟量级,远短于二次电池的数十分钟甚至数小时。在能量存储机制上,赝电容材料的法拉第反应发生在电极材料表面或近表面,受表面反应动力学控制而不受固态体相扩散和反应动力学控制,因此具有高的功率密度;相反,二次电池利用固态材料的体相法拉第反应储能,具有高的能量密度,但是其充放电过程受到固态体相扩散和反应动力学限制,其功率密度较低。因此,赝电容器具有比二次电池高得多的功率密度。

超级电容器的工作电压是指其所能承受的最大电压,工作电压范围可以通过循环伏安和恒电流充放电测试方法确定。其大小与电解液类型及电容器的组装类型有关。通常情况下,酸性和碱性水系电解液的工作电压大小为 1.0 V 左右,中性水系电解液的工作电压可达 1.6~2.2 V,有机电解液的工作电压可达 2.3~3.0 V,离子液体电解液体系下的工作电压高达 3.0~4.2 V。

超级电容器存在内阻,会损耗能量,它并非理想的电子器件。超级电容器的等效串联电阻(R_{ESR})由电极材料电阻、导线电阻、集流体电阻、电荷转移电阻、集流体和电极材料间的接触电阻、电解液的离子传输电阻、离子在电极材料中和穿过隔膜的离子扩散电阻等构成。故超级电容器的电阻只有部分源自于电极材料本身的电阻。R_{ESR}的大小可以反映超级电容器的功率性能和能量存储效率的好坏,R_{ESR}越小,超级电容器的性能越好。

通常,超级电容器的 R_{ESR}可以通过恒电流充放电曲线中的欧姆降(U_{drop}或 IR_{drop})和电化学阻抗谱得到。

由 U_{drop}计算 R_{ESR}的公式为

$$R_{ESR}=\frac{U_{drop}}{2\times i} \tag{1.14A.4}$$

式中:U_{drop}为欧姆降,i 为恒电流放电的电流强度。

在电化学阻抗谱中,R_{ESR}是低频区反向延长线与实轴交点的值,如图 1-14A-5 所示。这个数值应该与式(1.14A.4)计算得到的数值相近。图 1-14A-5 中,R_s 为接触电阻,包括电极材料电阻、集流体电阻和电解液的电阻等,其大小为这些电阻之和。R_{ct}为界面电荷转移电阻,在 EDLC 中,其大小与离子在电极材料的孔道中传输的难易程度、电极材料导电性、电极材料与电解液之间的接触情况有关;在赝电容器中,R_{ct}取决于法拉第反应速率。离子传输越快、电极材料导电性越好、电极材料和电解液的接触越好、法拉第反应速率越快,则电荷转移电阻越小。值得注意的是,等效串联电阻 R_{ESR}的准确测量需在超级电容器器件中实现。

通常,三电极体系可用来对材料的电容性能进行基础表征,而评价电极材料的器件性能则需要采用两电极体系来表征。超级电容器的两极可以看作串联的两个电容器,器件的总电容(C)可通过式(1.14A.5)计算:

$$\frac{1}{C}=\frac{1}{C_p}+\frac{1}{C_n} \tag{1.14A.5}$$

式中:C_p、C_n分别为正、负极的电容,可由三电极体系得到。在对称型超级电容器中,$C_p=C_n$,总电容 C 为任意一极电容的一半,换句话说,基于电极材料总质量的器件比电容为电极材

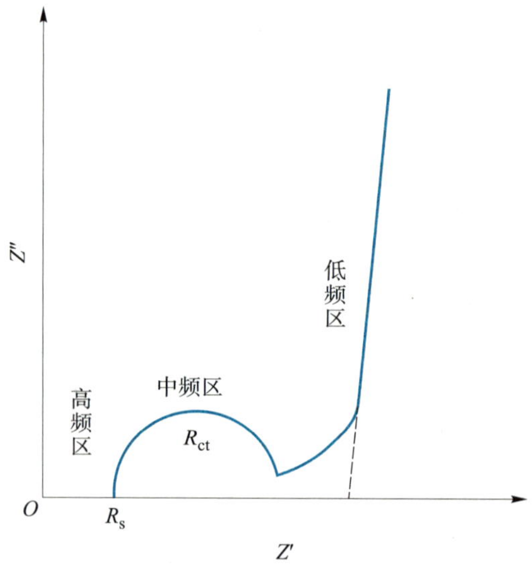

图 1-14A-5 两电极体系下 EDLC 的电化学交流阻抗谱(EIS)

料比电容的四分之一。在非对称超级电容器中,两极电极材料不同,当 $C_p \neq C_n$,总电容 C 取决于电容小的一极的电容。

就混合型超级电容器而言,两极分别由通过法拉第反应储能的电极材料(作为能量源)和 EDLC 电极材料(作为功率源)构成。在充放电过程中,双电层和法拉第两种储能机制同时起作用,因此,混合型超级电容器兼具较高的能量密度、功率密度和较长的循环稳定性。在此类电容器的设计和构建过程中,为避免将超级电容器变为普通电池,其关键在于选择合适的电极材料、优化正负极材料的质量比。正负极材料质量比可以通过电荷守恒原理计算得到:

$$\frac{m_+}{m_-}=\frac{C_-\Delta U_-}{C_+\Delta U_+} \tag{1.14A.6}$$

式中:m_+和 m_-分别为正极和负极电极材料的质量,C_+和 C_-分别为正极和负极电极材料的比电容,ΔU_+和 ΔU_-分别为正极和负极的工作电压窗口。

超级电容器的能量密度可由式(1.14A.7)计算:

$$E=\frac{CU^2}{2} \tag{1.14A.7}$$

由式(1.14A.7)可知道,超级电容器的能量密度正比于工作电压窗口 U 的平方和电容 C,因此,提高其能量密度可以从提高其电容 C 和增大其工作电压窗口 U 两方面入手。提高电极材料的比表面积、优化孔结构、增加导电性和引入额外的赝电容器,是提升电容 C 的有效途径;工作电压窗口一般通过选择离子液体、有机电解液这类能够承受大电压的电解液来增大,也可利用电极材料工作电压窗口的不同构建混合型超级电容器来增大。较二次电池而言,当前超级电容器的能量密度还较低,仍有很大的发展空间。

高的功率密度是超级电容器区别于二次电池的主要特征之一。最大功率密度 P_{max}可由式(1.14A.8)计算:

$$P_{max} = \frac{U^2}{4R_{ESR}} \tag{1.14A.8}$$

根据式(1.14A.8)，P_{max}取决于器件的工作电压窗口 U 和等效串联电阻 R_{ESR}的大小。因此，提高超级电容器的功率密度可以从增大器件工作电压窗口 U 和降低等效串联电阻 R_{ESR}两方面着手。增大器件工作电压窗口的方法如前面所述。鉴于 R_{ESR}有多个来源，降低 R_{ESR}可从降低各个组成部分的电阻出发。

由于 R_{ESR}的确定存在分歧和不确定。在基础研究中，功率密度常用平均功率密度 P_{aver}表示，由式(1.14A.9)来计算：

$$P_{aver} = \frac{3600E}{\Delta t} \tag{1.14A.9}$$

式中：Δt 为电容器的放电时间。

提升超级电容器的能量密度、功率密度和循环寿命是人们追求的目标，可通过提高比电容、增大工作电压窗口、减低等效串联电阻 R_{ESR}等要素予以实现。

九、参考文献

（南京大学　王喜章、淳远）

实验 1-14B　锂离子电池活性材料的性能评测方法

一、实验目的

（1）掌握锂离子电池的原理与主要性能评价指标。
（2）掌握纽扣式锂离子电池的组装方法。
（3）掌握锂离子电池电化学性能的评价方法。

二、实验原理

1. 锂离子电池概述

锂离子电池产生于锂原电池基础之上，也叫作锂二次电池。随着人们环保意识的日益增强，铅、镉等有毒金属的使用受到限制，代替传统铅酸电池和镍-镉电池的锂离子二次电池表现出极佳的竞争力。

20 世纪 80 年代以前，以金属锂及其合金为负极的锂二次电池体系是人们的主要研究对象，但是在充电的时候，由于金属锂电极表面的不均匀导致表面电荷分布不均匀，从而造成锂不均匀沉积。这种不均匀沉积导致锂在一些部位沉积过快，产生树枝一样的结晶(锂枝晶）；当枝晶发展到一定程度时，一方面枝晶会发生折断，产生“死锂”，造成不可逆的锂损失；另一方面，更严重的是，枝晶穿过隔膜，将正、负极短接，生成大量的热，导致电池着火甚至爆炸，从而带来严重的安全隐患。1980 年，Goodenough 等提出了钴酸锂（$LiCoO_2$）为正极材料的锂离子二次电池；1985 年，人们发现碳材料可以作为锂离子二次电池负极，由此发明了锂离子电池。1986 年，锂离子电池的原型设计完成，直到 1991 年，这种钴酸锂-石墨碳材料的锂离子电池实现了商品化。

锂离子电池的充放电原理可以简述为如图 1-14B-1 所示的过程。在充电过程中，正极材料中的锂离子从晶格中脱出来，再经过可导通电子和离子的隔膜和电解液体系，进而嵌入负极材料中；相应地，在放电过程中，负极材料中的锂离子从结构中脱嵌出来，经过电解液和隔膜后，重新嵌回到正极材料的晶格里。在循环的充放电过程中，锂离子在正负极之间来回不断的迁移，因此，Armand 等人基于这种过程的认识将锂离子电池称为“摇椅式电池”。

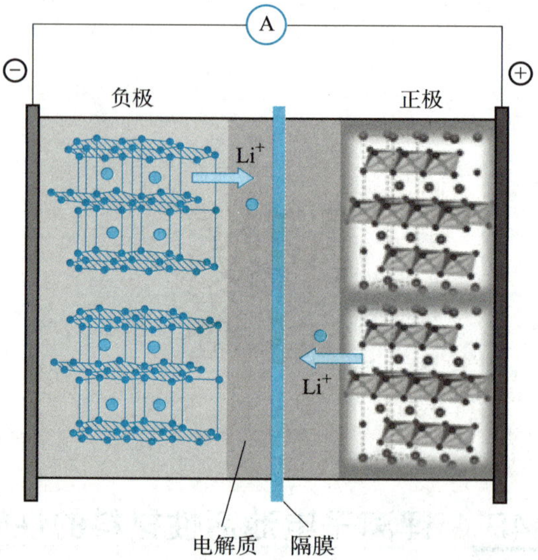

图 1-14B-1　锂离子电池的工作原理示意图

以商品化的钴酸锂-石墨电池为例，其正极材料为 $LiCoO_2$，负极材料为石墨碳，电解质盐为 $LiPF_6$。在充电时，外部电场的作用使得 $LiCoO_2$ 中的 Li^+ 从层状结构中脱出，经由电解质的运输，透过隔膜，插入石墨负极材料的层间，同时 $LiCoO_2$ 中的 Co 元素由+3 价发生氧化，同时向外释放相应个数的电子，能量由此储存在电池中，这样就实现了电能向化学能的转化。放电时，上述过程逆向进行，即 Li^+ 从石墨层间脱插，同时释放相应个数的电子，Li^+ 经由电解质运输，通过隔膜之后，回嵌到 $LiCoO_2$ 的层结构中，同时 Co 元素被还原，这时电子在外电路形成了电流，实现化学能向电能的转化。

电极反应机理可如式（1.14B.1）—式（1.14B.3）所示：

正极反应：
$$LiCoO_2 \longrightarrow Li_{1-x}CoO_2 + xLi^+ + xe^- \quad (1.14B.1)$$

负极反应：
$$xLi^+ + 6C + xe^- \longrightarrow Li_xC_6 \quad (1.14B.2)$$

总反应：
$$LiCoO_2 + 6C \longrightarrow Li_{1-x}CoO_2 + Li_xC_6 \quad (1.14B.3)$$

锂离子电池的形式多种多样，商品电池有方形、圆柱形、扣式和聚合物锂离子电池等各种构造。图 1-14B-2 所示为常见的锂离子电池结构，这些电池基本都由以下组成：正极和负极材料、电解液、隔膜、集流体、密封部件、电池壳及其安全保护作用的附属部件等。在一个锂离子电池中，正极、负极材料及电解液是其最关键的组分，对锂离子电池性能影响最大。锂离子电池的发展进步，实质就是开发和改进可供锂离子嵌入/脱出的不同种类材料，以及传导锂离子的电解液体系，并不断完善锂离子电池的制备工艺。而锂离子电池正极、负极材料的性能与其结构特性密切相关。纳米化处理、界面优化、形貌调控等方法常用于材料的结构调控，从而改善材料的电化学性能。

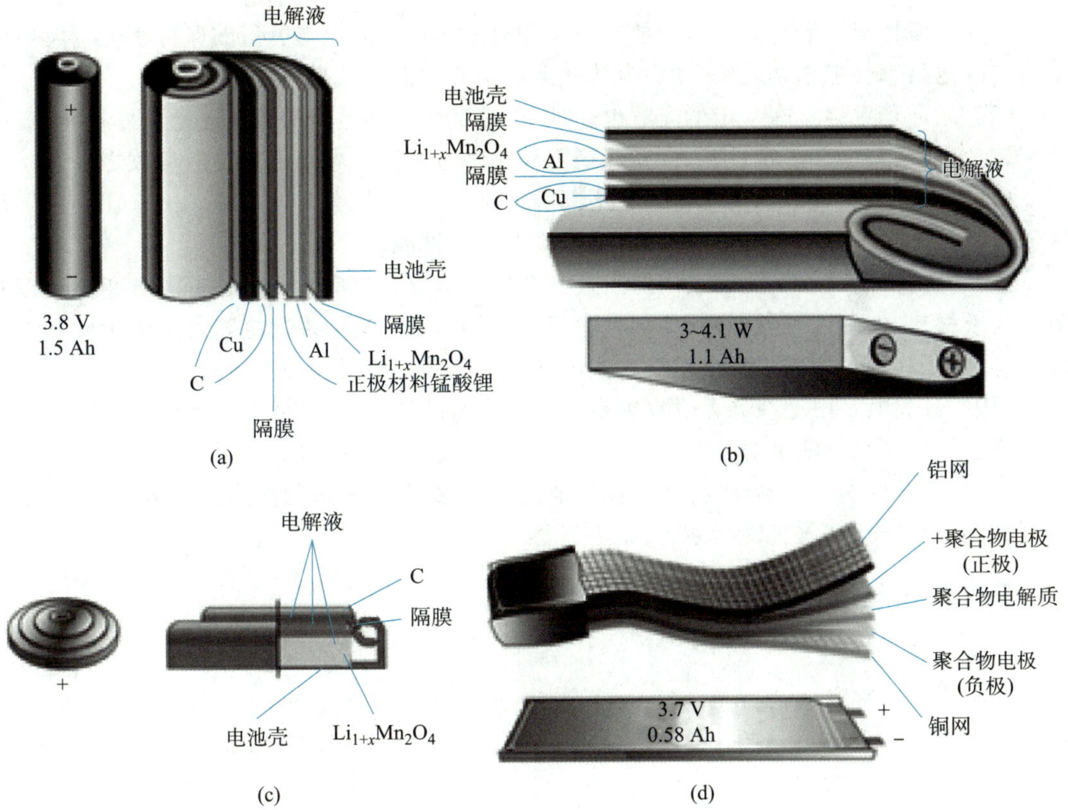

图 1-14B-2 常见锂离子电池结构示意图

2. 锂离子电池的主要评价指标

对锂离子电池的研究涵盖面比较广，一般用以下参数对其性能进行评价和讨论分析。

（1）比容量/放电容量 比容量是电池单位质量或体积释放的容量，单位一般是 $mAh\cdot g^{-1}$ 或 $mAh\cdot L^{-1}$。放电容量则是在一定条件下从电池放电中得到的容量，单位一般是 mAh 或 Ah。

（2）比能量/放电能量 放电比能量是单位质量或体积电池所输出的电能，即质量能量密度（$Wh\cdot g^{-1}$）和体积能量密度（$Wh\cdot L^{-1}$）。电池的放电能量是一定放电条件下电池输出的电能，单位一般是 Wh。能量密度一般由材料的电压和放电比容量共同决定，其电压和放电比容量越高，放电比能量就越高。

（3）电池电动势 等温等压下，电池吉布斯自由能转变为电能，满足公式

$$\Delta G_{T,p} = -nFE \tag{1.14B.4}$$

式中：n 表示氧化或还原反应的得失电子数，E 为电池可逆电动势，它指示化学能向电能转换的最高限度，可作为改善电池性能的理论依据。

（4）开路电压/工作电压　开路电压是没有电流通过时外电路正负极的电压差，一般以锂片做对电极的纽扣式半电池刚刚组装好时的开路电压一般在 3.0~3.4 V 之间。工作电压是锂离子电池有外加电路时的实际电压。

（5）库仑效率/能量效率　库仑效率是同次循环的放电容量和充电容量比值，电池库仑效率越高，表示其电化学副反应越少，可逆性越好。能量效率同次循环放电能量与充电能量的比值。

（6）倍率性能　表示大电流充放电容量相对于小电流充放电容量的保持状况。大功率输出与电池倍率性能密切相关，动力电池一般比倍率性能要求高一些。

（7）循环稳定性　在一定的充放电条件下，电池随循环进行的放电容量保持状况；容量衰减越少，表示其循环稳定性越好，循环稳定性是衡量锂离子电池最重要的参数之一。

（8）高/低温性能　锂离子电池在不同温度工作时，性能会出现差异。由于环境变化和特殊用途等要求，需要了解电池的高温或低温电化学性能。

（9）电池内阻　指电池的欧姆内阻及其在发生电化学反应时的极化电阻之和。欧姆电阻由电极材料、电解液、隔膜和其他部件之间的接触电阻构成。极化电阻是电化学反应中发生极化引起的电阻，主要包括浓差极化和电化学极化等因素引起的电阻。

（10）自放电　电池在储存过程中容量发生衰减的情况，即自放电。锂离子电池的自放电相较于其他二次电池来说是比较小的。

（11）安全性能　为确保安全性，在电池出厂前，需要对其进行严格的安全测试，一般包括短路、强制过充/过放、挤压、穿刺、加热等。

三、仪器与试剂

1. 实验仪器

电池性能测试仪，电流表（量程 5 mA 与 10 mA），电压表（量程 5 V），控制精度 0.1%；无水无氧气手套箱，水含量 $<10^{-6}$，氧含量 $<10^{-6}$；电子分析天平（精度 0.01 mg）；行星球磨机（浆料制备）；封口机（带模具）。

2. 试剂及耗材

Li 片（99.99%）；电解液（EC : EMC : DMC = 1 : 1 : 1，体积比），电解质为 $LiPF_6$ 溶液（浓度 1 $mol \cdot L^{-1}$）；活性材料（$LiCoO_2$、$LiFePO_4$、石墨等）；N-甲基吡咯烷酮（AR）；铝箔（16 μm）；铜箔（8 μm）；导电炭（Super-p）；黏合剂（PVDF）；纽扣式电池上下盖（CR2025）；隔膜（20 μm）；草酸钠（AR）；无水乙醇（AR）；丙酮（AR）。

四、实验步骤

1. 电极的制备

集流体铝/铜箔的准备：将铝/铜箔冲成直径为 1.16 cm 的圆形薄片，然后用 320 号砂纸将表面粗糙化，液压仪压力为 20 MPa，粗糙化后的铝/铜箔依次用 0.1 $mol \cdot L^{-1}$ 草酸钠溶液、蒸馏水、无水乙醇和丙酮各超声清洗 15 min 后，置于真空干燥箱中 60 ℃烘干。

隔膜的准备：将隔膜冲成直径为 2.0 cm 的圆片，用乙醇，丙酮依次超声清洗 15 min 后，再在 60 ℃下真空干燥 3 h,密封保存备用。

纽扣式电池壳的准备:纽扣式电池上下盖用 0.1 mol·L^{-1}草酸钠溶液、蒸馏水(清洗三次)、丙酮、无水乙醇依次超声清洗 15 min 后,置于 80 ℃烘箱中干燥 4 h,保存备用。

纽扣式电池测试极片的制备:按照质量比为活性材料∶导电剂(导电炭 Super-p)∶黏结剂=85∶10∶5称取物质,加入 *N*-甲基吡咯烷酮(NMP)为溶剂,采用行星球磨机将上述物质混合 6 h,得到均匀浆料,将铝/铜箔称取初始质量并记录后,把浆料均匀涂覆上去(正极活性材料使用铝箔,负极活性材料使用铜箔),65 ℃真空干燥,待极片干燥后在 40 MPa 下将极片压一次,称取干燥后的极片质量,由此计算出极片上活性物质质量,储存备用。

2. 纽扣式锂离子电池的组装

扣式电池组装:按照图 1-14B-3 所示结构关系,将上述准备的极片与直径为 1.6 cm、厚度为 1 mm 的金属锂片分别作正极与负极,上述冲压的隔膜放置在正负极间,加入相适应的有机电解液,在氩气保护的手套箱中组装成纽扣式电池,并采用气动冲床进行封压。冲压好的电池经清除表面电解液等残留物质,静置 4 h 后进行恒流充放电及其他电化学性能测试。

图 1-14B-3 组装纽扣式电池结构示意图

3. 活性材料的性能评测

恒流充放电方法是电池测试的常用手段之一,通过对测试电池施加一个给定的充放电电流,在一定的电压区间内进行连续的充放电循环。通过该方法可以得到电池的充放电曲线、倍率性能、容量、循环寿命和库仑效率等参数和性能。在本实验电池测试过程中,由于金属锂的容量远远超出待测活性物质的容量,因此,可以认为金属锂的电压仅有微小变化,表现出电池的电压为活性材料对 Li/Li^+的电压。电池的充放电电压随容量(或时间)变化关系即为电极活性材料的充放电曲线。

五、注意事项

(1) 实验前确认活性材料的种类,确认充电上限电压、放电下限电压。

(2) 根据活性材料的质量,确认充放电电流。

六、数据处理与分析

将实验数据记录在表 1-14B-1 中。

表 1-14B-1 锂离子电池活性材料的性能评测实验数据记录表

实验编号	1	2	3	4
铝箔质量/mg				
电极质量/mg				
材料质量/mg				
0.2C 容量/mAh				
0.2C 比容量/($mAh\cdot g^{-1}$)				
1C 容量/mAh				
1C 比容量/($mAh\cdot g^{-1}$)				
1C 循环 50 周容量保持率				
首次库仑效率/%				

七、思考题

(1) 评价电池性能的指标有哪些?

(2) 影响电池性能的因素有哪些?

(3) 如何设计一款电池,使其能量密度达到 300 $Wh\cdot kg^{-1}$?

八、参考文献

(厦门大学　郑明森、张来英)

实验 1-14C　直接甲酸燃料电池器件的性能评测方法

一、实验目的

(1) 了解燃料电池的基本工作原理。

(2) 了解燃料电池膜电极的结构与组成。

(3) 掌握燃料电池膜电极工况性能的评测方法、与影响燃料电池工况性能的关键参数。

(4) 掌握甲酸渗透率的测量方法。

二、实验原理

1. 燃料电池的基本原理与简介

燃料电池是一种能够将化学能直接转化为电能的发电装置。相比于传统的内燃机，燃料电池不受卡诺循环的限制，发电效率高。燃料电池的基本结构如图 1-14C-1 所示。以质子交换膜燃料电池为例，氢气或甲酸等燃料分子在阳极发生电化学氧化反应，生成质子并释放电子。质子、电子分别通过质子交换膜、外电路到达阴极，进一步与氧气结合生成水。

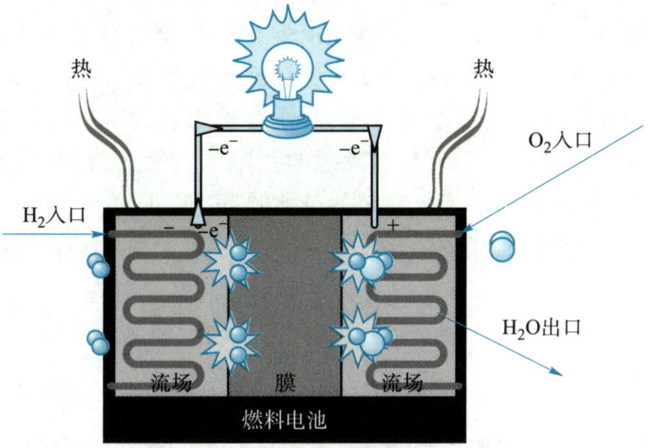

图 1-14C-1 燃料电池结构示意图

根据电解质的不同，燃料电池可以分为碱性燃料电池、磷酸燃料电池、熔融碳酸盐燃料电池、固体氧化物燃料电池及质子交换膜燃料电池等。根据所使用燃料的种类，燃料电池又分为氢燃料电池、醇类燃料电池及甲酸燃料电池等。其中，甲酸燃料电池是一类非常具有前景的燃料电池。一方面甲酸无毒、不易燃；另一方面，由于 Nafion 膜中的磺酸基团与甲酸阴离子之间存在排斥作用，甲酸在 Nafion 膜中的渗透率较低。

直接甲酸燃料电池包含两个半反应：

阳极甲酸氧化：

$$HCOOH \longrightarrow CO_2 + 2H^+ + 2e^- \quad (1.14C.1)$$

阴极氧气还原：

$$\frac{1}{2}O_2 + 2H^+ + 2e^- \longrightarrow H_2O \quad (1.14C.2)$$

总反应：

$$HCOOH + \frac{1}{2}O_2 \longrightarrow CO_2 + H_2O \quad (1.14C.3)$$

目前，普遍认为甲酸氧化存在双途径机制，即存在两条途径。

第一条是直接氧化，直接脱氢反应生成 CO_2，若吸附态甲酸根为中间体，反应路径如下：

$$HCOOH \longrightarrow HCOO_{ads} + H^+ + e^- \longrightarrow CO_2 + 2H^+ + 2e^- \quad (1.14C.4)$$

第二条途径是先经过脱水反应，再生成 CO_2：

$$HCOOH \longrightarrow CO_{ad} + H_2O \longrightarrow CO_2 + 2H^+ + 2e^- \quad (1.14C.5)$$

第二条途径产生的 CO 会吸附在催化剂表面,造成催化剂中毒。现阶段的研究思路是调控甲酸氧化反应的途径,将甲酸直接氧化成为 CO_2,减少毒性中间物种的产生。现有研究表明,甲酸在 Pd 上的氧化主要是通过直接氧化的方式进行的。因此,本实验以 Pd/C 作为阳极催化剂,制备膜电极,并进行甲酸燃料电池测试。

2. 燃料电池膜电极组件的结构与组成

燃料电池的核心部件是膜电极组件(membrane electrode assembly,MEA),图 1-14C-2 为 MEA 的结构示意图。MEA 主要由三部分组成:阴极、阳极和聚合物电解质膜。阴极和阳极具有类似的结构,又称为气体扩散电极。气体扩散电极通常包含三部分:催化层、微孔层、气体扩散层。催化层是电化学反应发生的区域,由催化剂与聚合物电解质组成。微孔层介于气体扩散层和催化层之间,主要成分是商业炭黑和聚四氟乙烯,具有分布气体和管理产物水的作用。气体扩散层通常为多孔碳纸或碳布,其主要作用是传导和均匀分布气体,同时也充当集流体的作用。气体扩散电极必须具有理想的孔隙率,良好的导电和导热性质,以及优异的化学和机械稳定性,同时还必须具有一定的疏水性,以防止水淹,避免产生严重的传质极化。聚合物电解质膜介于阴极和阳极之间,其具有传导离子,隔绝阴阳极,以及避免气体渗透和短路的作用。

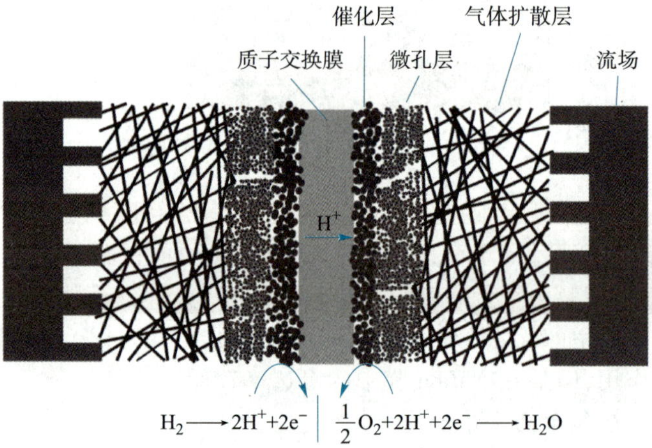

图 1-14C-2 膜电极的结构示意图

以质子交换膜燃料电池为例,膜电极的制备流程包括以下几个步骤:清洗质子交换膜→制备催化剂墨水→催化层涂覆→干燥与固化→热压形成膜电极组件。质子交换膜的预处理主要是为了除去杂质,如金属离子或有机杂质,增强质子传导性。接着,将催化剂(如铂或铂合金)分散在溶剂中,加入聚合物电解质制成催化剂墨水,通过超声波处理或搅拌确保均匀分散。然后,将催化剂墨水均匀涂覆在气体扩散层或质子交换膜上,使用喷涂、刷涂或狭缝涂布等方法,控制涂层的厚度和均匀性,并在适当的温度和时间条件下干燥和固化。之后,将两侧涂覆催化层的气体扩散层与质子交换膜组装在一起,通过热压方式制备完整的膜电极组件。

3. 燃料电池膜电极工况性能的评价参数与测试方法

燃料电池膜电极工况性能的评价参数主要包含开路电压、极化曲线(功率密度)、稳定性等方面。开路电压是指无外部电流流动的条件下,测量的阴极与阳极之间的平衡电位之差。开路电位受反应物浓度、温度、电极材料与电解质性质等参数的影响。开路电压是评估燃料电池性能的一个重要参数,实际的工作电压总是会低于开路电压。

极化曲线一般用于评价燃料电池的输出特性。极化曲线对应于不同工作电流下的电池电压。极化曲线的获取方式一般分为两种,分别是电流阶跃与电压阶跃测试。国家标准规定的极化曲线一般采用电流阶跃的方式,为了获取稳态的电压数据,每一个电流的维持时间是 10 min。典型的燃料电池极化曲线如图 1-14C-3 所示。燃料电池极化曲线可分为三段,分别是活化极化区域、欧姆极化区域与传质极化区域。在活化极化区域,电流与电压符合 Tafel 公式的变化趋势,在这一区域内,燃料电池的极化损失主要来自催化剂的动力学损失。在欧姆极化区域,电流与电压呈线性变化,表现出欧姆电阻行为,在该区域内,燃料电池的极化损失主要来源于膜电极的内阻损失。在传质极化区域,随着电压的继续降低,电流呈现出平台,表现出极限扩散电流的特性,在该区域内,燃料电池的极化损失主要源于物质传输损失。根据极化曲线可以得到催化剂的多个动力学参数,如质量活性等。

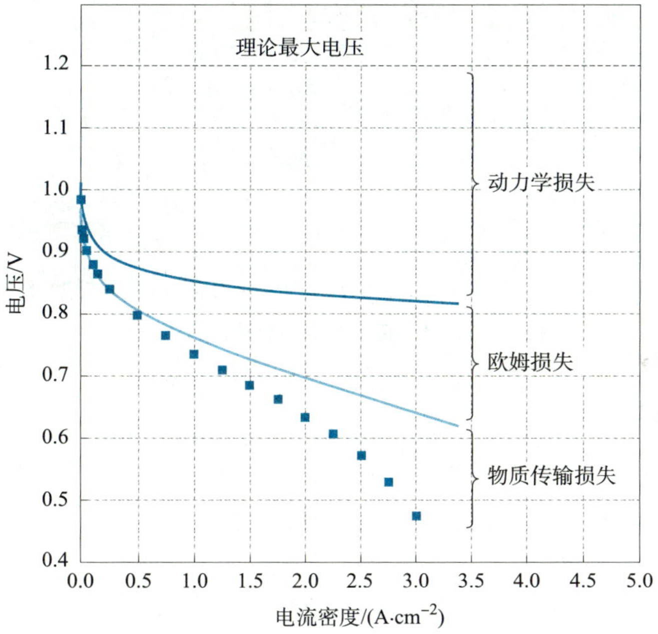

图 1-14C-3　燃料电池的极化性能损失分析图

燃料电池的稳定性测试是评估其在长期运行过程中性能保持情况的关键步骤。稳定性测试依赖于实际应用的工况,不同工况的稳定性评价方式也不相同。这里介绍几种常用的稳定性评价方式,分别是电压稳定性、电流稳定性、功率输出稳定性。主要考察某一输出参数(如电压)随时间的变化。由于燃料电池的寿命通常达到上万小时,研发过程中很难按照实际的运行时间去评价。为了缩短研发周期,常采用加速衰减的方式评价稳定性。根据拟考察的不同组分,加速衰减的测量方式也不相同。以铂基催化剂的耐久性评价为例,通常采取 0.6 V—0.95 V—0.6 V 的方波程序进行加速测试;对于碳载体,则采用 1.0 V—1.5 V—1.0 V 的三角波电位程序进行加速衰减测试。

4. 甲酸渗透率的测量方法

甲酸渗透现象是降低燃料电池工况性能的一个关键因素。一方面，甲酸渗透会导致液体燃料出现损失；另一方面，从阳极渗透到阴极的甲酸，会导致阴极出现混合电位或 Pt 催化剂中毒。因此，需要测量膜电极的甲酸渗透率，为高性能燃料电池器件的开发提供依据。测量的原理如下：将阴极的氧气切换为氮气，通过线性伏安法向阴极施加电位，并记录电流响应，检测渗透的甲酸在阴极发生氧化反应所产生的电流。通过电流值，估算甲酸的渗透率，如图 1-14C-4 所示。

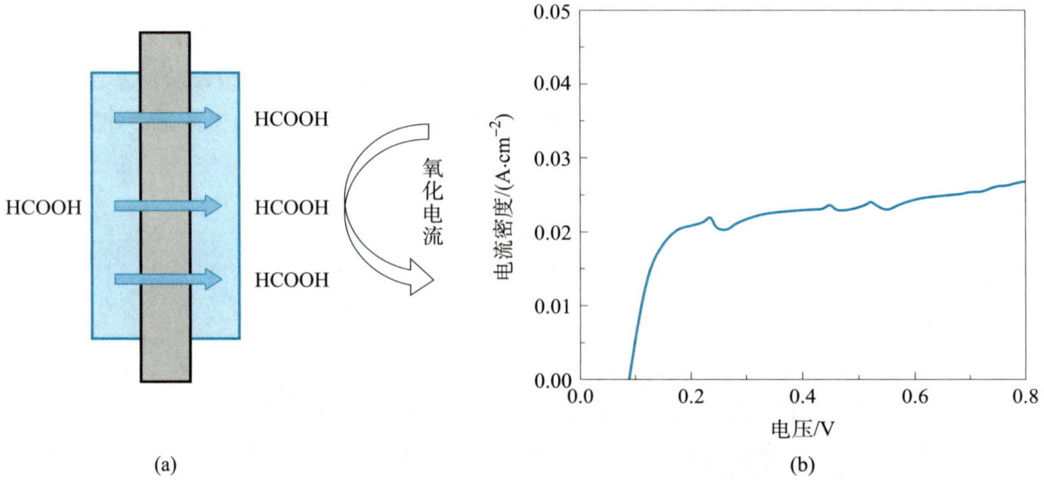

图(b)中的数据并非标准数据，实际测量得到的曲线可能会因膜电极的状态或操作参数而有差异

图 1-14C-4　膜电极中甲酸渗透率的测量

三、仪器与试剂

1. 实验仪器

燃料电池测试系统（含单电池夹具）；热压机；电热板；分析天平；超声仪。

2. 试剂及耗材

Nafion 117 膜；5% Nafion 溶液；商业 Pt/C 催化剂；商业 Pd/C 催化剂；异丙醇；去离子水；不同浓度的甲酸溶液（1 mol·L^{-1}、3 mol·L^{-1}、5 mol·L^{-1}，三选一即可）；载玻片；气体扩散层；移液枪；PTFE 垫片；马克笔。

3. 气体

氧气；氮气。

四、实验步骤

1. 催化层制备

催化剂墨水配制：称取 10 mg 商业 Pd/C 催化剂，加入 200 μL 去离子水后，在冰浴条件下超声 10～15 min 至均匀分散，后依次加入 600 μL 异丙醇、60 μL 5% Nafion 溶液，在冰浴条件下超声分散 10～15 min，将阳极催化剂墨水防置于冰浴中待用。另称取 10 mg 商业 Pt/C 催化剂重复以上步骤，制备阴极催化剂墨水待用。配制墨水的溶剂比例与用量可根据实际情况调整，以催化剂均匀分散为原则。

打开电热板，将温度调节至 60 ℃后，在电热板上铺两片载玻片。将两张切好的气体扩散层（2 cm×2 cm）分别放置于载玻片上，粗糙面朝上。在载玻片上标记好阴极与阳极，分别进行滴涂。用移液枪吸取 100 μL Pd/C 溶液，滴在标记有阳极的碳纸上，使其均匀铺满碳纸，待其干透后，再吸取 100 μL 墨水重复以上步骤，直至墨水完全用尽，或者达到预期的催化剂载量，阳极催化层即制作完成。催化剂的载量以 1～2 $mg\cdot cm^{-2}$ 为宜。阴极催化层的制作与上述过程类似。

2. MEA 热压成型

将滴好、烘干的阴阳极催化层取下，取出一张大小为 3 cm×3 cm 的 Nafion 膜，将之夹在 PTFE 隔垫之间。隔垫的居中局域含有 2 cm×2 cm 的方形孔，对应将催化层嵌入其中，注意在嵌入前先在隔垫上用马克笔记录下阴极与阳极，以避免混淆。将嵌好的 MEA，放入热压机。将热压机上下板的温度均设置为 130 ℃，压力为 5 MPa，热压 2 min 后取出。将 MEA 放在桌面上用平整重物（如厚书本）重压 30 s，后再取出。此步骤是为了防止 MEA 在冷却过程发生变形。

3. 燃料电池组装

将燃料电池夹具的螺丝拧开后，将制备好的 MEA 放入两片石墨流场板之间。确保阴极对应铜质集流板“+”，阳极对应集流板“-”。后使用扭力扳手装配电池夹具，以对角线方式拧紧螺丝。将甲酸的进出管路连接在标记有“-”端的石墨流场板上，将 O_2 管路连接标记有“+”端的石墨流场板进出口上，将鳄鱼夹连接在集流板上，工作电极与“+”连接，对电极（与参比电极）与“-”连接。

4. 燃料电池膜电极的工况性能评价

打开燃料电池测试系统，准备测试。设定电池温度为 40 ℃，甲酸流速为 1 $mL\cdot min^{-1}$，氧气流速为 100 $cm^3\cdot min^{-1}$。待参数稳定后，按照以下流程进行测试。

（1）测量并记录燃料电池的开路电压随时间的变化。

（2）采用电流阶跃程序测量极化曲线，电流阶跃步长为 20 $mA\cdot cm^{-2}$，阶跃电流的停留时间为 2 min，直至电位低于 0.2 V 停止测试。记录输出电压与输出功率。

（3）采用恒电位程序测量稳定性，控制电位在 0.4 V 运行 20 min 以上，记录电流与时间的变化曲线。

（4）依次改变甲酸液体的流速至 2 $mL\cdot min^{-1}$ 与 3 $mL\cdot min^{-1}$，先记录燃料电池的开路电压随时间的变化；后采用电流阶跃程序测量极化曲线，电流阶跃步长为 20 $mA\cdot cm^{-2}$，阶跃电流的停留时间为 2 min，直至电位低于 0.2 V 停止测试。分别记录输出电压与输出功率。

（5）依次改变氧气流速至 200 $cm^3\cdot min^{-1}$ 与 500 $cm^3\cdot min^{-1}$，先记录燃料电池的开路电压随时间的变化；后采用电流阶跃程序测量极化曲线，电流阶跃步长为 20 $mA\cdot cm^{-2}$，直至电位低于 0.2 V 停止测试。分别记录输出电压与输出功率。

（6）依次改变电池温度至 60 ℃与 80 ℃，先记录燃料电池的开路电压随时间的变化；后采用电流阶跃程序测量极化曲线，电流阶跃步长为 20 $mA\cdot cm^{-2}$，直至电位低于 0.2 V 停止测试。分别记录输出电压与输出功率。

5. 测量从阳极渗透到阴极的甲酸渗透量

保持膜电极的运行状态如下：电池温度为 80 ℃，阳极的甲酸流量为 1 $mL\cdot min^{-1}$，阴极通入氮气(流速为 100 $cm^3 \cdot min^{-1}$)。将工作电极夹线与阴极相连,将对电极(与参比电极)夹线与阳极相连,采用线性伏安法测量阴极的甲酸氧化电流,电位扫描区间为 0~0.8 V,扫描速度为 10 $mV \cdot s^{-1}$(或更低的扫描速度),记录电流响应信号。

五、注意事项

(1) 在制备 MEA 的过程中注意不要将阴阳极反极,否则会导致电池性能严重下降。

(2) 拧紧 MEA 螺丝的过程中要注意采用对角线方式,否则膜电极会因压力不均而碎裂。

(3) 做温度切换实验时,先进行低温实验,后逐步升温至更高温度。

(4) 在甲酸渗透的测量实验中,可通过向阳极通入纯水,进行背景电流扣除。但这种背景电流的扣除方式也会引入新的误差。例如,纯水与甲酸溶液会导致阳极的 pH 不同,导致两者的槽压不匹配,影响背景扣除的准确性。由于背景电流主要来自双层电容,因此也可以通过降低扫描速度,以降低背景电流的影响。

六、数据处理与分析

(1) 绘制甲酸燃料电池开路电位随时间的变化趋势,并分析变化原因。

(2) 绘制甲酸燃料电池的极化曲线和功率密度曲线。观察在不同电流区间中,电池电压随电流的变化趋势,并分析原因。

(3) 绘制恒电位条件下的电流随时间的变化曲线,并分析电流衰减的可能原因。

(4) 列表总结在不同操作条件(温度、甲酸和氧气流速)下的甲酸燃料电池的性能(极化曲线与开路电位)的变化规律,并分析导致性能变化的主要原因。

(5) 绘制膜电极的甲酸渗透电流测量曲线,根据渗透电流计算甲酸的渗透率。

七、思考题

(1) 燃料电池的开路电压主要由哪些因素决定?

(2) 燃料电池运行过程中,哪些因素会影响电池性能?

(3) 为什么功率密度曲线呈"峰"形状?

(4) 除了催化剂中毒,还有哪些原因会导致甲酸燃料电池的极化性能发生下降?

八、参考文献

(厦门大学　王宇成、周志有)

纳米孔道电化学单分子测量

实验 1-15A　单个 DNA 分子的纳米孔道电化学分析

一、实验目的

（1）理解纳米孔道电化学单分子测量的基本原理。
（2）掌握构建磷脂双分子层膜和蛋白质生物纳米孔道的方法。
（3）能够对单分子电信号进行特征提取和统计分析，了解单分子异质性。

二、实验原理

1. 基础知识

纳米孔道单分子分析方法是借助电化学手段获取单分子信息的一种检测技术。通过解析单个分子引起的孔道内离子电流的特征性变化，该技术可在单分子水平上获取分子组成、结构、尺寸、电性等方面的信息。如图 1-15A-1 所示，根据构成成孔材料的不同，纳米孔道可分为生物纳米孔道和固态纳米孔道。用来形成生物纳米孔道的材料通常是天然跨膜蛋白，如气单胞菌溶素（aerolysin，AeL）、α-溶血素（α-hemolysin，α-HL）和耻垢分枝杆菌蛋白A（mycobacterium smegmatis porin A，MspA），这些具有成孔活性的膜蛋白可以在磷脂膜上自组装形成纳米级精度的孔道，执行磷脂膜两侧的物质转运。固态纳米孔道通常包括固态薄膜纳米孔道和玻璃纳米孔道。固态薄膜纳米孔道是利用聚焦离子束、可控电介质击穿等方法在固态薄膜上人工加工形成的纳米级尺寸通道，能够制备固态薄膜纳米孔道的材料包括氮化硅、二硫化钼、石墨烯、氧化硅等。而玻璃纳米孔道是通过电化学刻蚀法、激光拉制法等手段将石英或硅酸盐玻璃毛细管尖端加工形成的内径为纳米级的小孔，通常为锥形结构。1996 年公开报道了 α-HL 生物纳米孔道检测单个核酸分子的研究，自此，纳米孔道技术逐步发展为最具潜力的单分子分析手段之一，现已广泛应用于核酸、蛋白质、多肽、糖等多种生物分子的传感研究。

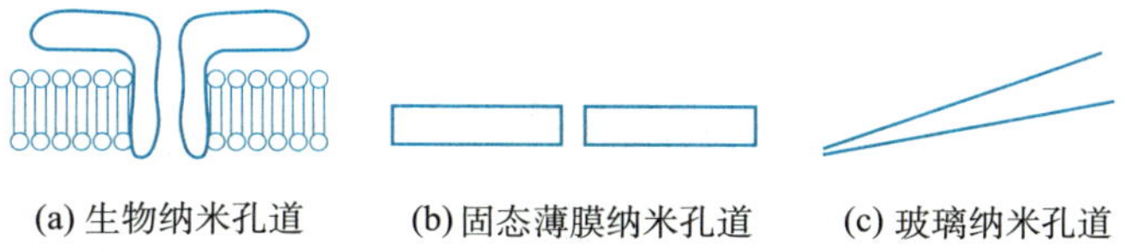

图 1-15A-1　纳米孔道类型

生物纳米孔道内径通常为 10 nm 以下，其结构稳定、可重现性高，易于在普通化学实验室开展单分子电化学实验。实验关键步骤是在磷脂双分子层膜上构建由单个蛋白质分子自组装形成的单个生物纳米孔道。如图 1-15A-2 所示，在进行实验时，检测池内灌注电解质溶液(通常为 1 mol·L^{-1} KCl 溶液)并加入待测物质。通常,带电荷的待测分子在电压驱动下进入纳米孔道。空间占位效应及分子与孔道之间的相互作用会对孔道内的离子流造成扰动,产生单分子离子电流阻断信号。单分子信号的持续时间、电流幅值及出现频率等特征参数与待测分子的化学组成、三维构象、电荷性质、电荷量及其浓度等密切相关。通过解析这些电流信号的特征性变化,有望实现对目标分子的定性分析与定量分析。

单个分子穿过纳米孔道所产生的电流变化通常处于皮安培(pA)级别,需要采用电阻反馈式的微弱电流放大系统对其进行记录与采集。在测量微弱电流的过程中,环境电磁噪声等会影响单分子信号信噪比,导致较微弱的电流信号测量困难。因此,实验中需要使用法拉第屏蔽盒进行电磁屏蔽。

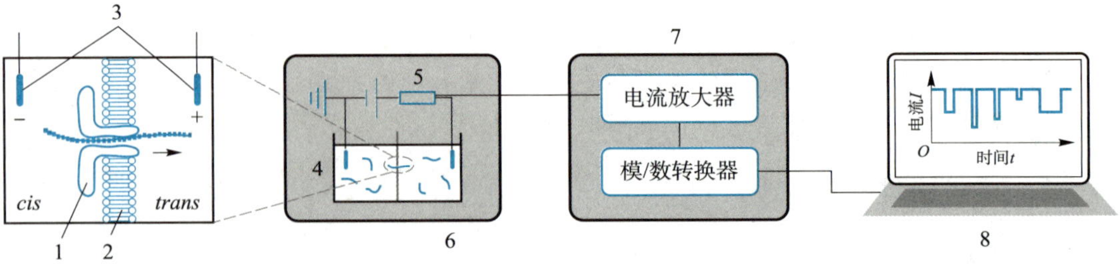

1—生物纳米孔道;2—磷脂双分子层膜;3—Ag/AgCl 电极;4—纳米孔道检测池;
5—放大器探头;6—法拉第屏蔽盒;7—仪器主机;8—便携式计算机

图 1-15A-2　纳米孔道电化学单分子测量装置示意图

纳米孔道电化学分析的基本原理是通过测量电解质溶液中单个分子进出纳米孔道产生的电导差异,解析单分子的性质和行为。纳米孔道内的离子电流变化是单分子传感的基础与核心。以 aerolysin 生物纳米孔道单分子测量为例,通过一对银/氯化银(Ag/AgCl)电极在纳米孔道两侧施加电压 U,使正负离子定向通过孔道产生开孔电流 I_0,根据欧姆定律,通过测量 I-U 曲线,表征可得电导为

$$G=\frac{I_0}{U} \tag{1.15A.1}$$

实验结果表明,在 23 ℃、pH = 8.0、1 mol·L^{-1} KCl 电解质溶液条件下,单个野生型 aerolysin 纳米孔道的电导为 0.50 nS。纳米孔道的电导本质是电荷在纳米限域空间内的传输能力的量度。假设 aerolysin 纳米孔道是一个圆柱体,在高盐浓度条件(1 mol·L^{-1})下,纳米孔道中的电导主要源于孔道内电解质离子(K^+、Cl^-)的迁移过程,可表示为

$$G=\frac{\kappa_b \pi d^2}{4l} \tag{1.15A.2}$$

式中:κ_b表示电解质溶液的电导率,d 表示孔道直径,l 为孔道长度。由于式(1.15A.2)忽略了孔道入口电阻 R_{access}的影响,可能造成实验值和理论值存在差异。

2. 测量原理

生物纳米孔道单分子实验的重点和难点是构建仿生膜孔检测体系。磷脂膜对生物纳米孔道具有支撑作用,构建稳定性好的磷脂膜是实验顺利开展的前提。首先,磷脂膜需要能够隔绝检测池两腔室溶液间的物质交换,确保其承载的跨膜蛋白孔道是膜两侧物质转运的唯一通道。其次,磷脂膜上需要有且仅有一个结构稳定的生物纳米孔道,此时测量得到的离子

电流变化是单分子进出同一个生物纳米孔道所产生的，从而确保单分子实验可控且重现性高。如图 1-15A-3 所示，纳米孔道检测池由 *cis*、*trans* 两个腔室和聚四氟乙烯（PTFE）薄膜组成，PTFE 薄膜的中间有一个直径约 50 μm 的圆形微孔，为磷脂膜的形成提供了疏水基底。受生物膜启发，本实验使用两亲性的二植酰磷脂酰胆碱（DPhPC），利用液面提拉法构建平面脂双层膜。实验表明，当磷脂膜的最小击穿电压处于+300～+400 mV 范围内时，可推测其膜厚约为 5 nm。在此条件下，磷脂膜的结构特性更有利于孔道蛋白的疏水结构域嵌入，进而形成稳定的跨膜蛋白孔道。

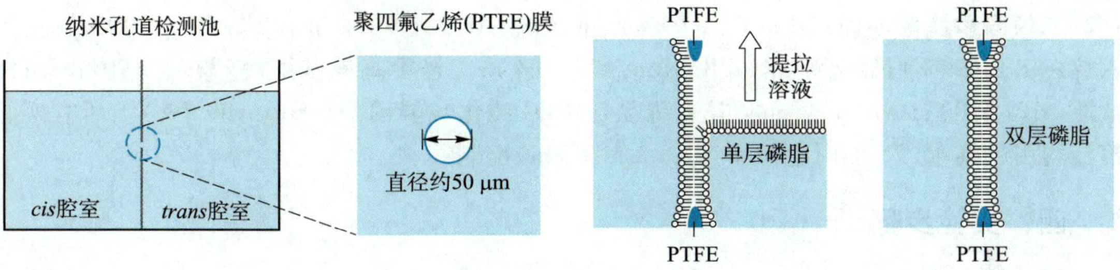

图 1-15A-3　纳米孔道薄膜检测池示意图

如图 1-15A-4 所示，在进行单分子测量时，溶液中的正负离子在外加电场作用下定向迁移，通过纳米孔道产生恒定的离子电流，当待测分子被捕获进入孔道时，扰动孔道内离子的运动速率和通量，产生单分子离子电流阻断信号。使用数据处理软件自动提取单分子电信号特征：

开孔电流 I_0，未有待测分子在纳米孔道内时产生的基线电流值；

残余电流 I_{res}，待测分子在孔道内时对应的电流值；

残余电流程度 I_{res}/I_0，残余电流与开孔电流的比值；

阻断电流 ΔI，离子电流的阻断幅值，是开孔电流与残余电流的差值；

阻断电流程度 $\Delta I/I_0$，阻断电流与开孔电流的比值；

阻断时间（t_{off}），单个待测分子在孔道内的停留时间；

间隔时间（t_{on}），两个相邻待测分子电信号之间的时间间隔；

信号频率 f，间隔时间的倒数，反映单位时间内单分子进孔的频率。

对单分子信号的电流阻断特征进行统计分析，可获取单个待测分子的结构和性质等相关信息。

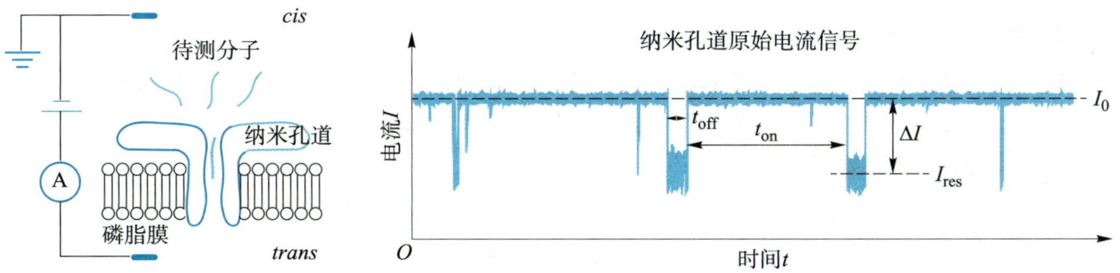

图 1-15A-4　纳米孔道单分子电信号特征参数示意图

三、仪器与试剂

1. 实验仪器

纳米孔道单分子电化学测量仪 1 台；纳米孔道检测池 1 套；Ag/AgCl 电极 1 对；移液枪 1 组（量程 10 μL、200 μL、1000 μL）；计算机 1 台，安装有 SmartNano 数据采集与记录软件、SmartNanoAnalysis数据分析处理软件和 Origin 绘图软件。

2. 试剂及耗材

气单胞菌溶素前体（pro-aerolysin 蛋白，HPLC 纯化）；胰蛋白酶（trypsin-EDTA，BR）；1，2-二植酰磷脂酰胆碱（DPhPC，≥99%）；正己烷（AR，≥99%）；正癸烷（AR，≥99%）；正十六烷（AR，≥99%）；氯化钾（KCl，BioXtra，≥99.0%）；三羟甲基氨基甲烷（Tris，≥99.9%）；浓盐酸（HCl，GR）；DNA 片段 poly$(dA)_4$ 样品（HPLC 纯化）；异丙醇（AR，≥99.7%）。所有实验溶液均用超纯水（25 ℃时电阻率为 18.2 MΩ·cm）配制。

四、实验步骤

1. 溶液配制

（1）10 mmol·L^{-1} Tris-HCl 溶液：称取 0.1211 g Tris，加入超纯水溶解，用 10%盐酸调节 pH 至 8.0。移入 100 mL 容量瓶中，用超纯水稀释至刻度，摇匀。常温保存备用。

（2）1 mol·L^{-1} Tris-KCl 溶液：分别称取 7.4550 g KCl 和 0.1211 g Tris，加入超纯水溶解，用 10%盐酸调节 pH 至 8.0。移入 100 mL 容量瓶中，用超纯水稀释至刻度，摇匀。常温保存备用。

（3）30 mg·mL^{-1}磷脂溶液：称取 0.0300 g DPhPC，加入 1 mL 正癸烷至完全溶解。分装成 50 μL 每份，置于 4 ℃冰箱保存备用。

（4）1% 正十六烷-正己烷预处理溶液：用移液枪吸取 10 μL 正十六烷溶液，缓慢加入 990 μL 正己烷溶液中，混匀。置于 4 ℃冰箱保存备用。

（5）100 μmol·L^{-1}DNA 样品溶液：从-20 ℃冰箱中取出 poly$(dA)_4$，待升至室温后，溶于 Tris-HCl 溶液中，配制成 100 μmol·L^{-1}样品溶液。置于-20 ℃冰箱保存备用。

（6）2 mg·mL^{-1} aerolysin 孔道蛋白溶液：从-80 ℃冰箱中取出 pro-aerolysin，待升至室温后，溶于 Tris-HCl 溶液中，配制成 2 mg·mL^{-1} pro-aerolysin 溶液。分别吸取 50 μL pro-aerolysin 溶液与 3 μL trypsin 溶液，混匀，在室温条件下放置 4 h 活化，获得 aerolysin 蛋白单体溶液，置于-20 ℃冰箱保存备用。

以上溶液需要提前准备好，实验时直接取用。

2. 检测池预处理

用移液枪吸取 1 μL 预处理溶液。枪头贴近检测池，将溶液轻轻滴涂在聚四氟乙烯薄膜微孔附近，依次处理薄膜正反两侧，完成后，静置 10~15 min。

3. 仪器开机与参数设置

（1）打开法拉第屏蔽盒盖子，安装电池。使用数据线连接放大器探头、仪器主机和计算机，打开电池供电系统开关，指示灯亮，说明仪器正常工作。

（2）盖上屏蔽盒盖子，打开 SmartNano 数据记录软件，单击软件界面左上角的"■"连接仪器与软件。设置实验参数及文件保存路径，具体如下：采样率（sampling rate），100 kHz；低通滤波(low-pass filter),5 kHz;增益(gain),1 mV·pA^{-1};单击“✿ Path”,设置数据保存路径,文件自动保存为.xdat 格式。

(3) 点击“▶”,运行程序,将电压值设为 0 mV,依次点击“电压设置(Voltage.Conf)”及“数据设置(Data Conf.)”窗口的“自动(auto)”,校准电压至 0 mV、电流至 0 pA。校准完成后,调整电压至+100 mV,SmartNano 软件运行时仪器主机白色指示灯闪烁。

4. 磷脂双分子层膜的制备与表征

(1) 打开法拉第屏蔽盒盖子,将检测池放入屏蔽盒内,依次向检测池 *trans* 和 *cis* 腔室添加 500 μL 电解质溶液,将一对 Ag/AgCl 电极的一端分别浸入检测池两腔室的电解质溶中,另一端与放大器探头相连,并指定 *cis* 端电极接地。

(2) 移液枪枪头靠近检测池薄膜鼓出气泡,吹走残留预处理液,检测池两个腔室中的电解质溶液通过薄膜微孔连通,软件面板显示电流呈溢出状态,一般在 2000 pA 以上。

(3) 使用移液枪吸取 1 μL 磷脂溶液,从溶液液面上方依次添加至检测池两个腔室中,静置 5~10 min,等待磷脂分散平铺在液面上。

(4) 在+100 mV 电压条件下,用 1000 μL 移液枪缓慢地上下提拉检测中的溶液,使磷脂分子在检测池薄膜微孔处聚集形成双分子层膜,此时电流基线稳定在 0 pA 附近。

(5) 逐步升高电压至+400 mV,测试磷脂膜击穿电压。若在+300~+400 mV 电压范围内,电流溢出,则说明磷脂膜破裂,则立刻调整电压至+100 mV。提拉溶液重新成膜,用于下一步实验。根据经验,新成磷脂膜的厚度和机械强度可满足下一步的实验需求。

(6) 得到合适的磷脂膜后,再次校准电流,使 0 mV 电压下基线电流为 0 pA,具体操作步骤同上。

5. 单个纳米孔道构建与表征

(1) 设置电压为+100 mV,使用移液枪吸取 1 μL 孔道蛋白溶液,枪头伸入 *cis* 腔室靠近薄膜微孔处,缓慢地注入孔道蛋白溶液。

(2) 调整电压至+200 mV,实时监测离子电流的变化。

(3) 发现电流突跃后,迅速调整电压至+100 mV。当磷脂膜上自组装形成单个生物纳米孔道时,即该跨膜蛋白质孔道唯一连通了检测池两个腔室的电解质溶液,可观察到离子电流呈量子化阶跃。在室温 22±2 ℃、+100 mV、pH=8、1 mol·L^{-1} Tris-KCl 溶液条件下,单个野生型 aerolysin 纳米孔道形成时,电流由 0 pA 阶跃至约 50 pA。

(4) 单个孔道形成后,单击软件面板左上方的“●”,在-100~+160 mV 电压范围内,每隔 10 mV 记录电流基线 10 s,再次单击“●”,完成该项数据记录,用于后续绘制电流-电压曲线(I-U 曲线)表征纳米孔道电导。软件记录数据时“●”图标显示为红色。

(5) 调整电压至 0 mV,记录电流基线 3~5 s,完成后升高电压,在+80~+120 mV 电压范围内,每隔 10 mV 记录电流基线 2 min,作为加待测样品前的空白对照。

6. 待测样品检测

(1) 调节电压至+100 mV,使用移液枪吸取 5 μL poly$(dA)_4$ 样品溶液,缓慢加入检测池 *cis* 腔室。

(2) 选用量程为 200 μL 的移液枪,调整读数至 100 μL,在+20 mV 低电压条件下,缓慢提拉 *cis* 腔室溶液使 poly$(dA)_4$ 分子分散均匀。

(3) 调整电压至 0 mV,记录电流基线 3~5 s,完成后调节电压,在+80~+120 mV 电压范围内，每隔 10 mV 记录 poly(dA)$_4$ 的电流信号 3～5 min，每个电压条件下收集2000 以上个单分子特征信号，用于统计分析。

7. 仪器关机与检测池清洗

实验结束后，依次关闭 SmartNano 数据记录软件和电池供电系统开关，然后拆除仪器和计算机连接线。从屏蔽盒中取出电池和检测池，将检测池里面的溶液倒入废液烧杯，依次用纯水、异丙醇、纯水分别冲洗检测池两个腔室，晾干后保存备用。调整所有移液枪读数至最大量程。整理实验台面。

五、注意事项

（1）添加磷脂溶液时，移液枪的吸头不要深入检测池液面以下，避免磷脂在溶液中堆积或团聚。

（2）溶液提拉速度会影响磷脂膜厚度与稳定性，应缓慢吸取和放回溶液，使磷脂分子均匀分布在聚四氟乙烯薄膜微孔处。

（3）检测池中磷脂溶液的浓度会影响磷脂膜的厚度，需要根据实验的具体情况，适当地调节磷脂溶液的添加量，确保所制备磷脂膜的击穿电压在+300～+400 mV 范围内，根据经验，此时膜厚约 5 nm，适合蛋白质嵌入形成跨膜生物纳米孔道。

（4）孔道蛋白活性会影响成孔的难易程度，不同批次蛋白的活性可能存在差异，可通过调节添加蛋白的浓度或体积，确保磷脂膜上仅形成单个生物纳米孔道。

（5）当形成单个孔道后，应立即将欧姆降低至+100 mV 以下，避免电压过高导致出现多个生物纳米孔道插膜的现象。

（6）在小于+50 mV 的低电压下加样和搅拌，减少溶液扰动对膜孔体系稳定性的影响。

（7）清洗检测池时会用到有机试剂，请务必戴好口罩、手套及护目镜。

（8）电解质溶液的电导易受环境温度的影响，因此纳米孔道的开孔电流、待测物质的阻断时间、阻断电流及捕获率也会随环境温度的变化而改变。当温度升高时，溶液的电导率增加，导致孔道开孔电流变大，待测物质的阻断时间缩短，残余电流程度增大，捕获率提高；当温度降低时，这些变化则相反。因此，建议在恒定室温（如 22±2 ℃）条件下进行纳米孔道实验，以确保实验结果的稳定性和可重复性。

六、数据处理与分析

（1）根据测量得到的单个纳米孔道在-100～+160 mV 电压下的开孔电流，绘制纳米孔道电流-电压（I-U）曲线，从拟合直线斜率求出纳米孔道的电导。

（2）使用 SmartNanoAnalysis 软件自动识别并提取 poly(dA)$_4$ 单分子信号的电流、时间信息，绘制不同电压下残余电流程度与阻断时间的二维散点图，以及残余电流程度和阻断时间的一维统计直方图，分别对各参数的一维统计直方图进行高斯或指数拟合，结合统计平均值随电压的变化趋势图进行讨论分析。

七、思考题

（1）为什么要构建磷脂双分子层膜？其构建原理是什么？

（2）单个 aerolysin 生物纳米孔道的 I-U 曲线是否为线性的，为什么？其他生物纳米孔道具有怎样的电化学特性？

(3) 如何证明记录的电流信号是由 DNA 分子产生的？DNA 分子产生的电流信号具有怎么样的统计学特征？

八、知识拓展

纳米孔道检测体系的等效电路模型如图 1-15A-5 所示，R_{pore} 表示纳米孔道的电阻，R_{cis} 和 R_{trans} 分别代表纳米孔道两侧溶液中电极到孔道入口之间的电阻，C_m 是磷脂双分子层膜的电容。纳米孔道不仅对离子具有限域效应，孔道限域测量界面电荷分布不均匀，也会影响离子的迁移行为，进而导致电导发生变化。对于 aerolysin 生物纳米孔道，其 β-桶状通道内部包含 27 组氨基酸残基（从 S256 到 R282 位点），相同位点的 7 个氨基酸残基为一组构成环形簇，如 S256 位点由 7 个丝氨酸残基组成。据此，可将孔道按照氨基酸残基组成划分为 27 个传感区域 Z_i（$i=1\sim27$），假设每一个传感区域内的一组氨基酸残基构成一个圆柱形的电阻 R_i（$i=1\sim27$），并且不同区域电阻串联。根据传统的体积排阻模型，孔道内有无分子时的电导差异主要来源于分子占位所引起的溶液体积变化，假定各传感区域长度相当并定义为 l_i，截面积为 S_i，分析物进入纳米孔道不同传感区域时占据的截面积为 S_i'，则排开溶液体积、孔道电阻和电导变化可分别表示为

$$\Delta V = \sum_{i=1}^{n} S_i' l_i \tag{1.15A.3}$$

$$R = \sum_{i=1}^{n} R_i \tag{1.15A.4}$$

$$\Delta G = \kappa_b \left(\sum_{i=1}^{n} \frac{l_i}{S_i - S_i'} \right)^{-1} \tag{1.15A.5}$$

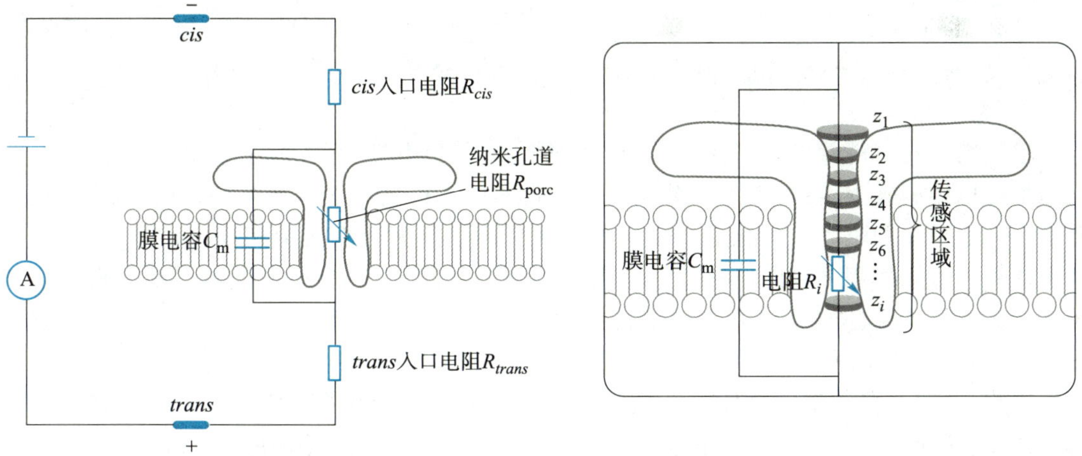

图 1-15A-5 纳米孔道电化学检测的电路模型

研究表明，孔道电导变化不仅仅来源于分析物体积排阻效应。例如，对于同一种多肽样品，研究发现与野生型 aerolysin 相比，突变型 T232K aerolysin 纳米孔道的离子阻断电流程度增加了 13.33%，其中体积排阻造成的离子电流变化仅贡献了 0.95%。由于纳米孔道内存在复杂的离子分子相互作用网络，待测分子能够通过与孔道的非共价相互作用调控孔道内的离子迁移速率，例如，静电相互作用不仅使离子沿孔道方向的迁移速率减小，而且还会导致

自由离子的数量减少，待测分子与孔道界面氨基酸残基形成氢键，或者在其顺序通过纳米孔道各传感区域时破坏孔道内的氢键网络；以上现象均会对离子运动速率产生影响，从而改变孔道内的溶液电导。重新审视纳米孔道内离子流的传感来源，表明待测分子体积排阻效应和纳米孔道限域非共价相互作用共同决定了孔道电导变化和离子流电信号特征，这种新认知为纳米孔道设计和传感应用提供了重要指导。

九、参考文献

（南京大学　龙亿涛、应佚伦、胡正利）

实验1-15B　纳米孔道电化学单分子定量测量

一、实验目的

（1）掌握基于纳米孔道单分子电化学技术的定量分析方法。

（2）能够使用纳米孔道单分子电化学测量仪进行单分子定性定量检测。

二、实验原理

1. 基础知识

参见平行实验1-15A相关内容。

2. 测量原理

生物纳米孔道进行单分子测量时，在外加电场下，负电性DNA分子受到电泳力作用，提高施加电压则电泳力增强，使单个分子进入孔道的频率提高。除电泳力外，电渗流也是纳米孔道中一类重要的驱动力。孔道内带电荷氨基酸残基会吸附溶液中相反电性的离子，这些离子在外加电场作用下定向迁移并牵引周围水分子共同运动，从而形成电渗流。可通过调控pH增加孔道内正电荷，或者利用基因突变手段在孔道界面特定位点引入正电荷，增强电渗作用，提高单分子电信号频率。此外，待测分子的进孔行为还受其与纳米孔道之间相互作用的影响。例如，在孔道入口处引入负电荷或去除正电荷会增强DNA分子与孔道的静电排斥作用，从而增加进入孔道的静电势垒；反之，若存在静电吸引作用，则可提高DNA分子进入孔道的能力。在电泳和电渗等共同作用下，待测DNA样品分子进入孔道引起离子流阻断事件，导致孔道出现开/关交替的现象。孔道呈开孔状态的持续时间，即两相邻单分子阻断信号之间的间隔时间定义为interevent time（t_{on}）。对间隔时间统计平均值求倒数，获得信号频率f，反映单位时间内离子流阻断事件发生的频率，即

$$f=\frac{1}{t_{on}} \tag{1.15B.1}$$

事件信号频率随电压增加呈指数变化，表明 DNA 分子被孔道捕获的过程不是一个仅受扩散控制的过程，与分子需要克服的进孔能垒有关。单分子信号频率与样品浓度呈线性关系，基于此可在单分子水平上实现目标分析物的定量分析，如图 1-15B-1 所示。

$$c_{DNA} \propto f \tag{1.15B.2}$$

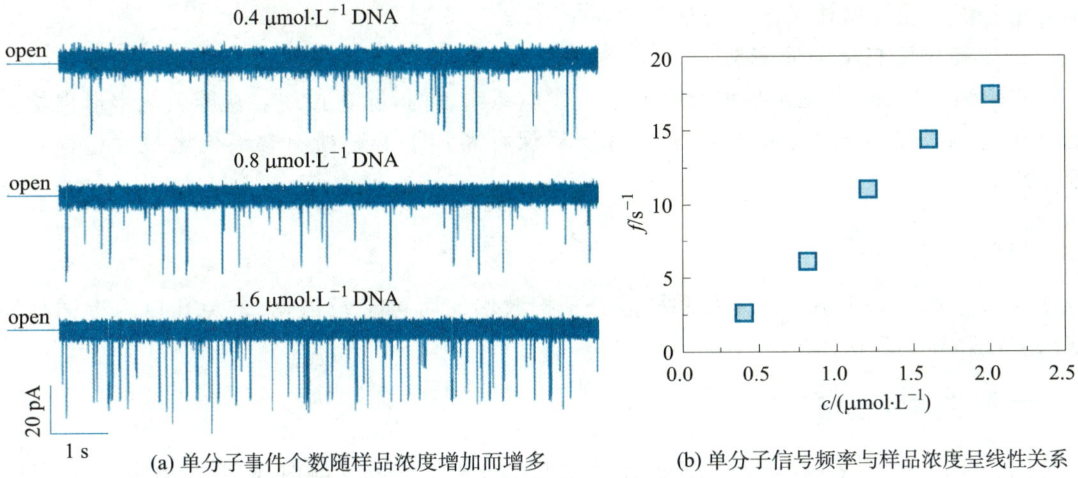

(a) 单分子事件个数随样品浓度增加而增多　(b) 单分子信号频率与样品浓度呈线性关系

图 1-15B-1　纳米孔道电化学单分子定量测量

三、仪器与试剂

1. 实验仪器

纳米孔道单分子电化学测量仪 1 台；纳米孔道检测池 1 套；Ag/AgCl 电极 1 对；移液枪 1 组（量程 10 μL、200 μL、1000 μL）；便携式计算机 1 台，安装有 SmartNano、SmartNanoAnalysis 数据软件和 Origin 绘图软件。

2. 试剂及耗材

2 $mg \cdot mL^{-1}$ aerolysin 孔道蛋白溶液；30 $mg \cdot mL^{-1}$ 磷脂溶液；10 $mmol \cdot L^{-1}$ Tris-HCl 缓冲溶液；1 $mol \cdot L^{-1}$ Tris-KCl 电解质溶液；1%正十六烷-正己烷预处理液；100 $\mu mol \cdot L^{-1}$ poly$(dA)_4$ 样品溶液。溶液配制方法同平行实验 1-15A。

四、实验步骤

1. 检测体系构建与表征

参照平行实验 1-15A 的方法。完成膜孔检测体系构建后，记录-100～+160 mV 电压范围内的开孔电流，表征纳米孔道电化学性质。在+80～+120 mV 电压范围内，每隔10 mV 记录纳米孔道自身的背景信号 5 min，作为加样前的空白对照实验。

2. 研究电压变化对信号频率的影响

（1）调整电压至+100 mV，使用移液枪吸取 2 μL poly$(dA)_4$ 样品溶液，缓慢加入检测池 *cis* 腔室。

（2）在+20 mV 低电压条件下，使用 200 μL 移液枪缓慢提拉 *cis* 腔室溶液，使待测样品分子分散均匀，在+100 mV 电压下实时记录 poly$(dA)_4$ 电流信号 5 min。

（3）分别改变电压为+80 mV、+90 mV、+110 mV 和+120 mV，在每个电压条件下记录电流信号 5 min，观察信号频率的变化。

3. 研究样品浓度对信号频率的影响

在+100 mV 电压下，再依次分别向检测池 *cis* 腔室加入 poly(dA)$_4$ 样品溶液 4 次，每次加样 2 μL。每次加样完成后，调节电压至+100 mV，记录不同样品浓度时的电流信号 5 min，用于对比分析。加样操作及测定方法同上。

4. 仪器关机与检测池清洗

实验结束后，依次关闭数据软件和电池供电系统，并拆除连接线。从屏蔽盒中取出检测池，依次使用纯水、异丙醇冲洗检测池，晾干后保存备用。调整所有移液枪至最大量程。整理实验台面。

五、注意事项

同平行实验 1-15A。注意待测样品分子扩散均匀后再记录数据，避免孔口附近样品局部浓度过高导致定量不准。

六、数据处理与分析

（1）使用 SmartNanoAnalysis 数据软件获取单分子信号的间隔时间，并绘制统计直方图，通过指数拟合或高斯拟合得到间隔时间统计平均值，根据 $f=1/t_{on}$ 计算得到信号频率。

（2）分别以电压和样品浓度为横坐标，信号频率为纵坐标，绘制不同电压和样品浓度条件下信号频率的变化趋势图，结合图形对单分子进孔动力学和定量分析方法进行讨论。

七、思考题

（1）除施加电压和样品浓度外，还有哪些因素会影响信号频率？为什么？

（2）结合信号频率的统计学特征，探讨如何进行纳米孔道单分子的定量检测研究。

（3）纳米孔道微弱电流测量时，除环境噪声外，还需要注意哪些事项？为什么？

八、参考文献

（南京大学　龙亿涛、应佚伦、胡正利）

实验 1-15C　多组分的纳米孔道电化学单分子测量

一、实验目的

（1）能够利用生物纳米孔道进行多组分混合样品的检测分析。

（2）运用纳米孔道电化学相关原理和方法去探索开展实践应用。

二、实验原理

1. 基础知识

参见平行实验 1-15A 相关内容。

2. 测量原理

蛋白质通过自组装形成的生物纳米孔道，具有纳米级的立体限域孔腔，与单个生物分子尺寸匹配，为单分子分析提供了三维的传感测量界面。纳米孔道电化学测量的灵敏性和选择性主要取决于单分子传感界面的性质。孔道内壁的氨基酸残基可作为待测分子的识别基团，通过定点修饰和定向改造可调控纳米孔道的选择性与灵敏度。例如，利用野生型 aerolysin 纳米孔道可实现不同聚合度聚乙二醇的区分和光响应 DNA 异构体的分辨，工程化改造的 aerolysin 生物纳米孔道可用于 DNA 碱基损伤及蛋白质翻译后修饰的识别。尤其是，T232K 突变型 aerolysin 纳米孔道能够区分仅相差一个化学基团的血管紧张素系列多肽，并可在酶反应过程中实时、无标记监测不同产物多肽含量的动态变化，从而实现单分子水平的时间组学测量。本实验以 poly(dA)$_3$、poly(dA)$_4$、poly(dA)$_5$分子作为分析模型，利用生物纳米孔道进行多组分混合样品的检测分析，实时检测和观察单分子 DNA 的电信号，统计分析多组分样品中不同 DNA 分子的信号差异，如图 1-15C-1 所示。

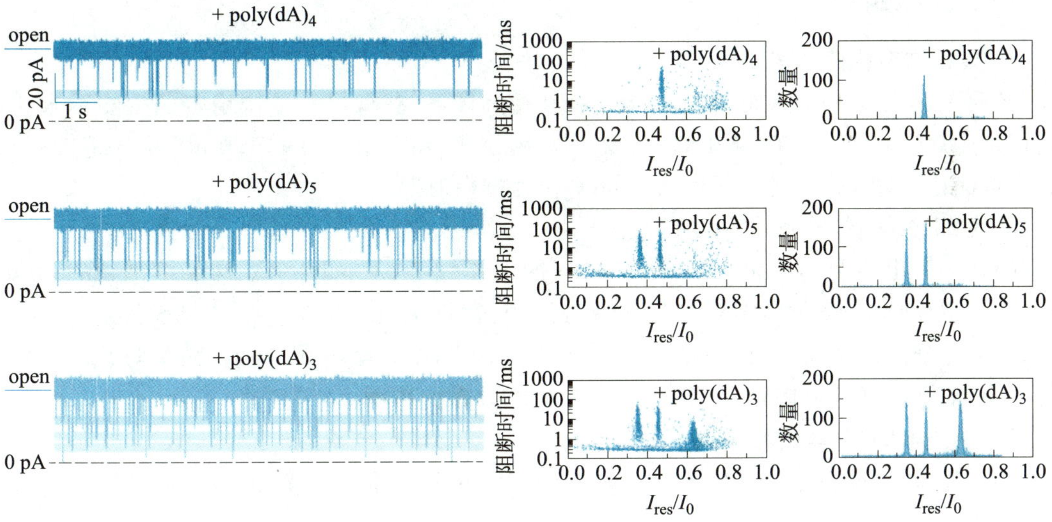

左：原始电流信号；中：阻断时间和残余电流的二维散点图；右：残余电流统计直方图

图 1-15C-1　多组分的纳米孔道电化学单分子测量电信号及统计分析示意图

在统计分析中，通常根据阻断时间和阻断电流的差异对不同待测物质进行区分，阻断时间差异越大，电流峰分布越窄，得到的单分子识别准确率越高。可使用电流分辨度 S 表示纳米孔道对任意 2 种分析物的区分能力：

$$S=\frac{2\times|P_1-P_2|}{W_1+W_2} \qquad (1.15C.1)$$

式中：P_1、P_2 分别表示分析物1和分析物2的电流峰拟合值，W_1、W_2 分别表示对应电流峰的峰底宽度。纳米孔道电流变化不仅与待测分子体积、质量、电荷等有关，还与分子、离子与孔道间的瞬态相互作用相关。相互作用强度不同可能会导致阻断电流在平均值附近产生不同程度的波动，阻断电流相对标准偏差 σ 可作为单分子信号的特征参数，提升不同生物分子的识别准确率。目前，AI融合的智能数据处理算法可快速准确提取单分子电信号更多维度的特征，从更深层次理解纳米孔道离子电流的来源和变化规律，有助于推动纳米孔道电化学单分子测量方法的创新发展和应用。

三、仪器与试剂

1. 实验仪器

纳米孔道单分子电化学测量仪1台；纳米孔道检测池1套；Ag/AgCl电极1对；移液枪1组（量程10 μL、200 μL、1000 μL）；便携式计算机1台，安装有SmartNano、SmartNanoAnalysis数据软件和Origin绘图软件。

2. 试剂及耗材

2 $mg \cdot mL^{-1}$ aerolysin孔道蛋白溶液；30 $mg \cdot mL^{-1}$ 磷脂溶液；10 $mmol \cdot L^{-1}$ Tris-HCl缓冲溶液；1 $mol \cdot L^{-1}$ Tris-KCl电解质溶液；1%正十六烷-正己烷预处理液；poly$(dA)_4$、poly$(dA)_5$ 和poly$(dA)_3$ 样品溶液，浓度均为100 $\mu mol \cdot L^{-1}$。溶液配制方法同平行实验1-15A。

四、实验步骤

1. 膜孔体系构建与表征

参照平行实验1-15A的方法。构建膜孔检测体系，获得单个结构稳定的生物纳米孔道后，记录-100～+160 mV的开孔电流，表征纳米孔道电导。在+80～+120 mV电压范围内，每隔10 mV记录纳米孔道的基线电流2 min，作为空白对照。

2. 单组分DNA样品的检测

（1）调整电压至+100 mV，向检测池 *cis* 腔室添加2 μL poly$(dA)_4$ 样品溶液，在+20 mV电压下提拉搅拌溶液，使待测样品分子分散均匀，在+100 mV记录电流信号5 min。

（2）分别改变电压为+90 mV、+110 mV和+120 mV，每个电压分别记录信号5 min，研究电压变化对单分子信号阻断时间、残余电流程度分布的影响。

3. 多组分DNA样品的检测

（1）完成poly$(dA)_4$ 样品检测后，再向检测池 *cis* 腔室添加7 μL poly$(dA)_5$ 样品溶液，在+100 mV记录电流信号5 min。

（2）完成poly$(dA)_5$样品检测后，再向检测池 *cis* 腔室添加3 μL poly$(dA)_3$ 样品溶液，在+100 mV记录电流信号5 min。

（3）分别改变电压为+90 mV、+110 mV和+120 mV，每个电压记录信号3～5 min，解析纳米孔道对不同DNA分子的识别分辨能力。

所有DNA样品均按照上述同样的方法进行加样、搅拌和检测。

4. 仪器关机与检测池清洗

实验结束后，仪器关机并拆除连接线。依次使用纯水、异丙醇清洗检测池，晾干后保存备用。调整所有移液枪至最大量程。整理实验台面。

五、注意事项

同平行实验 1-15A。注意同一纳米孔道对不同分析物的捕获能力不同,并且不同类型生物分子可能竞争进孔,需要适当提高信号频率较低的待测样品的加样量。

六、数据处理与分析

(1) 获取单组分样品在不同实验条件下的信号阻断时间、残余电流程度,绘制统计直方图并拟合,比较阻断时间、残余电流程度拟合值和电流峰宽的变化。

(2) 获取多组分样品在不同实验条件下的信号阻断时间、残余电流程度,绘制二维散点图和一维统计直方图,比较不同 DNA 分子的信号特征变化,计算电流分辨度,分析讨论纳米孔道对 DNA 的识别能力。

七、思考题

(1) DNA 分子产生的电流信号为什么会有不同的形状?

(2) 依次测定 3 种不同 DNA 时,为什么添加不同的样品量?

(3) 如果样品组成复杂,应该怎样进行检测?总结纳米孔道分析方法的优势。

八、知识拓展

1. 纳米孔道电化学领域历史

纳米孔道电化学技术于 20 世纪 80 年代末提出,最初目标是实现单分子 DNA 测序。1996 年公开发表论文表明利用 α-HL 纳米孔道能够检测单个核酸分子,1999 年,"nanopore"一词被提出用于描述这一新兴的单分子测量方法。2012 年,发现利用 Phi 29 DNAP 聚合酶能够控制单分子 DNA 定向匀速通过纳米孔道,与 MspA 生物纳米孔道联合首次获得了单分子 DNA 测序信号。目前基于马达酶-生物纳米孔道的商品化 DNA 测序仪的测序通量可达百 GB 级别,其准确率可达 99%以上。此外,在氮化硅、石墨烯、二硫化钼等多种薄膜材料上制备出了固态纳米孔道,并已尝试应用于 DNA 检测和 DNA 测序研究。与 DNA 测序相比,由于氨基酸单体种类多且电性不均一,纳米孔道单分子蛋白质测序仍面临巨大挑战。2004 年,报道了首篇利用生物纳米孔道进行多肽检测研究的工作,2008 年,科学家提出生物纳米孔道单分子多肽测序的想法,2021 年,实验证实了纳米孔道多肽/蛋白质测序概念可行。基于纳米孔道限域相互作用的测量新机制和新方法的发展,推动纳米孔道技术在多肽/蛋白质分析和聚糖研究等方面不断突破创新,现已能够利用生物纳米孔道实现多肽同分异构体、翻译后修饰识别,以及糖肽和寡糖的无标记测量。

2. 纳米孔道电化学技术应用

纳米孔道电化学分析技术具有免标记实时检测、分辨率高、灵敏度高、兼容长链分子无需片段化等特点,经过 30 多年的发展,其已拓展应用于生命科学、环境分析、能源化学、信息科学等相关研究领域。例如,利用纳米孔道技术研究致病多肽从单体到寡聚体的聚集过程;实时监测孔道限域测量界面内单个生物分子(如 β-发夹结构多肽)的动态变化;通过识别配体与生物分子相互作用时的构象改变检测金属离子等污染物、葡萄糖等代谢性小分子;还可以利用待测分子与孔道相互作用的差异实现不同类型生物标志物及其修饰的无标记分辨，从而为相关疾病早期诊断提供分子层面的依据。使用纳米孔道可以直接区分不同长度或不同分子量的多肽、蛋白质、核酸和人工合成聚合物（如聚乙二醇），迭代优化后的纳米孔道还能够识别出分子量相同及序列相近的单碱基修饰核酸、单氨基酸突变多肽/蛋白质及单个化学基团差异的聚合物分子，有望为基于碳基分子的信息存储研究等提供技术支撑。此外，纳米孔道作为纳米级反应器，不仅可以测量单分子共价反应过程中化学键的形成和断裂，还能够通过调控驱动电压及纳米孔道内化学环境来调控单分子反应速率和效率，有望用于高性能纳米反应器的可控构建。纳米孔道技术能够扩展多通道阵列并行检测，利用液滴纳米孔道阵列微芯片系统可以将血管紧张素Ⅱ等生物标志物的检测限降低至皮克（pg）级别，与微流控等其他技术联用，有助于进一步提高单分子检测的通量和灵敏度。人工智能（AI）融合大数据分析将深化对纳米孔道电化学原理的认知，拓展其在交叉领域的应用。

九、参考文献

（南京大学　龙亿涛、应佚伦、胡正利）

第2章 原子光谱实验

原子光谱因其灵敏度高、选择性好，是元素定性和定量分析的“金标准”，现已被广泛用于物理学、化学、生命科学、临床医学、食品工程、能源工程、环境监测等众多领域。一方面，由于原子光谱强大性能，其应用范围得到了显著拓宽；另一方面，经过近百年的发展，仪器发展已经相当集成，学生难以接触关键部件。鉴于此，本模块主要由三个关键部分组成：基础知识与基础应用、仪器联用与应用前沿、仪器组装与创制。在基础知识和基础应用部分，要求学生学习和掌握原子光谱基础知识和基础应用，包括原子光谱线状光谱产生原理、仪器结构、使用范围。在仪器联用与应用前沿部分，要求学生具有打破模块壁垒、创新仪器应用的意识，主要体现在仪器联用能够突破单一仪器性能和应用范围，以及仪器软硬件的提升，可以显著拓宽其应用。在仪器组装与创制方面，将打破仪器关键部件黑箱，学生通过自组装仪器实验，掌握仪器关键部件的作用，以及激发学生开发、创制仪器的兴趣。本模块共由 15 个实验组成，每个实验均有明确的实验目的和详尽的实验步骤，确保学生在实践中掌握核心知识点。实验内容从基础到高阶，循序渐进，帮助学生构建起全面的知识体系。这些实验覆盖了原子吸收光谱、原子荧光光谱、原子发射光谱及电感耦合等离子体质谱等多个原子光谱实验知识点，具有较高的应用价值。通过本模块的学习，学生可扎实掌握原子光谱基本原理、仪器关键部件及其作用、仪器应用范围拓展及自组装仪器理念等相关知识，为未来科学研究和仪器创制打下坚实基础。

2.1 原子光谱原理

原子光谱和原子质谱是用于分析样品中元素含量的重要技术，其中原子光谱主要包括原子吸收光谱、原子荧光光谱、原子发射光谱等。原子光谱/质谱方法具有高灵敏度、高选择性和高准确性的优点，能同时进行多元素的定性和定量分析，已被广泛应用于环境监测、食品安全、药物分析等领域。以下将简要介绍常见的原子光谱/质谱方法的基本原理及其分析方法的建立与应用。

2.1.1 基本原理

(1) 原子吸收光谱法是基于元素气态原子由基态跃迁至激发态时对辐射吸收程度的测量。选择特征辐射的光源，使其满足待测元素基态跃迁至激发态能级的能量要求。当辐射照射到样品蒸气时，待测元素的基态原子会吸收该辐射，产生吸收光谱。且辐射后基态原子数量减少值与辐射吸收值成正比，因此可通过测量气态原子对特征辐射的吸收即可获取待测元素的组成与含量。原子吸收线理论上应该是线状光谱，但原子碰撞及热运动等因素导致谱线具有一定的宽度(约 10^{-3} nm)。如果采用连续光源，分光系统获得的光谱通带宽度(约 0.2 nm)远大于吸收谱线宽度，因此测量高背景情况下的入射光变化导致灵敏度极差。此外，通过分辨率非常高的单色器才可能实现积分吸收的测量，这极大地限制了原子吸收光谱法的应用。以锐线光源作为激发光源(宽度窄于吸收线)，用峰值吸收替代积分吸收(中心频率相同)完美解决这一难题，这也是原子吸收光谱分析法的定量基础。

(2) 原子发射光谱法是通过测量元素气态原子在受热、吸收辐射或与其他粒子碰撞情况下产生的发射光波长和强度来进行定性和定量的分析方法。原子最外层电子吸收足够的能量跃迁至激发态后极不稳定，在经历约 10^{-8} s 后自发地跃迁回到低能态并辐射多余的能量，即为原子发射光谱。不同的元素具有不同的外层电子结构，因此元素的发射光谱具有特征性和唯一性，这是定性分析的依据。在理想条件下，原子发射光谱的谱线强度与分析物浓度成正比，这是定量分析的基础。通常情况下样品在光源中蒸发、原子化和激发过程会影响谱线的强度，因此在实际测量中很难获取谱线的绝对强度，常用相对强度来进行定量分析。在传统的发射光谱分析过程中，样品在光源(火焰、电弧、火花)的作用下蒸发为气态，由于运动粒子相互碰撞和激发，气体中产生大量分子、离子、原子和电子等粒子，整体呈电中性，称等离子体。等离子体是在具有一定厚度的弧焰中产生的，但弧焰中心温度高，边缘温度低，这会导致由弧焰中心辐射的光会被边缘低能态的同类原子吸收进而出现自吸现象。当原子浓度较高时，谱线的自吸效应增加，当自吸效应非常严重时谱线中心的辐射被完全吸收进而产生自蚀现象。为了解决这一问题，科学家设计了电感耦合离子体(inductively coupled plasma，ICP)激发光源，ICP 炬焰温度高，且因“趋肤效应”的轴心温度低特性，有效地消除了自吸效应，已成为目前最主要的光源。

(3) 原子荧光光谱法是通过测量元素气态原子在辐射激发下发射的荧光强度来进行定量的分析方法。气态原子外层电子在受到特征辐射激发后由基态跃迁至激发态，与原子发射光谱的产生类似，不稳定的激发态原子在经历约 10^{-8} s 后自发地跃迁回到低能态并辐射多余的能量，即为原子荧光光谱。激发光源停止后，原子荧光立即消失，且不同元素发射的原子荧光波长不同。理想情况下，原子发射的荧光强度与基态原子浓度成正比，即为原子荧光光谱法的定量基础。原子荧光是光致发光过程，激发态的原子还可能会以其他非荧光的能量辐射方式回到基态，使荧光减弱或完全不发生的现象称为荧光猝灭。此外，原子荧光量子效率(发射荧光量子数与吸收光量子数的比值)也是影响分析方法灵敏的主要因素。

(4) 原子质谱法，又称无机质谱法，是通过离子源将原子电离成离子并按质荷比进行分析检测的方法。与其他的原子光谱分析方法不同，原子质谱法所关注的是某元素特定同位素的实际原子量或含有某组特定同位素的实际质量。在常用的原子质谱法中，电感耦合等离子体质谱法(inductively coupled plasma-mass spectrometry，ICP-MS)由于诸多的优势已经成为元素分析最重要的技术之一。例如，常压下即可引入样品且电离效率很高，主要产生一价离子且离子能量集中，确保了方法的高灵敏度和准确度。此外，ICP-MS 谱图与常规的原子光谱相比简单很多，仅由元素的同位素峰组成，因此原子质谱法对于元素的定性和定量分析具有很好的优势。

2.1.2　分析方法

原子光谱法的重要特征是电磁辐射与待测元素间的相互作用仅仅涉及原子的电子能级

跃迁,可通过作用后的光谱来确定物质组成,或者利用质谱检测器来确定元素种类。同样可利用光谱峰或质谱峰强度对元素进行常量和痕量分析。由于原子核外电子跃迁路径和概率不同,因此元素的谱线很多但强度不一,在分析时常选用其中几条特征谱线,称为分析线。当样品浓度一直减少,谱线强度降低至消失,则最后消失的谱线称为最后线。每种元素都有一条或几条强度最高的谱线,称为灵敏线,也通常是能级跃迁中最容易发生的由第一激发态回到基态所产生的共振线。通常选用待测元素的共振线作为分析线,当测量浓度较高时,选用次灵敏线作为分析线。以下将简要介绍基于原子光谱的定性分析和定量分析方法。

(1) 定性分析　原子发射光谱和原子质谱由于可以一次获取大量元素的谱线和质谱数据,因而被广泛用于元素定性分析。虽然元素一般有很多条特征谱线,但只要检出两条以上某元素的灵敏线或最后线即可确定某元素的存在。由于铁谱在 210~660 nm 之间有上千条谱线,且谱线间距分配均匀,因此通常采用与标准光谱(即铁谱)进行比较的方式来确认样品中待测元素的分析线是否存在,即定性分析。ICP-MS 是按质荷比不同进行分离分析的,因此可以很容易做到多元素分析,且原子质谱图比原子发射光谱图更为简洁,也更容易解释,尤其是分析样品中含有能发射复杂谱线的稀土离子和重金属离子。此外,ICP-MS 的检测限优于绝大部分原子发射光谱法,理论上可实现所有元素的测量。

(2) 定量分析　与其他分析方法类似,原子光谱/质谱法的定量分析方法主要包含标准曲线法、标准加入法和内标法。其中标准曲线法是最常用的定量方法,适用于组成简单、干扰较少且大量样品的分析。简言之,先配制一系列不同浓度的待测元素的标准溶液,在与样品完全相同的条件下获取光谱/质谱信号,绘制浓度与信号关系的标准曲线,再通过测量样品的信号强度来求取待测元素的含量。对于组成较为复杂的样品,标准溶液与样品基质不符,难以准确获取标准曲线,此时可采用标准加入法进行测量,也称直线外推法或增量法。该方法首先选取若干份体积相同的样品,并从第二份起分别加入不同量的标准溶液,然后稀释至相同体积。分别测量样品及含有标准溶液样品的信号强度,并绘制浓度与信号的标准曲线,将得到的标准曲线外推至与浓度轴相交,交点至原点的距离即为待测元素稀释后的浓度。此法是建立在待测元素浓度与光谱/质谱信号呈线性关系的基础上,可以一定程度上消除基质干扰,但不能消除仪器干扰。内标法是通过测量谱线/质谱信号的相对强度来进行定量分析的方法,可以在很大程度上减少仪器各部件因不稳定带来的影响。在待测样品中加入内标元素,并记录两种元素的信号比值,即为相对强度,因此通过相对强度与被分析元素含量的关系即可进行定量分析。

2.2 原子光谱仪的结构与类型

原子光谱仪主要由光源、原子化系统、分光系统和检测系统组成,原子质谱仪主要由离子源、质量分析器和检测器组成。原子光谱仪的分光系统和检测系统与分子光谱类似,且质谱仪的质量分析器在质谱章节有详细介绍。以下将简要介绍原子光谱仪、质谱仪的光源、离子源和原子化系统的种类及功能,在此基础上介绍几种常见的原子光谱仪与质谱仪的类型、性能及最新研究成果。

2.2.1 光源/离子源

原子吸收光谱和原子荧光光谱分别是由原子吸收特征辐射和释放特征辐射而产生的，因此两种分析方法具有相同的光源部件。目前使用最为普遍的锐线光源是空心阴极灯，其阴极为空心金属管，内壁有待测元素的金属，阳极为钨或钛等金属，且灯内充有一定压力的惰性气体。用不同的金属元素作阴极材料在通电时即可获取相应金属元素的特征光谱，空心阴极灯有辐射强、谱线窄、性能稳定等优势，但每测一种元素需要更换对应的灯。原子发射光谱仪的光源作用比空心阴极灯有更多的作用，首先使样品蒸发产生基态的原子蒸气，然后再为原子蒸气提供能量跃迁至激发态。目前原子光谱仪中使用的光源主要有两类，一类是适合液体分析的火焰和等离子体光源，另一类是适宜固体样品分析的电弧和电火花光源。ICP 炬焰因诸多的优势已经成为原子发射光谱仪最主要的光源，主要由高频发生器和等离子体矩管组成。ICP 光源温度高，具有惰性气体氛围，能有利于难熔化合物的分解和元素激发，具有很好的稳定性和灵敏度。ICP 焰炬中粒子高速运动，与样品中元素碰撞，使之迅速、大量电离，因此 ICP 也被广泛用于质谱分析的离子源，将 ICP 炬焰中产生的金属正离子通过蠕动泵接口导入质量分析器即可收集原子质谱数据。值得注意的是，ICP 为光源/离子源的仪器较为昂贵，仪器运行费用也较高。

2.2.2 原子化系统

原子光谱/质谱仪的检测对象是原子，因此原子化系统也是仪器最重要的部件之一。原子发射光谱和原子质谱仪的光源和电离源本身具有很高的温度，可实现样品的原子化过程。原子吸收光谱和原子荧光光谱仪则需要额外的原子化系统，为确保分析的灵敏度和准确性，原子化系统需要高原子化效率、高稳定性和优异的重现性。原子吸收光谱仪常用的两类原子化系统分别为火焰原子化器和非火焰原子化器。其中，火焰原子化器主要由雾化器、雾化室和燃烧器组成。雾化器是将液体样品转化为雾状，雾化室则是要除去大雾滴，进一步雾化和均匀雾滴。进入燃烧器的细雾经火焰干燥、熔化、蒸发和解离后产生大量的基态原子。由于火焰温度高、燃烧稳定和重现性好等优势，乙炔-空气火焰是原子吸收光谱法中最常用的火焰之一。利用电热、阴极溅射、等离子体或激光等方式使样品中元素原子化称为非火焰原子化器，原子吸收光谱中石墨炉原子化器最为常用，主要由电源、炉体和石墨管三部分组成。电流通过石墨管时产生高温（约 3000 K），使样品原子化。石墨炉原子化法原子效率很高，检出限低至 10^{-14} g，且适用于液体和固体样品，但基体效应和化学干扰大，导致其重现性不如火焰原子化法。近年来也有发展使用电加热石英管的原子化模块结合金纳米捕集方法来检测痕量汞。除了高温原子化过程，原子吸收光谱和原子荧光光谱仪还结合氢化物原子化法和冷原子化法进行元素分析。例如，在酸性介质中，待测元素（As、Sb、Bi、Sn、Ge、Se、Pb、Ti 等）与强还原剂硼氢化钠反应生成气态氢化物，进入加热的石英吸收管或氩氢火焰中被分解为气态原子进行吸收或荧光分析。对于汞元素而言，在样品中加入氯化亚锡等还原剂即可使汞离子转换为金属汞，载气将其带入仪器进行测量，即实现冷原子化过程。

2.2.3 常见仪器类型

原子吸收光谱仪主要有火焰原子吸收光谱仪和石墨炉原子吸收光谱仪，前者因光路不同分为单光束和双光束火焰原子吸收光谱仪。原子荧光光谱仪主要分为非色散型和色散型两类,由于后者结构简单(不含单色仪,仅有滤光片),其应用更为广泛。以火焰、电弧和火花等为光源的发射光谱分析法被称为经典发射光谱法,目前常用的原子发射光谱仪采用ICP为光源,能同时灵敏地分析多种无机元素。将ICP与质谱分析装置联用即可获得能快速、准确、灵敏分析几乎所有元素的ICP-MS。近年来,为了满足现场分析需要,原子光谱在小型化仪器构造方面的研究非常活跃。例如,将ICP替换为能耗更小的微等离子体,并利用集成化的光谱仪,结合新开发的分析方法即可制得用于现场快速分析的便携式原子光谱仪。

2.3 原子光谱相关实验技术

原子光谱/质谱法在分析实际样品时常常需要其他相关实验技术的辅助,例如对于复杂样品,需要一些样品前处理技术使样品能用于仪器分析。此外,对于需要分析元素形态或复杂分析物时,色谱-质谱联用方法常用于解决以上问题。以下将简要介绍常用的样品前处理技术与色谱-质谱联用方法。

2.3.1 常用样品前处理技术

样品前处理对样品的分析起着至关重要的作用,前处理方法选择是否适合,直接影响分析结果的精密度和准确度,因此在测试前,必须进行正确的样品制备和处理。其中消解处理是为了排除有机物和悬浮物干扰,将各种状态的元素氧化成单一状态或转变成易于分离的无机化合物,从而得到用于检测分析的清澈透明无沉淀的浓缩溶液。消解方法主要有:干法消解(灼烧法)、湿法消解、微波消解。

(1) 干法消解　干法消解是一种通过高温碳化和灰化来除去大量有机化合物的方法。残留的无机灰分用酸溶解制成溶液,然后主要采用溶剂萃取、掩蔽、沉淀等方法排除其他离子的干扰。干法消解的优点包括加入的试剂少,空白值低;灰分体积小,可以处理较多的样品,并能富集待测组分;有机物分解彻底,操作简单。然而,该方法也存在一些缺点,如所需时间较长,且高温容易导致易挥发元素的损失。此外,坩埚对待测组分有一定的吸附作用,可能会降低测定结果的准确性和回收率。

(2) 湿法消解　湿法消解是一种在样品中加入强氧化剂(如浓硝酸、浓硫酸、高氯酸、高锰酸钾、过氧化氢等),并加热进行消解的方法。在这个过程中,样品中的有机物质会被完全分解和氧化,以气态形式逸出,从而使待测组分转化为无机物状态(离子态)存在于消化液中。这种方法能够快速分解有机物,且元素损失较少。然而,它也存在一些缺点,如容易产生大量有害气体,一开始会产生大量泡沫易外溢,需要持续监管,消耗人力;此外,试剂用量较大,导致空白值偏高。

(3) 微波消解　微波消解是湿法消化的一种,指利用微波加热密闭容器中的消解液和样品,从而破坏样品中的有机物或还原性物质,为后续检测提供良好的样品前处理。作为一种高效的样品前处理方法,微波消解能够很好地满足现代仪器分析对样品前处理过程的要求,具有加热速率快、加热均匀、试剂用量少、低空白、节能高效等优点。尤其在易挥发元素的分析检测中,它可以很好地保持样品完整性,具备很高的样品回收率。然而,这种方法需要在高压条件下进行，且消化的样品量较小。

2.3.2 色谱-质谱联用技术

色谱-质谱联用技术（GC-MS、LC-MS）是一种高度精密的分析方法，结合了色谱和质谱的优势，广泛应用于化学、生命科学、环境监测等领域。在GC-MS中，气相色谱（GC）通过分离混合物中的化合物，质谱（MS）则用于识别和定量这些化合物，提供了高分辨率和高灵敏度的分析结果。LC-MS则结合了液相色谱（LC）和质谱技术，适用于分析极性化合物和生物大分子，具有较高的选择性和灵敏度。

色谱-质谱联用技术的关键在于接口技术，它负责将色谱分离的化合物引入质谱进行分析。接口技术包括样品的离子化、传输和质谱检测器之间的连接，以确保样品分析的连续性和准确性。在液相色谱-质谱联用系统中，样品溶液经处理后由LC进样口进样，经微米（μm）级的微粒作为固定相的高效色谱柱分离，再通过雾化器雾化后送入高温等离子体中进行质谱分析。在气相色谱-质谱联用系统中，GC的流动相为气体（Ar或He），它不仅能使样品定量地传输到ICP中而不需雾化，而且也能降低ICP-MS检测的背景。在联用系统中，色谱相当于ICP-MS的连续进样器，而ICP-MS相当于色谱的特殊检测器。不断改进和创新的接口技术推动了GC-MS和LC-MS联用技术的发展，使其成为分析复杂样品和研究未知化合物的重要工具。

2.1—2.3节 参考文献

（四川大学 郑成斌、张金懿，厦门大学 严晓文，武汉大学 何蔓）

原子吸收光谱法

实验2-1 火焰原子吸收光谱法测定自来水的硬度（钙、镁含量）

一、实验目的

（1）能够阐述原子吸收光谱产生的基本原理。
（2）能够掌握标准曲线定量方法的原理及曲线绘制。
（3）能够利用原子吸收分光光度计测量自来水的硬度。
（4）掌握分析方法学的建立，学会处理和分析数据。

二、实验原理

原子吸收光谱法在测定自来水硬度方面具有重要意义,通过该方法可以准确测定水中钙、镁等金属离子的浓度,从而评估水的硬度水平。本实验将使用火焰原子吸收分光光度法测量自来水的钙、镁含量,包括绘制标准曲线,使用原子吸收光谱仪测定自来水样品中金属离子的吸收光谱信号,并通过标准曲线计算出金属离子的浓度。这一过程有助于监测水质、保障饮用水安全,为水处理和调节提供科学依据,确保水质符合相关标准要求。

三、仪器与试剂

1. 实验仪器

公用仪器:火焰原子吸收分光光度计 2 台;钙元素和镁元素空心阴极灯;空压机 2 台。每组学生所用的仪器如表 2-1-1 所示。

表 2-1-1 每组学生的仪器表

仪器	规格	数量	仪器	规格	数量
容量瓶	25 mL	6	钙储备液移液管	10 mL	1
烧杯	100 mL	1	钙标准溶液移液管	5 mL	1
移液管架	—	1	镁储备液移液管	1 mL	1
胶头滴管	10 cm	1	镁标准溶液移液管	5 mL	1
洗瓶	500 mL	1	洗耳球	小号	1
钙水样移液管	10 mL	1	容量瓶	100 mL	2
镁水样移液管	1 mL	1			

2. 试剂及耗材

1000 $\mu g \cdot mL^{-1}$钙标准储备液;1000 $\mu g \cdot mL^{-1}$镁标准储备液;自来水样;去离子水。

四、实验步骤

1. 钙标准溶液及自来水样的配制

(1) 100 $\mu g \cdot mL^{-1}$钙标准使用液的配制　用钙储备液移液管从标有“钙标准储备液(1000 $\mu g \cdot mL^{-1}$)”字样的试剂瓶中准确移取 10.00 mL 钙标准储备液于 100 mL 容量瓶中,用去离子水稀释至刻度,摇匀,备用。

(2) 钙系列标准溶液的配制　使用钙标准溶液移液管从上一步所配制的 100 mL 容量瓶中分别准确移取 1.00 mL, 2.00 mL, 3.00 mL, 4.00mL, 5.00 mL 钙标准使用液(100 $\mu g \cdot mL^{-1}$)于 5 个 25 mL 容量瓶中,用去离子水稀释至刻度,摇匀,备用,依次标记为 1#,2#,3#,4#和 5#。

(3) 自来水样的配制　使用水样移液管移取 10.00 mL 自来水样于 25 mL 容量瓶中,用去离子水稀释至刻度,摇匀,备用,标记为 6#。

2. 镁标准溶液及自来水样的配制

(1) 10 $\mu g \cdot mL^{-1}$镁标准使用液的配制　用镁储备液专用移液管从标有“镁标准储备液

(1000 μg·mL^{-1})”字样的试剂瓶中准确移取 1.00 mL 镁标准储备液于 100 mL 容量瓶中，用去离子水稀释至刻度，摇匀，备用。

(2) 镁系列标准溶液的配制　使用镁标准溶液移液管(贴有“10 μg·mL^{-1}”字样的标签)从上一步所配制的 100 mL 容量瓶中分别准确移取 1.00 mL，2.00 mL，3.00 mL，4.00 mL，5.00 mL 镁标准使用液(10 μg·mL^{-1})于 5 个 25 mL 容量瓶中，用去离子水稀释至刻度，摇匀，备用，依次标记为 1′#，2′#，3′#，4′#和 5′#。

(3) 自来水样的配制　用水样专用移液管(贴有“水样”字样的标签，不需要洗涤和润洗)移取 0.50 mL 自来水样于 25 mL 容量瓶中，用去离子水稀释至刻度，摇匀，备用，标记为 6′#。

3. 测试

原子吸收分光光度计测定钙和镁的条件如表 2-1-2 所示。首先用去离子水进行调零，然后将标准溶液由低浓度至高浓度进行测试，再次用去离子水冲洗进样管，最后测定自来水样品。按表 2-1-3 记录标准溶液的吸光度和线性相关系数。

表 2-1-2　原子吸收分光光度计测定钙和镁的条件

元素	燃气流速/(L·min^{-1})	灯电流/mA	波长/nm	带宽/nm	燃烧头高度/mm	背景校正	测定次数/次
Ca	1.2	3.00	422.7	0.70	8.00	无	3
Mg	1.2	2.00	285.2	0.40	8.00	氘灯	3

表 2-1-3　水样中______元素含量的测定

水样类型	标准溶液					水样 6#
	1#	2#	3#	4#	5#	
c/(μg·mL^{-1})						
A						
线性方程及相关系数						—

五、注意事项

(1) 该实验使用的去离子水均为 0.22 μm 滤膜二次过滤水，避免堵塞进样管。

(2) 储备液专用移液管不用洗涤和润洗。

(3) 测定不同元素选用的空心阴极灯不同，一定确认对应。

(4) 溶液浓度从低到高进行，测定待测溶液前一定用去离子水洗涤管路。

(5) 燃烧头温度非常高，千万不要用手去触碰。

六、数据处理及分析

(1) 通过作图，计算自来水中钙或镁的含量(单位：μg·mL^{-1})。

(2) 在分析化学实验中会用配位滴定法测定自来水的硬度，请将两个实验数据进行对比分析，体会化学分析法和仪器分析法的区别。

七、思考题

(1) 查阅文献,简述原子吸收的特点。

(2) 为什么要使用待测元素的空心阴极灯?

八、参考文献

(北京化工大学 张春婷)

实验 2-2A 微波消解火焰原子吸收光谱法测定茶叶中铜含量

一、实验目的

(1) 能够阐述原子吸收光谱法的工作原理和使用方法。

(2) 熟悉实际样品分析的流程和方法,了解微波消解仪。

(3) 能够利用原子吸收分光光度计测量茶叶中铜含量。

(4) 掌握加标回收率、平行实验和空白对照等分析过程质量控制技术。

二、实验原理

铜是人体必需的微量元素之一,在中枢神经系统中具有重要作用。适量铜对人体健康是有益的,但过量则会对身体造成危害。茶叶中的重金属主要来自受污染的土壤、大气、水、不当施肥及加工过程中的不合理操作。展开对成品茶重金属含量的检测工作,能够有针对性地了解重金属的渗入途径,为茶叶行业的绿色发展提供科学指导和技术保障。实验采用微波消解对茶叶样品进行前处理,并用火焰原子吸收光谱法对其铜含量进行测量。实验过程通过空白对照、平行实验、加标回收实验等进行分析过程的质量控制,确保获得准确的分析结果。

三、仪器与试剂

1. 实验仪器

公用仪器:分析天平 1 台;微波消解仪 1 台;赶酸仪 1 台;火焰原子吸收分光光度计 1 台;铜元素空心阴极灯;空压机 1 台;1000 μL 移液枪 1 支;5000 μL 移液枪 1 支。

每组学生所使用的仪器如表 2-2A-1 所示。

表 2-2A-1　每组学生所使用的仪器表

仪器	规格	数量	仪器	规格	数量
容量瓶	10 mL	9	铜储备液移液管	5 mL	1
烧杯	100 mL	1	研钵	—	1
移液管架	—	1	胶头滴管	10 cm	1
洗瓶	500 mL	1	洗耳球	小号	1

2. 试剂及耗材

茶叶；铜标准溶液（10 μg·mL^{-1}）；硝酸（1%）；硝酸（68%）；过氧化氢溶液（30%）；0.22 μm 水系滤膜；去离子水。

四、实验步骤

1. 微波消解茶叶

茶叶置于烘箱中 60 ℃烘干至恒重，除去水分（该步骤由实验室技术人员提前完成）。采用分析天平称取研磨后的茶叶粉末样品 0.5 g 左右（准确记录质量），置于聚四氟乙烯微波消解罐中，加入 8.00 mL 硝酸（68%），在 100 ℃下预加热处理至黄烟冒尽后，补加 2.00 mL 硝酸和 1.00 mL H_2O_2 溶液，按表 2-2A-2 所示的程序进行消解。

表 2-2A-2　微波消解茶叶样品程序

步骤	温度/℃	时间/min
1	150	5
2	170	5
3	190	15

待消解程序结束，冷却、泄压后，将消解液于 160 ℃赶酸仪中赶酸至约 1 mL，冷却后转移至 10 mL 容量瓶中，用 1%硝酸洗涤消解罐，并用洗涤液定容至刻线，得到澄清透明的消解液，同法制备平行样品、空白样品和加标样品。

2. 铜系列标准溶液的配制

分别移取 1.00 mL，2.00 mL，3.00 mL，4.00 mL，5.00 mL 铜标准溶液于 10 mL 容量瓶中，用 1%硝酸定容，得到浓度分别为 1.00 μg·mL^{-1}，2.00 μg·mL^{-1}，3.00 μg·mL^{-1}，4.00 μg·mL^{-1}，5.00 μg·mL^{-1}的系列标准溶液。

3. 原子吸收分光光度法测定

采用火焰原子吸收法进行测定，以乙炔气为燃气，空气为助燃气，用 1%硝酸作为空白溶液，原子吸收分光光度计的条件设置如表 2-2A-3 所示。

表 2-2A-3　原子吸收分光光度计测定铜含量的条件

燃气流速/（L·min^{-1}）	灯电流/mA	波长/nm	带宽/nm	燃烧头高度/mm	背景校正	测定次数/次
1.2	2.00	324.8	0.70	8.00	氘灯	3

五、注意事项

（1）微波消解过程中需使用浓硝酸和过氧化氢溶液，一定注意安全防护措施。

（2）确保样品消解完全，否则影响测定结果。

（3）测试系列标准溶液时按浓度从低到高的顺序进行；测定样品溶液前用 1% 硝酸洗涤管路。

（4）加标后样品的吸光度也应该落在标准曲线的范围内。

六、数据处理及分析

将数据记录在表 2-2A-4 和表 2-2A-5 中，并通过所得数据绘制标准曲线，计算茶叶中铜的含量（单位：$\mu g \cdot g^{-1}$）和分析方法的加标回收率。

表 2-2A-4　铜元素标准曲线的绘制

铜系列标准溶液	1	2	3	4	5
$c/(\mu g \cdot mL^{-1})$					
A					
线性方程及相关系数					

表 2-2A-5　茶叶中铜含量的测定

所测样品	m/g	A	$c/(\mu g \cdot mL^{-1})$	$w/(\mu g \cdot g^{-1})$	加标量/μg	加标回收率/%
空白样品	—		—	—	—	—
样品 1					—	—
样品 2					—	—
加标样品						

七、思考题

（1）请列举在分析检测过程中质量控制的其他方法。

（2）查阅文献了解其他消解方法的优势和不足。

八、参考文献

（北京化工大学　张春婷）

实验 2-2B 微波消解石墨炉原子吸收光谱法测定土壤中的镉含量

一、实验目的

(1) 能够阐述原子吸收光谱法的工作原理和使用方法。
(2) 掌握石墨炉原子吸收光谱法的基本原理及条件选择。
(3) 能够利用原子吸收分光光度计测定土壤中的镉含量。
(4) 掌握标准加入法的分析过程和意义。

二、实验原理

1. 微波消解

微波消解通过分子极化和离子导电两个效应对物质直接加热,促使固体样品表层快速破裂,产生新的表面与溶剂作用,可在数分钟内完全分解样品。放置在消解罐中的样品和消解酸于微波场下实现极性分子的急速旋转,分子间的相互摩擦产生热量,使样品和消解酸的温度升高,同时由于消解罐是密闭的,从而形成高温高压的条件,破坏样品的初始形态,加速样品的溶解和待测元素的析出。

2. 原子吸收

待测元素空心阴极灯发射出一定强度和一定波长的特征谱线的光通过含有待测元素基态原子蒸气的火焰时,部分特征谱线光被吸收,而未被吸收的光经过单色器,照射在光电检测器上,通过检测得到特征谱线光强被吸收的大小,根据朗伯-比尔定律 $A=\kappa bc$ 作出标准曲线,得到样品中待测元素的含量。

3. 质量控制

整个过程通过空白对照、平行实验、加标回收实验等进行分析土壤全过程的质量控制和质量保证,确保获得准确的分析结果。

三、仪器与试剂

1. 实验仪器

原子吸收分光光度计;微波消解仪;赶酸仪;电子分析天平(精度 0.1 mg)等;其他每组学生的使用仪器请参照表 2-2B-1。

表 2-2B-1 实验所需玻璃仪器(每组一套)

仪器	规格	数量	仪器	规格	数量
容量瓶	25 mL	2	烧杯	500 mL	1
容量瓶	10 mL	14	烧杯	100 mL	1
量筒	10 mL	3	玻璃棒	8 cm	1
胶头滴管	10 cm	1	洗瓶	500 mL	1
移液管	5 mL	1	玛瑙研钵	20 mL	1

2. 试剂及耗材

硝酸、盐酸为优级纯;过氧化氢溶液(30%);土壤样品(最好采用标准样品);20 $\mu g \cdot L^{-1}$镉标准溶液。实验用水均为二次过滤去离子水。

四、实验步骤

1. 实验组织形式

本实验采用小班教学(30 人以内),每个实验班级配备一名实验指导教师、一名实验技术人员及两名助教。实验教学主要分为以下几个步骤:

(1) 实验指导老师先进行 45 min 实验原理、内容和注意事项的讲解,并演示实验关键步骤的操作。

(2) 实验指导老师和助教共同指导学生按照 3~4 人一组完成样品前处理的实验内容。

(3) 实验技术老师讲解原子吸收光谱仪的仪器组成和完成装置条件设置;实验指导老师带领学生完成土壤消解液中镉离子含量的测定。

(4) 同学们根据实验数据完成实验报告并分组讨论实验结果。

2. 实验条件设置

石墨炉元素灯选用镉空心阴极灯,波长 228.8 nm;灯电流 20.0 mA;狭缝 0.4 nm;石墨管为热解涂层管;样品进样量 20 μL,基体改进剂 5 μL;载气为高纯氩气;测量方式为峰面积。

石墨炉升温程序:干燥温度 120 ℃,干燥时间 30 s;灰化温度 700 ℃,灰化时间 20 s;原子化温度 1600 ℃,原子化时间 5 s;除残温度 2200 ℃,除残时间 3 s;氩气流速 300 $mL \cdot min^{-1}$,原子化时停气。

3. 样品前处理

按照《土壤环境监测技术规范》(HJ/T 166—2004)的要求对土壤进行采集、风干后,用玛瑙研钵研磨过 100 目分样筛,混匀后备用。准确称取土壤样品 0.2~0.3 g(准确记录质量)置于干燥清洁的消解罐中,加几滴去离子水润湿,加入 3 mL 硝酸、3 mL 盐酸和 2 mL 过氧化氢溶液,拧紧罐塞,放置在微波消解仪中进行消解,消解程序为升温时间 5 $℃ \cdot min^{-1}$,消解温度 180 ℃,保持时间15 min。消解结束后,冷却,将消解罐置于石墨赶酸仪中进行加热赶酸至无酸雾产生,取下消解罐稍冷后将消解液转移至 25 mL 容量瓶中,用 1% 硝酸定容至标线,摇匀,待测,同时做空白实验。

4. 土壤消解液的测定

移取 2.00 mL 上述土壤消解液,置于 10 mL 容量瓶中,分别加入 0.00 mL,0.50 mL,1.00 mL,2.00 mL,4.00 mL 的 20 $\mu g \cdot L^{-1}$镉标准工作使用液,用 1.0%硝酸定容,得到加入浓度分别为 0 $\mu g \cdot L^{-1}$,1.00 $\mu g \cdot L^{-1}$,2.00 $\mu g \cdot L^{-1}$,4.00 $\mu g \cdot L^{-1}$,8.00 $\mu g \cdot L^{-1}$的系列标准溶液,从低浓度到高浓度进行石墨炉原子吸收测定。

5. 溶液吸光度的测量

配制的标准溶液和样品溶液放置至少 10 min 以后,按仪器的使用方法逐个测量并记录各系列标准溶液和试液的吸光度。绘制镉的标准工作曲线,根据标准工作曲线计算出试液中镉的含量,并计算土壤中镉含量。

6. 加标回收率实验

相同实验条件下，采用加标回收进行方法准确性评价，选择一份消解后的土壤样品溶液作为本底，分别加入 0.50 mL，1.00 mL，2.00 mL 的镉标准溶液（浓度为 20 μg·L^{-1}）进行低、中、高浓度水平的加标回收率实验，每个浓度水平加标 3 次，采用原子吸收测定本底样品及加标样品，并计算加标回收率和相对标准偏差。

五、注意事项

（1）微波消解仪使用需要在通风柜条件下进行，且特别注意消解过程中酸雾的处理。

（2）石墨炉原子吸收分光光度计需要使用高纯氩气作为助燃气，所以实验时需要严格在实验指导老师指导下进行。

（3）实验结束后需要用 1%硝酸和去离子水清洗管路后方可关闭仪器。

六、数据处理与分析

实验进行过程中，需要将实验关键数据记录于表 2-2B-2 和表 2-2B-3 中，并课后处理与完善实验数据。

表 2-2B-2　土壤中镉元素含量的测定

样品类型	标准加入溶液					空白样品	样品
	1	2	3	4	5		
c/(μg·L^{-1})							
A							
线性方程及相关系数							

表 2-2B-3　加标回收率实验结果表

样品	测量值/(μg·L^{-1})	加标值/(μg·L^{-1})	回收值/(μg·L^{-1})	回收率/%
土壤-1				
土壤-2				
土壤-3				

七、思考题

（1）标准曲线法和标准加入法定量的不同之处是什么？

（2）查阅文献，举例说明生活中镉污染的主要来源。

八、参考文献

（北京化工大学　龙新、李璐凡）

实验 2-3　自组装冷蒸气原子吸收光谱法测定水中痕量汞

一、实验目的

（1）掌握冷蒸气发生石英管电热原子吸收光谱法测定汞的原理。

（2）深入理解分析仪器的发展趋势及改进思路。

（3）能够运用新方法实现水中痕量汞的定量分析。

二、实验原理

检测水体中痕量汞的意义在于及时发现和监测汞污染，保护水质和生态系统，以及预防汞对人类健康造成的危害。本实验采用自组装冷蒸气原子吸收光谱法测定水中痕量汞。在酸性介质中，样品中的汞被硼氢化钾还原为原子态汞，将金纳米材料涂覆在 T 形石英管中，应用于冷蒸气发生的 Hg^0 的富集，然后通过镍铬丝加热石英管使解吸附的 Hg^0 进行原子吸收的检测。实验过程通过空白对照、平行实验、标准曲线等进行分析过程的质量控制，确保获得准确的分析结果。

三、仪器与试剂

1. 实验仪器

本实验装置由一个流动注射的冷蒸气发生系统和石英管原子化原子吸收光谱仪组成，装置示意图如图 2-3-1 所示。流动注射冷蒸气发生体系由一个六通阀、两个三通道恒流泵和一个石英的气液分离器组成，其中六通阀配置有一个聚四氟乙烯材质的定量环用于确定进样量。KBH_4 与酸化的样品反应并通过氩气的吹扫进入气液分离器，使生成的 Hg^0 蒸气气液分离后带入石英管原子化器中并被富集在涂覆了金纳米的管壁上。通过在燃烧器上搭建缠有镍铬丝的 T 形石英管将原子吸收光谱仪改装成本实验所用的石英管电热原子吸收光谱仪。

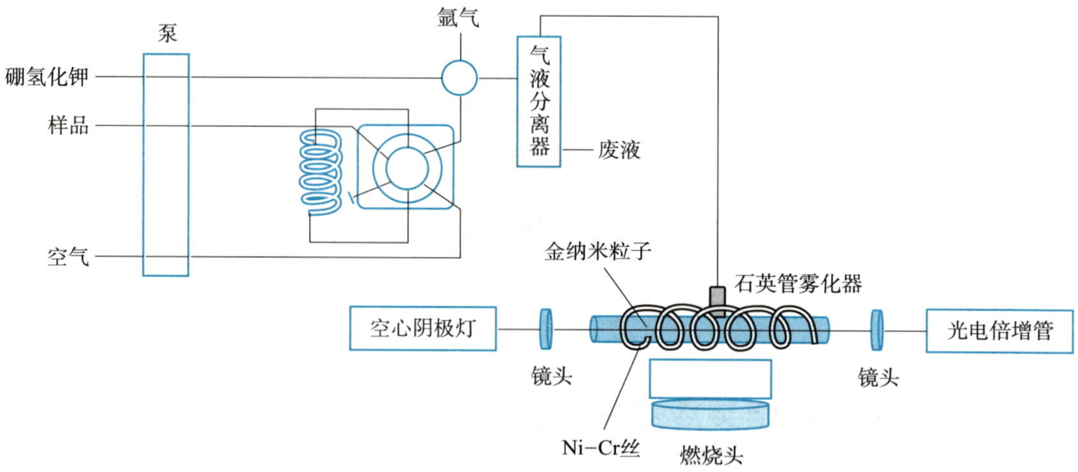

图 2-3-1 实验装置示意图

2. 试剂及耗材

Hg(Ⅱ)标准溶液(25 μg·L^{-1});HCl 溶液(AR);KBH_4(AR);NaOH(AR);超纯水;$HAuCl_4$ 溶液(AR);柠檬酸钠(AR);0.22 μm 水系滤膜;高纯氩气。

四、实验步骤

1. 金纳米颗粒的合成及涂覆

将加入 0.8 mL 25 mmol·L^{-1}氯金酸($HAuCl_4$)溶液和 19.2 mL 超纯水的 100 mL 三口烧瓶放在加热搅拌器上。三口烧瓶的两个玻璃口用玻璃塞子塞住,另一个瓶口接上回流装置后加热使溶液冷凝回流,此时往烧瓶中快速加入 2 mL 38.8 mmol·L^{-1}柠檬酸钠。待溶液颜色由浅黄变为深红色时,停止加热。随后,将烧瓶升高使其与加热搅拌器保持一段距离,使溶液继续搅拌并冷却到室温,冷却时间 20~30 min,得到金纳米溶液。用 50 μL 的注射器分两次取上述金纳米溶液滴加入石英管内,加电压 15 V 使金纳米溶液缓慢蒸干,从而形成一层金纳米材料的涂层。

2. 系列标准溶液和样品的制备及分析

分别移取 1.00 mL,2.00 mL,3.00 mL,4.00 mL,5.00 mL 汞标准溶液于 25 mL 容量瓶中,用 4%(体积分数)的 HCl 溶液定容。将采集到的水样经 0.22 μm 滤膜过滤后,加入 HCl 溶液与超纯水定容备用。

在原子化器中富集检测汞的具体操作步骤操作如表 2-3-1 所示,第一步,将配制好的含 4%(体积分数)HCl 的汞标准溶液或样品溶液泵入 5 mL 定量环中,持续时间约为 120 s。第二步,在流动泵的带动下将标准溶液或样品溶液与 0.25% KBH_4 溶液混合,反应生成 Hg^0 蒸气并在氩气的带动下进入气液分离器进行气液分离,汞蒸气经聚四氟乙烯管路进入已设置吸附电压为 5 V 的石英原子化器中进行富集。第三步,调节电压至 10 V 加热 10 s 以除去水蒸气。第四步,将电压升高到 30 V,使富集在金纳米上的汞蒸气解吸附,并使用原子吸收光谱法进行原位的检测。检测完成后,需要 120 s 左右将石英管冷却并为下一次实验做准备。原子吸收测定汞的条件如表 2-3-2 所示。

表 2-3-1 实验操作步骤

操作过程	步骤	电压/V	持续时间/s	载气流速/($mL\cdot min^{-1}$)
进样/冷却	1	0	120	200
富集	2	5	120	200
热解	3	10	10	200
检测	4	30	60	—

表 2-3-2 原子吸收分光光度计测定汞的条件

灯电流/mA	波长/nm	带宽/nm	燃烧头高度/mm	背景校正	测定次数/次
4.00	253.7	0.70	8.00	氘灯	3

五、注意事项

(1) 当载气流速过高时会导致 Hg^0 与金纳米材料的接触时间变短,使富集效率的降低从而导致吸光度变小。

(2) HCl 溶液浓度过低会导致蒸气发生的效率不高,而浓度过高会造成反应太剧烈,产生大量的气泡使反应溶液无法混合均匀,从而导致反应效率低。

六、数据处理与分析

将数据记录在表 2-3-3 中,并通过所得数据绘制标准曲线,计算水样中汞的含量。

表 2-3-3 水样中汞元素的测定

编号	1	2	3	4	5	样品
浓度/($\mu g\cdot mL^{-1}$)						
吸光度						
标准曲线方程						
线性相关系数 R						

七、思考题

(1) 本方法与传统的在石墨炉/金属原子化器中进行预富集的方法相比较具有哪些优势?

(2) 查阅文献概括测定汞的其他方法。

(3) 自组装冷蒸气原子吸收光谱法测定水中痕量汞还有哪些分析条件可以优化?

八、参考文献

(北京化工大学 邵倩、景继月)

原子荧光光谱法

实验 2-4 氢化物发生原子荧光光谱法测定水中痕量砷

一、实验目的

(1) 能够阐述原子荧光光谱仪的构造、工作原理及其使用方法。

(2) 能够应用原子荧光分析方法实现水中痕量砷的准确检测。

(3) 能够学会实验数据处理方法，提高解决实际问题能力。

(4) 能够拓展原子荧光分析方法在各领域的定量分析应用，树立环境保护意识和责任感。

二、实验原理

本实验中，氢化物发生原子荧光光谱法测定自来水样中的痕量砷，是先通过硫脲-抗坏血酸将水样中的砷全部还原成三价砷，然后在盐酸介质中，三价砷与硼氢化钾反应生成砷化氢，由载气（氩气）将砷化氢带入石英原子化器中，过量氢气和氩气在点火装置作用下形成氩-氢火焰，砷化氢受热解离成原子态砷。在特制砷空心阴极灯的照射下，基态砷原子被激发至高能态，在去活化回到基态时，发射出特征波长的荧光，得到的荧光信号被光电倍增管接收，然后经放大、解调再由数据处理系统得到分析结果，如图 2-4-1 所示。

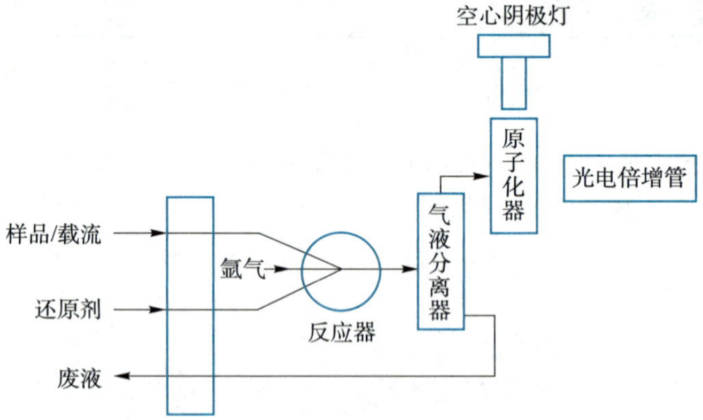

图 2-4-1 氢化物发生-原子荧光光谱法结构图

在一定浓度范围内，其荧光强度与砷含量成正比，如图 2-4-2 所示，通过测量砷荧光强度即可求得砷含量。

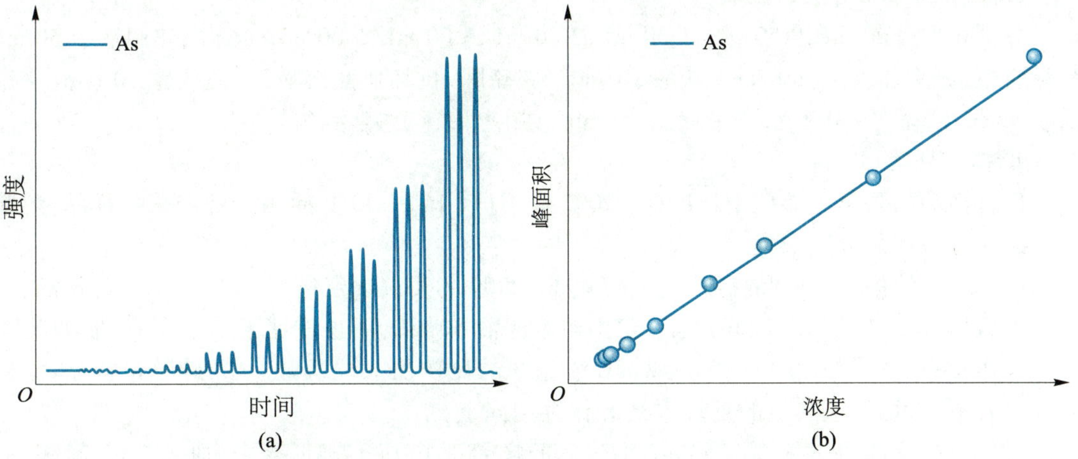

图 2-4-2　流动注射氢化物发生原子荧光光谱法测定砷标准溶液的(a)峰形图和(b)标准曲线

三、仪器与试剂

1. 实验仪器

原子荧光光谱仪(仪器性能指标应符合 GB/T 21191—2007 的规定);砷空心阴极灯;抽滤装置(0.45 μm 孔径水系微孔滤膜);分析天平;采样容器[硬质玻璃瓶或聚乙烯瓶(桶)];实验室常用器皿(符合国家标准的 A 级玻璃量器和玻璃器皿)。

2. 试剂及耗材

盐酸(GR);硝酸(GR);高氯酸(GR);硼氢化钾(或硼氢化钠,AR);氢氧化钾(AR);硫脲(AR);抗坏血酸(AR);砷标准储备液。氩气(纯度 99.999%)。

四、实验步骤

1. 溶液配制

(1) 2%硼氢化钾溶液的配制:称取 0.5 g 氢氧化钠(或氢氧化钾)溶于 100 mL 水中,加入 2.0 g 硼氢化钾,混匀。此溶液临用时现配,存于塑料瓶中。

(2) 5%硫脲-抗坏血酸溶液的配制:称取硫脲和抗坏血酸各 5.0 g,用 100 mL 水溶解,混匀,测定当日配制。

(3) 1+1 盐酸的配制:量取 50 mL 盐酸缓慢加入 50 mL 去离子水中,混匀。

(4) 5+95 盐酸的配制:量取 5 mL 盐酸缓慢加入 95 mL 去离子水中,混匀。

(5) 1+1 硝酸的配制:量取 50 mL 硝酸缓慢加入 50 mL 去离子水中,混匀。

2. 砷标准溶液配制

(1) 1000 $mg \cdot L^{-1}$砷标准储备液:购买市售有证标准物质。

(2) 10 $mg \cdot L^{-1}$砷标准中间液的配制:取 0.5 mL 1000 $mg \cdot L^{-1}$标准储备液于 50 mL 容量瓶中,加入 10 mL 1+1 盐酸,用水稀释定容,混匀。4 ℃下可存放 1 年。

(3) 0.1 $mg \cdot L^{-1}$砷标准使用液的配制:取 0.5 mL 10 $mg \cdot L^{-1}$标准储备液于 50 mL 容量瓶中,加入 10 mL 1+1 盐酸,用水稀释定容,混匀。4 ℃下可存放 30 天。

3. 砷系列标准溶液的配制

分别移取 0.00 mL,0.50 mL,1.00 mL,2.00 mL,3.00 mL,5.00 mL 砷标准使用液于 50 mL 容量瓶中,分别加入 10 mL 1+1 盐酸、10 mL 5%硫脲-抗坏血酸溶液,室温放置 30 min(室温低于 15 ℃时,置于 30 ℃水浴中保温 30 min),用水稀释定容,混匀。

4. 样品处理

(1) 样品的采集　参照 HJ/T 91—2002 和 HJ/T 164—2019 的相关规定采集样品,溶解态样品和总量样品分别采集。

(2) 样品的保存　样品保存参照 HJ 493—2009 的相关规定进行。① 可滤态砷样品:样品采集后尽快用 0.45 μm 滤膜过滤,弃去初始滤液 50 mL,用少量滤液清洗采样瓶,收集滤液于采样瓶中。按每升水样中加入 2 mL 浓盐酸的比例加入浓盐酸。② 砷总量样品:除样品采集后不经过滤外,其他的处理方法和保存期同上。

(3) 样品溶液的制备　取 50 mL 混匀后的样品于 150 mL 锥形瓶中,加入 5 mL 硝酸-高氯酸混合酸(等体积),于电热板上加热至冒白烟,冷却。再加入 5 mL 1+1 盐酸,加热至黄褐色烟冒尽,冷却后移入 50 mL 容量瓶中,加水稀释定容,摇匀,待测。空白样品以水代替样品,按照步骤(3)制备空白样品。

5. 分析步骤

(1) 仪器调试　依据仪器使用说明书调节仪器至工作状态。参考测量条件见表 2-4-1。

表 2-4-1　原子荧光测量砷的参考测量条件

仪器条件	参数
负高压/V	260 ~ 300
灯电流/mA	40~60
原子化器预热温度/℃	200
载气流速/($mL\cdot min^{-1}$)	400
屏蔽气流速/($mL\cdot min^{-1}$)	900 ~ 1000
积分方式	峰面积

(2) 砷系列标准质量浓度见表 2-4-2。

表 2-4-2　砷系列标准质量浓度

元素	浓度/($\mu g\cdot L^{-1}$)					
砷	0.0	1.0	2.0	4.0	6.0	10.0

(3) 砷校准曲线的绘制　参考测量条件(表 2-4-1)或采用自行确定的最佳测量条件,以 5+95 盐酸为载流,硼氢化钾溶液(2%)为还原剂,浓度由低到高依次测定砷元素系列标准的原子荧光强度,以原子荧光强度为纵坐标,砷元素的质量浓度为横坐标,绘制校准曲线。

(4) 样品溶液的测定　量取 5.00 mL 样品溶液于 10 mL 比色管中,加入 2 mL 1+1 盐酸,2 mL 硫脲-抗坏血酸溶液(5%),室温放置 30 min(室温低于 15 ℃时,置于 30 ℃水浴中保温 30 min),用水稀释定容,混匀,按照与绘制校准曲线相同的条件进行测定。超过校准曲线高浓度点的样品,对其消解液稀释后再行测定,稀释倍数为 f。按照实验步骤 4(3)测定空白样品溶液。

五、注意事项

(1) 硼氢化钾是强还原剂,极易与空气中的氧气和二氧化碳反应,在中性和酸性溶液中易分解产生氢气,所以配制硼氢化钾还原剂时,要将硼氢化钾固体溶解在氢氧化钠溶液中,并临用现配。

(2) 实验室所用的玻璃器皿均需用 1+1 硝酸浸泡 24 h,或用热硝酸荡洗。清洗时依次用自来水、去离子水洗净。

(3) 溶液配制和样品溶液的制备均需在通风柜中进行。

六、数据处理与分析

(1) 结果计算　样品中待测元素的质量浓度 ρ 按式(2.4.1)计算:

$$\rho = \frac{\rho_1 f V_1}{V} \tag{2.4.1}$$

式中:ρ 为样品中待测元素的质量浓度,$\mu g \cdot L^{-1}$;ρ_1 为由校准曲线上查得的样品溶液中待测元素的质量浓度,$\mu g \cdot L^{-1}$;f 为样品溶液稀释倍数(样品若有稀释);V_1 为分取后测定样品溶液的定容体积,mL;V 为分取样品溶液的体积,mL。

(2) 结果表示　当砷的测定结果小于 10 $\mu g \cdot L^{-1}$ 时,保留小数点后一位;当测定结果大于等于 10 $\mu g \cdot L^{-1}$ 时,保留三位有效数字。

七、思考题

(1) 在测定砷的含量时,为什么加硫脲-抗坏血酸溶液?

(2) 三价砷和五价砷都能用于“氢化物发生”方式吗?

(3) 可用于“氢化物发生”方式的元素有什么特点?

(4) 水中砷超标有哪些危害?

(5) 本方法中氩气的作用有哪些?

八、参考文献

(四川大学　林瑶,大连理工大学　潘玉珍)

实验 2-5A　冷蒸气发生原子荧光光谱法测定化妆品中痕量汞

一、实验目的

(1) 掌握 AFS-8230 型原子荧光光度计的工作原理及其使用方法。

(2) 掌握冷蒸气发生原子荧光光谱法测定汞的定量分析方法。

(3) 理解仪器条件对分析方法的灵敏度和准确度等的影响,掌握最佳实验条件的选择方法。

(4) 掌握分析方法学的建立,学会处理和分析数据。

二、实验原理

本实验中,冷蒸气发生原子荧光光谱法测定化妆品中痕量汞,是将样品消解使所含汞全部转化为二价无机汞(参见 2.3.1　常用样品前处理技术),接着用盐酸羟胺还原过剩的氧化剂,用硼氢化钾将二价汞还原成原子态汞,由载气(氩气)将其带出溶液,在汞空心阴极灯的照射下,基态汞原子被激发至高能态,在去活化回到基态时,发射出特征波长的荧光,在一定浓度范围内,其荧光强度与汞的含量成正比,可用标准曲线法进行定量。

三、仪器与试剂

1. 实验仪器

AFS-8230 型原子荧光光度计 1 台;汞特种空心阴极灯 1 个;玻璃器皿 1 套;氩气钢瓶。

2. 试剂及耗材

氯化汞(AR);重铬酸钾(AR);硼氢化钾(AR);氢氧化钾(AR);硫酸(AR);盐酸羟胺(AR);盐酸(GR);过氧化氢溶液(质量分数 30%)(AR)。所用水均为去离子水。

四、实验步骤

1. 试剂的配制

(1) 1.00 $mg\cdot mL^{-1}$汞的标准储备液:准确称取 0.1354 g 经硅胶干燥 24 h 的氯化汞,溶于 0.5 $g\cdot L^{-1}$重铬酸钾溶液中,并将此溶液定容至 100 mL。再逐级稀释成 0.010 $\mu g\cdot mL^{-1}$汞标准使用液。

(2) KBH_4 溶液(质量浓度 2%):溶解 1 g KOH 于 500 mL 纯水中,加入 10 g KBH_4,混匀。

(3) 10%硫酸:在 60 mL 去离子水中慢慢加入 10 mL 浓硫酸,边加边搅拌,最后用去离子水定容至 100 mL。

(4) 盐酸羟胺溶液(120 $g\cdot L^{-1}$):取 12.0 g 盐酸羟胺和 12.0 g 氯化钠溶于 100 mL 水中。

(5) 5%盐酸(载流):量取 50 mL 浓盐酸,用去离子水定容至 1000 mL。

2. 仪器的预热

按照仪器的使用方法启动仪器,设置各实验参数,预热 20~30 min。仪器实验参数为灯电流:30 mA;负高压:-270 V;原子化器高度:8 mm;载气流速:400 $mL\cdot min^{-1}$;屏蔽气流速:800 $mL\cdot min^{-1}$;进样体积:0.5 mL。

3. 系列标准溶液的配制

于 5 个 10 mL 比色管中，分别加入 0.010 μg·mL^{-1} 汞标准使用液 0 mL，0.50 mL，1.00 mL，1.50 mL，2.00 mL，然后用 10% 硫酸定容至 10 mL 并摇匀。配制成汞浓度分别为 0 μg·L^{-1}，0.50 μg·L^{-1}，1.00 μg·L^{-1}，1.50 μg·L^{-1}，2.00 μg·L^{-1} 系列标准溶液。

4. 样品前处理

称取 1.00 g 样品置于 50 mL 具塞试管中。样品如果含有乙醇等有机溶剂，则先在水浴中加热挥发（不得干涸）。加入 5.0 mL 硝酸、2 mL 过氧化氢溶液（质量分数 30%），混匀。于沸水浴中加热 2 h，取出，加入盐酸羟胺溶液（120 g·L^{-1}）1.0 mL，放置 15～20 min，加入 10% 硫酸，定容至 25 mL 容量瓶中，混匀。

5. 荧光强度的测量

配制的系列标准溶液和样品溶液放置至少 10 min 后，按仪器的使用方法逐个测量并记录各系列标准溶液和样品溶液的荧光强度。绘制汞的标准工作曲线，根据标准工作曲线计算出样品溶液中汞的含量，并计算化妆品中汞含量。

6. 检出限、定量限和精密度的测定

将仪器测量方法改换成 Statistics 模式，其余仪器条件不变（注：检出限、定量限与精密度的测定在设定好的条件下不间断连续测量完成）。连续测量标准空白溶液 15 次，取后 11 次测量的数据，仪器自动计算标准偏差 SD，测量上述系列标准溶液，绘制工作曲线，计算斜率 K。连续测定 2.00 μg·L^{-1} 汞标准溶液 15 次，根据测量的数据计算相对标准偏差。

7. 实验处理与实验报告

利用软件处理实验数据，绘制标准工作曲线，计算回归方程、回归系数。完成实验报告，包括实验目的、实验原理、具体的实验步骤、原始数据、数据处理、结果分析和实验讨论。

五、注意事项

（1）仪器工作温度为 15～30 ℃，湿度 ≤75%。室温过高或过低，以及湿度过大，都会影响仪器工作。

（2）在开启仪器前，一定要注意开启载气氩气。

（3）检查原子化器下部去水装置中水封是否合适，可用滴管或注射器添加蒸馏水。

（4）更换元素灯时，一定要在主机电源关闭情况下，不得带电插拔灯。

（5）实验结束后，一定要将载流和还原剂毛细管放入纯水中，运行仪器清洗程序。关闭氩气，并打开压块，放松泵管。

（6）汞有毒，实验结束后含汞溶液需要回收。

六、数据处理与分析

（1）绘制汞的标准工作曲线。

（2）从标准工作曲线上查出样品溶液中汞的含量，并计算化妆品中汞含量。

（3）计算方法的检出限和定量限。

七、思考题

（1）配制样品溶液和 KBH_4 溶液应注意哪些问题？

（2）为什么测定化妆品中的汞时要加硝酸和过氧化氢溶液来消解样品？

八、参考文献

（厦门大学　严晓文）

实验 2-5B　微波消解氢化物发生原子荧光光谱法测定土壤中痕量铅

一、实验目的

（1）掌握 AFS-8230 型原子荧光光度计的工作原理及其使用方法。

（2）掌握微波消解氢化物发生原子荧光光谱法测定铅的定量分析方法。

（3）理解仪器条件对分析方法的灵敏度和准确度等的影响，掌握最佳实验条件的选择方法。

（4）掌握分析方法学的建立，学会处理和分析数据。

二、实验原理

本实验中，微波消解氢化物发生原子荧光光谱法测定土壤中痕量铅，采用微波消解法使土壤中所含铅转化为无机四价铅（参见 2.3.1　常用样品前处理技术）。上清液中四价铅与硼氢化钾反应生成铅化氢，由载气（氩气）将铅化氢带入石英氩氢火焰原子化器，受热分解为原子态铅。在铅空心阴极灯的照射下，基态铅原子被激发至高能态，在去活化回到基态时，发射出特征波长的荧光，在一定浓度范围内，其荧光强度与铅含量成正比，用标准曲线法进行定量。

三、仪器与试剂

1. 实验仪器

AFS-8230 型原子荧光光度计 1 台；铅特种空心阴极灯 1 个；微波消解装置 1 台；温控加热设备 1 台；玻璃器皿 1 套；氩气钢瓶。

2. 试剂及耗材

氧化铅（PbO_2，AR）；氢氧化钠（AR）；硼氢化钾（AR）；氢氧化钾（AR）；氢氟酸（AR）；硝酸（AR）；盐酸（GR）。所用水均为去离子水。

四、实验步骤

1. 试剂的配制

（1）1.00 $mg \cdot mL^{-1}$铅的标准储备液：准确称取 1.1546 g 经 105 ℃干燥 2 h 的氧化铅，置

于 50 mL 烧杯中，加入 10 mL 氢氧化钠溶液（40 g·L^{-1}）使之溶解，加 5 mL 盐酸，转移到 1000 mL 容量瓶中，用纯水定容后摇匀。此溶液含 1000 mg·L^{-1} Pb。

（2）铅标准使用液：移取 1000 mg·L^{-1} Pb 标准储备液 1.00 mL 于 10 mL 容量瓶中，用纯水定容后摇匀。此溶液含 100 mg·L^{-1} Pb。

（3）KBH_4 溶液（质量浓度 2%）：溶解 1 g KOH 于 500 mL 纯水中，加入 10 g KBH_4，混匀。

（4）硝酸（质量分数 0.2%）：在 1000 mL 去离子水中慢慢加入 2 mL 浓硝酸，边加边搅拌。

（5）1+99 硝酸：在 990 mL 去离子水中慢慢加入 10 mL 浓硝酸，边加边搅拌。

（6）5% 盐酸（载流）：量取 50 mL 浓盐酸，用去离子水定容至 1000 mL。

2. 仪器的预热

按照仪器的使用方法启动仪器，设置各实验参数，预热 20~30 min。仪器实验参数为灯电流：30 mA；负高压：-270 V；原子化器高度：8 mm；载气流速：400 mL·min^{-1}；屏蔽气流速：800 mL·min^{-1}；进样体积：0.5 mL。

3. 样品前处理

称取风干、过筛的样品 0.25~0.5 g（精确至 0.0001 g）置于消解罐中，用少量去离子水润湿。在通风柜中，依次加入 6 mL 硝酸、3 mL 盐酸、2 mL 氢氟酸，使样品和消解液充分混匀。若有剧烈化学反应，待反应结束后再加盖拧紧。将消解罐装入消解罐支架后放入微波消解装置的炉腔中，确认温度传感器和压力传感器工作正常。按照表 2-5B-1 的升温程序进行微波消解，程序结束后冷却。待罐内温度降至室温后在防酸通风柜中取出消解罐，缓缓泄压放气，打开消解罐盖。将消解罐中的溶液转移至聚四氟乙烯坩埚中，用少许去离子水洗涤消解罐和盖子后一并倒入坩埚。将坩埚置于温控加热设备上并在微沸的状态下进行赶酸。待液体呈黏稠状时，取下稍冷，用滴管取少量 1+99 硝酸冲洗坩埚内壁，利用余温溶解附着在坩埚壁上的残渣，之后转入 25 mL 容量瓶中，再用滴管吸取少量 1+99 硝酸重复上述步骤，洗涤液并转入容量瓶中，然后用 1+99 硝酸定容至标线，摇匀，静置 60 min 取上清液待测。

表 2-5B-1 微波消解升温程序

升温时间/min	消解温度/℃	保持时间/min
7	25（室温）→120	3
5	120→160	3
5	160→190	25

4. 系列标准溶液的配制

于 5 个 50 mL 容量瓶中，分别加入 100 mg·L^{-1} 铅标准使用液 0 mL，0.25 mL，0.50 mL，1.50 mL，2.50 mL，然后用硝酸（质量分数 0.2%）定容至 50 mL 并摇匀。配制成铅浓度分别为 0 mg·L^{-1}，0.50 mg·L^{-1}，1.00 mg·L^{-1}，3.00 mg·L^{-1}，5.00 mg·L^{-1} 系列标准溶液。

5. 荧光强度的测量

配制的系列标准溶液和样品溶液放置至少 10 min 后，按仪器的使用方法逐个测量并记录各系列标准溶液和样品溶液的荧光强度。绘制铅的标准工作曲线，根据标准工作曲线计算出样品溶液中铅的含量，并计算土壤中铅含量。

6. 检出限、定量限和精密度的测定

将仪器测量方法改换成 Statistics 模式，其余仪器条件不变（注：检出限、定量限与精密度的测定在设定好的条件下不间断连续测量完成）。连续测量标准空白溶液 15 次，取后 11 次测量的数据，仪器自动计算标准偏差 SD，测量上述系列标准溶液，绘制工作曲线，计算斜率 K。连续测定 5.00 $\mu g \cdot L^{-1}$ 铅标准溶液 15 次，根据测量的数据计算相对标准偏差。

7. 实验处理与实验报告

利用软件处理实验数据，绘制标准工作曲线，计算回归方程、回归系数。完成实验报告，包括实验目的、实验原理、具体的实验步骤、原始数据、数据处理、结果分析和实验讨论。

五、注意事项

(1) 仪器工作温度为 15～30 ℃，湿度≤75%。室温过高或过低，以及湿度过大，都会影响仪器工作。

(2) 在开启仪器前，一定要注意开启载气氩气。

(3) 检查原子化器下部去水装置中水封是否合适，可用滴管或注射器添加蒸馏水。

(4) 更换元素灯时，一定要在主机电源关闭情况下，不得带电插拔灯。

(5) 实验结束后，一定要将载流和还原剂毛细管放入纯水中，运行仪器清洗程序。关闭氩气，并打开压块，放松泵管。

(6) 铅有毒，实验结束后含铅溶液需要回收。

六、数据处理与分析

(1) 绘制铅的标准工作曲线。

(2) 从标准工作曲线上查出样品溶液中铅的含量，并计算土壤中铅含量。

(3) 计算仪器的检出限和定量限。

七、思考题

(1) 目前测定土壤中铅含量常用到的前处理方法有哪些？

(2) 除了原子荧光光谱法，无机污染物质的分析方法还有哪些？

(3) “冷蒸气发生”和“氢化物发生”原子荧光光谱法在原子化原理和过程上有什么区别？

八、参考文献

（厦门大学 严晓文）

原子发射光谱法

实验 2-6A 电感耦合等离子体原子发射光谱法测定水中痕量铜、铁、锌

一、实验目的

(1) 掌握电感耦合等离子体原子发射光谱仪的构造、原理及基本操作。

(2) 能够阐述电感耦合等离子体的产生原理。

(3) 参照国家标准,建立完整的元素定量方法,测定简单基体样品中的金属元素含量。

(4) 能够运用谱学基础理论去分析物质、认识世界。

二、实验原理

电感耦合等离子体原子发射光谱法(ICP-OES)是以电感耦合等离子体为激发光源的一类光谱分析方法,能够方便、快速、准确地测定水样中的多种金属元素和非金属元素。ICP-OES 的工作原理主要根据各元素的原子或离子在电感耦合等离子体激发源的作用下跃迁至激发态,利用激发态的原子或离子返回基态时所发射的特征光谱波长及强度来分析物质中元素的组成和含量。在一定浓度范围内,其特征谱线的强度与元素的浓度成正比。工业废水、农业排放等是铜、铁、锌等金属元素进入水体的主要来源,超标的铜、铁、锌可能对生态系统和人类健康造成危害。为评估水质的安全性和环境影响,本实验采用 ICP-OES 定量测定环境水中痕量铜、铁、锌。

三、仪器与试剂

1. 实验仪器

电感耦合等离子体原子发射光谱仪(ICP-OES);移液枪或移液管;容量瓶。

2. 试剂及耗材

所用水均为去离子水;硝酸($\rho=1.42\ g\cdot mL^{-1}$);2+98 稀硝酸。铜、铁、锌多元素混合标准储备液:选用 1000 $mg\cdot L^{-1}$浓度的持证单标溶液,配制混合校准标准溶液,使用 2+98 稀硝酸进行梯度稀释,使每种元素质量浓度为 10 $mg\cdot L^{-1}$。高纯氩气。

四、实验步骤

做好开机准备,打开氩气并调节分压,检查并确认进样系统(炬管、雾化室、雾化器、泵管等)正确安装和连接。打开抽风机电源,开启冷却循环水系统,确认其工作正常后,点燃等离子体,进行光路吹扫并稳定 15~30 min。

1. 仪器操作条件

不同型号的仪器最佳测试条件不同,可根据仪器使用说明书进行选择,使仪器达到最佳

工作状态。具体可参考表 2-6A-1 所示的仪器操作参数。

表 2-6A-1 仪器操作参数

参数	设置
RF 功率/kW	1.20
辅助气流速/($L\cdot min^{-1}$)	1.00
等离子体流速/($L\cdot min^{-1}$)	12.0
雾化气流速/($L\cdot min^{-1}$)	0.7
补偿气流速/($L\cdot min^{-1}$)	0.00
泵速/($r\cdot min^{-1}$)	12
背景校正方法	拟合
读数时间/s	10
重复次数/次	3
样品延迟时间/s	13
稳定时间/s	8
观察模式	径向
观察高度/mm	8

2. 系列标准溶液的配制

吸取铜、铁和锌的混合校准标准溶液,用 2+98 稀硝酸配制系列标准溶液:0 $mg\cdot L^{-1}$,0.1 $mg\cdot L^{-1}$,0.5 $mg\cdot L^{-1}$,1.0 $mg\cdot L^{-1}$,2.0 $mg\cdot L^{-1}$,5.0 $mg\cdot L^{-1}$。

3. 系列标准溶液的测定

仪器达到最佳状态后,编制测定方法,测定系列标准溶液,绘制标准曲线,计算回归方程。

4. 样品的处理和测定

样品采集后立即通过 0.45 μm 滤膜过滤,弃去初始的 50~100 mL 溶液,收集所需体积的滤液,每 98 mL 样品中加入 2 mL 硝酸($\rho=1.42\ g\cdot mL^{-1}$)。将预处理好的样品溶液及空白溶液,在与建立标准曲线相同的条件下,做样品溶液及空白溶液测定。

5. 实验数据处理

根据发射强度值在标准曲线上计算得到目标元素含量。扣除空白值后的元素测定值即为样品中该元素的浓度。

五、注意事项

(1) 定期清洗炬管:一般在炬管表面明显变色后,须拆卸下来,用 8%~10%稀硝酸浸泡 2~3 h,然后用去离子水冲洗干净,烘箱温度低于 90 ℃烘干。

(2) 定期更换冷却循环水:经常开机情况下,一般半年至一年需要对冷却循环水进行更换。

(3) 样品溶液测定完成后,先用 3%~5%稀硝酸冲洗 2~3 min,再用去离子水冲洗 2~3 min,然后熄灭等离子体,松开泵夹。

（4）检查雾化器，看是否有堵塞现象，及时清洁雾化器、中心管。样品溶液必须清亮透明，否则容易堵塞雾化器；如果雾化器堵塞，绝不能用金属丝清理异物。

（5）未点火时须保持泵夹松弛，否则进样管易老化变形。

六、数据处理与分析

1. 工作曲线

将实验数据记录于表 2-6A-2 中，将强度值代入标准曲线 $Y=ax+b$，计算样品溶液中的浓度 c，$c=(Y-b)/a$。式中：c 是样品溶液中目标元素浓度；Y 是目标元素原子发射强度；a 是标准曲线斜率；b 是标准曲线截距。

表 2-6A-2　数据记录与处理

元素	Cu					
原子特征谱线						
标准溶液浓度 $c/(\mathrm{mg \cdot L^{-1}})$						
强度						
$Y=ax+b$	$a=$		$b=$		$R^2=$	
元素	Fe					
原子特征谱线						
标准溶液浓度 $c/(\mathrm{mg \cdot L^{-1}})$						
强度						
$Y=ax+b$	$a=$		$b=$		$R^2=$	
元素	Zn					
原子特征谱线						
标准溶液浓度 $c/(\mathrm{mg \cdot L^{-1}})$						
强度						
$Y=ax+b$	$a=$		$b=$		$R^2=$	

2. 结果计算

水样中元素含量按照式(2.6A.1)计算：

$$c=(c_1-c_2)\times f \tag{2.6A.1}$$

式中：c 为水样中目标元素的质量浓度（$\mathrm{mg \cdot L^{-1}}$）；c_1 为样品溶液中目标元素的质量浓度（$\mathrm{mg \cdot L^{-1}}$），c_2 为空白溶液中目标元素的质量浓度（$\mathrm{mg \cdot L^{-1}}$）；f 为稀释倍数。测定结果最多保留三位有效数字。

3. 方法验证

若检测结果低于方法限量（本实验方法中元素浓度限量为 0.1 $\mathrm{mg \cdot L^{-1}}$），为验证方法的准确度，对所有样品溶液加标，结果记录于表 2-6A-3 中，同时计算回收率。每种样品溶液的回收率结果应处于加标浓度值的±10%以内。

表 2-6A-3　加标回收实验数据处理

样品溶液	样品溶液实测浓度/(mg·L^{-1})	样品溶液加标浓度/(mg·L^{-1})	样品溶液加标实测浓度/(mg·L^{-1})	回收率/%
1				
2				
3				

七、思考题

(1) ICP-OES 方法中的光谱干扰主要存在的类型有哪些?

(2) 仪器检出限和方法检出限有何区别?

(3) ICP-OES 一般选择什么气体作为工作气体,为什么?

(4) ICP-OES 的观测方式有哪几种,各有什么特点?

八、参考文献

(四川大学　郑成斌、张金懿、杨嘉慧)

实验 2-6B　电感耦合等离子体原子发射光谱法测定饮用水中总硅含量

一、 实验目的

(1) 掌握电感耦合等离子体原子发射光谱仪的构造、原理及基本操作。

(2) 能够运用原子发射光谱进行样品中非金属元素的定量分析。

(3) 掌握发射光谱法干扰类型及其消除方法。

(4) 能够运用光谱分析相关原理去分析物质组成,提高学生的创新应用思维。

二、实验原理

电感耦合等离子体原子发射光谱法(ICP-OES)是以电感耦合等离子体为激发光源的一类光谱分析方法,能够方便、快速、准确地测定水样中的多种金属元素和非金属元素。其工作流程是:样品溶液通过蠕动泵进入雾化器雾化形成气溶胶,在雾化室分离大液滴;剩下的气溶胶微粒进入等离子体炬管蒸发电离,产生的特征辐射经光栅分光系统分解为按波长排列的光谱，由半导体检测器检测这些光谱能量；参照同时测定的标准溶液计算出样品溶液中待测元素的含量。总硅是水质的重要指标之一，测量水中总硅含量有助于评估水的硬度和稳定性。硅元素一般以偏硅酸（H_2SiO_3）形式存在于矿泉水中，根据国家饮用天然矿泉水标准规定，其含量应不小于 25 $mg \cdot L^{-1}$，因此检验饮用水中硅含量是水分析的一项重要任务。本方法采用 ICP-OES 测定饮用水中总硅含量。

三、仪器与试剂

1. 实验仪器

电感耦合等离子体原子发射光谱仪（ICP-OES）；移液枪或移液管；容量瓶。

2. 试剂及耗材

所用水均为去离子水。硅标准储备液：选用 1000 $mg \cdot L^{-1}$ 的持证单标溶液，配制校准标准溶液，现用现配。高纯氩气。

四、实验步骤

做好开机准备，具体细节参照平行实验 2-6A。

1. 仪器操作条件

仪器操作参数参照平行实验 2-6A。在 ICP 光谱分析中，分析谱线的选择对样品分析结果的准确性具有重要影响。ICP 光谱仪中硅有多条谱线，在三条较灵敏的硅分析线（251.611 nm，212.412 nm，288.158 nm）中，251.611 nm 的谱线其波形图良好、峰形稳定、背景值低、精密度好，因此可选择波长为 251. 611 nm 的谱线作为本方法中元素硅的分析线。

2. 系列标准溶液的配制

吸取硅标准溶液，用去离子水配制硅系列标准溶液 0 $mg \cdot L^{-1}$，1 $mg \cdot L^{-1}$，5 $mg \cdot L^{-1}$，10 $mg \cdot L^{-1}$，25 $mg \cdot L^{-1}$，50 $mg \cdot L^{-1}$。

3. 系列标准溶液的测定

仪器达到最佳状态后，编制测定方法，测定系列标准溶液，绘制标准曲线，计算回归方程。

4. 样品的测定

水样经滤膜过滤后可直接进样检测。将预处理好的样品溶液及空白溶液，在与建立标准曲线相同的条件下，做样品及空白测定。

5. 实验数据处理

根据样品信号计数，从标准曲线或回归方程中查得样品溶液中元素质量浓度，扣除空白值后的元素测定值即为样品溶液中该元素的浓度（$mg \cdot L^{-1}$）。

五、注意事项

（1）ICP 分析中应尽量避免样品间的相互沾污，不要依次测量浓度差别很大的样品溶液，可把浓度相近的样品溶液放在一起测定，测定不同浓度样品溶液前，应用去离子水或稀酸溶液冲洗。

（2）不正确的标准溶液配制方法将导致系统偏差的产生：介质和酸度不合适，会产生沉淀和浑浊；元素分组不当，会引起元素间谱线干扰；试剂和溶剂纯度不够，会引起空白值增加、检测限变差和误差增大。

（3）确保测定的样品溶液清亮透明，以及及时检查雾化器，防止雾化器堵塞。一旦雾化器堵塞：① 将雾化器拆下，吸样管放置于纯水中，点击仪器监控状态栏中的“仪器控制”，把载气打开，并把流速调到 0.5 $L\cdot min^{-1}$，如果雾化器不喷雾，按住雾化器喷嘴让载气反吹至吸样管端在纯水中吹气泡，如此反复数次；② 采用一根较硬的头发丝从雾化器的出口处小心伸进去，将颗粒物反捅出去。切勿采用金属丝或洗涤用毛刷丝或塑料丝等。

（4）测定硅元素时尽量使用聚四氟乙烯容量瓶，避免使用玻璃容量瓶而引入杂质干扰。

六、数据处理与分析

1. 工作曲线

将实验数据记录于表 2-6B-1 中，同时绘制工作曲线。将样品溶液测定的强度值代入标准曲线 $Y=ax+b$，计算样品溶液中目标元素的质量浓度（$mg\cdot L^{-1}$）。

表 2-6B-1 数据记录与处理

元素	Si					
原子发射特征谱线	251.611 nm					
标准溶液浓度 $c/(mg\cdot L^{-1})$						
强度						
$Y=ax+b$	$a=$		$b=$		$R^2=$	

2. 结果计算

水样中元素含量按照以下公式计算：

$$c=(c_1-c_2)\times f \tag{2.6B.1}$$

式中：c 为水样中目标元素的质量浓度（$mg\cdot L^{-1}$）；c_1 为样品溶液中目标元素的质量浓度（$mg\cdot L^{-1}$），c_2 为空白溶液中目标元素的质量浓度（$mg\cdot L^{-1}$）；f 为稀释倍数。测定结果最多保留三位有效数字。

七、思考题

（1）选择最佳分析线的依据是什么？

（2）除常用的雾化进样外，原子发射光谱分析还有哪些进样方式？

（3）ICP-OES 为什么有标准曲线的漂移校正，如何做漂移校正？

（4）ICP-OES 的观测方式有哪几种，各有什么特点？

八、参考文献

（四川大学 郑成斌、张金懿、杨嘉慧）

实验 2-7　电感耦合等离子体原子发射光谱用于合金材料定性分析

一、实验目的

(1) 能够阐述原子发射光谱的产生原理和基本特性。

(2) 掌握原子发射光谱分析的元素谱线选择依据。

(3) 能够通过电感耦合等离子体原子发射光谱仪进行未知合金样品中的元素定性分析。

(4) 能够通过原子光谱谱学基本理论开展相关元素分析研究。

二、实验原理

电感耦合等离子体原子发射光谱(ICP-OES)的基本特性与测量原理:原子由原子核及核外电子组成,原子核外的电子在不同能量轨道运动时处于不同的能级,其能量的变化呈量子化。当原子外层电子由高能级向低能级跃迁时,以辐射的形式释放多余能量而发射光谱,谱线波长取决于元素本身及其电子跃迁的能级。发射光谱定性分析可以根据元素特征谱线的灵敏线、最后线来确定,现代光谱仪器特别是全谱型仪器的出现,光谱定性分析已经可以通过全谱波长扫描很方便地进行,由仪器的软件直接显示和记录。本实验采用 ICP-OES 进行合金定性分析实验,通过确认合金的成分和组成,有助于验证其材料设计和制造过程中的合规性和质量控制。

三、仪器与试剂

1. 实验仪器

电感耦合等离子体原子发射光谱仪(ICP-OES);移液枪或移液管;容量瓶。

2. 试剂及耗材

所用水均为去离子水;硝酸($\rho=1.42\ g\cdot mL^{-1}$);盐酸($\rho=1.19\ g\cdot mL^{-1}$);高氯酸($\rho=1.67\ g\cdot mL^{-1}$);盐酸-硝酸混合酸(盐酸∶硝酸=3∶1,体积比)。合金粉末样品。高纯氩气。

四、实验步骤

做好开机准备,具体细节参照平行实验 2-6A。

1. 合金样品前处理

本实验选择钢铁合金作为检测对象,处理合金样品时须充分考虑金属存在的形态及对样品分解带来的影响,例如,碳化物需要较高的温度,需要用硫酸或高氯酸发烟的办法来提高反应温度,在高温下的反应有时会使某些盐类(如硫酸盐)发生迸溅,这时候适当引入有配位作用的磷酸等试剂会有效避免这一现象,所以硫磷混酸经常被用于高温合金的分解,但高温时会造成硅等元素的脱水反应而损失。分解金属样品时要注意避免钝化现象,控制样品的粒度和注意反应的氛围(最好为还原性氛围)。常见合金处理步骤为:① 将合金样品研磨成细粉或粉末状,以增加样品的表面积,有利于后续消解过程中的反应;② 准确称量合金样品,确保消解后的溶液浓度准确;③ 将样品与消解剂一起加热,通常在高温下进行,以促进样品与消解剂的反应，使样品完全溶解；④ 在消解完成后，将溶液冷却至室温，过滤并适当稀释，以便后续分析。

本次实验中合金粉末样品处理参考 GB/T 20125—2006 和 GB/T 20127.3—2006 的处理方法，将 0.25 g 样品置于 100 mL 石英烧杯中，加 5 mL 盐酸-硝酸混合酸于低温电热板上缓慢加热溶解（如有不溶碳化物，可加 5 mL 高氯酸，加热至冒高氯酸烟 3~5 min，取下，冷却）。待样品溶解完全后，取下，冷却至室温，转移至 50 mL 容量瓶中，用水稀释至刻度，混匀。静置澄清后，吸取上清液测量。

2. 仪器操作条件

选择顺序（扫描）型电感耦合等离子体发射光谱仪。仪器操作参数参照平行实验 2-6A。

3. 样品定性分析

采集样品在仪器波长范围内的光谱图。判断样品中是否存在某种元素，必须由其灵敏线决定，一般需在样品光谱图中找到两条及两条以上该元素灵敏线，才能确定存在某种元素；只要某元素的最灵敏线不存在，就可认为样品中该元素不存在。可使用 ICP-OES 自带的全谱波长扫描功能进行快速定性分析，由仪器的软件直接显示和记录。通过执行全波长扫描，可鉴定并计算合金消解液样品中的元素。

五、注意事项

（1）使用浓酸进行样品消解时应注意防护措施。

（2）确保测定的样品溶液清亮透明，如果有沉淀和悬浮物质可用定量滤纸过滤，否则容易堵塞雾化器，但注意 Na、K、Ca 等为常见杂质元素，可由器皿、滤纸等引入，应注意避免污染。

（3）基体引起的信号强度小于待测元素信号强度的 1%时，一般不必列为干扰；仪器所能承受的基体浓度与其炬管、雾化器型号相关，盐分含量通常小于 5 $g\cdot L^{-1}$ 为好，否则要做基体匹配或干扰扣除；至于酸的浓度，尽可能与标准一致，通常为 2%~5%的硝酸、盐酸，尽可能少用硫酸、高氯酸、磷酸。

六、数据处理与分析

以某样品为例，如图 2-7-1 所示，通过执行全波长扫描，采集 167~785 nm 的数据，鉴定并计算样品中元素的近似浓度。

根据样品光谱中特征谱线的是否存在（如 Cu 327.395 nm 和 Cu 324.754 nm），可认为样品中含有或不含有相应的元素（如 Cu 元素）。

七、思考题

（1）标准光谱比较定性法为什么选择铁谱？

（2）简述 ICP-OES、AAS、XRF 及 ICP-MS 的区别。

（3）元素分析谱线的选择依据是什么？

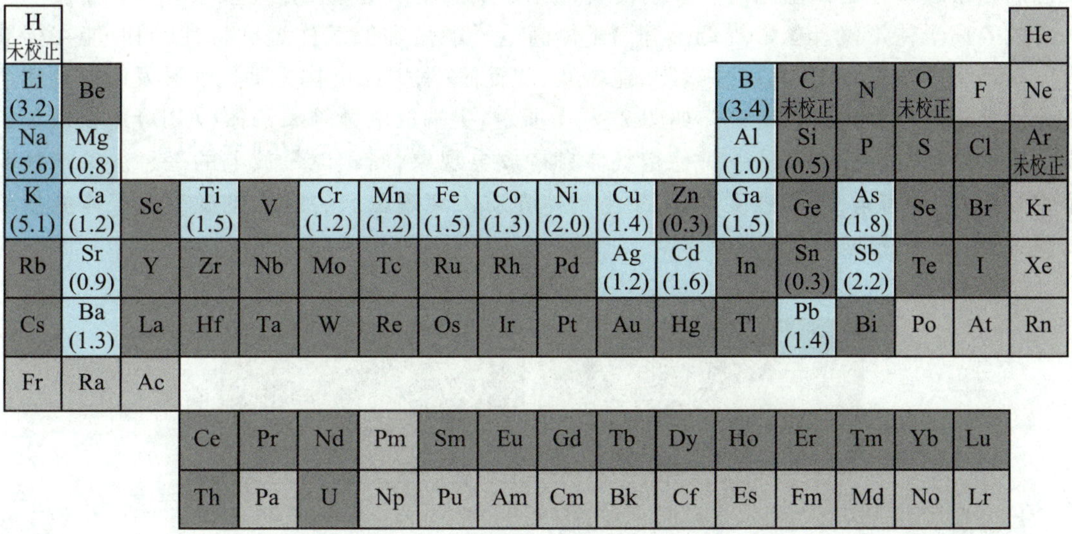

绿色标注为可能含有的元素，颜色由深到浅为半定量分析给出的浓度由高到低的显示(示例)

图 2-7-1 仪器软件给出的定性与半定量分析结果

八、参考文献

（四川大学 郑成斌、张金懿、杨嘉慧）

实验 2-8 搭建冷蒸气发生微等离子体原子发射光谱仪并用于水中痕量汞分析

一、实验目的

（1）掌握微等离子体原子发射光谱仪的原理和结构。

（2）能够独立组装搭建小型化原子发射光谱仪。

（3）掌握尖端放电微等离子体原子发射光谱法测定水中痕量汞的操作方法。

（4）能够运用小型化检测仪器进行现场分析研究。

二、实验原理

微等离子体发射光谱法是一种以毫米级尺寸的微等离子体作为激发光源进行发射光谱分析的方法。依据各元素的原子或离子在等离子体激发源的作用下跃迁到激发态，利用激发态的原子或离子返回基态时所发射的特征光谱及强度来定量测定物质中元素含量。

微等离子体不仅具备常规低温等离子体高电子能量和低气体温度特性，同时能在标准大气压环境下操作，而且其尺寸紧凑、能耗低、装置简单，因此可作为替代性激发源以构建小型化便携式发射光谱仪(OES)。如图 2-8-1 所示，尖端放电微等离子体(μPD)是在两个尖端电极上施加高压后产生的一种稳定气体自持放电现象，属于电晕放电的一种。尖端处曲率半径小，电荷密集，电场强度高，易发生气体介质击穿现象。尖端放电微等离子体能量密度高、结构紧凑、搭建简单、放电稳定。

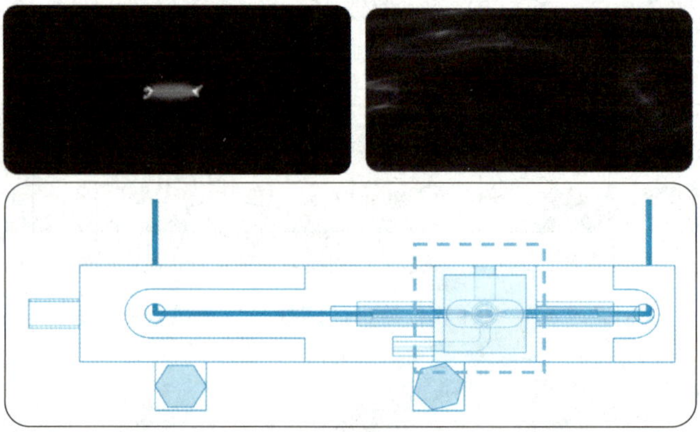

图 2-8-1 尖端放电微等离子体示意图

为进一步提高分析性能，蒸气样品引入是微等离子体激发源的首选进样方式。化学蒸气发生进样就是通过各种化学反应将溶液中待测物质转化为挥发性或半挥发性化合物，经气液分离后，再将气态分析物引入激发源检测，具有较高的基质分离效率和分析物传输效率，是一种理想的进样技术。目前，与微等离子体联用较为广泛的化学蒸气发生方法主要包括冷蒸气发生(CVG)、氢化物发生(HG)、光化学蒸气发生(PVG)、微等离子体诱导蒸气发生(μPIVG)等。其中，CVG 的发展应用最为成熟，产物在室温下呈原子态，可直接激发测定，是 Hg 分析的首选进样技术(进样效率接近 100%)。利用还原剂 $KBH_4/NaBH_4$ 将目标元素 Hg 还原为其相对应的挥发性分析物，可消除样品水分与基体的影响，提高方法灵敏度，实现水中痕量汞的野外现场快速分析。

冷蒸气发生微等离子体原子发射光谱仪主要结构包括：① 3D 打印的连续流动氢化物发生系统(HG)，用于将样品转化为挥发性气态分析物引入原子化器；② 3D 打印尖端放电微等离子体激发源单元(μPD)，用于解离、原子化和激发目标金属分析物发射特征原子光谱；③ 采集、读取和转换光谱信号的手持式电荷耦合光学器件(CCD)；④ 供能供电系统，主要包括进样泵、废液泵及其他升压及电路控制系统。通过放电结构设计、放电性质调控，可有效地提高微等离子体激发源的激发能力和激发效率。具体部件如图 2-8-2 所示。

3D 打印技术提供了一种更方便可靠的方式来快速、精确地以较低成本制造个性化和具有复杂结构的物体，为非专业人群提供更加统一的标准制造方案，实现多方共享和完整复制，便于装置的应用普及。通过桌面 3D 打印机将蒸气发生系统、干燥系统和尖端放电激发源集成一体化。

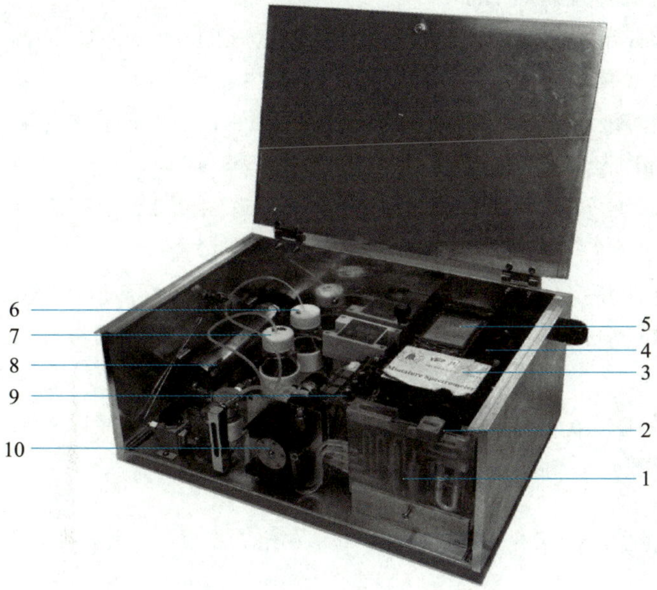

1—连续流动氢化物发生系统;2—尖端放电微等离子体激发源单元;3—CCD;4—供电电池;5—触屏数控;6—KBH_4 溶液瓶;7—HCl 溶液瓶;8—Ar 气瓶;9—升压及电路控制系统;10—进样泵

图 2-8-2 冷蒸气发生微等离子体原子发射光谱仪示意图

核心组件模块化布局,清晰可视方便操作:① 采用开放式仪器结构,操作者可以近距离观察仪器中每个部件和激发源状态;选用透明 3D 打印树脂材料,可清晰展示氢化物发生反应和尖端放电过程,助于理解仪器原理;② 触屏数控,一键操作完成参数设置;③ 锂电池驱动的电源系统具有体积小、质量轻、无机械噪声等诸多优点;④ 软件操作简单,易于上手,具有完善的帮助工具和使用提示。

三、仪器与试剂

1. 实验仪器

冷蒸气发生微等离子体原子发射光谱仪;500 mL 烧杯 2 个;移液枪;容量瓶或一次性离心管。

2. 试剂及耗材

所用水均为去离子水;盐酸($\rho = 1.19\ g\cdot mL^{-1}$);硼氢化钾($KBH_4$);氢氧化钾(KOH);汞的标准储备液(1000 $mg\cdot L^{-1}$);2%(体积分数)稀盐酸。

四、实验步骤

1. 溶液配制

(1) 逐级稀释配制汞的标准溶液。

10 $mg\cdot L^{-1}$汞标准溶液的配制:取 0.1 mL 1000 $mg\cdot L^{-1}$汞标准储备液于 10 mL 容量瓶中,用 2%稀盐酸稀释定容,混匀。

0.1 $mg\cdot L^{-1}$汞标准溶液的配制:取 0.1 mL 已配制好的 10 $mg\cdot L^{-1}$汞标准溶液于 10 mL 容

量瓶中，用2%稀盐酸稀释定容，混匀。

0.01 mg·L^{-1}汞标准溶液的配制：取5 mL已配制好的0.1 mg·L^{-1}汞标准溶液于50 mL容量瓶中，用2%稀盐酸稀释定容，混匀。

（2）系列标准溶液配制　分别准确移取0.01 mg·L^{-1}汞标准储备液0 mL、1 mL、2 mL、4 mL、8 mL于10 mL容量瓶中，用2%稀盐酸稀释定容，摇匀。

（3）0.001%（质量分数）KBH_4溶液的配制　准确称量2.5 g KOH于500 mL烧杯中，加入500 mL去离子水溶解，再加入0.005 g KBH_4，搅拌均匀。

（4）5%（体积分数）盐酸的配制　准确量取25 mL盐酸（ρ=1.19 g·mL^{-1}）于500 mL烧杯中，去离子水定容，混匀。

2. 样品处理

水样采集后用0.45 μm水系滤膜过滤，置于4 ℃冰箱中保存以备后续分析。必要时也可将样品进行适当酸化后分析。

3. 实验条件

实验条件参照表2-8-1设置。

表2-8-1　实验条件

参数	设置
通道三维持放电的供电电压/V	8
通道一进样泵供电电压/V	7
通道二废液泵供电电压/V	8
Ar流速/（mL·min^{-1}）	100
盐酸体积分数/%	5
KBH_4溶液质量分数/%	0.001
电极距离/mm	2
进样泵速/（r·min^{-1}）	25

4. 仪器操作

（1）冷蒸气发生微等离子体原子发射光谱仪的基本操作：打开仪器外罩，将蠕动泵泵管分别连接3D打印氢化物发生器的两路进样口（分别进盐酸和KBH_4溶液）和废液排出口。确定仪器内置Ar气瓶中充满10 MPa气体后，将Ar输出端连接3D打印氢化物发生器进气口，打开Ar阀门，调节Ar流速在80~100 mL·min^{-1}。主电源线连接24 V锂离子移动电池，点火器接入数控平台。打开PCB板开关，按回车键进入数控平台，进行放电程序的控制和蠕动泵流速调节。

（2）测定水中重金属汞的分析方法：为获得稳定的微等离子体，通过进样泵将5%（体积分数）盐酸和0.001%（质量分数）KBH_4溶液持续泵入反应体系，同时得到空白背景的发射光谱。对于每一次样品分析，将2 mL的样品溶液或标准溶液与KBH_4溶液以固定流速（进样泵转速25 r·min^{-1}）泵入3D打印装置中进行氢化物发生反应。HCl载流溶液协同氩气一起推动蛇形反应管内的反应产物连续通过两个气液分离器（GLS），挥发性分析物Hg^0

与溶液基体有效分离，经 $CaCl_2$ 干燥后在微等离子体中被激发。原子发射光谱信号通过 CCD 光谱仪采集，积分时间为 200 ms，以峰面积定量积分。若样品溶液的汞浓度低于检出限，需进行加标回收实验对结果准确度进行检验。

五、注意事项

（1）进样泵泵速不宜过大，否则氢化物发生反应过于剧烈，将产生过量水汽扰动甚至熄灭微等离子体。

（2）样品溶液引入仪器时应尽量避免带入空气。

（3）汞有很强的记忆效应，测试高浓度汞样品后，要用 3%～5%的稀盐酸冲洗 10～15 min。

（4）所有试剂须现用现配，尽量当天配制。

（5）干燥器内的 $CaCl_2$ 干燥剂应注意及时更换。

六、数据处理与分析

（1）实验原始数据记录（浓度、积分的峰面积信号、平均信号、信号偏差、重复次数）。

（2）数据处理：拟合积分，绘制标准曲线。

（3）样品测试结果计算　将实验数据记录于表 2-8-2 中，将强度值代入标准曲线 $Y=ax+b$，计算样品溶液中的浓度 c：

$$c=(Y-b)/a$$

式中：c 是样品溶液中元素浓度；Y 是目标元素原子发射强度；a 是标准曲线斜率；b 是标准曲线截距。

表 2-8-2　数据记录与处理

元素	Hg					
原子发射特征谱线	253.65 nm					
标准溶液浓度 $c/(\mu g\cdot L^{-1})$						
强度						
$Y=ax+b$	$a=$	$b=$	$R^2=$			

若检测结果低于方法限量（本实验方法中元素浓度限量为 1 $\mu g\cdot L^{-1}$），为验证方法的准确度，对所有样品加标，结果记录于表 2-8-3 中，同时计算回收率。每种样品类型的回收率结果应处于加标浓度值的±10%以内。

表 2-8-3　加标回收实验数据处理

样品溶液	样品溶液实测浓度/$(\mu g\cdot L^{-1})$	样品溶液加标浓度/$(\mu g\cdot L^{-1})$	样品溶液加标实测浓度/$(\mu g\cdot L^{-1})$	回收率/%
1				
2				
3				

七、思考题

(1) 除尖端放电微等离子体之外,还有哪些类型的微等离子体?

(2) 简单描述蒸气发生进样技术的发展和应用。

(3) 如何仅利用不同的蒸气发生技术进行无机汞和有机汞的形态分析?

八、知识拓展

1969年,澳大利亚的Holak采用金属-盐酸体系(Zn-HCl体系)生成砷化氢,并用于原子吸收光谱检测砷,开创了氢化物发生-原子光谱分析技术。随后,Braman等选择还原能力更强的硼氢化物-盐酸体系(THB-HCl体系)取代传统的金属-盐酸体系,实现了As和Sb元素的高效氢化物发生。THB的使用对氢化物发生技术发展起到决定性的推动作用,不仅拓宽适用元素范围,还能显著提高反应速率实现自动化进样。目前,基于THB-HCl还原体系的蒸气发生范围已从早期的几种常规氢化物发生元素(As、Sb、Se、Bi、Ge、Sn、Pb、Te等)扩展到部分过渡金属,以及贵金属和其他元素。此外,由于该体系对待测元素的价态有很强的选择性,所以还成功实现了As、Hg、Sb、Bi、Pb、Sn、Ge、Se、Te等元素的价态和形态分析。

对氢化物发生的机理研究经过了不断的论证,传统"新生态氢"理论认为THB在酸性条件下生成具有强还原性的H·(新生态氢)与分析物发生氧化还原反应形成氢化物。然而,从热力学角度分析,THB并不能将H^+还原成所谓"新生态氢"。在对机理的纠正和进一步探究中,研究者开始重点关注THB水解过程并非一步反应,而是以不同的动力学速率逐级进行的,在此过程中产生H_2和关键的活性物质硼氢化合物中间体$[BH_{4-n}X_n]^z$(其中X=H_2O,OH等。对于$n=1\sim3,z=0,\pm1$,其带电荷。对于$n=0$,$[BH_{4-n}X_n]^z=[BH_4]^-$)。D'Ulivo等人提出的氢转移机理是目前受普遍认可的氢化物发生机理,即THB水解过程中任何一种硼氢化合物中间体(B—H)都能够与分析底物直接作用,在此过程中THB上H与金属形成金属-氢复合物,H逐步转移至金属最终形成氢化物。

九、参考文献

(四川大学 郑成斌、张金懿、杨嘉慧)

电感耦合等离子体质谱法

实验 2-9　电感耦合等离子体质谱法测定大气颗粒物中的多种重金属

一、实验目的

（1）能够阐述电感耦合等离子体质谱（inductively coupled plasma-mass spectrometry，ICP-MS）的基本原理。

（2）能够了解大气颗粒物样品采集和前处理方法。

（3）能够利用 ICP-MS 建立工作曲线，对多种重金属进行同时测定，掌握数据处理方法。

（4）能够优化 ICP-MS 操作参数，降低质谱干扰。

二、实验原理

大气颗粒物（atmospheric particulate matters，APM）是一种复杂的颗粒态混合物，其组分包含重金属、可溶性盐和有机化合物等。APM 中重金属组分的含量可用于评估环境重金属污染程度，以及追溯大气环境中颗粒物的来源，这些信息是开展大气污染防控和治理工作的重要基础和依据。有研究表明，重金属暴露会造成人体机能障碍，对心血管系统、生殖系统、内分泌系统等造成损害，是大气颗粒物毒性的重要来源。我国在 2012 年发布了针对 Pb、Hg、As、Cd 和 Cr 五种重金属元素的环境空气质量标准 GB 3095—2012，如表 2-9-1 所示。本实验利用 ICP-MS 分析收集的 APM 样品中的多种金属元素（Zn、Pb、Cr、Ni、V、Cd、Co 等），涉及样品的前处理，以及 ICP-MS 的干扰及消除。实验过程通过空白对照、平行实验、标准曲线法等进行分析过程的质量控制，确保获得准确的分析结果。

表 2-9-1　环境空气质量标准（GB 3095—2012）

重金属污染物	浓度限量/（$\mu g \cdot m^{-3}$）
Pb	1
Hg	0.05
As	0.006
Cd	0.005
Cr（Ⅵ）	0.00005

此外，理解 ICP-MS 分析过程中可能出现的干扰及消除方法和碰撞反应池原理有助于获取准确的分析结果。ICP-MS 分析中的干扰类型可分为质谱干扰和非质谱干扰两大类，

其中非质谱干扰通常指基体效应。当等离子体中离子种类与分析物离子具有相同的质荷比 m/z,即产生质谱干扰,主要包括同质量类型离子干扰、多原子离子干扰、双电荷离子干扰、氧化物和氢氧化物离子干扰。其中多原子离子是 ICP-MS 测试中干扰的主要来源,一般认为,多原子离子并不存在于等离子体本身中,而是在离子的引出过程中,由等离子体中的组分与基体或大气中的组分相互作用而形成。多原子离子的形成与许多实验条件有关,如进样流速、射频能量、采样锥-截取锥间距、取样孔大小、等离子气体成分、氧和溶剂的残留量等,为了降低甚至消除多原子离子干扰,可以采用以下手段:

(1) 选择合适的样品引入技术,减少单位时间内引入 ICP 的水和其他溶剂。

(2) 采用冷等离子体技术,降低射频功率及工作气体(如 Ar)的电离效率。

(3) 采用具有高分辨能力的质量分析器。

(4) 离子阱质量分析器结合碰撞诱导解离技术在降低多原子离子干扰的同时,还可以通过增加离子捕获时间来提高分析灵敏度。

(5) 采用碰撞/反应池技术,前者基于小分子惰性气体对更大体积(与目标离子相比)的多原子离子的碰撞概率更大,达到降低多原子离子干扰的目的;后者基于反应气体与目标离子及多原子离子的反应动力学及热力学性质的差异,消除或降低多原子离子的干扰。

(6) 采用合适的样品前处理技术,分离除去复杂基质,也可以在很大程度上降低甚至消除基于基体元素产生的多原子离子干扰。

基体效应是指与目标分析物共存的所有组分对目标分析物信号产生的影响。它与质谱干扰不同,基体效应通常表现为负效应,即对目标分析物信号产生抑制作用。ICP-MS 分析的样品,一般为固体含量小于 1%(质量分数)或质量浓度约为 1000 $mg\cdot mL^{-1}$ 的溶液。当溶液中共存物质量浓度高于 500~1000 $mg\cdot mL^{-1}$ 时,ICP-MS 分析的基体效应才会显现出来。当共存物中含有低电离能元素如碱金属、碱土金属和镧系元素且超过限度,由于它们提供的等离子体的电子数目较多,进而抑制包括分析物元素在内的其他元素的电离,影响分析结果。样品溶液中固体含量高会影响雾化和蒸发溶液及产生和输送等离子体的过程;样品溶液提升量过大或蒸发过快,等离子体炬的温度就会降低,影响分析物的电离,使被分析物的响应下降。另外,在等离子体中产生的大量带正电荷的离子之间存在相互排斥,导致进入采样锥的离子数目减少,也会降低分析物的信号响应。基体效应的影响可以采用稀释、基体匹配、标准加入法或同位素稀释法降低至最小。

ICP-MS 中最严重的谱图重叠是由多原子离子(或分子离子)引起的,因此开发碰撞反应池(CRC)降低质谱干扰以解决这类谱图重叠问题是提高 ICP-MS 数据准确性的一个重要方式。碰撞反应池消除干扰的原理主要是通过样品产生的离子流和氢气、氦气或其他气体进行碰撞,以消除干扰离子。CRC 由离子导杆(通常为八极杆或四极杆)组成,位于可以通过气体加压的封闭腔室(或"池")中。较小的入口和出口可维持池压力,同时允许离子进出池。用于消除干扰的流程取决于加入池中的一种或多种气体,并可大致分为碰撞模式和反应模式。

三、仪器与试剂

1. 实验仪器

ICP-MS1 台;涡旋混合仪 1 台;消解仪;赶酸仪;移液枪(量程为 1000 μL 和 200 μL 各 1 把)。

2. 试剂及耗材

Zn、Pb、Cr、Ni、V、Cd、Co 混合标准溶液（100 mg·L^{-1}）；硝酸（HNO_3）；APM 样品；所用水均为超纯水。

四、实验步骤

1. 大气颗粒物样品采集和前处理

大气颗粒物样品的采集：使用高纯石英纤维滤膜，通过颗粒物采样器控制采样时间和采样流速，采样结束后收集滤膜进行称量并用于后续样品前处理。大气颗粒物样品前处理方法通常包括消解和浸提等，消解的具体操作为：取 1/8 滤膜，称量后放入 20 mL 聚四氟乙烯消解罐内，先加入 4 mL HF 溶液静置，然后依次加入 3 mL HCl 溶液、1 mL HNO_3 溶液和 1 mL H_2O_2 溶液并于 140 ℃加热 3 h 以上，在 170 ℃下开盖加热浓缩至湿盐状，然后用 0.5 mol·L^{-1} HNO_3 溶液定容至 10 mL，用于后续 ICP-MS 检测。

2. 配制系列标准溶液

（1）配制 0.5 mol·L^{-1} HNO_3 溶液 50 mL 备用。

（2）利用 100 mg·L^{-1}混合标准溶液配制 0 μg·L^{-1}，0.1 μg·L^{-1}，0.2 μg·L^{-1}，0.5 μg·L^{-1}，1 μg·L^{-1}，2 μg·L^{-1}，5 μg·L^{-1}，10 μg·L^{-1}，20 μg·L^{-1}，50 μg·L^{-1}，100 μg·L^{-1}的系列标准溶液（用 0.5 mol·L^{-1} HNO_3 溶液稀释）。

提示：单次最大稀释倍数不超过 20 倍。可先将 100 mg·L^{-1}混合标准溶液稀释至 100 μg·L^{-1}（单次稀释 10 倍），用 100 μg·L^{-1}混合标准溶液分别稀释 10 倍、5 倍和 2 倍来配制 10 μg·L^{-1}，20 μg·L^{-1}，50 μg·L^{-1}混合标准溶液，用 10 μg·L^{-1}，20 μg·L^{-1}，50 μg·L^{-1}混合标准溶液分别稀释 10 倍配制 1 μg·L^{-1}，2 μg·L^{-1}，5 μg·L^{-1}混合标准溶液，以此类推。建议单次 ICP-MS 测样需准备 2 mL 溶液。

3. 样品分析

（1）ICP-MS 开机准备：依次打开循环水车（室温控制在 25 ℃左右）、ICP-MS 抽风系统、氩气瓶。检查雾化器的样品溶液引入和废液排出功能。

（2）确认气体、冷却循环水和排风为打开状态，夹好泵管，设置等离子气、辅助气、雾化气和补偿气流速，进行等离子体点火。

（3）建立批处理方法（详细步骤可参考其他 ICP-MS 实验）。

（4）测定 0 μg·L^{-1}，0.1 μg·L^{-1}，0.2 μg·L^{-1}，0.5 μg·L^{-1}，1 μg·L^{-1}，2 μg·L^{-1}，5 μg·L^{-1}，10 μg·L^{-1}，20 μg·L^{-1}，50 μg·L^{-1}，100 μg·L^{-1}系列标准溶液。

（5）测定消解后的 APM 样品溶液，同一样品溶液重复测定三次并记录各重金属元素的信号强度。

4. 考察碰撞反应池对不同重金属元素测定的影响

（1）建立增设碰撞反应池的批处理方法。

（2）测定 0 μg·L^{-1}，0.1 μg·L^{-1}，0.2 μg·L^{-1}，0.5 μg·L^{-1}，1 μg·L^{-1}，2 μg·L^{-1}，5 μg·L^{-1}，10 μg·L^{-1}，20 μg·L^{-1}，50 μg·L^{-1}，100 μg·L^{-1}系列标准溶液。

（3）测定消解后的 APM 样品溶液，同一样品溶液重复测定三次并记录不同重金属元素的信号强度。

五、注意事项

（1）ICP-MS 测样过程中须全程关注样品引入和排废状态、等离子体火焰颜色及状态、循环水车温度、抽风系统是否打开、氩气流速是否正常及氩气瓶内气体余量。

（2）配制标准溶液时，须充分混合均匀，规范使用移液枪。

（3）测定样品溶液时，须注意同一样品溶液结果的重现性。

六、数据处理与分析

（1）分别绘制 Zn、Pb、Cr、Ni、V、Cd、Co 元素的工作曲线。注意：线性拟合相关系数 R^2 须大于 0.99。

（2）根据以上工作曲线，由不同重金属元素的信号强度分别计算出各重金属的浓度，给出三次测量结果的平均值和标准偏差。

（3）比较增设碰撞反应池前后哪些重金属元素含量测定发生变化，并分析原因。

七、思考题

（1）为什么常用 HNO_3 溶液消解而不用 HCl 溶液或 H_2SO_4 溶液？用 HCl 溶液或 H_2SO_4 溶液消解可能会产生哪些质谱干扰？

（2）增设碰撞反应池后会消除 Zn、Pb、Cr、Ni、V、Cd、Co 中哪些元素的质谱干扰？

（3）ICP-OES 和 ICP-MS 的优缺点分别是什么？

（4）除了用于痕量元素的半定量/定量分析，ICP-MS 在哪些方面还具有应用潜力？

八、参考文献

（武汉大学　何蔓）

实验 2-10A　液相色谱-电感耦合等离子体质谱法分析环境样品中砷的形态

一、实验目的

（1）掌握液相色谱仪与电感耦合等离子体质谱仪的作用、原理及基本构造。

（2）了解液相色谱-电感耦合等离子体质谱联用（HPLC-ICP-MS）技术的主要应用范围及使用方法。

（3）掌握砷形态分析的主要手段及其分析意义。

(4) 掌握采用 HPLC-ICP-MS 技术进行环境水样中 4 种砷形态分析[包括As(Ⅲ)、As(Ⅴ)、单甲基砷酸与二甲基砷酸]的实验操作与数据处理方法。

二、实验原理

质谱法(MS)是通过对待测样品离子的质荷比进行测定的一种分析方法。其中,以 ICP 作为离子源的 ICP-MS 已经成为元素分析中最重要的技术之一,ICP-MS 具有 10^{-12} 数量级的检出限、线性范围宽、稳定性好、精密度、准确度高、基体效应小等优点,广泛应用于无机元素的分析。色谱法基于混合组分在两相中分配系数的差异,当含有待测组分的流动相在固定相上向前移动时,被分离的物质在两相之间进行连续、多次分配,组分分配系数的差异导致迁移速率的差异,实现混合组分的分离。其中,HPLC 采用微米级的微粒作为固定相并配置了高压泵及死体积小的检测器,以实现提高柱效、加快分离速率及提高分离灵敏度的目的,适用于多种混合物的分离分析。

砷(As)是一种类金属元素。在环境与生物系统中,总共存在着上百种不同的砷形态,其中较为常见的包括砷酸盐[As(Ⅴ)]与亚砷酸盐[As(Ⅲ)]等无机砷形态,以及单甲基砷酸(MMA)、二甲基砷酸(DMA)、砷甜菜碱(AsB)与砷胆碱(AsC)等有机砷形态。研究表明,砷的毒性很大程度上取决于它的化学形态:一般来说,无机砷的毒性显著高于有机砷的毒性;并且在无机砷中,As(Ⅲ)的毒性又远高于 As(Ⅴ)的毒性。环境水体中的砷不仅可经饮用直接进入人体,还可被动植物所吸收,通过食物链逐层传递,最终在人体内富集。因此,对环境水体中的砷化合物进行形态分析具有重要意义。

将色谱分离技术与原子光谱/质谱技术相结合是元素形态分析的有效手段。将 HPLC 与 ICP-MS 联用的分析策略是目前较常用的砷形态分析方法,适用于对环境或生物样品中多种砷形态的同时分离与定量检测。

三、仪器与试剂

1. 实验仪器

HPLC(岛津 LC-10AD)和 ICP-MS(安捷伦 7500a)用于砷形态分析。C18 色谱柱(Hypersil ODS2,250 × 4.6 mm,5 μm 颗粒,汉邦)用于砷形态的分离。C18 柱保存于 70%甲醇和 30%水的溶液中;用于四种砷形态分离时采用等度洗脱模式,流动相组成为 99.5%水-0.5%甲醇,其中含有 8 $mmol\cdot L^{-1}$ 丙二酸和 4 $mmol\cdot L^{-1}$ 四丁基氢氧化铵,并用 30%氨水调节 pH 至 5.5,流速为 1.0 $mL\cdot min^{-1}$。

2. 试剂及耗材

四种砷形态 As(Ⅲ)、As(Ⅴ)、MMA 与 DMA 的标准溶液(1000 $mg\cdot L^{-1}$,单标);超纯水;环境水样(如东湖水样与长江水样各 1 份),实验前预先经 0.45 μm 微孔滤膜过滤处理。

四、实验步骤

(1) 通过梯度稀释的方法分别配制 10 $\mu g\cdot L^{-1}$ 的四种砷形态的标准溶液(单标),并配制浓度梯度为 0 $\mu g\cdot L^{-1}$,0.5 $\mu g\cdot L^{-1}$,1 $\mu g\cdot L^{-1}$,2 $\mu g\cdot L^{-1}$,5 $\mu g\cdot L^{-1}$,10 $\mu g\cdot L^{-1}$ 的四种砷形态的混合标准溶液。

(2) 打开液相色谱仪,用流动相对色谱柱进行 0.5 h 预平衡。

(3) ICP-MS 开机,并在做好各项准备工作(打开空调、水车、抽风,然后连通氩气瓶,装好泵管,检查废液排出口)后点火。

(4) 点火成功后,进行 HPLC-ICP-MS 联机。

(5) 首先对四种砷形态的单标标准溶液进行联机检测,确定四种砷形态各自的保留时间:将四种砷形态的单标标准溶液充分振荡混匀后,用注射器取 50 μL 注入液相色谱的六通阀中,依次对四种单标标准溶液进行联机检测。

(6) 然后对一系列浓度梯度的四种砷形态混合标准溶液按浓度从低到高的顺序依次进行测定,并在仪器自带的软件上绘制标准曲线。

(7) 接着对东湖水样与长江水样进行联机检测,实验操作同上。

(8) 通过标准曲线法分别计算出东湖水样与长江水样中可检出的砷形态种类及其浓度。

(9) ICP-MS 熄火,关机;HPLC 用流动相冲洗 0.5 h 后关机。

五、注意事项

(1) 稀释砷形态标准溶液时须使用超纯水,并采用梯度稀释的方法以保证稀释液浓度的准确性。

(2) 在使用 HPLC 前,一定要预先用流动相对色谱柱进行预平衡,使用结束后也一定要再用流动相对色谱柱进行冲洗,避免损害色谱柱。

(3) 实验过程中应随时关注 HPLC 的柱压与 ICP-MS 的载气气压等各项参数,并随时观察 ICP-MS 的废液排出口与火焰状态是否正常。

六、数据处理与分析

(1) 通过测定 As(Ⅲ)、As(Ⅴ)、MMA 与 DMA 的单标标准溶液得出这四种砷形态的保留时间,并计算其每两个色谱峰之间的分离度,判断四种砷形态是否均可完全分离。

(2) 通过检测一系列浓度梯度($0\ \mu g\cdot L^{-1}$,$0.5\ \mu g\cdot L^{-1}$,$1\ \mu g\cdot L^{-1}$,$2\ \mu g\cdot L^{-1}$,$5\ \mu g\cdot L^{-1}$,$10\ \mu g\cdot L^{-1}$)的四种砷形态混合标准溶液,绘制其相应的标准曲线,并由此分别计算出东湖水样与长江水样中四种砷形态的浓度。

七、思考题

(1) 通过本次实验你可能已经发现,HPLC-ICP-MS 直接用于环境水样中砷形态的定量检测时可能会出现样品中砷形态浓度低于仪器检出限的问题,那么可以通过什么方法来解决呢?

(2) 使用 ICP-MS 对砷元素进行形态分析时,所检测的样品基质中应尽量避免含有 Cl^-,试说明其原因。

八、参考文献

（武汉大学　何蔓）

实验 2-10B　气相色谱-电感耦合等离子体质谱法分析多溴联苯醚

一、实验目的

（1）能够阐述气相色谱及电感耦合等离子体质谱的基本原理。

（2）能够利用气相色谱-电感耦合等离子体质谱测定多溴联苯醚及未知样品中的多溴联苯醚浓度。

（3）能够运用气相色谱-电感耦合等离子体质谱分析其他物质，进一步理解该分析方法的重要性。

二、实验原理

自 20 世纪 70 年代问世以来，多溴联苯醚（PBDEs）由于其阻燃效率高、热稳定性好、添加量少、对材料性能影响小且价格便宜，被广泛用作电子电气设备产品中塑料件的阻燃剂，其消耗量随着电子电气行业的高速发展而不断增加。PBDEs 是一种添加型阻燃剂，由于没有化学键束缚，容易被释放到环境中。同时，PBDEs 的亲脂性强、化学性质稳定，可以随着食物链生物富集和放大，通过饮食进入人体内。相关的毒理研究表明，PBDEs 会影响人体及其他生物体甲状腺激素的分泌，损害中枢神经系统，甚至致癌。2003 年初，欧盟正式颁布了《报废电子电气设备指令》（简称 WEEE 指令）和《关于在电子设备中禁止使用某些有害物质指令》（简称 RoHS 指令）。这两项指令的公布引发了世界各国对 PBDEs 危害性的极大关注。

气相色谱（GC）是检测 PBDEs 最常用的方法之一，它最突出的优点是分离效能高、选择性好和灵敏度高。气相色谱的基本原理是基于不同组分在流动相（载气）和固定相之间的分配系数或吸附系数不同，导致它们在色谱柱中的迁移速率存在差异，从而实现分离。根据固定相状态的不同，可分为气-固吸附色谱和气-液分配色谱。气相色谱的组成主要包括气路系统、进样系统、色谱柱系统、检测器、温控系统及数据处理和计算机系统。用于 PBDEs 检测常见的 GC 检测器有电子捕获检测器、电子轰击源质谱和电子捕获负电离源质谱等。电子捕获检测器对含氯化合物的响应远高于含溴化合物，所以只能用于测定浓度较高的 PBDEs。当用质谱检测时，实际样品中共存的多氯联苯（PCBs）等会对 PBDEs 的测定产生干扰，以致背景噪声的增加和仪器灵敏度的降低。

电感耦合等离子体质谱（ICP-MS）是一种强大的元素分析技术，能够分析元素周期表中的大多数元素，包括金属元素和非金属元素。ICP-MS 具有极高的灵敏度和极低的检出限，在材料科学、地质学、环境监测等多个领域都有广泛应用。GC-ICP-MS 联用技术将 GC 的高分辨率和 ICP-MS 的高灵敏度和高选择性的特点结合在一起，在环境、生物形态分析中的应用越来越广泛。在该联用系统中，色谱相当于 ICP-MS 的连续进样器，而 ICP-MS 相当于色谱的特殊检测器。与电子捕获检测器或质谱检测器相比，在含硫或含溴等其他物质共存的情况下，ICP-MS 仍能够提供高的灵敏度和好的选择性。

使用 GC-ICP-MS 联用技术对挥发性物质进行分析具有许多优点：由于引入等离子体中的样品为气态，样品从 GC 到等离子体的传输率近于 100%；且不须去溶剂化和蒸发，分析物的电离更有效；不存在水相，GC-ICP-MS 比 HPLC-ICP-MS 具有更低的同量异序干扰；不使用高浓度盐溶液，降低了对取样锥和分离锥的腐蚀。GC-ICP-MS 联用最大的难题是，必须使分析物在从 GC 传输到 ICP-MS 的过程中始终保持气态，因此 GC 与 ICP-MS 的接口技术是该联用技术的关键。目前，GC 与 ICP-MS 联用使用的接口有商品化接口，也有自制接口（有兴趣的同学可以扫描本实验的参考文献二维码阅读文献[6]）。

本实验采用 GC-ICP-MS 联用技术测定环境样品中的 PBDEs。实验以 2,4,4′-三溴联苯醚、2,2′,4,4′-四溴联苯醚、2,2′,4,4′,5-五溴联苯醚和 2,2′,4,4′,6-五溴联苯醚作为分析对象，学习 GC-ICP-MS 联用系统的使用、实际环境样品（土壤）的预处理操作和定量分析过程。

三、仪器与试剂

1. 实验仪器

气相色谱仪通过商品化的 GC-ICP-MS 接口与电感耦合等离子体质谱仪连接。10 μL 微量进样器。

2. 试剂及耗材

2,4,4′-三溴联苯醚（BDE-28）；2,2′,4,4′-四溴联苯醚（BDE-47）；2,2′,4,4′,5-五溴联苯醚（BDE-99）；2,2′,4,4′,6-五溴联苯醚（BDE-100）；2,2′,4,4′,5,5′-六溴联苯（BB-153）；丙酮；甲醇；去离子水；无水乙醇。

3. 仪器参数设置

通过商品化的 GC-ICP-MS 接口将 GC 与 ICP-MS 连接，GC 用于色谱分离，ICP-MS 用于检测。将色谱柱从 GC 的柱箱直接引入 ICP 的炬管中，避免分析物在色谱柱与熔融石英毛细管的连接处冷凝，同时采用商品化的加热传输线。用 GC 的两个加热区来控制加热传输线的温度为 280 ℃。ICP-MS 检测同位素 ^{79}Br 和 ^{81}Br，以峰面积作为定量指标。用仪器自带的化学工作站软件对 GC-ICP-MS 联用系统进行操作与控制。GC-ICP-MS 的主要仪器操作参数见表 2-10B-1。

表 2-10B-1　GC-ICP-MS 的主要仪器操作参数

设置量	仪器操作参数
GC	
毛细管柱	HP-5(30 m×0.32 mm 及 0.25 μm 膜厚度,涂覆有 5%苯基、95%甲基聚硅烷醚的固定相)
载气	氦气
载气流速	2.0 $mL\cdot min^{-1}$
柱温	初始升温速率为 20 ℃$\cdot min^{-1}$,从 150 ℃开始,直至 280 ℃,并保持 4.5 min
进样口体积	1 μL
进样口温度	250 ℃
进样口模式	不分流
GC-ICP-MS 接口	
传输线/进样口温度	280 ℃
ICP-MS	
Rf 功率	500 W
Ar 等离子体气体流速	15.0 $L\cdot min^{-1}$
Ar 载气流速	1.08 $L\cdot min^{-1}$
停留时间	0.1 s(每种同位素)
同位素	^{79}Br 与 ^{81}Br

四、实验步骤

1. 标准溶液的配制

(1) 配制 50 $mg\cdot L^{-1}$ BDE-28 溶液,50 $mg\cdot L^{-1}$ BDE-47 溶液,50 $mg\cdot L^{-1}$ BDE-99 溶液,50 $mg\cdot L^{-1}$ BDE-100 溶液和 35 $mg\cdot L^{-1}$ BB-153 溶液,作为标准储备液,待用。

(2) 分别取一定量的各标准储备液,用丙酮配制成各 PBDEs 浓度均为 1 $mg\cdot L^{-1}$的混合标准溶液。

(3) 将混合标准溶液分别用丙酮稀释到 1 $\mu g\cdot L^{-1}$,5 $\mu g\cdot L^{-1}$,10 $\mu g\cdot L^{-1}$,50 $\mu g\cdot L^{-1}$,100 $\mu g\cdot L^{-1}$,500 $\mu g\cdot L^{-1}$。

(4) 取上述配制的不同浓度的混合标准溶液各 1 μL,依次进 GC-ICP-MS 检测,记录对应的峰面积。

2. 测定未知浓度的多溴联苯醚

取未知浓度的样品进行 GC-ICP-MS 检测,记录对应的峰面积。

3. 测定实际样品中的多溴联苯醚

土壤样品:称取约 0.5 g 土壤样品于离心管中,加入内标 BB-153 溶液,静置 30 min。再加入 3 mL 甲醇，超声 30 min，然后在 3500 r·min^{-1}转速下离心 5 min，取上清液，用氮气吹至近干，丙酮溶解定容到 1 mL。取 1 μL 进 GC-ICP-MS 检测，记录对应的峰面积。

五、注意事项

(1) 标准储备液和混合标准溶液均避光保存于冰箱中。

(2) 所有试剂均为分析纯及以上。所用水均为去离子水。所用器皿均先用去离子水润洗，然后在无水乙醇中浸泡过夜，自然晾干后备用。

六、数据处理与分析

(1) 以峰面积对目标物浓度作图得出标准曲线。

(2) 根据标准曲线和未知浓度样品的峰面积得出未知样品的浓度。

(3) 与(2)计算步骤一致，计算土壤样品中多溴联苯醚的浓度。

七、思考题

(1) 本实验使用的 GC-ICP-MS 与 GC-MS 相比有什么优势？

(2) 多溴联苯醚的标准储备液和混合标准溶液为什么要避光保存？

(3) 比较内标法和标准曲线法的原理和用途。

八、参考文献

(武汉大学　何蔓)

实验 2-11　单颗粒电感耦合等离子体质谱法分析金纳米颗粒的粒径和颗粒浓度

一、实验目的

(1) 能够阐述单颗粒电感耦合等离子体质谱的基本原理，以及颗粒物质进入等离子体产生的特殊现象。

(2) 能够利用雾化效率的公式对样品中颗粒的大小和数量浓度进行定量分析。

(3) 能够对实际样品中的颗粒进行等效粒径和数量浓度的测定和分析。

二、实验原理

在传统 ICP-MS 中，通常在较长的信号读取时间(约 100 ms)内对某种元素的信号强度进行多次读出，并取平均值以获取实际样品。在这个较长的读取时间内，已经有多个雾化产生的小液滴经过蒸发或汽化并通过等离子体进行原子化和电离。如果样品中含有溶解的金属，该金属离子均匀分布在溶液中，且单位时间进入等离子体并随后进入检测器的金属质量相对恒定，则在多次读数中产生一致的强度信号。

金属纳米颗粒（NPs）已用于许多生物医学领域，它们在生活与工业中的广泛应用造成其不可避免地释放到环境中并以各种途径进入人体。为了实现含金属 NPs 的分析，研究者们开始尝试基于瞬间信号的 ICP-MS 方法。

2011 年，Laborda 等人提出了单颗粒电感耦合等离子体质谱模式（sp-ICP-MS），与常规信号读取模式相比，sp-ICP-MS 模式的信号强度读取时间明显缩短，例如，常规 ICP-MS 分析中通常会选择 0.1 ms 的读取时间，并同时记录信号强度对应的时间函数。对于含有金属的 NPs，每个 NPs 有数百到数千个金属原子，因 NPs 原本的几何形状不同，当其通过 ICP-MS 等离子体被电离时，其离子云穿过质量分析器进入检测器时并非恒定金属离子流，而是会按照原先的几何形状以不同的朝向进入检测器。同时，由于金属 NPs 里所含的原子明显更多、密度更加集中，颗粒产生的信号也与常规 ICP-MS 分析中的金属离子的信号明显不同，其原始数据类似一个明显增强的脉冲信号叠加在几乎恒定的背景信号上方。其中脉冲对应于单个 NPs，背景代表溶液中“溶解”的金属（由较小的 NPs 及溶解的金属元素组成）。

在这种模式下，单个脉冲信号的强度大小反映金属 NPs 所含有的金属原子个数，脉冲信号出现的频率反映所引入的样品溶液中金属 NPs 的数量浓度。尽管如此，想要获取准确的单个 NPs 的信息需要一些特定的要求，例如，sp-ICP-MS 用于 NPs 分析的基本假设是，每个脉冲代表一个粒子事件（即粒子或聚集体），大部分 NPs 的离子云持续时间为 0.5~1.0 ms，上述目的能否达成取决于较短的停留时间、恒定的流速和足够低的数量浓度。如果这个假设是成立的，那么脉冲的频率与颗粒/聚集体的数量浓度（单位体积的颗粒数）直接相关，实际样品中的 NPs 数量浓度即可由式（2.11.1）计算。

$$c_{\text{sample}}=\frac{N_{\text{sample}}}{\eta\times V\times T} \tag{2.11.1}$$

式中：c_{sample}为待测样品中的 NPs 数量浓度（个·mL^{-1}），η 为 sp-ICP-MS 系统的雾化效率，V 为样品入口流速（$mL\cdot min^{-1}$），T 为总采集时间（min），N_{sample}为采集时间内检测到的有效颗粒信号峰个数。

与此同时，脉冲信号的强度反映了单个 NPs 的原子个数，可以换算得到单个 NPs 的金属元素质量和等效尺寸，分别如式（2.11.2）和式（2.11.3）所示。

$$m_{\text{NPs}}=\frac{I_{\text{sample}}}{I_{\text{RM}}}\cdot m_{\text{RM}} \tag{2.11.2}$$

$$d_{\text{sample}}=\sqrt[3]{\frac{6m_{\text{NPs}}}{\Pi\cdot 10^{15}\cdot\rho_{\text{NPs}}}}\times 10^{7} \tag{2.11.3}$$

式中：m_{NPs}为待测 NPs 的质量（ag），m_{RM}为 NPs 标准品的质量（ag），I_{sample}和 I_{RM}分别为待测样品和 NPs 标准品中单个 NPs 的积分信号强度，d_{sample}为样品中单个 NPs 的等效粒径，ρ_{NPs}为样品 NPs 的密度。

在上述定量 NPs 的数量浓度和粒径中,粒径定量的难度相对较小,主要涉及对单个 NPs(包括标准品)的信号判断和积分,并对平均值进行统计。在 NPs 数量浓度的计算中,需要用到 sp-ICP-MS 系统的雾化效率。目前常见的 sp-ICP-MS 中计算雾化效率的方法主要有 3 种:① 通过统计一定时间内的 ICP-MS 引入的样品量和排废量进行计算,无须引入 NPs 或离子标准品,目前应用较少;② 利用已知粒径和数量浓度的 NPs 标准品,统计检测到的 NPs 数目,与引入系统中的 NPs 数目之间的比值作为雾化效率;③ 对比引入 ICP-MS 中的 NPs 和离子标准溶液的信号响应的比值,将离子和 NPs 的信号都视为一定质量的元素产生的信号,进而获取 NPs 对应的粒径和雾化效率等信息。

三、仪器与试剂

1. 实验仪器

具备单颗粒功能且配备单颗粒分析软件的 ICP-MS 1 台;超声仪 1 台;移液枪若干把。

2. 试剂及耗材

超纯水;15 mL EP 管若干;金纳米颗粒标准品溶液(30 nm 柠檬酸修饰);待测的金纳米颗粒溶液;稀硝酸(0.5 $mol \cdot L^{-1}$)。

四、实验步骤

1. 配制合适浓度的金纳米颗粒溶液

(1) 将若干 15 mL 的 EP 管装满超纯水,在超声仪中超声 5 min,尽量避免管壁对 NPs 的吸附。超声结束后把水倒出,室温下风干。

(2) 使用移液枪对原始浓度为 5×10^{-5} $mol \cdot L^{-1}$的金纳米颗粒标准品溶液进行稀释,将浓度稀释至 5×10^{-8} $mol \cdot L^{-1}$,每次稀释 10 倍,即取 1 mL 高浓度的金纳米颗粒溶液润洗枪头,再吸取 1 mL 该溶液并加入 9 mL 超纯水,超声,每次需要超声 15~30 s,且超声过程中可以上下摇动整个 EP 管。重复上述步骤 5 次。

(3) 以同样的方式将待测的金纳米颗粒溶液稀释至 5×10^{-8} $mol \cdot L^{-1}$左右的浓度水平,每次的稀释倍数不超过 10 倍。

2. ICP-MS 开机点火

(1) 依次打开氩气瓶、循环水车、抽风系统,并在开机前检查雾化器的样品引入和废液排出功能,详细步骤可以参考其他的 ICP-MS 实验的开机步骤。

(2) 在开机前的维护过程中,将蠕动泵的速率调整至 0.1 $mL \cdot min^{-1}$,与实际的样品测试中的样品引入时的蠕动泵速率一致,将一个装有 3 mL 超纯水的 EP 管在电子天平上称量,记下质量为 m_1,通过蠕动泵进行 3 min 的样品引入,而后重新称量 EP 管和超纯水的质量为 m_2,记录 m_1和 m_2 的差值,计算样品引入流速 V($mL \cdot min^{-1}$)。

(3) 样品引入维护结束后。ICP-MS 点火并观察状态,待雾化室温度降低并稳定至 2 ℃。

3. sp-ICP-MS 的方法构建及设置

(1) 根据 sp-ICP-MS 的方法构建指南进行方法构建,待测元素选择^{197}Au,读取时间选择 0.1 ms,RM 参比物质元素选择^{197}Au,测定时间选择 60 s,蠕动泵样品引入时间选择 20 s,速率 0.3 $mL \cdot min^{-1}$,蠕动泵稳定时间选择 20 s,速率 0.1 $mL \cdot min^{-1}$。

（2）在样品列表中设置待测样品分别为：空白背景，金纳米颗粒标准品溶液三份（重复三次），待测金纳米颗粒溶液三份（重复三次）。

4. 进行样品分析并读取数据

（1）将样品列表添加到队列，待仪器预热结束后，按照提示将所含样品的 EP 管引入蠕动泵中，并在样品间隔引入 0.5 $mol \cdot L^{-1}$ 稀硝酸和超纯水对进样系统进行清洗。

（2）在数据处理界面中对检测到信号中的 NPs 和溶解的离子进行自动的软件区分，分别读取金纳米颗粒标准品溶液中和待测金纳米颗粒溶液中的粒子数和平均粒子信号，计算三次测定的平均值。

（3）样品测定结束后，将蠕动泵速率调为 0.3 $mL \cdot min^{-1}$，引入 0.5 $mol \cdot L^{-1}$ 稀硝酸 5 min，超纯水 5 min，待金元素信号稳定后蠕动泵速率调为慢速，将等离子体关闭。

（4）待仪器进入待机状态后，依次关闭循环水车、抽风系统和氩气瓶，填写仪器使用记录。

五、注意事项

（1）实验中使用的接触 NPs 的容器应尽量使用塑料材质，避免玻璃容器对 NPs 较强的吸附作用。

（2）实验中稀释 NPs 颗粒溶液时务必润洗枪头，同时注意超声效率和时间，减少对测定准确性的影响。

（3）当仪器无法自动判别 NPs 与离子的检测阈值时，可手动划分 NPs 的信号强度（呈高斯分布）。

六、数据处理与分析

（1）根据金纳米颗粒标准品溶液的说明书和所稀释的倍数，计算引入 ICP-MS 的金纳米颗粒标准品溶液的数量浓度，根据测定时间和样品引入流速计算 sp-ICP-MS 系统的雾化效率，如式（2.11.4）所示。

$$\eta = \frac{N_{RM}}{c \cdot V \cdot T} \tag{2.11.4}$$

式中：N_{RM} 为三次测定金纳米颗粒标准品溶液的粒子个数，c 为稀释后金纳米颗粒标准品溶液的数量浓度，V 为样品引入流速，T 为测定时间。

（2）根据金纳米颗粒标准品溶液的平均粒子信号强度和待测金纳米颗粒溶液的信号强度的平均值，按照式（2.11.2）和式（2.11.3）分别计算待测金纳米颗粒的平均质量和等效粒径。

（3）根据（1）中计算得到的雾化效率 η 和式（2.11.1）计算稀释后待测金纳米颗粒溶液的数量浓度，并根据稀释倍数计算实际样品中的颗粒数量浓度。

七、思考题

（1）从“尺寸”计算雾化效率的公式应如何推导？

（2）除了式（2.11.2），还有没有其他的策略计算待测金纳米颗粒的质量和等效粒径？

（3）在该实验中，会对结果的误差带来最大影响的是哪个物理量？测定时最容易产生误差的步骤是哪一步？

八、知识拓展

1. sp-ICP-MS 的发展状况

sp-ICP-MS 的诞生和发展类似于 ICP-MS 技术，在确定分析 NPs 的构想之后，制造商花了大约三年的时间就推出 sp-ICP-MS 的第一台专用仪器。自 2003 年发表第一篇论文观察到 NPs 在 ICP-MS 中的信号以来，至今已有近 3000 项与 sp-ICP-MS 直接相关的研究发表在 SCI 数据库。

sp-ICP-MS 的兴起始于 2011 年，2016 年时与“基础”和“方法开发”相关的研究工作总数不断增加，近年来有所稳定，而有关“应用”的研究工作数量正在稳步增长。目前，sp-ICP-MS 已经经历了过渡阶段，并逐步趋于成熟。

2. sp-ICP-MS 信号读取时间的设置建议

信号读取时间是 sp-ICP-MS 的核心，决定了目标 NPs 的信号能否被检测到，保证获取到的每个信号是来自同一个 NPs，其不仅影响 NPs 数量浓度的测定，也对获取到的 NPs 粒径分布信息产生巨大的影响。

早期商用 sp-ICP-MS 仪器采用的是 3~10 ms 级别的信号读取时间，在目前 sp-ICP-MS 研究中，毫秒时间范围内的信号读取时间是最常用的。但其存在几点限制，第一是只有一个数据点用于描述较短的瞬态，不能对微观的信号进行统计，也使得区分 NPs 和离子信号的依据存在模糊性；第二是两个相邻的信号读取时间之间出现的 NP 可能会导致一个 NP 被检测为两个较小的 NP；第三是 NPs 浓度较高时，两个或多个颗粒可能会落入一个信号读取时间，导致获取的粒径分布与 NPs 数量浓度产生偏差。

近年来开发出的商用仪器专为支持单颗粒检测功能而设计，通过将信号读取时间缩短至数十微秒（μs），将粒子事件记录为由多个读数组成的峰。已有报道开发了信号读取时间低至 5 μs 的数据采集系统，但多篇文献显示使用 100~200 μs 的信号读取时间可以达到最佳的尺寸检测限，同时保持多粒子事件的低发生率，并维持较高的进样流速。

3. 碰撞反应池在 sp-ICP-MS 中的作用

在碰撞池中使用 He 来实现动能判别已经用于建立分析 Ag、Au、Cr_2O_3、Fe_2O_3 和 ZnO 纳米颗粒的 sp-ICP-MS 方法。除常见的 Cr_2O_3、Fe_2O_3 和 ZnO 等 NPs 外，将 O_2，NH_3，H_2 及 CH_3F 用于研究 Se NP，Cu NPs，SiO_2 NP 和 TiO_2 NPs 的基于碰撞/反应池的方法也被开发出来，极大程度上扩展了 sp-ICP-MS 的应用范围。

在碰撞池中存在较重和活泼的气体时，将增加与每个纳米粒子事件的离子云碰撞/相互作用的可能性，使得离子云的动能分布范围扩大，从而在不同的时刻被检测到。为了加速碰撞/反应池中产生的产物离子，一些仪器中设置了轴向加速功能，以增加这些反应产物离子的动能，延长它们传输到四极杆质量分析仪的时间。表面上看，碰撞/反应池导致 NPs 事件的信号峰宽增加，不利于 NPs 的高通量分析，但为使用四极杆 ICP-MS 仪器监测单个颗粒中的多个元素提供了可能。

九、参考文献

（武汉大学　何蔓）

第3章 电子光谱实验

分子的电子光谱体现的是分子电子态之间的跃迁所引起的辐射能吸收与释放,包括吸收光谱和发射光谱,光谱波段位于紫外-可见光区和近红外区。分子的紫外-可见吸收光谱是典型的电子吸收光谱;分子从电子激发态回到基态所伴随的辐射能释放可根据激发形式的不同分成光致发光(包括荧光和磷光)、化学发光(包括生物发光)、电化学发光和其他形式的发光,但发光体的结构与其发射光谱的关联性是不变的。本模块针对这些核心知识点所设计的一系列实验,设立明确的教学目标和详细的实验步骤,确保学生在实践中掌握核心知识点。实验内容设计方面注重多样性,尽可能覆盖各种新型探针(包括有机小分子、生物蛋白质、聚集诱导发光材料、无机纳米团簇和有机聚合物纳米材料等)、不同的定量模式及不同的应用场景。此外,针对"仪器自搭建"的教学目标,增添了仪器设计方面的学习内容,设计了光学成像仪器自搭建实验。通过本模块的学习,学生能熟练运用电子光谱相关仪器,进行组分分析、介质条件探测、平衡常数测定、反应动力学分析、传感与成像等各种定性、定量的化学测量学实验。

3.1 电子光谱原理

3.1.1 紫外-可见吸收光谱法基本原理

紫外-可见吸收光谱法(ultraviolet-visible spectrometry,UV-Vis)是基于分子的电子吸收光谱建立的一种光学仪器分析方法,该方法简单、灵敏度高、准确度好,通常使用的仪器价格也便宜,搭建形式灵活,是使用较广泛的光学分析方法之一。

1. 吸收光谱与分子结构

分子中的电子,总是处于某种运动状态,具有一定的能量,处在特定的能级上。当具有一定能量的光子作用于物质的分子时,处于基态的电子吸收光子的能量,便可从低能态跃迁至高能态。跃迁前后两个能级的能量差(ΔE)与光子波长(λ)或频率(ν)之间的关系满足普朗克公式,即

$$\Delta E = E_2 - E_1 = h\nu = hc/\lambda \tag{3.0.1}$$

紫外-可见吸收光谱是分子的价电子跃迁所致。每种电子的能级跃迁伴随着若干振动能级和转动能级的跃迁,在光谱上呈现为宽带吸收信号,如图 3-0-1 所示。分子吸收谱带的性质主要取决于电子跃迁前后所处的轨道:激发不同类型的电子跃迁所需光子的能量不同,因而吸收光的波长范围也不同;而跃迁前后分子轨道的重叠程度越高,振子强度越

大，吸光效率也就越高。因此，紫外-可见吸收光谱与物质的分子结构及其所处的化学环境密切相关。

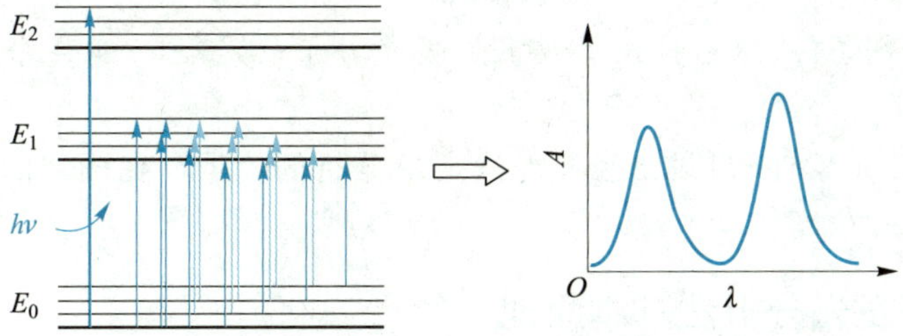

图 3-0-1 分子紫外-可见吸收光谱的产生示意图

有机化合物常见的电子跃迁有 $\sigma\rightarrow\sigma^*$、$\pi\rightarrow\pi^*$、$n\rightarrow\pi^*$ 和 $n\rightarrow\sigma^*$ 跃迁。$\sigma\rightarrow\sigma^*$ 和 $n\rightarrow\sigma^*$ 跃迁的吸收峰分别位于远紫外区和近紫外区，由于分子中通常存在多个不同的 σ 键，相关吸收信号往往复杂难辨。不饱和化合物的 $\pi\rightarrow\pi^*$ 和 $n\rightarrow\pi^*$ 具有较好的特征性，若分子中有共轭 π 键存在，吸收峰一般随着共轭程度增大而红移且增强。不同性质取代基引入共轭骨架后，可引起光谱的红移或蓝移；当在电磁辐射作用下有机化合物分子中的电子给体和电子受体同时融入共轭体系时，便可能发生分子内的电荷转移跃迁，其吸收峰强但相对宽化。

无机化合物也可能发生电荷转移跃迁，很多金属配合物因发生配体与金属中心离子之间的电荷转移跃迁而呈现很深的颜色。金属配合物的电子跃迁还可发生于因配位场作用而分裂出的能量不同的金属 d 轨道或 f 轨道上，称为配位场跃迁；过渡金属配合物的 $d\rightarrow d^*$ 跃迁吸收与中心离子的主量子数、价态及配位体的性质密切相关。

一些由贵金属构成的纳米颗粒会对频率与其传导电子的整体振动频率相匹配的入射光子产生很强的吸收作用，发生局域表面等离子体共振现象。产生的强共振吸收峰的波长取决于材料的微观结构特性（包括组成、形状及尺寸等），由此可分析纳米粒子的微观结构。

分子所处的环境，如溶剂、温度等，也对吸收光谱有影响。一般而言，由于溶剂化对不同能级的影响不同，$n\rightarrow\pi^*$ 跃迁吸收带随溶剂极性增大而蓝移，而 $\pi\rightarrow\pi^*$ 跃迁吸收带则随溶剂极性增大而红移。低温有利于有机化合物吸收光谱精细结构的显现，而温度升高则可使谱带的精细结构消失。

总之，在特定的实验条件下，分子的结构是决定分子紫外-可见吸收光谱的本质所在。不同的物质，具有不同的分子结构，在与光子作用过程中所表现出来的紫外-可见吸收光谱便具有不同的特征，因此有机化合物的紫外-可见吸收光谱常被用作分子结构分析的依据。

2. 光吸收定律

物质对光的吸收，在一定的实验条件下遵循朗伯-比尔（Lambert-Beer）定律，即当一定波长的光通过某物质的溶液时，入射光强度 I_0 与透射光强度 I_t 之比的对数与该物质的浓度及液层厚度成正比。其数学表达式为

$$A=\lg(I_0/I_t)=\varepsilon bc \tag{3.0.2}$$

式中：A 为吸光度；b 为液层厚度，单位为 cm；c 为待测物质浓度，单位为 $mol\cdot L^{-1}$；ε 为摩尔吸

光系数，单位为 $L\cdot(mol\cdot cm)^{-1}$。当待测物质浓度单位是 $g\cdot L^{-1}$ 时，ε 就以 a 表示，称吸光系数，单位为 $L\cdot(g\cdot cm)^{-1}$。此时有

$$A = abc \tag{3.0.3}$$

给定波长和溶剂条件，摩尔吸光系数 ε 是吸光分子（或离子）的一个特征常数，可作定性分析的参数。

朗伯-比尔定律是紫外-可见分光光度法定量分析的依据。在确定的实验条件下，吸光度正比于待测物质的浓度。

3.1.2 分子发光分析法基本原理

分子发光分析法是基于物质的分子受激发后所表现出的发光性质而建立的仪器分析方法，具有信号参数丰富、灵敏度高、选择性好、简便快速等诸多优点，应用范围广。随着激光、计算机和电子学新技术的引入，基于分子发光的各种显微成像技术在生物医学领域展现出广阔的应用前景。

1. 荧光光谱与分子结构

物质吸收光子时，分子中的电子从能量较低的能级跃迁至能量较高的能级，形成电子激发态分子。处于激发态的分子是不稳定的，它可能通过辐射跃迁或非辐射跃迁等分子内或分子间的去活化过程，释放多余的能量而返回基态。非辐射跃迁的去活化过程很普遍，激发态分子与溶剂分子或溶质分子间发生的很多物理或化学作用都可导致激发态分子数变少；在辐射跃迁去活化过程中，发生光子的发射，产生荧光（fluorescence）或磷光（phosphorescence）现象。

以常见的有机发光体为例，如图 3-0-2 所示，分子在吸收辐射后被激发到某一电子激发单重态的不同振动能级上，一般情况下处于较高振动能级上的分子会很快地发生振动弛豫，将多余的振动能量传递给介质而回到该电子激发态的最低振动能级，此后又经由内转换及振动弛豫而回到第一电子激发单重态的最低振动能级。处于该激发态的分子若以辐射形式去活化回到电子基态的任一振动能级，便产生了荧光；若发生系间窜越到达第一激发三重

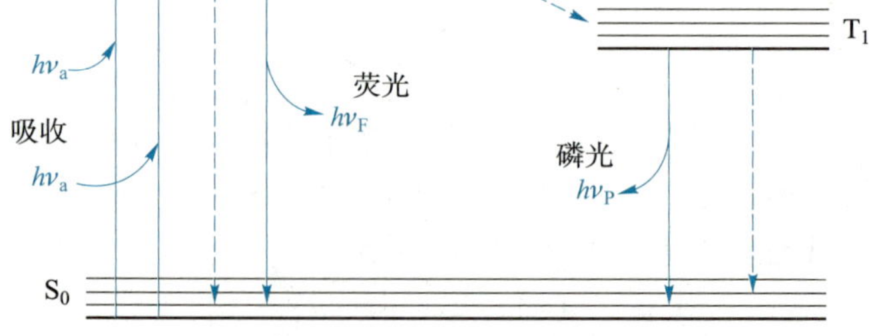

图 3-0-2 典型的 Jablonski 能级图

态，再以辐射形式去活化回到电子基态，便产生了磷光。通常情况下，第一激发三重态的能量较第一激发单重态有大幅度的降低，因此磷光发射峰相对于荧光发射峰显著红移；如果第一激发三重态与第一激发单重态之间的能量差足够小，在热运动中分子可发生反向系间窜越返回第一激发单重态，继而辐射跃迁去活化，便可产生延迟荧光。

根据上述光物理过程，荧光化合物具有两种特征的荧光光谱：激发光谱与发射光谱。固定测量的发射光波长，扫描激发单色器，以不同波长的入射光激发荧光体，所测得的荧光强度与激发波长的关系曲线，即为荧光激发光谱。固定激发光波长，以同一能量的光子激发荧光体，扫描发射单色器，检测各种波长下相应的荧光强度，所测得的荧光强度与发射波长的关系曲线，即为荧光发射光谱，又称荧光光谱。

荧光物质的光谱特性与物质的结构及其所处环境有着密切的联系。荧光体都有吸光的结构基元，所以能影响荧光体吸光性质的因素，也影响着荧光体的荧光特性。发荧光的有机化合物，其分子一般都含有共轭体系，大部分都具有芳环或杂环。一般来说，发色团共轭程度越大，其荧光峰越向长波方向移动，且荧光发光效率往往也较高。发光效率高的荧光体，其分子多为平面构型，且具有一定的刚性。取代基的性质对荧光体的荧光光谱和发光强度均有强烈的影响：芳烃和杂环化合物的荧光光谱和荧光量子产率常随取代基的改变而变化。最低电子激发态的性质（$n\rightarrow\pi^*$ 跃迁态或 $\pi\rightarrow\pi^*$ 跃迁态）也对荧光量子产率有显著的影响：最低电子激发单重态为 $\pi\rightarrow\pi^*$ 跃迁态时，属于非禁阻跃迁，摩尔吸光系数较大，荧光发光效率也高。此外，环境对荧光光谱和荧光强度都有不同程度的影响，如环境温度、溶剂性质、介质的 pH 和黏度等。但是，在实验条件恒定时，分子的荧光光谱特性取决于物质的结构，研究分子荧光光谱可以得到分子的结构信息。

2. 荧光强度与物质浓度的关系

根据光吸收定律，吸收的光强度为

$$I_0-I=I_0(1-e^{-2.303\varepsilon bc}) \tag{3.0.4}$$

总的荧光强度正比于吸收的光强度与荧光量子产率 φ：

$$F=\varphi I_0(1-e^{-2.303\varepsilon bc}) \tag{3.0.5}$$

对于稀溶液，吸收的光强度一般不会超过总激发光强度的 5%，$2.303\varepsilon bc$ 项小于 0.05，可以略去 $1-e^{-2.303\varepsilon bc}$ 展开项中的高次项，即 $1-e^{-2.303\varepsilon bc}\approx 2.303\varepsilon bc$，则荧光强度为

$$F=2.303\varepsilon b\varphi I_0 c=k\varphi I_0 c \tag{3.0.6}$$

式中：k 为常数，等于 $2.303\varepsilon b$；φ 为荧光量子产率，即发射光量子与吸收光量子之比；I_0 为激发光强度，c 为待测物质的浓度。当测试条件确定，对特定的荧光体，有

$$F=Kc \tag{3.0.7}$$

式中：K 为常数，即在一定的实验条件下，荧光体的浓度与荧光强度成正比。此式为荧光分析法进行定量分析的依据。

3. 化学发光与电化学发光

除了辐射能，发光体也可以吸收其他形式的能量到达激发态进而产生发光现象。化学发光（chemiluminescence，CL）是物质在进行化学反应过程中伴随的一种光辐射现象。某些化合物分子吸收化学能后，被激发到激发态，再以辐射跃迁的形式释放出能量返回基态，这种化学反应称为化学发光反应。化学发光现象通常出现在放热化学反应中，包括直接化学发光反应和间接化学发光反应，如图 3-0-3 所示。

$$A + B \longrightarrow C^* + D \qquad C^* \longrightarrow C + h\nu \qquad (\mathrm{I})$$

$$C^* + F \longrightarrow F^* + C \qquad F^* \longrightarrow F + h\nu \qquad (\mathrm{II})$$

注：A和B为反应物；C*为激发态产物；
D为其他产物；F为参与反应的第三种物质；
h为普朗克常数；ν为发射光子的频率。

图 3-0-3　化学发光反应类型：(Ⅰ) 直接化学发光反应；(Ⅱ) 间接化学发光反应

化学发光反应可在液相、气相、固相中进行。利用化学发光强度对物质进行分析测定的方法称为化学发光分析法，其特点是：灵敏度高，检测限可达 10^{-3} mg·L^{-1} 甚至更低；选择性好，对于多种污染物质共存的大气，通过选择合适的化学发光反应和发光波长，不经分离即可有效地进行测定；线性范围宽，通常可达 5～6 个数量级。为此，该方法在环境监测、生化分析等领域中得到较广泛的应用。

电化学发光(electrochemiluminescence，ECL)是指物质在电极表面发生电子转移反应，形成激发态并释放出能量进而发光的过程。电化学发光包含电化学反应和化学发光过程，因而电化学发光分析法兼备电化学分析法及化学发光分析法的优点，如灵敏度高、动态范围宽、操作简单和稳定性好等。与化学发光相比，电化学发光由电极上施加的电压所引发和控制，而不是由试剂的混合所引发和控制，因此具有很好的时空可控性。

电化学发光体系按照发光试剂的类别可分为金属配合物电化学发光体系、有机分子电化学发光体系和纳米材料电化学发光体系。传统的金属配合物发光试剂主要包括钌、铱和锇的配合物；有机分子发光试剂以鲁米诺、光泽精和过氧化草酸酯等经典化学发光试剂为代表；此外，一些纳米尺度的材料被发现具有很好的光学性质，量子点、纳米簇等作为电化学发光试剂已得到很好的应用。电化学发光过程有两类，一类是由单一发光体完成(湮灭型)，另一类则需共反应试剂的参与。在很多电化学发光体系中，共反应试剂的存在可有效提高发光效率，例如，草酸、过硫酸根、三丙胺等皆为三联吡啶钌体系常用的共反应试剂。

3.2　紫外-可见吸收光谱仪

紫外-可见吸收光谱仪，也称紫外-可见分光光度计，主要由光源、单色器、样品室、光电检测器及信号显示系统五个部分组成，如图 3-0-4 所示。光源发出的光经单色器分光后变成一束单色光照射到待测样品上，未被样品吸收的入射单色光透过样品照射到光电检测器上，光电检测器再将光信号转换成相应的电信号以便后续的数据处理，最后由信号显示系统显示结果。

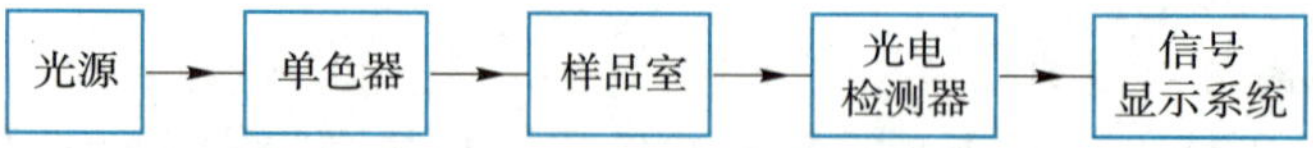

图 3-0-4　紫外-可见分光光度计基本构造示意图

紫外-可见分光光度计，按其光学系统的不同可分为单波长单光束分光光度计、单波长双光束分光光度计和双波长分光光度计，其中以单波长双光束分光光度计最为常用。下面以由微机平台控制的单波长双光束紫外-可见分光光度计为例介绍该类仪器的构造和使用方法。

3.2.1 光学系统

单波长双光束紫外-可见分光光度计的光路图如图 3-0-5 所示。

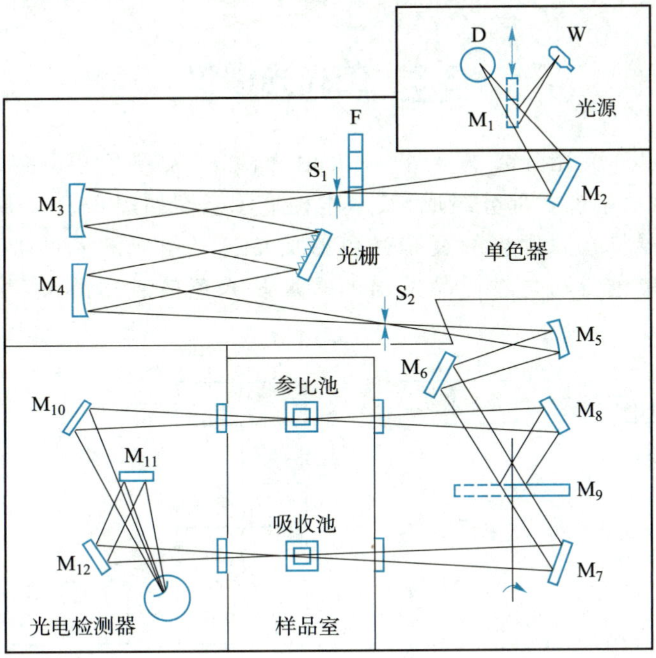

D—氘灯；W—钨灯；S_1~S_2—狭缝；F—除去杂散光的滤光片；M_1 ~ M_{12}—反射镜

图 3-0-5 单波长双光束紫外-可见分光光度计光路图

目前普遍使用的单色器采用超低杂散光的衍射光栅作为色散元件，其波长分辨率和测量精度高；光电检测器则以光电倍增管最为常用。当扫描的波长范围较宽时，需要联合使用紫外区光源（如氘灯）和可见区光源（如钨灯）。

需要说明的是，吸收光谱体现的是被待测样品吸收后的光信号；而消光光谱体现的则是通过样品后入射光减少的部分，包括吸收和散射。由仪器的构造示意图可知，用常规的紫外-可见分光光度计测得的实际上是消光光谱。对于一般的溶液来说，分子的瑞利散射十分微弱，因而消光光谱基本等同于吸收光谱；对于胶体甚至悬浮液而言，丁铎尔散射或米氏散射的影响不可忽略，因而测得的并不是真正的吸收光谱。

3.2.2 基本操作步骤

因型号或控制软件的差异，不同的紫外-可见分光光度计有不同的具体操作步骤。采用单波长双光束紫外-可见分光光度计进行溶液样品测定的一般操作步骤如下：

（1）开机：打开主机电源，打开计算机。

（2）打开控制软件，进入测定窗口。

（3）选择测量模式：一般包括“光谱”（波长扫描）、“动力学”（时间扫描）和“定点光度测定”等模式，选定模式后联机，开始初始化。

（4）测量参数设定：主要包括波长/时间范围、狭缝宽度和扫描速度等。

(5)"基线"校正:参比池和样品池中均装入参比溶液,校正两个吸收池的差异。

(6)样品测量:将样品池中的参比溶液替换为待测样品,采集数据。

(7)数据保存与处理。

(8)关机:断开计算机与光谱仪的连接,关闭控制软件,关闭仪器电源,关闭计算机。

3.3 荧光光谱仪

荧光光谱仪,也称荧光分光光度计,主要由光源、激发单色器、样品池、发射单色器、检测系统及信号显示系统六部分组成,其基本构造示意图如图 3-0-6 所示。光源用来激发样品;激发单色器将光源发出的复合光色散成单色光组成的光谱带,并分离出所需的单色激发光;发射单色器则是将样品发出的多波长光色散成光谱带,并滤出所需检测的单色光。

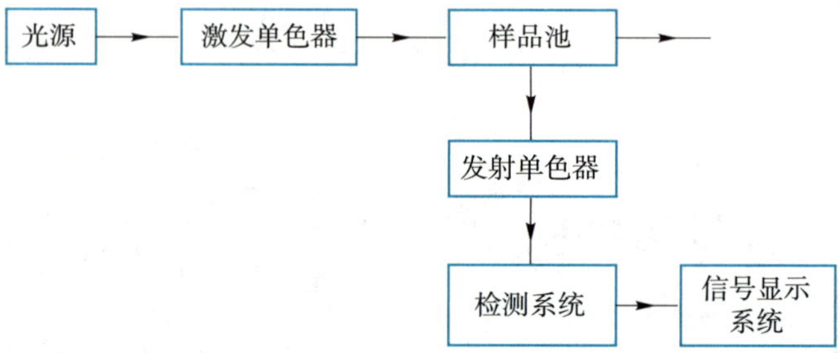

图 3-0-6 荧光光谱仪基本构造示意图

目前常用的是微机化的荧光光谱仪,可通过键盘指令、随机软件或自编程序进行自动扫描、谱图输出或各种方式的荧光数据处理等。与紫外-可见吸收光谱相比,荧光光谱具有激发维度和发射维度的两个波长(频率)变量。因此,除了常规波长扫描、时间扫描和定点光度测定外,配备特定控制软件后的荧光光谱仪还可具备三维扫描和同步扫描功能。

3.3.1 光学系统

荧光光谱仪的光路图如图 3-0-7 所示,该系统同样适用于磷光信号的测定。

荧光光谱仪的光源分为稳态光源和瞬态(脉冲)光源两大类,目前普遍使用的稳态光源是氙灯,通过光源的调控可以衍生出不同的荧光分析方法,如时间分辨荧光分析法等。其单色器与检测器与紫外-可见分光光度计的相同,但需注意的是:常规的光电倍增管仅适用于紫外至可见光区发光信号的检测,近红外光区荧光信号的测量需采用专门的检测器。若欲进行荧光偏振(或各向异性)检测,还须在样品室的入射光路和出射光路上各配备一个偏振片,通过手动或自动方式调节其角度。

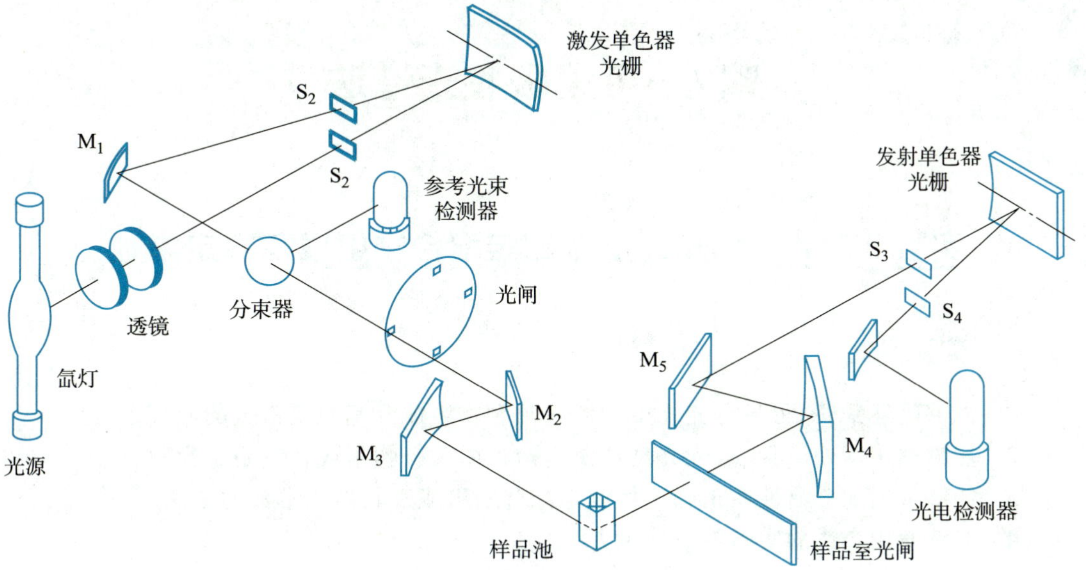

S_1 ~ S_4—狭缝；M_1 ~ M_5—反射镜

图 3-0-7 荧光光谱仪光路图

3.3.2 基本操作步骤

因类型、型号或控制软件的差异，不同的荧光光谱仪有不同的具体操作步骤。以常规稳态荧光光谱仪为例，样品荧光或磷光测定的一般操作步骤如下：

（1）开机：打开主机电源，点亮光源，开启主机系统，打开计算机。

（2）打开控制软件，进入测定窗口，开始初始化。

（3）选择测量模式：一般包括“光谱”（波长扫描）、“动力学”（时间扫描）和“定点测定”等模式；“光谱”模式下一般还有激发光谱、发射光谱、同步光谱和三维光谱等选项。

（4）测量参数设定：主要包括波长/时间范围、激发/发射狭缝宽度、扫描速度、检测器电压等。

（5）预扫描：将样品放入样品室进行粗测，根据预扫描结果优化测量参数设置。

（6）正式测量：在设定参数下采集样品的荧光数据。

（7）数据保存与处理。

（8）关机：关闭数据窗口，关闭光源，关闭计算机，关闭主机运行系统，待仪器光源区充分散热后关闭仪器总电源开关。

（厦门大学　李顺华、方宁）

紫外-可见吸收光谱法

实验 3-1A　分光光度法测定配合物组成及稳定常数

一、实验目的

(1) 能够阐述紫外-可见分光光度法测定配合物组成及其稳定常数的原理。
(2) 能够利用紫外-可见分光光度法测定溶液中配合物组成及其稳定常数。
(3) 能够依据配合物性质正确选择测定配合物组成及其稳定常数的方法。
(4) 能够使用合适的实验数据处理方法。

二、实验原理

确定配合物组成和平衡常数可以推断配合物结构和表征配合物的稳定性。基于配合物组成、稳定性及与配体光谱性质差异,常采用分光光度法(紫外-可见吸收或荧光)并结合摩尔连续变化法、摩尔比法或平衡移动法等方法测定配合物组成和平衡常数。本实验以紫外-可见分光光度法为例,学习配合物组成和平衡常数的测定方法。

1. 等摩尔连续变化法

等摩尔连续变化法(又称 job 法或等摩尔系列法)是指溶液中中心离子 M 和配体 R 总的摩尔数(n_M+n_R)保持不变,M 和 R 的摩尔分数 x_M、x_R 连续变化。

$$\text{中心离子摩尔分数 } x_M=\frac{\text{中心离子摩尔数}}{\text{总摩尔数}}=\frac{n_M}{n_M+n_R} \tag{3.1A.1}$$

$$\text{配体摩尔分数 } x_R=\frac{\text{配体摩尔数}}{\text{总摩尔数}}=\frac{n_R}{n_M+n_R} \tag{3.1A.2}$$

当溶液中中心离子与配体的摩尔比与配合物组成一致时,配合物的浓度才最大。所选中心离子和配体基本无色,只有配合物有色,则配合物浓度越大,溶液颜色越深,其吸光度也就越大。若以吸光度对金属离子或配体的摩尔分数作图,即 $A-x_M$ 或 $A-x_R$,则由图中最大吸光度处所对应的摩尔分数,可以求得配合物 MR_n 的组成 n 值,如图 3-1A-1 所示。通常,为了简化步骤,配制溶液时控制溶液总体积保持一定,改变具有相同浓度的金属离子和配体(即 $c_M=c_R$)的体积分数,用体积分数代替摩尔分数作图。

$$x_M=\frac{n_M}{n_M+n_R}=\frac{V_M}{V_M+V_R} \tag{3.1A.3}$$

$$x_R=\frac{n_R}{n_M+n_R}=\frac{V_R}{V_M+V_R} \tag{3.1A.4}$$

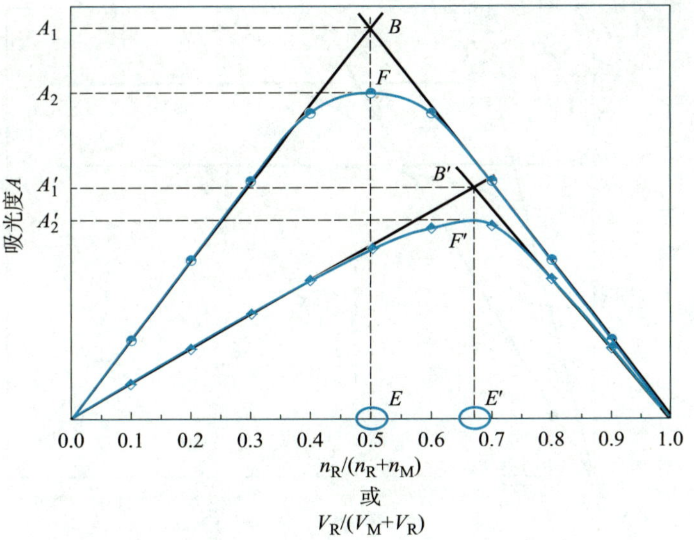

图 3-1A-1　等摩尔连续变化法

图 3-1A-1 中显示的是低稳定性配合物的摩尔分数-吸光度曲线，将两边直线部分延长相交于 B 点，而 B 点横坐标位于 0.5 处，说明金属离子与配体的摩尔比为 1∶1，表明形成的配合物以 MR 形式存在。另外，在 B 点配合物 MR 浓度最大，对应的吸光度为 A_1，为未解离配合物 MR 的吸光度；但是，由于配合物部分离解，实验测得的最大吸光度在 F 点，其吸光度值为 A_2。

设配合物的解离度为 α，则

$$\alpha=\frac{A_1-A_2}{A_1} \tag{3.1A.5}$$

再根据 1∶1 组成配合物的关系式即可导出配合物稳定常数 K：

$$\mathrm{M} + \mathrm{R} \rightleftharpoons \mathrm{MR} \tag{3.1A.6}$$

	M	R	MR
起始浓度	c	c	0
平衡浓度	$c\alpha$	$c\alpha$	$c-c\alpha$

$$K=\frac{[\mathrm{MR}]}{[\mathrm{M}][\mathrm{R}]}=\frac{1-\alpha}{c\alpha^2} \tag{3.1A.7}$$

式中：c 是对应于 E 点的配体的浓度。

同理，由此方法也可以测定其他配位数的配合物 MR_n 的组成及其稳定常数，通常要求 $n\leqslant 3$。

2. 摩尔比法

摩尔比法是指利用配合物溶液的吸光度随金属离子与配体的摩尔比变化，测定稳定配合物组成的方法。测定不同摩尔比的金属离子与配体的系列混合溶液的吸光度 A，即作 $A-n_{\mathrm{M}}/n_{\mathrm{R}}$ 或 $A-n_{\mathrm{R}}/n_{\mathrm{M}}$ 图，并通过辅助线作图法求得配合物组成，如图 3-1A-2 所示。实验中通常采用在一定体积条件下，固定一种组分浓度不变，改变另一种组分浓度，即固定金属离子浓度 c_{M} 不变，改变配体的浓度 c_{R}，或者固定 c_{R} 不变，改变 c_{M}，测定混合溶液的 A，以 A 相对 $c_{\mathrm{R}}/c_{\mathrm{M}}$ 或 $c_{\mathrm{M}}/c_{\mathrm{R}}$ 作图，求得配合物的配位数和平衡常数。

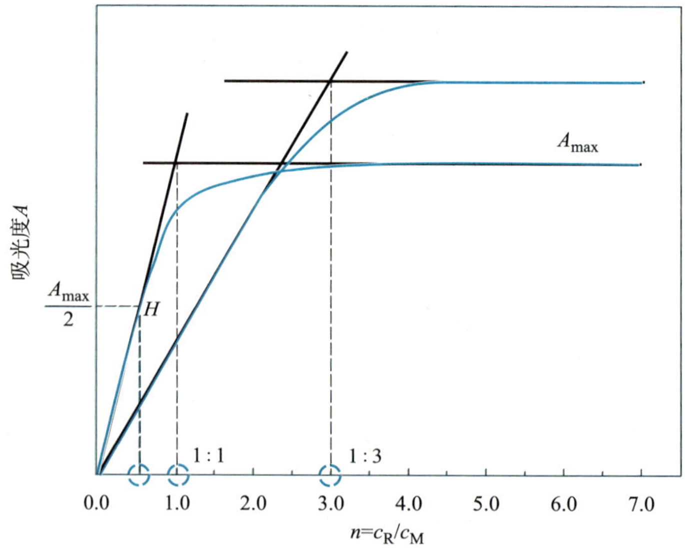

图 3-1A-2 摩尔比法

若选用 $A-c_R/c_M$ 作图，可以在图 3-1A-2 中得到配体摩尔浓度大大过量时配合物的最大吸光度 A_{max}。

$$\begin{array}{lcccc} & M & + & nR & \rightleftharpoons & MR_n \\ \text{起始浓度} & c_M & & c_R & & 0 \\ \text{平衡浓度} & [M] & & [R] & & [MR_n] \end{array} \tag{3.1A.8}$$

$$K_{稳}=\frac{[MR_n]}{[M][R]^n} \tag{3.1A.9}$$

当有一半金属离子 M 转化成配合物即 $[MR_n]=[M]$ 时，则

$$K_{稳}=\frac{1}{[R]^n} \tag{3.1A.10}$$

通常，当吸光度为 A_{max} 一半时，可以认为 $[MR_n]\approx[M]$。由图 3-1A-2 可以得到 $A_{max}/2$ 处曲线上 H 点对应的配体摩尔浓度。由此，根据式(3.1A.10)，计算得出配合物的表观平衡常数。同理，也可根据 A_{max} 求得配合物的摩尔吸光系数，进而求得配合物表观平衡常数（作为拓展实验）。

该方法要求在选定波长下，除配合物外，其余物质没有明显吸收，而且只生成一种配合物，并且配合物解离度要小。

在不同 pH 的条件下，磺基水杨酸（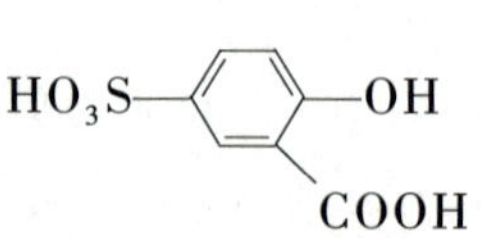

，简式为 H_3R）可以与 Fe^{3+} 形成配位数不同且稳定性有较大差异的配合物：pH = 1.5 ~ 3 形成紫红色配合物 MR，pH = 4 ~ 8 形成褐色配合物 MR_2，pH = 8 ~ 11 形成黄色配合物 MR_3，pH>12 产生 $Fe(OH)_3$ 沉淀。

本实验选用 pH<2.5 的磺基水杨酸与 Fe^{3+} 反应体系，学习分别用等摩尔连续变化法和摩尔比法测定配合物组成、稳定常数及其数据处理方法。

磺基水杨酸与 Fe^{3+} 反应方程式（pH<2.5）：

$$Fe^{3+}+H_2R^- \longrightarrow FeR+2H^+ \quad (3.1A.11)$$

磺基水杨酸溶液无色，Fe^{3+} 浓度很小，故也可认为其溶液是无色的。磺基水杨酸合铁（Ⅲ）配离子有色。因此，选择适合的参比溶液，可以认为溶液吸光度只与配合物浓度具有显著相关性。通过测定溶液吸光度，可以求得该配合物组成及其稳定常数。

三、仪器与试剂

1. 实验仪器

紫外-可见分光光度计；10 mm×10 mm 玻璃比色皿；烧杯（50 mL、500 mL）；容量瓶（100 mL、5000 mL）；刻度吸量管（1 mL、5 mL、10 mL）；移液管（25 mL）；量筒（10 mL、100 mL）；比色管（25 mL）；比色管架；试剂瓶。

2. 试剂及耗材

$HClO_4$ 溶液（约 70%）；磺基水杨酸（AR）；$NH_4Fe(SO_4)_2 \cdot 12H_2O$（AR）。

（1）0.0150 mol·L^{-1} Fe^{3+}溶液的配制：称取 36.16 g 硫酸铁铵 $NH_4Fe(SO_4)_2 \cdot 12H_2O$（AR），加入少量去离子水溶解，再加至 103 mL $HClO_4$ 溶液（约 70%）中，搅拌均匀，转移至 5000 mL 容量瓶中，用去离子水定容至刻度，摇匀。其中，$HClO_4$ 溶液浓度约为 0.25 mol·L^{-1}。

（2）0.0150 mol·L^{-1}磺基水杨酸溶液的配制：称取 19.065 g 磺基水杨酸（AR），加入少量去离子水溶解，再加至 103 mL $HClO_4$ 溶液（约 70%）中，搅拌均匀，转移至 5000 mL 容量瓶中，用去离子水定容至刻度，摇匀。其中，$HClO_4$ 溶液浓度约为 0.25 mol·L^{-1}。

（3）0.030 mol·L^{-1}磺基水杨酸溶液的配制：称取 38.13 g 磺基水杨酸（AR），加入少量去离子水，搅拌，溶解，转移至 5000 mL 容量瓶中，用去离子水定容至刻度，摇匀。

四、实验步骤

1. 等摩尔连续变化法

（1）0.00150 mol·L^{-1} Fe^{3+} 溶液的配制：准取移取 10.00 mL 0.0150 mol·L^{-1} Fe^{3+}溶液（含 0.25 mol·L^{-1}$HClO_4$）至 100 mL 容量瓶中，用去离子水定容。

（2）0.00150 mol·L^{-1}磺基水杨酸溶液的配制：准取移取 10.00 mL 0.0150 mol·L^{-1} H_3R 溶液（含 0.25 mol·L^{-1}$HClO_4$）至 100 mL 容量瓶中，用去离子水定容。

（3）取 11 只 25 mL 比色管，按表 3-1A-1 要求：分别移取不同体积的上述两种溶液，使其总体积为 10.00 mL，然后用去离子水稀释至 25 mL 刻度，混匀，放置 20 min 后，以 1 号或 11 号比色管中的溶液为参比溶液，扫描 6 号比色管中溶液的吸收曲线，确定最大吸收波长。测定最大吸收波长处系列溶液的吸光度值。将测得的数据记入表 3-1A-1 中。

表 3-1A-1　等摩尔连续变化法实验数据记录表　　室温____℃

序号	1	2	3	4	5	6	7	8	9	10	11
$V_{Fe^{3+}}$/mL	10.00	9.00	8.00	7.00	6.00	5.00	4.00	3.00	2.00	1.00	0
V_{H_3R}/mL	0.00	1.00	2.00	3.00	4.00	5.00	6.00	7.00	8.00	9.00	10.00
去离子水	稀释至 25.00 mL										

续表

序号	1	2	3	4	5	6	7	8	9	10	11
H_3R 的摩尔分数 x_R	0	0.1	0.2	0.3	0.4	0.5	0.6	0.7	0.8	0.9	1.0
吸光度 $A_{505\ nm}$											

注：$c_{Fe^{3+}}=0.00150\ mol\cdot L^{-1}$（含 $0.025\ mol\cdot L^{-1}\ HClO_4$），$c_{H_3R}=0.00150\ mol\cdot L^{-1}$（含 $0.025\ mol\cdot L^{-1}\ HClO_4$）。

以吸光度 A 对磺基水杨酸的摩尔分数 x_R（可用体积分数代替）作图（参见图 3-1A-1）并添加辅助线，由图可以得到配合物组成、配合物未解离时对应的吸光度 A_1，根据式（3.1A.5）求出配合物的解离度，进一步依据式（3.1A.7）求出配合物的表观稳定常数。

2. 摩尔比法（选做）

（1）$0.00375\ mol\cdot L^{-1}\ Fe^{3+}$溶液的配制：准确移取 25.00 mL $0.0150\ mol\cdot L^{-1}\ Fe^{3+}$溶液（含 $0.25\ mol\cdot L^{-1}\ HClO_4$）至 100 mL 容量瓶中，用去离子水定容。

（2）$0.0030\ mol\cdot L^{-1}\ H_3R$ 溶液的配制：准确移取 10.00 mL $0.030\ mol\cdot L^{-1}\ H_3R$ 溶液至 100 mL 容量瓶中，用去离子水定容。

（3）取 13 只 25 mL 比色管，各加入 1.00 mL $0.00375\ mol\cdot L^{-1}\ Fe^{3+}$溶液（含约 $0.063\ mol\cdot L^{-1}\ HClO_4$），然后依次加入 0.00 mL，0.20 mL，0.40 mL，0.50 mL，0.60 mL，0.80 mL，1.00 mL，1.50 mL，2.00 mL，2.50 mL，3.00 mL，3.50 mL，4.00 mL 浓度为 $0.0030\ mol\cdot L^{-1}$的 H_3R 溶液，加入去离子水稀释至 25 mL 刻度，混匀。放置20 min 后，以 1 号比色管中溶液为参比溶液，扫描 13 号比色管中溶液的吸收曲线，确定最大吸收波长。然后测定最大吸收波长处系列溶液的吸光度。将数据记录于表 3-1A-2 中。

表 3-1A-2 摩尔比法实验数据记录表　　　室温：____℃

序号	1	2	3	4	5	6	7	8	9	10	11	12	13
$V_{Fe^{3+}}$/mL	1.00	1.00	1.00	1.00	1.00	1.00	1.00	1.00	1.00	1.00	1.00	1.00	1.00
V_{H_3R}/mL	0.00	0.20	0.40	0.50	0.60	0.80	1.00	1.50	2.00	2.50	3.00	3.50	4.00
去离子水	稀释至 25.00 mL												
n_R/n_M	0	0.16	0.32	0.4	0.48	0.64	0.8	1.2	1.6	2	2.4	2.8	3.2
$A_{505\ nm}$													

注：$c_{Fe^{3+}}=0.00375\ mol\cdot L^{-1}$（含 $0.063\ mol\cdot L^{-1}\ HClO_4$），$c_{H_3R}=0.0030\ mol\cdot L^{-1}$。

以吸光度 A 对 H_3R/Fe^{3+}摩尔比 n_R/n_M 作图（参见图 3-1A-2）并添加辅助线，由图可以得出配合物组成，以及 $A_{max}/2$ 处对应的 H_3R 浓度。根据式（3.1A.10）计算得出配合物的表观稳定常数。

五、注意事项

（1）称量 $NH_4Fe(SO_4)_2\cdot 12H_2O$ 时应迅速，以免其失水。

（2）配制 Fe^{3+}溶液时要控制酸度以防止 Fe^{3+}水解。

（3）待测溶液的 pH 要控制在合适的范围内。

(4) 摩尔比法选用磺基水杨酸溶液。

(5) 待测溶液配制好,摇匀后,放置 20 min 后再进行检测。

(6) 使用试剂时注意安全。

六、数据处理与分析

1. 等摩尔连续变化法

(1) 绘制 $A-x_R$ 图,添加拟合直线及辅助线。

(2) 由图获得配合物 MR_n 的 n 值,得出配合物组成。

(3) 由图获得 A_1、A_2 及 E 点对应的 H_3R 浓度,计算得出配合物的解离度和表观平衡常数。

(4) 考虑弱酸的电离平衡,求配合物的平衡常数:

$$\lg K_{稳}=\lg K+\lg \alpha \tag{3.1A.12}$$

pH=2 时,对磺基水杨酸的 $\lg \alpha=10.2$。按式(3.1A.12)加以校正,即可得 $K_{稳}$。

2. 摩尔比法(选做)

(1) 绘制 $A-c_R/c_M$ 图,添加拟合直线及辅助线。

(2) 由图可以得到配合物组成。

(3) 由图可以获得 $A_{max}/2$ 对应的 H_3R 浓度,根据式(3.1A.10)计算配合物表观平衡常数。

(4) 考虑弱酸的电离平衡,求配合物的平衡常数。

七、思考题

(1) 等摩尔连续变化法和摩尔比法的适用范围分别是什么?

(2) 比较等摩尔连续变化法和摩尔比法测得的 pH<2.5 磺基水杨酸合铁(Ⅲ)配合物组成及其稳定常数有什么区别?请进行详细分析。

(3) 举例说明测定配合物组成和平衡常数的方法还有哪些。

(4) 本实验中为什么要控制 pH<2.5?

(5) 在等摩尔连续变化法中,为什么可以用体积分数代替摩尔分数作图?

(6) 给出等摩尔连续变化法测定配合物 MR_n 的表观稳定常数关系式。

八、知识拓展

了解平衡移动法(又称 Bent-French 有限对数法)测定配合物组成和稳定常数方法原理。它只适用于不稳定或较稳定的配合物体系。

假设 $\chi=[MR_n]$,则 $[R]=c_R-n\chi$。

式(3.1A.9)取对数得

$$\lg \frac{[MR_n]}{[M]}=\lg K_{稳}+n\lg[R] \tag{3.1A.13}$$

在一定体积条件下,固定金属离子的浓度 c_M 不变,改变配体的浓度 c_R,当配体大大过量时,可以测定配合物在最大吸收波长处的吸光度值 A_{max},依据 Lambert-Beer 定律得

$$\frac{[\mathrm{MR}_n]}{[\mathrm{M}]}=\frac{A_i}{A_{\max}-A_i} \tag{3.1A.14}$$

$$x=\frac{A_i}{A_{\max}}c_{\mathrm{M}} \tag{3.1A.15}$$

因此

$$\lg\frac{A_i}{A_{\max}-A_i}=\lg K_{稳}+n\lg(c_{\mathrm{R}}-n\chi)=\lg K_{稳}+n\lg\left(c_R-n'\frac{A_i}{A_{\max}}c_{\mathrm{M}}\right) \tag{3.1A.16}$$

以 $\lg\frac{A_i}{A_{\max}-A_i}$ 对 $\lg\left(c_R-n'\frac{A_i}{A_{\max}}c_{\mathrm{M}}\right)$ 作线性回归曲线，若 $n\approx n'$，则 n 为配合物组成比，截距为 $\lg K_{稳}$，可得稳定常数。

尝试采用摩尔比法测得的实验数据，学习平衡移动法数据处理方法，并进行结果分析。

另外，对于能够发射荧光的配合物，可以采用荧光技术结合上述方法测定配合物组成及其平衡常数。

九、参考文献

（山东大学　吴霞、刘星岑、郭玉梅）

实验 3-1B　多元校正分光光度法测定饮料中混合色素

一、实验目的

(1) 理解多元校正通用标准加入法的测量原理和方法特点。

(2) 了解正交试验的基本原理和实验设计。

(3) 能够运用通用标准加入法对复杂样本中多元组分进行定量分析。

二、实验原理

在多组分复杂体系的吸收光谱分析中，多元校正结合化学计量学方法可以对多组分同时进行定量分析。化学计量学应用数学和统计学方法，设计和选择最优的测量过程并建立实验方法，通过对数据的解析可获得更多化学信息。通用标准加入法（generalized standard addition method，GSAM）是一种常用的多元校正的化学计量学方法，这种方法能有效地克服基体效应，同时校正并分析得到多组分定量信息。通用标准加入法是在待测样品中按照正交设计多次加入多种待测标准物，从而构成测量矩阵，并在此基础上进行多元校正的定量测定方法。此外，通用标准加入法对校正仪器漂移等也具有重要作用。

食品中对合成色素的使用范围和最大限量有明确规定，如国家标准 GB/T 10789—2015《饮料通则》中规定了软饮料中常用合成色素的含量。其中三种常见色素柠檬黄、日落黄和胭脂红的化学结构式、最大吸收波长 λ_{max} 和其最大使用限量见表 3-1B-1。

表 3-1B-1　柠檬黄、日落黄、胭脂红的化学结构式、最大吸收波长 λ_{max} 和其最大使用限量

柠檬黄	日落黄	胭脂红
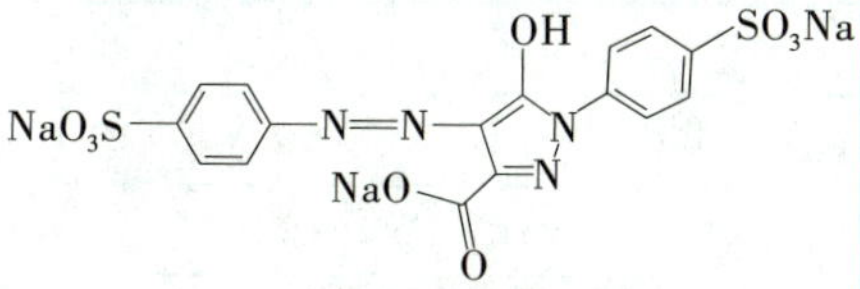	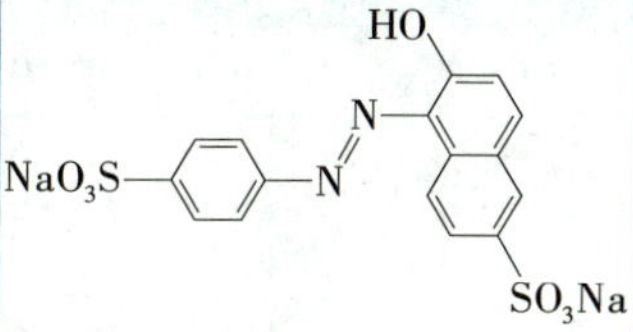	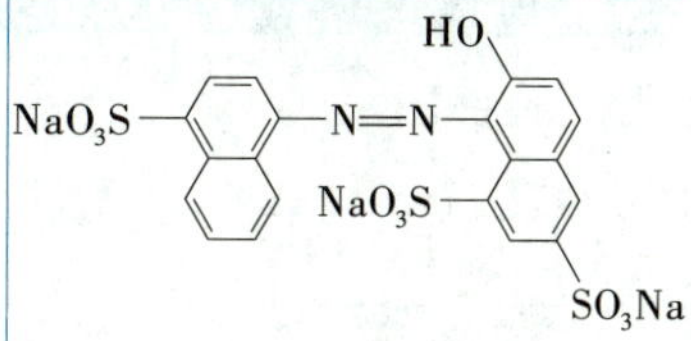
$\lambda_{max}=426$ nm	$\lambda_{max}=482$ nm	$\lambda_{max}=508$ nm
最大使用限量 0.1 $g \cdot kg^{-1}$	最大使用限量 0.1 $g \cdot kg^{-1}$	最大使用限量 0.05 $g \cdot kg^{-1}$

上述合成色素在紫外-可见光区都有较强的吸收，但在多组分复杂体系中，由于各组分的吸收光谱会相互重叠。若用传统的分光光度法分别测量各组分，则需结合掩蔽及化学分离等手段进行预处理。预处理过程往往烦琐复杂，容易引入较大误差，对于复杂体系也很难建立单个测量数据与某一个组分含量之间的对应关系。

本实验采用多元校正分光光度法，同时测定饮料中混合色素的含量。具体内容包含两个部分，其一，配制与饮料中含量相似的混合色素模拟样品，用紫外-可见分光光度计测量吸收光谱并通过 MATLAB 软件分析数据，测得样品回收率可对所建立方法的准确度进行评价。其二，同样的流程测量饮料样品，经数据处理可获得饮料中的柠檬黄、日落黄和胭脂红三种色素的含量。

三、仪器与试剂

1. 实验仪器

紫外-可见分光光度计（1 cm 石英液槽两个）；计算机（安装 MATLAB 软件）；分析天平。

2. 试剂及耗材

柠檬黄，日落黄，胭脂红；橙汁饮料（市售）；200 $\mu g \cdot mL^{-1}$ 色素储备液（准确称取柠檬黄、日落黄、胭脂红色素粉末各 0.0200 g，分别用适量乙酸铵溶解，转移至各自的100 mL 容量瓶中，用乙酸铵溶液定容，备用）；1 L 1.5 $g \cdot L^{-1}$ 乙酸铵溶液（学生自行配制，用去离子水溶解 1.5 g 乙酸铵，于 1 L 容量瓶中定容至刻度）。

1 L 容量瓶 1 个，100 mL 容量瓶 3 个，50 mL 容量瓶 20 个；5 mL 移液管 3 支，2 mL 移液管 3 支；烧杯等常用玻璃仪器。

四、实验步骤

1. 配制模拟样品

（1）模拟样品：分别移取色素储备液柠檬黄 16 mL、日落黄 5 mL、胭脂红 13 mL 于 100 mL 容量瓶中，用乙酸铵溶液稀释至刻度，摇匀。

(2) 0 号样品:用 5 mL 移液管移取模拟样品 5 mL 于 50 mL 容量瓶中,用乙酸铵溶液稀释至刻度,摇匀。

(3) 1~9 号样品:用 5 mL 移液管分别移取 5 mL 上述模拟样品于 1~9 号的 50 mL 容量瓶中,并依照表 3-1B-2,在各容量瓶中分别加入对应量的色素储备液,然后用乙酸铵溶液稀释至刻度,摇匀。

表 3-1B-2 配制标准混合溶液时加入的色素储备液体积 单位:mL

样品编号	柠檬黄	日落黄	胭脂红
1	1.0	0.2	1.0
2	1.0	0.4	1.4
3	1.0	0.8	1.6
4	1.5	0.2	1.4
5	1.5	0.4	1.6
6	1.5	0.8	1.0
7	1.8	0.2	1.6
8	1.8	0.4	1.0
9	1.8	0.8	1.4

2. 测定吸收光谱

(1) 参比池和样品池中均放乙酸铵溶液,进行基线校正。

(2) 将 0~9 号样品依次加入样品池,分别采集光谱数据并保存数据文件。

(3) 紫外-可见分光光度计的具体操作参见 3.2 节。其中主要测量参数设定为波长扫描范围:350~600 nm;纵坐标范围:0.000~1.000;光度方式 Abs;采样间隔 5.0 nm。氘灯 on;钨灯 on;光谱带宽:2 nm;响应:0.2 s;换灯波长:349.9 nm。

3. 测定饮料中混合色素

(1) 取 10 个 50 mL 容量瓶配制样品,分别标记为 0#~9#。

(2) 0#样品:用 5 mL 移液管移取橙汁饮料 5 mL 于 50 mL 容量瓶中,用乙酸铵溶液稀释至刻度,摇匀。

(3) 1#~9#样品:用 5 mL 移液管分别移取 5 mL 橙汁饮料于 1#~9#的 50 mL 容量瓶中,并依照表 3-1B-2,在各容量瓶中分别加入对应量的色素储备液,后用乙酸铵溶液稀释至刻度,摇匀。

(4) 测量上述 2 组样品的吸收光谱,并按照数据处理过程的步骤进行数据处理。

五、注意事项

(1) 正确使用移液管是保证本实验结果重复性的关键。

(2) 实验中所有的数据都应保存在计算机的指定目录中。

六、数据处理与分析

1. 数据处理过程

利用 MATLAB 软件的函数对样品的数据进行计算分析,具体步骤如下:

（1）打开记录的 0~9 号样本的光谱文件，将 51 个吸光度值粘贴到 Excel 表格中，其中在 sheet1 中将 0 号样品的吸光度值重复粘贴 9 次，组成一个每列相同的矩阵，含 9 列 51 行；在 sheet2 中依次粘贴 1~9 号样品的吸光度值，得到 9 列 51 行的矩阵；在 sheet3 中输入表 2 的浓度增量矩阵（3 列 9 行），此处用体积代为表示。

（2）打开 MATLAB 软件，执行如下命令。

首先，进行矩阵的输入，执行如下操作：

输入“A0=[粘贴入 Excel 表格中 sheet1 中的数据]”，按 Enter；

输入“A=[粘贴入 Excel 表格中 sheet2 的数据]”，按 Enter；

输入“C=[粘贴入 Excel 表格中 sheet3 的数据]”，按 Enter；

然后，进行数据转置，输入“A0=A0′”，按 Enter；输入“A=A′”，按 Enter。

最后，进行数据运算，输入“A2=A-A0”，按 Enter（得到吸光度增量矩阵）；

输入“B=inv(C′*C)*C′*A2”，按 Enter（得到吸光系数矩阵）；

输入“C0=A0*B′*inv(B*B′)”，按 Enter。

运算结果为三种色素的含量矩阵，用标准溶液的体积表示，单位为 mL。

2. 数据计算分析

（1）通过对模拟样品的数据分析，得到柠檬黄、日落黄、胭脂红的体积分数，进一步计算所建立测量方法的回收率，可以对测定方法的准确度进行评价。

（2）对橙汁饮料的数据进行同样的分析处理，得到该饮料中柠檬黄、日落黄和胭脂红的体积分数，可计算该饮料中各成分的浓度。

七、思考题

（1）试比较多元线性回归法与通用标准加入法的特点。

（2）比较通用标准加入法和标准加入法有何不同；说明正交设计试验有何特点。

（3）本实验中采集的数据是 350~600 nm 紫外-可见光区的吸收，请解释如何确定波长扫描范围。尝试通过联立三元方程组解析三种色素的含量，对结果进行分析讨论。

（4）查阅化学计量学相关书籍及文献，列举混合色素的不同测定方法，讨论各方法的优缺点。

八、实验拓展

1. 正交试验设计

正交试验的基本内容有两部分：① 设计测量矩阵；② 分析实验数据。根据测定的因素和水平数，选择正交设计的表。例如，正交表 $L^9(3^4)$，见表 3-1B-3，其中字母 L 表示正交，其他数字则依次表示对于 4 因素，每个因素 3 个水平，正交设计为 9 次试验的测量矩阵。

表 3-1B-3 四因素三水平正交表 $L_9(3^4)$

试验编号	因素 1	因素 2	因素 3	因素 4
1	1	1	1	1
2	1	2	2	2
3	1	3	3	3

续表

试验编号	因素1	因素2	因素3	因素4
4	2	1	2	3
5	2	2	3	1
6	2	3	1	2
7	3	1	3	2
8	3	2	1	3
9	3	3	2	1

2. 实验数据分析

(1) 待测样品和加标样品的测量矩阵　对待测样品，含有 n 个对分析信号有贡献的组分，各组分的初始浓度为 $c_{0i}(i=1,2,\cdots,n)$，向此样品进行 m 次标准加入，每加入一次后，测量该样品在 p 个波长处的吸光度值，这样就得到一测量矩阵 $\boldsymbol{A}_{m\times p}$：

$$\boldsymbol{A}_{m\times p}=\boldsymbol{C}_{m\times n}\boldsymbol{B}_{n\times p}+\boldsymbol{E}_{m\times p} \tag{3.1B.1}$$

式中：$\boldsymbol{A}_{m\times p}$表示 m 行 p 列的吸光度矩阵；$\boldsymbol{C}_{m\times n}$为 m 行 n 列的浓度矩阵；$\boldsymbol{B}$ 为第 n 个待测组分在第 p 个波长处的吸光系数矩阵；$\boldsymbol{E}$ 是测量误差矩阵。

同理，未加入标准物质的待测样品也可以构成一个每列相同的矩阵 $\boldsymbol{A}_0$：

$$(\boldsymbol{A}_0)_{m\times p}=(\boldsymbol{C}_0)_{m\times n}\boldsymbol{B}_{n\times p}+\boldsymbol{E}_{m\times p} \tag{3.1B.2}$$

式中：$\boldsymbol{C}_0$ 可看作一个每列相同的矩阵，即每列都由 $\boldsymbol{c}_0$ 构成；应该指出，必须使原待测样品的体积保持不变（即加入小体积的较浓标准溶液）或采用稀释至相同体积的方法，$\boldsymbol{C}_0$ 才可看作一个每列相同的矩阵。

(2) 吸光度增量组成的矩阵　将式(3.1B.1)与式(3.1B.2)相减，可得

$$\Delta\boldsymbol{A}_{m\times p}=\Delta\boldsymbol{C}_{m\times n}\boldsymbol{B}_{n\times p} \tag{3.1B.3}$$

式中：$\Delta\boldsymbol{A}_{m\times p}$为吸光度增量组成的矩阵，可由实验结果计算得到；$\Delta\boldsymbol{C}_{m\times n}$表示 m 次加入后的溶液中 n 个待测组分的浓度增量矩阵。增量矩阵是由分析者人为设计所构成的，必须进行正交设计，以使各次加入的标准溶液浓度线性无关。

采用最小二乘法可由式(3.1B.3)求得 $\boldsymbol{B}_{n\times p}$。

(3) 试样中各组分的初始量。

$$\boldsymbol{B}=(\Delta\boldsymbol{C}'\Delta\boldsymbol{C})^{-1}\Delta\boldsymbol{C}'\Delta\boldsymbol{A} \tag{3.1B.4}$$

式中：上标“′”及“-1”分别指该矩阵的转置及求逆。

求得矩阵 $\boldsymbol{B}$ 后，根据原始样品在 p 个波长处的吸光度值 $\boldsymbol{A}_0$，可计算出样品中各组分的初始浓度：

$$\boldsymbol{C}_0=(\boldsymbol{B}'\boldsymbol{B})^{-1}\boldsymbol{B}'\boldsymbol{A}_0 \tag{3.1B.5}$$

上述实验数据的处理可采用 MATLAB 软件来运行处理。

3. 运用 MATLAB 软件处理实验数据

(1) MATLAB 软件简介　MATLAB 是由美国的 MathWorks 公司推出的一款以矩阵为单位进行处理的科技应用软件，其名称就是由矩阵(matrix)和实验室(laboratory)的字母组成。启动 MATLAB 软件后会看到如图 3-1B-1 所示的界面，本实验数据命令在[Command Window](指令窗口)执行。

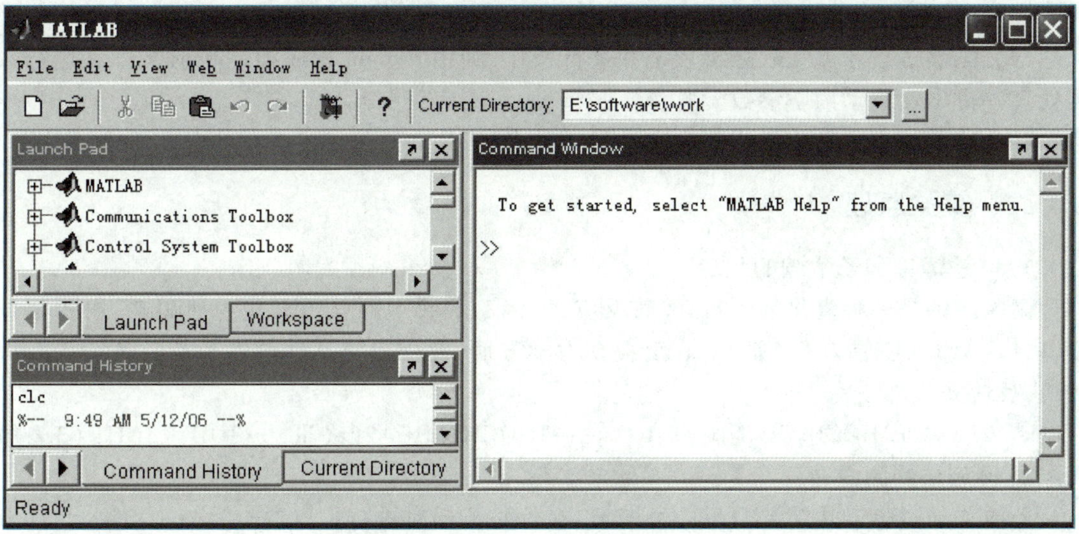

图 3-1B-1　MATLAB 软件的主界面

（2）MATLAB 软件的基本命令。

① 矩阵的输入：命令为“A=[ ]”。

② 矩阵的简单运算：加减乘除的数学运算符号，以及幂次运算(^)等。

③ 转置运算：转置即将列向量转置，即可得到行向量，命令为“A′”。

④ 求逆运算：用来计算反矩阵或逆矩阵，如“inv(A)”或“A^{-1}”。

注意事项：MATLAB 的命令是小写，运算时要注意矩阵维数要匹配。

4. 拓展实验设计

苹果汁饮料中含有柠檬黄与亮蓝两种食用色素，采用通用标准加入法并结合紫外-可见分光光度计，请设计正交试验测定其中柠檬黄与亮蓝的浓度。

九、参考文献

（复旦大学　包慧敏）

实验 3-2　停流吸光分析系统的搭建及用于快反应动力学测定

一、实验目的

（1）能够理解停止流动法的基本原理并应用。

（2）能够使用停流吸光分析系统进行快反应动力学测定的方法。

（3）能够搭建停流吸光分析系统并进行操作，利用 Python 程序控制注射装置和进行数据处理并得出反应动力学参数。

（4）培养学生的动手操作能力和学科交叉意识。

二、实验原理

1. 高铁酸钾和乙醇胺的反应

高铁酸钾是一种氧化剂，与乙醇胺反应，可将乙醇胺中的氨基氧化为亚硝基，再水解成醛基，Fe(Ⅵ)则还原为 Fe(Ⅲ)。在反应动力学方面，此反应对高铁酸钾和乙醇胺均为一级反应，反应式为

$$2FeO_4^{2-}+3HOCH_2CH_2NH_2+8H_2O \longrightarrow 3HOCH_2CHO+2Fe(\text{Ⅲ})+13OH^-+3NH_4^+ \quad (3.2.1)$$

2. 停流法的测量原理

停流法通过流动快速混合反应物溶液，在停止流动时进行定点的时间分辨检测，从而获得反应物浓度与时间的关系。

本实验通过控制注射装置来控制反应开始，用手机拍摄视频，记录高铁酸钾和乙醇胺在流道中的反应，用 Python 程序处理视频得到所关心溶液区域(ROI)的 *RGB* 值表格。反应溶液的像素由红(*R*)、绿(*G*)、蓝(*B*)三个通道组成。颜色的亮暗反映透色光强度 I，因而 R, G, B 的数值可以表示透色光强弱。对于单一物质，其 *RGB* 比例固定，光强 I 与 R, G, B 数值的任意一个成正比：

$$I \propto M(M=R, G, B) \quad (3.2.2)$$

以 G 通道为例，根据朗伯-比尔定律，得到有色物质浓度 c 和 G 值的关系：

$$A_t=\lg(I_0/I_t)=\lg(G_0/G_t)=\varepsilon bc(t) \quad (3.2.3)$$

$$c(t)=1/\varepsilon b\times\lg[G_0/G_1(t)] \quad (3.2.4)$$

$1/\varepsilon b$ 可通过已知浓度有色溶液标定：

$$c(\text{标准})=1/\varepsilon b\times\lg[G_0/G_1(\text{标准})] \quad (3.2.5)$$

式中：I 为光强，A 为吸光度，ε 为摩尔吸光系数，b 为液层厚度，c 为反应物在反应过程中的浓度，t 为反应时间，G 为 G 通道光强。下标“0”为初始时刻的对应物理量的值，下标“t”为任意时刻对应物理量的值。

通过色度获得浓度，再记录浓度与时间的关系，获得对高铁酸钾反应级数的判断，进而计算反应速率常数。通过注射装置改变溶液注射比，从而改变反应物浓度，进一步开展动力学测量，获得对乙醇胺的反应级数。

整套动力学测定装置从混合部位到检测部位的体积约为 300 μL，现有设计的最大溶液流速为 2700 $\mu L\cdot s^{-1}$，本套装置死时间约为 0.11 s，可实现快反应动力学的测定。

3. 自动注射装置

自主设计的自动注射装置如图 3-2-1 所示：以实现精确控制溶液流速，并使溶液快速混合均匀。该装置主要由控制屏、雕刻机主板、电动机、直线导轨、3D 打印配件和铝合金外壳组成。通过提前写好的程序输出 G 代码文件，使用 SD 卡储存，雕刻机主板读取文件后控制三个电动机进行插补运动，控制电动机推动注射器实现溶液的精确输出。

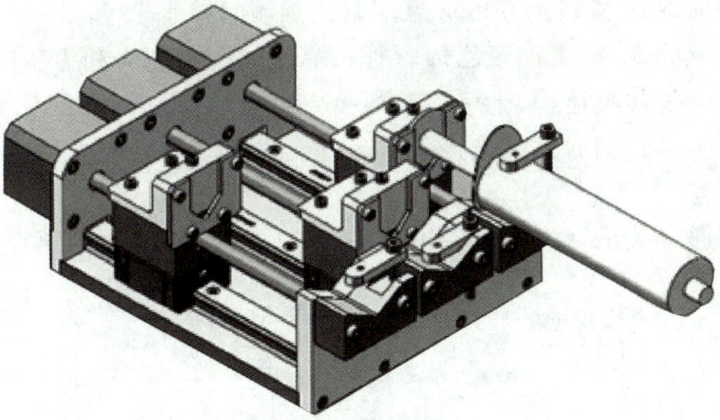

图 3-2-1 自动注射装置图

三、仪器与试剂

1. 实验仪器

自主设计的自动注射装置;分析天平;手机支架;倒锥接头;鲁尔接头;四通接头;电磁阀。

2. 试剂及耗材

高铁酸钾;乙醇胺;氢氧化钠;磷酸二氢钾;纯水。

20 mL 注射器;量筒;移液枪;100 mL 容量瓶;50 mL 容量瓶;聚四氟乙烯硬管(2.175 cm×3.175 cm)。

四、实验步骤

1. 注射装置的搭建

按照图 3-2-2 所示顺序搭建注射装置。首先,将装有滑块的直线导轨固定在铝合金底座上;然后将前挡板固定在铝合金底座上。将电动机固定在后挡板上,将固定部件旋入丝杆,将前挡板部分与后挡板部分嵌好并固定。

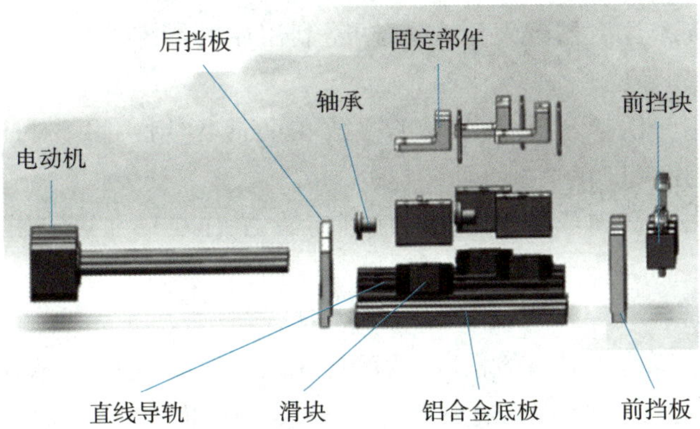

图 3-2-2 自动注射装置图

2. 流道的搭建

实验装置流路如图 3-2-3 所示。

(1) 使用剪管器裁剪 3 段约 5 cm 聚四氟乙烯硬管、1 段约 7 cm 聚四氟乙烯硬管、2 段约 10 cm 聚四氟乙烯硬管、4 段约 30 cm 聚四氟乙烯硬管。

（2）分别将剪下的 5 cm 聚四氟乙烯硬管一端通过倒锥接头和鲁尔接头连接，另一端通过倒锥接头和电磁阀公共端连接，十字型四通接头出液端通过倒锥接头与 20 mm 聚四氟乙烯硬管连接。电磁阀常开端通过倒锥接头与 30 cm 聚四氟乙烯硬管相连。电磁阀常闭端与十字型四通接头相连。

（3）十字型四通接头出液端通过倒锥接头与 30 cm 聚四氟乙烯硬管相连。

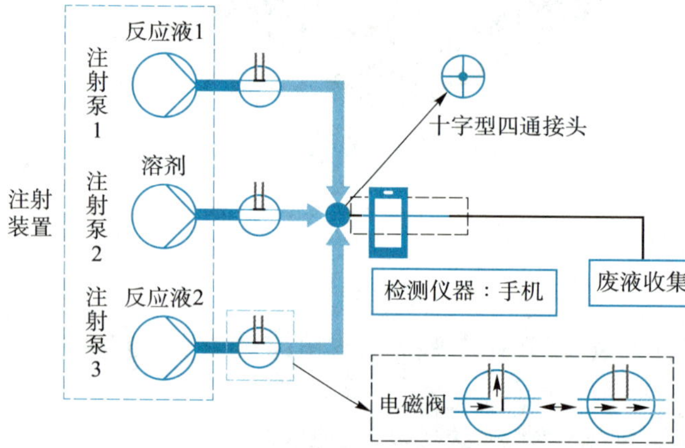

图 3-2-3 实验装置图

3. 溶液配制

（1）溶液 X：用纯水配制 0.200 mol·L^{-1}磷酸氢二钾-磷酸钾缓冲溶液。

（2）溶液 Y：用缓冲溶液作溶剂配制 0.030 mol·L^{-1}高铁酸钾溶液。由于高铁酸钾溶液不稳定，所以应该最后配制，并且配制完成后应立即启动停止流动装置进行反应，以减小实验误差。

（3）溶液 Z：用缓冲溶液配制 1.50 mol·L^{-1}乙醇胺溶液。

4. 录像采集

（1）用 3 个 20 mL 注射器分别与流道连接，利用注射器排出流道内的气泡，再依次安装在注射装置的 X、Y、Z 号位。

（2）将手机固定于铁架台上，将出液管平放在桌面上，用手固定住管路。调整铁架台位置，确保出液管始端连接口在手机画面内。

（3）把手机的白平衡和聚焦锁定在出液管前端，操作自动注射装置显示屏进行注射，同时开始录像。

5. 视频数据处理

将视频导入停止流动法对应的程序，然后选择流道前端为 ROI，从程序运行结果得到溶液 R、G、B 值随时间的实时变化值，将数据导入 Origin 软件中，然后将 R、G、B 值分别对时间作拟合曲线，通过对比找出随时间的变化趋势明显的通道，并选择该通道的强度进行处理。以 G 通道为例，通过 G 的强度计算出不同时刻吸光度变化量，对时间作图，进行线性拟合，得到反应动力学的相关参数。通过对不同浓度的实验数据进行一系列分析，得到反应速率与溶液浓度的关系，进而得出反应级数。

五、注意事项

（1）实验中使用的试剂须准确配制，并注意保存。

（2）注射装置操作时须谨慎，避免损坏设备。

（3）录像过程中须确保手机固定稳定，避免抖动影响数据采集。

（4）视频数据处理过程中须仔细选择 ROI，并确保数据准确。

六、数据处理与分析

（1）将视频数据导入 Python 程序，选择 ROI 并获取 R、G、B 值随时间的变化数据。根据朗伯-比尔定律计算吸光度，并绘制浓度-时间曲线。

（2）分析曲线并得出反应动力学参数，如反应级数、反应速率常数等。对不同浓度下的实验数据进行比较分析，探讨反应机理。

七、思考题

（1）停止流动法与连续流动法在原理和应用上有哪些异同？

（2）色度分析法在反应动力学测定中有哪些优势和局限性？

（3）如何利用停流吸光分析系统进行其他类型反应动力学测定？

（4）如何改进实验装置，提高实验效率和精度？

八、知识拓展

1. 流动化学

流动化学（flow chemistry）技术，是一种在连续流动的流体中进行化学反应的技术。快速反应和混合，通过在流动状态下将试剂和反应物混合，进一步推动反应进行，同时实现规模化生产。反应物被泵入一个混合装置中，然后流至温度受控的管路、管道或微结构反应器中直至反应完成。流动化学具有很多“烧瓶反应”不具备的优点：① 时间可视可控；② 混合效应强，重现性好；③ 操作空间更广（高温高压）；④ 热传导高，光透性好；⑤ 安全；⑥ 易放大，自动化程度高等。

（1）概念　流动化学是一种在微通道中进行化学反应的方法，以替代传统的批量反应。它利用微通道的高比表面积和快速热量转移，实现了反应过程的微观扩散和混合。流动化学通常包括两个主要组成部分：微反应器和流动控制系统。微反应器是一个微小的通道系统，通常由玻璃或聚合物制成，用于混合试剂；流动控制系统用于控制试剂的流速、压力和温度。

（2）原理　流动化学利用控制流速来加快化学反应速率。在传统批量反应中，反应物的扩散和混合需要一定的时间。而在流动化学中，反应物以流动形式通过微通道，大大减小了反应物与反应物之间的距离，从而提高了混合效率和反应速率。此外，由于微通道可以帮助控制温度和压力，流动化学还具有更好的反应控制性能。

（3）应用　流动化学在许多领域有广泛的应用。在有机合成中，流动化学可以提供更高的产率和选择性，并减少副产物的生成；因此，它还可用于药物合成、精细化学品合成和化学反应工程等领域。此外，流动化学还可以用于催化研究、生物化学分析和材料合成等领域。

（4）未来发展方向　随着微纳米技术的不断发展，流动化学有望进一步拓展其应用领域。未来的发展方向包括开发更智能化的流动控制系统，提高反应效率和选择性，以及设计更复杂的微反应器，以满足不同反应需求。此外，流动化学也可以与其他新兴技术相结合，如机器学习和自动化技术，实现更高效的反应优化和高通量合成。

流动化学是一种能够提高反应速率、产率和选择性的快速反应和混合技术。随着技术的不断革新和突破，流动化学将为化学研究和工业生产带来更多的机会和挑战。

2. 化学自动化

实验室自动化是一种减少实验室人工干预的方法，具有提高实验效率的潜能，如减少重复和提高通量，通过机器高精度的系统来提高实验的重现性，以及避免人类接触有害化学物质来提高实验的安全性等优点，一直以来被广泛关注。

连续流动化学技术平台如同将工业上使用的合成仪器缩小化，这为实验室搭建自动化合成平台提供了很好的思路。近几年，通过将流动化学技术与自动化技术和计算机控制技术结合发展，开发出的自动化合成反应系统极大地降低了人工实验操作的重复性，这为科研人员争取了更多进行创造和创新的时间。连续流动反应器使用通道或管道在连续流中进行反应，因优异的传质控制、利于放大生产、连续反应的特点，已成为有机分子合成材料合成、胶体纳米材料合成、无机合成、电化学合成的利器，并在工业生产中广泛应用。反应物先被泵入一个混合装置中，然后流至温度受控的管路、管道或微结构反应器中直至反应完成。结合自动化手段，连续流动化学能够高效地对实验参数进行连续筛选，使得这个过程容易扩展。

为了解决自动化合成的通用性问题，研究人员针对如何将化学反应的实际操作流程化，引入模块化理念，对不同的流程设计相应的反应模块，实验室可通过搭建自动化模块来执行常见的实验操作。由不同的单个模块组合搭建是实现自动化合成最灵活的方法。对于多种成熟的实验流程，模块按需布局搭配，这些由不同模块组合的技术平台便于因需求变化而拓展升级。

模块化技术无法实现反应路线自动规划和反应器件自动组装，整个过程仍需要很大程度的人工参与。因此，研究人员在实验室中引入了机械臂，整个自动化平台通过智能中控系统控制，以机械臂为中心来整合第三方设备，让设备运行更加灵活。主动学习与自动化结合，可以真正实现无人实验室，让自动化系统自主进行实验设计、执行、数据解释，用机器学习模型发掘变量之间的关系（如反应条件和反应产率），推测新实验的结果，以及在没有人类干预的情况下自主决策。实验室可采用中央集成控制台和友好的人机交互界面，实现整个系统无人化、协作化、智能化、远程操控化管理。系统具备非常强的拓展能力，可实现直接与研发数据平台无缝对接。

九、参考文献

（厦门大学　汪骋）

实验 3-3　不同卤化铅团簇的吸收光谱和荧光光谱性质比较

一、实验目的

（1）能够阐述紫外-可见吸收光谱仪和荧光光谱仪的构造和工作原理。

（2）能够阐述过渡金属配合物的电荷转移跃迁吸光与发光谱带的特点。

（3）能够利用分子吸光与荧光发射过程的关联性测绘未知样品的荧光光谱。

（4）能够分辨和合理规避荧光光谱测试中的散射信号。

（5）能够根据分子光谱与物质结构的相关性预估光谱性质随分子结构的规律性递变。

二、实验原理

Pb(Ⅱ)无机盐在丙酮、乙腈、*N*,*N*-二甲基甲酰胺等非质子性溶剂中易与过量的四烃基卤化铵反应生成卤化铅聚阴离子团簇 $Pb_nX_{3n}^{n-}$（X 为卤素），此类无机聚阴离子只能稳定存在于季铵保护层中，构成一类具有新颖发光特性的无机-有机杂化材料。$Pb_nX_{3n}^{n-}$团簇易发生卤置换反应，卤原子半径越大，越有利于 $Pb_nX_{3n}^{n-}$团簇的稳定。以 $Pb_nCl_{3n}^{n-}$团簇为例，与足量的溴离子源（如溴化有机锡）共存时可迅速转化成 $Pb_nBr_{3n}^{n-}$团簇，如图 3-3-1 所示，后者又可与碘离子（如碘化有机锡）作用而转化成 $Pb_nI_{3n}^{n-}$团簇。

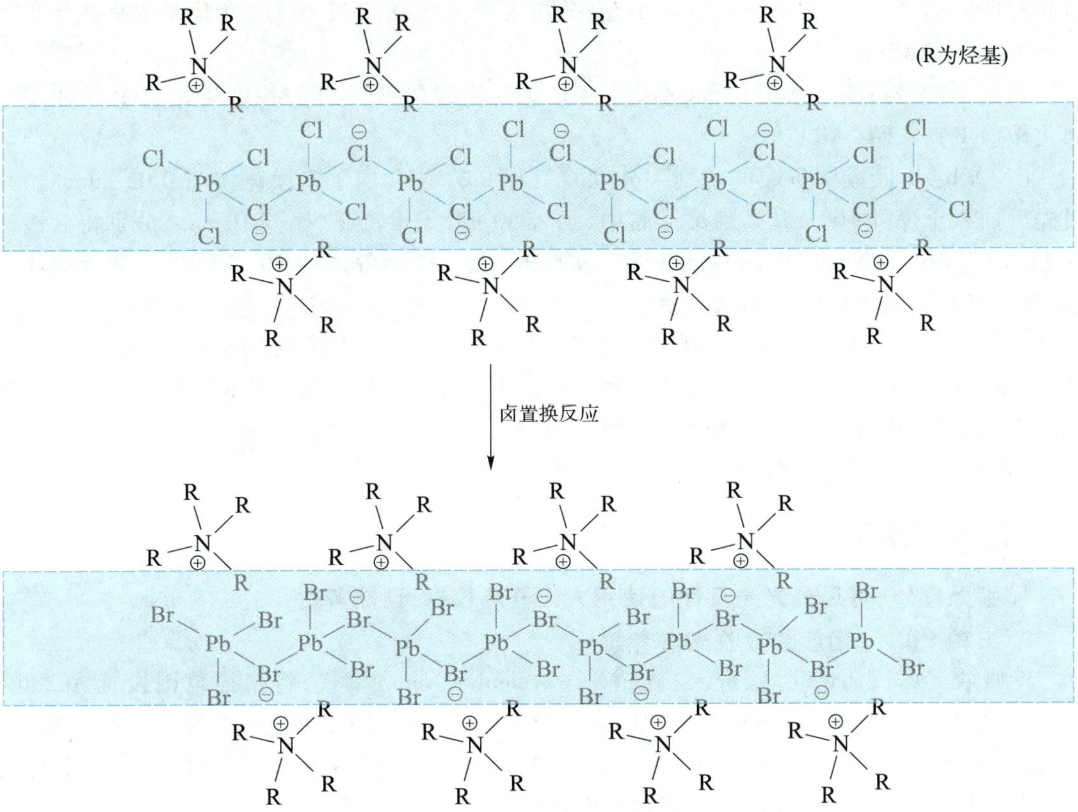

图 3-3-1　卤化铅团簇的结构及转化示意图

过渡金属离子与配位体所形成的配合物，主要有两种类型的吸收谱带：一种是由金属与配体之间的电荷转移所引起，另一种是过渡金属离子所具有的 d 电子在受配位体影响而发生变化了的 d 轨道上跃迁所致。电荷转移跃迁所需的能量（或吸收辐射线的波长）与电子给予体的给电子能力及电子接受体的电子接受能力有关。$Pb_nX_{3n}^{n-}$团簇的特征吸收信号来源于 X →Pb 的电荷转移跃迁，随着卤原子的电子亲和力减弱，$Pb_nX_{3n}^{n-}$团簇的特征吸收带向长波移动，呈现出明显的光谱差异。

在紫外光激发下，$Pb_nCl_{3n}^{n-}$溶液和 $Pb_nBr_{3n}^{n-}$溶液分别发射绿色和橙色荧光，Stokes 位移远比传统有机荧光体大。此类发光体的荧光信号对化学微环境和环境温度都较为敏感，但增大季铵保护层厚度后其环境敏感度会明显下降；在固体状态下，$Pb_nCl_{3n}^{n-}$和 $Pb_nBr_{3n}^{n-}$的荧光光谱不仅与其溶液态有区别，而且因其结晶形态而异。随着 $Pb_nX_{3n}^{n-}$团簇中卤素原子序数的增大，重原子效应趋于明显，荧光量子产率下降；$Pb_nI_{3n}^{n-}$受光激发后具有很高的系间窜越效率，在其溶液中难以观测荧光发射。根据式（3.0.2）和式（3.0.6），通过比较不同团簇溶液在同等激发条件下所测得的积分荧光强度和激发波长处的吸光度，可对它们的荧光量子产率进行定量比较。

三、仪器与试剂

1. 实验仪器

紫外-可见分光光度计；荧光分光光度计；固体荧光检测支架及其装卸工具 1 套；两面通光和四面通光 1 cm 石英比色皿各 1 套；分析天平 1 台；研钵 1 个；玻璃器皿 1 套。

2. 试剂及耗材

硝酸铅（AR）；四丁基溴化铵（AR）；四乙基溴化铵（AR）；四丁基氯化铵（AR）；四丁基碘化铵（AR）；乙腈（AR）。

（1）$Pb_nX_{3n}^{n-}$团簇储备液的配制　分别将三种 0.6 mmol 四丁基卤化铵与 0.03 mmol 硝酸铅先后加入干燥的 100 mL 具塞锥形瓶中，加入 50 mL 无水乙腈，振荡 10 min，分别得到澄清的 $Pb_nCl_{3n}^{n-}$、$Pb_nX_{3n}^{n-}$和 $Pb_nI_{3n}^{n-}$团簇储备液。实验时，取上述储备液的 10 倍稀释液进行吸收光谱，取 2 倍稀释液进行荧光光谱考察。

（2）$Pb_nBr_{3n}^{n-}$团簇晶体的制备（预先完成）　将四丁基溴化铵（125 mg，0.4 mmol）和硝酸铅（13 mg，0.04 mmol）以 25 mL 乙腈溶解；继续加入四乙基溴化铵（84 mg，0.4 mmol），振荡使其全部溶解；将形成的无色透明溶液静置过夜，在通风柜中敞口让溶剂挥发，收集形成的细丝（针）状晶体，密封保存。

四、实验步骤

1. 参照紫外-可见分光光度计的使用方法开启仪器，预热备用

2. 三种 $Pb_nX_{3n}^{n-}$团簇的吸收光谱考察

待吸收光谱仪初始化后，进入“光谱”（wavelength scan）模式，将扫描范围设置为 230～500 nm，狭缝宽度设置为 1 nm。用 1.0 cm 石英吸收池，以乙腈溶剂为参比溶液，进行基线校正后，将三种团簇溶液依次放入光路中，在 230～500 nm 波长范围内扫描吸收光谱，保存光谱数据至指定文件夹，分别记下其特征吸收峰位置。

3. 参照荧光分光光度计的使用方法开启仪器，预热备用

4. $Pb_nX_{3n}^{n-}$团簇的荧光光谱考察

待荧光光谱仪初始化后，进入“光谱”(wavelength scan)模式，建立实验数据存储文件夹；设置合理的激发/发射狭缝宽度(如 5 nm/5 nm)和扫描速度(如 240 $nm \cdot min^{-1}$)。分别取三种团簇溶液，根据其吸收光谱选择激发波长，在 450~750 nm 波长范围内测绘荧光发射光谱，读取最大发射波长 λ_{em}；以 λ_{em} 为发射波长，在 230~400 nm 波长范围内测绘 $Pb_nCl_{3n}^{n-}$ 和 $Pb_nX_{3n}^{n-}$ 团簇溶液的荧光激发光谱，读取最大激发波长 λ_{ex}。

5. $Pb_nBr_{3n}^{n-}$团簇的固态荧光光谱考察

在荧光仪上安装配套的固体样品支架。用研钵将 $Pb_nBr_{3n}^{n-}$ 团簇晶体研磨成粉末，取少量粉末样品将固体样品槽填满，拧好固体样品槽，将其置于仪器的固体样品支架上。设置合理的激发/发射狭缝宽度(如 5 nm/5 nm)和扫描速度(如 240 $nm \cdot min^{-1}$)，参考溶液态 $Pb_nBr_{3n}^{n-}$ 团簇的光谱性质，选择合适的激发波长，测绘荧光发射光谱，找出最大发射波长 λ_{em}；以此 λ_{em} 为发射波长，测绘其荧光激发光谱；根据激发光谱，优化波长设置，重新测绘荧光发射光谱。

6. 探索实验——$Pb_nCl_{3n}^{n-}$团簇与 $Pb_nBr_{3n}^{n-}$团簇的量子产率比值的测定

根据式(3.0.6)的成立条件，适当稀释 $Pb_nCl_{3n}^{n-}$ 团簇和 $Pb_nBr_{3n}^{n-}$ 团簇溶液；采用以下不同方案测量两种团簇的荧光量子产率比值：

(1) 绘制两种团簇溶液的吸收光谱，找出其等吸收点；选择在等吸收点处激发，在同一测试条件下分别绘制两种团簇溶液的荧光发射光谱，求出其各自的积分荧光强度，计算这两个发光体系的量子产率比值；根据 $Pb_nX_{3n}^{n-}$ 团簇的发光特点，分析此测定结果的主要误差来源。

(2) 绘制两种团簇溶液的吸收光谱和荧光发射光谱；优化仪器参数，在各自的有利激发条件下分别绘制两种团簇溶液的荧光发射光谱，求出团簇的积分荧光强度和对激发光的吸光度，对照光源的配光曲线(光谱)，计算这两个体系的荧光量子产率比值；根据光谱仪的构造和工作原理，分析此测定结果的主要误差来源。

五、注意事项

(1) 有机溶剂易挥发而造成环境污染，相关废弃液不可倒入水槽，应倒入回收瓶中。

(2) 卤化铅团簇的光谱性质受水分影响很大，实验开始前应保证器皿干燥。

(3) 微粒产生的光散射信号较强，实验中须规避其对荧光光谱的干扰。

六、数据处理与分析

(1) 绘制三种团簇溶液的吸收光谱，找出特征吸收带的峰位置，解释峰位置移动规律。

(2) 绘制三种团簇溶液的荧光激发和发射光谱，找出各自的最大激发波长和最大发射波长，比较相同条件下这三种聚阴离子团簇的发光性能，并分析其原因。

(3) 绘制 $Pb_nBr_{3n}^{n-}$ 团簇的固态荧光光谱，比较 $Pb_nBr_{3n}^{n-}$ 团簇在溶液态与固态的荧光光谱性质。

七、思考题

(1) 影响过渡金属配合物电荷转移跃迁吸收带 λ_{max} 的主要因素是什么？

(2) $Pb_nCl_{3n}^{n-}$ 团簇可在溴化有机锡存在下转化成 $Pb_nBr_{3n}^{n-}$ 团簇。用吸收光谱跟踪二甲基二溴

化锡对 $Pb_nCl_{3n}^{n-}$ 团簇的滴定过程,结果如图 3-3-2 所示,但观察不到明显的等吸收点,为什么?

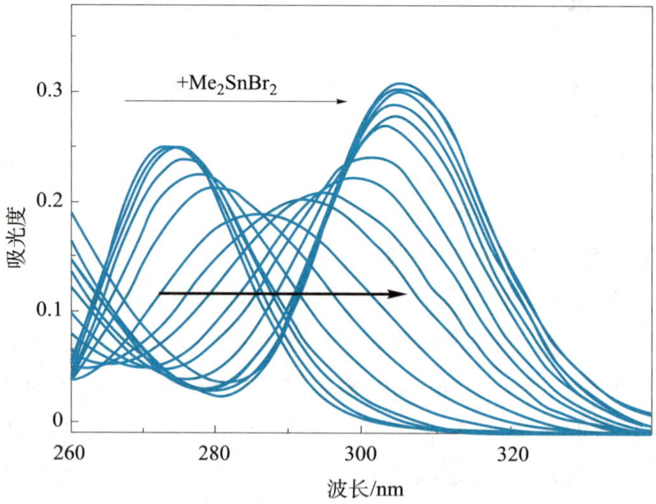

图 3-3-2　卤置换反应过程中卤化铅团簇的吸收光谱衍变

(3) 荧光光谱扫描中,如何判别荧光发射信号与散射信号?在本实验中如何规避散射信号对荧光测定的干扰?

(4) 卤化铅团簇的乙腈溶液在吸水或稀释后,其荧光光谱均会发生移动,原因何在?

八、参考文献

(厦门大学　李顺华)

分子荧光光谱法

实验 3-4　分子荧光光谱法测定面粉中核黄素

一、实验目的

(1) 掌握分子荧光光度法的基础理论和方法特点。

（2）掌握荧光光谱仪的构造和使用方法。

（3）能够运用标准曲线法对样品中的单一组分进行定量分析。

（4）了解面粉样品消化方法和核黄素物理化学性质之间的关联。

二、实验原理

荧光分子经紫外光或波长较短的可见光照射后，会发射出比入射光波长更长的荧光。在稀溶液（即 $A=\varepsilon bc<0.05$）中，荧光强度 F 与该物质的浓度 c 之间有以下关系：

$$F=2.303\varepsilon b\varphi I_0 c \tag{3.4.1}$$

式中：ε 为荧光分子的摩尔吸光系数，b 为吸收光程，φ 为荧光分子的量子效率，I_0 为入射光的强度。当待测物质在特定测量条件下，式（3.4.1）记为

$$F=Kc \tag{3.4.2}$$

式中：K 为常数，即荧光强度与该物质的浓度呈线性相关。

分子荧光光谱能反映物质的特性，通过测量荧光光谱建立的分析方法称为荧光分析法。荧光分析法具有灵敏度高（超过分光光度法 2~3 个数量级）、取样少、方法快速等特点，现已成为食品工程、生物医药、农业、环境保护、化学工业等领域中的重要分析方法之一。同时，由于许多物质本身不会发生荧光，故该方法在使用范围上受到一定的限制。

核黄素（riboflavine，$C_{17}H_{20}O_6N_4$），又名维生素 B2，为黄色针状结晶，熔点为 282 ℃，耐热，对空气、氧气稳定，微溶于水，水溶液呈黄绿色荧光。核黄素对光线很敏感，在 430～440 nm 蓝光照射下会发出绿色荧光，荧光峰值波长为 525 nm 左右。核黄素的结构受溶液酸度影响，如图 3-4-1 所示，在 pH 为弱酸性的溶液中荧光最强，在 pH 为 11 时荧光消失。

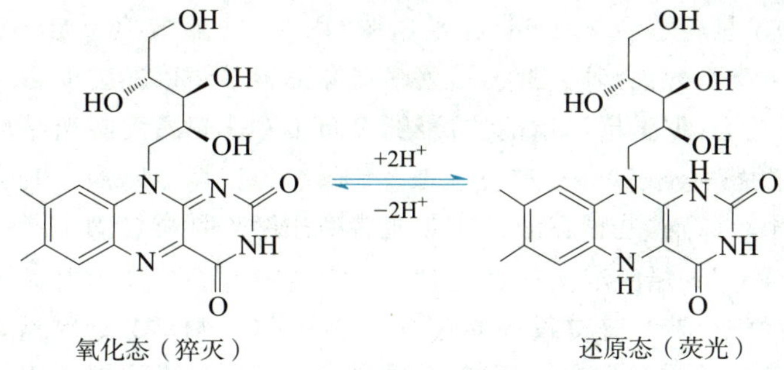

图 3-4-1 核黄素氧化态和还原态的分子结构

本实验测定营养强化面粉中添加的核黄素，由于核黄素在酸性条件下稳定，通过酸性介质的热溶液水解面粉的方法提取核黄素，经离心分离或过滤除去固相不溶物，得到均匀的测量样品。根据稀溶液中荧光的强度与核黄素的浓度成正比的性质，选择合适的激发波长、荧光波长等实验条件，可对核黄素进行定量测定。本实验采用外校准模式进行定量分析，通过系列已知浓度的标准溶液拟合工作曲线，计算样品中核黄素的含量。

三、仪器与试剂

1. 实验仪器

荧光光谱仪（配 1 cm 四面透光的石英比色皿）1 台；高速台式离心机（配 50 mL 离心管）

1 台；电加热板 1 台；分析天平 1 台。

2. 试剂及耗材

市售营养强化面粉（含有核黄素）；50 μg·mL^{-1}核黄素储备液（准确称取核黄素 0.0500 g，用 5+95 醋酸溶液溶解，稀释并定容为 1 L。由于遇光易变质，标准溶液应实验时配制并储存于棕色试剂瓶中）；200 mL 1+1 盐酸；100 mL 5%氢氧化钠溶液；300 mL 0.1 mol·L^{-1}盐酸（学生自配）；300 mL 5+95 醋酸溶液（量取 5 体积冰醋酸，与 95 体积去离子水混合，学生自配）；50 mL 正丁醇（滴瓶）。

5 mL 吸量管 1 支；1 mL 移液管 1 支；容量瓶（25 mL 9 个，100 mL 和 250 mL 各 1 个）；烧杯（10 mL 2 个，100 mL 1 个，250 mL 1 个，400 mL 1 个）；量筒（100 mL 和 10 mL 各 1 个）；pH 试纸。

四、实验步骤

1. 制备样品溶液

（1）准确称取面粉样品 5～10 g（以含核黄素 5～10 μg 为宜）于 400 mL 烧杯中，加入 0.1 mol·L^{-1} 100 mL 盐酸，剧烈搅动，使其成稀薄浆状。

（2）倒入提前准备的 150 mL 沸水，不断搅拌并煮沸 30 min。若出现块状物，可持续搅动直至颗粒均匀分散。

（3）待冷却后，在剧烈搅动下，用氢氧化钠溶液调节 pH 至 6.0～6.5（因核黄素在碱性溶液中不稳定，一定要边加边摇，防止局部碱度过强而破坏核黄素），然后立即加稀盐酸直至 pH 约为 4.5。

（4）将混合物定量转移至 250 mL 容量瓶中，用 5+95 醋酸溶液定容（定容至容量瓶刻度线附近时，可加 1 滴丁醇消泡），摇匀。

（5）用离心机离心，取上层澄清的滤液约 30 mL，将待测滤液避光保存。

2. 选择最佳激发光波长和最佳荧光波长

（1）配制核黄素标准待测溶液。用吸量管准确吸取核黄素储备液 1.00 mL 置于 25 mL 容量瓶中，用 5+95 醋酸溶液稀释至刻度，摇匀。

（2）测量激发光谱，荧光光谱仪的使用参见 3.3 节。具体参数为：先将荧光波长（即发射光波长，EM）暂设定在 525 nm 处，在 400～500 nm 波长范围内对激发波长（即入射光波长，EX）进行扫描，记录激发光谱曲线。从激发光谱曲线上确定最大峰值为最佳激发光波长。

（3）测量荧光光谱，将激发光波长设定在最佳激发光波长处，在 500～600 nm 波长范围内对荧光波长进行扫描，记录荧光光谱曲线。从荧光光谱曲线上确定最佳荧光波长。

3. 优化选择酸度

（1）取 3 个 25 mL 容量瓶，各加入核黄素标准储备液 1.00 mL，然后分别用 1+1 盐酸、5+95 醋酸溶液、5%氢氧化钠溶液稀释至刻度，摇匀后用酸度计或 pH 试纸测定并记录溶液的 pH。

（2）用荧光分光光度计测定荧光强度，采用优化后的最佳激发光波长和最佳荧光波长，记录不同酸度下溶液的荧光强度，确定溶液的最佳酸度。

4. 测定系列标准溶液

(1) 准确移取 50 μg·mL^{-1} 核黄素储备液 1.00 mL 置于 100 mL 容量瓶中,上述实验确定的最佳酸度的溶液稀释至刻度,摇匀,配得 0.50 μg·mL^{-1} 核黄素标准溶液。

(2) 准确移取此核黄素标准溶液 0.00 mL,1.00 mL,2.00 mL,3.00 mL,4.00 mL,5.00 mL 分别置于 6 个25 mL 容量瓶中,用确定的最佳酸度的溶液来稀释至刻度,摇匀。

(3) 在所选定的最佳激发光波长和最佳荧光波长下,从稀到浓测定系列标准溶液的荧光强度。

5. 测定样品溶液

相同实验条件下,测定离心后的面粉样品溶液的荧光强度,重复测定三次。

五、注意事项

(1) 核黄素提取过程中要保证面粉完全水解,水解程度决定了核黄素的提取效率。

(2) 正确使用吸量管是测定标准曲线的关键操作,标准曲线的相关系数达到 0.995 方能满足定量分析的要求。

(3) 面粉样品离心后应立刻转移上清液至另一干净干燥的离心管中,防止不溶物影响测量结果。

六、数据处理与分析

(1) 记录核黄素的激发光谱和荧光光谱,确定最佳的激发光波长和最佳的荧光波长。

(2) 记录不同酸度条件下荧光强度的大小,确定测量的最佳 pH。

(3) 记录系列核黄素标准溶液的荧光强度,绘制标准曲线并拟合线性方程(含相关系数)。

(4) 记录面粉样品溶液中核黄素的荧光强度,结合标准曲线的函数关系,求出样品溶液中核黄素的浓度,计算三次测量浓度的平均值。

(5) 根据面粉的取样量和稀释倍数,计算面粉样品中核黄素的含量(mg·kg^{-1}),并对样品做分析和评价。

七、思考题

(1) 根据核黄素分子的结构和物理化学性质,简述核黄素溶液在保存和测量过程中应注意哪些方面。

(2) 面粉水解的方法有哪些? 解释实验中提取核黄素用到的预处理方法基于哪些考虑。

(3) 在面粉水解完成后的操作为"先调节溶液 pH 至 6.0~6.5,然后立即加稀盐酸直至 pH 约为 4.5"。请思考为什么不是将溶液直接调节到核黄素稳定的 pH=4.5。

(4) 在荧光测量时,激发光的入射与荧光的接收不在同一直线上而在垂直方向测量,请思考这样设计有何优势。

(5) 试述荧光光谱仪与紫外-可见分光光度计在结构上有什么不同,它们所对应的两种光学分析方法各自有哪些特点。

八、参考文献

（复旦大学 包慧敏）

实验3-5 荧光偏振法研究蛋白质与有机溶剂相互作用

一、实验目的

（1）能够阐述荧光偏振和荧光各向异性测量原理。

（2）能够利用荧光偏振结合荧光和同步荧光方法研究蛋白质变性作用。

（3）能够阐述牛血清白蛋白与乙醇、丙酮等有机溶剂相互作用的差异。

（4）能够了解荧光偏振技术在生物医学中的应用。

二、实验原理

1926年，Perrin首次描述了荧光偏振/荧光各向异性理论。目前，荧光偏振技术已广泛用于分子相互作用研究，以及生命和医学等研究领域。

1. 荧光偏振原理

荧光体受偏振光激发，发射的荧光亦是偏振光。受平面偏振光激发时，荧光分子若保持静止，其发射光则位于激发光的同一偏振平面，保持偏振性；若分子旋转或翻转，发射光与激发光处于不同偏振面，即产生去偏振。荧光偏振可以用荧光偏振度（P）和荧光各向异性（A）来度量，用以揭示荧光体吸收光子和随后发射光子的平均角移。荧光偏振与荧光体吸收对偏振激发的取向、光选择性及激发矩与发射矩是否共线有关，与分子体积、旋转弛豫时间、溶液黏度、绝对温度及摩尔气体常数有关。通常，分子越大，受激发时发生运动越小，发射光偏振程度越高，P越大。相反，分子越小，分子旋转或翻转速度越快，去偏振化程度越高，P越小。

采用稳态荧光技术测量荧光偏振和荧光各向异性方法：通常采用垂直偏振光激发荧光体，在与垂直激发偏振面的垂直和水平偏振平面检测其发射光强度，如图3-5-1所示。

$$P=\frac{I_{/\!/}-I_{\perp}}{I_{/\!/}+I_{\perp}}=\frac{I_{/\!/}-GI_{\perp}}{I_{/\!/}+GI_{\perp}} \tag{3.5.1}$$

$$A=\frac{I_{/\!/}-I_{\perp}}{I_{/\!/}+2I_{\perp}}=\frac{I_{/\!/}-GI_{\perp}}{I_{/\!/}+2GI_{\perp}} \tag{3.5.2}$$

$$G=\frac{i_{\perp}}{i_{/\!/}} \tag{3.5.3}$$

$$A=\frac{2P}{3-P} \tag{3.5.4}$$

式中：$I_{/\!/}$ 和 $I_{\perp}$ 分别表示以垂直（平行于 z 轴）偏振光激发，发射偏振器与激发光取向分别为平行和垂直时测得的发光强度；$i_{/\!/}$ 和 $i_{\perp}$ 分别表示以平行（垂直于 z 轴）偏振光激发，发射偏振器与激发光取向分别为平行和垂直时测得的发光强度；其中，G 为检测系统对垂直偏振和水平偏振的灵敏度比率，与发射波长有关，并一定程度上与单色器的带通有关。

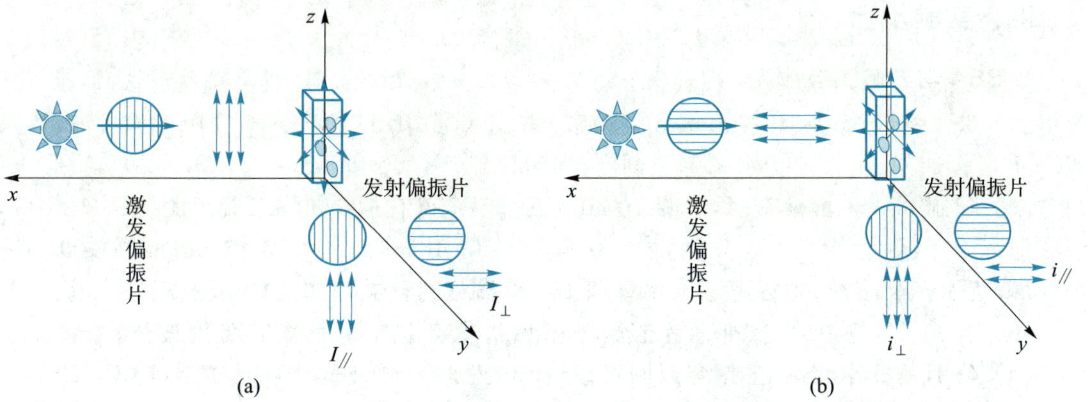

图 3-5-1　荧光偏振和荧光各向异性检测原理示意图

2. 蛋白质变性作用

蛋白质是生命的物质基础，是构成细胞的基本有机物质，是生命活动的主要承担者，占人体体重的 16%~20%。蛋白质是由氨基酸通过肽键按一定顺序结合形成的多肽链，具有一级、二级、三级和四级结构。受物理或化学因素影响，蛋白质分子内部结构、构象发生变化，其理化性质随之改变，甚至生理活性丧失，即为蛋白质变性作用。通常，导致蛋白质变性的化学物质主要有强酸、强碱、重金属盐、尿素、有机溶剂（如乙醇、丙酮）等。

含有色氨酸和酪氨酸等芳香氨基酸残基的蛋白质，具有一定的发光性能。变性因素引起蛋白质结构、构象发生变化，使得色氨酸和酪氨酸残基进一步被包埋于蛋白质内部或暴露在蛋白质表面，导致其发光性质也随之改变。通常，色氨酸残基对所处局域微环境更敏感。利用同步荧光技术（$\Delta\lambda=\lambda_{em}-\lambda_{ex}$）可以分别检测色氨酸残基（$\Delta\lambda=60$ nm）和酪氨酸残基（$\Delta\lambda=20$ nm）光谱，其光谱性质改变说明色氨酸和酪氨酸残基所处微环境发生变化，从而反映蛋白质构象变化。

本实验采用荧光偏振、荧光各向异性，并结合激发光谱、发射光谱和同步荧光光谱等技术方法研究乙醇与丙酮分别对牛血清白蛋白的变性作用。

三、仪器与试剂

1. 实验仪器

荧光分光光度计；荧光偏振附件（手动、自动）。

2. 试剂及耗材

牛血清白蛋白(BSA);无水乙醇(AR);丙酮(AR)。

BSA 储备液(1.0×10^{-3} g·mL^{-1}):准确称取 0.1000 g BSA,置于洁净的 50 mL 小烧杯中,加入去离子水搅拌,溶解后转移至 100 mL 容量瓶中,用去离子水稀释至刻度,摇匀后置于 4 ℃冰箱中备用。用时逐级稀释成工作液。

丙酮用去离子水逐级稀释至 0.1%(体积分数)。

烧杯(50 mL、100 mL);容量瓶(100 mL);刻度吸量管(1 mL、5 mL、10 mL);比色管(10 mL、25 mL);比色管架(20 孔);荧光比色皿(10 mm×10 mm)。

四、实验步骤

1. BSA 与乙醇相互作用

(1) BSA 溶液(5.0×10^{-5} g·mL^{-1}):准确移取 5.00 mL 1.0×10^{-3} g·mL^{-1} BSA 储备液,移入 100 mL 容量瓶中,用去离子水稀释至刻度,摇匀。

(2) 配制 BSA 乙醇溶液:取 6 只 10 mL 比色管,准确移取 1.00 mL 5.0×10^{-5} g·mL^{-1} BSA 溶液加入各比色管中,然后分别加入 0.00 mL, 0.50 mL, 1.00 mL, 2.00 mL, 3.00 mL, 4.00 mL 无水乙醇溶液,用去离子水稀释至 10 mL 刻度,摇匀,放置 10 min。

(3) 测定 1 号管 BSA 溶液的三维荧光光谱,初步确定其最大激发、发射波长。

(4) 分别测量各 BSA 乙醇溶液的激发光谱、发射光谱及同步荧光光谱($\Delta\lambda=20$ nm, $\Delta\lambda=60$ nm)。

(5) 分别测量各 BSA 乙醇溶液的荧光偏振度 P 及荧光各向异性值 A。选择偏振测量模式(需配有自动偏振附件),测量激发峰和发射峰对应波长处各溶液的 P、A 和 G 值。记录测量数据于表 3-5-1 中。

表 3-5-1 BSA 乙醇溶液荧光偏振度及荧光各向异性值

序号	1	2	3	4	5	6
$V_{乙醇}$/mL	0.00	0.50	1.00	2.00	3.00	4.00
$P_{G=1}$						
$A_{G=1}$						
G						
P						
A						

采用手动测量荧光偏振时,偏振片设置方法见表 3-5-2。

表 3-5-2 偏振片设置方法

偏振片	$I_{//}$	$I_{\perp}$	$i_{//}$	$i_{\perp}$
激发偏振片	0°	0°	90°	90°
发射偏振片	0°	90°	90°	0°

分别将激发偏振片和发射偏振片按表 3-5-2 置于光路中,在最大激发波长和最大发射波长处,测定其荧光强度,记录数据 $I_{//}$、$I_{\perp}$、$i_{//}$、$i_{\perp}$,并根据式(3.5.1)—式(3.5.3)计算其 P、A

和 G 值。

2. BSA 与丙酮相互作用

（1）配制 BSA 丙酮溶液：取 6 只 25 mL 比色管，准确移取 2.50 mL 5.0×10^{-5} g·mL^{-1} BSA 溶液于各比色管中，并分别加入 0.00 mL，1.00 mL，2.00 mL，3.00 mL，4.00 mL，5.00 mL 0.1%（体积分数）丙酮水溶液，用去离子水稀释至 25 mL 刻度，摇匀，放置 10 min。

（2）分别测量各 BSA 丙酮溶液激发光谱、发射光谱及同步荧光光谱（$\Delta\lambda=20$ nm，$\Delta\lambda=60$ nm）。

（3）分别测量各 BSA 丙酮溶液 P、A 和 G 值；自动偏振测量方法同实验步骤 1。记录测量数据于表 3-5-3。

表 3-5-3　BSA 丙酮溶液荧光偏振度及荧光各向异性值

序号	1	2	3	4	5	6
$V_{丙酮}$/mL	0.00	1.00	2.00	3.00	4.00	5.00
$P_{G=1}$						
$A_{G=1}$						
G						
P						
A						

注：丙酮体积分数为 0.1%。

手动测量偏振片设置方法同实验步骤 1，在最大激发波长和最大发射波长处，测定其荧光强度，记录数据 $I_{/\!/}$、$I_{\perp}$、$i_{/\!/}$、$i_{\perp}$，并根据式（3.5.1）—式（3.5.3）计算其 P、A 和 G 值。

五、注意事项

（1）实验中要求乙醇、丙酮的纯度为分析纯（AR）。

（2）应考虑丙酮荧光的影响。

（3）测量过程中可直接选用 $G=1$，也可以测量各待测溶液的 G 值再选用。

（4）BSA 溶液在冰箱中冷藏保存，在常温条件下进行检测。

（5）通常取 P、A 和 G 的多次（>10 次）测量平均值。

（6）荧光偏振测量方法详见所用仪器说明书，不同型号的仪器测量方法有差异。

六、数据处理与分析

（1）分别绘制 BSA 乙醇溶液和 BSA 丙酮溶液的激发、发射及同步荧光光谱（$\Delta\lambda=20$ nm，$\Delta\lambda=60$ nm）。

（2）绘制 P-乙醇（%，体积分数）和 P-丙酮（%，体积分数）变化关系曲线。

（3）绘制 A-乙醇（%，体积分数）和 A-丙酮（%，体积分数）变化关系曲线。

（4）分析 $G=1$ 和 G=测量值对 P、A 测量结果的影响。

（5）分析乙醇、丙酮对 BSA 荧光偏振、荧光各向异性及荧光光谱影响，分析荧光偏振和荧光各向异性与激发光谱、发射光谱和同步荧光光谱变化对应关系，讨论乙醇、丙酮对 BSA

变性作用的差异。

七、思考题

(1) 实验中为什么选用较低浓度的丙酮溶液?

(2) 举例说明其他可以区分色氨酸和酪氨酸的荧光方法。

(3) 蛋白质中哪一种芳香氨基酸残基对局部微环境更敏感?

(4) 蛋白质荧光光谱移动说明什么?

(5) 荧光偏振和荧光各向异性与哪些因素相关?

八、知识拓展

测定乙醇、丙酮分别在更大的浓度范围内对 BSA 激发光谱、发射光谱、同步荧光光谱及荧光偏振和荧光各向异性的影响,研究其相互作用差异;研究生理条件下,乙醇、丙酮分别对 BSA 的荧光偏振和荧光各向异性影响;结合圆二色光谱研究乙醇、丙酮等有机溶剂对 BSA 二级结构的影响,更全面了解其相互作用差异及对 BSA 的变性作用。

九、参考文献

(山东大学 吴霞、刘星岑)

实验 3-6A 聚集诱导发光化合物的荧光测量及其在溶液极性和黏度测定中的应用

一、实验目的

(1) 能够阐述聚集诱导发光(AIE)的基本概念和作用机理。

(2) 能够利用荧光光谱仪测量 AIE 分子的荧光光谱。

(3) 能够对 AIE 分子(TPE,TPE-M2OM)在不同聚集程度下的光物理性质(如极性和黏度)展开研究。

(4) 能够阐明 AIE 分子的荧光性质及变化规律,并理解其潜在应用。

二、实验原理

聚集诱导发光(aggregation-induced emission,AIE)是唐本忠院士于 2001 年提出的全新科学概念。此前,很多传统有机发光材料只能在低浓度的溶液中才能发光,一旦溶液浓度提高或呈聚集态时，发光就会减弱甚至完全消失。这种现象被称为聚集导致猝灭(aggregation-caused quenching, ACQ)效应，是有机发光材料设计和应用的一大难题。然而，具有 AIE 效应的分子和材料，在分散状态下发光微弱甚至不发光，聚集后发光显著增强，呈现出颠覆传统认知的光物理现象，如图 3-6A-1 所示。随着逐步深入的基础和应用研究，AIE 发光材料新领域也引起人们的关注。2016 年，《自然》杂志将 AIE 材料的纳米聚集体列为支撑纳米光革命的四大纳米材料之一。在 2017 年国家科学技术奖励大会上，唐本忠院士提出并引领的 AIE 研究荣获了国家自然科学奖一等奖。由此可见，AIE 已经成为一个由我国科学家开创并引领的热点研究领域。

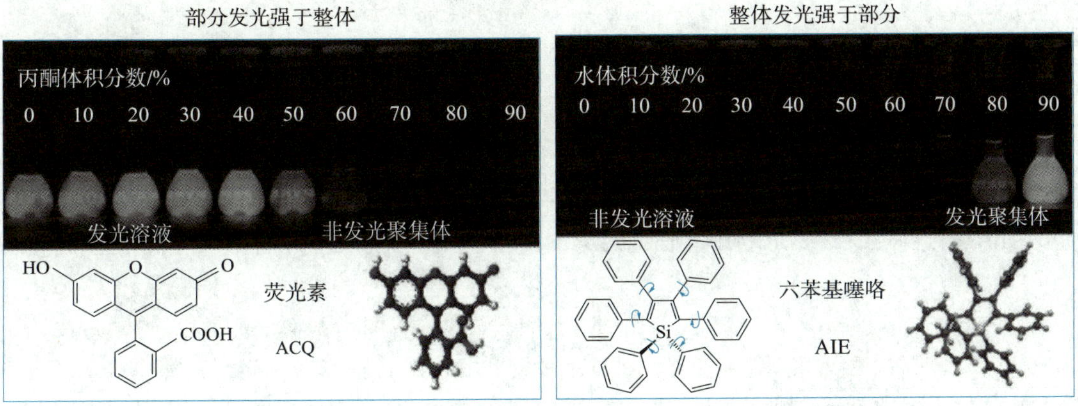

图 3-6A-1 ACQ 和 AIE 分子在不同聚集程度下的发光性质对比

最早发现的 AIE 分子是六苯基噻咯(hexaphenylsilole, HPS)，其苯环能够通过单键相对于噻咯核转动。四苯基乙烯(tetraphenylethylene, TPE)是另一种被广泛研究的 AIE 类分子，尽管它具有与 HPS 明显不同的分子结构，但本质上构象类似。

AIE 发光的机理主要是分子内运动受限(restriction of intramolecular motions, RIM)，包括分子内转动受限(restriction of Intramolecular rotation, RIR)和分子内振动受限(restriction of intramolecular vibration, RIV)。如图 3-6A-2 所示，AIE 分子存在转动单元和振动单元，当其处于溶液状态时，分子内运动将导致激发态能量主要以非辐射跃迁的方式衰减，此时荧光发射较弱；而当其处于聚集态时，分子内运动受到限制，激发态能量则主要以辐射跃迁的方式进行，进而发出强烈的荧光。

与此同时，AIE 材料在光电器件、荧光传感、生物成像等领域都有着巨大的应用潜力。例如，AIE 材料在聚集态具有很强的抗光漂白性，这使其成为优异的长时程生物成像材料。此外，AIE 材料还被广泛应用于疾病诊疗研究领域，如肿瘤细胞的特异性荧光成像及癌症的光热和光动力治疗等。

极性是描述分子中电荷分布不均匀性的概念，溶液的极性包含溶剂与溶质(被溶解的物质)之间的相互作用，产生的这种电荷不均匀性导致分子具有特定的物理化学性质，如溶解性、熔点、沸点等。溶剂的极性通常使用介电常数 ε 来表示，溶剂极性越大，溶剂保持电荷的能力越强，ε 值越大。由于具有推拉电子结构的 AIE 分子在不同极性溶剂中分子内扭曲程度不同，导致其发光颜色发生变化。因此，这类 AIE 分子在不同极性溶剂中的最大发射峰波长会随着溶剂极性的改变而发生移动。黏度是指流体在流动时所表现出的阻力，通常

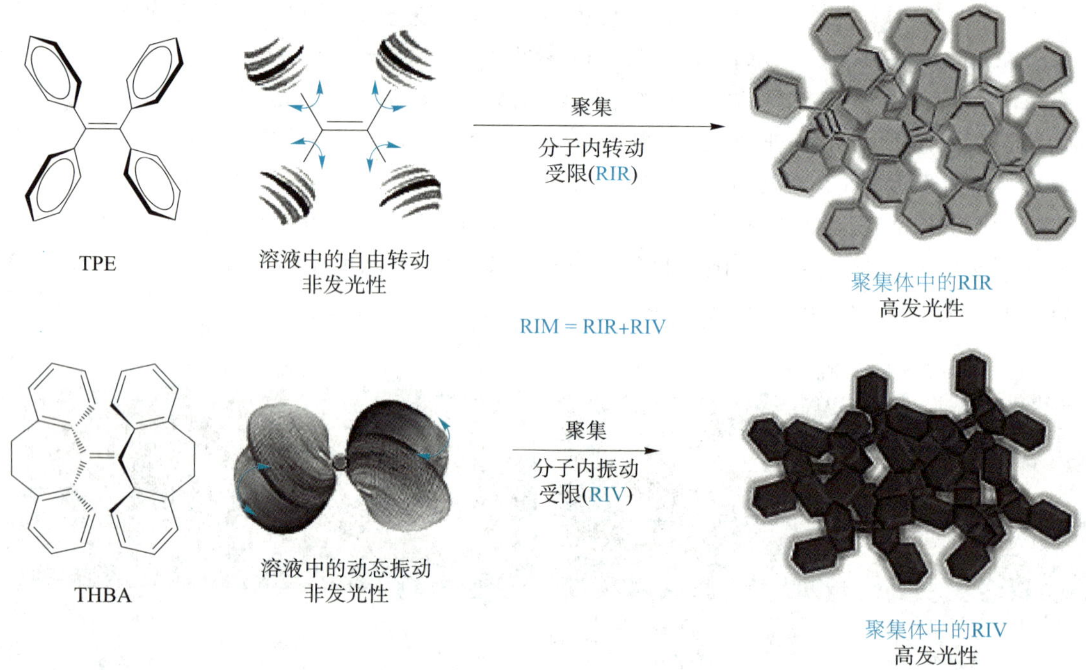

图 3-6A-2 AIE 的发光作用机理

通过物质在液体内部运动所受阻力来进行测定。如果物质在液体内部以一定的速度运动，所受阻力越大，则液体黏度越大，反之亦然。在不同黏度下，AIE 分子内运动受限制程度不同，也会导致发光强度的改变。

在生物体系中，极性和黏度的测量对于理解生物分子的行为和功能至关重要。例如，蛋白质的溶解度就取决于离子的极性。许多危害人类健康的常见疾病都与血液黏度的升高息息相关，如冠心病和心肌梗死等。通过测定生物体溶液的极性和黏度，不仅可以帮助我们理解生物分子在溶液中的稳定性和反应活性，也能使我们深入了解疾病的发病机制，为疾病的预防和治疗提供重要的参考信息。其中，通过荧光可视化表征手段对溶液的极性与黏度进行测定，将为生物体的物理化学性质的表征提供一种简便的方法。

三、仪器与试剂

1. 实验仪器

荧光光谱仪 1 台，如图 3-6A-3 所示；手提式紫外灯 1 台（365 nm 发射波长）；计算机 1 台；分析天平（精度 0.1 μg）1 台；超声波清洗仪 1 台；涡旋混匀仪 1 台。

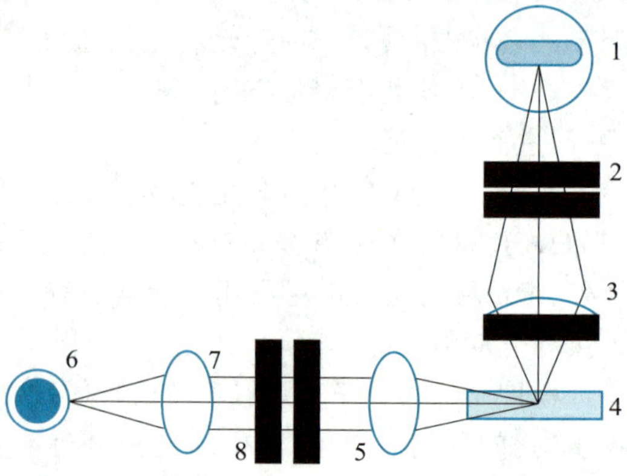

1—光电倍增管；2—发射滤光片；3—透镜；
4—样品流通池；5—透镜；6—光源；
7—透镜；8—激发滤光片

图 3-6A-3 荧光光谱仪检测工作原理图

2. 试剂及耗材

聚集诱导发光分子染料（TPE，TPE-M2OM），如图 3-6A-4 所示；四氢呋喃

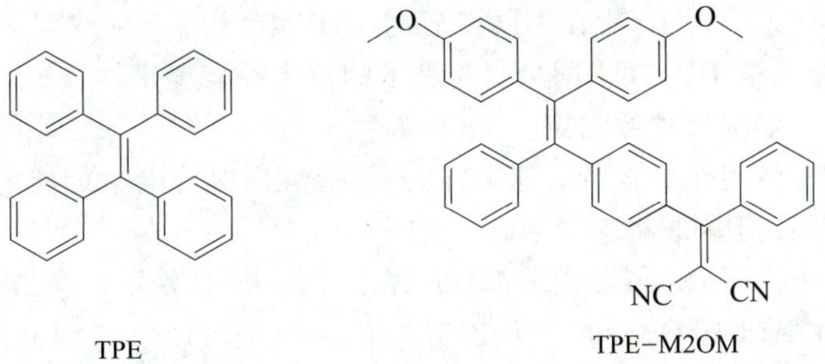

图 3-6A-4 TPE 和 TPE-M2OM 分子结构式

(THF);二甲基亚砜(DMSO);乙腈(ACN);丙酮(Ace);乙酸乙酯(EA);正己烷(Hex);*N*,*N*-二甲基甲酰胺(DMF);甘油(丙三醇)和去离子水。所用试剂均为分析纯。其中,THF 溶剂需要提前蒸馏处理,以除去溶剂中的发光保护剂。

移液枪(规格:10 μL、100 μL、200 μL、1000 μL)及配套的枪头;25 mL 烧杯;10 mL 量筒;1 cm 常量比色皿;毛细管;移液管;容量瓶(10 mL);5 mL EP 管。

四、实验步骤

1. AIE 分子的聚集诱导发光特性测试

(1) 准确称取 6.6 mg TPE 固体粉末,在烧杯中用 THF 溶剂溶解后转移到 10 mL 容量瓶中,继续加入 THF 溶剂定容到标线(小心操作,注意试剂的精准配制),充分摇匀后得到溶解于 THF 溶剂的 TPE 母液,最终浓度为 2.0 $mmol \cdot L^{-1}$。

(2) 用移液枪吸取上述 TPE 母液 20 μL,加入 1980 μL THF 溶剂,混合均匀配制成水含量为 0%、体积为 2.0 mL 的待测溶液 1;用移液枪吸取上述 TPE 母液 20 μL,加入 1380 μL THF 溶剂和 600 μL 去离子水,混合均匀配制成水含量为 30%、体积为 2.0 mL 的待测溶液 2;用移液枪吸取上述 TPE 母液 20 μL,加入 780 μL THF 溶剂和 1200 μL 去离子水,混合均匀配制成水含量为 60%、体积为 2 mL 的待测溶液 3;按照上述方法,配制出水含量分别为 90% 和 99%、体积为 2.0 mL 的待测溶液 4 和 5,并保证最终浓度均为 20 $\mu mol \cdot L^{-1}$。

(3) 在 365 nm 紫外灯照射下,观察上述待测溶液的发光现象,然后分别用移液枪吸取 1.0 mL 待测溶液置于常量比色皿中,利用荧光光谱仪测试待测溶液的荧光发射光谱(设定激发波长为 330 nm,检测波段为 360~650 nm),收集并记录荧光发射强度和最大发射波长,并记录于表 3-6A-1 中。

表 3-6A-1 AIE 分子在不同聚集程度下的荧光性质测定

待测溶液编号	1	2	3	4	5
待测溶液含水比例/%	0	30	60	90	99
TPE 母液体积/μL	20	20	20	20	20
THF 溶剂体积/μL	1980	1380	780	180	0
H_2O 体积/μL	0	600	1200	1800	1980
荧光强度/A.U.					
最大发射波长/nm					

（4）结合上述数据，对化合物在不同良溶剂（THF溶剂）-不良溶剂（水）比例中的荧光曲线进行分析，进而总结TPE在不同聚集程度下的荧光性能规律。

2. AIE分子用于溶剂极性的测定

溶剂的极性通常使用介电常数ε来表示，ε是指溶剂保持电荷的能力，溶剂极性越大，其保持电荷能力越强，相应的ε越大。

（1）用毛细管尖头蘸取少量TPE-M2OM纯固体粉末，分别溶解于2.0 mL不同极性的溶剂中，如二甲基亚砜（DMSO，$\varepsilon=41.9$）、乙腈（ACN，$\varepsilon=37.5$）、丙酮（Ace，$\varepsilon=20.7$）、四氢呋喃（THF，$\varepsilon=7.58$）、乙酸乙酯（EA，$\varepsilon=6.11$）、正己烷（Hex，$\varepsilon=1.87$）等，可以用超声仪辅助溶解（注意对于易挥发性的有机溶剂，需要快速取样立刻测量，保证溶液体积基本保持不变）。由于AIE分子在良溶剂和不良溶剂中的溶解度存在差异，其在不同极性溶剂中的聚集程度也会存在差异。

（2）在365 nm紫外灯照射下，观察上述不同极性溶液中TPE-M2OM的发光现象，并吸取1.0 mL溶液置于常量比色皿中，利用荧光光谱仪（设定激发波长为410 nm，检测波段为500~850 nm）测试荧光发射光谱，收集数据并记录荧光强度和最大发射波长，并记录于表3-6A-2中。

表3-6A-2　AIE分子在不同极性溶剂中的荧光测量

不同极性的溶剂	DMSO	ACN	Ace	THF	EA	Hex
荧光强度/A.U.						
最大发射波长/nm						

（3）结合上述数据，对不同极性溶剂中的最大发射峰波长和溶剂的介电常数作相关曲线，并分析化合物在不同极性下的最大发射峰的移动规律。

3. AIE分子用于溶液黏度的测定

（1）按照实验步骤1中的操作，配制2.0 $mmol\cdot L^{-1}$的溶解于N,N-二甲基甲酰胺（DMF）的TPE母液。由于甘油（丙三醇）是一种无色无毒的黏性液体，且存在三个羟基，可以与水和其他极性溶剂混溶，因此可以配制一系列含有不同甘油比例的黏度不同的溶液。

（2）定义纯甘油黏度为1，用移液枪吸取上述TPE母液20 μL，加入1980 μL丙三醇，混合均匀配制成黏度比例为0%、体积为2.0 mL的待测溶液1′；用移液枪吸取TPE母液20 μL，加入1380 μL DMF和600 μL丙三醇，混合均匀配制成黏度比例为30%、体积为2 mL的待测溶液2′；用移液枪吸取TPE母液20 μL，加入780 μL DMF和1200 μL丙三醇，混合均匀配制成黏度比例为60%、体积为2.0 mL的待测溶液3′；按照上述方法，配制出黏度比例分别为80%，90%及99%、体积为2.0 mL的待测溶液4′，5′，6′，并保证终浓度均为20 $\mu mol\cdot L^{-1}$。

（3）在365 nm紫外灯照射下，观察上述待测溶液的发光现象，并吸取1.0 mL溶液置于常量比色皿中，利用荧光光谱仪（设定激发波长为330 nm，检测波段为360~650 nm）测试荧光发射光谱，收集数据并记录荧光强度和最大发射波长，并记录于表3-6A-3中。

表 3-6A-3 AIE 分子在溶液黏度下的荧光测量

待测溶液编号	1′	2′	3′	4′	5′	6′
黏度比例/%	0	30	60	80	90	99
TPE 体积/μL	20	20	20	20	20	20
DMF 体积/μL	1980	1380	780	380	180	0
丙三醇体积/μL	0	600	1200	1600	1800	1980
荧光强度/A.U.						
最大发射波长/nm						

(4) 结合上述数据,分析 TPE 化合物在不同黏度下的荧光信号变化规律。

五、注意事项

(1) 用移液枪吸取液体时要仔细观察液面,注意试剂浓度及不同比例溶液的精准配制。为帮助固体粉末溶解,可以辅助涡旋、超声等操作。其中,THF 溶剂需提前蒸馏处理,以除去溶剂中的发光保护剂。

(2) 有机溶剂需要快速取用,尤其是易挥发溶剂。同时需做好个人防护。在测定荧光光谱之前,可以在手提紫外灯下拍摄不同溶液的荧光照片,从而对溶液发射峰波长进行初步判断。

(3) 实验中应注意规范操作及安全事项,并保持实验数据的规范记录。

六、数据处理与分析

(1) 绘制 TPE 化合物在不同体积分数的良溶剂(THF)-不良溶剂(水)比例中的荧光曲线,进而总结 TPE 在不同聚集程度下的荧光性能规律。

(2) 对不同极性溶剂中 TPE-M2OM 化合物的荧光发射峰位置和对应溶剂的介电常数作相关曲线,并分析化合物在不同极性下最大发射峰的移动规律。

(3) 绘制 TPE 化合物在不同黏度比例中的荧光曲线,分析化合物在不同黏度下的荧光信号变化规律。

七、思考题

(1) 请结合 AIE 的作用原理和实验数据,分析 AIE 的分子结构与其在不同极性溶剂里的发光性质的关系。

(2) 测量得到的 AIE 荧光曲线是否为绝对值? 表征化合物具有 AIE 特性,除了 AIE 曲线的测量外,还有无其他表征方法?

(3) turn-on 型的 AIE 发光染料和 turn-off 型的荧光染料相比,有什么应用优势?

(4) 请查阅资料并思考 AIE 分子的发光性质有哪些潜在应用。

八、知识拓展

1. TPE 衍生物光化学及光物理过程

TICT(扭转分子内电荷转移)是一种光物理过程,其中分子的给体或受体片段逐渐扭转至垂直构型，使得电荷完全分离。这一过程会猝灭荧光并大幅降低染料的光稳定性。TICT 态的形成对微环境非常敏感，如极性、黏度和温度等因素都会影响其发生。TICT 态的存在与否可以通过分析分子的激发态（S_1）势能面来判断。

在低黏度的稀溶液中，TPE 衍生物中的苯环可以自由地转动或振动，激发态（S_1）的能量通过结构弛豫而稳定，而基态（S_0）的能量明显升高，两态之间的能隙急剧减小，这使得激发态分子通过非辐射跃迁方式衰减到基态，如图 3-6A-5 所示。而在固体或晶态中，由于相邻分子的空间位阻，激发态（S_1）的能量在达到最低点之后急剧上升，分子内的运动由于较大的能量势垒而受到限制，从而阻断了非辐射跃迁方式，打开了聚集诱导发光途径。

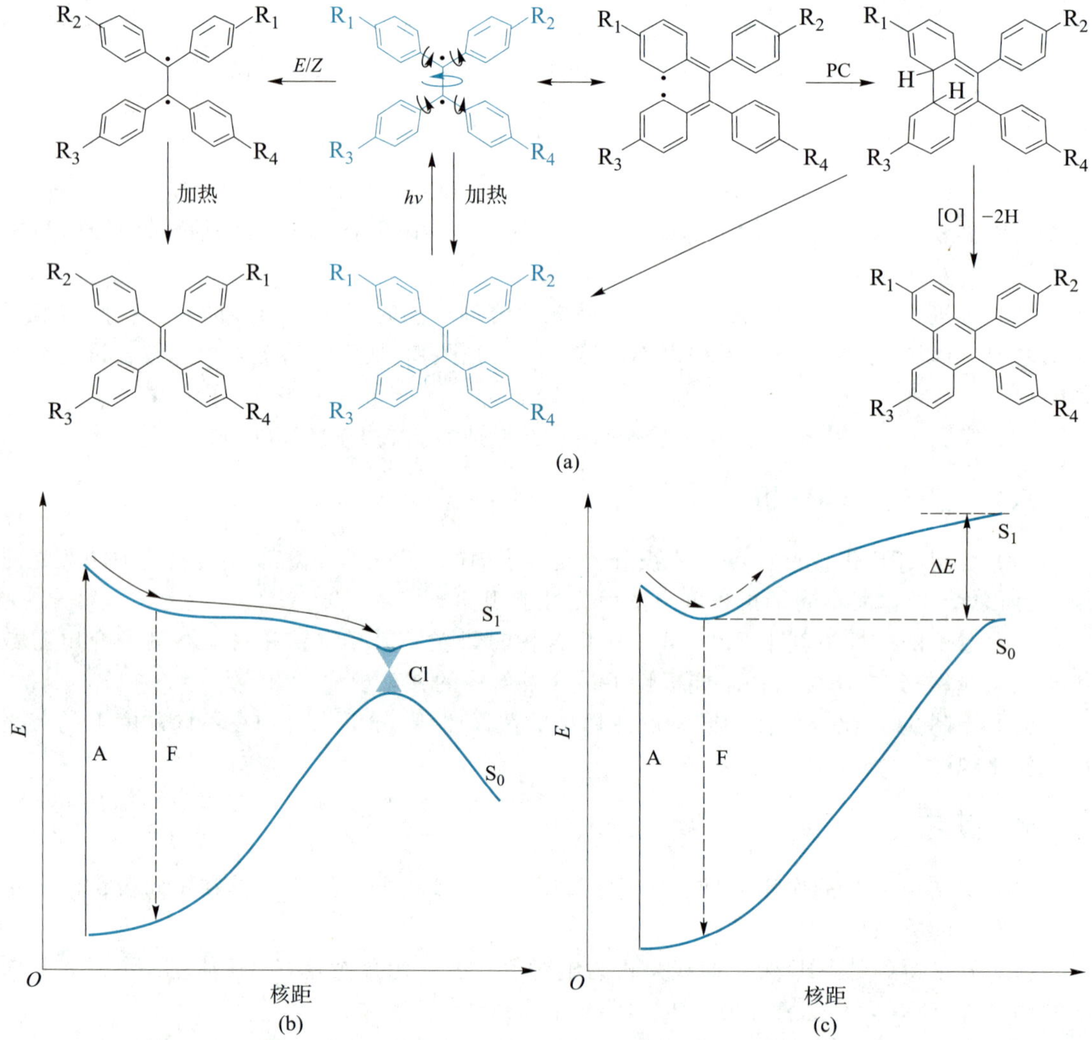

图 3-6A-5 TPE 衍生物光化学及光物理过程示意图

2. 荧光跃迁过程——Jablonski 示意图

根据卡莎规则（Kasha's rule），发光体的发光只能来自最低激发态（S_1 或 T_1）。然而，有报道称一些聚集诱导发光分子的发光可能来自较高的能态（$>S_1$ 或 T_1）。理论计算表明，T_1 和 T_2 间具有较低的能级差，室温状态下两个激发态均有所分布且同时具有不同的电子组态；T_1 是以 $\pi-\pi^*$ 为主的慢磷光辐射过程，T_2 是以 $n-\pi^*$ 为主的快辐射过程，如图 3-6A-6 所示。这些报道为 AIE 机理的研究和分子设计提供了新方案。

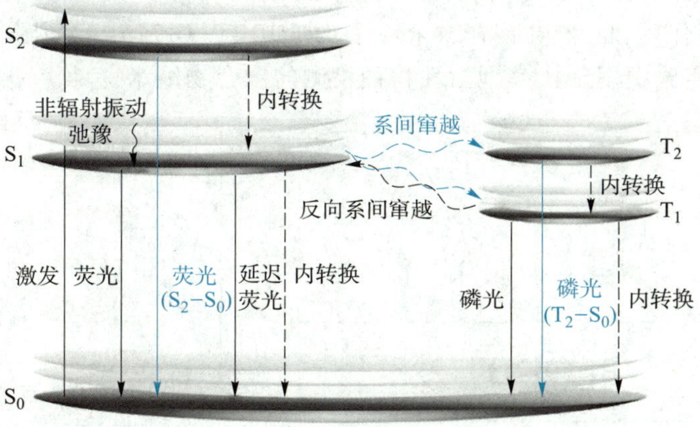

图 3-6A-6　荧光跃迁简化 Jablonski 示意图

九、参考文献

（苏州大学　何学文）

实验 3-6B　基于聚合物纳米探针的比率型活性物种检测

一、实验目的

（1）能够阐述比率型吸光度和荧光检测方法和仪器的测量原理、结构、优势及在分析检测中的应用，并说明仪器基本操作方法。

（2）能够利用纳米共沉淀法制备有机纳米粒子，并说明其原理、方法及表征手段。

（3）能够使用分析软件处理和分析实验数据（比率型计算及检测限计算方法）。

（4）能够运用比率型光谱分析法的相关原理去解决复杂样品的分析问题，培养强化理论联系实际的能力。

二、实验原理

1. 纳米共沉淀法制备聚合物纳米颗粒

本实验中使用有机半导体聚合物分子（聚[2,7-(9,9-二辛基芴)-alt-4,7-双(噻吩-

2-基)苯并-2,1,3-噻二唑],简称PFODBT)、荧光染料分子(2-[2-[2-(β-羧乙硫基)-3-[2-(1,3-二氢-1,3,3-三甲基-2H-吲哚-2-亚烷基)-亚乙基-]-1-环己烯-1-基]-乙烯基]-1,3,3-三甲基-3H-吲哚鎓,简称IR775s)和表面活性剂(Pluronic F127,简称F127)通过疏水-疏水相互作用,自组装形成纳米粒子(PFODBT-IR775s),如图3-6B-1所示。该纳米粒子即为本实验中用于比率型活性物种检测的聚合物纳米探针。

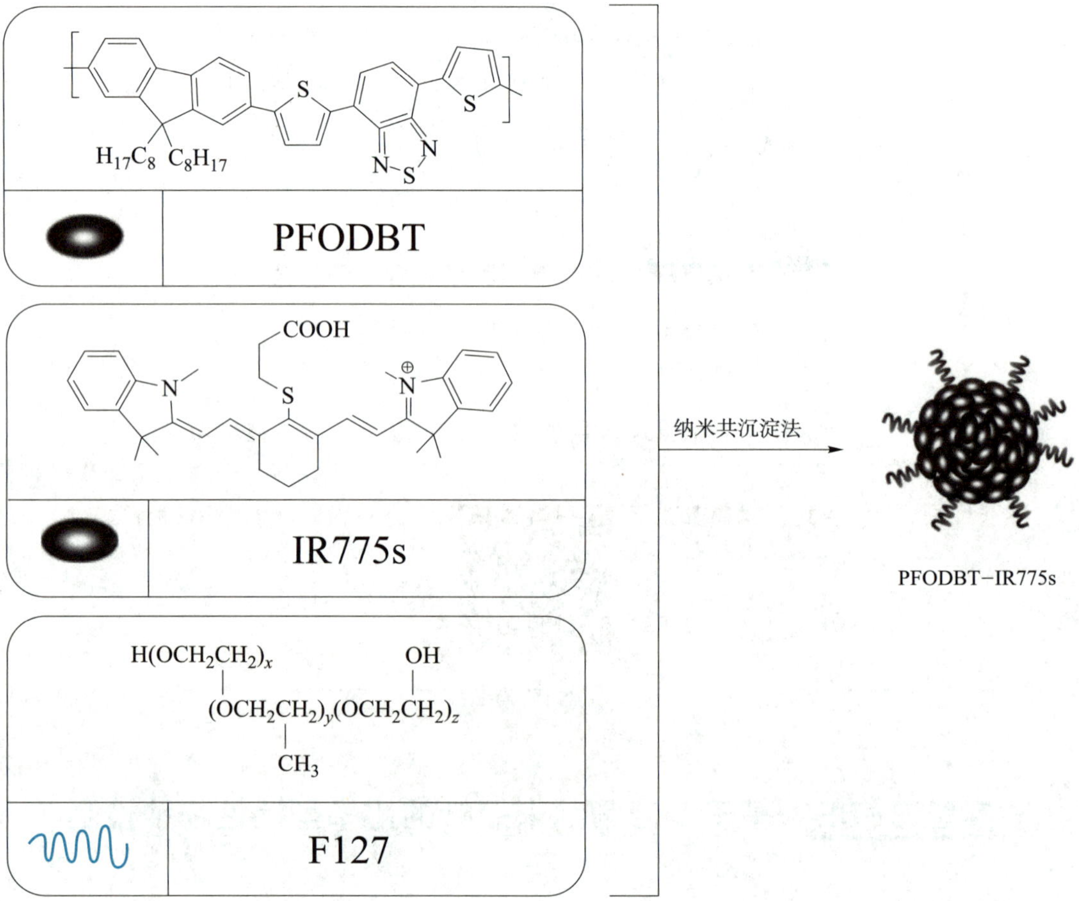

图3-6B-1 聚合物纳米颗粒的合成原理

2. 比率型吸光度法检测

低浓度的活性氧物种(ROS,如$ONOO^-$或ClO^-)可选择性地破坏IR775s分子结构,显著降低IR775s的特征吸收峰和荧光强度。然而,PFODBT对低浓度的ROS是相对稳定的。IR775s的特征吸收峰以775 nm作为响应信号,而PFODBT的特征吸收峰以550 nm作为参考信号,如图3-6B-2所示。随着溶液中$ONOO^-$或ClO^-的浓度加大,IR775s逐渐被破坏,775 nm处的吸收峰降低;同时PFODBT的特征吸收峰(550 nm)保持不变。根据两处的吸光度的比值(A_{550}/A_{775})的变化,实现对$ONOO^-$或ClO^-的比率型吸光度检测。

3. 比率型荧光法检测

荧光能量共振转移(FRET)是距离很近的两个荧光分子之间产生的一种能量转移现象。当两个荧光分子的距离在10 nm以内,并且供体分子的发射光谱与受体分子的吸收光

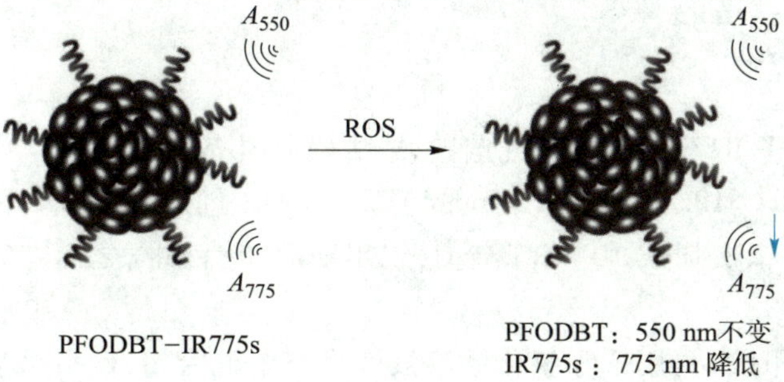

图 3-6B-2 聚合物纳米探针比率型吸光度法检测 ROS 示意图

谱重叠时，两者可产生 FRET，使得供体的荧光强度降低，而受体发射的荧光强度增强。使用两亲性的表面活性剂分子（F127）通过疏水-疏水相互作用将 PFODBT 和 IR775s 自组装成纳米粒子后，PFODBT-IR775s 纳米探针之间会发生 FRET，如图 3-6B-3 所示。在纳米探针 PFODBT-IR775s 中，由于 PFODBT 的荧光发射波长与 IR775s 的吸收波长相匹配，PFODBT 的荧光能量转移给 IR775s，PFODBT 的荧光发射强度（695 nm）将会降低。当 $ONOO^-$或 ClO^-破坏 IR775s 后，PFODBT 与 IR775s 之间的 FRET 效应减弱，导致 IR775s 荧光（825 nm）的降低和 PFODBT 荧光（695 nm）的恢复。根据 695 nm 和 825 nm 处的荧光强度比值（F_{695}/F_{825}）变化，从而实现对 $ONOO^-$或 ClO^-的比率型荧光法检测。

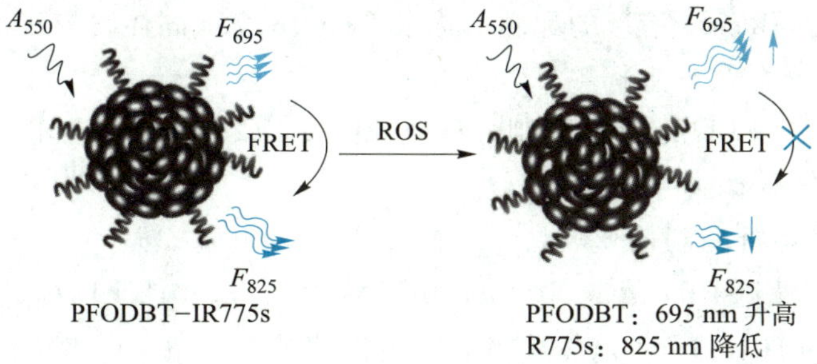

图 3-6B-3 聚合物纳米探针比率型荧光法检测 ROS 示意图

三、仪器与试剂

1. 实验仪器

紫外-可见吸收光谱仪；荧光光谱仪；高速离心机；旋转蒸发仪；透射电子显微镜；超声波清洗仪超声清洗仪；分析天平（精度 0.01 mg）；样品瓶（15 mL、50 mL）；100 KD MWCO 超滤管。

2. 试剂及耗材

2-［2-［2-氯-3-［2-（1,3-二氢-1,3,3-三甲基-2H-吲哚-2-亚基）-亚乙基］-1-环己烯-1-基］-乙烯基］-1,3,3-三甲基-3H-吲哚鎓氯化物（IR775Cl）；IR775s（1 $mg \cdot mL^{-1}$）；F127（40 $mg \cdot mL^{-1}$）；PFODBT（2 $mg \cdot mL^{-1}$）；3-巯基丙酸；四氢呋喃（THF）；二甲亚砜（DMSO）；二氯甲烷（CH_2Cl_2）；丙-2-醇；三乙胺；无水 Na_2SO_4；ClO^-母液；PBS 缓冲溶液

(pH = 7.4); NaCl; $NaNO_2$; HCl; H_2O_2; NaOH; 超纯水。

四、实验步骤

1. 荧光染料分子 IR775s 的合成(选做,或由教师准备)

(1) 将 IR775Cl(519.55 mg,1.0 mmol)、3-巯基丙酸(265 μL,3.0 mmol)和三乙胺(425 μL,3.0 mmol)依次加入 10 mL DMSO(二甲亚砜)溶液中,之后在室温条件下将混合溶液搅拌 20 h。

(2) 加入二氯甲烷,并用饱和氯化钠溶液洗涤整个混合溶液,分液后得到有机相。再把有机相用无水 Na_2SO_4 干燥,过滤并通过旋转蒸发仪浓缩,获得 IR775s 粗产物。

(3) IR775s 粗产物用硅胶柱色谱法纯化(CH_2Cl_2/MeOH,体积比 10∶1),得到绿色固体并收集在离心管中,常温避光储存。

2. 制备聚合物纳米探针所需溶液的配制

(1) IR775s 水溶液的配制　在分析天平上准确称取 1 mg IR775s 固体于 1.5 mL 离心管中,加入 1 mL DMSO,配成 1 mg·mL^{-1} 的溶液。取 10 μL IR775s/DMSO 溶液,加至装有 90 μL 超纯水的 1.5 mL 离心管中,配成 100 μg·mL^{-1} IR775s 水溶液。用锡箔纸包封好离心管,放置于 4 ℃冰箱待用。

(2) 2 mg·mL^{-1} PFODBT 溶液的配制　称取 2 mg PFODBT 固体粉末于 15 mL 样品瓶中,加 1 mL THF 使之完全溶解,贴上标签。

(3) 1 mg·mL^{-1} IR775s 溶液的配制　称取 1 mg IR775s 固体粉末于 15 mL 样品瓶中,加 1 mL THF 使之完全溶解,贴上标签。

(4) 40 mg·mL^{-1} F127 溶液的配制　称取 40 mg F127 固体粉末于 15 mL 样品瓶中,加 1 mL THF 使之完全溶解,贴上标签。

3. 聚合物纳米探针的制备

(1) 将 100 μL PFODBT 溶液、100 μL IR775s 溶液、125 μL F127 溶于 1 mL THF 中,在超声条件下将其混匀(1~3 min),然后将混合溶液快速注入 9 mL 的超纯水中(保持超声状态),并继续超声 8~10 min。

(2) 关闭超声后停止反应,将超声混合后的溶液转移到 50 mL 的圆底旋蒸瓶中,在 45 ℃下旋蒸 10 min(转速 100 r·min^{-1})至烧瓶中不再产生明显气泡。

(3) 将上述溶液加入 100 KD 超滤管中,超滤清洗 3 次,放置在 4 ℃冰箱中,待用。其中,为了制备 PFODBT 纳米粒子,将 100 μg PFODBT 纳米颗粒和 5 mg F127 固体粉末溶于 1 mL THF 中;为了制备 PFODBT-IR775s 纳米粒子,将 128 μg PFODBT 纳米颗粒、384 μg IR775s 固体粉末和 5 mg F127 固体粉末溶解于 1 mL THF 中。

4. 聚合物纳米探针的表征(选做)

(1) 透射电镜(TEM)样品的制备:用移液枪吸取聚合物纳米颗粒溶液,滴在一个干净平滑的铜网片表面,使铜网片均匀地布满一层润滑的样品溶液,在红外灯照射下干燥铜网,直至铜网片表面的溶液完全干燥,再使用 TEM 进行观察。

(2) 动态光散射(DLS)制样:将 4 μL 100 μg·mL^{-1}聚合物纳米颗粒分散在 1 mL 超纯水中,超声 8~10 min。

5. 活性物种待测溶液的配制

（1）$ONOO^-$标准溶液的配制：将 5 mL $NaNO_2$ 溶液（0.6 $mol·L^{-1}$）与 350 μL H_2O_2 溶液（0.7 $mol·L^{-1}$）混合，随后在搅拌下加入 250 μL HCl 溶液（0.6 $mol·L^{-1}$）预酸化。再将上述溶液快速加入 10 mL NaOH 溶液（1.5 $mol·L^{-1}$）中，混合均匀。进一步添加 80 mg MnO_2 除去过量的 H_2O_2。最后，使用 0.2 μm 过滤器过滤溶液。所制备的 $ONOO^-$溶液保存在−20 ℃下备用。使用前，通过紫外−可见分光光度计测定 $ONOO^-$溶液的吸光度，并计算浓度（$A=\varepsilon bc$，$\varepsilon_{302\ nm}=1670\ L·mol^{-1}·cm^{-1}$，$b=1$ cm）。

（2）ClO^-标准溶液的配制：取 34.5 μL ClO^-母液与 5 mL 超纯水，得到 10 $mmol·L^{-1}$ ClO^-溶液。

6. 溶液中 ClO^-的检测

将 100 μL 纳米颗粒溶液（50 $μg·mL^{-1}$）分别与 0～80 μL ClO^-溶液（500 $μmol·L^{-1}$）混合，之后通过 PBS 缓冲溶液（pH=7.4）补齐至 200 μL（表 3-6B-1），室温下反应 5 min 后，分别测定这些溶液的紫外−可见光谱和荧光光谱。

表 3-6B-1　ClO^-检测实验中样品的用量

编号	①	②	③	④	⑤	⑥
纳米颗粒溶液体积/μL	100	100	100	100	100	100
ClO^-溶液体积/μL	0	10	20	40	60	80
PBS 缓冲溶液体积/μL	100	90	80	60	40	20
溶液总体积/μL	200					

7. 溶液中 $ONOO^-$的检测

将 100 μL 纳米颗粒溶液（50 $μg·mL^{-1}$）分别与 0～80 μL $ONOO^-$溶液（500 $μmol·L^{-1}$）混合，之后通过 PBS 缓冲溶液（pH=7.4）补齐至 200 μL（表 3-6B-2），室温下反应 30 min 后，分别测定这些溶液的紫外−可见光谱和荧光光谱。

表 3-6B-2　$ONOO^-$检测实验中样品的用量

编号	①	②	③	④	⑤	⑥
纳米颗粒溶液体积/μL	100	100	100	100	100	100
$ONOO^-$溶液体积/μL	0	10	20	40	60	80
PBS 缓冲溶液体积/μL	100	90	80	60	40	20
溶液总体积/μL	200					

五、注意事项

（1）染料分子制备后需用核磁共振确认纯度，纳米探针在合成及长期储存时需避光，避免分解。

（2）实验需在通风条件下进行，除去 THF 时，旋蒸时间应在 10 min 以上，尽量除净。

(3) 试剂需干燥,样品需现用现配,移液器、分析天平等仪器应正确使用与维护,尽量减小取样的误差。

六、数据处理与分析

1. 溶液中 ClO^- 的检测

(1) 将 ClO^- 的实验数据记录在表 3-6B-3 中。

表 3-6B-3　ClO^- 的比率型紫外、荧光检测实验数据记录表

编号	①	②	③	④	⑤	⑥
A_{550}						
A_{775}						
F_{695}						
F_{825}						

(2) 计算出吸光度在 550 nm 和 775 nm 的两处信号的比值(A_{550}/A_{775}),并绘制出 A_{550}/A_{775} 与 ClO^- 浓度的关系曲线。

(3) 计算出荧光在 695 nm 和 825 nm 的两处信号强度的比值(F_{695}/F_{825}),并绘制出 F_{695}/F_{825} 与 ClO^- 浓度的关系曲线。通过拟合获得线性方程,检查其相关性系数,并且根据式(3.6B.1)计算出该方法对 ClO^- 检测的检测限 LOD。

$$\mathrm{LOD}=3\sigma/k \tag{3.6B.1}$$

2. 溶液中 $ONOO^-$ 的检测

(1) 将 $ONOO^-$ 的实验数据记录在表 3-6B-4 中。

表 3-6B-4　$ONOO^-$ 的比率型紫外、荧光检测实验数据记录表

编号	①	②	③	④	⑤	⑥
A_{550}						
A_{775}						
F_{695}						
F_{825}						

(2) 计算出吸光度在 550 nm 和 775 nm 的两处信号的比值(A_{550}/A_{775}),并绘制出 A_{550}/A_{775} 与 ClO^- 浓度的关系曲线。通过拟合获得线性方程,检查其相关性系数,并且根据式(3.6B.1)计算出该方法对 $ONOO^-$ 检测的检测限 LOD。

(3) 计算出荧光在 695 nm 和 825 nm 的两处信号强度的比值(F_{695}/F_{825}),并绘制出 F_{695}/F_{825} 与 ClO^- 浓度的关系曲线。通过拟合获得线性方程,检查其相关性系数,并且根据式(3.6B.1)计算出该方法对 $ONOO^-$ 检测的检测限 LOD。

七、思考题

(1) 比率型检测有哪些优势?

（2）什么是荧光共振能量转移？

八、知识拓展

1. 半导体聚合物纳米粒子

半导体聚合物纳米粒子（semiconducting polymer nanoparticles，SPNs）是由疏水性半导体聚合物通过纳米组装的方法制备，并能直接分散在水溶液中的一种新型纳米材料。SPNs 本身的特殊分子结构使其具有优异的光学性能，并具有高生物相容性和可降解性的特点，能够很好地克服无机量子点中普遍存在的体内长期滞留和生物毒性等问题。因而，SPNs 在生物标志物的检测上具有极大的优势和潜力。

2. 活性氧物种

活性氧物种（reactive oxygen species，ROS）是机体内或自然环境中含氧并且性质活泼的物质的总称。常见的 ROS 包括 H_2O_2、$^1O_2$、HClO、·OH、$ONOO^-$ 等。生物体内 ROS 的正常水平对维持体内的氧化还原动态平衡起着重要作用。在外源刺激（如紫外线或 X 射线）的刺激下，ROS 会剧烈产生，导致机体的氧化还原平衡失调，进而引发一系列疾病，如动脉粥样硬化、心脑血管疾病、癌症等。因此，高灵敏地检测生物体内 ROS 的含量变化对于进一步了解其生理功能和准确诊断 ROS 相关疾病具有重要意义。

九、参考文献

（湖南大学　李昆、宋国胜）

实验 3-6C　微流控-动力学荧光分析快速测定转基因大豆核酸

一、实验目的

（1）能够阐述微流控芯片中微流体流动和控制的原理/特点，离心式微流控芯片的结构特征/功能及微流控-荧光分析仪的基本原理/构造。

（2）能够阐述核酸酶促扩增反应及其动力学荧光分析的基本原理和特点。

（3）能够完成微流控芯片制作、功能化和芯片封装，微量移液器和荧光光谱仪的正确使用，以及大豆 DNA 快速提取等基本操作。

（4）能够完成标准曲线作图及相关数据处理，实现转基因大豆的快速定性/定量荧光分析测量，并能够拓展该方法在其他领域中的应用。

二、实验原理

随着基因工程技术的发展,转基因技术已广泛应用于现代农业生产中。据国际农业生物技术应用服务组织(ISAAA)发布的报告显示,2019 年全球 28 个国家包括玉米、棉花、大豆、油菜和其他作物在内的转基因作物总种植面积为 1.904×10^6 km^2,且增速显著。

一方面,转基因作物的种植面积逐渐扩大,另一方面,社会对转基因安全性的争论越演越烈。转基因作物具有品质好、产量高、营养丰富和抗病虫害等优点,但是有些转基因作物品种对生态环境和食品安全也存在潜在的风险。因此,在转基因作物的种植和粮食的进口方面必须加强监管,提高对转基因作物的快速、高敏测量能力。

微流控技术(microfluidics)是一种精密操控微小尺度流体的技术手段,利用了微通道内部特有的尺度效应,在微小空间内显著增强了反应效率与精确度,从而达成实验过程的微型化、集成化、快速化及自动化等目标。在生物、化学、医学等领域有着巨大的潜力,相较于常规的实验室分析,微流控技术可将多个分析步骤集中到几平方厘米的芯片上,使得整个测量小型化、自动化,所以也被称为芯片上的实验室(lab-on-a-chip),能极大地减少样品及试剂用量,并可实现多目标、多靶点和高通量测量。

等温扩增法是一种全新的酶促核酸扩增法,具有简单、快速、特异性强等特点。其中环介导等温扩增法(loop-mediated isothermal amplification, LAMP)是最常见的一种技术,于 2000 年由日本科学家发明,已经广泛应用于医疗、食品、环境等检验检疫领域。该方法的特征是针对靶基因上的六个区域设计 4~6 条引物,利用链置换型 DNA 聚合酶(Bst DNA 聚合酶)在恒温条件下(60~65 ℃)进行扩增反应,可在 15~60 min 内实现目标基因 109~1010 倍的扩增。

嵌入式荧光染料(如 SYBR Green Ⅰ、SYTO-9 等)中小分子扁平结构能够嵌入 DNA 双链的配对碱基之间,每 2~5 个碱基插入一个荧光染料分子。当插入后,其平面基团与 DNA 螺旋的轴线垂直并通过范德华力与上下碱基相互作用,复合物的分子构型发生变化,可以激发发射出荧光(最佳激发光波长 470 nm,最佳荧光波长 525 nm),利用荧光光谱仪,可实现扩增产物的快速测量。

核酸酶促扩增反应中,随着产物的积累,荧光信号不断加强。每隔一段时间收集一次荧光信号,即可得到一条动力学荧光扩增曲线,该曲线可分为四个阶段,即荧光本底背景信号的基线期、荧光信号指数扩增期、线性期和平台期。通过动力学荧光分析法,荧光信号由基线期进入指数扩增期的阈值所对应的时间(time threshold, T_t)与靶标核酸浓度的对数($\lg c$)存在一定线性关系,T_t 值越大,靶标核酸浓度越小。因此利用已知浓度的核酸标准品及其相应的 T_t 值可绘制出标准曲线,然后通过测得未知浓度样品的 T_t 值后,根据标准曲线便可计算出样品中靶标核酸的浓度,从而实现定性/定量分析,如图 3-6C-1 所示。

本实验以抗虫转基因大豆 MON87701 为例,利用微流控微流控-动力学荧光分析法实现快速高敏定性/定量分析。

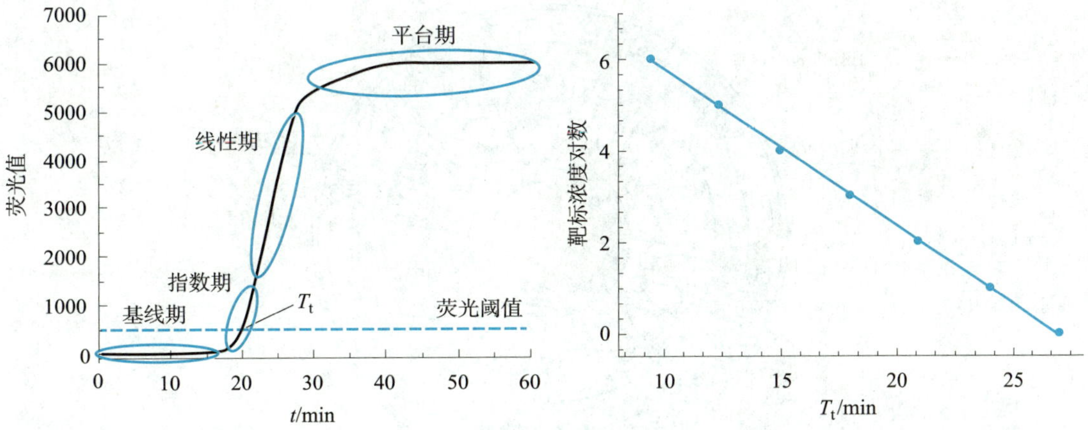

图 3-6C-1 核酸酶促扩增反应动力学扩增曲线(左)和时间阈值与靶标浓度对数的线性关系(右)

三、仪器与试剂

1. 实验仪器

微流控实时荧光扩增仪;移液器 200 μL、100 μL 和 10 μL 各 1 支及相应吸头;电子天平(精度 0.1 mg);水浴锅;高速离心机;涡旋振荡仪;小型离心机;烘箱(温度可控)。

2. 试剂及耗材

大豆粉样品;裂解液(0.1 $mol\cdot L^{-1}$ NaOH 溶液);提取液(0.01 $mol\cdot L^{-1}$ Tris-HCl 溶液,pH=2);扩增液(0.32 $U\cdot\mu L^{-1}$ Bst 酶、8 $mmol\cdot L^{-1}$ $MgSO_4$、1.0 $mmol\cdot L^{-1}$ dNTPs、0.5 $\mu mol\cdot L^{-1}$嵌入式染料 SYTO-9 的混合溶液);引物混合液(0.6 $\mu mol\cdot L^{-1}$外引物 F3/B3、4.8 $\mu mol\cdot L^{-1}$内引物FIP/BIP 和 2.4 $\mu mol\cdot L^{-1}$环引物 LF/LB 的混合溶液);核酸标准品(分别为 10^7 Copies·μL^{-1},10^6 Copies·μL^{-1},10^5 Copies·μL^{-1},10^4 Copies·μL^{-1},10^3 Copies·μL^{-1},10^2 Copies·μL^{-1});未知浓度核酸样品;离心盘式微流控芯片;芯片贴膜(背膜及封口膜共两片);刮板(刮膜)。

四、实验步骤

1. 离心式微流控芯片制作和键合

(1) 将引物混合液分别加入微流控芯片(图 3-6C-2)的反应孔 1A~8A 中(每孔 2.0 μL),65 ℃烘干 10 min。

(2) 将背膜放烘箱内 65 ℃预热 30 s。

(3) 将加热后的背膜贴至芯片背面,用刮板刮膜,使之贴合紧密。

2. 大豆粉样品前处理和核酸提取

实验前,将各试剂于室温下溶解,充分混匀并短暂离心后使用。采用大豆粉为材料,进行核酸提取。

(1) 称取 5 mg 大豆粉放入 2 mL EP 管中。

(2) 加入 200 μL DNA 裂解液,盖紧管盖,振荡混匀 10 s 后瞬时离心,99 ℃温浴 5~10 min。

(3) 冷却至室温后,加入 200 μL 提取液,盖紧管盖,充分混匀,12000 $r\cdot min^{-1}$离心 1 min,吸取上清液用去离子水进行 10 倍稀释,立即使用或-20 ℃保存备用(如有条件,可以采用微量紫外分光光度法对提取总核酸浓度进行测量)。

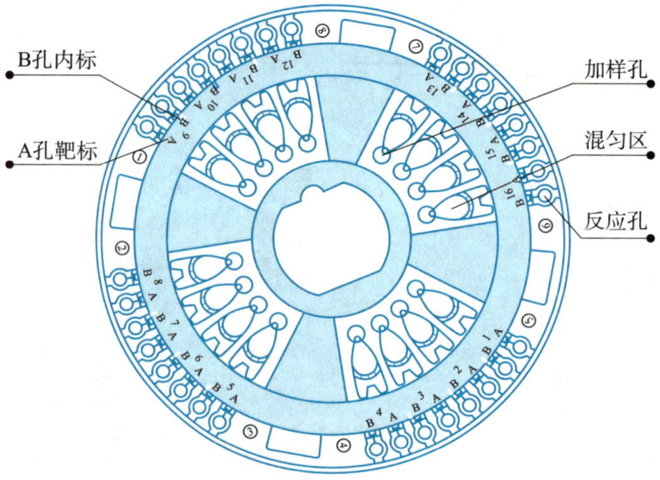

图 3-6C-2 离心式微流控芯片结构图

3. 加样

（1）加扩增液　用移液器取 16 μL 扩增液，依次加入微流控芯片加样孔 1～8 中。

（2）加核酸样品　用移液器取 4 μL 不同浓度的核酸标准品加入加样孔 1～6 中，取 4 μL 未知浓度核酸样品加入加样孔 7，大豆粉核酸提取液入加样孔 8（注意不要用移液器反复进行吹打，避免出现大量泡沫）。

（3）封口/上机　最后用封口膜封住上样孔，轻轻晃动芯片，混匀反应液（不要剧烈摇晃或振荡芯片，避免出现大量泡沫），最后上机扩增反应和测量分析。

4. 酶促扩增反应和分析

（1）开机　打开微流控实时荧光扩增仪的电源，显示屏亮，界面显示用户登录，点击登录，进入操作主界面操作，如图 3-6C-3 所示。

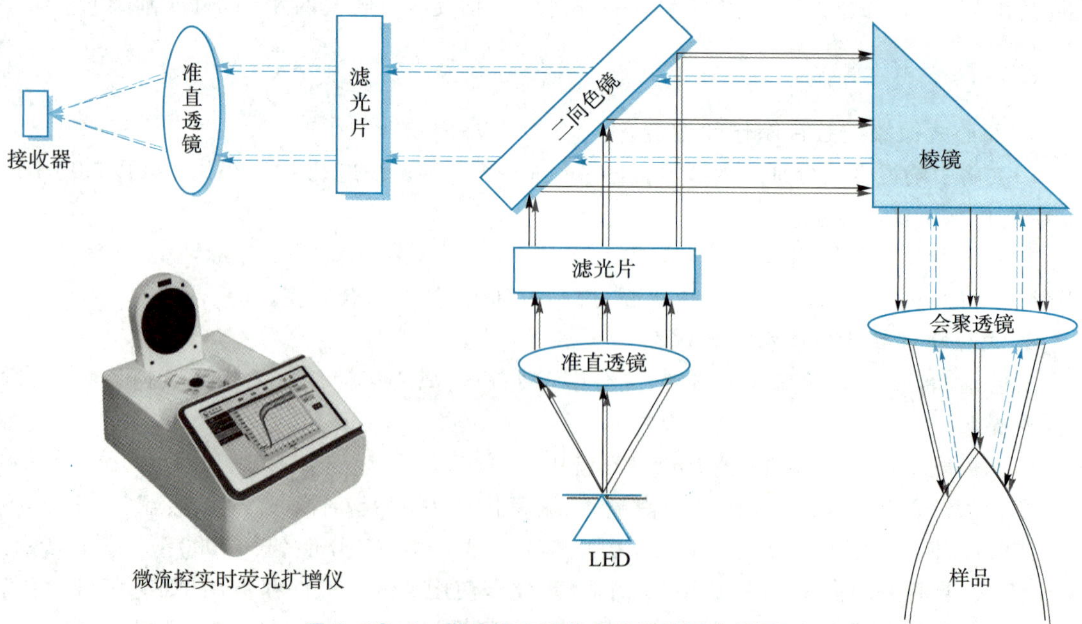

图 3-6C-3 微流控实时荧光扩增仪及光路图

（2）参数设定　温度：63.5 ℃；反应时间：30 min。

（3）运行仪器　按下“开始运行”键开始运行，仪器运行阶段栏显示运行状态、反映孔温度栏显示温度、转速栏显示转速、剩余时间栏显示剩余时间、荧光曲线栏显示反应孔检测的实时情况。该仪器的光路图如图 3-6C-3 所示。

（4）结果分析　反应完毕后，设置阈值，一般情况设置为 200（可根据实际情况进行调整，设定原则以阈值线刚好超过非典型 S 型扩增曲线的最高点，且 T_t 值显示为-），仪器自动分析结果。

五、注意事项

（1）为避免污染，实验结束后，取出芯片，并请立即清洁工作台。

（2）微流控芯片操作液体时，尽量不用移液器吹打，避免产生大量气泡；封口膜封住上样孔后，需要轻轻晃动芯片，实现充分混匀。

（3）用背膜封装微流控芯片时，避免出现膜褶皱，封口膜封住上样孔一定要紧致，防止挥发漏液。

（4）使用离心盘微流控芯片时注意正反面及各孔位位置，避免芯片放入仪器中时放反或者点样出现错误。

（5）确认芯片放入仪器时属于卡紧状态，芯片放入倾斜则出现结果错位或无法检测，若芯片未卡紧，则在离心过程中会出现脱离。

六、数据处理与分析

（1）标准曲线测定：以标准品浓度的对数（lg c）为纵坐标，T_t 值为横坐标，绘制出标准曲线，并拟合出线性方程。

（2）未知浓度核酸样品定量分析：根据未知品 T_t 值，并在标准曲线上或由拟合方程求得浓度的对数值，进而算出该核酸样品的浓度。

（3）样品判断方法如表 3-6C-1 所示。

表 3-6C-1　样品判断方法

T_t 值	定性判断
T_t<30 min，且有明显扩增曲线	为转基因大豆粉（抗虫大豆 MON87701）
T_t≥30 min（或显示为-），无明显扩增曲线	不含转基因成分（抗虫大豆 MON87701）

七、思考题

（1）能否用终点荧光分析法直接定性/定量测定物种特异性核酸？

（2）市面上转基因大豆的常规检测方法有哪些？基于酶促扩增反应的微流控-动力学荧光分析测定核酸有哪些优势？

（3）微流控结构设计中需要综合考虑哪些因素，你能否设计出可以直接进行核酸提纯的离心盘式微流控芯片？

八、参考文献

（复旦大学 方雪恩、孔继烈）

荧光成像分析法

实验3-7A 小分子荧光探针用于细胞内次氯酸根的成像

一、实验目的

（1）能够阐述次氯酸的基本性质及其在生物体内代谢过程的作用。

（2）能够利用次氯酸小分子荧光探针的基本原理设计相关实验。

（3）能够利用共聚焦扫描显微镜检测细胞内次氯酸并熟悉细胞的培养过程。

二、实验原理

次氯酸(HClO)/次氯酸盐(MClO)是一种广泛使用的漂白剂和消毒剂，在水处理和食品加工过程中发挥着重要作用。HClO作为一种重要的活性氧(ROS)，在多种生理和病理过程中起着至关重要的作用。HClO是由过氧化氢(H_2O_2)和氯离子(Cl^-)通过髓过氧化物酶(MPO)生成的，并在人体免疫防御过程中充当有效的抗菌剂。尽管HClO对免疫系统和人类健康有保护作用，但其浓度升高与多种炎症性疾病密切相关，如骨关节炎、动脉粥样硬化、肾病和神经退行性疾病。因此，监测细胞内次氯酸的浓度对于生物研究和临床诊断非常重要。表面增强拉曼光谱(SERS)、荧光分析法、电化学分析法等都可实现对细胞内HClO浓度的检测，其中，基于激光共聚焦的荧光成像分析法因其灵敏度高、选择性好和可视化等优点引起了人们的关注。

荧光探针是建立在光谱化学测量技术基础上，选择性地将分析对象的化学信息转变为分析仪器易测量的荧光信号的分子测量装置。荧光探针受周围环境的影响，使其发生荧光发射发生变化，从而使人们获知周围环境的特征或环境中存在的某种特定信息。

荧光分子探针通常由三部分组成：识别基团(receptor)、荧光基团(fluorophore)、连接体部分(spacer)，识别基团决定了探针分子的选择性和特异性，荧光基团则决定了识别的灵敏度，连接体部分则是起到分子识别枢纽的作用。如图 3-7A-1 所示，当识别基团与分析对象结合时会引起荧光基团的化学环境发生变化，通过颜色的改变、光谱的移动、荧光强度的增减等现象来表现，这些变化可被仪器识别。这是目前为止在设计荧光探针中应用最广泛的方法。

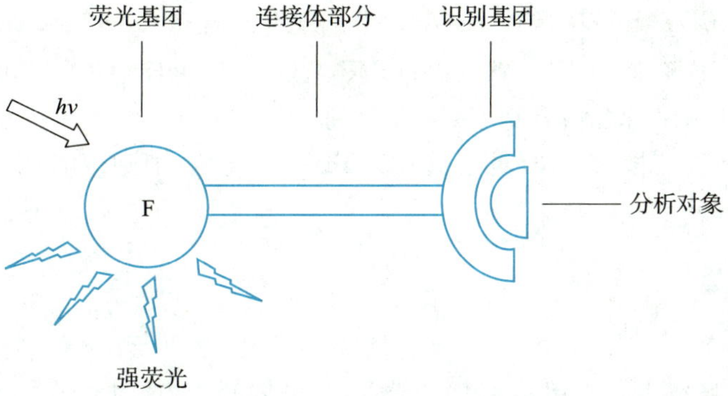

图 3-7A-1 荧光分子探针组成部分

自 1871 年 Adolf Baeyer 首次合成荧光素以来，它受到了广泛的关注，荧光素因其在水性介质中的高强度发射峰、高摩尔吸光系数和高量子产率而被广泛用作各种荧光探针和荧光标记的平台，在各种应用中显示出巨大的前景，特别是在智能传感器和生物成像领域。

如图 3-7A-2 所示，荧光素可与二甲基硫代氨基甲酰氯反应得到可以检测 ClO^- 的荧光探针，荧光素探针的初始状态由于 π 共轭的断裂而无色无荧光。当通过不可逆的化学反应加入特定离子时，酯键断裂，有机小分子被除去，共轭恢复导致显著的颜色和荧光变化。

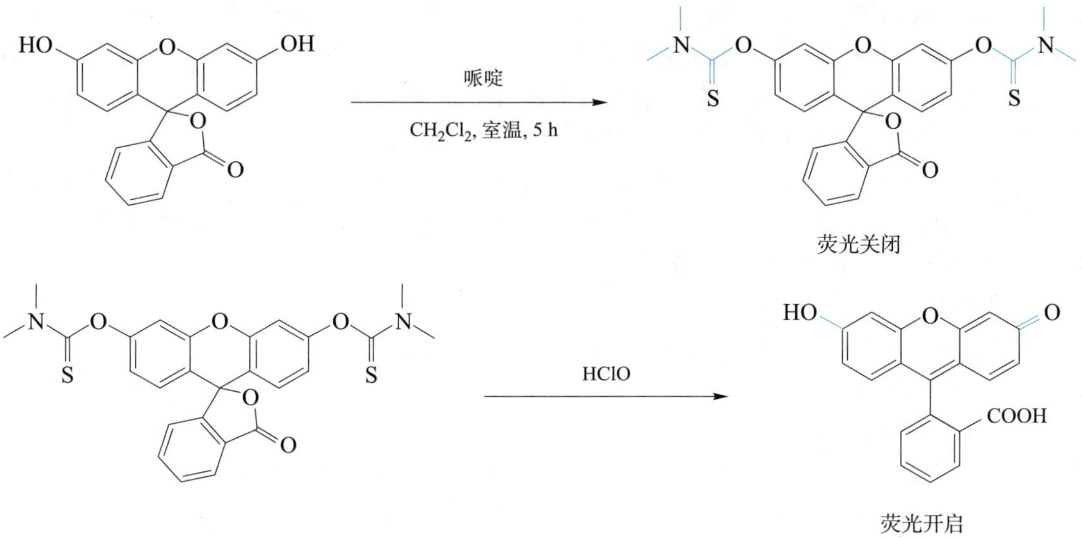

图 3-7A-2 荧光探针合成图及检测原理

三、仪器与试剂

1. 实验仪器

激光共聚焦显微镜1台；磁力搅拌器1台；恒温水浴锅1台；离心机1台。

2. 试剂及耗材

二氯甲烷（CH_2Cl_2，AR）；甲醇（CH_3OH，AR）；氯仿（CH_3Cl，AR）；哌啶（piperidine，AR）；二甲氨基硫代氨基甲酰氯（C_3H_6ClNS，AR）；荧光素（FL-OH，AR）；二甲基亚砜（DMSO，AR）；DMEM培养基；胎牛血清；青霉素；链霉素；脂多糖。

无菌枪头；无菌移液枪；15 mL离心管；25 mL三颈烧瓶；细胞培养瓶；共聚焦培养皿；搅拌子；分离柱；TLC板。

四、实验步骤

1. 探针合成

（1）称取二甲基硫代氨基甲酰氯（1.24 g，10 mmol）溶解在15 mL二氯甲烷中，然后缓慢加入荧光素（FL-OH，0.332 g，1 mmol）。随后，将哌啶（500 μL）缓慢加入反应混合物中。放入干净搅拌子，在氮气保护下，室温搅拌5 h，直到反应完成。

（2）真空蒸发除去溶剂，残留物经二氧化硅柱色谱进行纯化，得到纯荧光探针FL-OH-HClO，溶于DMSO中待用。

注意：该探针的合成步骤较其他荧光探针相比，较简单，但由于耗时较长，本部分探针合成可由实验老师提前准备。

2. 荧光探针对HClO浓度的滴定

（1）配制50 $\mu mol \cdot L^{-1}$荧光探针FL-OH-HClO溶液、0~2 $mmol \cdot L^{-1}$ HClO溶液备用。

（2）将配制好的50 $\mu mol \cdot L^{-1}$荧光探针FL-OH-HClO溶液（最终浓度为5 $\mu mol \cdot L^{-1}$）与不同浓度的HClO溶液（0~2 $mmol \cdot L^{-1}$）混合均匀，进行反应（反应体系DMSO ∶ H_2O = 1 ∶ 19，体积比）。利用荧光光谱仪测定荧光探针FL-OH-HClO的最大激发波长及发射波长。然后进行定量分析，分别测定各组溶液的荧光光谱并观察其变化规律，最后以HClO的浓度为横坐标、荧光强度值为纵坐标绘制标准工作曲线。

注意：该荧光法检测溶液中HClO浓度时，参数设置及仪器原理参考本书中分子荧光光谱法相关实验。关于荧光探针浓度及待测对象HClO浓度可设计为探索实验，选择合适浓度，并研究不同浓度HClO的检测效果。

3. 细胞培养及成像

（1）细胞培养：细胞培养过程需在细胞房中进行，并按照细胞培养的相关操作进行，包括细胞复苏、细胞换液及细胞传代等。将HeLa细胞分为三组，一组为对照组，两组为实验组。使用DMEM培养基（含10%的FBS和1%的青霉素和链霉素）对约10^4个悬浮的HeLa细胞在共聚焦培养皿中进行培养12 h待用。（本操作步骤可由实验老师准备。）

（2）荧光探针FL-OH-HClO溶液对细胞内HClO检测的加样过程：两个实验组分别用脂多糖（LPS，0.5 $\mu g \cdot mL^{-1}$与1 $\mu g \cdot mL^{-1}$）处理12 h后，其LPS通过NF-kappa Beta的Toll样受体4信号通路刺激细胞和炎症，产生ROS（包括HClO）。用PBS缓冲溶液清洗三次；再用50 $\mu mol \cdot L^{-1}$ FL-OH-HClO溶液（终浓度为5 $\mu mol \cdot L^{-1}$）进行共孵育30 min后成像。对照组

无须处理，直接与 FL-OH-HClO 溶液进行共孵育 30 min 后成像。观察荧光强度的变化。

注意：荧光探针与细胞孵育时的浓度可设计为探索实验，研究不同浓度荧光探针的成像效果。

(3) 成像过程：① 先打开共聚焦扫描显微镜的仪器及软件，再使用甘油浸没物镜(63×，NA 1.4)(也可使用 40×物镜直接观察)，将上述的对照组的培养皿放在物镜上。② 调整焦距及 *XY* 值，使样品清晰地出现在视野内。③ 设置对应的激发波长及发射波段，对空白组进行 *XY* 扫描和光谱扫描，即可得到对照组的细胞成像结果。④ 根据上述实验方法，对实验组进行同样的操作，进行 *XY* 扫描和光谱扫描即可。⑤ 根据所得到的光谱扫描结果图，将细胞成像加上对应的伪色，并汇总分析。

五、注意事项

(1) 取用试剂时应注意准确称量。

(2) 标准溶液在配制时尽量使用移液枪或移液管。

(3) 二氯甲烷及甲醇在使用时请注意防护措施。

(4) 荧光光谱仪在使用时，请注意关机顺序，先关闭氙灯，再关闭仪器。

(5) 细胞在培养时，请注意消毒，避免细胞的污染。

(6) 实验废液请注意分类存放。

六、数据处理与分析

(1) 以 HClO 浓度为横坐标、荧光强度为纵坐标绘制标准工作曲线，并观察其变化规律。

(2) 拍摄对照组和两个实验组细胞共聚焦荧光成像图片，通过共聚焦仪器或图像处理软件(如 Image J)统计图片荧光强度，并分析荧光强度变化原因。

七、思考题

(1) 荧光探针合成中哌啶的作用是什么？其对 HClO 浓度检测的实验原理是什么？

(2) 实验组中的脂多糖的作用是什么？

(3) 细胞培养的常规操作过程是什么？

(4) 与荧光显微镜相比，共聚焦扫描显微镜在细胞层次上进行荧光成像的特点是什么？

八、知识拓展

图 3-7A-3 所示的是荧光素探针设计的五种机理，具体为

① 在苯环的羧基(1 位)上，基于席夫碱反应将荧光素酰肼与含醛基的化合物连接合成荧光素探针。以荧光素部分作为信号单元，以基于非共价超分子相互作用的醛基化合物作为结合单元。由于席夫碱的高活性，荧光素探针可以提供更多的结合位点，从而可以提高检测的灵敏度。

② 在氧杂蒽环(2 位)中，通过 Reimer-Tiemann 反应得到荧光素醛，可进一步用于制备探针。基于席夫碱反应，氨基化合物可以与荧光素醛连接。由于氨基的存在，探针分子中含有孤对电子，这些孤对电子可以在分子内发生 PET 过程，导致荧光猝灭。具有空轨道的离

子可以阻碍 PET 过程，从而导致荧光恢复。

上述两种荧光素探针可分为两类：键合信号型荧光素探针和反应型荧光素探针。键合信号型荧光素探针由于电子从含氨基的化合物转移到氧杂蒽环上而产生荧光强度的增强或减弱。具有空轨道的离子可以阻碍电子转移过程，导致荧光恢复。由于席夫碱的活性，反应型荧光素探针可以促进荧光素螺内酰胺的开环，增加分子组装的刚性。通过抑制 C═N 异构化和促进螯合增强荧光可以达到检测的目的。

③ 在氧杂蒽环的羟基（3 位）上，通过荧光素的两个酚羟基基于酯化作用与有机小分子连接合成荧光素探针。第三类荧光素探针的初始状态由于 π 共轭的断裂而显现无色无荧光。当通过不可逆的化学反应加入特定离子时，酯键断裂，有机小分子被除去，共轭恢复导致显著的颜色和荧光变化。两种状态的转换可以达到检测不同分析物的目的。

④ 在苯环部分（4 位），通过荧光素与有机荧光团或金纳米粒子（AuNPs）连接合成荧光素探针，两个荧光发射之间有重叠。荧光素与其他荧光团连接可作为比率型荧光素探针，基于荧光素与其他荧光基团之间的共振能量转移过程来检测分析物。在识别之后，紫外光谱中的吸收应该是不同的，从而导致颜色的变化。基于共振能量转移过程，荧光素与 AuNPs 结合导致荧光猝灭。由于荧光素的发射光谱与 AuNPs 在等离子共振波长处的吸收光谱重叠，荧光素的荧光发射强度被显著猝灭。由于报告基团比识别基团对分析物的结合能力更强，一些分析物会阻碍共振能量转移过程，导致荧光恢复。

⑤ 在羟基的 N 邻位（5 位）上，通过卤素取代荧光素与有机小分子发生取代反应合成荧光素探针。这可以增加其对金属阳离子的络合能力和选择性。这种方式构建的探针大多为键合信号型探针。

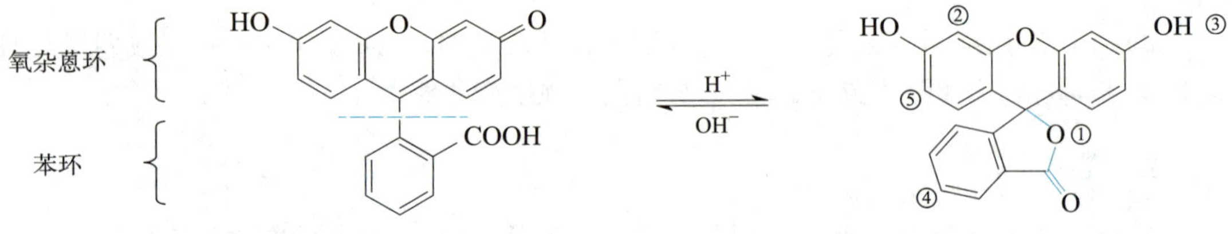

F1

图 3-7A-3 荧光素探针设计五种机理

九、参考文献

（华东师范大学 张翠玲）

实验 3-7B 自搭建暗场/荧光显微成像系统用于纳米颗粒动态追踪

一、实验目的

(1) 能够阐明暗场/荧光显微镜的成像原理。

(2) 能够搭建简易暗场/荧光显微成像系统(高级)。

(3) 掌握使用暗场/荧光显微镜表征纳米材料的方法。

(4) 能够使用显微镜观察细胞样品和纳米颗粒在细胞膜表面的扩散行为。

二、实验原理

1. 暗场/荧光显微成像

对于某些比较透明的被检物体,普通光学显微镜不能有效地观察其细节,而通过暗场显微成像技术能更好地达到观察目的。暗场显微成像技术是利用斜射照明法阻挡透过标本细节的直射光,以反射光和衍射光来观察标本。在普通显微镜下直射光透过标本时,一部分光被吸收,另一部分光透射或折射,形成标本细节内部结构的真实投影。因此,在普通显微镜下所看到的是物体形态和结构。而在暗场显微镜下,光从侧面照射到物体,绕射或反射形成物体外形的侧影。在暗场显微镜中所观察到的是被检物体的衍射、散射光图像,并非物体的本身,所以暗场显微镜下所看到的主要是物体的轮廓或运动中的物体。虽然一般暗场显微镜看不清物体的细微结构,但却可分辨微米纳米颗粒的存在和运动,这是普通显微镜所不具有的特性,可用于观察活细胞的结构和细胞内微粒的运动等。

在多功能显微镜上,可以通过加装暗场附件达到组成暗场显微镜的目的,而暗场显微镜的最关键部件是暗场聚光镜,如图 3-7B-1 和图 3-7B-2 所示。暗场显微镜的聚光镜与普通显微镜聚光镜不同,它的作用是使光线形成一个锥形照射到被检物上。为了达到只让光

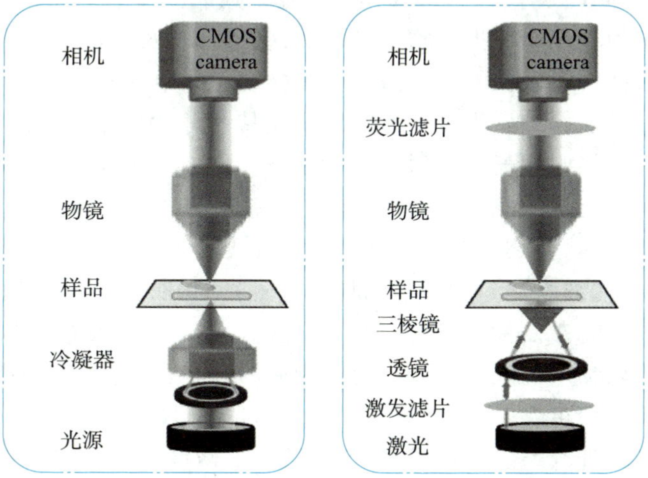

(a) 暗场显微镜　(b) 荧光显微镜

图 3-7B-1 暗场/荧光显微镜光路示意图

线从侧面照射被检物体的目的，暗场聚光镜需要用一块遮光板置于被检物体的光轴处，使光源的中央光束被阻挡而只有侧面的光通过，倾斜地照射在观察的标本上；如果载物台无样品，而聚光镜的数值孔径又大于物镜，那么这个中空的锥形光束就无法进入物镜内，这就是在暗场显微镜下观察时背景为黑色的原因。此时若在载物台上放置被检物，锥形光束照在被检物上，在样品的表面或内部发生反射、衍射和折射，改变了照在物体上光路的方向，使光线进入物镜里而成像。

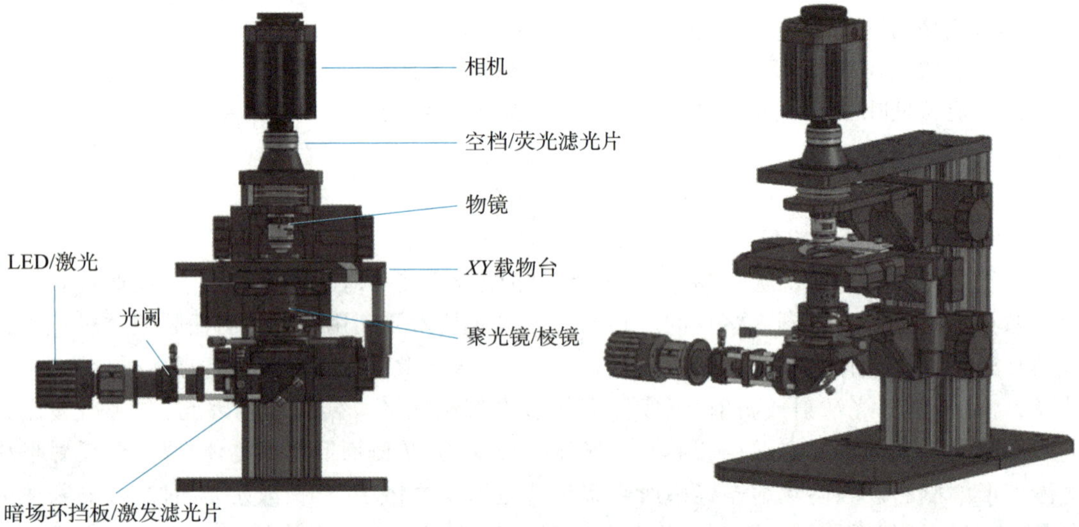

图 3-7B-2　自搭建暗场/荧光显微镜实物模拟搭建图

暗场显微镜特别适用于观察胶体化学领域中溶质粒子的布朗运动，以及观察原虫、细菌的鞭毛、伪足运动，在医学检验学中，还适用于观察人体体液中螺旋体、尿管形、结晶及各种粒子。在这一点上，暗场显微镜远比其他种类显微镜要优越得多。

荧光物质在被特定波长的光（激发光）照射后，电子跃迁到高能级，然后在返回基态的过程中以较长波长的光（发射光）的形式释放能量。荧光显微镜通常使用高强度的光源，如高压汞灯或氙灯，因为它们能够提供宽范围的光谱，适合激发多种荧光标记。激发滤片位于光源和样品之间，选择特定波长的光来激发荧光标记。二向分光镜将激发光反射到样品上，同时允许发射光通过，确保激发光能够有效激发样品，而发射光能够到达探测器。被激发光照射后，荧光标记发出特定波长的发射光。荧光滤片位于二向分光镜和探测器之间，只允许发射光通过，从而减少背景噪声并提高成像的对比度。荧光显微镜是以不同波长的激光为光源，用以照射被检物体，使之发出荧光，然后在显微镜下观察物体的形状及其所在位置。荧光显微镜是免疫荧光细胞化学的基本工具。它由光源、滤板系统和光学系统等主要部件组成，利用一定波长的光激发标本发射荧光，通过物镜和目镜系统放大以观察标本的荧光图像；可用于研究细胞内物质的吸收、运输、化学物质的分布及定位等。细胞中有些物质，如叶绿素等，受紫外线照射后可发荧光；另有一些物质本身虽不能发荧光，但如果用荧光染料或荧光抗体染色后，经紫外线照射后亦可发荧光，荧光显微镜就是对这类物质进行定性和定量研究的工具之一。荧光显微镜能够观察到传统光学显微镜下不可见的生物分子或结构，适合于观察细胞或分子的动态过程，如离子浓度变化、蛋白质运动等，且成像过程通常不会破坏或严重影响生物样本的生理状态。

2. 纳米粒子

金属纳米颗粒是尺寸在 1～100 nm 的金属原子聚集体，比可见光的波长还小。因其尺寸小，会产生量子限域效应，增加或减少金属原子数目会造成其结构、电子和光学性质的显著改变。因此，与宏观金属材料不同，金属纳米颗粒的尺寸、形貌及元素分布决定其力学行为、表面吸附、运输、催化活性和光电性质。

目前，Au、Ag 等贵金属纳米颗粒是研究最广泛的纳米材料。研究发现，不同尺寸、形貌的金纳米颗粒可以呈现出不同的颜色，如图 3-7B-3 所示。对于自身不发光的物体来说，其显示出不同的颜色主要是由于物体能够选择性地吸收或反射、散射可见光（波长 400～700 nm 范围）中特定波长的光。金属固体显色主要是电子跃迁造成的。当光照射到固体金表面时，其 5d 轨道上的电子发生跃迁到 6s 轨道，吸收蓝光，从而反射其互补色金色。而银的电子跃迁是从 4d 轨道到 5s 轨道，需要更高的能量，主要吸收紫外光，显示为银白色。而对于金、银纳米粒子来说，其表面受到入射光影响而产生电子云共振，在可见光区域内出现表面等离子共振效应（localized surface plasmon resonance，LSPR），其宏观表现为紫外-可见吸收光谱中有着很强的特征吸收峰，即局域表面等离子体共振吸收峰。通过不同的吸收峰值反映金、银纳米粒子的形貌、大小等特性。不同元素组成的纳米颗粒，即使形貌、大小、所处环境一致，LSPR 散射性质也有较大差异，如图 3-7B-4 所示。例如，当金、银纳米颗粒都为球形，粒径均为 50 nm 时，球形的金、银纳米颗粒的消光光谱峰的最大波长分别位于 500 nm 和 400 nm 左右。

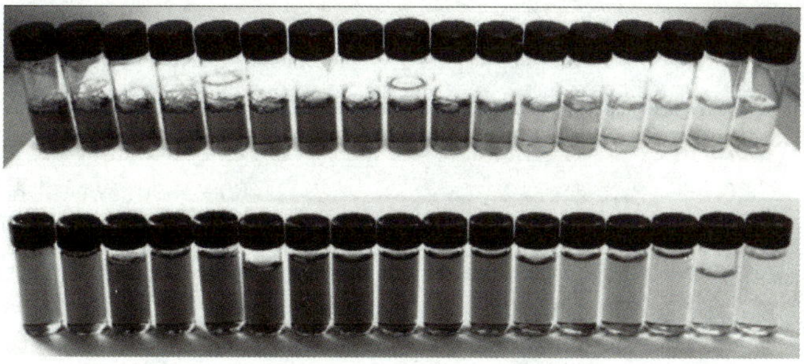

图 3-7B-3　不同尺寸的金纳米粒子溶液呈现不同的颜色

彩图 3-7B-3

图 3-7B-4　不同尺寸的银纳米粒子溶液呈现不同的颜色

彩图 3-7B-4

传统的球形金纳米颗粒，可通过控制其尺寸来调整其 LSPR 光谱的形状和峰的位置。一般来说，金纳米粒子直径越大，其溶液吸收光的波长向长波方向移动，如图 3-7B-5 所示。但是，仅仅改变金纳米颗粒的尺寸，对其 LSPR 峰的影响非常小。例如，直径为 50 nm 的球形金纳米颗粒 LSPR 峰位于 520 nm 处，而直径为 100 nm 的球形金纳米颗粒 LSPR 峰仅红移到

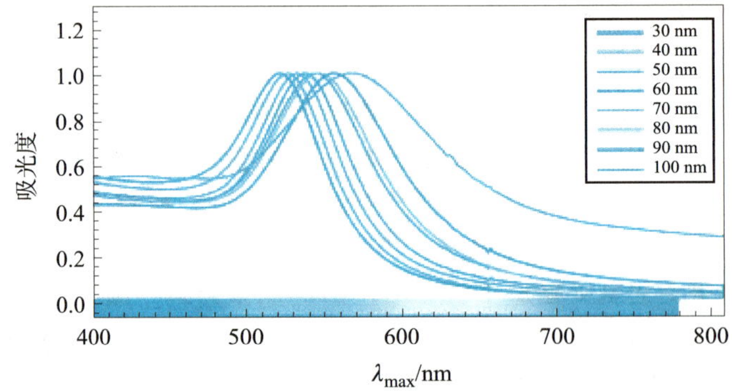

图 3-7B-5　不同直径的金纳米粒子溶液的紫外-可见吸收光谱图

550 nm 处。因此，改变其粒径大小，在暗场下观察到的金纳米颗粒的散射颜色变化并不明显。

而通过对非球形金纳米颗粒进行精确的形貌控制，如改变其形状、棒状结构的纵横比、壳层厚度等，对其 LSPR 峰的调节效果却十分显著（表 3-7B-1）。以金纳米棒为例，其圆柱状结构的长轴和短轴显示出不同的表面等离子共振频率，形成纵向和横向两个 LSPR 峰，如图 3-7B-6 所示。纳米棒的纵轴方向共振模式对纵横比变化较为敏感。它的 LSPR 吸收最大值随着尺寸或纵横比的改变而偏移。当金纳米棒纵横比增加时，横向 LSPR 峰位置保持在约 520 nm，而纵向 LSPR 峰的位置明显红移，如图 3-7B-7 所示。例如，40/80 nm 的金纳米棒的紫外吸收峰在 660 nm 左右，30/90 nm 金纳米棒的紫外吸收峰在 750 nm 左右。

表 3-7B-1　金纳米材料的形貌控制与相应 LSPR 性质

金纳米结构	尺寸	LSPR 峰/nm
金纳米颗粒	5～150 nm	520～650
金纳米棒	20 nm～数微米（纵）	600～1800（纵向共振峰）
金纳米片	40～1000 nm（边长）	700～1300（平面共振峰）
金纳米壳	5～50 nm（厚度）	520～900

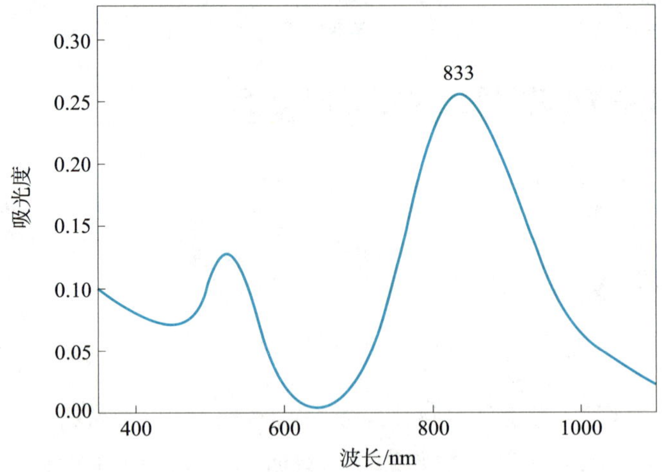

左峰为短波横向表面等离子体共振吸收；右峰为长波纵向表面等离子体共振吸收

图 3-7B-6　金纳米棒溶液的紫外-可见吸收光谱

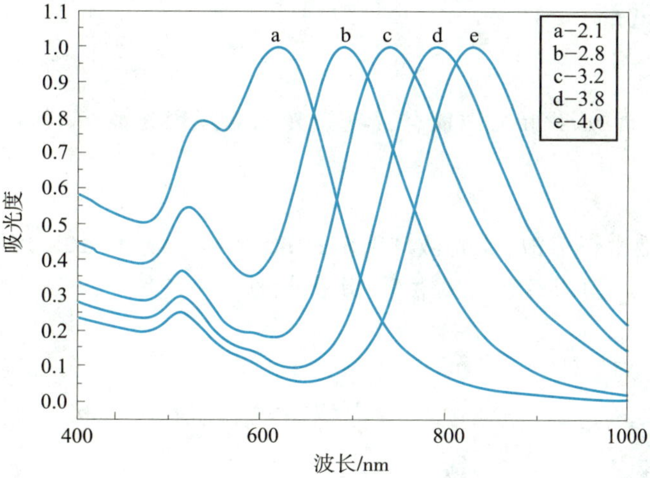

图 3-7B-7 不同纵横比的金纳米棒溶液的紫外-可见吸收光谱

金是一种高度吸收光的金属，因此在暗场成像中，金颗粒会呈现出明亮的反射。与金相比，银的吸收能力较低，银颗粒的反射会较暗。银纳米颗粒的尺寸也会影响其暗场成像的表现，并且与金纳米粒子相比，银纳米粒子的体积截面对光谱的影响更大。直径为 19 nm 的银纳米颗粒 LSPR 峰位置保持在约 400 nm，随着纳米粒子尺寸的增大，LSPR 峰的位置明显红移；峰直径为 74.8 nm 的银纳米颗粒 LSPR 峰位置保持在约 460 nm，如图 3-7B-8 所示。

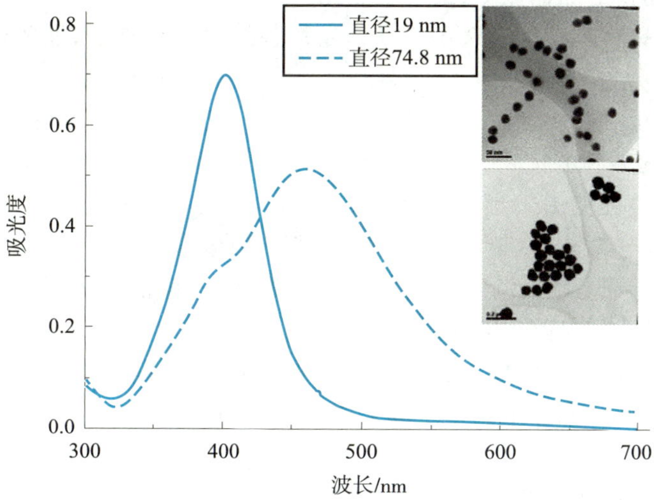

图 3-7B-8 不同尺寸银纳米颗粒溶液的紫外-可见吸收光谱

荧光微球通常是指形状为球形，直径在几纳米至几十微米之间，微球表面或内部负载有荧光物质，在受到一定的能量激发时能够发出荧光的微粒。与纯荧光化合物相比，荧光微球具有相对稳定的发光行为和形态结构，可广泛用于医疗诊断、血流测定、示踪、体内成像，以及成像仪器和流式细胞仪的校准等领域。

三、仪器与试剂

1. 实验仪器

自制(或商业)暗场、荧光显微镜;光源(白光);暗场聚光镜;60倍物镜;CMOS相机;微型孵化器;移液枪。

2. 试剂及耗材

纳米金溶液;纳米银溶液;荧光微球溶液;PBS缓冲溶液;F-12K培养基;细胞样品;超纯水;载玻片;盖玻片;剪刀;镜油,擦镜纸,指甲油。

3. 实验软件

Image J数据处理软件。

四、实验步骤

1. 暗场/荧光显微镜的搭建

(1) 制作一个中央遮光板　取厚黑纸片,用剪刀剪出一个与聚光镜入光口(下端)处透镜大小一致的圆纸片,在适当位置剪出一个环形镂空,以安装在聚光镜底部能够使小部分的光通过而挡住大部分的光。

(2) 搭建暗场显微镜　暗场显微镜的搭建遵循由下至上的原则,光路原理如图3-7B-2所示。放置好光源后,将带有中央遮光板的聚光镜置于光源正上方(此时可将遮光板取下以便观察光是否通过,待观察样品时再装上),放置具有与X、Y移动的载物台,使光能够通过通光口,接着让物镜对准通光口,最后安装相机,确保光能通过每一个部件。

(3) 荧光显微镜模块切换　选用激发滤光片替换暗场环挡板,在相机前的成像光路安装荧光滤光片。

(4) 检查并调试光路。

2. 暗场/荧光显微镜的使用

(1) 暗场显微镜的使用。

① 打开显微镜电源,依次安装并用乙醇擦拭聚光镜、镜头等。

② 打开光源,将聚光镜上调至接近载物台下缘,滴上镜油。在底下照明光路中安装暗场环挡板,相机前的成像光路中调至空档。

③ 安放玻片:将玻片标本放入压片夹后部的空隙处,用双手将玻片缓慢前推,动作要轻,使标本正对通光孔。在样本观察区域上方滴上镜油。

④ 上调聚光镜,使聚光镜上的镜油接触到样品,能观察到光通过样品。

⑤ 调焦观察:双眼凝视物镜,旋转粗准焦螺旋使镜筒缓缓下降,直至物镜接近玻片。继续旋转粗准焦螺旋,使镜筒缓缓上升,直至看到物像,再通过细准焦螺旋微调,使物像清晰。

(2) 荧光显微镜的使用。

① 在使用上述暗场显微镜的方法找到焦面后,保持焦面不动。

② 在底下照明光路中安装激发滤片,相机前的成像光路中安装荧光滤片。

③ 将聚光镜换成棱镜,滴上镜油。

④ 上调棱镜,使棱镜上的镜油接触到样品,能观察到光通过样品。

⑤ 打开激光光源,调整激光入射角度,寻找合适的 TIRF 激发角度。

⑥ 通过微调细准焦螺旋,使荧光成像清晰。

3. 不同金属纳米粒子的暗场成像

(1) 清洗载玻片和盖玻片,并使用氮气吹干,存放在干燥培养皿中。

(2) 将四种未知纳米粒子溶液 A、B、C、D 分别进行超声分散。

(3) 将纳米颗粒溶液稀释 5 倍:吸取 10 μL 纳米粒子溶液和 40 μL 的 PBS 缓冲溶液于 1.5 mL 离心管中,做好标记,超声 10 min。

(4) 在载玻片上滴 10 μL 稀释后的溶液,小心缓慢地盖上盖玻片并用滤纸吸去多余液体,用指甲油密封,凝固后即可使用。

(5) 打开显微镜和相机。擦拭并安装暗场聚光镜及 60 倍物镜;将镜油滴于聚光镜中心,放置样品,调整粗准焦螺使聚光镜贴合载玻片,油滴面积扩大;再滴一滴镜油于样品的盖玻片表面(观察区域内),调整载物台的位置,使物镜与油滴接触,此时看镜头与样品;调节细准焦螺旋,从目镜中观察,找到焦面位置并观察。记录纳米粒子的颜色、形状等。

注:四种未知纳米粒子分别为 60 nm 银纳米颗粒,55 nm 金纳米颗粒,25 nm×60 nm 金纳米棒,40 nm×80 nm 金纳米棒。根据暗场显微镜下观察到的粒子形状、大小、颜色等信息进行鉴别。

4. 观察纳米粒子在细胞膜表面的扩散行为

(1) 制备样品:将两片双面胶粘在干净的载玻片上,将贴有细胞的盖玻片倒扣在双面胶上,使盖玻片和载玻片中间形成一个腔室。取 10 μL 纳米粒子溶液,与 40 μL F-12K 细胞培养基混合均匀后注入腔体中。为防止介质流出,盖玻片四周用指甲油密封。将制备好的样品置于微型孵化器上,37 ℃孵育 30 min,可以加入不同尺寸的纳米金溶液,制备不同样品。

(2) 使用暗场显微镜观察:使用自主搭建的暗场显微镜,观察暗场显微镜下细胞的形态,通过调节聚焦获得纳米颗粒在细胞膜内外的分布图像。

观察并使用相机记录纳米粒子在细胞膜表面的扩散过程,比较不同尺寸的纳米粒子在细胞膜表面运动行为的区别。

(3) 数据处理分析:利用 Image J 数据处理软件获取不同粒径颗粒在细胞膜表面的扩散轨迹图,并算出表观扩散速率。

5. 荧光显微镜中荧光微球的观察

(1) 制备样品:将 50 nm 荧光微球溶液进行超声分散后,稀释 5 倍。在洗净的载玻片上滴 10 μL 稀释后的溶液,缓慢地盖上盖玻片并用滤纸吸去表面多余液体,用指甲油密封,待凝固后即可进行观察。

(2) 使用荧光显微镜观察:本实验使用的荧光微球的激发波长为 488 nm,发射波长为 525 nm,首先选择合适的滤光片,随后将镜油滴于棱镜上方,放置样品,调整粗准焦螺使棱镜贴合载玻片;再滴一滴镜油于观察区域内的样品的盖玻片表面上,调整载物台的位置,使物镜与油滴接触;打开波长为 488 nm 的激光,调整激光入射角度。调节细准焦螺旋,找到焦面位置。观察并使用相机记录荧光微球的大小、形状。

五、注意事项

(1) 发现显微镜头有污渍,要用专门的擦镜纸轻轻擦拭。

(2) 使用显微镜时动作要轻、稳、用力不要过猛,要轻拿轻放。

(3) 禁止硬碾压夹片,载物台要保持干净整洁。

(4) 禁止镜头过度触碰玻片,以免压碎玻片,划伤镜头。

(5) 使用金纳米溶液前需要超声振荡,混合均匀,避免粒子聚集。

六、数据处理与分析

(1) 观察不同种类的金、银纳米粒子的大小、颜色及运动状态。

(2) 观察荧光微球的大小及运动状态。

(3) 提取细胞膜表面金纳米棒的运动轨迹、扩散速率。

粒子运动轨迹可以用 Image J 数据处理软件进行提取,如图 3-7B-9 所示。简单扩散模式下粒子做简单的布朗扩散运动,粒子的均方位移 MSD(mean square displacement)与时间 t 的关系:

$$\mathrm{MSD}(\Delta t)=nD\Delta t \tag{3.7B.1}$$

式中:n 为粒子运动空间的维数,D 为扩散系数。先算 MSD,然后拟合 MSD 线性部分的斜率,再除以 6(二维体系除以 4)就是扩散系数 RDC(running diffusion constant)。

$$\mathrm{RDC}(t)=\frac{\mathrm{dMSD}(t)}{6\mathrm{d}t}\approx\frac{\mathrm{MSD}(t)}{6t} \tag{3.7B.2}$$

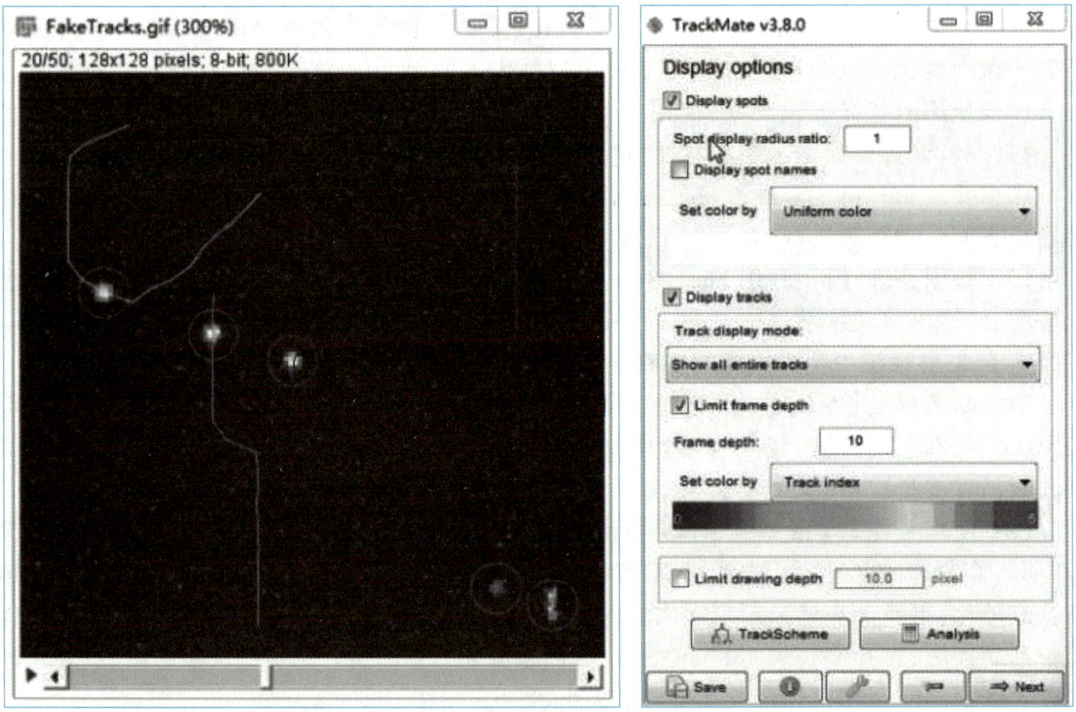

图 3-7B-9 Image J 数据处理软件提取粒子运动轨迹操作界面

七、思考题

(1) 取几幅采集的纳米粒子暗场成像图,通过颜色、大小等信息鉴别出四种未知纳米粒子溶液。

(2) 通过对比紫外-可见吸收光谱、电镜表征和暗场成像,并查阅相关资料,讨论三种技术的优缺点。

(3) 探讨金、银纳米颗粒在细胞膜内外及表面的粒子密度。

(4) 探讨金、银纳米颗粒在细胞膜表面扩散运动的情况(如扩散轨迹、扩散速率等)。

八、参考文献

(厦门大学　方宁、黄腾翔)

化学/电化学发光分析

实验 3-8A 流动注射-化学发光法测定眼药水中盐酸环丙沙星含量

一、实验目的

(1) 能够掌握流动注射技术的基本原理及化学发光分析法的基本原理。

(2) 能够熟悉流动注射-化学发光分析系统的工作原理及仪器使用方法。

(3) 能够掌握眼药水中盐酸环丙沙星含量的流动注射-化学发光法分析方法。

(4) 能够了解联用技术的原理和设计思路,能够理解仪器研发模块化和小型化的趋势。

(5) 能够理解发光的机理并能设计机理验证实验;了解化学发光光谱的绘制方法;理解化学发光分析的发展趋势。

二、实验原理

化学发光(chemiluminescence)是指某些化学反应中发出可见光的现象。利用化学发光强度测量对物质进行分析测定的方法称为化学发光分析法。化学发光现象通常出现在放热化学反应中,包括直接化学发光反应和间接化学发光反应,如图 3-8A-1 所示。

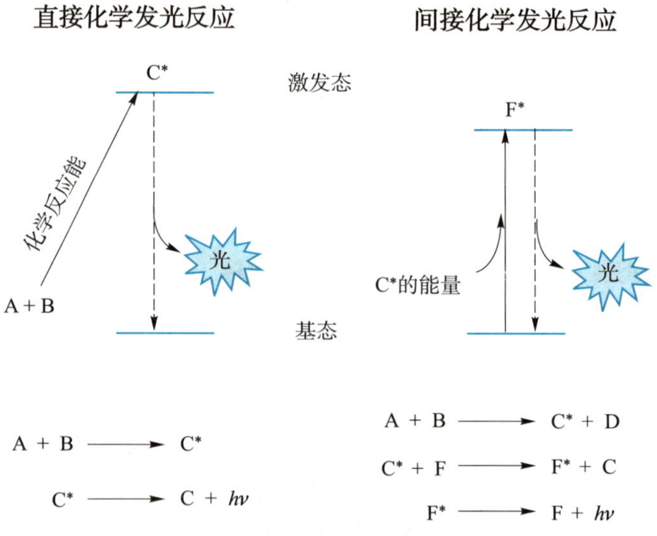

图 3-8A-1 化学发光反应类型

图 3-8A-1 中，A 和 B 为反应物；C 为激发态产物；D 为其余产物；F 为参与反应的第三种物质；h 为普朗克常数；ν 为发射光子的频率。

流动注射（flow injection）技术是在 20 世纪 70 年代中期出现的溶液处理技术，摆脱了溶液化学分析平衡理论的束缚，使非平衡条件下的化学分析成为可能。流动注射技术具有装置小型化、操作简单、自动化程度高、分析速度快、分析结果重现性良好、所需试剂量少、灵敏度高、检测限低等优点，是一种容易实现现场与邻近实验室联线的自动分析系统。通过这种技术，可以实现对各种样品的快速、准确在线处理和分析，提高了分析效率。将流动注射技术与化学发光分析法结合，通过液体传输设备（蠕动泵）、注样器（注样阀）、反应器、流通式检测器（流通式盘管）和信号读出装置，应用于复杂体系的检测等，已成为分析化学中一种有效的微量或痕量分析方法，并形成分析化学的一个全新领域。图 3-8A-2 为简易的 FIA 分析系统示意图。

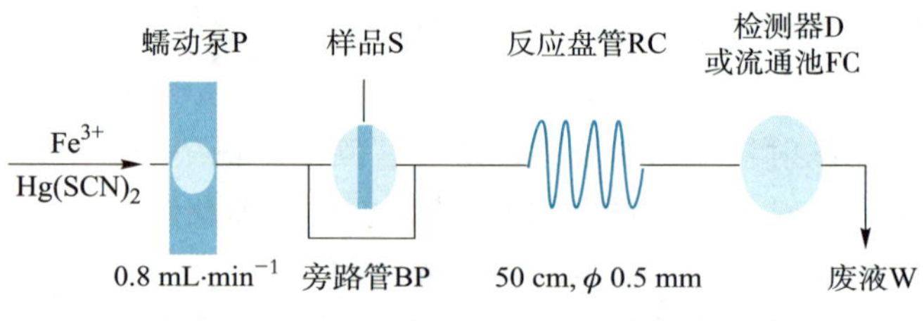

图 3-8A-2 简易流动注射分析系统示意图

盐酸环丙沙星属于第三代喹诺酮类药物，抗菌能力强，临床广泛用于革兰氏阳性菌和革兰氏阴菌引起的感染，对内酰胺抗生素、氨基糖苷类及四环素等多重耐药菌具有较好的抗菌活性。测定盐酸环丙沙星的分析方法主要有高效液相色谱法、毛细管电泳法、分光光度法、电位法、极谱法等。研究表明，在酸性条件下，盐酸环丙沙星对 $Ce^{4+}-Na_2SO_3$ 化学发光体系具有强的增敏作用，据此可建立盐酸环丙沙星的流动注射分析法。该方法用于盐酸环丙沙星滴眼液含量的测定，具有分析速度快、仪器设备简单、灵敏度高等优点。

三、仪器与试剂

1. 实验仪器

比色管 25 mL 若干(30 支);烧杯 100 mL 若干;棕色容量瓶 25 mL(15 支);250 mL 无色、棕色容量瓶各 3 支;具备微弱光检测功能的超微弱化学发光仪;恒流泵;六通阀及配件(如切换阀的接头及定量环 50 μL,混合器,流通池)。本实验建立的环丙沙星的流动注射-化学发光分析系统如图 3-8A-3 所示。

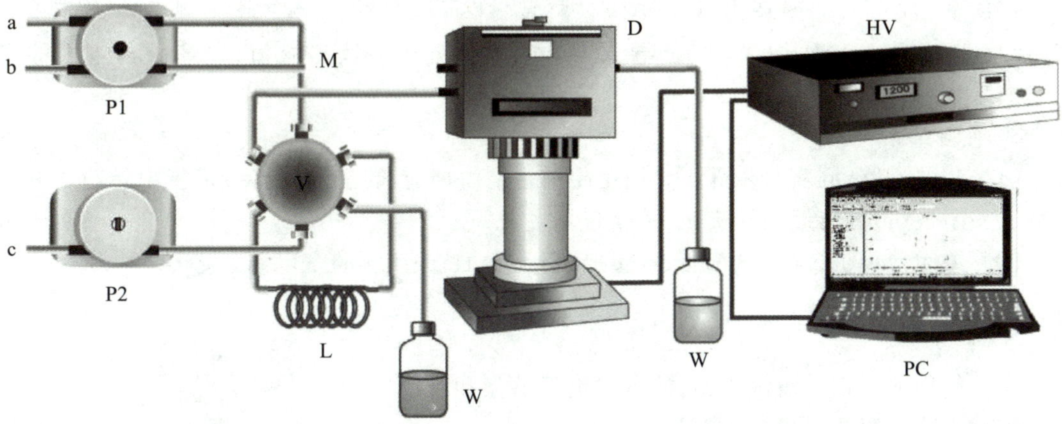

P1,P2—蠕动泵;M—Y 型连接管;V—注样阀;L—采样环;W—废液;D—微弱发光测量仪(内含流通池);HV—负高压;PC—计算机;a—Na_2SO_3 溶液;b—盐酸环丙沙星溶液;c—酸性硫酸铈溶液

图 3-8A-3 流动注射-化学发光分析系统示意图

2. 试剂及耗材

1.0×10^{-2} mol·L^{-1}硫酸铈溶液(用 0.05 mol·L^{-1}硫酸溶解);1.0×10^{-2} mol·L^{-1}亚硫酸钠溶液;100.0 mg·L^{-1}盐酸环丙沙星标准溶液(用 0.04 mol·L^{-1}盐酸溶解);盐酸环丙沙星滴眼液。

四、实验步骤

1. 仪器准备

(1) 接通电源,启动计算机;打开微弱发光测量仪主机电源,预热 30 min,选择所需温度及负高压。打开快门(探测器样品室右下方旋钮:指示柄端头位于红色标记处,快门打开;绿色标记处,快门关闭),开启微弱发光测量仪测量程序,设定参数后启动测量。

(2) 按图 3-8A-3 组装流路。开启蠕动泵 P1、P2,旋紧蠕动泵上面及两侧的 4 个旋钮(保持相似的压力以保证各泵维持相似的流速即载流与样品的进样速度相近),选择蠕动泵转向(方向错误将导致蠕动泵卡住),选择流速(60 r·min^{-1})。依次用 0.1 mol·L^{-1}硝酸、0.1 mol·L^{-1} NaOH溶液、二次蒸馏水清洗流路,直至基线稳定(基线的信号值与所加负高压数值有关。当负高压为-950 V 时,基线的化学发光信号为 100)。

2. 数据测量

(1) 用 100.0 mg·L^{-1}的盐酸环丙沙星储备液,配制浓度为 0.1~10 mg·L^{-1}的盐酸环丙沙星系列标准溶液。

（2）绘制标准曲线：开启蠕动泵 P2（60 $r\cdot min^{-1}$），由微弱发光仪检测以酸性硫酸铈溶液作为载流的发光强度信号，获得稳定化学发光基线信号；开启蠕动泵 P1（60 $r\cdot min^{-1}$），Na_2SO_3 溶液和超纯水在 M 处混合（空白），通入并充满六通阀（V）的样品环（50 μL）。转动六通阀，检测化学发光信号。平行测量三次。将 Na_2SO_3 溶液和盐酸环丙沙星标准溶液（浓度由低到高）在 M 处混合，混合液流经六通阀（V）的样品环（50 μL）。转动十六通阀，检测化学发光信号，得到时间-化学发光信号图。保存，导出为.txt 或.xls 文件后，导入 Origin 软件处理。绘制相对发光强度-浓度标准曲线，拟合可得相对发光强度-浓度线性方程。

（3）盐酸环丙沙星滴眼液按标示稀释为 10 $mg\cdot L^{-1}$（按盐酸环丙沙星含量计），按（2）操作依次测定空白，盐酸环丙沙星滴眼液样品，平行测量三次。完成检测后选择停止检测，保存，导出为.txt 或.xls 文件后，导入 Origin 软件处理。读出峰值，计算眼药水中的实际盐酸环丙沙星含量。

3. 实验结束

（1）清洗流路：同实验步骤 1（2），用超纯水清洗所有管路 5 min 后，将管中超纯水全部排空。关闭快门，旋转蠕动泵旋钮，关闭仪器主机。

（2）关闭计算机，洗净试剂瓶，容量瓶，清洁台面，关闭实验室电源。

五、注意事项

（1）使用前一定要清洗流路，使基线值足够低和稳定。

（2）不能使探测器顶盖和快门同时处于开启状态，否则会损坏探测器中的光电转换器。

（3）调整合适的负高压和温度，温度控制器：由于热量是从加热器向样品传导，样品的热量向环境散发，所以样品实际温度低于加热器温度。视环境温度不同，差值在 2~4 ℃。

（4）负高压的选择：查看标准光源计数率与高压关系曲线，找出光源计数率为 10000~30000 s^{-1}的区域为合适，选取此范围内的某一负高压值。

（5）测量完标准曲线后，要重新进行空白实验，使其峰值和标准曲线时的空白相近，然后才可以测量眼药水中盐酸环丙沙星的含量。

六、数据处理与分析

1. 静态法测动力学曲线

采用分立取样式，研究该体系的化学发光反应动力学曲线，即记录在反应物部分混合后，发光强度随时间的变化曲线。观察化学发光强度随时间的变化情况。

2. 化学发光体系条件优化

（1）硫酸铈浓度　在 Na_2SO_3 溶液浓度 8×10^{-4} $mol\cdot L^{-1}$，蠕动泵转速 60 $r\cdot min^{-1}$的条件下，分别考察超纯水（空白）、10 $mg\cdot L^{-1}$盐酸环丙沙星标准溶液与不同浓度 Ce^{4+} 溶液（1×10^{-5}~5×10^{-3} $mol\cdot L^{-1}$）的化学发光相对强度变化。

（2）亚硫酸钠浓度　在 Ce^{4+}溶液浓度 5.0×10^{-4} $mol\cdot L^{-1}$，蠕动泵转速 60 $r\cdot min^{-1}$的条件下，分别考察超纯水（空白）、10 $mg\cdot L^{-1}$盐酸环丙沙星标准溶液与不同浓度 Na_2SO_3 溶液（1.0×10^{-4}~1.0×10^{-1} $mol\cdot L^{-1}$）混合的化学发光相对强度变化。

3. 校准曲线、精密度和检出限

在选定的最佳条件下，测量相对发光强度与盐酸环丙沙星浓度在 0.10~

15 $mg \cdot L^{-1}$范围的关系，作出线性关系图，拟出回归方程。对空白（超纯水）平行测定 11 次，计算出检出限；1.00 $mg \cdot L^{-1}$盐酸环丙沙星标准溶液平行测定 11 次，求出相对标准偏差。

4. 样品测定

取盐酸环丙沙星滴眼液，（按标示量）用二次蒸馏水稀释为不同的浓度为样品Ⅰ、Ⅱ、Ⅲ，采用该实验方法测定其含量，同时进行标准加入回收实验。计算含量测定值，加标回收率及标准偏差，并将结果列于表 3-8A-1 中。

表 3-8A-1　滴眼液中盐酸环丙沙星含量测定及加标回收实验结果

样品编号	眼药水稀释液测得量/($mg \cdot L^{-1}$)	加标量/($mg \cdot L^{-1}$)	测得总量/($mg \cdot L^{-1}$)	回收率/%	RSD/%
Ⅰ		1			
		3			
		5			
Ⅱ		2			
		4			
		6			
Ⅲ		1			
		3			
		7			

七、思考题

（1）化学发光和其他分子发光（荧光、磷光）比较，有什么异同点？

（2）为什么测量完一系列标准样品溶液后要进行空白实验到基线值相近，然后才可以测量眼药水中样品的浓度？

（3）与其他测量盐酸环丙沙星含量的分析方法相比，本实验方法有何优缺点？

（4）流动注射法的意义，以及六通阀的作用是什么？

（5）如何进一步设计实验验证该化学发光体系的发光机理？

八、知识拓展

1. 化学发光分析法

化学发光（chemiluminescence，CL）分析法是基于化学反应产生光信号对参与反应的反应物进行定量分析的方法。化学发光反应通常具有以下特点：① 够发光的化合物大多为有机化合物，芳香族化合物；② 化学发光反应多为氧化还原反应，激发能与反应能相当，$\Delta E = 170 \sim 300\ kJ \cdot mol^{-1}$；产生的光辐射位于可见光区；③ 发光持续时间较长，反应持续进行通常发生在生物体内。

CL 反应的强度与反应速率相关，能影响 CL 反应速率的因素如参与反应的各种物质，反应温度等都可作为定性定量分析的依据。影响 CL 反应速率的物质主要包括直接参与 CL 反应的反应物；影响 CL 反应的催化剂、增敏剂或抑制剂；影响偶合反应中的反应物、催化剂或增敏剂。按其反应介质的状态，CL 反应可分为气相 CL 反应和液相 CL 反应。

2. 化学发光分析系统

CL 仪器通常不包括进样系统，最早的 CL 进样方式是静态分立取样式保证反应进行，操作简便。但重现性受操作人员的影响较大，为改善方法的重现性，发展出流动注射分析、顺序注射分析和循环流路分析。

传统静态分立取样式需提前混合发光试剂、氧化剂、共反应剂和催化剂，再将混合物进行 CL 检测。大多数已知的 CL 反应表现出闪光型发光，闪光型 CL 反应迅速与静态分立取样式并不匹配。静态分立取样式适宜高强度、长时间的辉光型 CL 体系。

流动注射方式 FIA 更适合闪光型 CL 发光体系：发光试剂、氧化剂和催化剂一旦混合，则 CL 反应即可发生，故 FIA-CL 有利于获得完整的 CL 信号。FIA-CL 可与其他采样、样品前处理和检测仪器联用，实现自动化、集成化在线分析。

在传统 CL 分析系统中，研究人员多关注分析物参与的 CL 反应获得的单一光强信息，但现在会尽可能多地获取有关 CL 反应有效信息。中山大学李攻科提出了循环化学发光(cyclic chemiluminescence，CCL)检测的新概念，气相 CCL 装置和检测原理如图 3-8A-4 所示。通过泵阀控制实现载流方向的自动化、周期性改变，使 CL 反应周期性进行，系统检测记录一系列化学发光信号。研究发现每一 CL 反应的信号变化规律满足指数衰减方程(exponential decay equation，EDE)，方程的初变量 A 与反应物浓度成正比，而衰减寿命 k 是与反应物种类相关而浓度无关的特征常数，根据 CCL 的指数衰减方程实现了反应物的定性及定量分析。气相 CCL 方法成功鉴别了烷烃、醇类、酮类、醛类、脂类及醚类等 28 种有机化合物，实现了同系物及结构异构体的区分鉴别。

$$I_n = Ae^{-t/k} + I_0 \tag{3.8A.1}$$

$$t = t_p - t_{\max} \tag{3.8A.2}$$

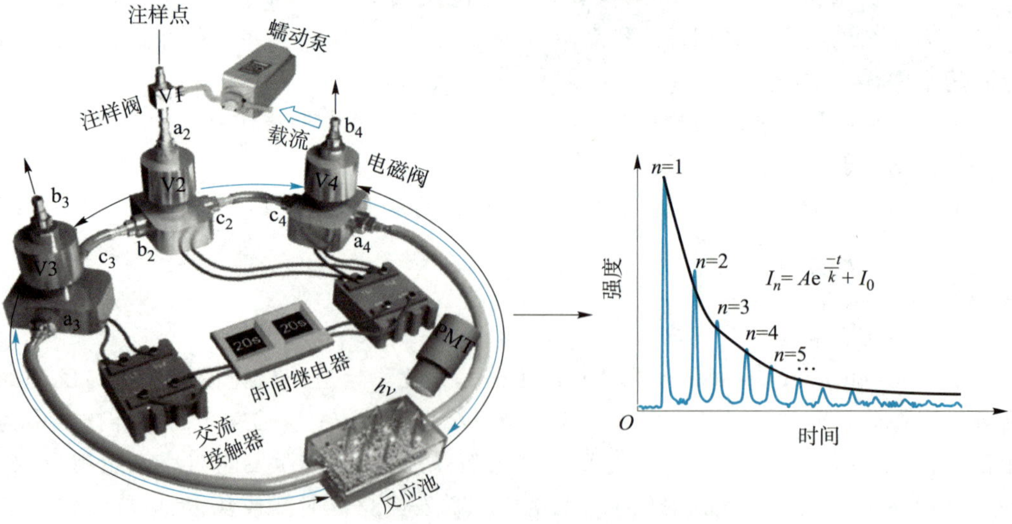

图 3-8A-4 气相 CCL 装置和检测原理示意图

CL 系统同样适用于液相 CL，其液相 CCL 装置和分析应用如图 3-8A-5 所示。单次测量亦可获得多级信号，不同手性主体-客体之间的相互作用以 CL 反应为载体得以体现，多级信号符合 EDE，其衰减系数 k 值对于给定的手性主客体系统是与浓度无关的特定常数。液相的 CCL 系统不但能用于识别单一手性构型的醇类、胺类和酸类，还能用于快速测定对映体过量（enantiomeric excess，ee）值。该方法可以用来估计复杂样品中手性氨基酸的变化，应用于鉴别乳制品质量和手性氨基酸对映体。

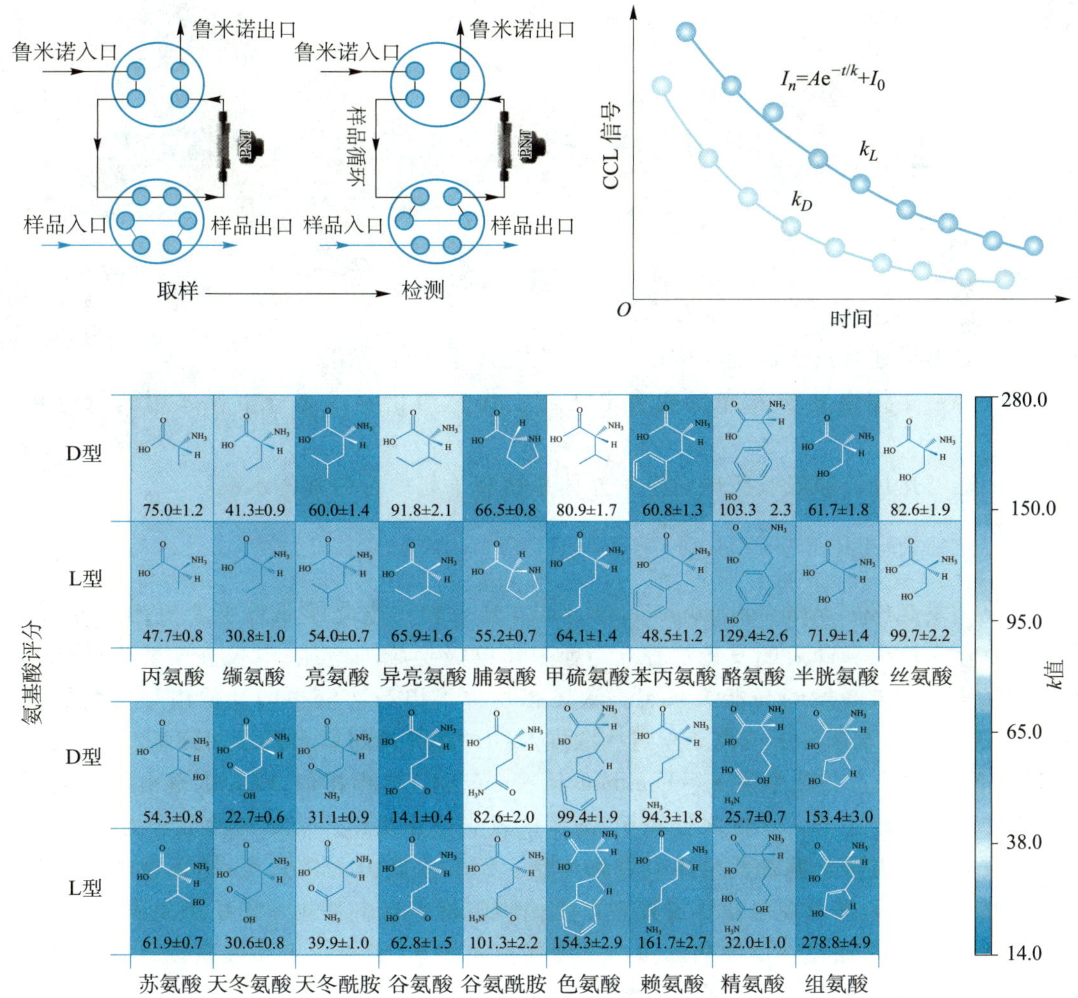

图 3-8A-5　液相 CCL 装置和分析应用

九、参考文献

（中山大学 胡玉斐）

实验 3-8B 电化学发光分析法测定牛奶中的青霉素

一、实验目的

（1）能够阐述电化学发光的基本原理。

（2）能够描述共反应试剂在构成电化学发光体系中的作用。

（3）能够运用电化学发光仪或将电化学工作站与化学发光分析仪联用测量电化学发光。

（4）能够运用三联吡啶钌电化学发光体系研究牛奶中青霉素的水解。

二、实验原理

电化学发光(electrochemiluminescence,ECL)是一种在电化学条件下产生的发光现象，它涉及电化学反应和随后的发光过程。当在工作电极上施加电压，电极表面发生氧化还原反应使某些物种被激发到高能级状态。激发态物种可以与溶液中的其他组分发生能量转移，形成更多的激发态分子或离子。这些激发态物种最终通过辐射跃迁回到基态，释放出光子，产生 ECL 现象。与化学发光(chemiluminescence,CL)过程相似，ECL 也是由发生电子转移反应的组分所产生的。不同之处在于，前者的发光过程是由反应试剂的混合引发和控制，而后者发光是由电极上施加的电压引发和控制。ECL 主要分为两大类：湮灭型和共反应试剂型。湮灭型 ECL 涉及在电化学过程中产生的阴阳离子自由基相互作用触发发光，而共反应试剂型 ECL 则是通过共反应物的参与来增强发光效率，它相较于湮灭途径具有自由基离子稳定性更好和 ECL 发射能力更强的优势，因此在构建灵敏可靠的 ECL 分析测定方法时具有更广阔的应用前景。

ECL 信号的发生依赖于不同的发光试剂和共反应物组合形成的特定 ECL 体系。三联吡啶钌[$Ru(bpy)_3^{2+}$]作为一种典型的 ECL 试剂，因其在水溶液中发光高效、稳定和可调的特性，是目前研究最为活跃和应用最为广泛的 ECL 试剂。草酸、过硫酸根、三丙胺等均是 $Ru(bpy)_3^{2+}$ 发光常用的共反应试剂。其中三丙胺因其独特的叔胺结构表现出很强的给电子能力，使其在较低的电位下容易被氧化，生成具有强还原性的自由基或离子，从而有效地与 $Ru(bpy)_3^{2+}$ 的氧化态发生反应，是最常用的 $Ru(bpy)_3^{2+}$ 阳极发光共反应试剂。

β-内酰胺类抗生素作为兽药在畜牧业中应用十分广泛。青霉素是一种典型的 β-内酰胺类抗生素,其结构中包含一个 β-内酰胺环和一个氢化噻唑环。水解反应可使青霉素的 β-内酰胺环打开,发生三级胺到二级胺的转化,如图 3-8B-1 所示。β-内酰胺类抗生素中的叔胺结构可以对 $Ru(bpy)_3^{2+}$ECL 体系产生较强的增敏作用,而当 β-内酰胺抗生素水解后,其 β-内酰胺环发生断裂,对 $Ru(bpy)_3^{2+}$ECL 体系的增敏作用会发生显著改变。本实验中,利用青霉素水解反应前后对 $Ru(bpy)_3^{2+}$ECL 反应增敏作用的变化,监测青霉素的水解反应,并基于这一发光信号定量检测牛奶中的青霉素含量。

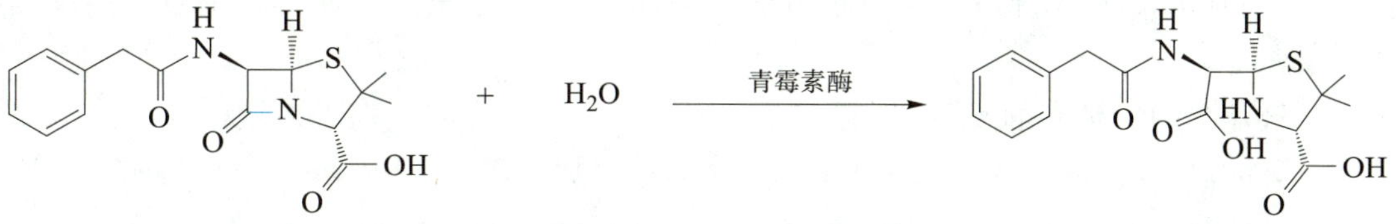

图 3-8B-1　青霉素的水解反应

三、仪器与试剂

1. 实验仪器

可测量微弱电化学发光信号的实验装置 1 台(或具备循环伏安电位扫描功能的电化学工作站和具有光电倍增管检测器的化学发光信号检测装置各 1 台),包含三电极体系 1 套,其中工作电极为玻碳电极,参比电极为 Ag/AgCl 电极,对电极为铂丝电极,如图 3-8B-2 所示;计算机 1 台;旋涡混匀仪 1 台;离心机 1 台;无菌微孔膜(0.22 μm)及注射器。

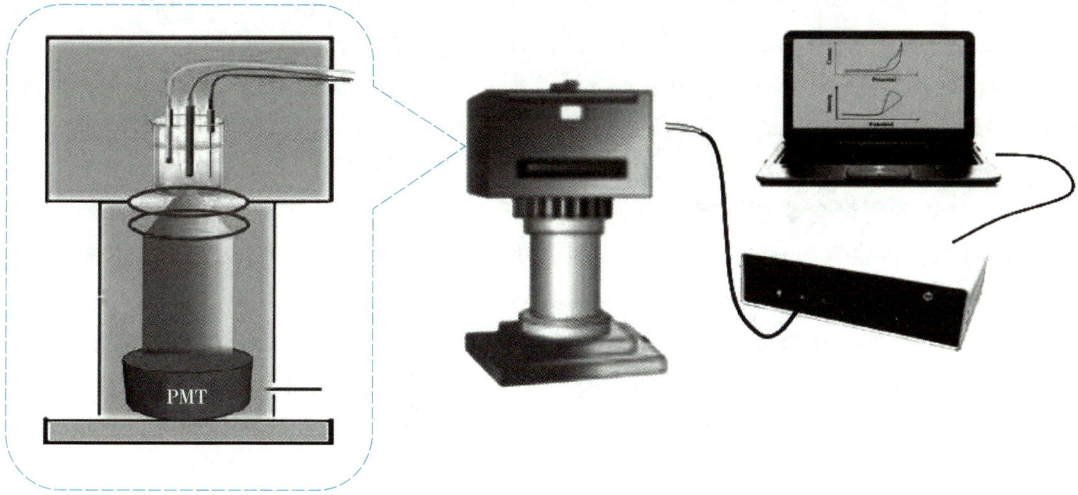

图 3-8B-2　三电极体系电化学发光系统示意图

2. 试剂及耗材

青霉素(青霉素 G 钠盐,BR);青霉素酶(EC 3.5.2.6,来自枯草芽孢杆菌);三联吡啶钌[$Ru(bpy)_3^{2+}$,AR];三丙胺(TPrA,AR);曲拉通 X-100(Triton X-100,AR);NaCl(AR);KCl(AR);Na_2HPO_4(AR);KH_2PO_4(AR);牛奶样品(市售)。

四、实验步骤

1. 实验准备

配制 0.1 mol·L^{-1} PBS 缓冲溶液(pH=7.5),0.1 mol·L^{-1}的 $Ru(bpy)_3^{2+}$ 和 0.05%(体积分数)Triton X-100 溶液。配制 1.0 mmol·L^{-1}青霉素溶液,5 μmol·L^{-1}青霉素酶溶液。

打开电化学发光分析仪主机电源,预热。按照测定步骤将所需测定溶液装入电解池,将三电极插入电解液中,电极夹分别连接工作电极(绿色)、参比电极(白色)和对电极(红色)。启动测试软件,选择电化学分析方法为循环伏安法,设定电位测试范围及负高压,启动测量。

2. $Ru(bpy)_3^{2+}$ 体系的 ECL 测定

在 2 mL PBS 缓冲溶液(0.1 mol·L^{-1},pH=7.5)中加入 20 μL $Ru(bpy)_3^{2+}$(0.1 mol·L^{-1})和 Triton X-100(体积分数 0.05%),在 0~1.2 V 进行循环伏安电位扫描,记录测得的 ECL 信号。在同样的条件下,在 PBS 溶液中再添加 20 μL TPrA 溶液(0.1 mol·L^{-1}),再进行循环伏安电位扫描,记录测得的 ECL 信号。

3. $Ru(bpy)_3^{2+}$ 体系的 ECL 光谱的绘制

将一系列不同波长的干涉滤光片放置在电化学发光分析仪的光窗前,采用上述相同的步骤测定 $Ru(bpy)_3^{2+}$ 体系(TPrA 为共反应试剂)的 ECL 信号,记录发光信号随滤光片波长变化的曲线($I-\lambda$)。

4. ECL 分析青霉素的水解

取 20 μL 青霉素水溶液(1.0 μmol·L^{-1}),加入 2 mL PBS 缓冲溶液(0.1 mol·L^{-1},pH=7.5),随后加入 20 μL $Ru(bpy)_3^{2+}$ 溶液(4 mmol·L^{-1})和 Triton X-100 溶液(体积分数 0.05%),采用循环伏安法在 0~1.2 V 进行电位扫描,记录测得的 ECL 信号。

另取 20 μL 青霉素水溶液(1.0 μmol·L^{-1})和 20 μL 青霉素酶溶液(5 μmol·L^{-1}),加入 2 mL PBS 缓冲溶液(0.1 mol·L^{-1},pH=7.5)中,用旋涡混匀仪混合后,使其水解 10 min,再按照上述相同的方法添加发光试剂后,进行电位扫描,记录测得的 ECL 信号。

5. 牛奶中青霉素含量的测定

将牛奶以 12000 r·min^{-1}离心处理,除去上层脂肪层,中层液用 0.22 μm 无菌微孔膜过滤。分别取 0 mL、0.5 mL、1 mL、2 mL、3 mL、5 mL 青霉素标准溶液(100 μmol·L^{-1}),用上述牛奶滤液定容至 50 mL,使滤液中青霉素的浓度在 0~10 μmol·L^{-1}之间。分别取 50 μL 上述含不同浓度青霉素的牛奶样品加入 2 mL PBS 缓冲溶液(0.1 mol·L^{-1},pH=7.5),再加入 20 μL 青霉素酶溶液(5 μmol·L^{-1}),使用旋涡混匀仪混合后,使其水解 10 min,再加入发光试剂$Ru(bpy)_3^{2+}$ 溶液(0.1 mol·L^{-1})和 Triton X-100 溶液(体积分数 0.05%)各 20 μL,在 0~1.2 V 进行循环伏安电位扫描,记录测得的 ECL 信号。

取一份未知牛奶样品(实验教师准备),按照上述相同的方法离心处理。取 50 μL 滤液直接加至 2 mL PBS 缓冲溶液(0.1 mol·L^{-1},pH=7.5)中,按照上述相同的方法进行酶解,添加发光试剂后测定 ECL 信号,平行测定三次。另取 45 μL 滤液,向其中添加 5 μL 青霉素溶液(50 μmol·L^{-1})后,再加至 2 mL PBS 缓冲溶液(0.1 mol·L^{-1},pH=7.5)中,然后按照上述相同的方法进行酶解,添加发光试剂后测定 ECL 信号,平行测定三次。

五、注意事项

(1) 进行电化学发光测试前,先关闭暗盒盖子,打开光窗开关,再启动测试;测试结束,先关闭光窗开关,再打开暗盒盖子,取出样品。

(2) 测量牛奶样品经酶水解的发光信号时,各样品酶水解反应条件(反应时间、反应温度等)应保持一致。

六、数据处理与分析

(1) 绘制不同滤光片测得的 ECL 信号 I 随波长变化曲线($I-\lambda$),得到 $Ru(bpy)_3^{2+}$ 的 ECL 光谱。

(2) 绘制牛奶中青霉素含量(c)与发光信号(I)之间的关系曲线($I-c$),并进行线性回归分析。根据线性方程,计算未知牛奶样品中青霉素的含量(以未经稀释的原始牛奶样品中青霉素的含量表示),并根据标准加入法测得的结果计算回收率。

七、思考题

(1) 比较不同介质(缓冲溶液和牛奶)中的青霉素经酶水解后对 $Ru(bpy)_3^{2+}$ECL 信号的增敏作用的差异,并分析可能的原因。

(2) 本实验中绘制校准曲线时采用牛奶离心分离后的滤液来配制不同含量的青霉素系列标准溶液,请分析这一做法的目的是什么?

(3) 基于本实验的基本原理,设计实验方案测定青霉素酶的活力。

八、知识拓展

ECL 具有许多显著的优势,例如,ECL 的产生无须使用激发光源,免除了光源背景和杂散光的影响,信号灵敏度极高;ECL 产生于电极表面,电极反应的进行受电极上所施加的电位控制,因此 ECL 过程是时空可控的。通常 ECL 仪器信号检测的原理比较简单,只是将特定发光试剂和共反应物组合而成的 ECL 体系的信号采集记录下来,而由于 ECL 发光体系可能与多种物质同时发生反应,对分析物的测定造成干扰,这也限制了 ECL 分析法在复杂系统或多分析物检测中的应用。

为了有效提高 ECL 分析法的选择性,在生物分析领域常常在 ECL 测定中引入生物识别分子(如抗体、核酸、酶等),利用这些分子与特定目标分析物之间发生的特异性结合,提高 ECL 分析法的选择性。在本实验中,利用青霉素水解酶对青霉素的特异性催化作用,保证该方法应用在牛奶这一复杂体系中时能够表现出足够的选择性。另一项代表技术是电化学发光免疫分析(electrochemiluminescence immunoassay, ECLIA)。ECLIA 是继放射免疫技术、酶联免疫技术和荧光免疫技术后发展的一项新兴免疫检测技术,它将抗原-抗体间的特异性免疫识别与 ECL 信号测定相结合,表现出很高的灵敏度和选择性。目前,基于 ECLIA 原理开发的肿瘤标志物、激素指标、心肌标志物等检测对象的分析方法已成为癌症、糖尿病、心血管疾病、传染性疾病、贫血性疾病等临床诊断的主要检测手段。

ECLIA 检测的原理如图 3-8B-3 所示。首先将待测抗原与特异性抗体结合,形成抗原-抗体复合物,再将该复合物与标记有发光物质的检测抗体结合,形成“夹心”复合物;随后将这个复合物引入电化学池中吸附于电极表面，通过施加电压来激发发光物质，产生发光信号。发光信号的强度与待测物质的浓度成正比，因此可以定量检测待测物质的浓度。ECLIA 通常以三联吡啶钌作为示踪物质标记抗原或抗体，以三丙胺作为发光共反应物，并采用磁性纳米微球为固相载体，将夹心复合物与游离发光标记抗体有效分离，从而实现待测物质的 ECL 定量测定。

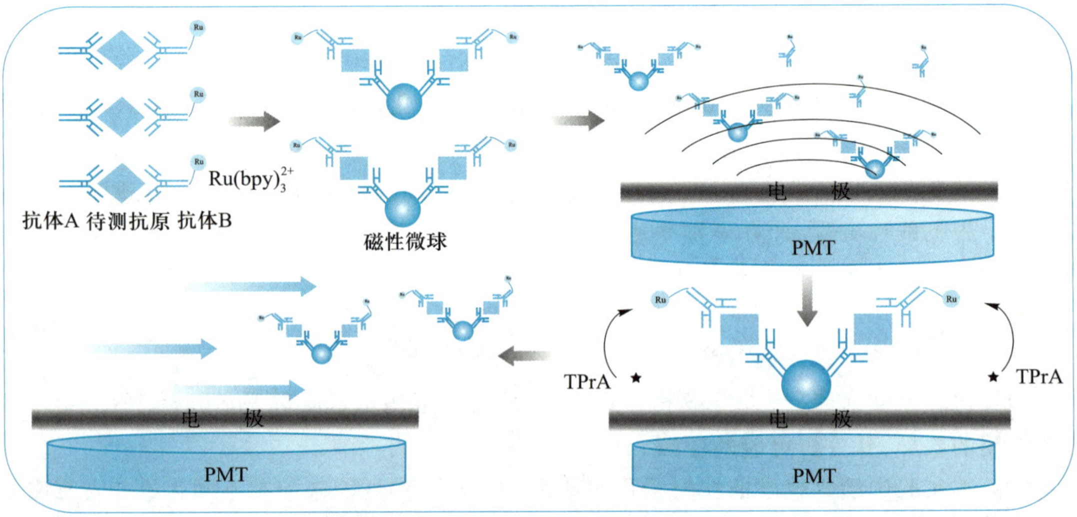

图 3-8B-3 电化学发光免疫检测原理示意图

九、参考文献

（西北大学 聂菲）

第4章 振动光谱实验

光谱学是目前人类发现的通向原子和分子世界的主要桥梁，在现代化学和量子力学的诞生和发展中都起到了决定性作用。振动光谱是原子尺度物质结构的“指纹”，在分子结构分析、化学反应机理探究、材料科学表征等一系列基础和前沿科学研究领域中具有不可替代的重要地位。本模块分为拉曼光谱、红外光谱和综合探索三个部分。在拉曼光谱部分，学生将通过拉曼光谱手机“摄影”实验重温拉曼散射效应的发现历程，通过拉曼光谱仪搭建与原理验证实验深入学习拉曼光谱理论、仪器构造及科学思维和方法，学生还能学习表面增强拉曼光谱技术理论与实验方法并感受其独特魅力。在红外光谱部分，学生将掌握气体、液体和固体样品的红外光谱测试与定性分析，并进一步探索红外光谱在液相分析（如水的红外光谱和几种常见脂肪醇的氢键结构探究）和固相分析（如固体表面的酸碱位和分散度测量）中的实际应用。在综合探索部分，学生能比对测量气体分子和有机化合物分子的红外光谱和拉曼光谱，深入学习光谱选律和分子结构参数分析。学生还可根据个人兴趣，探索多谱学联用技术在原位催化过程表征和前沿材料科学研究中的应用。本模块精心设计的 12 个实验项目从振动光谱基础知识和基本原理出发，注重培养学生自主搭建和创制光谱仪器的能力，并激发学生对前沿科学问题的兴趣和思考。该模块的学习不仅有助于提高学生对所学知识的灵活运用能力和实践操作能力，也为其在新一轮科技革命与产业变革中成为核心力量奠定基础。

4.1 振动光谱和转动光谱基本原理

4.1.1 振动光谱和转动光谱技术简介

如前序章节所述，在所有分子光谱技术中，其核心机制在于分子与电磁辐射相互作用时，其在不同能量特征状态之间发生转变，而选律决定了在众多可能的转变中发生哪种转变。在光谱的红外和微波区域，电磁辐射的吸收会引起振动和转动能量特征状态之间的转换，由此产生振动和转动吸收光谱。当光的波长远小于红外波段电磁波时，电磁波与分子有一定概率发生非弹性散射，这也会产生振动和转动能量特征状态的转换，如拉曼光谱（Raman spectroscopy）。

在振动光谱实验中，我们将学习拉曼光谱和红外光谱在分子结构参数表征、物质结构指纹鉴定、化学反应原位表征和材料科学中的应用。需要指出的是，振动光谱有两个特点，正是这两个特点让振动光谱成为化学测量中的重要工具。① 化学键的振动频率主要取决于键两端振动原子及其相互作用特征$\left[\nu=\left(\frac{1}{2\pi}\right)\sqrt{k/\mu}\right.$,式中:$\nu$,$k$ 和 μ 分别为振动频率、键力常数和折合质量$\left.\right]$,远离键的原子对振动频率影响较小,这一特性产生了由键连接的原子的特征频率,即基团频率(group frequency)。② 分子中的每个简正振动模式(如伸缩振动或弯曲振动)对应唯一本征频率,不同简正振动模式组成了分子结构的指纹特征。这些内容将分别在拉曼光谱和红外光谱部分展开讨论。

4.1.2 拉曼光谱的基本原理

拉曼散射现象由印度物理学家拉曼(C.V.Raman)于 1928 年首次发现。当时他以汞灯、棱镜和照相底板作实验工具,以液体苯为试样,获得与激发线波长不同的非常微弱且具有偏振特性的光谱信号,该现象称为拉曼散射,基于该原理的光谱分析方法称为拉曼光谱。在发现拉曼散射现象仅两年后,C.V.Raman 于 1930 年被授予诺贝尔物理学奖,由此可见该发现的重要意义。

光与物质发生的散射作用通常有三种情况:第一,若介质是均匀的,不考虑热起伏,那么当光通过介质后不发生任何变化,即沿着入射光的方向传播,与介质没有散射作用。第二,若介质不均匀(有某种起伏),光与其作用后会被散射到其他方向;但是只要该起伏与时间无关,那么散射光的频率不会发生变化,只是波矢方向发生了偏离,此即为弹性散射。第三,若介质的不均匀性随时间发生变化,那么光与这些变化的起伏便能相互作用,交换能量,从而产生频率变化的散射光,即为非弹性散射。当一束单色光与分子相互作用时,其可与分子发生弹性散射和非弹性散射。在弹性散射过程中,光子与分子间没有进行能量交换,只是光子运动方向发生了改变,并没有频率的变化,这种弹性散射过程称为瑞利(Rayleigh)散射,其强度一般为入射光的 $10^{-5}\sim10^{-3}$。而当入射光子与分子之间发生能量交换,将发生非弹性散射,也即拉曼散射,拉曼散射的强度通常仅为瑞利散射的 $10^{-6}\sim10^{-3}$。入射光与分子发生散射后发出的光子能量可能会降低或升高:前者称为斯托克斯散射(Stokes scattering),后者则称为反斯托克斯散射(anti-Stokes scattering)。拉曼散射光和入射光之间的频率差,称为拉曼位移(Raman shift),目前常用的拉曼位移的表示方法由公式(4.0.1)定义:

$$\Delta\tilde{\nu}=\frac{10^7}{\lambda_0}-\frac{10^7}{\lambda_s} \tag{4.0.1}$$

式中:$\Delta\tilde{\nu}$ 表示拉曼位移,cm^{-1}(波数),λ_0 为入射光的波长(即所用激发光的波长),nm;λ_s 为散射光的波长,nm。

拉曼散射过程可通过分子能级图进行阐释。当能量为 $h\nu_0$ 的入射光子与处于电子基态 S_0特定振动能级(振动频率为 ν_{mol})的分子相互作用时,会诱导分子跃迁至一个瞬时的虚能态(virtual state)。该虚能态通过辐射光子的方式发生散射,具体可分为以下三种情况:

① 瑞利散射:若分子散射后返回至初始振动能级,此时辐射光子的频率($\nu=\nu_0$)与入射光频率相同;② 斯托克斯散射:若分子散射后跃迁至一个能量更高的振动激发态,表明分子在此过程中获得了能量。此时,辐射光子的频率($\nu_s=\nu_0-\nu_{mol}$)低于入射光频率;③ 反斯托克斯散射:此过程发生的前提是分子初始已处于热布居的振动激发态。根据玻耳兹曼分布

$\left(布居数\ \bar{n}\ 服从玻耳兹曼分布\ \bar{n}=\frac{1}{e^{\frac{h\nu_{mol}}{k_BT}}-1}\right)$，反斯托克斯散射的强度通常弱于斯托克斯散射。在这种情况下，分子散射后返回至能量较低的振动基态，辐射光子的频率（$\nu_{as}=\nu_0+\nu_{mol}$）则高于入射光频率。入射光和散射光的能量差是由振动本征能级差所决定的，拉曼位移 $\Delta\tilde{\nu}$ 是分子的指纹特征，与激发光波长 λ_0 无关。

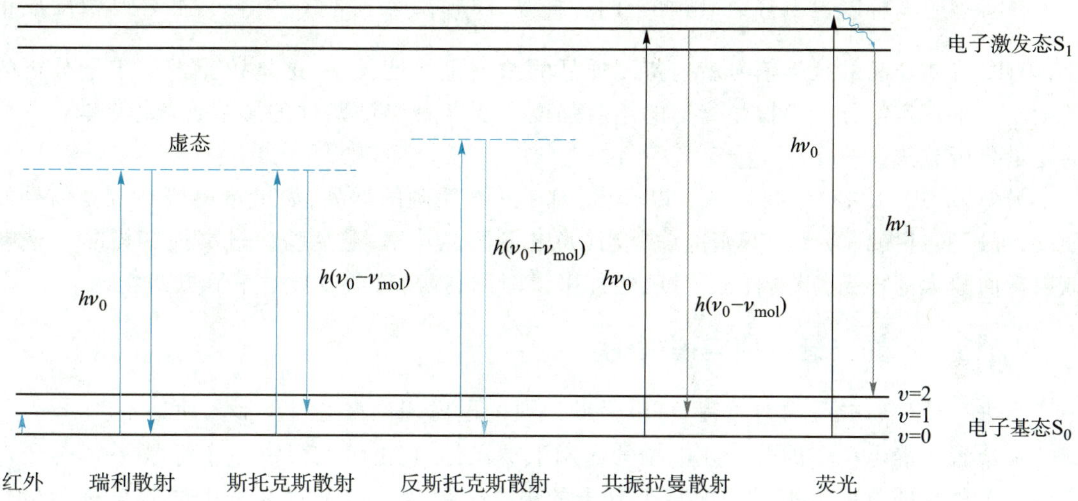

图 4-0-1　能级角度分析分子光谱

一个分子通常具有多种简正振动模式，不同振动模式具有不同振动频率和强度，从而可以给出一条具有不同峰频率和峰强度分布的光谱图，该光谱包含了精细的分子本征指纹信息，使其能够用于分子结构的鉴定，实现对分子的定性判断。也因此，拉曼光谱也被称为分子指纹光谱技术。

通常情况下，拉曼光谱信号非常微弱，但是当激发光的能量与电子基态和激发态之间的能量差相当时，电子受激发后会跃迁到第一电子激发态（实态），所产生的共振吸收使得电子跃迁概率大大增加，大大提升拉曼过程效率，此过程称为共振拉曼散射（resonance Raman scattering）。通常共振拉曼散射能使拉曼散射强度为常规拉曼散射强度的 $10^2\sim10^6$ 倍。只有与电子能级间跃迁相关的振动模式才能被共振拉曼散射增强，共振拉曼散射有可能检测常规拉曼光谱中无法得到的某些特定基团的结构信息。

此外，拉曼光谱也可与紫外-可见吸收光谱、荧光光谱一样用于定量分析。拉曼信号强度可表达为

$$\Phi_{signal}=I_{laser}\left(\frac{d\sigma}{d\Omega}\right)_a D_a V_a K\Omega\, T_o T_m Qt \tag{4.0.2}$$

式中：Φ_{signal} 为信号光子数，I_{laser} 为激光的功率密度，$\left(\frac{d\sigma}{d\Omega}\right)_a$ 为单个分子的微分散射截面（散射截面可以理解为发生散射的概率），D_a 为分子数密度，V_a 为检测样品的体积，K 为与样品形貌有关的几何因子，Ω 为收集立体角，T_o、T_m 分别为光学元件、色散系统的光传输率，Q 为检测器的量子效率，t 为检测时间。

如果在检测过程中，保持所有外部检测条件相同（如激光功率不变、光谱仪性能不变、检测时间相同，并控制检测样品体积一定），则拉曼信号强度可以化简为

$$\Phi_{\text{signal}} = k\left(\frac{\mathrm{d}\sigma}{\mathrm{d}\Omega}\right)_{\mathrm{a}} D_{\mathrm{a}} \tag{4.0.3}$$

$$k = I_{\text{laser}} V_{\mathrm{a}} K \Omega T_{\mathrm{o}} T_{\mathrm{m}} Q t \tag{4.0.4}$$

在实验中 k 可以视为常数，则对于同一样品，$\left(\frac{\mathrm{d}\sigma}{\mathrm{d}\Omega}\right)_{\mathrm{a}}$ 为一常数，D_{a} 与待测样品浓度成正比，因此，待测样品的拉曼信号就与待测样品的浓度呈线性关系，这是拉曼光谱定量分析的基础。但是在实际分析中拉曼光谱的绝对强度会受各种测试条件的影响，因此需建立可靠的定量分析方法。

另外，从式(4.0.2)中我们也可以看出，对于一个明确的样品，如果希望提高拉曼信号的强度，可以通过提高激光功率密度（需要注意控制激光功率，避免功率过高损坏样品），选择散射截面较大的样品，提高样品浓度，增加采谱时间，提高仪器收集效率等方式实现。

4.1.3 拉曼光谱经典电磁理论

为进一步理解拉曼散射过程，可以借助经典的电磁理论来进行更形象地讨论。

一个置于静电场中的分子在电场的作用下被极化，其正负电荷中心分离，并在其分子内产生一个诱导的电偶极矩。表征某个分子的电子云发生形变的难易程度的张量称为极化率。如果我们施加一个频率为 ν_0 振荡的外电场（如一束激光），诱导的偶极将跟随该电场的频率而发生振荡。与此同时，组成分子的原子也以其固有的频率(ν)振动，如果原子的相对振动能够引起分子极化率的有效改变，则诱导偶极的振荡将受到核振动的调制，从而辐射出激发光与分子振动的合频和差频的散射光，即拉曼散射。因此，分子对光的散射与诱导的电偶极相关。

诱导偶极矩、分子极化率及电场强度之间可用式(4.0.5)表示：

$$\mu = \alpha E \tag{4.0.5}$$

式中：μ 为分子的诱导偶极矩，α 是分子的极化率，E 为电场强度。这里需要注意的是，受分子的结构和振动模式影响，分子的极化率一般是具有各向异性的，形成键的电子更容易与沿着键轴方向的电场作用，而与垂直于键轴方向的电场作用较弱。

按照经典电磁理论，一束单色光的光电场可以写成：

$$E = E_0 \cos(2\pi\nu_0 t) \tag{4.0.6}$$

式中：E_0 是单色光电场的振幅，ν_0 为单色光的频率。

当分子在此单色光的交变电场作用下被诱导极化时，诱导的偶极矩将会随着交变电场而振荡，即

$$\mu = \alpha E = \alpha E_0 \cos(2\pi\nu_0 t) \tag{4.0.7}$$

此时诱导的电偶极子也将随着激发场交变振荡而向外辐射出与入射光等频率的电磁波，这一过程对应着瑞利散射过程。

如果在一个多原子分子体系中，当原子间以 ν_{vib} 的频率发生振动（空间坐标发生变化）而产生了极化率的变化，即

$$\alpha=\alpha_0+\left(\frac{\partial\alpha}{\partial Q}\right)_0 Q_k \tag{4.0.8}$$

$$Q_k=Q_{k0}\cos(2\pi\nu_{vib}t) \tag{4.0.9}$$

式中：Q_k 是某一分子振动瞬间的简正坐标，Q_{k0} 为该振动导致坐标变化的最大值（振幅），ν_{vib} 为分子振动的频率。

将式(4.0.8)和式(4.0.9)代入 $\mu=\alpha E_0\cos(2\pi\nu_0 t)$，可得

$$\mu=\alpha E=\left[\alpha_0+\left(\frac{\partial\alpha}{\partial Q}\right)_0 Q_{k0}\cos(2\pi\nu_{vib}t)\right]E_0\cos(2\pi\nu_0 t) \tag{4.0.10}$$

式(4.0.10)中既包含了反映分子振动的 $\cos(2\pi\nu_{vib}t)$ 项，又包含了反映外场的 $E_0\cos(2\pi\nu_0 t)$ 项。

进一步将式(4.0.10)展开，可以得到

$$\mu=\alpha_0E_0\cos(2\pi\nu_0 t)+\frac{1}{2}\left(\frac{\partial\alpha}{\partial Q}\right)_0 Q_{k0}E_0\{\cos[2\pi(\nu_0-\nu_{vib})t]+\cos[2\pi(\nu_0+\nu_{vib})t]\} \tag{4.0.11}$$

式中：$\alpha_0E_0\cos(2\pi\nu_0 t)$ 对应瑞利散射，$\frac{1}{2}\left(\frac{\partial\alpha}{\partial Q}\right)_0 Q_{k0}E_0\cos[2\pi(\nu_0-\nu_{vib})t]$ 对应斯托克斯拉曼散射，$\frac{1}{2}\left(\frac{\partial\alpha}{\partial Q}\right)_0 Q_{k0}E_0\cos[2\pi(\nu_0+\nu_{vib})t]$ 对应反斯托克斯拉曼散射。

从上述结果中我们可以看出，如果振动过程并没有使分子的极化率发生变化，即 $\left(\frac{\partial\alpha}{\partial Q}\right)_0=0$，则后面两项都将为零。此时，偶极子只以入射光的频率振荡，对应瑞利散射，如果极化率发生变化，即 $\left(\frac{\partial\alpha}{\partial Q}\right)_0\neq0$，则除瑞利散射外，还有频率减少和增加的项，即斯托克斯拉曼散射和反斯托克斯拉曼散射。

4.1.4 拉曼光谱选律

作为一种振动光谱技术，拉曼光谱所呈现的散射峰位置、数量和强度，直接受分子振动自由度和对称性的影响，其选律与分子的运动自由度有必然联系。从最简单的单个原子开始，确定单个原子的位置需要 X,Y,Z 3 个坐标，因此共有 3 个运动自由度，三个坐标在空间上都可以自由变化，皆为平动自由度。拓展到双原子分子，其共有 $3N=3\times2=6$ 个运动自由度，其中确定整个分子的空间位置仍需 X,Y,Z 3 个坐标，对应于 3 个平动自由度。而双原子分子必定为线性分子，分子在空间中的取向还需要另外 2 个自由度来确定转动轴，即 2 个转动自由度，最后剩下 1 个振动自由度，即双原子分子仅有一个振动模式。拓展到含有 N 个原子的分子，分子的总自由度为 $3N$，其中包括了平动自由度、转动自由度和振动自由度，对于非线性分子，有 $3N-6$ 个振动自由度（即简正振动模式）；对于线性分子，含有 $3N-5$ 个振动自由度。

并不是所有的简正振动模式都可以在拉曼光谱中呈现谱峰，由于分子对称性，其中一些振动模式在振动过程中不会引起极化率大小或方向的改变，因而不具有拉曼活性。

拉曼光谱与红外光谱皆属于分子振动光谱，但分子的某一个简正振动模式能否在红外光谱或拉曼光谱中出现，是由光谱选律所决定的。如果分子的极化率在某一振动过程中发生变化，即 $\left(\frac{\partial\alpha}{\partial Q}\right)_0\neq0$，则其振动模式具有拉曼活性；反之，如果分子的极化率在某一振动过

程不发生变化，即$\left(\frac{\partial\alpha}{\partial Q}\right)_0=0$，则该振动模式不具有拉曼活性。随着量子化学计算方法的发展，分子的所有简正振动模式的频率、红外强度和拉曼强度均可通过理论手段精确预测。

以较为简单的 H_2O 和 CO_2 分子为例，讨论在各种振动过程中极化率的变化。

在拉曼光谱中，可以用极化率椭球（与电子云密度的倒数相关）理解振动对分子极化率的影响。如图 4-0-2 所示，对于 H_2O 分子，当发生对称伸缩振动 ν_1 时，H 原子跨过平衡位置 $Q=0$ 前后，极化率椭球的大小发生变化，因此极化率变化率不为 0，此振动模式即具有拉

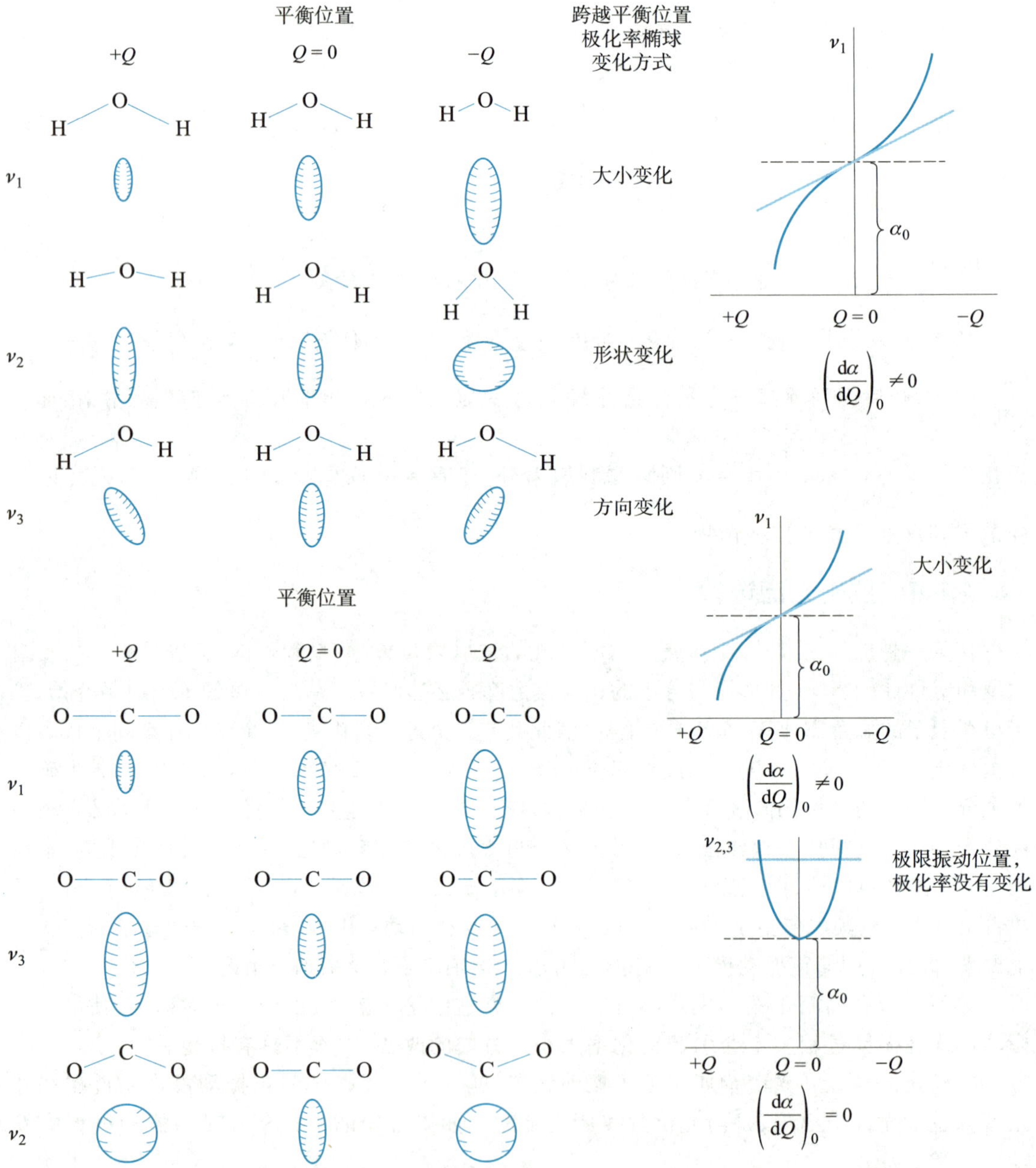

图 4-0-2　H_2O 和 CO_2 分子极化率变化示意图

曼活性;而对于 ν_2 和 ν_3 的振动,H 原子跨过平衡位置 $q=0$ 前后,水分子的极化率椭球的形状和方向都发生了变化,因此也具有拉曼活性。而对于 CO_2 分子,在 ν_1 的振动中振动极化率椭球大小发生了变化;而在 ν_2 和 ν_3 振动中,跨过平衡位置前后,极化率椭球的变化率为0,因此这两种振动都不具有拉曼活性。

对于具有对称中心的分子(如苯,D_{6h}点群),其振动模式遵循红外-拉曼互斥定律:对于中心对称的振动模式,平衡位置附近的偶极矩变化为零而极化率变化不为零,呈拉曼活性;对于非中心对称的振动模式,平衡位置附近的极化率变化为零而偶极矩变化不为零,呈红外活性。图 4-0-3(a)中的振动模式在振动过程中极化率发生变化,具有拉曼活性,但是偶极矩并没有发生变化。而图 4-0-3(b)中的振动模式则不具有拉曼活性。

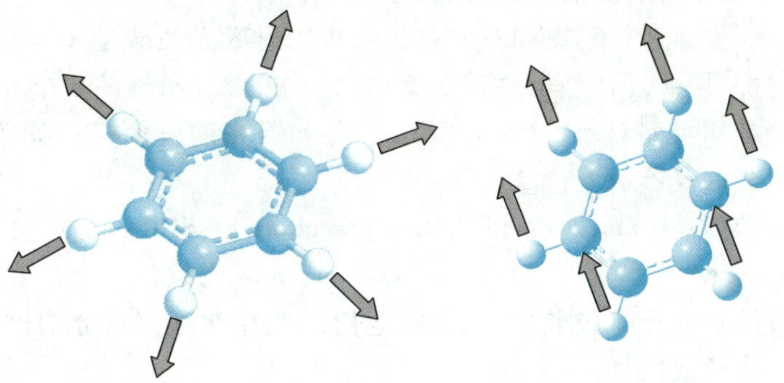

(a) 呼吸振动 (b) C—H不对称弯曲振动

图 4-0-3 苯的两种振动模式分析

4.1.5 影响拉曼光谱的因素

在振动光谱分析中,人们通常依据谱峰的强度、频率(拉曼光谱中的拉曼位移)和半峰宽来分析体系。因此,我们将讨论影响拉曼光谱谱峰强度、频率和半峰宽的因素。

首先讨论影响拉曼光谱谱峰强度的因素。拉曼强度与某个振动模式振动过程极化率的变化量呈线性关系。如前所述,极化率是衡量分子中的电荷分布受外电场作用下发生变化的难易程度。如果分子中含有大量离域的电子,则通常极化率的变化量也大,就易于给出较强的拉曼谱峰。例如,涉及多重键的伸缩振动,包括 C═C 键、C═O 键等;此外,若分子含有 Cl、Br、I 等原子,由于这些原子的外层电子结合较弱,则其伸缩和弯曲振动的强度都较强。反之,在一些强极性键中,由于电子通常被束缚在电负性高的原子那端,因此电子云不易发生变形,因此拉曼信号较弱,如 C—F 键,O—H 键等。

其次讨论影响拉曼光谱谱峰频率的因素。与其他振动光谱类似,拉曼光谱的分子振动频率可以表示为:$\nu=\frac{1}{2\pi}\sqrt{\frac{k}{\mu}}$。式中:$\mu$ 为折合质量,其计算式为 $\mu=\frac{m_1 \cdot m_2}{m_1+m_2}$,原子的折合质量越小,化学键的振动频率就越大,实验中常用同位素效应导致的峰频率的移动来验证对峰的指认;k 为化学键的键力常数,一般化学键越强,键力常数越大,相应的拉曼光谱谱峰的频率就越高。拉曼光谱谱峰的频率还会受到分子内部结构及外部因素的影响,如果这些因素的影响是导致键级增强,则频率升高。内部因素主要为分子中基团间的相互作用,包括电子效应、氢键作用、振动耦合、费米共振和空间效应等。外部因素主要包括测量物质的物理状态及溶剂效应。本书实验4-2有影响因素的详细介绍,感兴趣的同学可自行阅读相应内容。

外部因素中首先要考虑的是待测物质的状态,一般气态分子相对自由,能获得精细结构;液态分子由于转动受阻,会使得一些谱峰消失;固态分子的分子间相互作用力大,导致光谱更为复杂。另外,溶剂效应同样会影响谱峰频率,通常溶剂极性越高,则C═O键电子云密度越低,键强越低,伸缩振动频率红移越显著,强度加大,甚至类似于形成氢键。

4.1.6 表面增强拉曼光谱

在常规拉曼光谱实现技术革新的同时,共振拉曼散射(resonance Raman scattering, RRS)与非线性拉曼技术(如受激拉曼光谱,stimulated Raman scattering, SRS)成为提升信号强度的有效途径。一方面,对于共振拉曼散射,要求入射激光的能量 $h\nu_0$ 与分子电子跃迁能级相匹配,从而发生共振跃迁而使散射截面增加,但共振激发条件的要求和共振荧光的干扰也限制了其应用场景和研究对象;另一方面,非线性拉曼光谱技术往往需要超快激光与锁相探测系统等相对复杂的仪器设备。

表面增强拉曼散射(surface enhanced Raman scattering, SERS)是一种广泛研究的拉曼增强策略。最早的SERS实验是1974年由Fleischmann等完成的。他们在粗糙银电极表面获得了信噪比很高的吡啶分子拉曼信号,当时他们把该异常增强现象归因于由电极粗糙化而引起的表面吸附分子数增加。

SERS增强效应的首次测定是1977年由Van Duyne等完成的,通过定量表征粗糙银电极表面吡啶分子的拉曼信号,发现拉曼信号得到百万倍的增强,然而,在一个二维的表面上粗糙化引起的表面积增加是非常有限的(感兴趣的同学可以计算一下,将一个1 m×1 m的表面用1 nm×1 nm×1 nm的立方体进行分割替换,表面积增加了多少)。他们指出这种增强的现象并不是仅由分子数的增多而引起的,而可能是一种由表面电场造成的增强方式。同年,Albrecht等首次提出电荷转移的贡献,特别针对吡啶-银体系的分子轨道相互作用,他们从分子轨道理论阐明化学增强机制,奠定了SERS效应的电磁场增强机制和化学增强机制的理论框架。1979年,Creighton等也在溶胶体系中发现了类似现象,他们将这一效应正式命名为SERS效应。SERS的巨大优势体现在其能灵敏地检测到表面单层吸附物种的信号,这样使得人们可以实时原位研究表面物种的吸脱附行为,例如,可应用于分子构型和表面覆盖度变化等在表面科学中非常重要的过程。

在存在合适的增强介质与入射激光条件下,SERS技术甚至可以实现单分子水平分子的化学指纹信息识别。随着20世纪90年代纳米技术的发展,1997年Nie等和Kneipp等分别证实了SERS具有单分子水平的灵敏度,从而使SERS技术成为可以同时提供分子化学结构指纹的单分子检测技术。2000年发现的针尖增强拉曼光谱(tip-enhanced Raman spetroscopy, TERS)技术甚至可以在金属单晶表面获得分子的拉曼信号。同时,由于TERS技术是拉曼技术和扫描探针显微技术的结合,其空间分辨率远远突破光的衍射极限。2010年壳层隔绝纳米粒子增强拉曼光谱(shell-isolated hanoparticle-enhanced Raman spectroscopy, SHINERS)的提出进一步提高了SERS的通用性和普适性。目前SERS已经在物理学、化学、生物学和材料学等领域得到广泛的应用。理论上讲,通过增强基底的合理设计(材料和形貌),人们可以在从紫外到近红外整个波段获得拉曼增强,并且这种增强作用对不同的探针分子具有宏观普适性。此外,SERS 可以与共振增强拉曼光谱、非线性拉曼光谱相结合,从而进一步提升其发展潜力。

虽然 SERS 极大地提高了拉曼光谱的灵敏度,但受限于远场收集的测试方式,SERS 的空间分辨率未能突破光学衍射极限。1985 年,Wessel 提出通过扫描探针显微镜(scanning probe miscroscope,SPM)技术控制单个金属纳米颗粒实现单点增强,可用于近场光谱检测,如拉曼光谱、双光子光谱等,这被认为是 TERS 的雏形。单个金属纳米颗粒不仅将倏逝场限制在表面附近,还提供了较强的倏逝场信号增强,兼具时间和空间的高分辨特点。2000 年,Zenobi 等人将拉曼光谱与 SPM 技术结合,首次实现了纳米级拉曼检测。2015 年,董振超等人利用 TERS 技术实现对距离 0.3 nm 的两种卟啉分子的拉曼谱图识别。2019 年,Lee 等和我国侯建国、董振超团队利用 TERS 技术直接观测到单分子简正振动模式,实现了 1.5 Å 的极限空间分辨率。

直至今天,尽管关于 SERS 机理细节的研究还在继续进行中,人们当前对 SERS 效应的理解主要包括电磁增强机制(electromagnetic mechanism, EM)和化学增强机制(chemical mechanism, CE)两部分贡献,其中电磁增强机制贡献占主导作用。电磁增强机制与表面等离激元共振(surface plasmon resonance, SPR)有关,如图 4-0-4 所示,以金属纳米粒子为例,当一束光与金属纳米粒子相互作用时,会导致纳米粒子导带的电子相对于离子性金属原子核发生集体振荡。如果激光频率适当,会发生 SPR 共振,导致强烈的吸收或散射,从而在间隙结构(或者小曲率半径)位置处得到显著的局域电磁场增强(通常称为热点,hot spot)。这种效应在具有自由电子的 Au 和 Ag 等纳米粒子中特别显著。自由电子的移动性越强,SPR 越强。也因此,EM 机制在 Au、Ag 和 Cu 等金属的 SERS 增强中起主导地位。EM 机制中,尖端效应也会进一步导致局域电磁场的增强。人们进一步发现,单粒子的 SERS 增强效应通常仅有 3 个数量级左右,但是如果引入耦合效应,则有可能将 SERS 的增强效应提升到 6~9 个数量级,显著提升 SERS 的检测灵敏度。此外,由于电磁场强度随着距金属纳米结构表面的距离呈指数衰减,因此在实际检测中通常需要通过各种方法,让分子能够长时间处于高电磁场增强区域。化学增强机制主要描述分子、表面和入射光子三者间的相互作用,与金属及吸附物种的电子结构有关,可用类共振拉曼现象来解释。包括化学吸附作用、吸附物和基底间的光驱电荷转移及电子空穴对和吸附分子间的耦合作用,其中最重要的贡献是电荷转移(CT)机理。化学增强效应依赖于吸附位、成键的构型、电极和吸附分子的电子结构及激发光的波长,且只在分子尺度的范围内对 SERS 有贡献,因而从本质上来说它是一种短程效

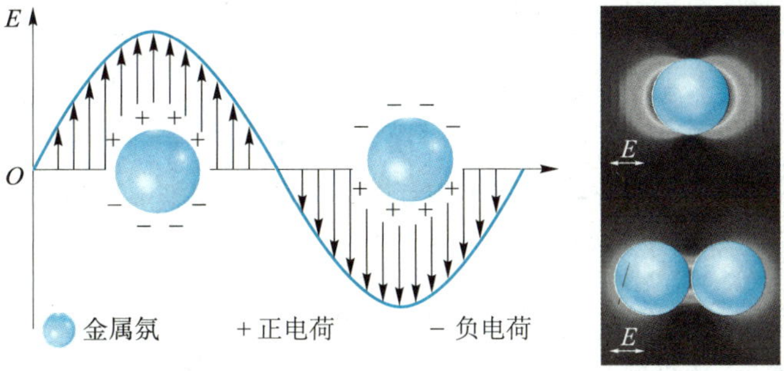

图 4-0-4 金属原子的 SPR 效应示意图及单粒子和粒子对周围的电磁场分布

应。针尖增强拉曼光谱(TERS)与SERS增强机理相似,主要增强来源于电磁场增强。纳米级金属针尖在波长匹配的光激发下,表面等离激元与外电磁场强烈耦合,产生局域表面等离子体激元(local surface plasmons,LSPs)。广义上的光子,是传播光的量子形式,而LSPs则是倏逝光的量子形式,根据量子力学Heisenberg不确定性原理:$\Delta x \cdot \Delta p \geqslant \hbar/2$,LSPs因传播空间的高局域性使得LSPs的动量分布更加不确定,通过改变针尖材料和曲率半径,调节入射光波长,可获得远小于入射光波长的LSPs波长。

电磁场增强和化学增强往往是在SERS中共同作用的。因此在对SERS机理研究过程中仍存在一个极具挑战性的地方,即几乎很难将这两种机理分开而单独研究某个过程。电磁场增强需要一个相对大的结构提供群体性的电子振荡,而化学增强往往可能只需要表面的一些吸附原子(adatom),表面缺陷(surface defect)等原子级别的结构(small structure)。值得关注的是,Roelli等近年来提出从分子腔光力学的角度理解SERS增强效应,并较好地解释了反常反斯托克斯-斯托克斯强度比和SERS信号与分子浓度的依赖关系,这些发现,连同量子等离子体激元光子学一起,将持续地带给人们新的惊喜。

4.1.7 红外光谱的基本原理

如前所述,在所有类型的光谱学测试中,电子都会发生从一个能级到另一个能级的跃迁。为了产生可观测的光谱信号,发生跃迁的能级必须处于占据态。那么,在无穷多个振动能级中,哪个能级被占据的概率更大呢?从玻耳兹曼分布模型出发,让我们来做一个简单的估算。表4-0-1给出了分别在300 K和1000 K时,处在第一振动激发态(N_1)和处于基态(N_0)的双原子分子数的比较。可以看出,即使在1000 K高温下,N_1/N_0的值也非常小(但Br_2除外)。这意味着在电磁辐射吸收中,大多数情况下观测到的振动转变是由$n=0 \rightarrow n=1$产生的。与拉曼光谱一样,红外光谱也有自身的选律,这些选律规定了系统不同状态之间可能发生的跃迁,这大大简化了光谱的解释难度,因为允许发生的跃迁类型比没有选律时少了很多。

表4-0-1 部分二原子分子的振动状态群

分子	$\tilde{\nu}$/cm^{-1}	ν/s^{-1}	N_1/N_0(300 K)	N_1/N_0(1000 K)
H—H	4400	1.32×10^{14}	6.78×10^{-10}	1.78×10^{-3}
H—F	4138	1.24×10^{14}	2.44×10^{-9}	2.60×10^{-3}
H—Br	2649	7.94×10^{13}	3.05×10^{-6}	2.21×10^{-2}
N—N	2358	7.07×10^{13}	1.23×10^{-5}	3.36×10^{-2}
C—O	2170	6.51×10^{13}	3.01×10^{-5}	4.40×10^{-2}
Br—Br	323	9.68×10^{12}	0.213	0.628

下面讨论跃迁选律。如式(4.0.12)所示,只有当跃迁偶极μ_x^{mn}符合式(4.0.12)时,从状态n到状态m的跃迁概率才不等于零:

$$\mu_x^{mn} = \int \psi_m^*(x)\mu_x(x_e+x)\psi_n(x)\,\mathrm{d}x \neq 0 \tag{4.0.12}$$

式中:x是振动振幅,μ_x是沿电场方向的偶极矩,将其视为x轴。

偶极矩μ_x会随着分子振动而发生微小变化。由于x的振幅是t的振荡函数,因此分子具有随时间变化的动态偶极矩。考虑到这一点，将 μ_x 以泰勒级数展开，并以平衡键长度为基准。由于 x 是振幅，因此平衡键长度 x_e 相当于 $x=0$。

$$\mu_x[x_e+x(t)]=\mu_0 x_e+x(t)\left(\frac{d\mu_x}{dx}\right)_{x=0}+\cdots \tag{4.0.13}$$

式中：$\mu_0 x_e$ 和 $\left(\frac{d\mu_x}{dx}\right)_{x=0}$ 的值取决于所考虑的分子。请注意，由于 $x=x(t)$，$\mu_x[x_e+x(t)]$ 是时间的函数。式(4.0.13)中的第一项是平衡位置的永久偶极矩，第二项是动态偶极矩。正如前面所看到的，在吸收实验中，可以合理地假设只有 $n=0$ 状态才会被填充。

$$\begin{aligned}\mu_x^{m0}=&A_m A_0\mu_{0x}\int_{-\infty}^{+\infty}H_m(\alpha^{\frac{1}{2}}x)H_0(\alpha^{\frac{1}{2}}x)e^{-\alpha x^2}dx+\\&A_m A_0\left[\left(\frac{d\mu_x}{dx}\right)_{x=0}\right]\int_{-\infty}^{+\infty}H_m(\alpha^{\frac{1}{2}}x)xH_0(\alpha^{\frac{1}{2}}x)e^{-\alpha x^2}dx\cdots\end{aligned} \tag{4.0.14}$$

式(4.0.14)中的第一个积分为零，因为不同的特征函数是正交的。要求解第二个积分，我们需要使用 $H_m(\alpha^{\frac{1}{2}}x)$ 的特定函数形式。然而，由于积分是在对称区间 $-\infty<x<\infty$ 上进行的，因此如果积分项是 x 的奇函数，则该积分为零。如果 m 为奇数，则赫米特多项式 $H_m(\alpha^{\frac{1}{2}}x)$ 是 x 的奇函数；如果 m 为偶数，则赫米特多项式 $H_m(\alpha^{\frac{1}{2}}x)$ 是 x 的偶函数。积分项 $xH_0(\alpha^{\frac{1}{2}}x)e^{-\alpha x^2}$ 是 x 的奇函数，因此，如果 $H_m(\alpha^{\frac{1}{2}}x)$ 为偶数，则 μ_x^{m0} 为零。这就简化了问题，因为只有类型为

$$n=0\to m=2b+1,\quad 其中\ b=0,1,2,\cdots,n \tag{4.0.15}$$

其 μ_x^{m0} 的值可以不为零。

式(4.0.15)所示的所有转换是否都会导致 μ_x^{m0} 不为零？如图 4-0-5 所示的 $H_m(\alpha^{\frac{1}{2}}x)x H_0(\alpha^{\frac{1}{2}}x)e^{-\alpha x^2}$ 与 x 的积分关系图，显示 $n=0\to m=1$，$n=0\to m=3$ 和 $n=0\to m=5$ 的过渡。对于 $n=0\to n=1$ 过渡，积分项处处为正值，而对于 $n=0\to m=3$ 和 $n=0\to m=5$ 过渡，虚线上方的区域正好与虚线下方的区域相抵消，这表明 $\mu_0^{mn}=0$。因此，$\mu_0^{mn}=0$ 只适用于图 4-0-5 所示三个过渡中的第一个过渡，$\mu_0^{mn}=0$ 适用于 $\Delta n\neq+1$。更普遍的情况是，在偶极近似中，只保留式(4.0.13)的前两项，吸收的选择规则是 $\Delta n=+1$，发射的选择规则是 $\Delta n=-1$。不同类型光谱的选择规则不同。不过，在偶极近似中，任何类型光谱的选择规则都是通过式(4.0.12)和适当的总能量特征函数计算得出的。

请注意，由于式(4.0.14)中的第一个积分为零，所以永久偶极矩 μ_{0x} 的存在与否与红外辐射的吸收无关。要发生振动激发，动态偶极矩必须不为零。由于这一条件，同核二原子分子不会吸收红外线波长的光。这一现象对我们的环境有重要影响。地球的温度主要取决于从太阳吸收的可见光和紫外线辐射与地球发射的红外线辐射之间的能量平衡。没有永久或瞬时偶极矩的分子 N_2、O_2 和 H_2 及稀有气体构成了 99.93%大气层。

根据朗伯-比尔定律，光的衰减与所通过材料的性质有关，其微分形式为

$$dI(\lambda)=-\varepsilon(\lambda)MI_0(\lambda)dl \tag{4.0.16}$$

式中：强度为 $I_0(\lambda)$ 的入射光在通过样品 dl 的距离时被衰减；M 是吸收体的浓度，$I(\lambda)$ 是离开样品池的透射光的强度。液态溶液中 M 的单位通常使用 $mol\cdot L^{-1}$，气体混合物则使用分压单位。对式(4.0.16)进行积分可得出

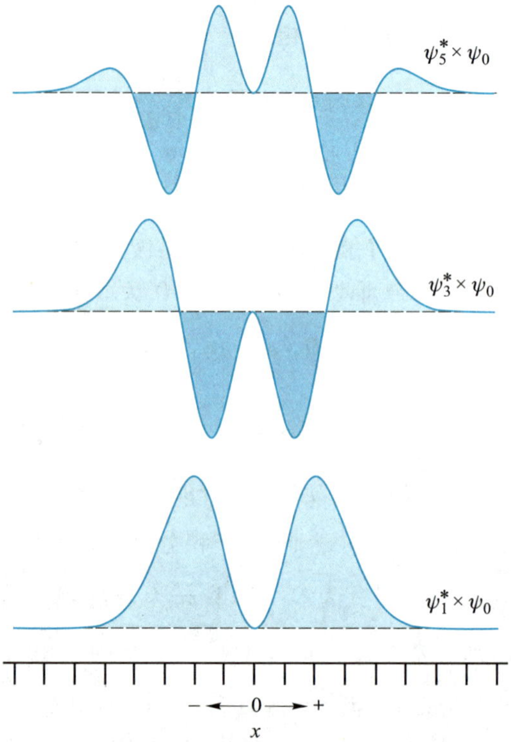

从上到下分别表示 $n=0 \to m=1$，$n=0 \to m=3$
和 $n=0 \to m=5$（虚线表示每个图形的零级）

图 4-0-5　积分 $H_m(\alpha^{\frac{1}{2}}x)xH_0(\alpha^{\frac{1}{2}}x)e^{-\alpha x^2}$ 与 x 的函数关系图

$$\frac{I(\lambda)}{I_0(\lambda)} = e^{-\varepsilon(\lambda)Ml} \tag{4.0.17}$$

朗伯-比尔定律为人们利用振动吸收光谱进行定量分析提供了可能。

4.1 节 参考文献

4.2　拉曼光谱仪的构造及其工作原理

4.2.1　拉曼光谱仪的简要介绍

目前最常用的拉曼光谱仪或其他光谱测量系统通常由以下四部分组成：光源、样品池、分光元件及检测器，如图 4-0-6 所示。经过近百年的发展，当前拉曼光谱仪的仪器结构和器件性能已与早期仪器有很大不同。由于拉曼散射效应非常微弱，现代拉曼光谱仪通常使用高强度的激光作为光源，通过衍射光栅实现分光，常用电荷耦合器件（charge-

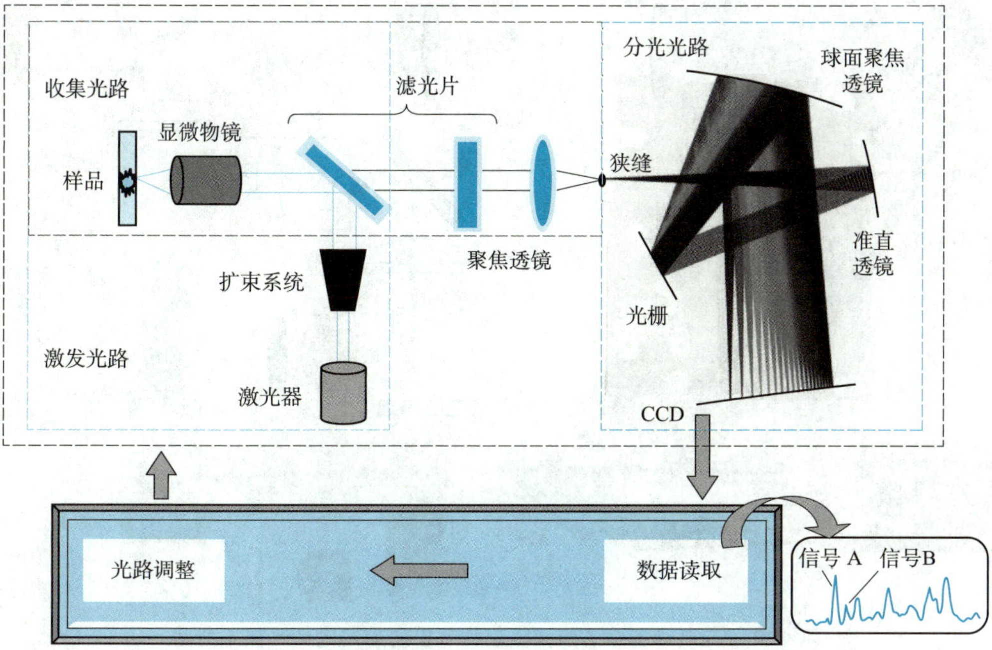

图 4-0-6　拉曼光谱仪简单组成

coupled device，CCD）作为检测器。检测器检测到的信号会传输到计算机中，计算机通过进一步数据处理，生成拉曼光谱图。光路中光学元件的运动与切换一般由计算机相关软件操控。

下面将以厦门大学自主研发的教学型多功能拉曼光谱仪为例，介绍目前科研中最常用的显微拉曼光谱仪的组成。常见的显微拉曼光谱仪系统包括三个主要部分：① 激光光源；② 激发和采集装置（显微镜）；③ 光谱仪（分光和检测）。

如图 4-0-7 所示（可扫描二维码查看彩图），532 nm 激光从激光器出发，经过反射镜到达扩束系统，再经 532 nm 长通滤光片反射，通过物镜聚焦到样品表面，激光与样品作用后产生的瑞利散射光和拉曼散射光再次通过显微镜头收集，通过 45°放置的滤光片 1 滤除部分瑞利散射信号和反射的激光，再通过水平放置的滤光片 2 进一步滤除瑞利散射信号，最后经反射镜反射后通过聚焦透镜。聚焦透镜将光聚焦在狭缝上，透过狭缝后，经透镜准直成平行光，通过光栅进行分光，再通过透镜将不同波长的光聚焦到 CCD 上光敏感的像元，被读出后经运算处理生成拉曼光谱图。

由于在光谱仪中，CCD 上的光谱信号条带对应狭缝的像，因此若要获得高光谱分辨率，需要将狭缝变小，以避免不同波长的光在 CCD 上的像重叠而降低光谱分辨率。然而，这会导致大量光被阻挡在狭缝之外，降低检测灵敏度。

以上仅对拉曼光谱仪器原理做简要介绍，要深入了解拉曼仪器原理，还需要理解各个部件及光路中各光学元件的具体作用。下面将按照拉曼光谱仪的激发和检测顺序，介绍各个元件的基础知识及功能。

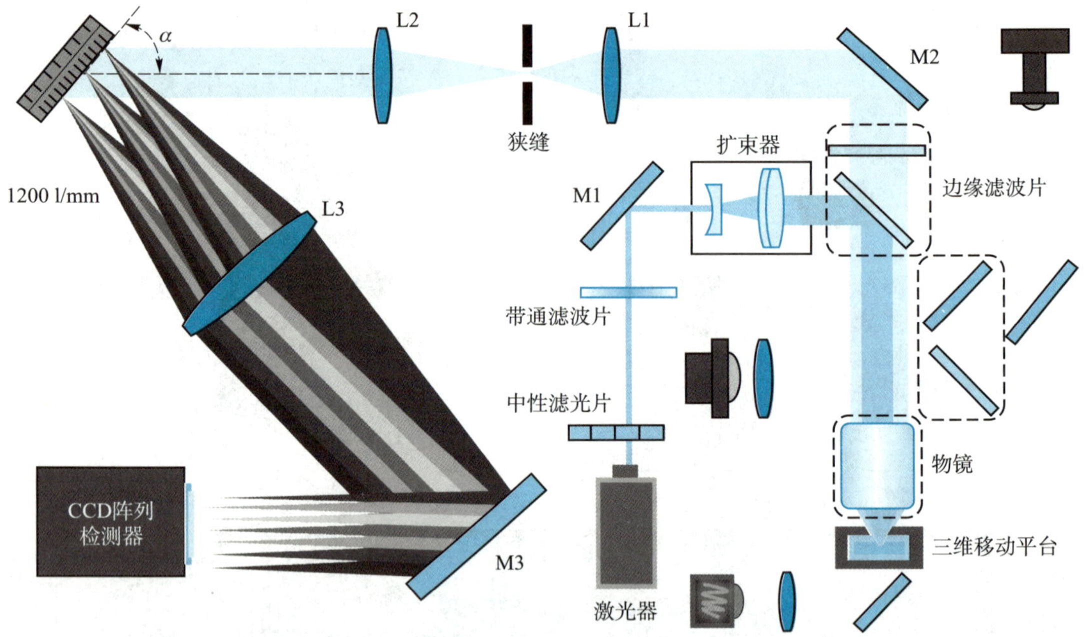

图 4-0-7 教学型多功能拉曼仪器拉曼检测系统的光路示意图

彩图 4-0-7

4.2.2 拉曼光谱仪的构造及原理

1. 激光器

拉曼光谱仪器的激发源通常采用单色性好(激光线宽窄)、波长稳定的激光,通常为单纵模、TEM_{00}横模(即高斯基模)激光。此类激光通常价格昂贵,功率相对较低。经济型光谱仪可以根据设计的光谱分辨率和稳定性来选择激光器,一般要求线宽小于光谱仪光谱分辨率(如 0.1 nm@ 532 nm),波长漂移值小于 0.01 nm。目前市场上常用于拉曼光谱的激光器有三类:气体激光器、固体激光器和半导体激光器。

常见的激光波长包括:

紫外:244 nm,266 nm,325 nm,355 nm,405 nm。

可见:457 nm,488 nm,514 nm,532 nm,633 nm,638 nm,660 nm。

近红外:785 nm,830 nm,980 nm,1064 nm。

在拉曼光谱实验中,应根据样品的特性选择合适的激光波长,通常要注意以下几点:

(1) 避开待测样品的荧光光谱区间。拉曼光谱的信号强度远弱于荧光光谱,如果所选激光在样品的荧光信号附近,会导致拉曼信号被完全掩盖,如图 4-0-8 所示。因此,在进行拉曼光谱实验之前,应全面了解待测样品吸收和荧光性质,优先选择能有效避开荧光干扰的激光波长。

(2) 选择合适波长的激光以激发共振增强拉曼散射。在某些特定体系下,可以选择与

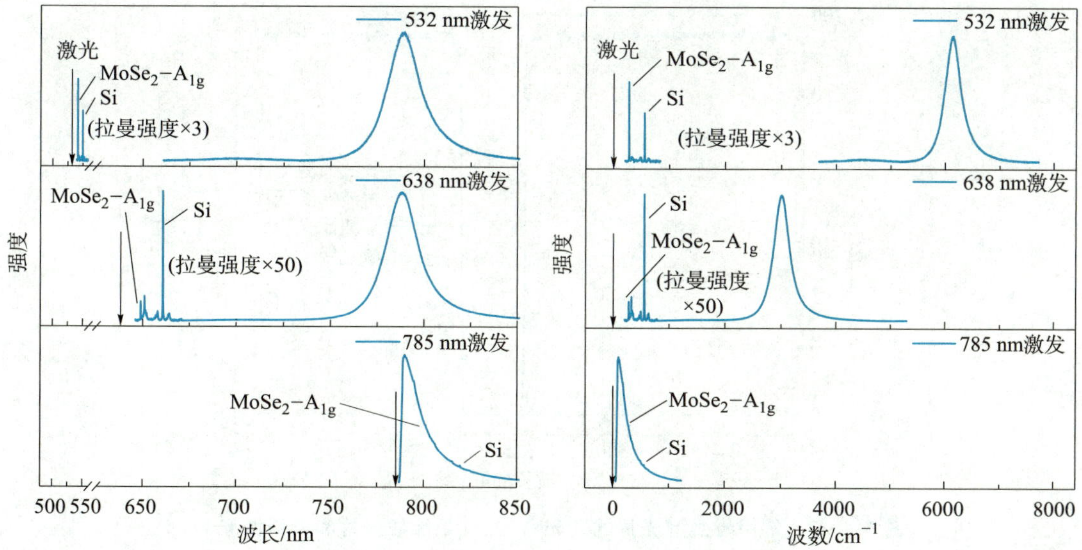

图 4-0-8　荧光信号和拉曼信号强度和波长对照图

分子电子能级差相匹配的激光波长，以实现共振增强拉曼散射，从而显著增强信号强度，提高检测灵敏度。但须注意，此类波长也更容易激发出较强的荧光背景，因此在实际选择中需要综合权衡信号增强与荧光干扰的影响。

（3）选择合适的激光功率。在聚焦状态下，激光热效应可能会损坏待测样品，因此在实验中应选择适当功率的激光，在不损坏样品的前提下获得较高的光谱信噪比。在激发光路中，可以放置可连续变化透光性的中性滤光片，用以连续调节到达待测样品处的激光功率，从而确保激光强度适中和光束指向稳定。

2. 滤光片

（1）二向色镜与边缘滤光片　二向色镜（dichroic mirror）是显微拉曼系统中常用的光学元件，它可以反射特定波长范围的光，而其他波长范围的光则能以较大的透过率通过。在显微拉曼光路中，常使用一块边缘滤光片（edge filter）作为二向色镜，它不仅具备二向色镜的功能，还能初步滤除瑞利散射光。

（2）拉曼仪器中常用的滤光片　由于拉曼散射信号较弱，容易被背景噪声淹没，因此需要尽可能地降低杂散光引起的背景噪声。拉曼系统中最大的杂散光来源是与激发波长相同的瑞利散射信号，因此必须抑制瑞利散射信号的强度。

目前，大部分拉曼仪器中采用滤光片来削弱瑞利线的强度，常用的滤光片有边缘滤光片和陷波滤光片（notch filter）。下面简单对比两种滤光片的特点。

边缘滤光片分为长通和短通两类，它们分别只允许大于或小于特定波长的光通过。因此长通滤光片可获得斯托克斯拉曼信号，短通滤光片可获得反斯托克斯拉曼信号。陷波滤光片可同时抑制激光波长附近的瑞利线，获得斯托克斯与反斯托克斯两侧的拉曼信号。采用高品质的体布拉格光栅（volume Bragg grating, VBG）陷波滤光片时，最低可分辨至 5 cm^{-1} 的拉曼位移。它们各自适用的效果如图 4-0-9 所示。

如图 4-0-10 所示，目前显微拉曼光路中长通滤光片常有两种工作模式。在第一种工作模式中，使用两片长通滤光片，其中第一片 45°放置，起二向色镜的作用，并滤除瑞利散射

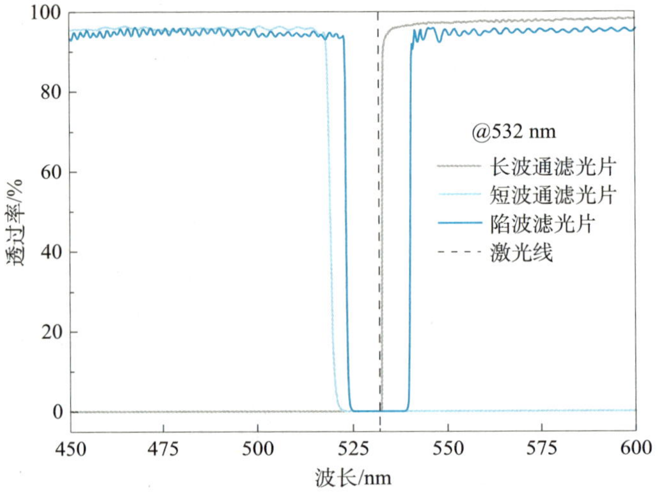

图 4-0-9 常用拉曼滤光片的透光曲线图(边缘滤光片和陷波滤光片)

信号;第二片0°放置,进一步滤除瑞利散射信号,这种模式的光路非常简单。在第二种工作模式中,使用两片相同的长通滤光片,以接近0°入射角放置,达到高效滤除瑞利线的效果,同时能维持很好的低波数性能。

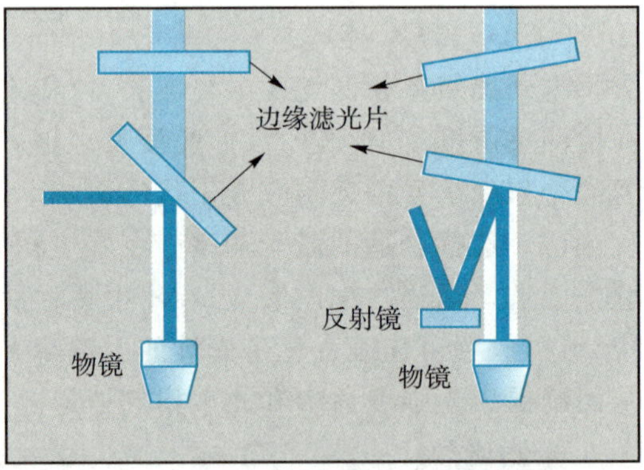

图 4-0-10 显微拉曼光路中两种长通滤光片的工作模式

3. 物镜或聚焦透镜

物镜通常由多个透镜组成,相对于单透镜,物镜能够较好地矫正光束的像差和色差,并且可以实现较大的信号接收空间角,因此非常适合作为拉曼信号的激发元件和收集元件。激光通过物镜聚焦到样品上,同时通过该物镜收集拉曼散射信号光。在这种构型下,激发光束和信号光束传输方向相反,呈180°,也称为背散射模式。拉曼散射光经物镜后转换为平行光,然后进入后续光路。物镜最基本的三个参数是放大倍数 M_{obj}、数值孔径 NA 及工作距离 WD。

放大倍数 M_{obj} 由物镜的有效焦距 f_{obj} 和显微镜管透镜的焦长 f_{tube} 决定:

$$M_{obj}=\frac{f_{tube}}{f_{obj}} \tag{4.0.18}$$

物镜的 NA 值即物镜的数值孔径(numerical aperture),用以衡量物镜能够收集的光的角度范围:

$$NA=n\sin\theta \tag{4.0.19}$$

式中:n 是透镜与被检物体之间介质的折射率,θ 为显微物镜的孔径半角。

物镜聚焦光斑尺寸决定了样品被激发产生拉曼信号的区域大小(或称样品采样区域)。当激光的光束完全充满物镜的孔径光阑时,聚焦光斑近似呈现为一个艾里斑(Airy disk)形状,艾里斑的直径大小(图 4-0-11 中间第一个黑圈的直径)可表示为

$$d=\frac{1.22\lambda}{NA} \tag{4.0.20}$$

物镜的后光孔径（有效直径光圈）是指样品被激光激发产生的信号经物镜收集后，在物镜后以平行光进入后续光学系统的孔径尺寸，如图 4-0-12 所示。该孔径的大小决定了这束平行光的直径大小 D，可表示为

$$D=2f_{\text{obj}}\text{NA} \tag{4.0.21}$$

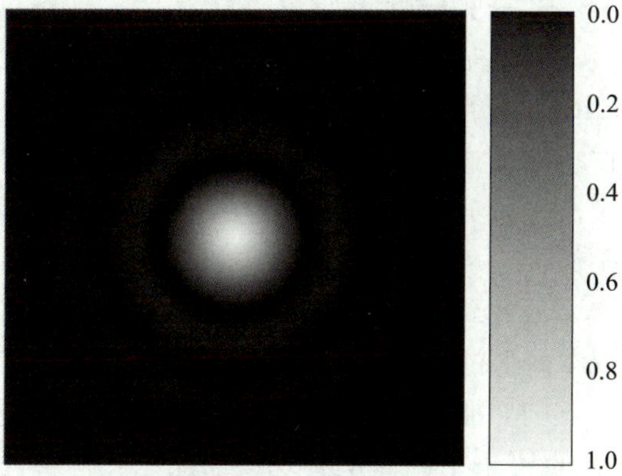

图 4-0-11 理想平行光通过物镜在焦平面上强度分布图案（呈现为艾里斑形状）

4. 狭缝

狭缝是用于对信号光进行单方向空间滤波的关键光学元件，是实现高分辨率光谱分析的重要部件。其基本原理为：经过狭缝后的信号光，通过光栅分光后，不同波长的光在空间上形成一个个条形的光斑，实现谱线分离。

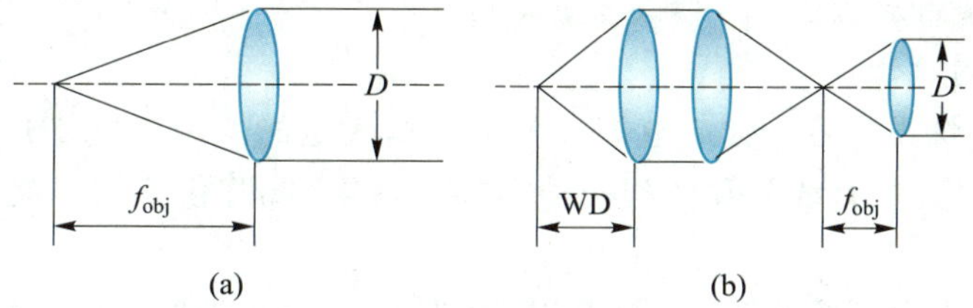

图 4-0-12 （a）为简化的单透镜物镜的后光孔径示意图；（b）为高倍数长工作距离的物镜结构示意图（注意该物镜的后光孔径与物镜的工作距离 WD 无关）

狭缝可分为可调狭缝和固定开口狭缝。可调狭缝通常由两个刀片组成，通过机械调节刀口间距实现宽度调节。固定开口狭缝通常由不锈钢或铬片激光打孔制成。狭缝开口越小，仪器分辨率越高，但其灵敏度会降低。狭缝通常设置在如图 4-0-7 所示的第一个聚光透镜的焦平面上（也是物镜焦平面的共轭成像面），狭缝的设计宽度一般以样品在焦点处大部分散射光能够通过为原则。

5. 光栅

衍射光栅通常是表面加工有周期性刻槽结构的反射镜。其工作原理是基于夫琅禾费多缝衍射效应，使一束光中不同波长光以不同的角度衍射开，从而实现分光效果，如图 4-0-13 所示。光栅的入射角度和衍射角度满足光栅衍射方程：

$$n\lambda=d(\sin\theta-\sin\beta) \tag{4.0.22}$$

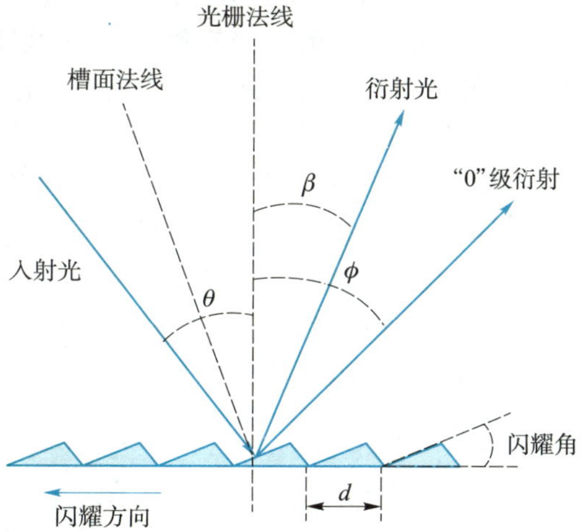

图 4-0-13 衍射光栅原理示意图

式中：n 是衍射级数，d 是刻槽之间的距离（也称光栅常数），θ 是入射角度，β 是衍射角度，光栅衍射级数一般取 1，但某些特殊光栅如阶梯光栅会采用高级数以获得较大的色散。

6. 分光元件

分光元件起着分光作用,根据分光模式的不同可以分为色散型和非色散型(如 FT-Raman)。色散型光谱仪通常采用衍射光栅分光或棱镜折射分光,其功能是将不同波长的光在空间上进行分离。为了达到较高的光谱分辨率,现在的色散型拉曼光谱仪均采用衍射光栅进行分光。一个典型的分光元件主要由以下四部分组成,即图 4-0-6 中的四个光学元件:

(1) 入射狭缝(狭缝):对入射光进行空间滤波,使色散元件能够对不同波长的光线进行空间上的分离。

(2) 准直元件(准直透镜):将从狭缝进来的光束变为平行光。可采用透镜作为准直元件,也可采用凹面镜实现该功能。

(3) 色散元件(光栅):通常采用衍射光栅,使光信号在空间上按波长分散成为多条光束。通过旋转光栅可以选择不同的波长。

(4) 聚焦元件(聚焦透镜):将色散后的光束聚焦,使其在焦平面上形成一系列光谱信号条带,其中每一条带对应于一个特定波长。

7. CCD 探测器

CCD 的作用是将光信号转化成电信号。CCD 由大量的微型半导体光电管排列而成,可用于多通道的光电检测,有线阵和面阵两种形式。通常,线阵仅适用于光谱检测,而面阵可适用于图像观测。

与互补金属氧化物半导体器件(CMOS,complementary metal oxide semiconductor,另一种半导体感光器件)相比,CCD 具有更高的光信号接收占空比面积,适用于微弱的光信号检测。应用于拉曼光谱检测的 CCD 通常采用较大尺寸的像元(10~30 μm),以实现更高的检测灵敏度和更大的检测动态范围。

提高检测灵敏度的另一个重要手段是使用低温 CCD。降低 CCD 的温度可显著降低暗电流噪声,从而提高检测信噪比。对于微弱拉曼信号的检测,在需要长时间的曝光累积时,CCD 的暗电流会随着时间累积叠加,因此降温尤为重要。通常温度每降低 25 ℃,暗电流强度会降低一个数量级。常用的降温方法有半导体制冷(thermoelectric cooling TEC)和液氮制冷,后者通常用于需要更低温度的科研仪器。

CCD 对光子和电子的转化效率也称量子效率,它是一个波长的函数,主要取决于半导体材料的类型。硅基 CCD 在紫外到可见光区域具有较高的量子效率,而铟镓砷(InGaAs)CCD 在近红外区域有较高的量子效率。CCD 对不同波长光的量子效率不同,但 CCD 本身无法识别光的波长信息。光波长信息的获得需要借助分光装置将不同波长的光分开,照射到不同的像元上实现对波长的测量。

4.2 节 参考文献

4.3 红外光谱仪的构造及其工作原理

4.3.1 红外光谱仪的发展和分类

1800 年赫歇尔(W.Herschel)发现红外线,近一个世纪后,朱利叶斯(W.H.Julius)和库伯伦茨(W.W.Coblentz)分别于 1892 年和 1905 年利用岩盐棱镜对红外光进行分光,测得了多种有机、无机化合物的红外光谱。此后,利用红外光谱获取物质结构信息逐渐成为科学前沿。20 世纪 40 年代第一台商业化色散型红外光谱仪问世,20 世纪 60 年代末,傅里叶变换红外(Fourier transform IR,FT-IR)光谱仪的出现真正使红外光谱得到了广泛的应用。20 世纪 80 年代末,红外检测技术又出现了两项重大革新:衰减全内反射(attenuated total internal reflection,ATR)光谱仪和红外显微镜。21 世纪 10 年代初,红外检测技术又与原子力显微镜(atomic force microscope,AFM)相结合,使红外光谱能够在纳米级尺度上获得不同组分的红外光谱。在红外光谱仪的不同发展阶段,其侧重的创新点明显不同,本节将逐一对不同类型的红外光谱仪做介绍。其中,傅里叶变换红外光谱仪使用最为广泛,本节将做详细介绍。色散型红外光谱仪应用较少,红外显微镜和原子力显微镜-红外光谱联用属于科研前沿,只做简单介绍。衰减全内反射红外光谱仪更多是一种取代了复杂制样过程的光路附件,在实验 4-5A 中还会重点介绍。

色散型红外光谱仪:色散型红外光谱仪使用红外光源照射样品后,由棱镜或光栅对透射光进行分光,不同波长的红外光依次进入检测器,从而实现红外光谱的采集,操作环境要求控制温度和湿度。使用棱镜作为分光器的红外光谱仪波长分辨率较低,使用衍射光栅为分光元件后,不仅显著提高光谱分辨率,还能使仪器设计和生产成本显著下降。色散型红外光谱仪的基本结构如图 4-0-14 所示。在使用棱镜、光栅等分光器时,需要利用狭缝实现良好的光谱分辨。对于紫外-可见光谱,由于谱峰较宽,可以使用较宽的狭缝。而红外光谱谱峰窄很多,要实现较高的分辨率只能减小狭缝宽度,但可能造成进入检测器的光强度降低,从而降低灵敏度。如果在每个波长下多检测一段时间,即在转动光栅使不同波长的红外光进入检测器时速度慢一些,也可以满足检测要求,但所需的检测时间会变得很长。在中红外区域进行一次完整的扫描往往需要几十分钟,这是色散型红外光谱仪基本被傅里叶变换红外光谱仪取代的主要原因。不过,有一些色散型红外光谱仪在不转动光栅并使用脉冲激光作为光源的前提下,可以实现对特定红外特征峰的时间分辨检测(即观察红外吸收峰强度随时间的变化)。这样可以实现对某些快速反应中反应物、产物或中间体变化过程的监测。

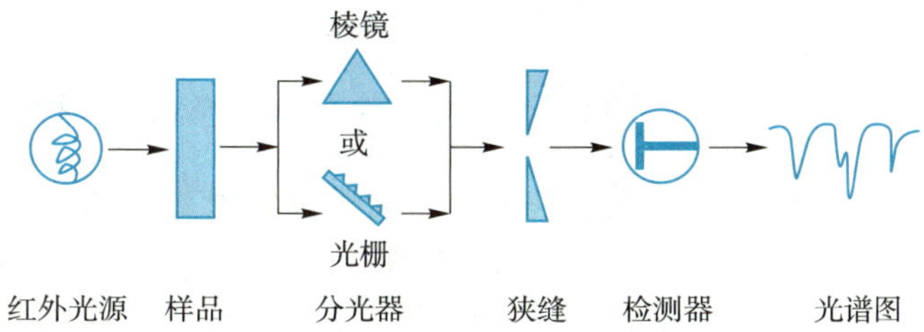

图 4-0-14 色散型红外光谱仪基本原理

傅里叶变换红外光谱仪：鉴于色散型红外光谱仪的固有缺点，如果能够不进行物理分光，使确定尺寸的光斑全部进入检测器，就能够提高红外光谱的检测灵敏度，加快检测速度，提高光谱分辨率，傅里叶变换红外光谱仪就是基于这样的思想进行构建的。如图 4-0-15 所示，傅里叶变换红外光谱仪利用迈克耳孙干涉仪取代了分光器和狭缝，所有透过样品的红外光同时进入检测器，形成透射光强度随时间变化的干涉图。利用傅里叶变换（Fourier transform，FT）即可将时域的干涉图（函数）转换为频域的红外光谱图（强度-波数图，其中波数与光频率成正比）。因此，傅里叶变换红外光谱仪也被称为干涉型红外光谱仪。如无特殊说明，本书中的红外光谱仪为傅里叶变换红外光谱仪。

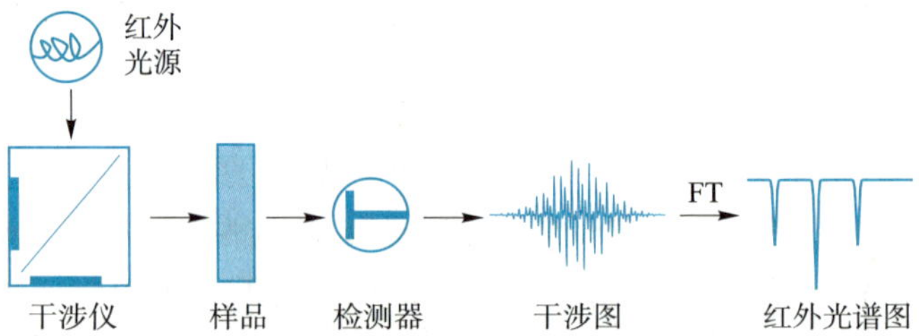

图 4-0-15 傅里叶变换红外光谱仪基本原理

要深入理解傅里叶变换红外光谱仪的工作原理，需要对干涉仪的结构和功能有所了解。图 4-0-16 展示了干涉仪的基本结构。红外光进入干涉仪后被分束器分为两部分：一部分反射至静止的反射镜（静镜）后透过分束器照射到样品上；另一部分透射过分束器照射到运动的反射镜（动镜）后，经分束器反射照射到样品上。由于动镜的存在，两部分原先相位相同的红外光有了相位差，重新汇聚在一起并透过样品，从而在检测器上产生干涉图。若动镜始终以固定频率往复运动，则干涉图会随时间呈现周期性变化。利用傅里叶变换可以将这种随时间周期性变化的干涉图解析成不同频率下光强度的变化，即红外光谱图。

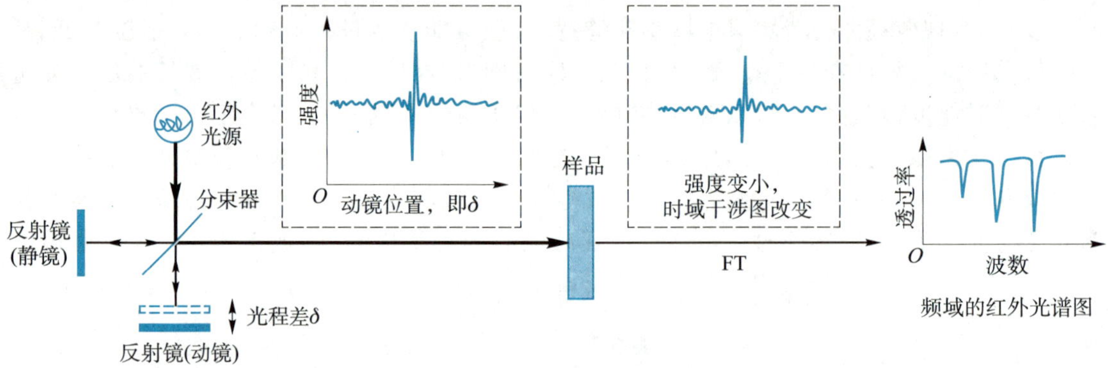

图 4-0-16 迈克耳孙干涉仪基本结构（左）及干涉图的傅里叶变换过程

傅里叶变换红外光谱仪的优点在于其不需要利用狭缝提高光谱分辨率，所有的光均可进入检测器，灵敏度较色散型仪器显著提高。其光谱分辨率与系统对动镜运动频率的测量精确程度和傅里叶变换计算精度等相关，而这些因素能够精确控制，因此傅里叶变换红外光谱仪的分辨率也较色散型红外光谱仪显著提高。此外，由于傅里叶变换方法的速度和精度与测量次数相关,多次测量可以提高红外光谱的测量精度。基于快速傅里叶变换的数学原理,当光谱测量次数为 2 的指数倍时,光谱变换速度和精度都有较好的提升。因此若做多次红外光谱并取平均,往往使用 2,4,8,16 等测量次数。

衰减全内反射(ATR)红外光谱仪:红外光谱仪从色散型发展到干涉型,使红外光谱的信噪比、测量速度和分辨率等性能的巨大提高。但红外光谱相比于同为吸收光谱的紫外-可见吸收光谱,其样品制备过程仍然相当烦琐。这是由两种方法使用的波长特性决定的。紫外-可见光在玻璃和石英等常用光学材料中几乎没有吸收,因此很容易利用常见材料制备合适的比色池。而红外光仅在较薄的 NaCl 晶体、CaF_2 晶体、ZnSe、Ge 等材料中能够部分或全部透过(表 4-0-2)。这些材料又因易吸水、机械性能差、加工性能差等问题,很难制备成类似紫外-可见比色池的样品池。因此红外光谱的样品制备过程通常是最烦琐耗时的过程。例如,针对液体样品,常在两片光学窗口间直接夹入一滴溶液薄层进行测量。更换溶液时,需拆开光学窗口清洗晾干后,再组装进行下一次检测。由于溶液薄层厚度难以保持一致,从而很难利用朗伯-比尔定律进行精确的定量分析。红外光学窗口常因清洗、保存或使用不当造成潮解、划伤或碎裂。当然,随着 Si 材料制备加工工艺不断提升和人造金刚石等材料成本的降低,使用 Si 或金刚石制备类似紫外-可见吸收光谱比色池的样品池也会在未来成为可能。

表 4-0-2 一些常用于红外测量的光学窗口材料及其特性

光学窗口材料	可用光谱范围/cm^{-1}	折射率	特性	参考文献①
金刚石(C)	45000~10	2.42	不溶于水、酸和碱,硬度:9000 HK②	3,4
ZnSe	20000~500	2.4	不溶于水、有机溶剂、稀酸和碱,硬度:130 HK	5
Ge	5000~550	4.0	不溶于水,极脆,硬度:550 HK	5
KRS-5(TlI)	17000~250	2.4	溶于碱,微溶于水,不溶于酸,高毒性(处理需戴手套)	5
Si	10000~100	3.45	在 ATR 模式下仅允许>1200 cm^{-1} 通过,pH<12	3,6
ZnS	22000~750	2.20	不溶于水,不适于强酸、强碱	3,6
CaF_2	66000~1300	1.43	不溶于水,抗酸、碱	6

注:① 扫描 4.3 节参考文献二维码阅读。
② HK 为努氏硬度单位符号。

对于固体样品,可直接将固体样品粉末与没有红外吸收的 KBr 粉末共同研磨,压片,即压片法。此时样品成为一个可以自支撑的透红外光薄片,可以不依靠任何光学窗口或样品池直接将样品薄片放入光路进行检测。由于固体粉末的消光系数很大,因此 KBr 压片不能太厚,通常厚度在几十至几百微米;KBr 中的样品也不能加入过多,否则红外峰透光率很容易接近 0%。同时,KBr 易吸水,而水在红外区有明显的吸收,水的存在将影响红外峰形,因此 KBr 压片需要在干燥环境和红外灯照射下进行。

ATR 红外光谱采集方式利用全内反射现象中的衰减波，使粉末和液态样品的检测变得十分方便。如图 4-0-17 所示，经迈克耳孙干涉仪调制的红外光在全内反射光路中，以衰减波（详见实验 4-5A）形式与样品相互作用后反射至检测器。这样，固体或液体样品无须压片，可以直接置于光学窗口表面进行测量，极大简化了红外光谱检测过程。

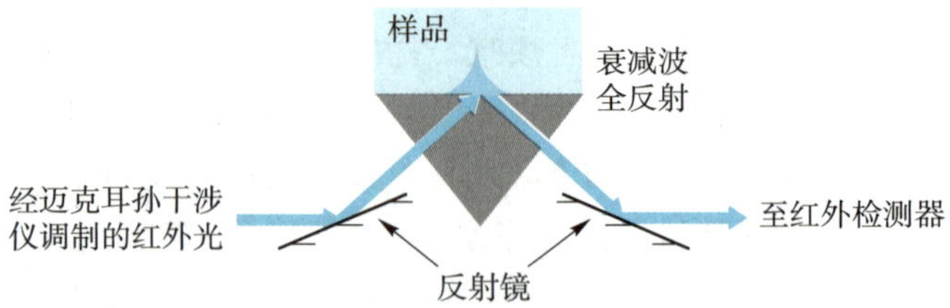

图 4-0-17 ATR 红外光谱仪基本光路

红外显微镜：传统的红外光谱仪没有空间分辨能力，即不能直接提取空间中感兴趣的位置点的红外信息。这种空间分辨能力在处理实际样品时往往非常有用，例如，对一些微塑料颗粒混合物或矿物进行分析时，如果能够区分不同颗粒的红外光谱，就可以了解不同成分的分布情况。显然，如果能够将红外光谱与显微镜结合即可得到微区中不同空间位点的红外光谱图像，从而拓展红外光谱的实际应用范围。红外显微镜由此诞生。

红外显微镜技术本质上是将 FT-IR 和传统显微技术结合，获取微小结构的化学结构信息的“点对点”方法。特别适用于分析小颗粒、表面涂层、单晶等，还可以用来寻找材料表面极其微小的损伤。

红外光谱与显微镜结合的困难之一是物镜的制备。常用红外光学窗口材料的特点已在 ATR 红外光谱仪部分介绍。显然，利用透红外光的材料直接制备物镜困难较多。幸运的是，直接使用铝制凹、凸面反射镜组合而成的卡塞格林（Cassegrain）物镜完美规避了材料问题，使红外光和可见光均可通过物镜，如图 4-0-18 所示。

图 4-0-18 卡塞格林物镜的基本结构

利用卡塞格林物镜，能够将经过迈克耳孙干涉仪调制的红外光聚焦在样品上，最终进入红外检测器，再经过傅里叶变换解析即可得到样品上焦点处的红外光谱。控制样品台带动样品进行扫描，即可获得样品微区内不同位点的显微红外光谱图。红外显微镜的基本光路如图 4-0-19 所示。

除图 4-0-19 所示的反射式光路外，红外显微镜也可以采用透射式和衰减全内反射式光路。在此不做更详细的介绍。

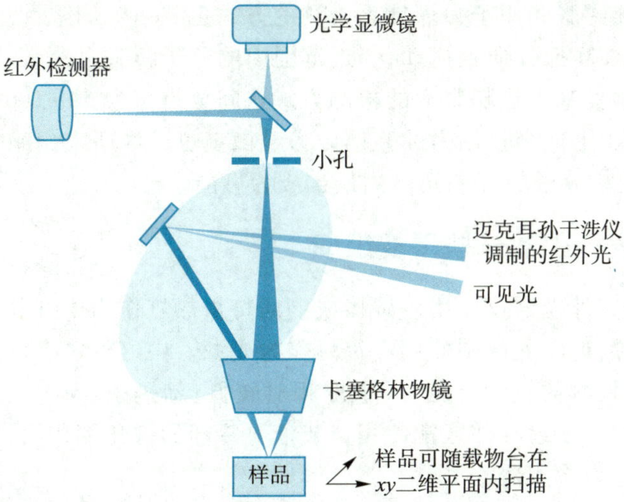

图 4-0-19　红外显微镜的基本结构

原子力-红外光谱联用：红外显微镜使红外光谱具有了空间分辨能力，但由于衍射极限导致波长较长的红外光只能聚焦成数微米大小的光斑，即红外显微镜的空间分辨能力仅在微米级。随着材料科学的发展，很多材料在纳米水平的物质分布状况成为研究其特性的关键。此时，普通的红外显微镜已经无法满足认识纳米级分子空间分布的要求，需要一种具有更高空间分辨能力的红外显微镜。显然，光学聚焦的工作原理使红外显微镜无法突破衍射极限，必须发展基于新原理的显微红外光谱方法。这一新原理就是将原子力显微镜（AFM）和红外光谱显微镜相结合，把红外光谱检测转换为扫描探针的力检测。

1998 年 M.S. Anderson 与 A. Hammiche 等同时独立发展了 AFM-IR 的仪器架构。其核心原理如图 4-0-20 所示。红外光学参量振荡器（optical parametric oscillator，OPO）作为红外光源时，能够提供快速且高强度的红外脉冲，并且在短时间内完成不同红外波数的红外光照射，即实现红外波段的扫描。

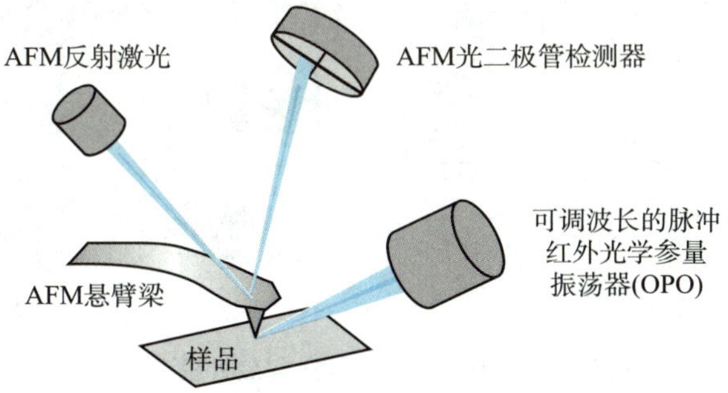

图 4-0-20　原子力-红外光谱联用仪器原理图

当聚焦的 OPO 红外脉冲激光照射到样品时，引起样品局部膨胀。样品吸收不同波长的红外光能力不同，表现为在不同波长（波数）激光照射下膨胀的程度不同，AFM 探针受到膨胀向上的推力也相应变化。将膨胀引起的探针向上移动转化为样品对不同波长红外光的吸收即可得到样品微区内的红外光谱。由于 AFM 针尖直径远小于激光斑点，当样品随载物台进行纳米级精度的扫描时，即可实现纳米级空间分辨的红外光谱成像。

这种依赖样品热膨胀和原子力探针力检测的方式也有一定局限性。除了探针下方样品分子的膨胀会推动 AFM 探针向上运动，邻近范围内的分子膨胀也会带动探针下方的分子共同向上运动。因此这类基于热膨胀力的检测方式空间分辨率为 50～100 nm。更先进的基于样品与镀金 AFM 针尖上偶极作用力的光诱导力显微镜也已经研发出来，其空间分辨率可达到 5 nm。未来，实现单分子的红外光谱测量也成为可能。

4.3.2 红外光谱仪的一些重要组成

光源与检测器：红外光谱仪使用硅碳棒或能斯特炽热灯作为中红外区的光源，高压汞灯作为远红外区的光源，近红外区则使用卤钨灯作为光源。中红外区有两种检测器：氘代硫酸三甘肽（DTGS）热电检测器较为常见，灵敏度相对较低；碲镉汞（MCT）检测器灵敏度较高，但需要使用液氮冷却。在远红外区常使用锗或液氮冷却的锑化铟作为检测器。近红外区常用硫化铅光电导体作为检测器。

光学窗口结构：气体样品的红外光谱测试需要在气体池中进行。常用的气体样品池长度为 5 cm 或 10 cm，两端使用抛光的 NaCl 或 KBr 晶片作为光学窗口。如图 4-0-21（a）所示，在气体样品导入前，先抽真空，再通入气体样品。对于强吸收气体，只需注入 666.6 Pa 气体样品；对于弱吸收气体，需注入 66.66 kPa 气体样品。此外，气体池要保持干燥，避免水蒸气对红外测量产生干扰。样品测试完后，用干燥的氮气流冲洗，并保存在干燥的环境内。

液体样品的红外光谱测试常用可拆式液体池，如图 4-0-21（b）所示。将样品滴在两片盐片间，夹紧即可。每次测试结束后需将盐片拆下，洗净、晾干或吹干后才能进行下一次测量。很多易潮解的盐片需要保存在有干燥剂的密闭容器中。

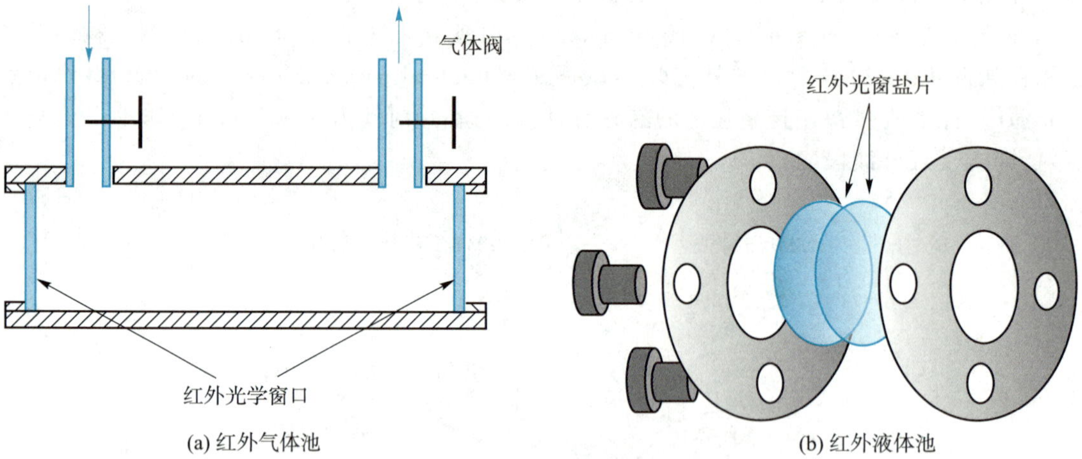

图 4-0-21 红外气体池与红外液体池

固体样品：(1) 可采用合适的溶剂将固体配制成溶液后，按液体样品进行测量。

(2) 糊状法：将固体样品研细并悬浮在糊剂中。糊剂包括石蜡油、全氟煤油等。糊状物夹入两块晶片之间即可。糊剂的折射率应与样品接近，不与样品发生化学反应，并只具有简单的红外光谱。

(3) 压片法：将 KBr 与固体样品混合研磨，样品通常在混合物中占 2%～5%。研细的混合物装在磨具中，在压片机上压至透明薄片直接放置在红外光路上的夹具中即可进行测试。

为避免 KBr 潮解，影响红外测量结果，研磨需在红外灯下进行。

4.3 节 参考文献

（南京大学　徐伟高、王康，厦门大学　王翔、陈明树、林建斌，复旦大学　李会香，
中国科学技术大学　胡万群、吴红、程存峰，中山大学　方萍萍，
南开大学　刘定斌，郑州大学　王瑞勇、王荣，华中科技大学　王楠、闫凯，
华东师范大学　郑婷婷）

拉曼光谱

实验 4-1　拉曼光谱手机“摄影”

一、实验目的

（1）理解拉曼散射现象的物理原理和拉曼信号特征，了解拉曼散射现象实验观测的基本原理和光路构造。

（2）学习自主设计实验方案并开展不同的拉曼光谱摄影实验方案，具备搭建和调试简易拉曼光谱摄影实验装置的能力，能够正确安装和调节滤光片、透镜、光栅等光学元件。

（3）探索拉曼谱峰位置和谱峰强度的影响因素并开展定性分析。

（4）通过再现一场拉曼散射现象的发现和探索之旅，激发学生对现代光谱技术的兴趣。

二、实验原理

拉曼散射是光与物质相互作用时产生的一种非弹性散射。当入射光子与物质分子相互作用时，光子有一定概率失去或获得分子振动（转动）能级对应的能量，导致分子振动或转动能级占据数的改变。这种能量转移使得散射光子的频率与入射光子的频率不同，即产生了拉曼散射。这里我们使用 *C.V.Raman—— A Memoir* 一书中 C.V.Raman 在给学生们介绍拉曼散射时举的例子：想象一个人以恒定速度投掷网球给挥拍的网球运动员，如果球击中的瞬间球拍向后移动，球会失去能量，速度降低；若球拍向前移动，球会获得能量，速度增加。将入射光类比为网球，而分子如同持拍击球的运动员，其原子在平衡位置附近振动。当固定频率的光击中分子时，光与分子的相互作用会使光的频率改变：分子向光提供能量时，光的频率增加；分子从光中吸收能量时，光的频率降低——如同网球因球拍击球后的速度变化而增减动能。因此，通过测量散射光的频移，研究人员可以获得关于物质分子振动和转动的详细信息。拉曼光谱正是基于拉曼散射的这一原理。通过精确检测样品中散射光的频率变化，即能量的增减情况，可以得到一张以频移（拉曼位移）为横轴、散射强度为纵轴的光谱

图，这就是拉曼光谱图。由于不同物质的分子结构不同，其振动和旋转能级的分布也各不相同，因此拉曼光谱往往具有特定的频率峰，这些峰可以视作物质的“分子指纹”。通过对拉曼光谱的分析，能够揭示材料的分子振动模式、化学键的性质及其他分子结构信息。

自 1928 年印度物理学家 C.V.Raman 首次发现拉曼散射以来，拉曼光谱技术已经成为研究材料分子结构指纹的重要工具。目前已被广泛应用于物理学、化学、生物学、材料科学等多个领域。图 4-1-1 展示了 C.V.Raman 最早发明的拉曼光谱仪，他利用汞灯作为光源，并通过特定的滤光片筛选出单色光，观测液体和固体的散射光谱，发现几乎所有样品的光谱都有不存在于入射光谱中的若干条锐线或光带。图 4-1-2 展示了 C.V.Raman 利用一台小型石英希尔格光谱仪（quartz Hilger spectrograph）拍摄的第一张拉曼光谱，是由汞灯通过蓝色钴玻璃滤光后拍摄的苯，该玻璃允许的波长范围为 350～440 nm。

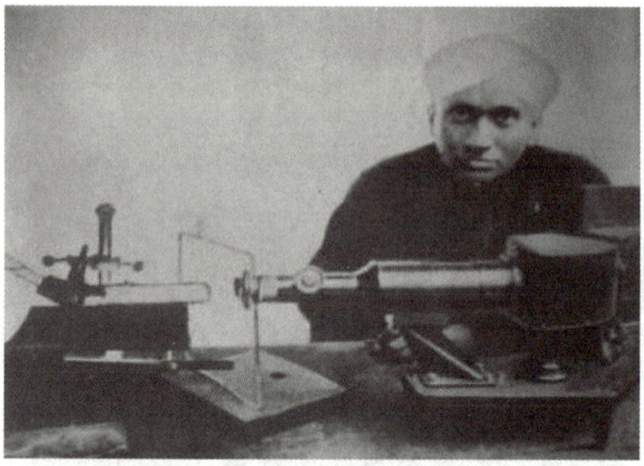

图 4-1-1 C.V.Raman 和最早的拉曼光谱仪

图 4-1-2 最早的拉曼光谱仪拍摄的第一张拉曼光谱

相比于其他光谱技术，拉曼光谱具有许多独特的优势，包括非破坏性、样品制备简单、适用于各种状态的样品（如固体、液体、气体），以及分辨率高等特点。本实验的核心目标之一是深入理解拉曼散射现象的物理机制。为此，下文将介绍拉曼光谱及偏振拉曼光谱的基本原理。建议初学者可先阅读本实验第三部分的实验内容，待获得实验数据后，再返回此处学习相关理论阐述，进行理论与实验相互印证的学习和思考。

分子的极化张量 $\boldsymbol{\alpha}$ 通常用于描述分子在电场作用下的极化程度，入射光使得分子的电偶极矩发生变化，诱导偶极矩 $\boldsymbol{p}$ 可以表示为

$$\boldsymbol{p}=\boldsymbol{\alpha}\cdot\boldsymbol{E} \tag{4.1.1}$$

式中：$\boldsymbol{\alpha}$ 为分子极化张量，$\boldsymbol{E}$ 为激发光电场矢量。

我们将散射体系视为一个可自由振动但不转动的分子，即该分子在平衡构型下空间固定，但原子核可在平衡位置附近振动。分子极化率随振动的变化可通过将极化张量 $\boldsymbol{\alpha}$ 的每个分量 $\alpha_{\rho\sigma}$ 对振动简正坐标进行泰勒级数展开来表达，形式如下：

$$\alpha_{\rho\sigma}=(\alpha_{\rho\sigma})_0+\sum_k\left(\frac{\partial\alpha_{\rho\sigma}}{\partial Q_k}\right)_0 Q_k+\underbrace{\frac{1}{2}\sum_{k,l}\left(\frac{\partial^2\alpha_{\rho\sigma}}{\partial Q_k\partial Q_l}\right)_0 Q_kQ_l\cdots}_{\text{电谐近似忽略的高阶项}} \tag{4.1.2}$$

式中：$(\alpha_{\rho\sigma})_0$ 为平衡构型下 $\alpha_{\rho\sigma}$ 的值，$Q_k,Q_l\cdots$ 是与分子振动频率 $\omega_k,\omega_l\cdots$ 对应的简正坐标，求和遍及所有简正坐标，导数下标 0 表示在平衡构型下的取值。通常将分子振动中恢复力

F_k 与简正坐标位移 Q_k 成正比称为机械谐性(mechanical harmonicity),类似的振动中极化率的变化与 Q_k 成正比称为电谐性(electrical harmonicity),电谐近似下的极化张量分量 $\alpha_{\rho\sigma}$ 可简化为

$$\alpha_{\rho\sigma}=(\alpha_{\rho\sigma})_0+\underbrace{\left(\frac{\partial\alpha_{\rho\sigma}}{\partial Q_k}\right)_0}_{\text{拉曼张量}R^k_{\rho\sigma}}Q_k \tag{4.1.3}$$

式(4.1.3)对所有张量分量成立,可写为

$$\boldsymbol{\alpha}_k=\boldsymbol{\alpha}_0+\left(\frac{\partial\boldsymbol{\alpha}}{\partial Q_k}\right)_0 Q_k \tag{4.1.4}$$

频率为 ω_k 的简正坐标,其时间依赖性:

$$Q_k=Q_{k0}\cos(\omega_k t+\delta_k) \tag{4.1.5}$$

式中:Q_{k0}为简正坐标振幅,δ_k 为相位因子,代入式(4.1.4)得到第 k 个分子振动引起的极化张量随时间的变化,即

$$\boldsymbol{\alpha}_k=\boldsymbol{\alpha}_0+\left(\frac{\partial\boldsymbol{\alpha}}{\partial Q_k}\right)_0 Q_{k0}\cos(\omega_k t+\delta_k) \tag{4.1.6}$$

激发光电场矢量可写为

$$\boldsymbol{E}=\boldsymbol{E}_0\cos\omega_L t \tag{4.1.7}$$

则一阶近似下的诱导偶极矩可以表示为

$$\boldsymbol{p}=\boldsymbol{\alpha}_0\boldsymbol{E}_0\cos\omega_L t+\left(\frac{\partial\boldsymbol{\alpha}}{\partial Q_k}\right)_0\boldsymbol{E}_0 Q_{k0}\cos(\omega_k t+\delta_k)\cos\omega_L t \tag{4.1.8}$$

应用三角函数积化和差公式 $\cos A\cos B=\frac{1}{2}[\cos(A+B)+\cos(A-B)]$ 展开,可得

$$\boldsymbol{p}=\underbrace{\boldsymbol{\alpha}_0\boldsymbol{E}_0\cos\omega_L t}_{\text{瑞利散射项}}+\frac{1}{2}\left(\frac{\partial\boldsymbol{\alpha}}{\partial Q_k}\right)_0\boldsymbol{E}_0 Q_{k0}\left\{\underbrace{\cos[(\omega_k-\omega_L)t+\delta_k]}_{\text{斯托克斯散射项}}+\underbrace{\cos[(\omega_k+\omega_L)t+\delta_k]}_{\text{反斯托克斯散射项}}\right\} \tag{4.1.9}$$

式中:第一项为瑞利散射项,第二项、第三项分别为斯托克斯散射项和反斯托克斯散射项。

光散射过程可由图 4-1-3 描述,在光激发下产生瑞利散射和拉曼散射。

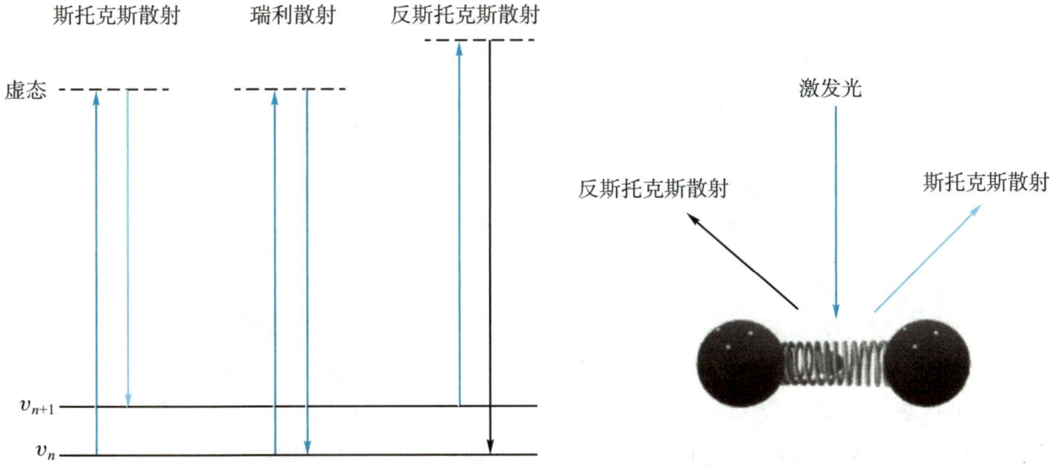

图 4-1-3　光散射过程示意图

拉曼散射的强度依赖于入射光和散射光的偏振方向，当激发光和散射光处于某一偏振状态下时，拉曼散射的强度为

$$I_S \propto |\boldsymbol{e}_S \cdot \boldsymbol{R}_k \cdot \boldsymbol{e}_L|^2 \tag{4.1.10}$$

式中：$\boldsymbol{e}_L$，$\boldsymbol{e}_S$ 分别为入射光和散射光的单位偏振矢量，$\boldsymbol{R}_k = \left(\dfrac{\partial \boldsymbol{\alpha}}{\partial Q_k}\right)_0$ 为拉曼张量。

因此，拉曼散射强度的偏振依赖性源于拉曼张量坐标变换特性与光偏振矢量方向选择性的相互作用。首先，入射光偏振 $\boldsymbol{e}_L$ 通过拉曼张量 $\boldsymbol{R}_k$ 线性变换为诱导辐射偶极矩的方向，当 $\boldsymbol{e}_L$ 与 $\boldsymbol{R}_k$ 的本征极化方向一致时，振动模 k 的激发效率达到最大；而诱导偶极矩的辐射强度由其在散射光收集方向 $\boldsymbol{e}_S$ 的分量强度决定，当 $\boldsymbol{e}_S$ 平行 $\boldsymbol{R}_k \cdot \boldsymbol{e}_L$ 时收集效率最高。

拉曼张量 $\boldsymbol{R}_k$ 的分量矩阵元 $R^k_{\rho\sigma}(\rho,\sigma=x,y,z)$ 由振动模的对称性（分子点群不可约表示）约束。对称性不同的振动模具有完全不同的拉曼张量 $\boldsymbol{R}_k$，因此，同一偏振方向的激发光所激发产生的散射光的光谱特征（如散射光强度和偏振方向）是不同的。如图 4-1-4 所示，以非线性分子 ABA 为例，该分子有三种振动模：Q_1，对称伸缩模；Q_2对称弯曲模；Q_3，反对称伸缩模。三种振动模对应的拉曼张量分别可以写为

$$\boldsymbol{R}_1 = \begin{pmatrix} R^1_{xx} & 0 & 0 \\ 0 & R^1_{yy} & 0 \\ 0 & 0 & R^1_{zz} \end{pmatrix}; \quad \boldsymbol{R}_2 = \begin{pmatrix} R^2_{xx} & 0 & 0 \\ 0 & R^2_{yy} & 0 \\ 0 & 0 & R^2_{zz} \end{pmatrix}; \quad \boldsymbol{R}_3 = \begin{pmatrix} 0 & 0 & R^3_{xz} \\ 0 & 0 & 0 \\ R^3_{zx} & 0 & 0 \end{pmatrix}$$

相同对称性的振动模（Q_1和 Q_2）属于同一不可约表示，具有相同结构的拉曼张量，由式(4.1.10)可知其偏振响应特性一致。而不同对称性的振动模（Q_1和 Q_3）分属不同的不可约表示，具有结构不同的拉曼张量，进而导致偏振依赖性的差异。当入射光偏振方向 $\boldsymbol{e}_L$ 固定时，通过调节散射光偏振方向 $\boldsymbol{e}_S$ 可选择性激活特定振动模。若激发光偏振方向 $\boldsymbol{e}_L=[1,0,0]$，散射光与激发光偏振方向平行即 $\boldsymbol{e}_S=[1,0,0]$，此时，Q_1模的拉曼散射强度 $I^{/\!/}_S(Q_1) \propto |R^1_{xx}|^2$，$Q_3$模拉曼散射强度 $I^{/\!/}_S(Q_3)=0$，因此，当平行偏振配置（$\boldsymbol{e}_S /\!/ \boldsymbol{e}_L$）时，$Q_1$为拉曼活性模，$Q_3$为拉曼禁阻模。若散射光与激发光偏振方向垂直即 $\boldsymbol{e}_S=[0,0,1]$，此时，Q_1模拉曼散射强度 $I^{\perp}_S(Q_1)=0$，Q_3模拉曼散射强度 $I^{\perp}_S(Q_3) \propto |R^3_{xz}|^2$，因此，当垂直偏振配置（$\boldsymbol{e}_S \perp \boldsymbol{e}_L$）时，$Q_1$为拉曼禁阻模，$Q_3$为拉曼活性模。

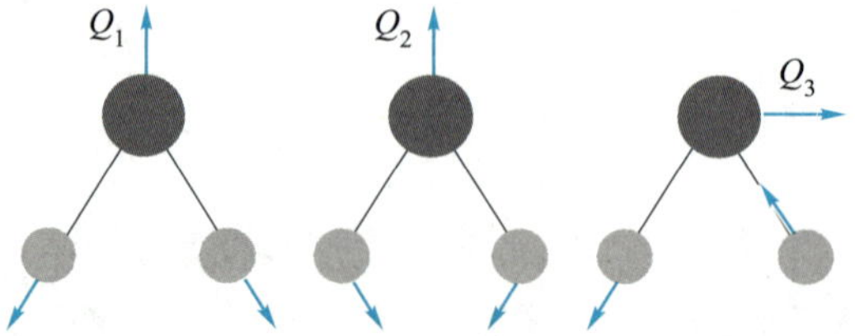

图 4-1-4　某非线性三原子分子的三种振动模式 Q_1、Q_2、Q_3原子位移示意图

综上，由于分子结构的对称性，要观察到特定振动模的拉曼散射信号，须选择适合的激发光和散射光偏振方向。拉曼的偏振选择性仅由振动模的对称性（不可约表示）决定，与原子质量、原子力常数等参数无关。只要知道了振动模的对称性，根据群论可推导出其拉曼张量形式，进而分析振动模的偏振特性。同样，也可根据拉曼光谱的偏振特性来了解相应振动模的对称性。

三、仪器与试剂

1. 实验仪器

（1）光学元件：激光器或高功率激光笔（473 nm/532 nm/633 nm）；衰减片；平面反射镜；凹透镜；凸透镜；物镜；狭缝；滤光片；透射式光栅；偏振片；半波片等。

（2）辅助装置：摄像装置（智能手机或相机）；光学支架；遮光罩；加热台等。

（3）玻璃仪器：比色皿等。

2. 试剂及耗材

水；无水乙醇；异丙醇；四氯化碳；甲苯；罗丹明 6G；红宝石晶体等。

四、实验步骤

1. 实验准备

检查材料和光学元件是否齐全，准备暗室实验环境或遮光罩以避免环境光干扰。

2. 光路搭建与成像

（1）根据实验样品自行设计实验光路（学生先自行设计并与任课老师讨论可行性）。

（2）固定激光器（或高功率激光笔），务必确保光束水平。

（3）在激光光路中安装凸透镜，使激光光束准直，若实验条件允许可先对激光扩束。

（4）固定样品池，使激光束垂直通过凸透镜中心后聚焦至样品上，提高激发效率。

（5）在样品侧面或后方选择合适的收集透镜并固定（如显微物镜）。

（6）根据实验目的选择合适的滤光片（长通滤光片、短通滤光片、陷波滤光片），安装在光路中用于滤除激光线。

（7）选择并安装合适的光栅，使用手机镜头对焦并进行拉曼成像"摄影"，记录实验条件与曝光参数。整个实验的光路示意图如图 4-1-5 所示。

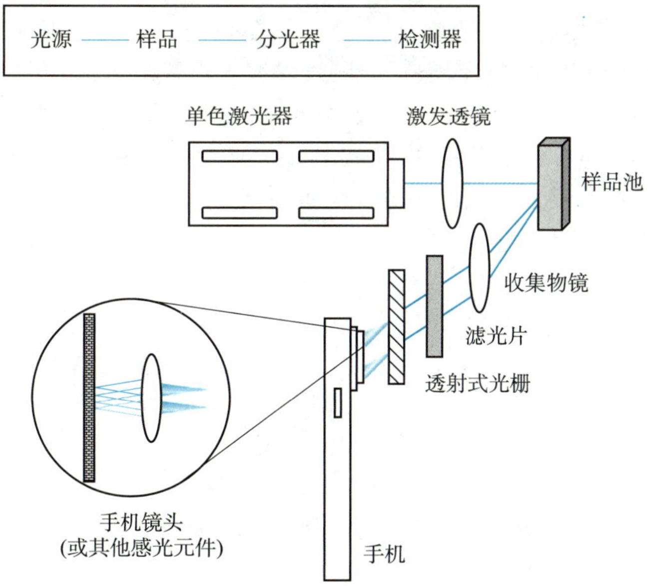

图 4-1-5 拉曼光谱"摄影"实验光路示意图

3. 原理验证性实验

(1) 激发波长依赖性　研究不同激发波长对拉曼光谱特征的影响,并与荧光发射光谱进行对比分析。通过更换不同激发波长的光源并精确调整光路,使激光聚焦在样品上,测量并拍摄拉曼光谱。分析激发波长对拉曼散射信号的影响。研究激发波长选择如何影响拉曼散射的强度、分辨率及谱线位置,尤其是在与荧光发射光谱重叠的情况下。

(2) 偏振依赖性　研究入射光和散射光的偏振状态对拉曼光谱特征的影响。在激发光路中引入线偏振片以控制入射光的偏振方向,同时在分光光路的滤光片后放置另一线偏振片分析散射光的偏振状态。通过调整入射光和散射光的偏振角度,拍摄记录不同偏振状态下的拉曼光谱,并分析光谱强度和谱线特征的变化。探索偏振状态对拉曼信号强度与谱线特征的影响,重点分析如何在荧光背景干扰下,通过偏振选择分辨拉曼光谱。

4. 探索性实验

近百年来,拉曼光谱已经成为物理学、化学、材料科学和生命科学等领域中不可或缺的工具;同时,新型拉曼光谱技术本身也在不断地发展和迭代。各位拉曼摄影师们,不妨根据你们的实验经历和对拉曼光谱的理解,想想还有哪些可以探索的小实验?

五、注意事项

(1) 注意激光安全!严格佩戴激光防护眼镜,在激光器打开的状态下避免激光照射眼睛或皮肤。

(2) 调整光路时应注意佩戴口罩与手套,防止污染光学元件。

(3) 每次测试液体样品时要将比色皿清洗干净,避免交叉污染。

六、数据处理与分析

(1) 提取光谱曲线　将拍摄的光谱图像传输到计算机上,使用图像处理软件(如 Image J、Matlab、Python 等)打开光谱图像。对图像进行灰度化处理,除去颜色只保留强度信息,适当进行图像增强(如对比度调整、滤波等)以提高光谱条纹清晰度。在图像中选择一条水平或垂直线(视光谱条纹方向而定),沿该线提取光谱强度值,即可生成一维光谱强度曲线,横坐标为像素点位置,纵坐标为光强度,如图 4-1-6 中的像素点位置-灰度值曲线所示。

(2) 数据拟合与峰值识别　将数据导入 Origin 或 Matlab 软件,使用已知波长的拉曼峰(可选取标样),在光谱曲线上识别已知波长位置,记录对应像素点位置,其中像素点位置与波长之间的关系为线性关系:

$$\lambda = Ax + B \tag{4.1.11}$$

式中:λ 为波长,x 为像素点位置,A、B 均为拟合参数。

拉曼光谱中的波数 $\Delta\tilde{\nu}$(单位 cm^{-1})与波长 λ(单位 nm)的关系为

$$\Delta\tilde{\nu} = \frac{10^7}{\lambda_0} - \frac{10^7}{\lambda_S} \tag{4.1.12}$$

式中:λ_0 为激发光波长(如 532 nm),λ_S 为拉曼散射光波长。

在软件中寻峰并识别出光谱的拉曼峰,绘制拉曼光谱图,其中横坐标为波数,纵坐标为光强度。

(3) 比较不同样品的拉曼信号:讨论有哪些因素影响拉曼谱峰的位置和强度。

异丙醇的手机摄影图像

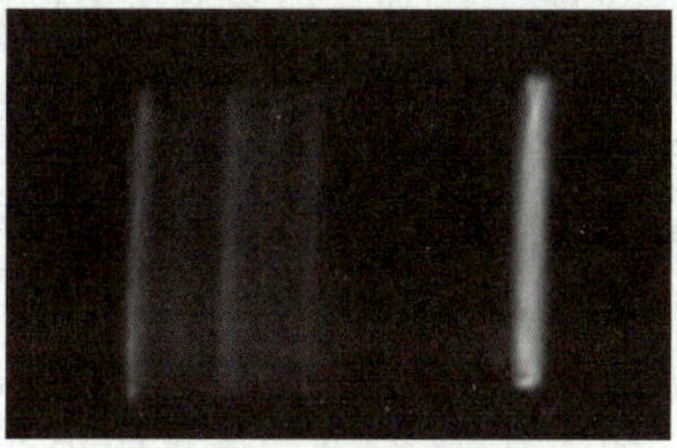

灰度处理

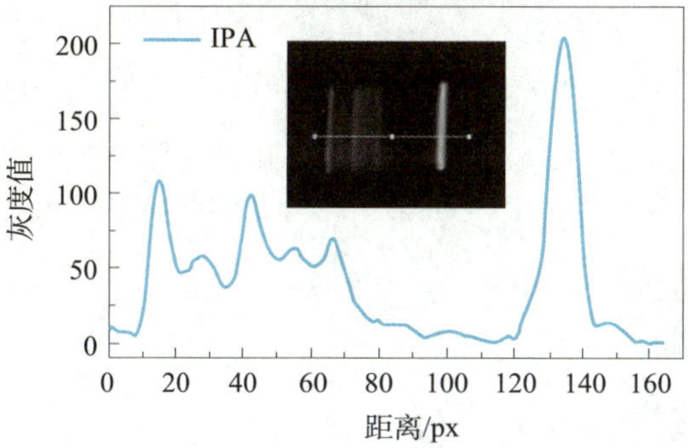

像素点位置-灰度值曲线

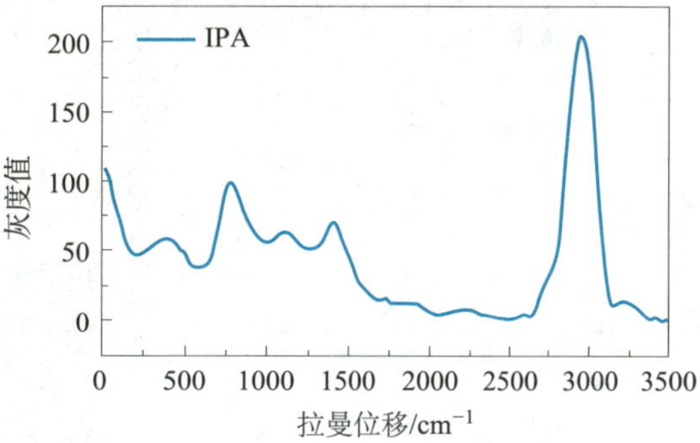

拉曼位移-灰度值曲线

图 4-1-6　异丙醇(IPA)的拉曼光谱图像处理示意图

彩图 4-1-6

七、思考题

(1) 请简述使用激光作为拉曼光谱仪光源的优势。

(2) 为什么在长通滤光片配置下,拉曼光谱的谱线比短通滤光片配置下的更清晰? 可以通过什么手段增强反斯托克斯散射信号?

(3) 请简述至少两种可以用于区分荧光信号和拉曼散射信号的方法。

(4) 分别阐述光路中各光学元件的作用。

(5) 当信号较弱时,如何减小环境光等噪声的影响?

(6) 在拉曼光谱信号的偏振依赖性验证实验中,你观测到的偏振禁阻态是否完全消光? 如果不是,请思考可能原因。

八、知识拓展

1. 荧光发射

荧光发射是物质吸收光子(如紫外光或可见光)并重新发射光子的过程。当物质吸收光子时,电子从基态跃迁到更高的激发态能级,随后通过多种可能的非辐射跃迁回到第一电子激发态,最后以自发辐射的形式释放出光子回到电子基态。这些光子的发射方向和偏振态是随机的,所以荧光光子通常是非偏振的,不保留入射光的偏振信息。C.V.Raman 等人在最初研究太阳光对水的散射实验中,发现了不同于入射光成分的散射光,他们将其称为“弱荧光”。随后在其他成分的液体中也发现类似现象,但与高强度非偏振的荧光不同,这种散射光具有很强的偏振性质,最后证明这是一种全新的效应,即拉曼散射。

2. 康普顿散射

康普顿散射是高能光子(如 X 射线或 γ 射线)与自由电子碰撞后发生的非弹性散射现象。光子将部分能量传递给电子,导致光子的能量降低,波长增加(康普顿频移)。这种能量和波长的变化取决于碰撞角度和初始光子能量。1927 年 A.H.Compton 因发现 X 射线中的康普顿散射获得诺贝尔物理学奖。受到康普顿散射的启发,C.V.Raman 开始利用单色光源(带滤光片的汞灯)观察液体的散射光谱,并于 1928 年首次提出这种新型的二次辐射——拉曼散射。

九、参考文献

(南京大学 徐伟高,厦门大学 王翔)

实验 4-2 拉曼光谱仪搭建与原理验证

一、实验目的

(1) 了解拉曼光谱仪的基本构造及工作原理,学习如何搭建拉曼光谱仪。

(2) 探讨并理解影响拉曼强度与拉曼谱峰位置的主要因素。

(3) 学会通过控制单一变量来设计开展实验并探究科学问题。

(4) 加深对拉曼光谱原理和应用的理解。

二、实验原理

拉曼光谱仪的构造及其工作原理请阅读 4.2 节,掌握拉曼光谱仪的基本结构和工作原理,包括光源,物镜,光栅和检测器等关键组件。

根据拉曼光谱的基本原理可知,拉曼强度满足:

$$\Phi_{\text{signal}} \propto I_{\text{laser}} \left(\frac{\mathrm{d}\sigma}{\mathrm{d}\Omega}\right)_{\text{a}} D_{\text{a}} \Omega \tag{4.2.1}$$

式中:I_{laser}是激光的光强;$\left(\frac{\mathrm{d}\sigma}{\mathrm{d}\Omega}\right)_{\text{a}}$为样品的微分散射截面;$D_{\text{a}}$ 为样品的分子数密度,与样品的浓度 c 成正比;Ω 为收集立体角。Ω 与物镜孔径角 α 和物镜的数值孔径 NA 满足:

$$\Omega \propto \sin^2 \frac{\alpha}{2} \propto \mathrm{NA}^2 \tag{4.2.2}$$

通过更换物镜可改变物镜的数值孔径,从而改变收集立体角。因此,拉曼强度的表达式可进一步表示为

$$\Phi_{\text{signal}} \propto I_{\text{laser}}\left(\frac{\mathrm{d}\sigma}{\mathrm{d}\Omega}\right)_{\mathrm{a}} c \cdot \mathrm{NA}^2 \tag{4.2.3}$$

由于拉曼散射光强度与激光光强、待测物质的浓度成正比,同时也与物镜的数值孔径有一定的关系,因此可以控制单一变量实验,改变实验参数,通过检测不同条件下的拉曼光谱,提取拉曼强度来验证拉曼强度与这些参数的关系,从实验角度加深对拉曼原理的理解。

通过振动光谱可知,某一振动的频率可以表示为

$$\nu = \frac{1}{2\pi}\sqrt{\frac{k}{\mu}} \tag{4.2.4}$$

式中:k 为某个键的键力常数,m_1 和 m_2 分别为形成该键的两个原子的质量,μ 为形成该键两个原子的折合质量,$\mu = \frac{m_1 \cdot m_2}{m_1 + m_2}$。

影响拉曼谱峰频率的因素主要包括分子的内部结构和外部环境。内部因素如基团间的相互作用,包括电子效应、氢键作用、振动耦合、费米共振和空间效应等;外部因素则包括待测物质的物理状态和溶剂效应。这些因素会影响化学键的振动频率,从而导致谱峰位置的变化, 如键级增加会导致谱峰频率的增加。

以 C=O 键为例,电子效应包括诱导效应、中介效应(p→π 共轭)和共轭效应(π→π 共轭)。吸电子基团产生的诱导效应导致谱峰频率升高(蓝移),而给电子基团导致谱峰频率降低(红移)。中介效应和共轭效应都使电子云密度平均化,降低键强(k 下降),谱峰频率降低。氢键的形成通常也使电子云密度平均化,键强下降,谱峰频率降低。振动耦合是指两个振动频率相同或相近(相差 50 cm^{-1} 以内)的基团相邻并与同一原子相连时,两个振动相互作用产生共振,导致谱峰分裂为一个更高和一个更低的频率的谱峰。费米共振是指当某倍频或合频的谱带与对称性相同的某个基频振动的频率接近时发生的共振现象,此现象会导致倍频和基频发生相互作用,使两个谱峰的频率分别往高频和低频移动,两者频率差加大,同时一种振动的强度会转移到另一振动上。空间效应的影响多来自空间阻隔,空间位阻会导致分子平面与双键不在同一平面时,共轭程度降低,双键的谱峰频率发生蓝移。

本实验中主要完成拉曼光谱仪的设计、搭建与调试,同时验证拉曼光谱强度的影响因素(包括更换物镜、调整激光功率及改变物质浓度等),并探究诱导效应、共轭效应和氢键效应对谱峰位置的影响。

三、仪器与试剂

1. 实验仪器

激光器;反射镜;边缘滤光片;透镜;狭缝;光栅;CCD 检测器。

2. 试剂及耗材

超纯水;无水乙醇;丙酮;乙酸;乙酸乙酯;苯乙酮;罗丹明 6G(Rhodamine 6G,R6G);中性滤光片(四种透光性);物镜 2 个[放大倍数:5×(NA = 0.15),10×(NA = 0.3)];硅片;比色皿。

四、实验步骤

1. 拉曼光谱仪搭建调试与拉曼谱图的校正

（1）激发光路关键组成元件的安装。

① 将 532 nm 激光器安装在光路的指定位置上，确保激光器的出射光处于光路平面。

② 安装合适放大倍数的物镜，并将其固定在指定的区域中。

③ 安装样品室，确保样品室的光路与物镜对准，并确保螺旋千分尺能正常使用。

（2）白光显微光路的调试。

① 将相机安装在指定位置，确保连接稳固。

② 打开软件中的成像功能，将光路切换至白光显微光路，调节样品槽的三维移动架，根据计算机中的成像软件，使得相机能够清晰捕捉样品表面的图像，此时激光的光斑尺寸最小。

③ 通过调整相机角度，将激光的光斑移动至视场中央。

④ 通过调整相机位置，将视场中的白光亮度分布均匀。

（3）狭缝位置的调整。

① 初始狭缝宽度设定为 50 μm，在样品室中装入 R6G 样品。

② 调整狭缝的位置，使其与拉曼散射光路完全对齐，确保进入光谱仪分光区域的光线通过狭缝的中心。

③ 在狭缝后的光路中放入一张白纸，调整狭缝使白纸上出现均匀的黄色亮斑。

④ 微调狭缝的位置，观察光谱仪的检测器信号，确保获得最佳的拉曼散射光信号。

（4）基于氖灯光源和单晶硅片对拉曼谱图进行校正。

在完成拉曼光谱仪的搭建与光路调整后，须对仪器进行校正，具体步骤如下：

① 启动氖灯光源，将其放置于样品室内。切换光路至拉曼光路，采集氖灯的光谱。根据氖灯谱线位置，调整光谱仪的波长设置，使谱图与标准谱线对齐。

② 校正完成后，将硅片插入样品槽中，切换至拉曼光路，采集硅片的拉曼谱图，观察 Si—Si 拉曼峰（通常在 520 cm^{-1}处）。

③ 若硅片拉曼峰与标准值存在偏差，可进一步微调光谱仪波长设置，直至谱峰与标准值一致，完成校正。

2. 拉曼强度验证实验

（1）激光功率对拉曼信号强度影响的验证实验。

① 按仪器使用方法启动仪器并使之正常运行。

② 将硅片插入样品槽中。

③ 将光路切换至白光显微光路，调节样品槽的三维移动架，根据计算机中的成像软件，使样品聚焦清楚。

④ 滑动分束镜组，将光路切换至拉曼检测系统，得到该激光功率下的拉曼谱图，记录最强峰的峰强并保存文件。

⑤ 依次切换不同的中性滤光片挡位，测得不同功率下的拉曼谱图。

（2）收集角对拉曼信号强度影响的验证实验。

更换另一物镜，之后按照实验步骤 1 中的（1）—（4）测试硅片的拉曼信号，比较不同物镜在相同功率条件下的拉曼信号强度。

(3) 样品浓度对拉曼信号影响验证实验。

① 按仪器使用方法启动仪器并使之正常运行。

② 比色皿中加入适量无水乙醇,放入样品槽中。

③ 调节样品槽的三维移动架,使激光聚焦至比色皿内。

④ 使用拉曼检测系统测试得到乙醇的拉曼谱图,记录最强峰的峰强并保存文件。

⑤ 配制不同体积分数的乙醇溶液(80%,60%,40%,20%,5%)。

⑥ 每一个体积分数平行测试三组,记录最强峰的强度。

3. 拉曼谱峰位置验证实验

(1) 将丙酮标样放入样品槽中。

(2) 调节样品槽的三维移动架,使激光聚焦在装有样品的毛细管内。

(3) 使用拉曼检测系统,得到该样品的拉曼谱图,记录 C═O 峰拉曼位移(1600~1800 cm^{-1}),保存文件。

(4) 用相同的方法得到乙酸、乙酸乙酯和苯乙酮的拉曼谱图并记录 C═O 峰的拉曼位移。

五、注意事项

(1) 搭建和调试拉曼光谱仪时,须佩戴激光防护眼镜,避免激光直射眼睛。

(2) 切换中性滤光片与更换物镜时须佩戴口罩与手套,防止中性滤光片与镜头被污染。

(3) 每次进行溶液样品测试时要将比色皿清洗干净,外壁用擦镜纸擦干,避免交叉污染。

(4) 测试丙酮、乙酸、乙酸乙酯和苯乙酮时使用封装标样,避免刺激性液体挥发。

六、数据处理与分析

(1) 将实验所得的拉曼谱图进行基线拟合与背景扣除。

(2) 以硅片最强峰(520 cm^{-1}附近)的强度为纵坐标,激光功率(比例)为横坐标,作出 XY 散点图,通过线性拟合分析二者的关系。

(3) 通过 NA 值与收集角关系,求算两种物镜的理论拉曼强度比值,与实验结果比较。

(4) 以无水乙醇最强峰(864 cm^{-1}附近)的强度为纵坐标,乙醇的体积分数为横坐标,作出 XY 散点图,通过线性拟合验证拉曼信号与样品浓度的关系。

(5) 比较丙酮、乙酸、乙酸乙酯和苯乙酮的 C═O 峰拉曼位移情况,分析哪些效应影响它们的谱峰位置。

七、思考题

(1) 拉曼光谱是如何产生的? 相较于红外光谱,它有什么优势与不足?

(2) 根据定量拟合曲线,该仪器对乙醇的检出限是多少?

(3) 如何确定谱峰是荧光、拉曼散射光还是杂散光?

八、参考文献

（厦门大学　王翔）

实验 4-3　表面增强拉曼光谱原位研究表界面上的分子反应

一、实验目的

（1）掌握表面增强拉曼光谱的原理。

（2）学习制备高活性的表面增强拉曼光谱基底。

（3）掌握电化学表面增强拉曼光谱（electrochemical surface-enhanced Raman spectroscopy, EC-SERS）的测量方法。

（4）掌握原位 EC-SERS 技术研究表界面分子反应机理的方法，并了解其在科研和生产实践中的应用。

二、实验原理

1. 表面增强拉曼光谱及其简介

1973 年，Fleischmann 等人首次将拉曼光谱应用于电化学体系的研究，1974 年，他们将吡啶单分子层吸附到经氧化还原处理的粗糙银电极上，获得了高质量的拉曼光谱，这一现象最初被认为是电化学粗糙化处理后电极表面积增加，从而可吸附更多的分子，进而导致信号增强。但是，随后 Van Duyne 等人经过详细的实验和理论计算后发现，吡啶分子在粗糙银电极表面信号产生的 10^6 倍的增强远远大于粗糙电极表面积增加所引起的信号增强。他们认为在电极粗糙化的表面必然存在某种效应，这种效应后来称为表面增强拉曼散射（surface-enhanced Raman scattering），基于此效应的光谱技术称为表面增强拉曼光谱技术，所获得的光谱称为表面增强拉曼光谱，在文献中三者都经常被称为 SERS。目前普遍认同的 SERS 的增强机理主要包括电磁增强（electromagnetic enhancement mechanism, EM）和化学增强（chemical enhancement mechanism, CM）。前者主要考虑金属表面局域电场的增强，后者主要考虑金属与分子间的化学作用所导致的极化率增加。更详细的介绍可参见本章 4.1 节。

2. 表面增强拉曼光谱信号的共焦原理

SERS 的共焦原理如图 4-3-1 所示，共焦显微的原理是使用与聚焦采样点共焦的针孔来避免来自采样点以外的其他地方反射/发射/散射过来的光进入收集光路。光学系统的数值孔径（NA）是一个无量纲量，用以衡量该系统能够收集的光的角度范围，放大倍率越高，

NA 值越大，焦深越小，分辨率越高。其优势在于，只有来自检测点的一个很小空间的光信号才能通过针孔进入收集光路，而检测点附近区域的光则被针孔挡住而无法进入收集光路。这样得到的信号具有极小的杂散光背景和极高的空间分辨率，几乎可以达到瑞利判据的理论极限值，即衍射极限 0.82λ/NA 的分辨率（在不相干光照明情况下，如白炽灯，最小分辨距离是 0.61λ/NA；在相干光照明条件下，如激光或由杨氏双缝得到的相关光，最小分辨距离是 0.82λ/NA），例如，本实验所使用的 632.8 nm 激光配合放大倍数 50×、数值孔径为 0.55 的物镜，其横向的空间分辨率可达 1 μm 左右。

3. 表面增强拉曼光谱的电化学 Stark 效应

电极表面吸附物种的振动频率随电位变化在电化学振动光谱研究中是一种非常普遍的现象，常被称为电化学 Stark 效应。以 Pt 族金属上化学吸附的 CO 为例，在较宽的电位区间，金属-碳及 CO 的振动频率几乎与所加的电位呈线性关系。其斜率 $d\nu_{CO}/dE$ 为正值，为 30~60 $cm^{-1}\cdot V^{-1}$；而 $d\nu_{MC}/dE$ 为负值，为-20~-10 $cm^{-1}\cdot V^{-1}$。目前认为电化学 Stark 效应涉及两种贡献：

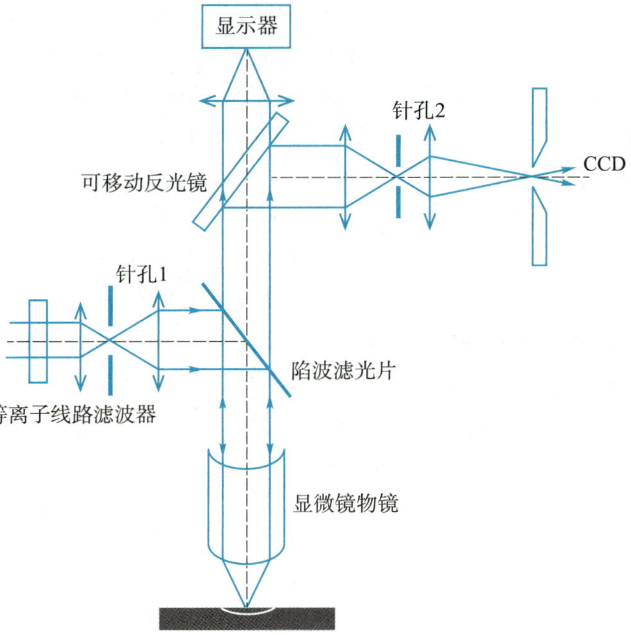

图 4-3-1 显微共焦拉曼光谱仪的工作光路图

（1）在电化学体系的界面区，较高电解质浓度下（约 1 $mol\cdot L^{-1}$），电化学双电层中大部分电位降发生在界面区的几个埃（Å）的范围内，因而场强可达 10^7 $V\cdot cm^{-1}$。该电场可与吸附分子偶极相互作用，从而导致某些键的键长发生变化并导致振动频率的变化。

（2）界面荷电状态的改变将导致 CO 分子内 C—O 键和金属与 CO 成键的强弱发生变化。从分子轨道考虑，通过 σ 重叠，电子可以从有合适对称性的吸附分子的全充满轨道转移到金属的空轨道上。金属则可将电子从充满的 d 轨道反馈给吸附分子的空 π^* 反键轨道。因为 π^* 键作用占主要作用，吸附的 CO 分子频率将降低。当电极电位降低或负移时，$d\pi—2\pi^*$ 反馈占主要作用，导致 CO 的键强降低，从而使分子内的伸缩频率降低，同时引起

M—CO 键增强,导致其频率升高,与所观察到的 $d\nu_{MC}/dE$ 为负相吻合。最新的计算结果表明前一种效应在 CO/Pt 体系中占据主导作用。

4. 表面增强拉曼光谱增强因子的计算

目前大多数表征 SERS 基底所采用的计算方法是能反映基底平均增强效应的增强因子。一个基底的平均表面增强因子 G 通常被定义为吸附在 SERS 基底表面上的每个分子能提供 SERS 信号与本体中的每个分子能提供的常规拉曼信号之比,可以表示为

$$G=\frac{I_{surf}/N_{surf}}{I_{bulk}/N_{bulk}} \tag{4.3.1}$$

式中:I_{surf}为基底表面吸附物种的 SERS 强度;I_{bulk}为溶液中该物种的常规拉曼光谱强度;N_{surf}为基底表面聚集光斑区域内的分子数;N_{bulk}为溶液中采样区内的分子数。显而易见,这是一种平均的增强效应。

N_{surf}通常计算入射光范围内的真实表面积及单个分子吸附的表面积,并假设分子在电极表面的吸附为满单层吸附,因此 N_{surf}可以表示为

$$N_{surf}=\frac{AR}{\sigma} \tag{4.3.2}$$

式中:A 为激光光斑的面积;R 为 SERS 基底表面的粗糙度因子(roughness factor),可以通过电化学微分电容或循环伏安法来计算(通常根据体系不同为 0.1~10);σ 是单个吸附分子所占的表面积,可查阅文献获得,或者通过分子构型在表面的吸附方式估算。理论计算和实验得到单个吡啶分子垂直吸附所占的面积分别为 0.21 nm^2 和 0.25 nm^2。如果分子不能满单层吸附,会高估表面分子数,导致增强因子变低。

根据样品类型,N_{bulk}的计算通常有以下几种方法:纯液体、溶液、纯透明固体、粉末及其他参照分子。针对共焦拉曼仪器,N_{bulk}的计算如图 4-3-2 所示。激光经透镜汇聚后在溶液中形成一个腰束,在聚焦面上的分子对信号贡献最大,远离聚焦面,贡献迅速衰减。为了得到对常规信号有贡献的实际分子数,近似认为信号都来自聚焦面附近一个很小高度 h 内的分子,其中每个分子对信号的贡献都相同且是最大值,h 可以通过 z 方向扫描共聚焦成像和式(4.3.3)在实验上获得:

$$h=\frac{\int_{-\infty}^{+\infty} I(z)\,dz}{I_{max}} \tag{4.3.3}$$

在水溶液体系中,可以测量处于水溶液中的 Si 片强度随距离变化的谱图。水溶液的折射率为 1.33,空气的折射率为 1,会导致溶液中的距离和实际焦点之间的距离为 $d\tan\theta_1\cot\theta_2$,其中,$\theta_1$ 为空气中的入射角,θ_2 为水溶液中入射角。例如,以 NA = 0.55 的镜头计算,$\sin\theta_1=0.55$,$1.33\sin\theta_2=0.55$ 可以得到 $\tan\theta_1\tan\theta_2=1.450$,即如果平台移动了 60 μm,对应溶液中的实际工作距离为 75 μm。h 值与透镜的 NA、共焦系统的针孔大小及溶液的折射率 n 有关,NA 值越大、针孔越小、n 越小,h 值将越小。因此,溶液中的有效分子数目就可以表达为

$$N_{bulk}=AhcN_A \tag{4.3.4}$$

式中:c 为溶液中探针分子的浓度;N_A 为阿伏伽德罗常数。将式(4.3.2)和式(4.3.4)代入式(4.3.1),G 就可以表达为

$$G=\frac{cN_A\sigma hI_{surf}}{RI_{bulk}} \tag{4.3.5}$$

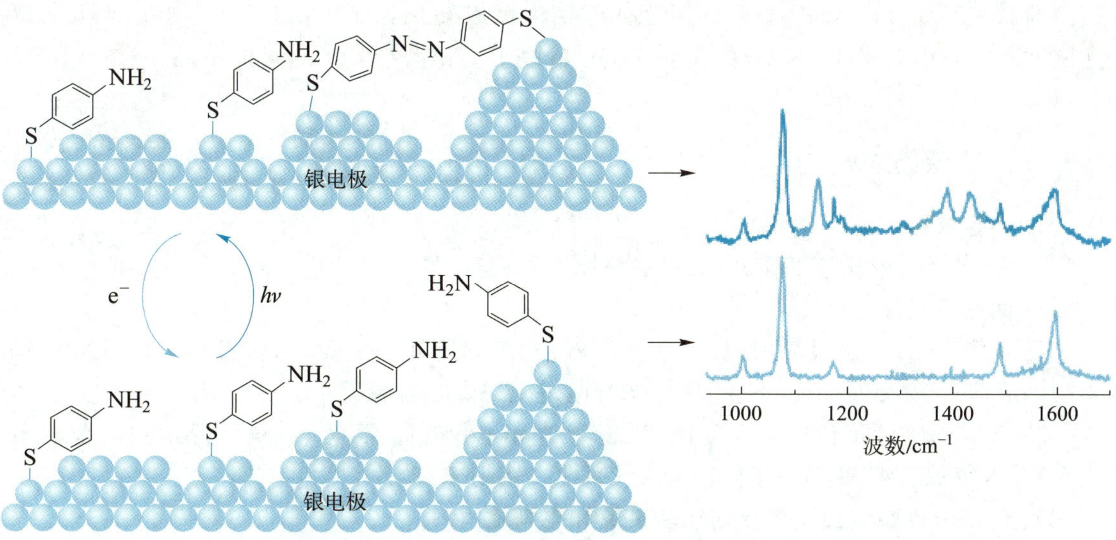

图 4-3-2 PATP 到 DMAB 转变过程的 SERS 谱图

需要注意的是,实验中使用的石英窗片和液层厚度会显著影响 h 值。可通过采用相同的装置和相同的采谱条件来消除 h 值的影响。如果液层厚度远小于 h 值,仍然可以用式(4.3.5),但无须通过以上复杂的步骤检测 h,而是直接将薄层厚度代入即可。对于固体样品,可以将探针分子配成高浓度溶液通过旋涂法在光滑基底的表面形成厚度为 h(通常为 1 μm,通过光学方法、SEM 或者 AFM 的方法标定)的薄分子膜,可以计算出 N_{bulk}:

$$N_{\text{bulk}}=\frac{Ah\rho N_{\text{A}}}{M} \tag{4.3.6}$$

式中:ρ 为纯样品的密度;M 为探针分子的摩尔质量。把式(4.3.2)和式(4.3.6)代入式(4.3.1)可以得到

$$G=\frac{N_{\text{A}}\sigma\rho hI_{\text{surf}}}{RMI_{\text{bulk}}} \tag{4.3.7}$$

5. SERS 基底的制备方法

SERS 基底是产生 SERS 效应的前提,本实验的关键在于如何制备具有 SERS 活性的基底。人们一直在尝试优化 SERS 基底制备的方法,从通过电化学粗糙法获得的无序、不均匀的表面,到合成尺寸、形状可控的纳米粒子,再到模板法制备的尺寸、形状、间距可控且大面积均匀的表面纳米结构。制备 SERS 基底的方法可归为以下几类:① 电化学氧化还原粗糙法,② 纳米粒子合成法,③ 模板法,④ 其他方法。其他方法包括:纳米粒子有序组装法、平版印刷术、化学刻蚀法、高真空沉积法、化学沉积法、机械法等。

6. SERS 原位研究对巯基苯胺催化反应

电化学反应界面涉及复杂的动态过程,电化学能源转换技术和电催化等领域的发展依赖于对催化剂演变、活性中心性质、催化剂表面吸附中间物种及电化学过程中的反应路径的全面和深入理解,但阐明催化剂组成/结构-活性关系极具挑战性。以对巯基苯胺在金、银纳米粒子上光催化偶合成偶氮化衍生物[4,4′-dimercaptoazobenzene(DMAB)]为例,介绍原位 EC-SERS 在研究催化机理中的应用。在空气中,吸附在金、银等具有 SERS 活性的金属

表面的对巯基苯胺(PATP)分子在激光的作用下可以转化为 DMAB。SERS 研究证明在激光照射下 PATP 生成的 DMAB 的拉曼光谱谱峰和 PATP 谱峰具有明显的不同,如图 4-3-2 所示。

三、仪器与试剂

1. 实验仪器

拉曼光谱仪;电化学工作站;磁力加热搅拌器;离心机。

2. 试剂及耗材

氯金酸溶液;硝酸银溶液;柠檬酸钠溶液;对巯基苯胺(PATP)溶液;高氯酸钠溶液;硫氰酸钠溶液;结晶紫或 R6G 溶液;聚乙烯吡咯烷酮(PVP)溶液。

250 mL 圆底烧瓶和配套冷凝管;移液管 1 mL;小烧杯;容量瓶;量筒;离心管;玻碳电极;拉曼电解池砂纸;麂皮(打磨电极);三氧化二铝粉末;硅片。

3. 电化学表面增强拉曼光谱实验装置和电解池

电化学表面增强拉曼光谱实验装置如图 4-3-3 所示,主要包括激光、拉曼光谱仪、计算机、恒电位仪、SERS 基底电极和光谱电化学池。拉曼光谱仪主要由样品台、入射光路、收集光路、单色仪和检测器等组成,激光在进入拉曼光谱仪之前需要先用滤光片滤光以获得纯净的单色光,如图 4-3-3(a)所示。从样品中收集的信号包含激发光、瑞利散射光和拉曼散射光,可采用陷波滤光片(notch filter)、长通边缘滤光片(edge filter)或布拉格光栅(volume Bragg grating)消除激发光和瑞利散射光,然后再通过单色仪的分光就可以获得很好的拉曼散射光。常见拉曼光谱仪可分为两类:单道拉曼光谱仪和多道拉曼光谱仪。

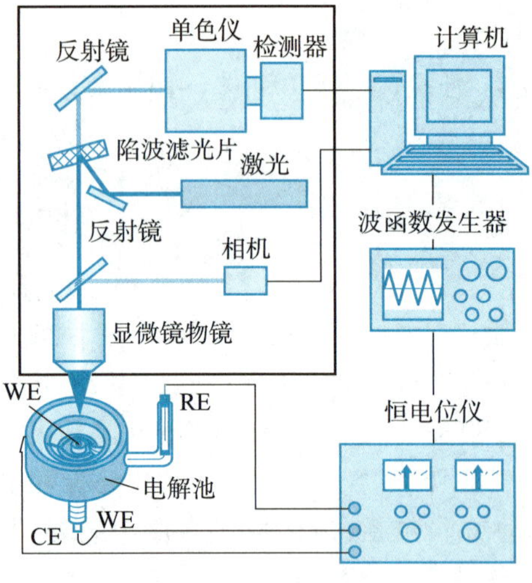

(a) 拉曼光谱仪示意图

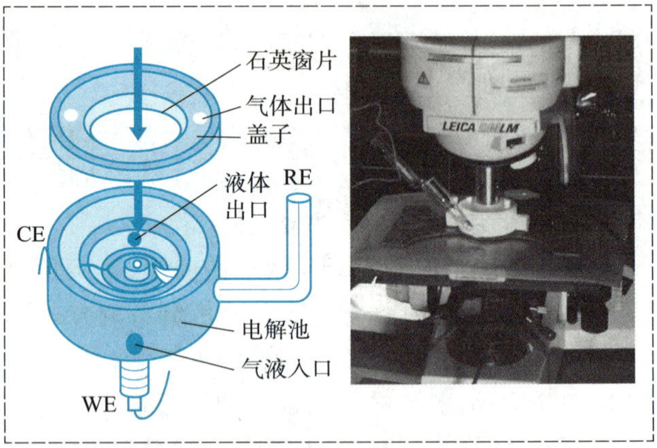

(b) 拉曼光谱电解池示意图与实物图

图 4-3-3　电化学表面增强拉曼光谱实验装置示意图

拉曼光谱电解池是电化学拉曼实验的核心部分,它由工作电极、对电极和参比电极组成,这种三电极体系电解池可实现拉曼实验过程中电化学条件的精确控制。为了和不同光路结构的拉曼光谱仪匹配,人们设计了各式各样的拉曼光谱电解池,其结构主要包括光学窗片、溶液、气体出口和三个电极组成。图 4-3-3(b)是最常用的拉曼光谱电解池。可用于常规拉曼光谱仪中背散射模式和不同入射角下的前照射收集模式。该电解池使用石英或玻璃光学窗片以防止来自大气中的污染及电解质溶液对显微物镜的腐蚀。在研究吸脱附体系和不涉及大电流反应的电化学体系时,无须将三个电极分离。如果待测物会对电极会产生干扰,或者参比电极会引入杂质,则需要考虑隔离的两室或三室拉曼电解池。窗片的厚度和液层的厚度会影响拉曼光谱的信号强度。即使采用薄至 0.5 mm 的石英窗片,拉曼信号也会损失 50%。当液层厚度由 0.2 mm 变化到 2 mm 时,拉曼光谱收集效率由最大值(空气中的信号强度)的 89%降低到 35%。因此,设计电解池时,需要在不影响电化学实验和考虑光学窗片耐压能力的条件下尽可能减小液层和窗片的厚度。如果体系对环境和纯度的要求比较低,可以简单地将显微镜镜头用 PVC 或 PE 膜包封,一般信号强度只衰减 10%左右。

四、实验步骤

1. 表面增强拉曼光谱基底的制备方法

在实际应用中,可根据所研究体系的需要而选择合适的 SERS 基底的制备方法。分别以金、银纳米粒子为例介绍表面增强拉曼光谱基底的制备(可以根据条件自行制备或者购买)。

金纳米粒子(直径约 60 nm)的制备步骤:

(1) 在 100 mL 超纯水中加入 2.5 mL 0.1 $mol \cdot L^{-1}$ 氯金酸溶液,将溶液在磁力搅拌下加热至沸腾。

(2) 快速注入 0.4 mL 10%(质量分数)柠檬酸钠溶液。继续在反流条件下加热混合溶液约 30 min,直到溶液颜色变为酒红色。加入 5 mL 0.1%(质量浓度)PVP 溶液,继续搅拌 1 h。

(3) 让溶液在搅拌下自然冷却至室温,用 0.22 μm Millipore 滤膜过滤溶液。

(4) 将过滤后的金纳米粒子胶体液储存在 4 ℃的冰箱中,以备后续使用。

银纳米粒子(约 60 nm)的制备步骤:

(1) 将 18 mg 硝酸银固体加入 100 mL 超纯水中,在磁力搅拌下加热至沸腾。

(2) 缓慢向沸腾的溶液中加入 2 mL 1%(质量分数)柠檬酸钠溶液。继续保持溶液沸腾状态,持续加热 30 min。而后让溶液自然冷却至室温。观察到溶液颜色变为灰色,表明银胶体成功制备。

(3) 使用超纯水对银胶体进行 3 次洗涤,每次 15 min,使用 8000 $r \cdot min^{-1}$ 的速度离心。

(4) 移去上清液,获得浓缩后的银纳米粒子,以备下一步使用。

纳米粒子在固体电极表面的负载固定方法:

(1) 使用 0.05 μm 氧化铝研磨膏抛光金电极/玻碳电极,确保电极表面平滑无划痕。用去离子水多次冲洗抛光后的电极,去除所有抛光剂残留。

(2) 将上述离心浓缩后的纳米粒子滴在处理后的电极上,真空干燥后备用。

(3) 同样方法可在玻碳电极、硅片或玻璃等基底上制备相同的金纳米粒子膜,用于检测或者催化反应的研究。

(4) 将 50 μL 1.0×10^{-6} $mol \cdot L^{-1}$ R6G 溶液、吡啶或结晶紫溶液等滴加到上述 SERS 基底上,用盖玻片盖上,使用拉曼光谱仪测量这些基底的 SERS 活性,如无目标谱峰或杂质信号多,则需要重新制备基底。

2. 原位 SERS 研究表面分子催化反应[根据实际情况选择(1)、(2)或(3)]。

(1) 将上述离心浓缩后的纳米粒子与 10 $mmol\cdot L^{-1}$ PATP 溶液混合,原位研究对巯基苯胺的偶合反应。(可以根据实验条件选择不同的原位溶液反应体系进行实验)

(2) 将 10 $mmol\cdot L^{-1}$ PATP 溶液滴在玻璃片、电极、硅片等基底上的金、银纳米粒子上,原位研究对巯基苯胺的偶合反应。

(3) 将负载了金纳米粒子的玻碳电极装入拉曼电解池中,将 10 $mmol\cdot L^{-1}$ PATP + 0.1 $mol\cdot L^{-1}$ $NaClO_4$ 电解液加入拉曼电解池中,调节电极高度,使得拉曼电解池的石英窗片距离电极约 3 μm(参考调节方法:将激光聚焦在石英窗片的下表面,利用微距旋转平台将电解池向上旋转 3 圈,一圈一微米,然后向上旋转电极使得激光刚好聚焦在电极上,具体根据拉曼仪器平台参数设定)。连接电化学工作站的三个电极,分别在相对于饱和甘汞电极 0.2 V,0 V,-0.2 V,-0.4 V,-0.6 V,-0.8 V,-1.0 V,-1.2 V 电位下采谱,并保存数据。

(4) 计算 SERS 基底的增强因子 G、第(3)步的 Stark 斜率。

(5) 分析指认检测到的拉曼谱峰,研究对巯基苯胺的 N═N 键的偶合反应的反应机理。

(6) 改变激光功率,系统研究激光功率对表界面分子反应的影响。

五、注意事项

(1) 金纳米粒子离心后,用注射器或移液枪移去上清液时,将上清液尽量移去,但不要移走纳米粒子。

(2) 离心第 2 次的时候可以多管纳米粒子在移去上清液后合并成一管,再加水离心,以保证有更多的纳米粒子可用。

(3) 调节石英窗片和电极之间的距离为 3 μm 时须小心操作,以免损坏拉曼电解池的石英窗片。

(4) 采谱时可以选择多个点采谱,找到信号强且纳米粒子分布均匀的区域的某个点进行采谱,获得不同电位下的 SERS 信号。注意设置采集条件以免高功率激光损伤样品。

六、数据处理与分析

(1) 收集各个分子反应过程中的 SERS 谱图,分析 SERS 强度和谱峰变化规律。

(2) 测量硅片上液层厚度 h。

(3) 计算 SERS 基底的粗糙因子,估算 SERS 基底的增强因子 G。

(4) 将获得的拉曼谱图转为数据文档,用 Origin 等作图软件作拉曼强度对拉曼位移的谱图。

(5) 指认谱峰并标出目标物质的谱峰,指认其对应的振动模式。

(6) 选定目标谱峰,作拉曼位移对电位的关系图,找到具有线性关系的部分,计算电化学 Stark 斜率。

(7) 分析不同条件下 PATP 向 DMAB 转化的过程和规律。

七、思考题

(1) SERS 的基本原理是什么?相比于传统拉曼光谱,SERS 在信号检测方面有何优势?

(2) 在进行 SERS 实验时,如何选择适当的基底材料? 列举几种常见的 SERS 基底材料并分析其优缺点。

(3) 如何制备高效的 SERS 基底? 在基底制备过程中,有哪些关键因素会影响 SERS 的信号增强效果?

(4) 如何计算 SERS 基底的增强因子 G?

(5) 在 SERS 实验中,激光的波长选择对实验结果有何影响? 如何根据样品的特性选择合适的激光波长?

(6) SERS 监测分子反应过程中,激光功率对反应速率是否有影响? 如果有,请讨论其原因。

八、知识拓展

针尖增强拉曼光谱(TERS)和壳层隔离的纳米粒子增强拉曼光谱(SHINERS)

2000 年 Stöckle 等人发展了具有超高空间分辨率的针尖增强拉曼光谱(tip-enhanced Raman spectroscopy,TERS)技术。TERS 同时结合了 SERS(高灵敏度)和扫描探针显微镜(scanning probe microscope,SPM)(高空间分辨率)的优点,使用半径约为 20 nm 的 Au 或 Ag 针尖,在针尖和基底材料之间产生热点区域。当针尖接近待测基底表面时,热点区域中电磁场增强使得拉曼信号也显著增强,实现了较高的检测灵敏度。由于增强的电场强度受限于针尖区域,因此可以在约 10 nm 的空间分辨率下选择性地探测局部反应过程。经过多年发展,具备单分子检测水平的 TERS 技术已经在功能材料、碳纳米管、石墨烯等纳米级化学检测中实现了重要应用,甚至对基底材料表面实现了原子级分辨率的表征。然而,与 SERS 相比,TERS 仅提供了单一热点,且不能广泛应用于普通材料表面,这存在一定的局限性。为了解决上述问题,2010 年 Li 等人发展了壳层隔离的纳米粒子增强拉曼光谱技术。壳层隔离的纳米粒子增强拉曼光谱(shell-isolated-nanoparticle enhanced Raman spectroscopy,SHINERS)技术,采用了新的隔离工作模式,用一种惰性壳层材料,把金纳米粒子(该物质作为拉曼信号放大器)隔绝起来,使待识别成分与金纳米粒子完全分离,并同时用于增强待测物的 SERS 信号。SHINERS 技术突破了以往使用裸金粒子的局限性,使得 SERS 拉曼增强技术变得更加通用和实用。SHINERS 技术也可以用于没有 SERS 活性基底上的催化机理的研究,以及结合电化学实现原位电化学 SHINERS(EC-SHINERS)。

九、参考文献

(中山大学 方萍萍,南开大学 刘定斌)

红外光谱

实验4-4 红外光谱分析中的样品制备、谱图测绘和定性分析

一、实验目的

(1) 理解红外光谱法的基本原理、傅里叶红外光谱仪的工作原理和分析应用思路。

(2) 能够根据分析对象的状态和性质选择合适的方法来准备和测试红外样品,并能够掌握红外吸收光谱的定性分析方法。

(3) 通过了解红外光谱在温室气体追溯中的应用等案例,理解分析化学家的社会责任,并认识到发展新分析技术的重要性。

二、实验原理

红外光谱法是一种通过测量物质分子在振动过程中偶极矩的变化,从而对物质进行表征的方法。近年来,红外光谱的应用领域逐渐扩大。它不但能够识别和确认化合物中特定官能团的特征峰,在新型的有机化合物结构分析中发挥至关重要的作用,而且振动光谱对分子结构及其变化的敏感性,使红外光谱法在小分子、生物大分子和医药等领域也得到了广泛应用,极大地推进了对分子构象、分子相互作用和反应途径的理解。因此,熟练掌握各种红外样品制备方法以获得高质量的红外光谱数据,成为学习和应用红外光谱法的核心内容。

1. 红外光谱产生的条件

两个条件:① 入射光能量应匹配物质振动能级间的跃迁能量;② 分子振动伴随偶极矩的变化。单原子分子(He、Ne 等)和同核双原子分子(N_2、O_2、Cl_2、H_2 等)在振动时偶极矩不改变,因此不产生红外振动光谱。

2. 双原子分子振动方程式

绝大多数分子由多个原子组成,振动方式复杂。然而,多原子分子的复杂振动可以分解为一系列相互独立的简正振动模式,在初步分析中,可以近似地将多原子分子中化学键的振动视为相对独立的双原子振动。接下来以双原子分子的振动为例,讨论分子振动模型。

双原子分子的简谐振动及其频率:根据经典力学的胡克(Hooke)定律,可将双原子视为质量为 m_1 与 m_2 的两个小球,化学键看成质量可忽略的弹簧,采用经典力学中的谐振子模型研究(胡克定律),简谐振动的振动频率 ν 可表示为

$$\nu=\frac{1}{2\pi}\sqrt{\frac{k}{\mu}} \tag{4.4.1}$$

式中:k 为键力常数,单位为 $dyn\cdot cm^{-1}$①;μ 为折合质量,可表示为

① $1\ dyn=10^{-5}\ N$。dyn,达因,为使质量为 1 g 的物体产生 $1\ cm\cdot s^{-2}$ 加速度的力。

$$\mu=\frac{m_1 \cdot m_2}{m_1+m_2} \tag{4.4.2}$$

波数与频率的关系用式(4.4.3)表示：

$$\tilde{\nu}=\frac{\nu}{c} \tag{4.4.3}$$

式中：c 为光速，大小约为 $3\times10^8\ \mathrm{m\cdot s^{-1}}$。将式(4.4.1)代入式(4.4.3)得

$$\tilde{\nu}=\frac{1}{2\pi c}\sqrt{\frac{k}{\mu}} \tag{4.4.4}$$

若键力常数 k 用 $\mathrm{N\cdot cm^{-1}}$ 为单位，折合质量 μ 采用原子质量 u[1 u = $1/N_\mathrm{A}$ g(N_A 为阿伏伽德罗常数) = 1.66053886×10^{-24} g]为单位，那么 $\tilde{\nu}$ 的单位为 $\mathrm{cm^{-1}}$，则式(4.4.4)可写为

$$\tilde{\nu}=\frac{N_\mathrm{A}^{1/2}}{2\pi c}\sqrt{\frac{k}{\mu}}=1302\sqrt{\frac{k}{\mu}} \tag{4.4.5}$$

发生振动能级跃迁所需能量的大小取决于键两端原子的折合质量和键力常数，即取决于分子的结构特征：化学键越强、原子折合质量越小，化学键的振动频率越大。

3. 傅里叶变换红外光谱仪

相较于紫外-可见吸收，红外吸收具有吸收波段较长、摩尔吸光系数较小等特点。传统的色散型红外光谱仪存在采谱速度慢、灵敏度低及分辨率低等问题。而目前广泛使用的傅里叶变换红外光谱仪采用完全不同的工作原理，不再需要单色器和狭缝，而是利用迈克耳孙干涉仪获取红外光谱信号的干涉图，然后通过傅里叶变换将其转换为红外光谱图。傅里叶变换红外光谱仪的主要优势在于能够在非常短的时间内获得频率范围内的干涉图，从而通过多次扫描来提高仪器的信噪比和灵敏度，同时改善分辨率。

傅里叶变换红外光谱仪主要由光源、干涉仪、检测器和计算机工作站组成，如图 4-4-1 所示。

(1) 光源　理想的光源应为能够产生高强度连续红外辐射的高温黑体。一般的红外光谱仪常采用接近黑体特性的能斯特灯或硅碳棒作为光源。

能斯特灯由混合稀土金属(如 Zr、Th、Ce)氧化物制成，工作温度为 1500～2000 ℃。其具有长寿命和良好的稳定性，在短波范围内的表现优于硅碳棒。然而，能斯特灯成本较高，且其使用操作相对不如硅碳棒方便。

硅碳棒由碳化硅烧结而成，工作温度为 1200～1400 ℃。硅碳棒的发光面积较大，操作方便，且适用波数范围较广，价格也更为经济。

(2) 干涉仪　大多数傅里叶变换红外光谱仪使用的是迈克耳孙干涉仪，其主要作用是将复色光变为干涉光。

迈克耳孙干涉仪利用光的干涉现象进行工作。当两束频率相同的光线重合时，若它们的相位差保持恒定，在空间特定区域会形成明暗相间的条纹，这种现象称为干涉。该仪器主要由两个互成直角的平面镜(固定反射镜 M_1 和移动反射镜 M_2)及一个分束器(半透半反镜)组成，如图 4-4-2 所示。分束器将入射光分为两束，经镜面反射后再次通过分束器重合。由于这两束光均来自同一光源，因此它们是相干光，从而产生干涉现象。

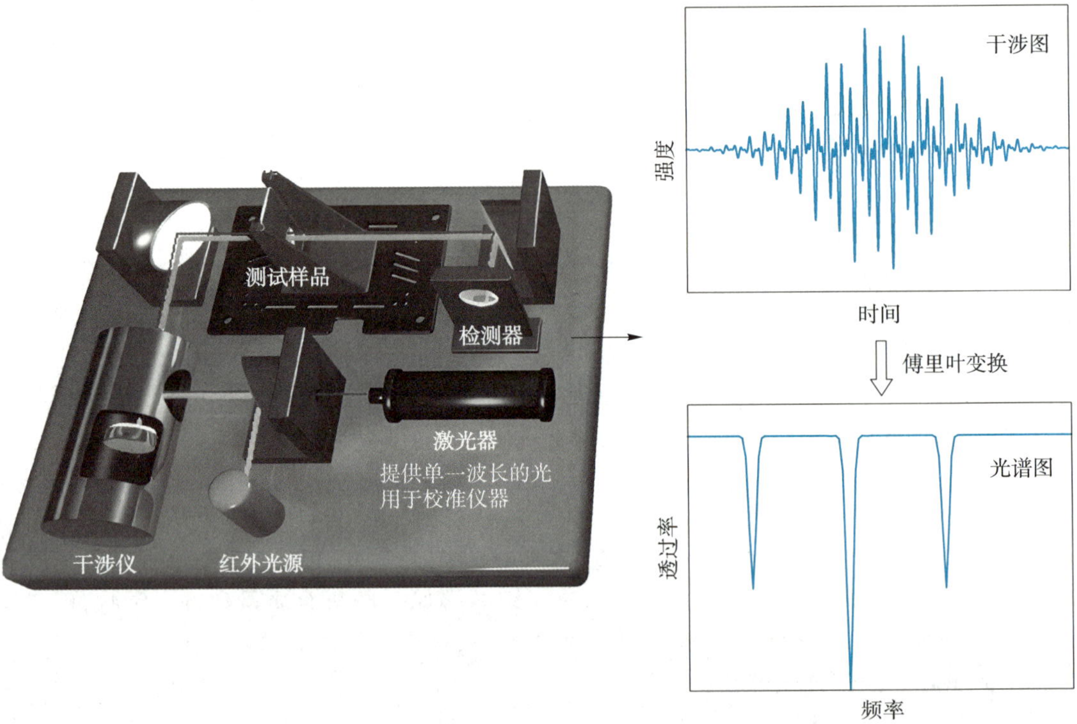

图 4-4-1 傅里叶变换红外光谱仪的结构示意图

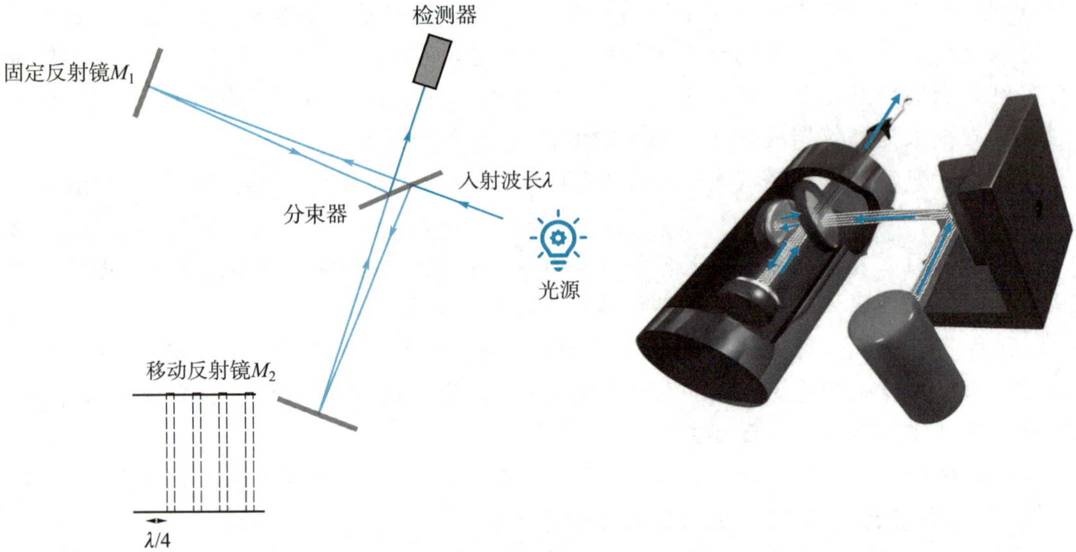

图 4-4-2 迈克耳孙干涉仪光学示意图

在标准的迈克耳孙干涉仪中，光从光源到达检测器有两条光路：① 一束光经过光学分束器反射至固定反射镜 M_1 后返回分束器，再透过分束器到达检测器；② 另一束光透过分束器后到达移动反射镜 M_2，再次反射回分束器，并最终到达检测器。两束光经分束器重合后发生干涉，如果两束光的光程差为光波长的整数倍（如 0，1，2 等），在检测器上会观测到相长干涉信号；如果光程差为半波长的奇数倍（如 0.5，1.5，2.5 等），则会得到相消干涉信号。

通过连续移动反射镜 M_2 的位置，可改变两束光的光程差，最终在检测器上得到一个干涉强度对光程差和辐射频率的函数图。

当入射光为连续波长的多色光时，会形成一个中央极大并迅速衰减的对称干涉图案，这种干涉图案是各单色光干涉图的叠加，包含了入射光源的全光谱信息。在傅里叶变换红外光谱测量中，将样品置于上述多色光的干涉光束中，样品吸收特定频率的红外辐射后，形成复杂的干涉图案。该干涉图案是时间域函数，进行傅里叶变换后，得到常见的波长或波数作为横坐标的光谱图。

(3) 检测器　检测器一般分为热检测器和光检测器两大类。

热检测器是把某些热电材料的晶体放在两块金属板中，当红外辐射照射到薄片上时，引起温度升高，晶体表面的电荷发生变化，信号放大后转变成电压和电流并进行测量。

光检测器是利用材料受光照射后，由于材料导电性能的变化而产生信号。

三、仪器与试剂

1. 实验仪器

傅里叶变换红外光谱仪，压片机，模具，玛瑙研钵，不锈钢铲，红外干燥灯，电子天平（精度 0.1 mg），不锈钢镊子，溴化钾（KBr）盐片。

2. 试剂及耗材

(1) 液体样品：精油 A，精油 B，无水乙醇。

(2) 固体样品：间硝基苯甲酸，光谱纯 KBr 粉末。

(3) 气体样品：CH_4 或 CO_2。

四、实验步骤

1. 液膜法制备液体样品

对于沸点较高的液体样品（如精油 A 或精油 B），可以直接滴加在 1 块 KBr 盐片上进行测定；对于沸点较低或挥发性较大的液体样品，应将其夹在 2 块盐片之间进行测定。固体样品和气体样品则可溶解在适当的溶剂中进行测量。在选择溶剂时，除要考虑其对样品的良好溶解性外，还需确保溶剂在目标光谱范围内没有强吸收带，并且不会溶解盐片或对样品产生明显的溶剂效应。操作步骤如下：

(1) 从干燥器中取出液体吸收池框架和 1 片 KBr 盐片。

(2) 在棉花上滴加少量无水乙醇，用于清洁 KBr 盐片和不锈钢刮刀，并在红外干燥灯下待无水乙醇完全挥发。

(3) 将 1 滴液体样品（如精油 A 或精油 B）轻抹在不锈钢刮刀上，再均匀涂抹在 KBr 盐片上，形成薄膜。

(4) 将处理后的 KBr 盐片小心置于可折式液体吸收池框架中，然后将吸收池放入仪器的样品吸收池光路中进行测量。

2. 压片法制备固体样品

固体样品除了可用合适的溶剂溶解以制成液体样品外，还常用糊状法、压片法和薄膜法进行制样。压片法操作简便，将研细的样品粉末分散在稀释剂中，利用压片装置将其压成透明薄片后再进行测定。在制备过程中，需要注意样品分散质点的大小（粒度小于 2.5 μm）和分散的均匀性。稀释剂主要有溴化钾和氯化钾，操作过程相同，且须保存于干燥器中备用。以 KBr 稀释剂为例，操作步骤如下：

（1）取少量光谱纯 KBr 固体，用玛瑙研钵磨成细粉状后，置于表面皿中并用红外干燥灯照射 10～20 min，以避免水分吸附影响。

（2）称取 20 mg 干燥后的 KBr，转移到压片模具中，用药品勺轻轻拨平，压成 KBr 薄片。

（3）称取 2 mg 间硝基苯甲酸固体样品，加入 250 mg 干燥后的 KBr，在玛瑙研钵中研磨混合均匀，取适量转移到压片模具中，用药品勺轻轻拨平，压成样品薄片。

（4）将压成的 KBr 薄片固定在样品架上，放入样品仓中，测定背景谱；取下 KBr 薄片，换成样品薄片，测定样品谱。

3. 气体样品

将气体样品池置于样品仓中，抽真空（或通入惰性气体，如 Ar，He 等），测定背景谱（可连续测定几张谱图，后谱扣除前谱，如谱呈一条直线，表明背景已经稳定）；然后吸入待测气体（或用惰性气体，如 Ar，He 等，带入待测气体），测定样品谱。

4. 谱图测绘

（1）开启仪器预热 15 min，启动软件并在软件上进行参数设置（扫描次数，分辨率等）；

（2）采集大气作背景光谱。

（3）将样品放置于样品架上，测绘样品光谱，仪器自动扣除背景，保存数据。

（4）如有 CO_2 峰残留，选中，删除并生成直线。

（5）将“透过率”谱图转换为“吸光度”，执行自动基线校正，将校正后的谱图转换回“透过率”，删除原始谱图。

（6）对谱图进行峰标注，可在自动标注基础上手动标峰。

（7）检索谱图，记录匹配度最高的化合物名称及其匹配度。

（8）填写样品信息，导出或打印谱图。

五、注意事项

（1）根据基团的红外特性，液体样品应选择合适的样品浓度，固体压片厚度应适当，通常使最明显的特征峰透过率介于 0%～20%。

（2）实验操作时应佩戴手套与口罩，避免污染样品或光学部件，并保持样品及实验环境的干燥。

六、数据处理与分析

化合物中官能团的红外光谱具有非常强的特征性，其谱峰的数量、位置、强度和形状仅与官能团的种类相关，因此红外光谱在官能团的定性分析中具有广泛应用。

将实验得到的样品谱图的主要吸收峰列表，说明其归属的振动转动类型及官能团类型。分析过程中可参考下列信息：

1. 振动光谱数据库

随着计算机技术的发展，能够非常方便地将未知化合物光谱和数据库中的参考光谱进行比较而得到结构信息，常用的数据库有① SDBS：NIMC 有机物谱图库；② NIST 数据网站。

2. 典型有机化合物的红外光谱

（1）饱和烃及其衍生物的特征峰见表 4-4-1。

表 4-4-1　饱和烃及其衍生物的特征峰

化合物	特征基团及振动模式	细分类型	波数/cm^{-1}	备注
烷烃	C—H 伸缩振动	对称伸缩	2880～2972	
		不对称伸缩	2843～2880	
	C—H 弯曲振动		1350～1490	
	C—C 伸缩振动		1140～1250	
醇类	O—H 伸缩振动	游离羟基	3590～3650	
		分子间氢键	3300～3500	峰位向低频移动且峰形变宽
		分子内氢键	3450～3570	
	C—O 伸缩振动	伯醇	1000～1250	
		仲醇	1000～1125	
		叔醇	1100～1210	
		酚	1180～1260	
	O—H 弯曲振动	面内弯曲振动	1260～1410	
		面外弯曲振动	650～750	
醚类	C—O—C 伸缩振动	脂肪醚对称伸缩	900～1000	
		脂肪醚不对称伸缩	1050～1150	
		芳香醚对称伸缩	1050～1100	
		芳香醚不对称伸缩	1220～1280	
胺类	N—H 伸缩振动	游离伯胺	3400～3500	双峰
		游离仲胺	3310～3350	单峰
	C—N 伸缩振动	脂肪胺	1020～1200	
		芳香胺	1250～1360	
	N—H 弯曲振动	面内弯曲振动	1550～1650	
		面外弯曲振动	650～900	

（2）烯烃、炔烃和氰基化合物的特征峰见表 4-4-2。

（3）芳烃。

C—H 伸缩振动：芳香环上的 C—H 键通常在 3050～3100 cm^{-1} 范围内出现吸收峰。这些吸收峰较弱且锐利。C—H 弯曲振动：芳香环的 C—H 键存在面内弯曲振动与面外弯曲振动，其中面内弯曲振动特征峰在 690～900 cm^{-1} 范围内，面外弯曲振动特征峰在 1000～1300 cm^{-1} 范围内，这些吸收峰统称为“芳香带”。

表 4-4-2 烯烃、炔烃和氰基化合物的特征峰

化合物	特征基团及振动模式	细分类型	波数/cm^{-1}	备注
烯烃	C—H 伸缩振动		3000～3100	
	C═C 伸缩振动		1630～1695	
	C—H 弯曲振动	面内弯曲振动	1290～1430	
		面外弯曲振动	650～1010	
炔烃	C—H 伸缩振动		约 3300	强且尖锐
	C≡C 伸缩振动	端炔	2100～2140	
		非端炔	2190～2260	
	C—H 弯曲振动	面内弯曲振动	1245～1260	
		面外弯曲振动	615～645	
氰类	C≡N 伸缩振动	脂肪氰	2240～2260	强且单一
		芳香氰	2220～2240	

C═C 伸缩振动：芳香环的 C═C 伸缩振动通常在 1600 cm^{-1} 和 1500 cm^{-1} 附近出现两个较强的吸收峰，有时还会在 1450 cm^{-1} 和 1420 cm^{-1} 出现更弱的吸收峰。

（4）羰基化合物的特征峰见表 4-4-3。

表 4-4-3 羰基化合物的特征峰

化合物	特征基团及振动模式	细分类型	波数/cm^{-1}	备注
醛类	C═O 伸缩振动		1725～1740	
	C—H 伸缩振动		2700～2900	双峰或尖峰
酮类	C═O 伸缩振动		1705～1725	
羧酸	C═O 伸缩振动		1700～1725	
	O—H 伸缩振动		2500～3300	宽而强的吸收峰
	C—O 伸缩振动		1210～1320	
酯类	C═O 伸缩振动		1735～1750	
	C—O—C 伸缩振动		1050～1300	
酰胺	C═O 伸缩振动	伯酰胺	约 1650、约 1690	双峰
		仲酰胺	约 1665、约 1680	双峰
		叔酰胺	1630～1670	谱带
	N—H 伸缩振动	伯酰胺	约 3400、约 3500	双峰
		仲酰胺	约 3450	单峰

七、思考题

（1）样品含有水分对红外谱图解析有什么影响？

(2) 氢键作为一种弱相互作用广泛存在生命体系中，讨论氨基酸形成 N—H---O═C 氢键前后，N—H 键和 C═O 键的红外波数变化。

(3) 样品浓度过高或过低(或压片太厚或太薄)得到的红外光谱图上基峰及吸收峰的状态有何不同？

八、参考文献

(厦门大学　林建斌，复旦大学　李会香)

实验 4-5A　水与重水的红外光谱及其对红外光谱测量的影响

一、实验目的

(1) 能够掌握衰减全内反射红外光谱仪的结构、基本原理和基础使用方法。

(2) 能够认识水与重水的红外光谱特征，并理解水对样品红外光谱测量的影响。

(3) 能够基于水与重水红外光谱的差异理解红外光谱吸收峰的同位素效应，据此认识红外光谱应用于含水生物样品检测时存在的具体困难和可能的解决方法。

二、实验原理

在传统的红外测量中，如需对溶液样品进行测量，通常选择使用对有机样品具有良好溶解度的 CS_2、CH_2Cl_2、$CHCl_3$、CCl_4 等溶剂，因为这些溶剂对有机样品的溶解性好且在特定波段内不吸收红外光。如 CCl_4 在 1300～4000 cm^{-1}、CS_2 在 650～1300 cm^{-1}范围内无红外吸收，可以作为测量红外光谱的溶剂。但由于红外光谱可以利用 KBr 压片等方法直接对固体粉末进行测量，也可以利用 2 片红外光学窗口(如 KBr 盐片)间形成液体薄膜对纯液态样品进行测量，通常不需要将固体样品配成溶液再进行红外测量。但在真实体系中，样品往往以溶解或与液体混合的状态存在，因此利用红外光谱对溶液样品开展测量也有必要。

自然界中最常见的液态混合物通常以水为溶剂，如血浆、体液、细胞质、污水、蜂蜜、果汁、洗洁精等；大多数生物过程也都在水相中发生，如抗原-抗体的识别、酶催化反应、蛋白-药物相互作用等。如果能利用红外光谱监测生物分子在水相中的结构变化，则对认识生物分子结构与功能的关系，探索生命的过程都产生重要的推动。

但是，水在很多教材中的红外光谱部分往往简单概括为：水自身有强烈红外吸收，且会侵蚀池窗，因此不用作红外光谱测量的溶剂，并且无论固体或液体的红外光谱测试样品都必须干燥。作为自然界最重要的溶剂，化学键振动能够引起偶极矩变化的水分子，其红外吸收到底是怎样的？是否有人研究过水的红外？实际上，在红外光谱研究的早期，人们就已经对水的红外光谱进行过研究。显然，透射式红外检测中常见的 NaCl、KBr 红外窗片因为其自身溶于水，无法作为测量水红外光谱的光学窗口材料（红外光学窗口材料指用于支撑样品或作为光路中透射红外光的介质）。在以不溶于水的 CaF_2 为光学窗口的条件下，用两片 CaF_2 红外光学窗口夹住一薄层水（约 10 μm）才能观察到水的红外光谱。当水层厚度超过 20 μm 时，绝大部分红外光被完全吸收。这也就是“水的红外吸收非常强，无法作为红外光谱检测的溶剂”这一传统概念的由来。利用透射式红外，已经测得水和重水的主要红外吸收峰，见表 4-5A-1。

表 4-5A-1　H_2O 和 D_2O 的主要红外吸收峰

波数 / cm^{-1}	归属
3920	O—H 伸缩振动
3490	O—H 伸缩振动
3280	O—H 伸缩振动
1645	H—O—H 弯曲振动
2900	O—D 伸缩振动
2540	O—D 伸缩振动
2450	O—D 伸缩振动
1215	D—O—D 弯曲振动

表 4-5A-1 中最值得关注的是 O—H 在 3280 cm^{-1} 和 H—O—H 在 1645 cm^{-1} 处的吸收峰，两者均为强而宽的红外吸收峰。而有机化合物中常见的 C—H、N—H 振动均在 3300 cm^{-1} 附近，C═O、C═C、C═N、N—H 等重要有机基团的振动均在 1650 cm^{-1} 附近，因此即使样品中仅含少量水分，对于利用红外光谱辅助分析分子结构都有较大影响。

从传统透射式红外检测方式可以看出，对于水这类红外吸收性质极强的分子，降低吸光光程，是有效获取其红外吸收光谱的重要手段。但是，将液膜厚度控制在约 10 μm 本身就非常麻烦，并且对很多应用而言，例如，观测液相化学反应过程中物质红外光谱的变化，就很难在测得一种反应物的光谱后原位加入另一种反应物。然而，衰减全内反射（attenuated total reflectance，ATR）红外检测模式的出现较好地解决了这类问题，同时也使得固体样品的红外光谱测量可以在很多情况下摆脱 KBr 压片等相对复杂的制样方式。

当一束激发光从 ATR 晶体（光密介质）内照向空气（光疏介质）时，若入射角大于临界角，则会发生全内反射现象。微观来看，本质为电磁波的光并非一丝一毫都不跨过界面就反射回 ATR 晶体中，而是会跨过两相界面一段微小的距离后重新返回 ATR 晶体一侧。入射光跨过界面后，其强度随穿过距离而迅速衰减，称为衰减波（或倏逝波），因此也把全内反射称为衰减全内反射，如图 4-5A-1(a) 所示。光能够穿过界面的深度称为 ATR 的穿透深度 d_p（即光强度降低至入射光强度的 1/e 时穿过界面的距离），是入射光波长 λ、ATR 晶体折射率 n_1、空气折射率 n_2 和入射角 θ 的函数。在两相介质均不吸收入射光时，穿透深度 d_p 的表达式为

$$d_p = \frac{\lambda / n_1}{2\pi[\sin\theta - (n_1/n_2)^2]^{1/2}} \tag{4.5A.1}$$

当 n_1 一侧有能够吸收红外光的液态或固态样品时，由于衰减波实际上能够透过界面上样品 1~2 μm 的距离，而反射回 ATR 晶体的红外光在样品有吸收的波数下强度已经降低。对于很多样品的测定，1~2 μm 显得光程较短，测出的吸收光谱信噪比比较低。因此，衰减全内反射红外光谱仪通常设计为薄层长条形的光学窗口结构，以实现红外光在 ATR 晶体内部的多次全内反射，增加样品的红外吸收，如图 4-5A-1(b)所示。此外，对于固态样品除了需用研钵研细，还需使用压杆将粉末在光学窗口上压实，以保证红外光能够和足够多的固态样品相作用。

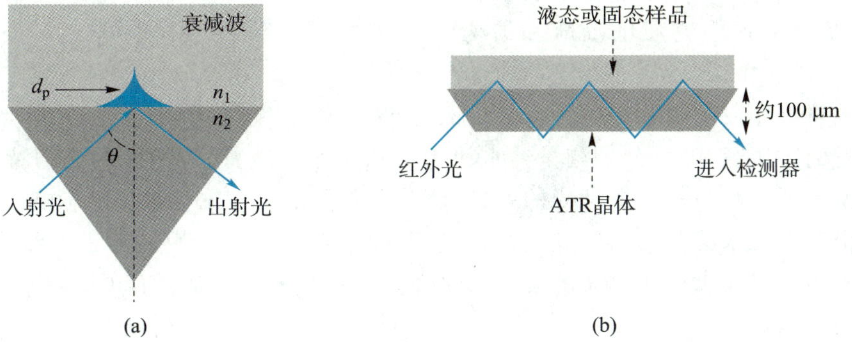

图 4-5A-1 (a) 衰减全内反射与衰减波；(b) 多次衰减全内反射增加红外光与样品作用的距离

与透射法使用的 KBr、NaCl 等光学窗口材料类似，ATR 晶体材料也需要能透过红外光。此外，由于光学窗口需要反复使用，并且暴露在环境中，因此需要不溶于水、不易潮解并且具有较好的机械强度和易加工特性。常见的 ATR 晶体材料见表 4-5A-2。其中 ZnSe、金刚石在可加工性、耐酸碱性等方面都非常适于用作 ATR 红外光谱仪的检测光学窗口。ZnSe 因为较易加工，是比较常见的 ATR 晶体材料，唯一的缺点是其硬度较低，在使用中易产生划痕而影响检测。近年来，人造金刚石的工业化量产和加工技术已在我国实现，金刚石作为 ATR 晶体材料将更加普及。Si 因为易于进行表面修饰、金属沉积等，可以在全内反射界面上引入更多的化学过程，因此在红外光谱科研领域也有较多的应用。

表 4-5A-2 一些常用于 ATR 红外测量的晶体材料及其特性

ATR 晶体材料	可用光谱范围 / cm^{-1}	折射率	特性
金刚石(C)	10~45000	2.42	不溶于水、酸和碱，硬度高
ZnSe	500~20000	2.40	不溶于水、有机溶剂、稀酸和碱，硬度低，易产生划痕
Ge	550~5000	4.00	不溶于水，极脆，加工较困难，硬度适中
Si	100~10000	3.45	在 ATR 模式下仅允许>1200 cm^{-1} 通过，pH<12

ATR 红外检测方式使固体和液体的红外检测过程变得较为简便，仅需将少量研磨细的固体粉末置于 ATR 检测光学窗口表面或将约 20 μL 液体样品滴在光学窗口表面即可进行红外光谱测量。包括水和水溶液的红外吸收光谱也能够方便地进行测量。

了解了 ATR 红外检测方式，可以将其与传统的透射式红外检测做对比，如图 4-5A-2 所示。首先，ATR 检测可以直接检测固态样品或液态样品，操作相对简单，而透射式红外检测则需要采取压片（固态）或液膜（液态）等不同的处理方式，操作相对烦琐。其次，在透射式红外检测时，入射光穿过样品的本体，因此如果样品发生均相的化学反应，透射式红外更容易检测到反应过程中分子的结构变化。而 ATR 检测方式仅限于表面约 1 μm 厚度的样品，因此对界面上物质的结构变化更敏感，可以与电化学或催化反应结合，探索界面上物质的反应和结构变化过程。

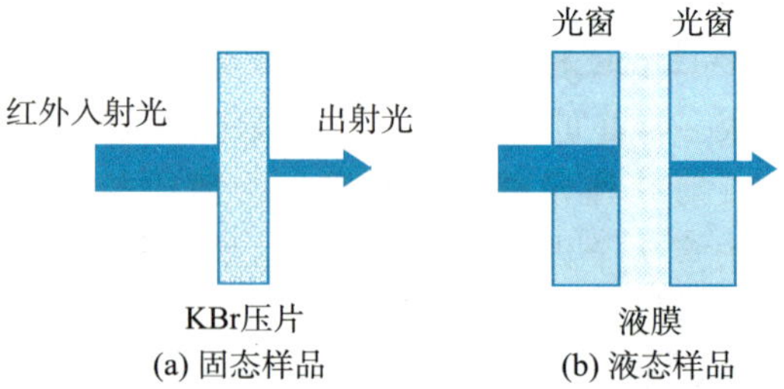

图 4-5A-2　利用透射红外检测固态样品与液态样品

本实验将首先以间硝基苯甲酸粉末为例，让学生首先熟悉固体样品在 ATR 红外光谱仪上进行测量的方法。其次，分别测量纯水和重水的红外光谱，比较两者的光谱特征，利用简谐振动模型计算纯水与重水振动峰的差异，体会原子质量对其振动频率的影响。最后，记录间硝基苯甲酸与纯水混合物的红外光谱，比较其中水与间硝基苯甲酸粉末的红外吸收峰的强度。思考当水溶液中待测物质的红外吸收峰受到水峰干扰时是否有可能避开水峰干扰实现红外光谱检测。

三、仪器与试剂

1. 实验仪器

衰减全内反射红外光谱仪 1 台；药匙 1 个；微量注射器 1 支或移液枪 1 支；研钵 1 个；红外干燥灯 1 台；滴瓶 1 个。

2. 试剂及耗材

间硝基苯甲酸（AR）；去离子水；重水；乙醇；KCl；擦镜纸 1 盒。

四、实验步骤

1. 固体样品的 ATR 红外光谱测量

（1）取乙醇滴瓶中的一滴溶液滴于 ATR 红外检测光学窗口上，用擦镜纸清洁光学窗口表面。再用滴有乙醇的擦镜纸清洁压杆底面。

（2）药匙取少量间硝基苯甲酸粉末置于研钵中，在红外干燥灯下研磨细。

（3）药匙取研细的间硝基苯甲酸粉末置于 ATR 红外检测光学窗口上，使样品覆盖住光学窗口中心即可。将压杆轻轻压在粉末上，促进其与光学窗口紧密接触。

（4）开始检测（在检测前应做好仪器开机、预热、空白测量等步骤，具体仪器要求以仪器说明为准）。

（5）获得光谱数据后，去除基线，保存文件。

（6）松开压杆，用滴有乙醇的擦镜纸将固体粉末擦去，清洁 ATR 光学窗口和压杆底面。

2. 水与重水的 ATR 红外光谱测量

（1）待清洁 ATR 光学窗口的乙醇完全挥发后，用移液枪取约 20 μL 水，滴在 ATR 红外检测光学窗口上。

(2) 开始检测,并在获得光谱数据及除去基线后保存文件。

(3) 重复以上清洗步骤,将约 20 μL 重水滴在 ATR 红外检测窗口上,进行红外光谱测量,去除基线,保存文件。

3. 水/重水与固体混合样品的 ATR 红外光谱测量

(1) 重复以上清洗步骤,再重新取少量研细的间硝基苯甲酸粉末置于 ATR 红外检测光学窗口上,压上压杆,进行红外光谱测量,去除基线并保存文件。

(2) 松开压杆,用移液枪取约 20 μL 纯水滴在间硝基苯甲酸粉末上,不用压杆直接测量该混合物的红外光谱,去除基线并保存文件。比较混合物红外光谱与间硝基苯甲酸粉末的红外光谱的区别。

(3) 重复以上清洗步骤,测量间硝基苯甲酸粉末与重水混合物的红外光谱,去除基线后保存文件。

(4) 比较两种混合物中溶剂红外光谱峰与间硝基苯甲酸红外光谱峰重叠的情况。

五、注意事项

(1) 间硝基苯甲酸需要在红外干燥灯下研磨,单独进行粉末 ATR 测量时应保持样品干燥。

(2) 重水虽然无毒,但重水需要较长时间代谢;生物也不能在高浓度重水中生存。因此不可饮用重水。如误吸入,请将患者移到新鲜空气处;如皮肤大面积接触,脱去污染的衣着,用肥皂水和清水彻底冲洗皮肤,如有不适感,立即就医;如不慎入眼,分开眼睑,用流动清水或生理盐水冲洗,并立即就医。

六、数据处理与分析

(1) 分析纯水与重水红外光谱峰位置差异,重点观察纯水在 3280 cm^{-1} 和 1645 cm^{-1} 附近的振动峰在重水中向哪个方向位移了？频率如何变化？峰形状或峰宽度是否有变化？

(2) 比较水峰的强度和间硝基苯甲酸的峰强度。

(3) 计算 O—H 键、O—D 键的折合质量。根据键力常数 $k = 7.7\ N \cdot cm^{-1}$ 并结合式(4.4.1)和式(4.4.2),计算 O—H 键、O—D 键的伸缩振动频率。

七、思考题

(1) ATR 红外光谱测量时的光束是如何通过 ATR 光学窗口的？

(2) 从水或重水与间硝基苯甲酸的峰强度对比,思考如果利用 ATR 红外光谱测量蛋白质水溶液,是否有可能获得蛋白质分子的红外光谱？如果水溶液中蛋白质浓度较低,可能有什么现象？

(3) 如果某些生物分子恰好红外光谱峰与纯水相同,但需要观察其在水中的红外光谱,是否有合适的方法避开纯水对其红外光谱的干扰？

八、知识拓展

ATR 红外检测方式极大简化了红外检测过程,同时使一些原先难以进行红外测量的含水生物样品、薄膜样品、黏稠样品等得以利用红外光谱法进行定性分析。

1. 衰减全内反射表面增强红外吸收光谱

与表面增强拉曼类似，在 ATR 光学窗口上修饰一层粗糙但稀疏的金属层，例如，在 Si 或 ZnSe 上还原覆盖一层金粒子，此时也称作金岛膜。吸附于金岛膜上的分子，其红外吸收截面将被放大，形成增强红外吸收现象。利用这种现象，可以研究金表面生物分子的原位识别等动力学过程。如图 4-5A-3 所示，在 Si 半球表面镀金岛膜，并修饰捕获 DNA，未修饰 DNA 的部分用巯基己醇（MCH）封闭。当捕获 DNA 其与结合在标记有对巯基苯甲酸的金纳米粒子的目标 DNA 时，微弱的单层 DNA 分子结合过程可以用衰减全内反射表面增强红外吸收光谱（attenuated total reflection surface enhanced infrared absorption spectroscopy，ATR-SEIRAS）进行检测，还可以根据光谱随时间的变化测量 DNA 在表面识别反应的动力学过程。

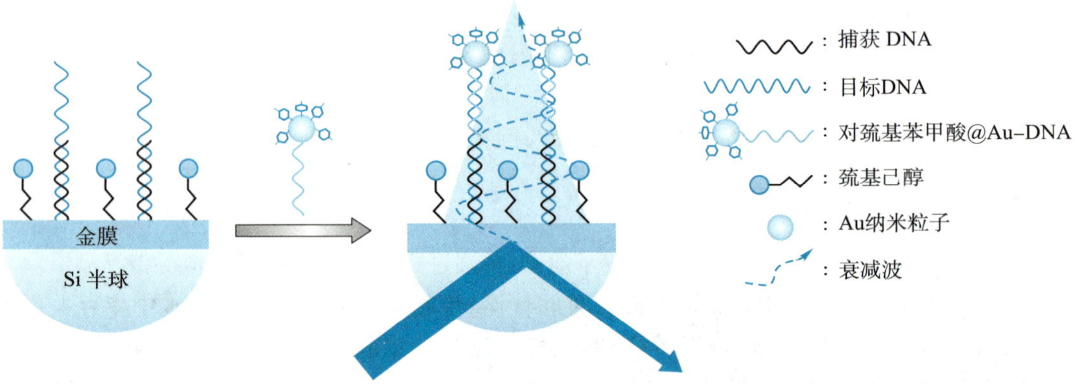

图 4-5A-3 利用 ATR-SEIRAS 跟踪单分子层 DNA 识别过程

2. 结合原子力显微镜观察液相中蛋白嵌入细胞膜时的结构变化

利用 ATR 红外检测，可以研究水相中薄膜的组成。同时，由于 ATR 的界面特性，光路仅通过 ATR 晶体一侧，而把样品一侧空余出来，可以供进行化学反应与修饰，或者将其他分析工具与红外光谱进行联用。这是传统透射式红外光谱难以做到的。如图 4-5A-4 所示，在 Ge 制 ATR 全内反射元件上形成由脂质双层组成的多层膜。利用原子力显微镜（AFM）

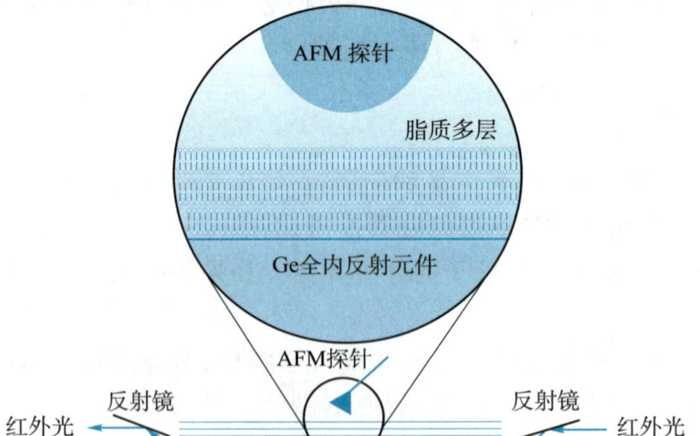

图 4-5A-4 利用 ATR-IR 与 AFM 结合原位观察蛋白质分子与脂质多层膜相互作用时的形貌与蛋白质结构变化

可以观察 β-乳球蛋白在有脂质膜存在和没有脂质膜存在时的纳米级分布并同时得到两种情况下该蛋白质的红外光谱，即原位观察蛋白质分子与脂质多层膜相互作用时引起的蛋白质结构变化。

九、参考文献

（南京大学　王康）

实验 4-5B　几种常见脂肪醇的氢键结构探究

一、实验目的

（1）能够阐述傅里叶变换红外光谱仪的基本结构、工作原理和规范操作流程。

（2）能够进行液体红外样品的制备和红外谱图解析。

（3）能够利用计算化学方法对分子结构进行优化和振动模式分析。

（4）能够从微观层次上认识氢键的形成对红外吸收频率的影响，理解宏观实验现象与微观分子结构的对应关系。

二、实验原理

早在 1936 年，诺贝尔化学奖获得者鲍林就在《化学键的本质》一书中专门为氢键开设一章。然而，直至现在，氢键特性的研究仍是科学研究的热点之一，随着研究的深入，人们越发认识到氢键在物理学、化学、材料科学及生命科学中起到的重要作用。在氢键特性的研究中，我国科学家也做出了重要贡献。例如，2013 年我国科学家用自主创新技术改装成的非接触原子力显微镜拍下了世界上第一张氢键照片，并在《科学》（*Science*）上发表了相关研究成果，引起了科学界的轰动。研究氢键的方法众多，其中广泛采用的是将实验测定红外光谱和理论计算振动光谱相结合的研究方法。目前，无论是红外光谱的实验技术还是相关理论计算均已发展到较成熟的阶段，广泛应用于物质的成分分析。其中，计算化学以大量的数值运算对化学现象进行系统的理论模拟，用于检验与对照现实实验中的化学现象，还可用于预测、修正及发展化学理论。因此，将对氢键的研究内容和研究方法引入实验教学中，对于学生理解氢键形成的本质及其独特作用具有重要意义，对于开拓学生的科学视野和创新思维具有一定的促进作用。

Gaussian 软件是目前计算化学领域中使用范围极广的一款计算软件。它由 John. A. Pople 等人于 1970 年开发。Gaussian 软件图形化界面友好、大多参数已被设置好，大大降低了科研工作者从事理论研究与计算化学研究的门槛，同时也是初学者利用量子力学理解化学体系的首选工具。本实验使用 Gaussian 16 软件进行计算，其中采用密度泛函理论(density functional theory)，在 B3LYP/6-31+G(d,p)水平上结合色散校对结构进行优化和频率计算，从而获得红外光谱的计算数据。对于存在弱相互作用的有机分子体系，结合色散校正的 B3LYP 泛函通常可以给出较为准确的结果。实验中对几种脂肪醇-四氯化碳(CCl_4)溶液进行红外光谱测定，对应的所有结构选用 IEFPCM 溶剂模型来进行计算。

在本红外光谱实验教学中，引入量化计算，以几种常见脂肪醇的氢键结构探究为例，将实验测量与量化计算相结合，探究实验宏观现象与微观结构的规律，从微观层次上认识分子间氢键的形成及其对红外吸收频率的影响。以乙醇的氢键结构探究为例，将不同体积分数的乙醇-四氯化碳溶液的实验测量和量化计算的红外光谱图进行叠加，结果如图 4-5B-1 所示。从图 4-5B-1 中可以看出，羟基吸收频率的实验结果和计算结果是相对应的。实验测得的游离羟基峰与计算的乙醇单体的 O—H 振动峰位置对应，且实验测得的氢键缔合的羟

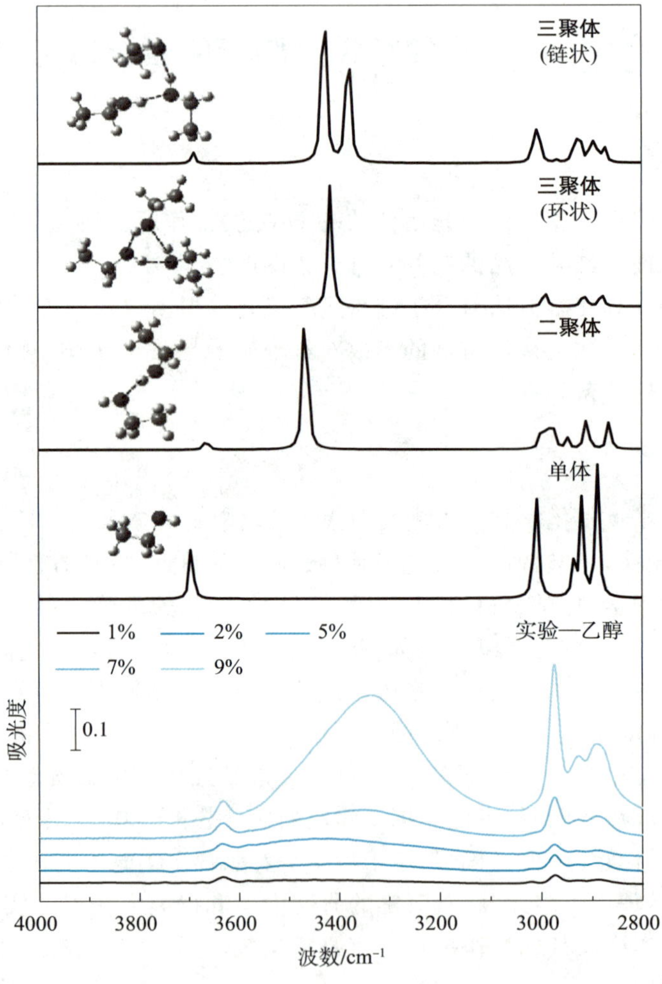

图中最下端的曲线为实验测量的不同体积分数的乙醇-四氯化碳溶液的红外光谱图

图 4-5B-1　量化计算和实验测量得到的乙醇红外光谱图(纵坐标为相对强度)

基峰中包含了二聚体和三聚体中参与形成氢键的 O—H 振动峰位置。实验中，氢键缔合的羟基吸收峰随浓度增加产生红移，而随着聚合体中单体增多，参与形成氢键的 O—H 吸收峰也出现红移。由此推测，随着溶液中乙醇浓度的增加，氢键缔合的羟基吸收增强，且吸收频率发生红移。这一过程中，以氢键缔合形式存在的乙醇逐渐增多。

三、仪器与试剂

1. 实验仪器

傅里叶变换红外光谱仪 1 台；液体池（液膜厚度 0.025 mm）；计算机 1 台（须安装软件 Gaussian 16，Gauss View 6.0）。

2. 试剂及耗材

无水乙醇（AR）、正丙醇（AR）、异丙醇（AR）和正丁醇（AR），四氯化碳（纯度 98%）；25 mL 容量瓶；10 mL 移液管或移液枪 1 支。

四、实验步骤

1. 红外光谱测试

（1）溶液配制：用移液管分别移取 0.25 mL、0.50 mL、1.25 mL、1.75 mL、2.25 mL 的乙醇溶液于 5 个 25 mL 容量瓶中，再依次加入四氯化碳溶液稀释、定容、摇匀，得到乙醇-四氯化碳的体积分数分别为 1%、2%、5%、7%和 9%的溶液。同样的方法，配制不同体积分数的正丙醇、异丙醇、正丁醇的四氯化碳溶液，备用。

（2）设置测试参数：光谱范围 400~4000 cm^{-1}，分辨率 4 cm^{-1}，扫描 16 次。

（3）分别测试乙醇、正丙醇、异丙醇、正丁醇和四氯化碳及上述（1）中配制溶液的红外光谱。

2. 量化计算

（1）建立结构模型　打开 Gauss View 6.0 软件，依次点击“File”-“New Molecule Group”后，再依次点击“Builder”-“Element Fragment”。在弹出的元素周期表中选择碳元素，选择四面体构型，在建模窗口绘制乙烷分子骨架。再次点击“Builder”-“Element Fragment”，选择醚键形式，将乙烷分子中的一个氢原子替换为羟基，即完成乙醇分子模型的构建。依次点击“File”-“Save”，将此模型保存为 *.gjf 格式的文件。按上述方式，分别建立乙醇、正丙醇、异丙醇、正丁醇的单分子、二聚体、三聚体构型，如图 4-5B-2 所示，其中二聚体、三聚体的分子间 O—H···O 氢键距离调整为合适的长度（约 200 pm）。三聚体还需考虑环状和链状两种构型：三个 O—H 分别两两形成氢键，形成闭合的环状构型；三个 O—H 依次作用形成两个氢键键合的 O—H 和一个自由的 O—H。图 4-5B-2 的虚线框中的 O—H 为氢键缔合的 O—H（记为 Bonded OH），其余的为自由的 O—H（记为 Free OH）。

（2）建立输入文件　以乙醇单分子模型进行结构优化和频率计算为例，输入文件中的参数设置如表 4-5B-1 所示，也可扫描二维码 4-5B-1 查看详细说明。计算不同结构时设置的 chk 文件名、笛卡儿坐标不同，其他设置相同。

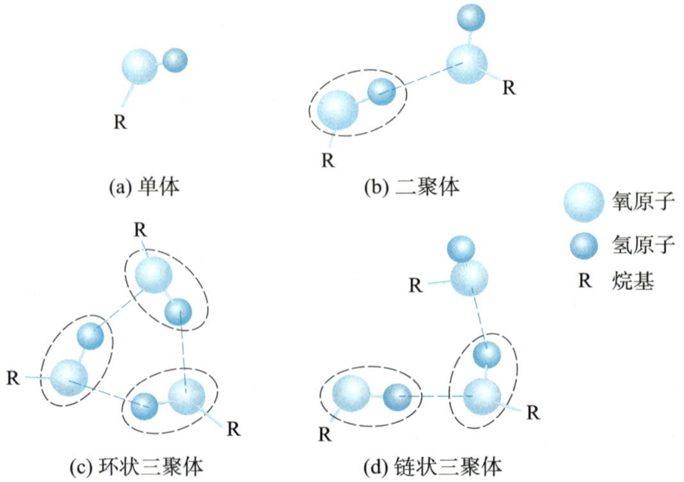

图中分子示意图可以重新量化计算获取

图 4-5B-2 氢键作用下的脂肪醇构型

表 4-5B-1 Gaussian 计算输入文件的参数设置

输入文件				含义
%chk=Ethanol_1.chk				指定 checkpoint 文件名称
# opt freq b3lyp/6-31+g(d,p) scrf=(iefpcm,solvent=ccl4) geom=connectivity empiricaldispersion=gd3				指定计算任务(结构优化、频率计算),计算方法,基组,溶剂,色散矫正
Ethanol				标题行
0 1				电荷与自旋多重度
C	-2.11475407	-1.13661207	0.00000000	分子说明部分,确定分子中各原子的坐标(此处为笛卡儿坐标)
H	-1.75809964	-2.14542207	0.00000000	
C	-1.60141185	-0.41065579	1.25740497	
H	-0.53141366	-0.41236286	1.25838332	
H	-1.95646841	0.59871722	1.25642758	
H	-1.95968081	-0.91392379	2.13105517	
H	-3.18475407	-1.13659888	0.00000000	
O	-1.63807915	-0.46250981	-1.16759033	
H	-1.95641249	-0.91575292	-1.95170420	

二维码 4-5B-1 Gaussian 输入文件补充说明

(3) 查看输出信息:用文本编辑软件打开 *.log 文件可查看全部计算结果数据。使用 Gauss View 6.0 软件打开 *.log 文件,依次点击“Results”-“Summary”,查看计算结果。若几何优化结果收敛,频率分析无虚频出现,则认为其分子构型稳定。依次点击“Results”-“Vi-

brations”,查看优化后分子的频率计算结果。点击“Start Animation”,可以查看分子简振模式的振动动画图像。为使 B3LYP 泛函、6-31+G(d,p)基组进行的频率计算结果更加准确,需要对计算得到的频率进行校正。在“Scale frequencies?”选项栏中选择“Specify...”,输入校正因子 0.9648。点击“Spectra...”,可查看红外吸收光谱。在弹出的谱图中依次点击“Plots”-“Properties...”,对 x 轴和 y 轴均勾选“Invert Axis”选项,此时谱图与实验所得谱图的排布形式相同。

五、注意事项

(1) 在配制不同体积分数的溶液前先测试其纯溶剂的红外光谱图并与标准谱图比较。在测试条件相同的情况下,将测试样品的红外光谱图与标准谱图对照,观察每个样品的吸收峰的峰位置、峰形、峰的相对强度是否与标准谱图完全吻合,以辨别其纯度是否符合本实验的纯度要求;否则样品须纯化处理。

(2) 脂肪醇类物质易燃,不得接触明火;溶液配制在通风柜中进行操作。

(3) 液体池的液膜厚度选择适当,以使红外光谱图中的大多数吸收峰的透过率处于10%~80%范围内。

(4) 测试完毕后,液体池的窗片及时擦拭干净,做好防潮存放。

(5) 实验中所用样品不得随意丢弃,废物与废液等应放入指定的容器中。

(6) 实验中所有的数据都应保存在指定目录中。

六、数据处理与分析

(1) 对试剂乙醇、正丙醇、异丙醇、正丁醇和四氯化碳的红外光谱图主要吸收峰进行官能团归属;对配制的不同体积分数的脂肪醇-四氯化碳溶液的红外谱图中游离羟基和缔合羟基的红外吸收峰进行辨识和归属。将官能团列表归纳于表 4-5B-2 中。

(2) 将计算得到的四种脂肪醇(乙醇、正丙醇、异丙醇和正丁醇)的单体、二聚体和三聚体的结构和 O—H 振动频率 $\nu(\mathrm{cm}^{-1})$,分别导出和列表归纳于表 4-5B-3 中。

表 4-5B-2　红外吸收峰的官能团归属

吸收峰位置/cm^{-1}	官能团
...	...

表 4-5B-3 计算的四种脂肪醇的 O—H 振动频率 ν 单位：cm^{-1}

振动方式	单体	二聚体		环状三聚体	链状三聚体	
	羟基伸缩振动吸收	缔合羟基伸缩振动吸收	游离羟基伸缩振动吸收	缔合羟基伸缩振动吸收	缔合羟基伸缩振动吸收	游离羟基伸缩振动吸收
乙醇						
正丙醇						
异丙醇						
正丁醇						

七、思考题

(1) 傅里叶变换红外光谱仪测试样品前为什么要先测试背景？

(2) 对比分析不同体积分数的脂肪醇溶液的红外光谱图中羟基吸收峰的峰位置和峰形有什么不同？阐述在本实验中如何用量化计算的方法解释此实验现象？

(3) 举例说明本实验方法还可用于探究哪些物质的氢键结构？

(4) 举例说明影响官能团发生位移的因素有哪些？试用量化计算的方法进行探究并加以解释。

八、参考文献

（中国科学技术大学 胡万群、吴红）

实验 4-6 探针分子吸附红外光谱法测定固体表面的酸碱中心位和相对分散度

一、实验目的

(1) 能够阐述探针分子吸附法研究固体表界面性质的原理及方法。

(2) 能够利用原位红外光谱结合探针分子吸附研究固体表面的酸碱中心位。

(3) 能够利用原位红外光谱结合 CO 吸附研究负载贵金属催化剂活性组分的相对分散度。

(4) 掌握探针分子吸附红外光谱法表征技术研究催化剂表界面结构和性质的方法。

二、实验原理

1. 探针分子吸附法研究固体表界面的性质

分子与固体表面的吸附作用一般可分为两种:① 通过分子间范德华力产生的吸附,即物理吸附;② 分子和表面吸附位之间发生电子的转移、交换或共有,形成化学键,则为化学吸附。其中化学吸附是表界面研究领域中一个非常重要的分支,在研究多相催化、腐蚀、电解等过程和晶体学、金属学及冶金学等诸多领域都有着重要的应用。

利用探针分子的吸附研究催化表界面反应过程是催化研究中的重要方法。常用的探针分子多为小分子化合物,如惰性气体 Ar 及较难被活化又是弱分子吸附的 N_2,氧化还原型气体 H_2、O_2、CO、NO 等,以及酸碱类物质(如吡啶、胺、CO_2 等)。探针分子吸附在催化剂表面特定位点时,具有不同的吸附强度和物理化学性质,同时也表现出不同的脱附温度和振动性质。另外,分子吸附还可能改变催化剂的结构和功能,改变反应途径,影响催化反应产物的选择性。若选择的探针分子具有红外活性,则可利用红外光谱技术研究探针分子的吸附和脱附过程,明确催化剂表面的特定化学键、活性中心及其他重要的活性部位。红外光谱在多相催化剂的表征及催化反应的研究中得到了广泛的应用,已成为催化研究中最有力的表征技术之一,应用领域包括表面官能团(如表面羟基)鉴别、金属及其氧化物催化剂研究、表面酸碱性表征、金属与载体间相互作用研究等,极大地促进了催化剂的表面研究。

2. 探针分子吸附红外光谱法研究固体表面的酸碱中心位

某些固体物质如氧化物或盐类(如硅酸盐分子筛),经过一定处理(如加热等),可使这些物质某些部位具有给出/接受质子或接受/给出电子对的能力,由此形成布朗斯特酸碱(B-酸碱)或路易斯酸碱(L-酸碱)中心,这些物质即称为固体酸碱,常见的有金属氧化物、复合金属氧化物、黏土矿物、沸石分子筛、杂多酸化合物、离子交换树脂、金属硫化物、金属硫酸盐和金属磷酸盐等。很多固体表面存在的酸碱中心位使其具有很高的催化活性,可用于多种催化反应,如酯化反应、醇化反应和异构化反应等。

固体催化剂表面酸碱位的测定方法有很多种,主要有指示剂法、光谱法、碱/酸性气体吸附法和量热法等。例如,白色或浅色固体酸性的测定可以用正丁胺滴定法;碱性(或酸性)气体吸附-色谱程序升温脱附技术(NH_3-TPD、CO_2-TPD)可以同时获得固体催化剂表面酸量、酸强度及酸强度分布等信息;探针分子吸附的拉曼光谱、红外光谱、X 射线光电子能谱(XPS)、核磁共振氢谱(^1H NMR)等也可以对催化剂的表面酸性进行研究。

其中,探针分子吸附红外光谱法不仅能够表征酸/碱性强弱(定性与定量),还可有效地区分 B-酸和 L-酸,是目前区分催化剂表面酸类型最为有效、最常用的方法之一。如图 4-6-1 所示,吡啶吸附红外光谱法测试表明分子筛(ZSM-5)表面同时存在 B-酸位和 L-酸位,锌离子交换负载后 B-酸位被占据并形成—O—Zn^+。

与酸性质的测定相似,可以通过选择合适的酸性探针分子(如 CO_2、吡咯等)测试固体表面碱性中心位。氧化物和分子筛表面的碱性中心位数量多、类型庞杂,CO_2 与其碱性中心位的相互作用也存在多种形式,例如,CO_2 与样品表面碱性羟基作用可形成碳酸氢盐物种,与样品表面晶格氧离子作用可形成单齿配位碳酸盐、双齿配位碳酸盐、桥式碳酸盐和游离碳

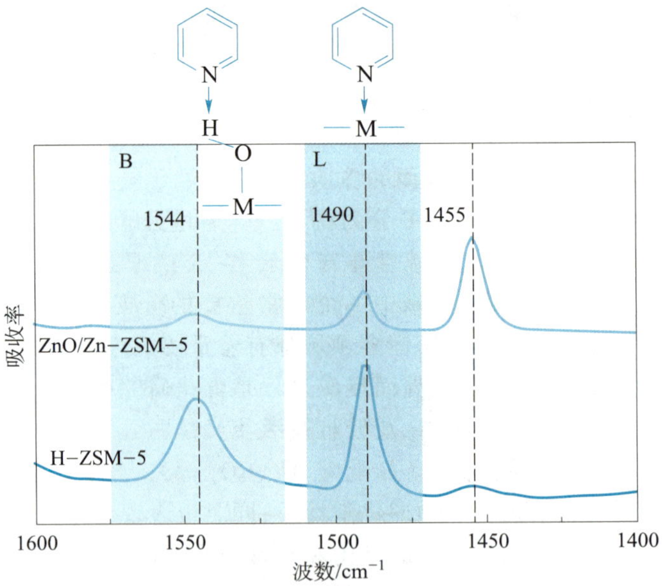

图 4-6-1 分子筛上吡啶吸附的红外光谱图

酸盐等。这几种吸附态 CO_2 物种因吸附模式及作用强度不同，有不同的振动吸收谱带，因此，可利用红外光谱区分样品不同类型的碱性中心位。

探针分子吸附红外光谱测试常在原位透射或漫反射样品池中进行。图 4-6-2 是装有 KCl、CaF_2 或 ZnSe 等光学窗口的石英衬底高温透射红外样品池，最高工作温度 600 ℃，样品室用循环水冷却。催化剂样品压成自支撑薄片（10～15 mg，ϕ = 13 mm）置于池体中部。测试前，通过抽真空或用惰性气体吹扫以除去样品池中空气以减少水和其他分子与探针分子的竞争吸附。

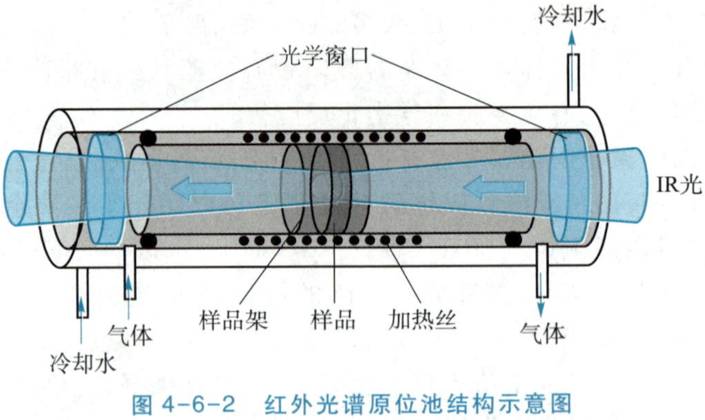

图 4-6-2 红外光谱原位池结构示意图

3. CO 吸附红外光谱法研究负载催化剂活性组分的分散度

负载型 Pt 族金属催化剂是很多选择性氧化反应和加氢工业过程中的重要催化剂，其分散状态与暴露晶面的不同显著影响其催化反应活性与选择性，这些不同导致在探针分子吸附过程中也会具有不同的吸附模式。以 CO 为例，CO 在 Pd^0 表面的吸附模式有三种，并表现出不同的红外吸收特征：线式吸附（2060～2110 cm^{-1}），桥式吸附（1900～2000 cm^{-1}），穴位吸附（1830～1900 cm^{-1}）。如图 4-6-3（a）所示，低温下，CO 在 Pd(111)上的两个吸收峰对应

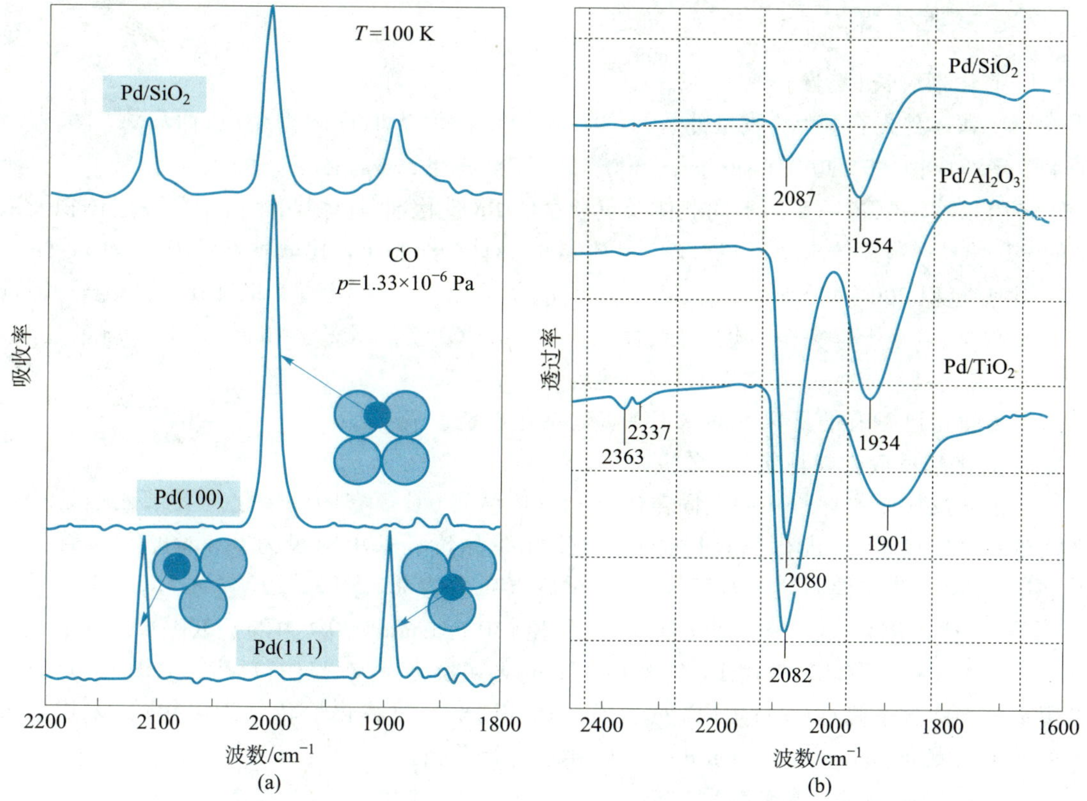

图 4-6-3 （a）Pd(111)、Pd(100)和 Pd/SiO_2 催化剂上 CO 吸附红外光谱图；（b）Pd/SiO_2、Pd/Al_2O_3 和 Pd/TiO_2 催化剂 CO 吸附饱和后的红外光谱图

线式吸附和穴位吸附，Pd(100)上主要为桥式吸附峰。对比三种不同载体（TiO_2、SiO_2 和 Al_2O_3）负载的 Pd 催化剂，如图 4-6-3(b)所示，尽管 CO 均出现了线式吸附和桥式吸附两种吸附模式，但二者对应的红外吸收峰的相对强度不同，这与载体上 Pd 的分散度有关。三种催化剂上 Pd 的分散度越好（Pd 的粒径 $Pd/TiO_2<Pd/Al_2O_3<Pd/SiO_2$），其线式吸附峰与桥式吸附峰之比越大。因此，利用 CO 探针吸附红外光谱法可评价 Pd 的分散度大小。另外，也可以通过与已知分散度样品（其他方法定量测定，如 CO-TPD）的红外光谱图对比，进一步估算 Pd 的分散度。

三、仪器与试剂

1. 实验仪器

红外光谱仪 1 台；原位红外光谱透射池 2 个（吡啶吸附需要 1 个专用透射池）；冷却循环水机 1 台；压片机 1 台；压片模具 1 套；鼓泡器 1 个。

2. 试剂及耗材

$Pd(NO_3)_2$（AR）；吡啶（AR）；硝酸（AR）；SiO_2（催化剂载体）；Al_2O_3（催化剂载体）；TiO_2（催化剂载体）；H_2（99.999%）；5% H_2/He（99.99%）；5% O_2/He（99.99%）；1% CO/He（99.99%）；$CO+O_2+He$（体积比 1∶1∶98）；液氮。

四、实验步骤

1. 催化剂制备(选做)

SiO_2 载体预先在 20%(质量分数)HNO_3 溶液中浸泡 3 h,以除去杂质;而后用二次去离子水洗涤至中性,于 120 ℃隔夜烘干,500 ℃空气氛焙烧 5 h 后备用。

采用浸渍法制备一系列不同载体及负载量的 Pd 催化剂,具体操作为:量取一定体积及浓度的 $Pd(NO_3)_2$ 前驱体水溶液;称取一定质量的载体($\gamma-Al_2O_3$,比表面积 150~200 $m^2 \cdot g^{-1}$;SiO_2,比表面积 200~400 $m^2 \cdot g^{-1}$),将其加入前驱体水溶液中浸渍 1 h,于 80 ℃烘干,每隔 10 min 搅拌,直至干燥完全。烘干后,样品再在 300 ℃空气中焙烧 6 h,制得 4%(质量分数)Pd/SiO_2 催化剂。

用实验室已备有的催化剂测试 CO 氧化催化性能。

2. 催化剂反应性能评价(选做)

催化剂反应性能评价实验在固定床流动反应装置(装填有固体催化剂且催化剂处于静止状态的反应设备)上进行,利用气相色谱仪在线分析。采用内径为 6 mm 的石英管反应器,用于控温的热电偶固定于石英管外侧,反应气压力为 0.1 MPa,反应气为 $CO : O_2 : He = 1 : 1 : 98$(体积比)。反应前,催化剂在 H_2 气流($30\ mL \cdot min^{-1}$,0.1 MPa)、300 ℃条件下还原 30 min,还原后降至室温,先用 He 气吹扫 5 min,再切换为反应气进行反应。在气相色谱中,采用 TDX-02 分子筛柱(3 m)分离 O_2,CO,CO_2 组分,经过转化炉转化为甲烷后,采用氢火焰离子化检测器(flame ionization detector,FID)进行分析。

3. 化学吸附测定金属分散度(选做)

催化剂金属分散度的测试在吸附仪上通过相关测试程序自动完成,催化剂用量约 400 mg,还原气为高纯 H_2。吸附气体分别为 O_2 和 CO,通过它们的吸附量计算金属分散度,计算中假设金属分散度 O/M = 1,CO/M = 1(M = Pd)。

具体实验步骤如下:

(1) 为了防止还原后的催化剂表面的金属 Pd 在空气中被氧化,测定前将催化剂再做还原处理:在 50 ℃下抽真空 10 min,然后在高纯 H_2 气氛中升温至 300 ℃还原 10 min,接着在 300 ℃抽真空 5 min,继续在高纯 H_2 气氛、300 ℃条件下还原 10 min,再在 300 ℃条件下抽真空 30 min 后,降温至 50 ℃。

(2) 在 50 ℃进行 O_2 吸附测定:首先测定 O_2 在表面金属 Pd 上的总吸附量;然后抽真空使得与 Pd 弱结合的 O_2 脱附,再次测定此时金属 Pd 上的 O_2 吸附量,其为可逆吸附量,即 O_2 物理吸附量;求算两次吸附量的差值即为表面金属 Pd 的不可逆 O_2 吸附量,即化学吸附量,从而获得催化剂的金属分散度。

(3) O_2 吸附后,样品重复(1)中的前处理过程。

(4) 在 50 ℃进行 CO 吸附,采用与 O_2 相同的测定方法,获得催化剂的金属分散度(CO/M)。

4. 吡啶吸附原位红外光谱实验

吡啶吸附原位红外光谱实验在傅里叶红外光谱仪上进行。原位池为可控气氛、压力、温度的不锈钢透射红外吸收池,采用 CaF_2 光学窗口。

(1) 样品制备:将少量 4%(质量分数)Pd/SiO_2 催化剂在研钵中研磨成粉状,称取 15 mg 该催化剂于压片模具中压成薄片($\phi = 13$ mm),小心放入原位池中的陶瓷样品架上。

(2) 样品预还原处理：通 O_2 在 300 ℃条件下氧化 10 min 以除去表面污染，切换为 He 吹扫 5 min，再切换为 H_2 还原 30 min，降至 50 ℃并恒定于该温度，采集还原态表面在 50 ℃的背景谱。

(3) 吡啶吸附：用 He 通过装有吡啶的鼓泡器以带入吡啶气体，在第 1 min，2 min，5 min 时各采集一张样品谱图。

(4) 吹扫除去气相吡啶：切换 He 不通过装有吡啶的鼓泡器，即纯 He 流入，在第 1 min，2 min，5 min，10 min 时各采集一张样品谱图。

(5) 切换催化剂载体，并重复步骤(1)—(4)分别测定 Pd/Al_2O_3 和 Pd/TiO_2 的吡啶吸附红外光谱图。

5. CO 吸附原位红外光谱实验

用另一个原位池进行 CO 吸附原位红外光谱实验，谱图采集参数与吡啶吸附原位红外光谱实验的相同。

(1) 将少量 4%(质量分数)Pd/SiO_2 催化剂在研钵中研磨成粉状，称取 15 mg 该催化剂于压片模具中压成薄片(ϕ=13 mm)，小心放入原位池中的陶瓷架上。

(2) 样品预还原处理：通 O_2 在 300 ℃条件下氧化 10 min，切换为 He 吹扫 5 min，再切换为 H_2 还原 30 min，降至 50 ℃并恒定于该温度采集背景谱。

(3) CO 吸附：通入 1% CO/He 气体，在第 1 min，2 min，5 min，10 min 时各采集一张谱图。

(4) 切换催化剂载体，并重复步骤(1)—(3)分别测定 Pd/Al_2O_3 和 Pd/TiO_2 的 CO 吸附原位红外光谱图。

6. CO_2 吸附原位红外光谱实验(选做)

与实验步骤 5 的 CO 吸附相同操作，仅将采集谱图的温度恒定在-20 ℃，并用 CO_2 作为探针分子，测试催化剂表面的碱性中心位。

五、注意事项

(1) 所用到的各气体均通过液氮冷阱进行净化，以除去少量的水、羰基化合物等杂质。

(2) 要注意 CO 气路的气密性，尾气一定要引到通风柜中。

(3) 使用贵重大型仪器时，一定要按照仪器规范操作要求进行实验。

(4) CO、CO_2 吸附红外光谱技术测定具有氧化还原性的固体样品时，必须先获得稳定的背景谱。例如，部分还原的 CeO_{2-x}表面的 Ce^{3+}会与 CO_2 发生反应，而氧化的 CeO_{2-x}表面会被 CO 部分还原，产生其他红外谱峰。

(5) 一些容易与 CO_2 发生体相反应的固体材料，如碱金属氧化物、碱土金属氧化物、部分稀土金属氧化物等，则不适宜采用 CO_2 吸附原位红外光谱法。

六、数据处理与分析

(1) 在红外光谱实验中，采集的各样品谱均须与相应的背景谱作差谱，然后将不同吸附(或吹扫)时间的几条谱线叠在一张图中做对比，解析谱峰的变化，例如，将 CO 吸附后采集的样品谱与相应的背景谱作差谱就可以得到 CO 吸附的谱图，如图 4-6-4 所示。

(2) 吡啶吸附实验：均以实验步骤 4(2)采集的谱线作为背景谱，实验步骤 4(3)采集的

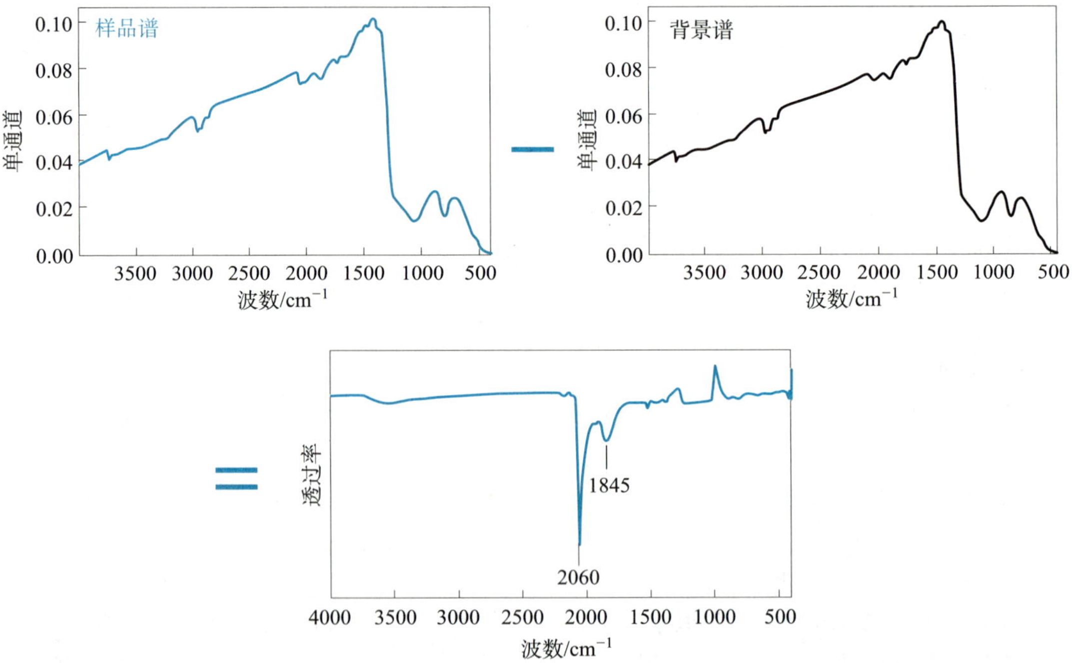

图 4-6-4　红外差谱示意图

通入吡啶/He 不同时间的几条谱线均须与实验步骤 4(2)的背景谱做差谱,获得通入吡啶第 1 min,2 min,5 min 时的谱线,将这 3 条谱线叠在一张图中,从峰强度的变化分析吸附饱和情况。

(3) 实验步骤 4(4)采集的 He 吹扫不同时间的几条谱线也均须与实验步骤 4(2)的背景谱做差谱,获得吹扫第 1 min,2 min,5 min,10 min 时的谱线,将这 4 条谱线叠在一张图中,分析无气相吡啶干扰、弱吸附物种脱附后的情况,分析对应的 B-酸、L-酸上的物种。

(4) CO 吸附实验:均以实验步骤 5(2)采集的谱线作为背景谱,实验步骤 5(3)采集的通入 CO 不同时间的几条谱线均须与实验步骤 5(2)的背景谱做差谱,获得通入 CO 第 1 min,2 min,5 min 时的谱线,将这 3 条谱线叠在一张图中,从吸附物种、峰强度的变化分析吸附饱和情况。

七、思考题

(1) 如何在吡啶吸附实验中获得固体表面酸性中心位的酸性强度?实验过程应该增加哪些步骤?

(2) 在负载催化剂的 CO 探针吸附红外光谱实验中,为什么是在还原的催化剂上进行测试?

(3) 不同载体负载相同量的 Pd 催化剂,其 CO 吸附的谱峰类型、谱峰频率、谱峰强度的不同表明了什么?

八、参考文献

（厦门大学 陈明树、林建斌，复旦大学 李会香）

综 合 探 索

实验 4-7A 拉曼光谱和红外光谱测定气体分子的结构参数

一、实验目的

（1）能够阐述拉曼光谱和红外光谱的原理，以及拉曼光谱技术与红外光谱技术的区别。

（2）能够测量气体分子的拉曼光谱和红外光谱。

（3）能够利用气体的拉曼光谱和红外光谱开展分子结构的研究。

二、实验原理

光谱是光的强度按频率或波长的分布，是光与物质相互作用引起物质内部能级跃迁的结果。分子的光谱通常根据光与分子相互作用的主要机制分为两大类：一类是由分子吸收或发射光辐射产生的，分别称为吸收光谱和发射光谱；另一类是由分子对光的散射产生的，称为散射光谱。

当气体分子与光的电场分量相互作用时会发生能级跃迁，分子内能（电子能量、振动能量和转动能量）变化为

$$\Delta E_{内} = \Delta E_{电} + \Delta E_{振} + \Delta E_{转} \tag{4.7A.1}$$

例如，用能量较低（频率较低、波长较长）的远红外光（$\lambda = 25 \sim 1000\ \mu m$）照射分子时，只能引起分子转动能级的跃迁，得到纯转动光谱，即远红外光谱（或微波谱）；用能量高、频率高的中红外光（$\lambda = 2.5 \sim 25\ \mu m$）照射分子时，可引起振动能级的跃迁（伴有转动能级的改变），得到振动-转动光谱，也就是红外光谱；而用能量更大、频率更高的紫外-可见光（$\lambda = 100 \sim 700\ nm$）照射分子时，则可引起电子能级的跃迁（伴有振动能级和转动能级的改变），得到电子光谱，即紫外-可见光谱。

红外吸收光谱图是以波长或波数为横坐标，以吸收率或透过率为纵坐标记录分子对红

外光的吸收。本实验以异核双原子分子(HCl、CO 等)为例,示范气体分子的振动-转动吸收光谱测量。在讨论双原子分子的红外光谱时,作为一种近似,可以把双原子分子作为简谐振子和刚性转子来处理。

简谐振子的振动能为

$$E_{振}=\left(v+\frac{1}{2}\right)h\nu_e(v=0,1,2,3,\cdots) \tag{4.7A.2}$$

$$\nu_e=\frac{1}{2\pi}\left(\frac{k}{\mu}\right)^{\frac{1}{2}} \tag{4.7A.3}$$

式中:v 为振动量子数;ν_e 为振动频率;k 为键力常数;μ 为折合质量,$\mu=\dfrac{m_1\cdot m_2}{m_1+m_2}$;选择定则为 $\Delta v=\pm1$。

刚性转子的转动能为

$$E_{转}=J(J+1)\frac{h^2}{8\pi^2 I}\quad(J=0,1,2,3,\cdots) \tag{4.7A.4}$$

$$I=\mu r_e^2 \tag{4.7A.5}$$

式中:I 为转动惯量;J 为转动量子数;r_e 为平衡时的键距;选择定则为 $\Delta J=\pm1$。

如果以波数 σ(cm^{-1})来表示(细心的读者会发现人们可能用 σ 或 $\tilde{\nu}$ 表示波数,它们是同一个概念),则

$$\sigma_{转}=\frac{E_{转}}{hc}=J(J+1)\frac{h}{8\pi^2 cI}=J(J+1)B \tag{4.7A.6}$$

$$B=\frac{h}{8\pi^2 cI} \tag{4.7A.7}$$

式中:B 为转动常数;c 为光速(3×10^{10} cm·s^{-1})。

对于简谐振子只能发生 $v=0$(基态)到 $v=1$(激发态)振动能级的跃迁,图 4-7A-1 表示了 $v=0$ 和 $v=1$ 振动能级中可观察到的转动能级跃迁。

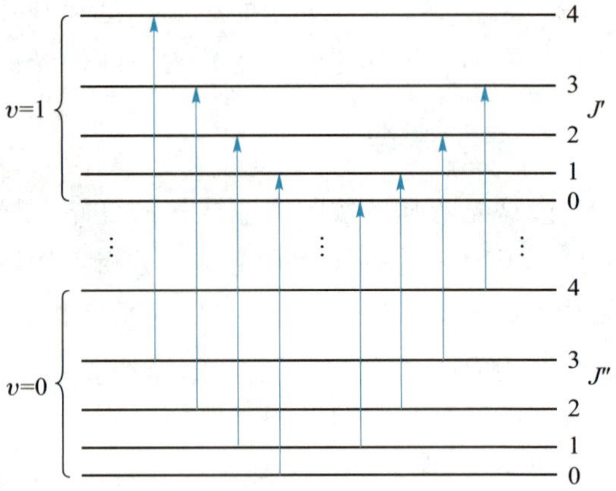

图 4-7A-1 振动能级 $v=0$ 和 $v=1$ 中可观察到的转动能级跃迁示意图

图 4-7A-1 中左边 4 个箭头表示 $\Delta J=+1$ 允许的跃迁,右边 4 个箭头表示 $\Delta J=-1$ 允许的跃迁。所以可以观察到的振动-转动能级跃迁为

$$\sigma=\frac{\Delta E}{hc}=(v'-v'')\sigma_e+[J'(J'+1)B'-J''(J''+1)B''] \tag{4.7A.8}$$

式中:“′”表示终态;“″”表示始态。B' 和 B'' 并不相同,因为在两个不同电子状态中结合力和原子核间距总有差异。

若 $v''=0$ 和 $v'=1$,则对于 $J'=J''+1$ 得

$$\sigma_R=\sigma_e+(J''+1)(J''+2)B'-J''(J''+1)B''\quad(J''=0,1,2,\cdots) \tag{4.7A.9}$$

称为 R 支谱线。

对于 $J'=J''-1$ 得

$$\sigma_{\mathrm{P}}=\sigma_{\mathrm{e}}+(J''-1)J''B'-J''(J''+1)B'' \quad (J''=1,2,3,\cdots) \tag{4.7A.10}$$

称为 P 支谱线。

如果只考虑具有相同起始态（J''值）的 R 支谱线和 P 支谱线的组分，则

$$\sigma_{\mathrm{R}}(J'')-\sigma_{\mathrm{P}}(J'')=4\left(J''+\frac{1}{2}\right)B' \quad (J''=1,2,3,\cdots) \tag{4.7A.11}$$

如果只考虑具有相同终态（J'值）的 R 支谱线和 P 支谱线的组分，则

$$\sigma_{\mathrm{R}}(J'')-\sigma_{\mathrm{P}}(J''+2)=4\left(J''+\frac{3}{2}\right)B'' \quad (J''=1,2,3,\cdots) \tag{4.7A.12}$$

由此可以得到 B'和 B''值。

不同于分子的红外光谱，分子对光的散射也表现为“谱”的形式。当一束光照射到分子上时，将有一小部分光被散射，散射光的强度与频率的 4 次方成正比，这可以解释天空为什么呈现蓝色。如果光经过散射后波长没有发生改变，则称为瑞利（Rayleigh）散射。光散射中还有另一种效应，即光波长发生了改变，这种散射很弱，一般不易观察到。A.Smekal 在 1923 年首先从理论上预言了这种效应，1928 年由印度物理学家拉曼（C.V.Raman）等人用实验证实，称为拉曼散射。可以将拉曼散射视为初始能级 E_{i} 上的分子与入射光子 $\hbar\omega_{\mathrm{i}}$ 发生的非弹性散射过程，如图 4-7A-2(a)所示。在碰撞之后，探测到的是一个能量变小了的光子 $\hbar\omega_{\mathrm{s}}$，称为斯托克斯散射（Stokes scattering），如图 4-7A-2(b)所示，而分子位于更高的能级 E_{f} 上

$$\hbar\omega_{\mathrm{i}}+M(E_{\mathrm{i}})\rightarrow M^{*}(E_{\mathrm{f}})+\hbar\omega_{\mathrm{s}}, \quad \hbar(\omega_{\mathrm{i}}-\omega_{\mathrm{s}})=E_{\mathrm{f}}-E_{\mathrm{i}}>0 \tag{4.7A.13}$$

能量差 $\Delta E=E_{\mathrm{f}}-E_{\mathrm{i}}$ 可以表现为分子的振动能、转动能或电子能量（最后一种情况称为电子拉曼散射）。

如果光子 $\hbar\omega_{\mathrm{i}}$ 被振动激发态中的分子散射，则它可能获得能量，从而使散射后的光子具有更高的频率 ω_{as}，如图 4-7A-2(c)所示，并有

$$\hbar\omega_{\mathrm{as}}=\hbar\omega_{\mathrm{i}}+E_{\mathrm{i}}-E_{\mathrm{f}}, \quad E_{\mathrm{i}}>E_{\mathrm{f}} \tag{4.7A.14}$$

这种光子散射称为反斯托克斯散射（anti-Stokes scattering）。

在能级结构示意图（图 4-7A-2）中，散射过程中的系统中间态 $E_{\mathrm{v}}=E_{\mathrm{i}}+\hbar\omega_{\mathrm{i}}$ 通常被形式化地描述为一个虚能级，这个虚能级并不一定是分子的稳态本征态。如果虚能级与分子的一个本征态相符，这就是共振拉曼散射。

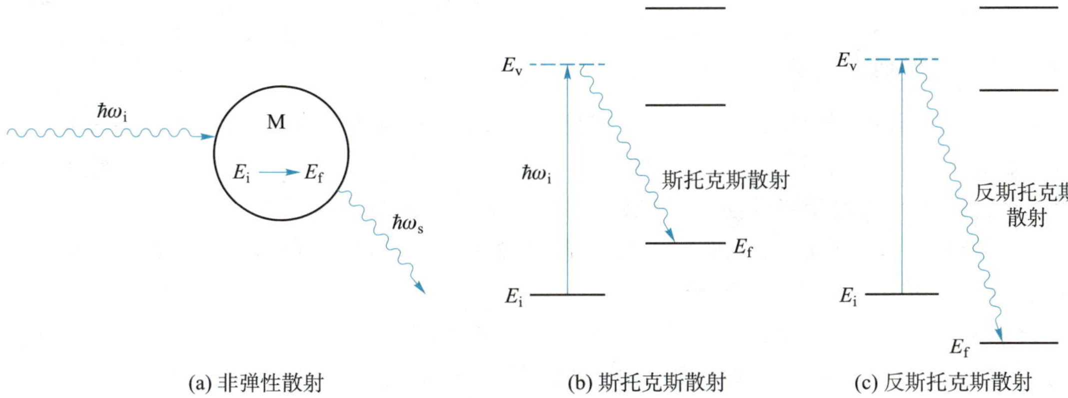

图 4-7A-2　拉曼散射的能级结构示意图

激光出现之后，由于光源分辨率的提高，振动拉曼散射和转动拉曼散射是主要研究的对象。拉曼散射的经典理论描述，它由关系式(4.7A.15)出发：

$$\boldsymbol{p}=\boldsymbol{\mu}_0+\tilde{\alpha}\boldsymbol{E} \tag{4.7A.15}$$

描述入射光电场振幅 $\boldsymbol{E}=\boldsymbol{E}_0\cos\omega t$ 和分子偶极矩 $\boldsymbol{p}$ 之间的关系。第一项 $\boldsymbol{\mu}_0$ 表示一个可能的永久电偶极矩，而 $\tilde{\alpha}\boldsymbol{E}$ 是诱导产生的电偶极矩。通常用二阶张量 α_{ij} 表示极化，它依赖于分子对称性。电偶极矩和电极化是原子核与电子坐标的函数。只要入射光的频率远离电子跃迁或振动跃迁的共振频率，电子云极化导致的原子核位移就非常小。因为电子电荷的分布由原子核的位置决定，它可以随着原子核位置的变化而"瞬时"调节，所以，可以用原子核位移的简正坐标 q_n 来将电偶极矩和电极化展开为泰勒级数：

$$\boldsymbol{\mu}=\boldsymbol{\mu}(0)+\sum_{n=1}^{Q}\left(\frac{\partial\mu}{\partial q_n}\right)_0 q_n+\cdots \tag{4.7A.16}$$

$$\alpha_{ij}(q)=\alpha_{ij}(0)+\sum_{n=1}^{Q}\left(\frac{\partial\alpha_{ij}}{\partial q_n}\right)_0 q_n+\cdots \tag{4.7A.17}$$

式中：$Q=3N-6$（对于直线形分子是 $3N-5$）给出了带有 N 个原子核的分子的简正振动模式的数目，$\boldsymbol{\mu}(0)=\boldsymbol{\mu}_0$ 和 $\alpha_{ij}(0)$ 是平衡构型 $q_n=0$ 中的电偶极矩和电极化。对于小振幅的振动，振动分子的简正坐标 $q_n(t)$ 近似成

$$q_n(t)=q_{n0}\cos(\omega_n t) \tag{4.7A.18}$$

式中：q_{n0} 和 ω_n 分别是第 n 个简正模式的振幅和振动频率。总的电偶极矩为

$$\boldsymbol{p}=\boldsymbol{\mu}_0+\sum_{n=1}^{Q}\left(\frac{\partial\mu}{\partial q_n}\right)_0 q_{n0}\cos(\omega_n t)+\alpha_{ij}(0)\boldsymbol{E}_0\cos(\omega t)+\frac{1}{2}\boldsymbol{E}_0\sum_{n=1}^{Q}\left(\frac{\partial\alpha_{ij}}{\partial q_n}\right)_0 q_{n0}[\cos(\omega+\omega_n)t+\cos(\omega-\omega_n)t] \tag{4.7A.19}$$

式中：第二项描述的是红外光谱，第三项是瑞利散射，第四项是拉曼散射。在图4-7A-3中，给出了 CO_2 分子的三种简正振动的 $\frac{\partial\mu}{\partial q}$ 和 $\frac{\partial\alpha}{\partial q}$ 的依赖关系。可以看出对称伸缩振动 ν_1 的电极化的改变 $\frac{\partial\alpha}{\partial q}\neq0$，这种振动模式称为"具有拉曼活性"；弯曲振动 ν_2 和非对称伸缩振动 ν_3 的 $\frac{\partial\mu}{\partial q}\neq0$，这两种振动模式称为"具有红外活性"。

因为一个振动的电偶极矩是每个分子产生新光波的光源，与入射光频率相同的弹性散射光（瑞利散射）及非弹性散射光（斯托克斯散射和反斯托克斯散射）叠加起来就构成了宏观的光，它的强度依赖于初始能级上的分子数、入射光的强度及电极化等。

拉曼位移与激发光的频率无关，只与散射分子的特性有关。通过分析拉曼光谱中信号的频移，可以获得分子结构等信息。虽然经典理论正确描述了拉曼谱线的频率，但是它给不出正确的强度，拉曼信号的强度必须使用量子力学来获得。拉曼散射截面与激发光频率 ω^4 成正比，拉曼谱线强度不仅与拉曼散射截面成正比，还与分子数密度、激发光强度成正比。一般来说，总散射光的强度是入射光强度的 $10^{-5}\sim10^{-3}$，其中瑞利散射占了大部分，拉曼散射

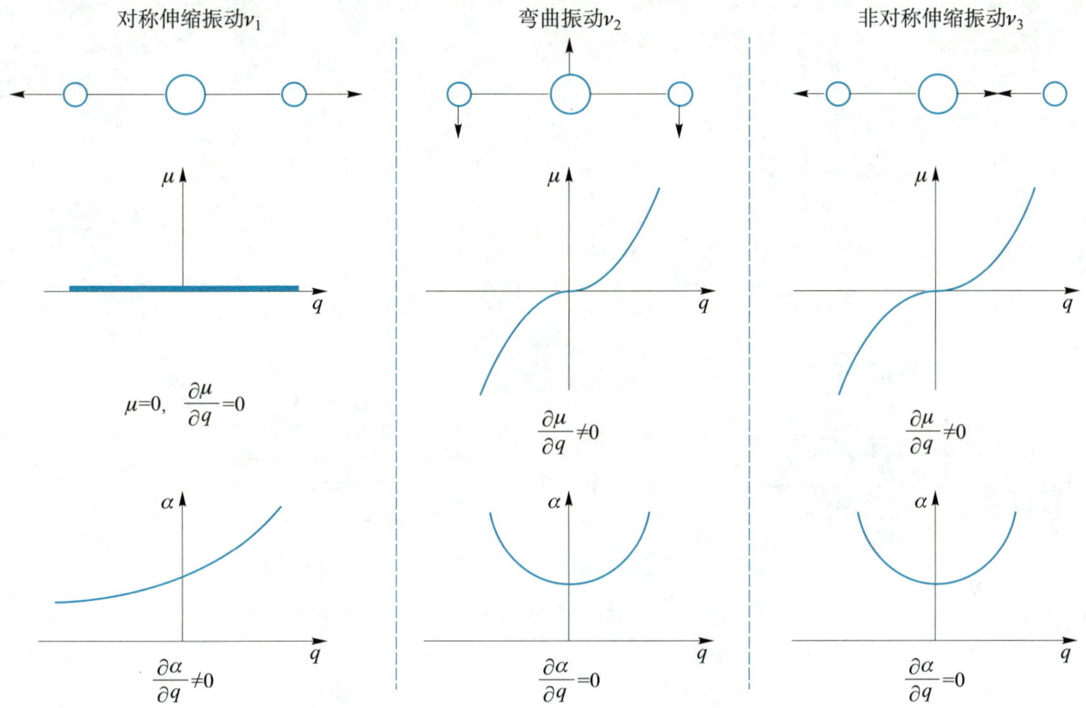

图 4-7A-3　电偶极矩和电极化随着 CO_2 分子正则振动的变化关系

光的强度是入射光的 10^{-7}。

拉曼光谱仪的结构主要包括三个部分:光源、分光系统和信号收集系统。早期的拉曼光谱仪以汞灯作为光源,由于光源强度很低,需要相当长的时间才能获得一张满意的光谱图。现代拉曼光谱仪多用激光作为光源,图 4-7A-4 整体是一个带多次反射池(腔增强拉曼样品池)的氩离子激光器与气体拉曼光谱仪结合的装置。氩离子激光器中的激光与真空腔室 VP 里的气体作用产生拉曼信号,精密的反射镜 CM 系统收集散射光,并通过透镜 L_1 和 L_2 将散射光成像到光谱仪的入口狭缝 S 上。DP,即 Dove 棱镜,能够将线光源的图像旋转 90°,使其与入口狭缝平行。通过激光可通过布鲁斯特棱镜的反射背面“LP+M”调谐到不同的激光波长。FM 是激光腔内的多次反射镜片,用于增加激光反射次数,使光多次与气体分子作用。F_1 和 F_2 是滤波片,用于选择光的波段范围。FP1 用于监测激光的输出模式,LM 是激光共振腔的端面反射镜,FPE 是法布里-珀罗标准具,用来让氩离子激光器工作在单纵模式;λ/2 是激光器内的选偏振元件,W 是真空腔室的窗片。由于光源强度很高,加上激光在多通池里来回反射,信号得到显著提升,使得拉曼光谱仪的性能大大提高。图 4-7A-5 所示的是 C_2N_2 分子的纯转动拉曼光谱,说明了这种实验装置能够达到的光谱分辨率和灵敏度。通过图 4-7A-5 中的转动线间隔可以计算出分子的转动常数,从而获得分子的转动惯量。如果拉曼光谱为振动-转动光谱,由于不同振动态的平衡核间距不同,转动常数也存在差异,可以得到不同振动态的转动常数。

三、仪器与试剂

(1) 高分辨红外光谱仪(分辨率高于 1 波数)1 台;多次反射气体样品池 1 套;如选用

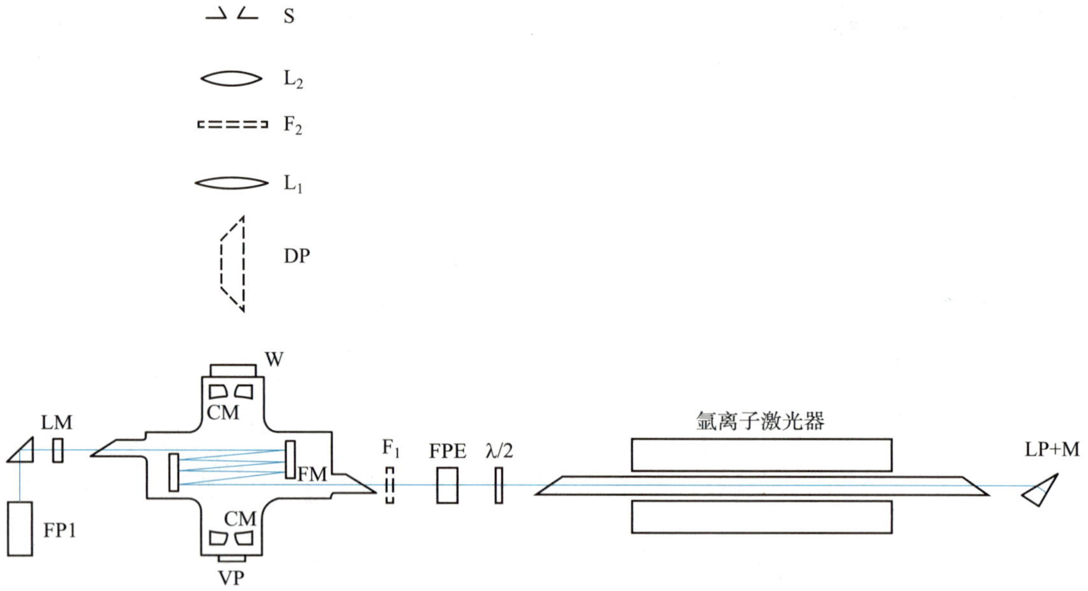

图 4-7A-4 带多次反射池的氩离子激光器与气体拉曼光谱仪结合的装置

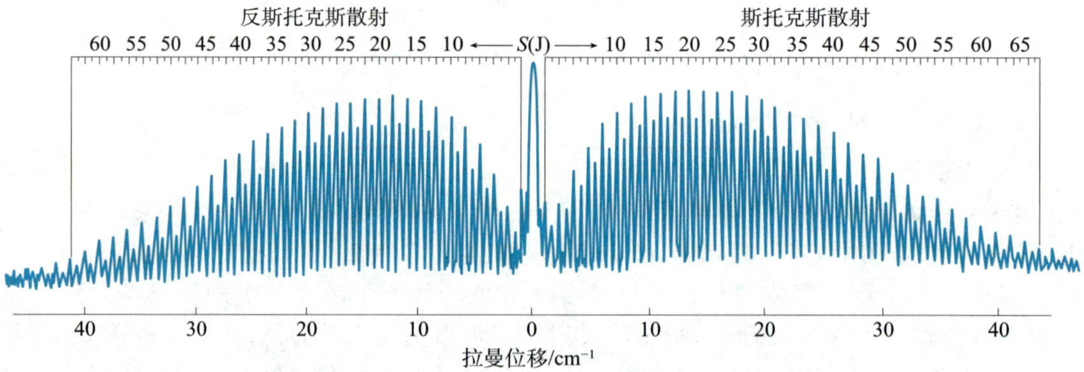

用氩离子激光器的 488 nm 波长激发，用光学底片记录，曝光时间为 10 min

图 4-7A-5 C_2N_2 分子的纯转动拉曼光谱

HCl 测量吸收光谱，需要的玻璃仪器包括 HCl 气体制备装置 1 套，含球胆 2 只、10 mL 浓盐酸（AR）、250 mL 浓硫酸（AR）、100 g 无水氯化钙、铁架台一套等；如选用 CO 测量吸收光谱，需要钢瓶装 CO 气体一瓶，6 mm 气体不锈钢管路一套。

（2）高分辨拉曼光谱仪（分辨率高于 1 波数）1 台；多次反射气体样品池 1 套；钢瓶装干燥空气一瓶，6 mm 气体不锈钢管路一套。

四、实验步骤

1. 红外吸收光谱部分

（1）气体样品的制备（以 HCl 气体为例） HCl 气体发生装置如图 4-7A-6 所示。以浓盐酸滴入浓硫酸制得 HCl 气体，再经过装有浓硫酸的洗气瓶及装有无水 $CaCl_2$ 的干燥管。干燥后的气体通入已由 HCl 气体清洗过的球胆中备用。测定 HCl 气体分子的光谱可以用

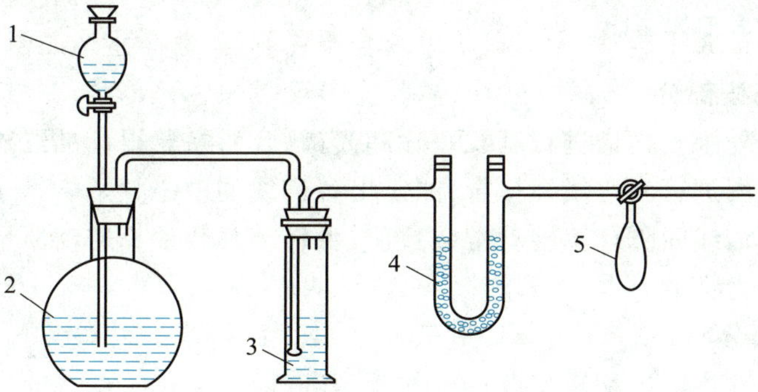

1—浓盐酸；2, 3—浓硫酸；4—无水氯化钙；5—球胆

图 4-7A-6 HCl 气体发生装置示意图

NaCl(或 LiF)为窗口的气体吸收池。将气体吸收池先抽成真空，然后通入贮于球胆中的 HCl 气体。关上样品吸收池旋塞备用。

(2) 吸收光谱的采集　充入待测气体之前，调节仪器，在 2000～3200 cm^{-1}下进行扫描(在教师指导下按红外光谱仪说明书的规定进行操作)，获得背景光谱。

从不锈钢气路充入待测气体，调节仪器，在 2000～3200 cm^{-1}下进行扫描。

2. 拉曼光谱部分

(1) 研究空气中氮气和氧气的拉曼光谱。

① 熟悉高分辨拉曼光谱仪的原理和结构，理解其重要组成部分。

② 用真空泵将样品室抽至粗真空，把干燥空气管路和计算机连接到高分辨拉曼光谱实验装置相应的接口上。

③ 开启计算机和仪器，启动软件。调节仪器参数，将干燥空气压力设置为 1×10^5 Pa，激光器工作模式设置为“锁定”，光谱仪积分时间设置为 50 s，开始进行谱线采集(在教师指导下按照高分辨拉曼光谱仪说明书的规定进行操作)。

(2) 研究不同激光强度对拉曼光谱的影响　改变激光光强，测量拉曼光谱信号强度随光强的变化曲线。

(3) 研究其他条件变化对拉曼光谱的影响　通过改变样品压力或高分辨拉曼光谱仪的积分时间等条件，测量信号强度的变化。

五、注意事项

(1) 在进行光谱实验时，必须在教师的指导下，严格按照相关仪器说明书的操作规程使用光谱仪。

(2) 如果选用 HCl 测量吸收光谱，须阅读化学品使用安全须知，制备过程中全程佩戴防酸服、护目镜、酸气面具和耐酸手套等防护装备，确保人身安全；如果选用 CO 测量吸收光谱，须阅读高压钢瓶气体使用安全须知。

(3) 排出的样品气体必须引向室外或通风柜，注意保持室内干燥、通风。

(4) 使用过的废液应当按照化学品使用规定进行收集和处理，以减少对环境的污染。

六、数据处理与分析

1. 红外吸收光谱部分

(1) 对所得红外吸收光谱进行基线去除和光谱归一化，获得标准红外吸收光谱。

(2) 对所得谱图进行光谱线性拟合，测定出各谱线的中心频率。

(3) 根据转动谱线间隔计算转动常数数值，由转动常数计算转动惯量和平衡时键距，根据谱带频率计算键力常数。

2. 拉曼光谱部分

(1) 从所记录的谱图中测定出各谱线的频率和峰高。

(2) 绘制拉曼光谱信号随光强的变化曲线，绘制拉曼光谱信号随压力、积分时间的变化曲线，并结合曲线对拉曼光谱原理进行分析和讨论。

(3) 根据测定的谱线的间隔计算分子特定振动态的转动常数和转动惯量，根据谱带的频率计算键力常数。

七、思考题

(1) 哪些双原子分子具有红外活性？哪些分子或分子内部运动模式具有拉曼活性？

(2) 双原子分子的光谱中为什么每个主要吸收区会出现两个吸收峰？解释吸收峰的频率分布和强度分布特征。

(3) 拉曼光谱谱线位置与什么参数有关？拉曼光谱信号强度与什么参数有关？

(4) 假如一个分子既有红外光谱，又有拉曼光谱，那么这个分子在结构上具有什么特征？

八、知识拓展

1. 红外光谱用于化学反应过程研究

红外光谱除可应用于化合物的鉴定和化合物结构研究及定量分析外，还可根据化学反应过程中“总有一些键生成，另一些键消失”这一特点，反映在红外光谱上某些特征谱带强度随时间而变化，定量测定这些变化可以测定反应速率与研究反应机理等。

2. 拉曼光谱用于分子灵敏检测

对于“具有拉曼活性”的分子，拉曼光谱相比红外光谱具有更高的检测灵敏度，这使得拉曼光谱方法成为检测氢气、氮气、氧气等气体的良好检测手段。一个典型的例子是对氢分子的灵敏检测。由于氢等新能源的普及，能源安全问题成为人们日益关注的重要议题，但目前尚没有理想的检测氢气泄漏的技术手段。拉曼光谱由于其对氢分子独特的检测灵敏度，成为最具潜力的检测氢气泄漏的技术方法。

传统的吸收光谱方法检测分子浓度，可以通过测量分子吸收光谱而获得谱线的面积，根据谱线面积、吸收截面等数据计算出分子的浓度。而拉曼强度与散射截面和激发光波长、光强有关，在固定激发光波长的条件下，需要根据已知浓度的样品测量信号与光强的关系，获得标准曲线后，再进行样品浓度的测量。

3. 受激拉曼光谱

当入射光的强度足够大的时候，电子云的诱导振荡超出了线性范围，此时诱导电偶极矩

不再正比于电场。函数 $p(E)$ 可以展开为幂级数 $E^n(n=0,1,2,\cdots)$,可以一般性地写为

$$p(E)=\mu+\tilde{\alpha}E+\tilde{\beta}E\cdot E+\tilde{\gamma}E\cdot E\cdot E+\cdots \tag{4.7A.20}$$

式中:$\tilde{\alpha}$ 是极化率张量,$\tilde{\beta}$ 是超极化率,$\tilde{\gamma}$ 是第二阶超极化率。α、β 和 γ 分别是二阶张量、三阶张量和四阶张量。当电场振幅足够小时,非线性项可以忽略不计,就得到了线性拉曼光谱公式。

如果入射激光强度非常大,初态分子中的相当大一部分都被激发到终态中,相应的拉曼散射光的强度就很大。此时,必须考虑分子与两束光同时作用。频率为 ω_L 的激发光产生频率为 $\omega_s=\omega_L-\omega_{mol}$ 的斯托克斯光和 $\omega_{as}=\omega_L+\omega_{mol}$ 的反斯托克斯光。这两束光都通过分子振动与 ω_{mol} 耦合起来。这种参量相互作用引起了泵浦光与斯托克斯光或反斯托克斯光之间的能量交换。Woodbury 等人首次观测到这种受激拉曼散射现象,然后 Woodbury 和 Eckhardt 用经典方法做出了解释。目前,受激拉曼光谱和与之相关的相干反斯托克斯拉曼技术已经成为高分辨光谱和高分辨成像领域的常用技术,得到了广泛的应用。

九、参考文献

（中国科学技术大学　程存峰）

实验 4-7B　三种羟基苯甲酸异构体的拉曼光谱和红外光谱对比研究

一、实验目的

(1) 能够阐述拉曼光谱和红外光谱的原理及两种光谱方法的异同点。

(2) 能够阐述色散型激光拉曼光谱仪和傅里叶变换红外光谱仪的基本结构,能够使用两种仪器获取液体样品或固体样品的谱图。

(3) 比较邻、间、对羟基苯甲酸的拉曼光谱图的特征峰,利用拉曼光谱图判断未知样品(邻、间、对羟基苯甲酸中任意两种的混合物)的组成。

(4) 结合计算化学工具并查阅文献,比较同一种化合物的拉曼光谱图和红外光谱图,明晰拉曼光谱和红外光谱的互补性;通过了解拉曼光谱仪和红外光谱仪的发展历程,认识技术进步对科学研究的影响。

二、实验原理

拉曼光谱和红外光谱都源于分子振动能级的跃迁,对同一化合物来说,其拉曼光谱和红外光谱可能有一定的相似之处。但两者产生的过程和机理完全不同,导致拉曼光谱和红外

光谱在仪器结构、实验操作、研究对象、谱图上都有显著区别，因此二者在应用方面有互补性。理解这种互补性的物理本质和规律是准确选取红外光谱或拉曼光谱开展科学实践和探索的重要前提。

拉曼光谱是由分子对入射光的散射引起的，仪器检测散射光，再通过计算散射光子和入射光子的能量差来计算拉曼位移。而红外光谱则是分子对红外光的吸收而产生的，仪器检测透射光或反射光。所以，红外光谱的入射光及检测光均位于红外光区，而拉曼光谱的入射光既可以选择可见光，也可以选择近红外光或紫外光，所以玻璃和石英可以用作拉曼光谱仪的样品池。

分子振动既是红外光谱也是拉曼光谱的基础，但是，引起偶极矩变化的分子振动才具有红外活性，引起极化率变化的分子振动才具有拉曼活性，见 4.1 振动光谱和转动光谱基本原理和实验 4.7A 实验原理。所以，针对不同结构的分子，拉曼谱图和红外谱图可能有显著区别。例如，具有对称中心的分子，分子振动的红外活性和拉曼活性有互斥规则。没有对称中心的分子，分子振动经常既有红外活性又有拉曼活性，但强度可能有显著差别。红外光谱峰的强度与分子振动所引起的偶极矩变化大小有关，而拉曼光谱峰的强度与分子振动引起的极化率变化大小有关。

例如，羟基(—OH)是强极性键，水有强烈的红外吸收，导致水不仅很难成为红外光谱检测的溶剂，空气中的水分子还可能干扰红外光谱检测，并侵蚀盐窗。但同时，红外光谱是研究羟基及氢键的有力工具。而羟基的拉曼光谱峰相对较弱，所以水可以在拉曼光谱检测中作为溶剂，使拉曼光谱在水溶液检测方面明显优于红外光谱，特别适用于生物样品的检测。3000 cm^{-1}附近的碳氢(C—H)伸缩振动在红外光谱图中是弱谱带，大量的氢键可能掩盖 C—H 伸缩振动峰。而 C—H 伸缩振动在拉曼光谱图上是中等强度谱带，不受羟基和氢键的影响，因此拉曼光谱在研究 3000 cm^{-1}附近的 C—H 伸缩振动中具有优势。

羰基(—C═O)是强极性键，是另一个在红外光谱图中最容易辨认的官能团，吸收强，干扰少，但在拉曼光谱图中通常是弱谱带。然而，羧酸(—COOH)中羰基的振动可能分裂成对称和不对称两种形式。某些分子中羰基的对称伸缩振动在拉曼光谱图中可能成为强谱带。更多细节请查阅本实验参考文献。

具有对称结构的烯烃碳碳双键(—C═C—)的伸缩振动在红外光谱图中很弱，位于1600 cm^{-1}附近，有时甚至无法检测。但这些对称双键的拉曼光谱峰却很强，且对取代基的性质及位置都很敏感，从而使拉曼光谱成为研究这些化合物的有力工具。对于芳香族化合物，苯环骨架振动谱带也在 1600 cm^{-1}附近，拉曼光谱图和红外光谱图中都存在强度由中等到强的谱带，峰位置也基本一致。

拉曼光谱图和红外光谱图一样，既有官能团区又有指纹区。但拉曼光谱图一般都比红外光谱图简单，因为拉曼光谱图里的倍频和合频比红外光谱图少。指纹区范围大致在 600~1200 cm^{-1}，分子组成和结构上的微小变化都能导致该区域的峰位置发生显著变化，所以经常用于结构相似物的鉴别。对于简单的苯单取代或二取代衍生物，600~900 cm^{-1}范围内的红外光谱峰曾用于判断苯环的取代类型和位置，一个典型的应用是利用这些红外光谱峰分析 C_8H_{10}同分异构体(二甲苯和乙苯)混合物的浓度。红外光谱法在定量分析方面的应用虽然较紫外-可见吸收法困难，但在检测某些大气污染物时有明显优势。由于拉曼光谱图更简单，随着拉曼光谱仪器的普及，拉曼光谱在定量分析上的应用也将更广泛。

本实验通过检测三种羟基苯甲酸异构体（邻、间、对羟基苯甲酸）的拉曼光谱和红外光谱，比较三种化合物拉曼光谱图的特征峰，定性判断混合物的组成。通过比较同一化合物的拉曼光谱图和红外光谱图，分析谱图特征，讨论羟基、羰基、苯环骨架振动等分别在拉曼光谱图和红外光谱图中峰的位置和强弱。总结两种光谱方法的异同点。

三、仪器与试剂

1. 实验仪器

色散型激光拉曼光谱仪 1 台；傅里叶变换红外光谱仪 1 台；压片机 1 台；红外灯 1 个；玛瑙研钵 1 套。

2. 试剂及耗材

邻羟基苯甲酸（AR）；间羟基苯甲酸（AR）；对羟基苯甲酸（AR）；2 个未知样品（邻、间、对羟基苯甲酸中任意两种的混合物，已混匀）；苯（AR）；六氯苯（AR）；KBr（AR，已研磨）；KBr 盐片。

四、实验步骤

（1）依次采集邻、间、对羟基苯甲酸及 2 个未知样品的拉曼光谱图（纯化合物和未知样品已装入自封袋），并存储谱图（400 ~ 4000 cm^{-1}）。通过对未知混合样品不同位置多次检测，获得代表性样本。

（2）采集固体纯化合物样品的红外光谱图（使用溴化钾压片法）：取滴加了少量丙酮的药棉，清洗研钵和压片磨具，待用。将 1 ~ 2 mg 样品与大约 200 mg KBr 置于玛瑙研钵中，混匀研细，用不锈钢刀将研好的粉末约 150 mg 转移到钢制压模中，将压模放在压片机上，接真空系统抽真空 3 ~ 5 min，以除去混在粉末中的空气和湿气。然后加压至 10 MPa，保持 5 min 以上，制成透明的 KBr 薄片。将样品的 KBr 压片放在特制的压片支架上，并将此支架插入样品光路中，即可进行测量。先采集背景，再采集样品。由于 KBr 极易吸水，吸水后会在 3500 cm^{-1} 处出现水的吸收峰，与有机化合物中的羟基峰重叠，进行谱图解析时要加以注意。

（3）（选做）按照上述方法采集六氯苯的拉曼光谱图和红外光谱图。

（4）（选做）将盛有苯样品的液体瓶放入液体样品池，盖上遮光罩，采集苯的拉曼光谱图。

（5）（选做）液膜法制备苯样品。在通风柜中，将适量苯滴加在两块 KBr 盐片之间，形成薄膜。然后将 KBr 盐片置于液体吸收池中，将吸收池放入光路中进行红外测量。

（6）（选做）结合计算化学工具（见实验 4-5B 计算部分），请自行设计实验，选取适当的化合物验证红外光谱和拉曼光谱的互斥规则，并探索这种互斥规则在分子有无对称中心时的差异。对目标分子振动模式进行计算，然后尝试将各拉曼光谱峰和红外光谱峰中的频率进行归属。请扫描本实验参考文献二维码查看相关文献或查阅相关参考书。

五、注意事项

（1）拉曼光谱实验注意事项（便携式色散型激光拉曼光谱仪）：① 切勿直视激光束或从任何反射面上反射的激光；② 切勿直视激光源；③ 进行实验时，应将激光束保持在较低的位置，以防止激光束入眼；④ 操作人员应始终佩戴好激光防护眼镜以防止激光束或反射的光束入眼。

（2）红外光谱实验注意事项（压片法）：测试完毕，及时清洗压模。

（3）未知混合样品必须充分混匀，但即使如此，由于拉曼光谱激光光源采样点面积较小，应该对未知混合样品不同位置进行多次检测，从而获得代表性样本。

（4）羟基苯甲酸异构体有不同程度的荧光，可能导致拉曼光谱图基线漂移，可使用仪器程序进行校正。

（5）苯、六氯苯有毒性，操作人员应注意防护措施，在通风柜中采用液膜法制备苯样品。

六、数据处理与分析

（1）将拉曼光谱图和红外光谱图数据导入数据处理软件（如 Excel 或 Origin 软件），把邻、间、对羟基苯甲酸的拉曼光谱图叠加绘制在一张图中；把邻、间、对羟基苯甲酸的红外光谱图叠加绘制在一张图中；将同一化合物的拉曼光谱图和红外光谱图分别绘制在一张图中。

（2）比较邻、间、对羟基苯甲酸的拉曼光谱图，选择对应化合物的特征拉曼位移，记录在表 4-7B-1 中，然后根据记录的纯化合物的特征拉曼位移，对比混合物所得谱图上的特征峰，判断未知样品的组成，记录在表 4-7B-2 中。

（3）比较邻、间、对羟基苯甲酸红外光谱图的差异（官能团区、指纹区），选择特征吸收频率，记录在表 4-7B-3 中，并与表 4-7B-1 的数据进行对比。

（4）将同一化合物的拉曼光谱图和红外光谱图在同一个坐标体系作图，改变横坐标波数范围，讨论羟基、羰基、苯环骨架的振动峰分别在拉曼光谱图和红外光谱图中可能的位置和强度，并记录在表 4-7B-4 中。

（5）根据实验过程及结果，讨论红外光谱法和拉曼光谱法的异同。

表 4-7B-1 邻、间、对羟基苯甲酸的特征拉曼位移

物质	拉曼位移/cm^{-1}
邻羟基苯甲酸	
间羟基苯甲酸	
对羟基苯甲酸	

表 4-7B-2 根据拉曼位移判断未知样品的组成

未知样品	邻羟基苯甲酸	间羟基苯甲酸	对羟基苯甲酸
1 号			
2 号			

表 4-7B-3 邻、间、对羟基苯甲酸的特征红外吸收

物质	红外吸收/cm^{-1}
邻羟基苯甲酸	
间羟基苯甲酸	
对羟基苯甲酸	

表 4-7B-4　羟基苯甲酸异构体的拉曼光谱图和红外光谱图的官能团峰

官能团	物质	拉曼位移/cm^{-1}	红外吸收/cm^{-1}
羟基	邻羟基苯甲酸		
	间羟基苯甲酸		
	对羟基苯甲酸		
羰基	邻羟基苯甲酸		
	间羟基苯甲酸		
	对羟基苯甲酸		
苯环骨架	邻羟基苯甲酸		
	间羟基苯甲酸		
	对羟基苯甲酸		

七、思考题

（1）拉曼光谱法和红外光谱法在定性和定量分析应用方面有何不同？本实验中，拉曼光谱法和红外光谱法的样品制备要求有何不同？

（2）实验获得的红外光谱图与拉曼光谱图中的峰位置是否有一一对应的关系？峰的相对强度在两种光谱中是否一致？

（3）碳纳米管可以看作由卷曲的石墨片层形成的一维管状结构，请思考红外光谱和拉曼光谱哪个更适合开展碳纳米管的骨架结构表征，并阐述原因。

（4）荧光干扰是阻碍常规拉曼光谱应用的一个因素，有哪些方法可以减少荧光干扰？

八、知识拓展

1. CO_2 的拉曼光谱和红外光谱

由于分子振动并不是严格的简正振动，实际观察到的谱图可能更复杂。红外光谱图的吸收峰除基频峰外，还有倍频和合频峰，尽管倍频峰和合频峰的强度都较弱，但都能使红外光谱图的吸收峰数目增加。直线形 CO_2 分子有 4 种简正振动，如表 4-7B-5 所示，简并后是 3 种。由于 CO_2 具有对称中心，CO_2 振动模式的红外活性和拉曼活性互相排斥，若振动是红外活性的，则拉曼非活性。所以，按照简正振动，CO_2 的红外光谱图中应该有两个峰，拉曼光谱图中有一个峰。

表 4-7B-5　CO_2 的振动形式和选律

振动形式	O═C═O	振动频率/cm^{-1}	极化率变化	拉曼	偶极矩变化	红外
对称伸缩	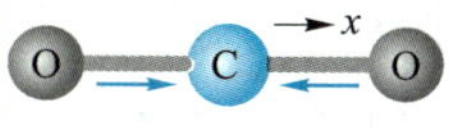	1388	$\left\|\frac{\partial\alpha}{\partial Q_k}\right\|_0 \neq 0$	活性	$\left\|\frac{\partial\mu}{\partial Q_k}\right\|_0 = 0$	非活性
非对称伸缩	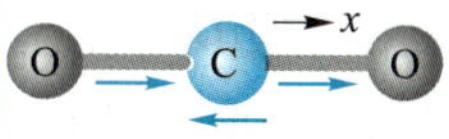	2349	$\left\|\frac{\partial\alpha}{\partial Q_k}\right\|_0 = 0$	非活性	$\left\|\frac{\partial\mu}{\partial Q_k}\right\|_0 \neq 0$	活性

续表

振动形式	O═C═O	振动频率/cm^{-1}	极化率变化	拉曼	偶极矩变化	红外
弯曲	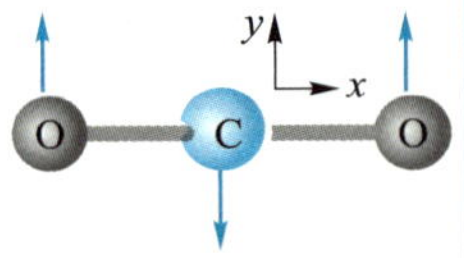	667	$\left\Vert \frac{\partial \alpha}{\partial Q_k} \right\Vert_0 = 0$	非活性	$\left\Vert \frac{\partial \mu}{\partial Q_k} \right\Vert_0 \neq 0$	活性
	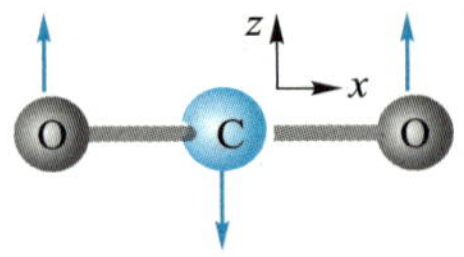	667	$\left\Vert \frac{\partial \alpha}{\partial Q_k} \right\Vert_0 = 0$	非活性	$\left\Vert \frac{\partial \mu}{\partial Q_k} \right\Vert_0 \neq 0$	活性

图 4-7B-1 是 CO_2 实际的拉曼光谱图和红外光谱图。在 CO_2 红外光谱图中，除不对称伸缩振动峰和简并的弯曲振动峰外，3600～3728 cm^{-1} 区域出现了 2 个较弱的合频峰，这两个合频峰是 CO_2 不对称伸缩振动和对称伸缩振动的组合。

CO_2 对称伸缩振动是费米共振的经典例子。理论上 CO_2 的对称伸缩振动只能在拉曼谱图上显示一个峰（1332 cm^{-1}），但在 1385 cm^{-1} 和 1278 cm^{-1} 处观察到了双峰，这两个拉曼峰是 CO_2 对称伸缩振动（1332 cm^{-1}）和弯曲振动（669 cm^{-1}）二倍频的相互作用的结果。细心的读者可能会注意到，对于物质的特定振动模式，理论计算和实验测试所得到的振动频率值可能略有不同（如 CO_2的弯曲振动），请思考这种不同的产生原因。有关费米共振的详细解释，请扫描本实验参考文献二维码查看相关文献。

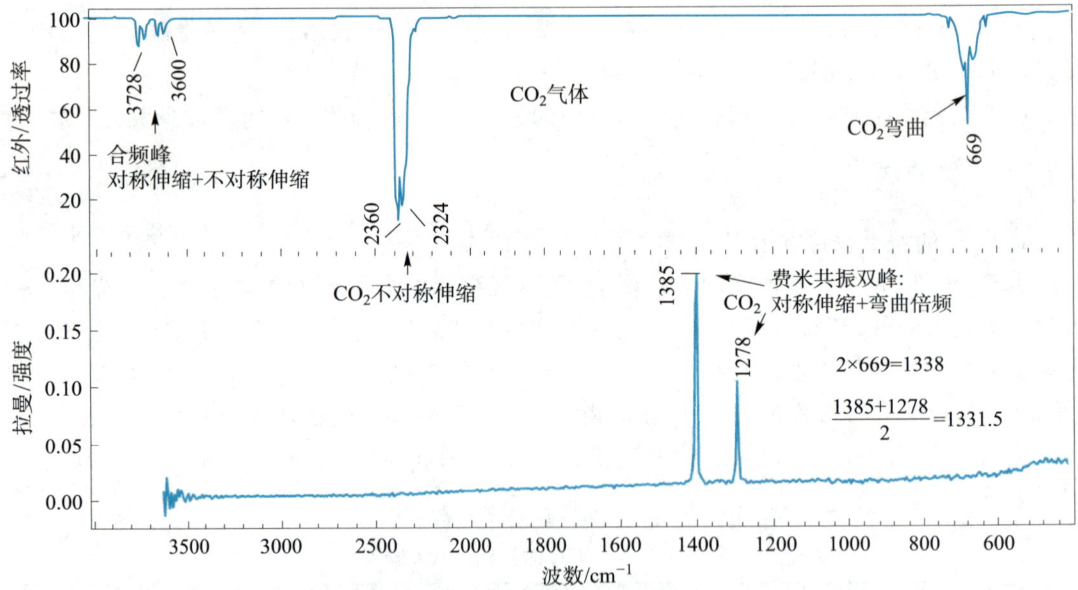

图 4-7B-1 CO_2 的拉曼光谱图（Raman）和红外光谱图（IR）

2. 苯的振动形式

苯有 30 个基本振动模式，包括 21 个面内振动和 9 个面外振动。苯的衍生物也包含这 30 个基本振动模式。例如，甲苯有 39 个基本振动模式，30 个来自 C_6H_5C 的振动，9 个来自 CH_3 的振动。由于苯有一个对称中心，有些振动具有红外活性，有些振动具有拉曼活性。关于苯振动形式的红外活性与拉曼活性的对比请扫描本实验参考文献二维码查看相关文献。

3. 简单的单取代苯和二取代苯异构体的红外谱图和拉曼谱图

苯环上 C—H 伸缩振动在 3000~3100 cm^{-1} 区域。苯环骨架振动及其与苯环上 C—H 面内弯曲振动相互作用的谱带在 1000~1600 cm^{-1} 区域。C—H 面外弯曲(即摇摆)振动谱带一般在 1000 cm^{-1} 以下。

通常,官能团峰对取代基不敏感,但有一些振动模式能与取代基振动耦合,提供重要的取代基结构信息。例如,600~900 cm^{-1} 区域的 C—H“摇摆”和苯环的面外弯曲(在红外光谱图中较强但在拉曼光谱图中较弱)能产生耦合。而单取代苯和间位取代苯在 1000 cm^{-1} 附近有一个强的拉曼光谱峰,由 2, 4, 6-碳径向同步伸缩振动引起,由于振动的对称性,该振动模式是拉曼活性但红外非活性。

简单的单取代苯和二取代苯异构体的部分特征频率的拉曼光谱图和红外光谱图如图 4-7B-2 所示,可以用于表征苯环取代类型的振动模式包括:C—H 伸缩振动,苯环伸缩振动,苯环弯曲振动,C—H 面外弯曲振动(即摇摆)等。

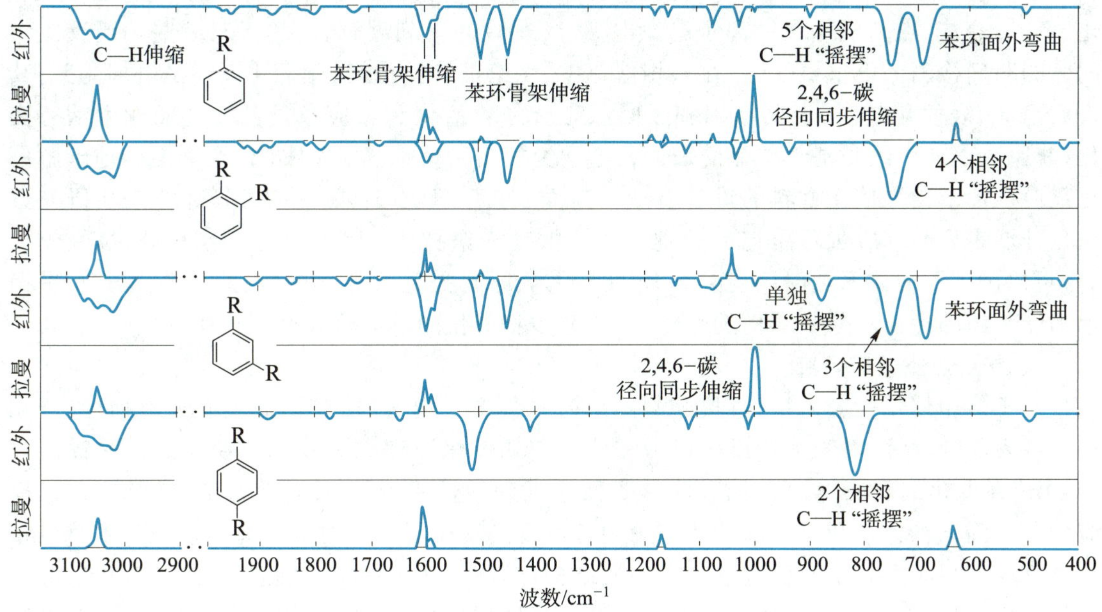

图 4-7B-2　单取代苯和二取代苯的部分振动模式的拉曼光谱图(Raman)和红外光谱图(IR)

九、参考文献

(郑州大学　王瑞勇、王荣)

实验 4-8A 负载金属催化剂的原位红外光谱和拉曼光谱研究

一、实验目的

（1）能够阐述催化剂表征的意义，以及原位谱学表征方法的原理。

（2）能够利用原位红外光谱和拉曼光谱研究负载金属催化剂的氧化还原变化。

（3）能够对负载金属催化剂上的 CO 氧化反应开展原位研究。

（4）能够运用原位谱学表征技术进行其他领域的固-气、固-液界面研究。

二、实验原理

固-气、固-液表界面结构与变化过程的微观尺度乃至分子水平上原位检测，对基础研究和工业应用均具有重要意义。在表界面物理化学研究中，反应中间体的原位检测、动态捕获与结构确认是研究反应机理的关键。例如，与能源、环境相关的表界面过程（如选择性氧化、费-托合成、燃料电池和锂离子电池电极过程等）的深刻理解，有赖于对一些关键反应中间体的明确检测。更重要的是，在多相催化中，无论是热催化剂、光催化剂还是电催化剂，其表面组成、表面化学态、表面结构和吸附状态会随着活化和反应条件的变化而发生动态变化，非原位表征手段和基于单晶的表面科学研究所得到的信息，仍不足以全面准确地理解催化反应机理及指导催化材料的设计合成。建立（接近）真实环境下时间分辨的谱学研究方法是开展表界面反应过程研究的关键。原位振动光谱技术（常用的有红外光谱、拉曼光谱等）可以测定反应体系随时间、温度、压力及化学环境变化而变化的规律，能在分子水平揭示功能基团的存在和分子结构的变化，以研究多相催化的反应路径与反应机理。

1. 原位红外光谱研究

对于多相催化反应体系，直接监测催化剂的微观变化，包括催化剂表面吸附物种、催化剂自身表面变化等，对于解析反应机理和催化剂的催化原理尤为重要。原位红外光谱（in-situ IR）在催化剂表征（如吸附态、固体表面酸性和活性中心）、反应动力学，以及聚合物反应、结晶、固化动力学和热稳定性研究等领域有着广泛应用。原位红外光谱表征技术可以在化学反应进行时实时观察反应状态下物质结构、形态等性质，并可以随反应时间观察反应过程的变化，得到如反应中间体等丰富的信息，在研究材料微观结构和反应活性，以及探讨反应机理方面有着其他技术无法比拟的优越性。其在表面羟基的鉴别、金属和氧化物催化剂的研究、表面酸碱性的表征、金属和载体间相互作用的研究等方面极大地丰富了催化剂的表面科学知识，成为催化研究，特别是反应机理研究的最有力的现代物理方法之一。它不仅适用于化学领域，还广泛应用于材料科学、环境科学及资源科学等多个领域。

红外光谱法主要包含四种测量模式，如图 4-8A-1 所示。透射红外光谱法（transmission infrared spectroscopy，TIR）一般采用压片法制样，红外光照射到样品并透过样品，透过率随样品厚度的增加而降低，通过检测透过率测定表面振动信息。漫反射傅里叶变换红外光谱法（diffuse reflectance infrared Fourier transform spectroscopy，DRIFTS）是一种建立在涉及吸收和散射基础上的研究方法，当红外光照射到粗糙的样品表面时会发生反射、吸收、散射和透射，通过检测样品的漫反射光强度分析其化学成分、分子结构等。衰减全内反射傅里叶变换红外光谱法(attenuated total reflectance infrared Fourier transform spectroscopy,ATRIFTS)利用一特殊棱镜[如 Ge 透镜或 TlBr-TlI 制成的 KRS-5 棱镜(在 250 cm^{-1}以上透明)],在其表面与压杆间夹上样品,入射光在透镜界面上发生全反射时被样品部分吸收后到达检测器,入射光进入样品表面的深度与入射波长、入射角及棱镜与样品的折射率有关。镜面反射红外光谱法(reflection absorption infrared spectroscopy,RAIRS),当红外光以某一入射角照在样品表面上,一部分红外光发生反射,反射角等于入射角,形成镜面反射;而另一部分透射入样品中,其入射符合非涅耳定律。镜面反射红外光谱法测量样品表面反射的能量或其反射率,用于收集平整、光洁的固体表面的光谱信息。

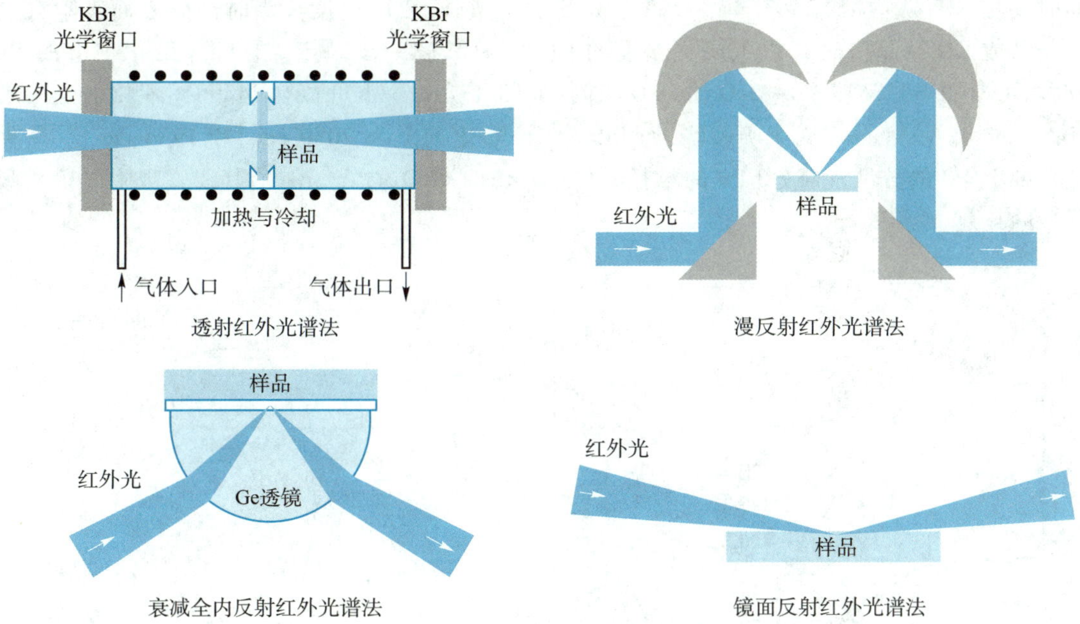

图 4-8A-1 原位红外光谱的几种检测方法

原位红外光谱主要是以透射法和漫反射法为基础进行检测的,通过探针分子的吸附来表征催化剂表面的组成、骨架结构、酸碱等物理化学性质时,需要配套功能性样品池。一般而言,样品池需要满足可加热、可达到高真空度或可通不同反应气氛等条件。图 4-8A-2 是装有 KCl、CaF_2、ZnSe 等光学窗口的石英衬底高温透射红外样品池,最高工作温度 600 ℃,样

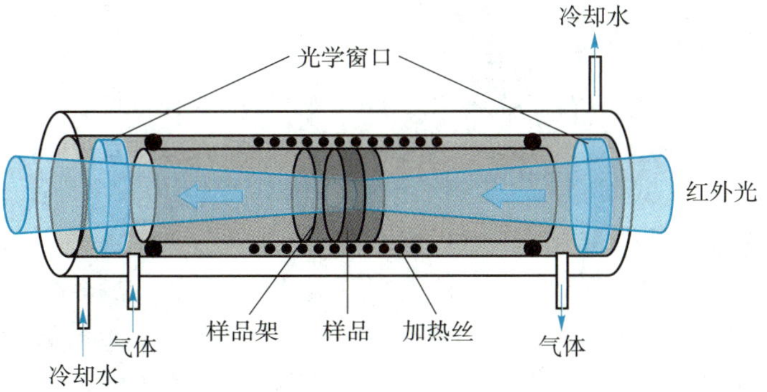

图 4-8A-2 红外光谱原位池的结构示意图

品室采用循环水冷却。催化剂样品压成自支撑薄片（10~15 mg，$\phi=13$ mm）置于池体中部。首先抽真空以除去样品池中空气，减少水和其他探针分子竞争吸附在表面。

负载Pt族金属催化剂是很多选择性氧化、加氢工业过程的重要催化剂，其上CO吸附峰大致可以分为：Pd^0上的线式吸附2050~2100 cm^{-1}，Pd^0上的桥式吸附1900~2000 cm^{-1}，穴位吸附1830~1900 cm^{-1}。图4-8A-3(a)为Pd/TiO_2催化剂在1.33×10^3 Pa CO气氛下升温过程的FTIR谱图，随着催化剂温度升高，线式吸附、桥式吸附（2082 cm^{-1}，1901 cm^{-1}）强度均减小，但减弱相对速率为桥式吸附大于线式吸附，并且峰位置向低波数移动（2082 cm^{-1}→2071 cm^{-1}）。含氧碳物种吸收峰（1568 cm^{-1}，1351 cm^{-1}）的强度随温度升高明显减弱，与此同时气相CO_2吸收峰（2363 cm^{-1}，2337 cm^{-1}）逐渐增强，表明温度升高时部分表面吸附含氧碳物种或CO被晶格氧氧化生成更多量的CO_2。为了进一步确定Pd/TiO_2催化剂上的Pd物种，可参照Pd/SiO_2、Pd/Al_2O_3的CO吸附，如图4-8A-3(b)所示，Pd/SiO_2催化剂上出现2087 cm^{-1}和1954 cm^{-1}两个吸收峰，而Pd/Al_2O_3催化剂上为2080 cm^{-1}和1934 cm^{-1}。三种催化剂上Pd的分散性越好（Pd的粒径$Pd/TiO_2<Pd/Al_2O_3<Pd/SiO_2$），其线式吸附与桥式吸附的峰比越大。

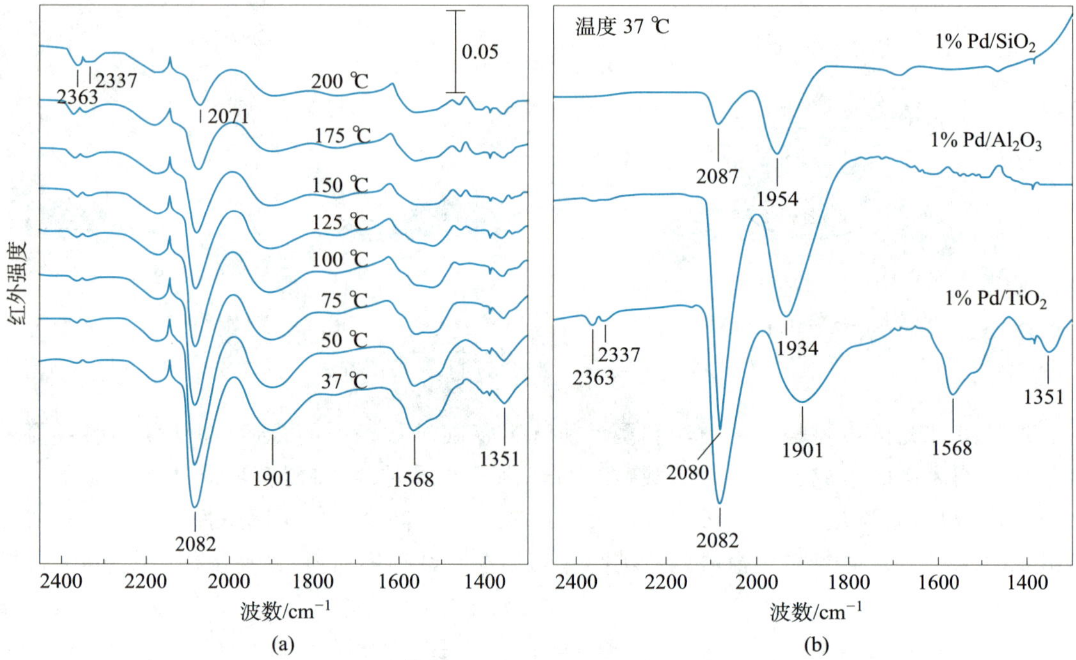

图4-8A-3 (a) Pd/TiO_2催化剂上CO吸附随温度变化的FTIR谱图；(b) Pd/SiO_2、Pd/Al_2O_3、Pd/TiO_2催化剂CO吸附饱和后的FTIR谱图

无论是多相催化还是电催化，界面过程中会生成一些关键反应中间体，如晶格氧物种/表面氧物种或金属表面碳化物（C—M），但无论是活性氧、晶格氧物种，还是C—M物种，其振动频率都落在远红外区（100~700 cm^{-1}）。传统的红外光谱法难以获得如此低频的高质量光谱，对上述物种的检测造成了困难。而拉曼光谱则可在低波数区域获得较好的信噪比。

2. 原位拉曼光谱

光照射到物质上发生弹性散射和非弹性散射：弹性散射的散射光的波长与激发光的相同；非弹性散射的散射光与激发光波长不同，或长或短，统称为拉曼散射。当用波长比样品粒径大得多的单色光（通常用激光）照射气体、液体等透明样品，大部分的光会按原来的方向透射，而一小部分则按不同的角度散射出来，在垂直方向观测时，除与原入射光有相同频率的瑞利散射外，还有一系列与入射光频率不同且能量差对称分布的拉曼谱线。由于拉曼谱线的数目、位移大小、强度直接与样品分子的振动能级或转动能级有关，故与红外光谱类似，也可以得到有关分子（晶格）振动或转动的信息。拉曼光谱可以用于物质的鉴定、分子结构的确定，广泛应用于物理学、化学和生物学等诸多学科领域。

拉曼光谱在催化研究中具有独特优势。拉曼光谱与红外光谱都能得到分子的振动光谱和转动光谱，分子的极化率发生变化时分子才能产生拉曼活性，而只有分子的偶极矩发生变化时分子才具有红外活性，因此二者有一定程度的互补性、但不可以互相代替。特别是拉曼光谱在催化研究中有以下优势：① 可以得到低波数区光谱，反映催化剂结构信息，如分子筛的不同结构可在低波数光谱区显示；② 常用载体（如 γ-Al_2O_3，SiO_2 等）的拉曼散射截面很小，其对表面负载物种的拉曼光谱的干扰很少，而大部分载体在低波数的红外吸收很强，在 1000 cm^{-1} 以下几乎不透过红外光。拉曼光谱除了可以获得催化剂表面性质和吸附物种信息，还可用于催化原位反应的研究，揭示表界面结构对反应过程的影响，图 4-8A-4 中的三条曲线分别为 Ru/γ-Al_2O_3 催化剂的氧化、还原和在甲烷氧化气氛下的拉曼谱图。与红外原位池相似，原位拉曼池也需要具有加热、真空和通各种气氛功能。图 4-8A-5 是一种原位池的结构示意图。

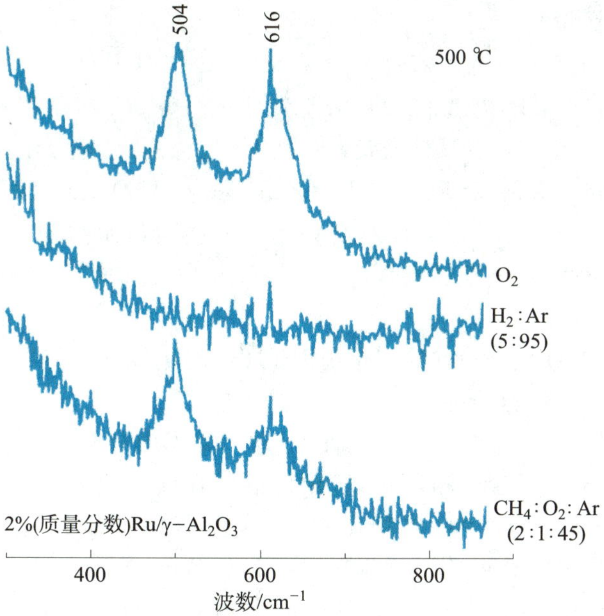

图 4-8A-4 Ru/γ-Al_2O_3 催化剂在 500 ℃、不同气氛下的拉曼谱图

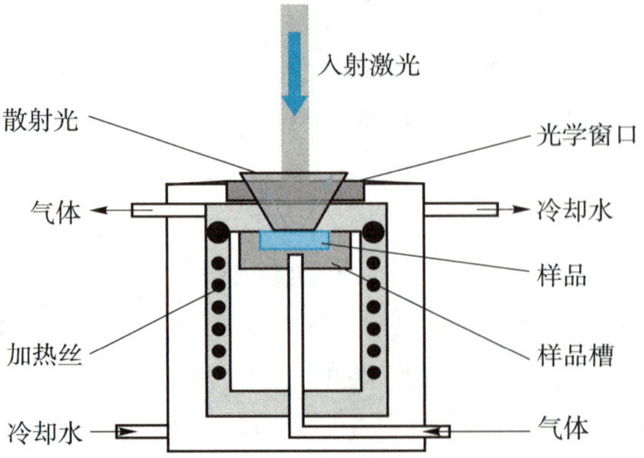

图 4-8A-5 拉曼光谱原位池的结构示意图

三、仪器与试剂

1. 实验仪器

傅里叶红外光谱仪 1 台；显微激光拉曼光谱仪 1 台（拉曼激光器波长为 633 nm）；原位红外光谱池 1 个；原位拉曼光谱池 1 个；冷却循环水机 2 台；压片机 1 台；压片模具 1 套。

2. 试剂及耗材

$Pd(NO_3)_2$(AR)；SiO_2（催化剂载体）；20%（质量分数）HNO_3 溶液；5% H_2/He(99.99%)；5% O_2/He(99.99%)；1% CO/He(99.99%)；CO+O_2+He（体积比 1∶1∶98）反应气；液氮。

四、实验步骤

1. 催化剂制备（选做）

SiO_2 载体预先在 20%（质量分数）HNO_3 溶液中浸泡 3 h，以除去杂质；然后用二次去离子水洗涤至中性，于 120 ℃隔夜烘干，500 ℃空气气氛焙烧 5 h 后备用。

采用浸渍法制备一系列不同载体及负载量的 Pd 催化剂，具体操作为：量取一定体积及浓度的 $Pd(NO_3)_2$ 前驱体水溶液，称取一定质量的载体（$\gamma-Al_2O_3$，比表面积 150~200 $m^2\cdot g^{-1}$；SiO_2，比表面积 200~400 $m^2\cdot g^{-1}$），将称取的载体加入前驱体水溶液中浸渍 1 h，于 80 ℃烘干，其间每隔10 min 搅拌，直至干燥完全。烘干后样品再在 300 ℃空气中焙烧 6 h 制得 4%（质量分数）Pd/SiO_2 催化剂。

本实验亦可选用实验室已备有的催化剂测试 CO 氧化催化性能。

2. 催化剂反应性能评价（选做）

催化剂活性评价在固定床流动反应装置上进行，采用内径为 6 mm 的石英管反应器，用于控温的热电偶固定于石英管外侧，利用气相色谱仪在线分析，反应气压力为 0.1 MPa，反应气为 CO ∶ O_2 ∶ He = 1 ∶ 1 ∶ 98（体积比）。反应前催化剂都在 H_2 气流（30 $mL\cdot min^{-1}$，0.1 MPa）、300 ℃下还原 30 min，降至室温后，先用 He 气吹扫 5 min 升温至 100 ℃，再切换为反应气进行反应。采用 TDX-02 分子筛柱（3 m）分离 O_2、CO、CO_2 组分，经过转化炉转化为甲烷后，采用氢火焰离子化检测器（FID）进行分析。

3. 原位透射红外光谱实验

原位红外光谱实验在傅里叶红外光谱仪上进行，以透射红外模式为例进行介绍。原位池为可控气氛、压力、温度的不锈钢红外吸收池，采用 CaF_2 光学窗口。

(1) 样品制备：将少量 4% Pd/SiO_2 催化剂在研钵中研磨成粉状，称取 15 mg 于压片模具中压成薄片（$\phi=13$ mm），小心放入原位池中的陶瓷样品架上。

(2) 样品预氧化及背景谱采集：通氧气在 300 ℃ 氧化 30 min，降至室温采集背景谱。

(3) 预氧化表面 CO 吸附：将通入气体切换为 1% CO/He，在第 1 min、2 min、5 min 各采集一张样品谱图。

(4) CO 还原及吸附：在 1% CO/He 中升温至 100 ℃（升温速度 20 $℃\cdot min^{-1}$）并保持 2 min，然后降温至室温，采集还原后的样品谱。

(5) 预氧化表面原位实验：将通入气体切换为 O_2，升温至 300 ℃（升温速度 20 $℃\cdot min^{-1}$）并在 300 ℃ 保持 5 min。然后降温至 100 ℃ 并恒温 5 min 后采集背景谱；然后切换成 CO : O_2 : He = 1 : 1 : 98（体积比）反应气，在第 1 min、2 min、5 min、10 min 各采集一张样品谱图。

(6) 预还原表面原位实验：接上一步，样品温度恒温于 100 ℃，切换成 He 气吹扫 5 min，将通入气体切换为 H_2 并在 5 min 后采集背景谱；然后切换成 CO : O_2 : He = 1 : 1 : 98（体积比）反应气，在第 1 min、2 min、5 min、10 min 各采集一张样品谱图。

4. 原位拉曼光谱实验

催化剂的拉曼光谱在显微激光拉曼光谱仪上进行，建议选用仪器的分辨率优于 4 cm^{-1}，采用 633 nm（固体激光器）激光作为激发光源，以 CCD 为检测器。原位池为可控气氛、压力、温度的不锈钢拉曼光谱池，采用石英光学窗口。

(1) 样品制备：将少量 4% Pd/SiO_2 催化剂在研钵中研磨成粉状，取少量于压片模具中压成结实薄片，取一小块放入原位池的样品槽中。

(2) 氧化后催化剂的原位拉曼光谱采集：通氧气在 300 ℃ 氧化 30 min，降温至 100 ℃ 并恒温，采集氧化后的谱图。

(3) H_2 气氛中还原过程中的拉曼光谱变化：将通入气体切换为 H_2，在第 1 min、2 min、5 min、10 min 各采集一张谱图。

(4) 还原后催化剂表面在反应气氛下变化的原位拉曼光谱：用 He 气吹扫 5 min 后，切换成 CO : O_2 : He = 1 : 1 : 98（体积比）的反应气，在第 1 min、2 min、5 min、10 min 各采集一张样品谱图。

(5) 氧化后催化剂表面在反应气氛下变化的原位拉曼光谱：用 He 气吹扫并升温至 300 ℃，切换成 O_2，在第1 min、2 min、5 min、10 min 各采集一张样品谱图。降温至 100 ℃ 并恒温于 100 ℃，再切换成 CO : O_2 : He = 1 : 1 : 98（体积比）的反应气，在第 1 min、2 min、5 min、10 min 各采集一张样品谱图。

五、注意事项

(1) 所用到的各气体均通过液氮冷阱进行净化，以除去少量的水、羰基化合物等杂质。

(2) 要注意 CO 气路的气密性，尾气一定要引到通风柜中。

(3) 使用贵重大型仪器，一定要按照仪器操作要求进行实验。

(4) 在进行拉曼光谱实验时注意激光安全。

六、数据处理与分析

(1) 在红外光谱实验中，采集的各样品谱均需与相应的背景谱做差谱，如实验步骤

3(3)和实验步骤3(4)的谱线以实验步骤3(2)的做背景谱，实验步骤3(5)和3(6)的CO氧化反应谱线以其相应的未切入反应气的做背景谱，再做红外差谱(具体参见实验4-6-4中的数据处理与分析)。解析红外吸收峰的归属，分析红外吸收峰位置和强度动态变化蕴含的信息。

(2) 针对测得的拉曼光谱，对比氧化或还原气氛下谱图随反应时间的变化，解析拉曼峰的归属，根据拉曼峰位置和强度的变化推断催化剂的变化。

(3) 综合原位红外光谱和拉曼光谱的测试结果，总结Pd/SiO_2催化剂与CO、CO+O_2的相互作用及其在催化反应过程中的变化。

七、思考题

(1) Pd/SiO_2催化剂的CO探针原位红外光谱中出现的吸附CO振动峰有几个？其相对强度的不同是否可以关联Pd纳米颗粒在SiO_2表面的分散情况？

(2) 为什么红外光谱需要扣除背景谱，而拉曼光谱不需要？

(3) 对比分析CO在Pd/SiO_2催化剂上氧化过程中原位红外光谱和拉曼光谱峰的变化，讨论反应气氛下催化剂的活性表面结构，以及红外光谱和拉曼光谱的互补性。

八、参考文献

(厦门大学 陈明树、林建斌，复旦大学 李会香)

实验4-8B 光催化剂的制备及其CO_2还原产物的多谱学分析

一、实验目的

(1) 能够进行纳米材料[如石墨相氮化碳(g-C_3N_4)光催化剂]的制备及表征。

(2) 能够阐述拉曼光谱、红外光谱、紫外-可见漫反射光谱和光致发光光谱的原理。

(3) 能够利用红外光谱定性分析CO_2还原产物，掌握气态、固态和液态样品的制样方式，理解红外光谱与分子结构之间的关系。

(4) 能够利用气固色谱法双检测器联用测定CO和CH_4，以及用离子色谱法测定HCOOH，能够阐述外标法定量分析的特点。

(5) 了解“碳中和”目标和相关前沿技术，围绕g-C_3N_4的制备及其CO_2光催化还原产物的定性及定量分析，能够自主设计实验方案，灵活运用多种光谱和色谱分析技术解决实际问题。

二、实验原理

光催化还原CO_2主要是模拟自然光合作用，利用光能与光催化剂将CO_2和水还原转化为含碳燃料或高值化学品，对 CO_2 的减排及资源化利用具有重要意义。目前，已有多种光催化剂被用于光催化还原 CO_2。其中，石墨相氮化碳（g-C_3N_4）是一种聚合物半导体，其结构可通过红外光谱和拉曼光谱进行表征（关于拉曼光谱和红外光谱的详细介绍参见 4.1—4.3 节）。光催化剂吸收光是引发光催化反应的第一步。g-C_3N_4 是固体粉末，其紫外-可见吸收光谱不能采用透射模式测定，一般通过测定光与样品表面作用后产生的漫反射光获取其光吸收性能。在紫外-可见分光光度计上，使用内壁涂有高反射率物质（通常为 $BaSO_4$）的积分球收集样品的漫反射光，利用光电检测器（通常为光电倍增管）测定，再经 Kublka-Munk 方程（即漫反射定律）转化输出为漫反射光谱，再利用 Tauc 公式计算带隙能（Kublka-Munk 方程与 Tauc 公式可扫描二维码 4-8B-1 查看）。当受到能量大于带隙能（即 2.7 eV）的光辐照时，g-C_3N_4 价带上的电子会跃迁到导带形成光生电子，同时在价带上产生光生空穴。g-C_3N_4 的导带电位约为-1.1 V（vs.NHE），其光生电子具有强还原性，可将 CO_2 还原为 CO、CH_4、HCOOH 等。另外，导带上的电子还可能会与光生空穴复合以辐射的形式逸散能量，即光致发光过程，因此，可利用带固体样品架的荧光光谱仪测量光致发光光谱获得光生载流子分离和复合的相关信息。本实验制备纳米 g-C_3N_4 光催化剂，采用上述四种分子光谱技术对其进行表征后，利用图 4-8B-1 所示装置进行 CO_2 的光催化还原实验。

二维码 4-8B-1　Kublka-Munk 方程与 Tauc 公式

CO_2 及还原产物均含有极性化学键，具有较强的红外吸收特性，因此，可根据红外光谱吸收峰的位置、强度和形状定性鉴别产物种类（关于该技术的详细介绍参见 4.3 节）。在常温常压下，CO_2、CO 和 CH_4 为气体，采用气体池测试其红外光谱；HCOOH 为液体，可能吸附在 g-C_3N_4 表面或随水汽扩散至催化剂支架下方的水中，如图 4-8B-1 所示，收集反应后的催化剂及水溶液分别采用 KBr 压片法和液膜法测试其红外光谱。

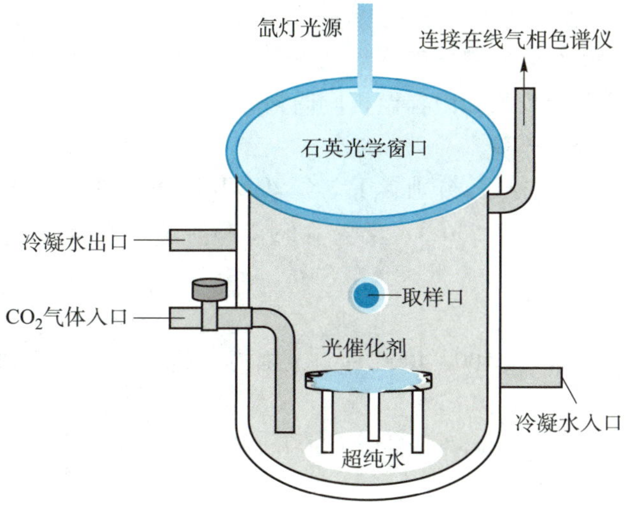

(a) 示意图

(b) 实物图

图 4-8B-1　光催化还原 CO_2 反应器

针对 CO_2 还原产物的定量分析，可采用色谱法，并且根据各产物的结构特征和理化特性，选用不同的色谱分析法。CO 和 CH_4 是永久性气体(常温下不能液化的气体)，适合采用气固色谱法，二者在热导检测器(thermal conductivity detector, TCD)上都有响应[关于该技术的详细介绍参见《化学测量学实验(中册)》第 6 章]。通过选择 H_2 为载气并优化检测器条件可提升 TCD 的灵敏度，但灵敏度仍然有限。CH_4 是一种碳氢化合物，还可使用灵敏度较高的氢火焰离子化检测器(flame ionization detector, FID)测定。因此，本实验将非破坏型 TCD 检测器与 FID 检测器串联起来，同时检测 CO 和 CH_4。对于气体样品，使用定量环重复进样的相对标准偏差小于 2%(精密测定时须小于 1%)，故可采用外标法定量。HCOOH 是一种极性、可解离的化合物，宜采用阴离子交换色谱柱分离、电导检测器测定。

三、仪器与试剂

1. 实验仪器

电子分析天平；马弗炉；电热鼓风干燥箱；超声波清洗器；超纯水机。全自动比表面积及孔隙度分析仪(BET)；X 射线衍射仪(X-ray diffraction, XRD)；显微拉曼光谱仪；紫外-可见-近红外分光光度计(带积分球附件)；荧光光谱仪；傅里叶变换中近红外光谱仪[配备压片机、快速红外干燥箱和气体红外样品池(10 cm 和 5 m)]；气相色谱仪[配备 TDX-01 填充柱(1 m×3 mm, 60~80 目)；两个串联的 TCD 和 FID、六通阀进样器(定量环体积为 1 mL)、氮-氢-空气三气发生器和气体净化器]；离子色谱仪(配备阴离子交换色谱柱、电导检测器和抑制器)。

2. 试剂及耗材

CO_2、CO 和 CH_4 气体(纯度均为 99.99%)。三聚氰胺(AR)；甲酸钠(AR)；碳酸氢钠(AR)；碳酸钠(AR)；甲酸(AR)。

比色管；容量瓶；烧杯；玻璃棒；坩埚；密闭式光催化反应器；气袋；气密性气体进样针；注射器；砂芯抽滤装置；0.45 μm 水系滤膜等。

四、实验步骤

本实验以 g-C_3N_4 光催化剂为例，介绍实验步骤和内容。任课教师也可选择其他合适的光催化剂开展教学实践，并根据需要对实验步骤和内容做相应调整。

1. 光催化剂的制备、表征及其光催化还原 CO_2

(1) g-C_3N_4 的制备　称取两份 5.0 g 三聚氰胺，分别置于 2 个 20 mL 坩埚中；将装样后的坩埚放入马弗炉中，以 5 ℃·min^{-1}的速度升温至 550 ℃，反应 4 h；待马弗炉降温至室温，取出坩埚，将产物研磨成粉末，备用。

(2) g-C_3N_4 的光谱测试。

① 红外光谱　采用 KBr 压片法制备样品，在 400~4000 cm^{-1}范围内，以空气为背景，选择透射模式测试 g-C_3N_4 的红外光谱。

② 拉曼光谱　取适量 g-C_3N_4 样品，以 785 nm 激光器作为光源，调整激发功率和积分时间，测定 g-C_3N_4 的拉曼光谱。

③ 紫外-可见漫反射光谱　g-C_3N_4 是固体粉末，不适合采用透射模式测定紫外-可见吸收光谱，可采用漫反射光谱法。取适量 g-C_3N_4 装入样品槽，再置于紫外-可见-近红外分

光光度计的积分球附件上，选择漫反射模式，以 $BaSO_4$ 为背景，在 200～800 nm 范围内测定样品光谱。

④ 光致发光光谱　在固体样品池中装入适量 g-C_3N_4，将其置于荧光光谱仪固体样品台上，先以 360 nm 为激发波长，在 370～600 nm 范围内测定光致发光光谱，确定最强发射波长；然后，在选定的最强发射波长下，测定激发光谱，确定最强激发光波长；最后，再以选定的最强激发波长，测试光致发光光谱。

（3）g-C_3N_4 的其他理化表征测试　采用 XRD 测试样品的晶型结构，使用 Cu 靶和石墨材质单色滤光片，设定特征射线为 Cu Kα、狭缝为 SS/DS 1°、RS 0.20 mm、电流 90 mA、工作电压 35 kV、计数器 SC 和扫描范围 5°～85°。采用 SEM 观察样品的表面形貌，加速电压 5 kV，放大倍率 5×10^3。采用氮气吸脱附 BET 测试样品的比表面积和孔径分布。

（4）g-C_3N_4 光催化还原 CO_2　取 50 mg 催化剂置于光催化反应器内的样品支架上，在反应器中加入 5 mL 超纯水，并将其密封严实。在光催化反应开始前，用真空泵将反应器抽真空，然后通入高纯 CO_2 气体，重复上述操作 2 次，确保光催化反应在 CO_2 氛围中进行。以 300 W 氙灯为光源，开启光催化反应。平行设置 2 组实验，一组用于红外光谱分析，另一组用于色谱分析。

对于光谱测试组，待反应结束后，先测试反应器内顶空气体的红外光谱；然后打开反应器的石英光学窗口，取出催化剂和反应器底部的水，测试反应后催化剂和液体的红外光谱。

对于色谱测试组，每隔 2 h，采用气相色谱仪测定反应产生的 CO 和 CH_4。反应 6 h 后，关闭氙灯光源，在测定 CO 和 CH_4 后，打开反应器收集反应器中的液体，采用离子色谱仪测定液体产物甲酸。

2. 红外光谱法定性分析 CO_2 还原产物

g-C_3N_4 光催化还原 CO_2 的产物可能有 CO、CH_4 和（或）HCOOH，它们可能存在于反应器的顶空部分、光催化剂表面或反应器内的水中，如图 4-8B-1 所示，因此，需要采用不同的制样方式测定红外光谱，并测试相应化合物标准品的红外光谱，通过吸收光谱对照法鉴别产物的组成。

（1）气体池法测定气体产物的红外光谱　首先，将气体池抽真空，在 400～4000 cm^{-1} 范围内扫描背景。然后，利用气体池内的负压吸入一定量待测气体，测试样品红外光谱。每一个样品测定结束后，须排净气体池内的残余气体，再抽真空作为背景，测定下一个样品。

在实际样品测定时，由于产物的浓度较低，可采用 5 m 气体池测试；而对于高浓度 CO 或 CH_4 标准气体可用 10 cm 气体池测试。

（2）液膜法测定液体产物的红外光谱　在可拆式液体池的金属池板上垫上橡胶圈，在中央位置放一片盐片，然后滴加半滴液体样品于盐片上，将另一盐片平压在其上面（注意不能有气泡），垫上橡胶圈，盖上另一金属片固定，测定样品的红外光谱。需要注意的是，反应后的液体产物含有大量水，可用氮气吹扫去除水后，再用氟化钙盐片（1100～4000 cm^{-1}）或氟化钡盐片（800～4000 cm^{-1}）测试。采用类似方法测定甲酸标准品的红外光谱。

（3）KBr 压片法测试光催化剂表面吸附态产物的红外光谱　取反应后的光催化剂粉末，采用 KBr 压片法测试红外光谱。同时，将甲酸标准品与 g-C_3N_4 混合，测定混合物的红外光谱。

3. 色谱法定量测定 CO_2 还原产物

(1) 气相色谱法检测气体产物 CO 和 CH_4。

① 气相色谱仪开机 打开氮-氢-空气三气发生器开关,待三者表压稳定后(氮气压力约为 0.4 MPa),打开气体净化器开关及气相色谱仪开关,使色谱柱内氢气压力稳定在 0.12 MPa。设置进样口温度为 40 ℃、柱温和 TCD 池体温度均为 50 ℃、TCD 桥电流为100 mA、FID 检测器温度为 110 ℃。待各温度稳定后,点燃 FID 检测器的火焰。待基线平稳后,可进样测试。

② 在线进样装置的搭建 在装有待测气体的气袋或光催化反应器的出气口处连接一根导气管(内径 0.5 mm、外径 3 mm),将该导气管插入带有开关阀的两通快插接头,接头另一端用导气管与气相色谱仪的六通阀进气口连接,在六通阀出口连接一个 10 mL 注射器,利用抽拉注射器产生的负压进样,如图 4-8B-2 所示。

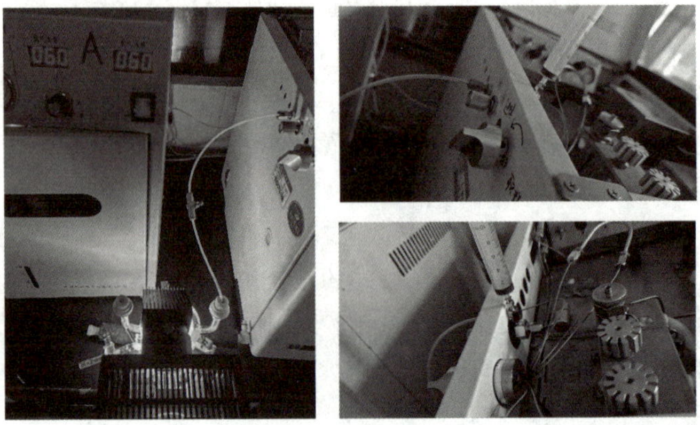

图 4-8B-2 自行搭建的气相色谱在线进样装置的照片

③ 气相色谱操作条件的优化 在充满 CO_2 气体的 800 mL 气袋中,用气密性气体进样针抽出 5 mL 气体,再注入 4 mL CO 气体和 1 mL CH_4 气体,混匀,将此气袋按照②中所述方法连接至气相色谱仪进样口,以此样品优化色谱操作条件。

先改变柱温(40 ℃,50 ℃和 60 ℃),观察 CO、CH_4 和 CO_2 的分离度。确定合适的柱温后,再采用类似的单因素实验优化 TCD 池体温度(60 ℃,70 ℃和 80 ℃)、TCD 桥电流(100 mA,120 mA,130 mA 和 140 mA)和 FID 温度(110 ℃,130 ℃和 150 ℃),获得灵敏度较高的色谱检测条件。

建议色谱条件为:进样口温度为 40 ℃、柱温为 50 ℃、TCD 池体温度为 70 ℃、TCD 桥电流为 140 mA、FID 温度为 130 ℃。

④ CO 和 CH_4 标准样品的测定 在充满 CO_2 气体的 800 mL 气袋中,用气密性进样针抽出 5 mL 气体,再注入 1 mL CO 气体和 50 μL CH_4 气体,混匀,将此气袋按照②中所述方法连接至气相色谱仪进样口,在上述优化后的色谱实验条件下测试。此后,每次向上述气袋中注入 1 mL CO 气体和 200 μL CH_4 气体,配成新的标准气体,进行测定。记录标准样品中 CO 和 CH_4 的体积分数及对应体积分数下二者的色谱峰面积。应注意的是,FID 检测器只能观察到 CH_4 的信号,据此可定性辨别 CH_4。

⑤ 实际样品中 CO 和 CH_4 含量测定 按照②中所述方法,将光催化反应器的出气口连接至气相色谱仪进样口。光催化反应至 2 h,4 h 和 6 h 时,在标准样品相同的测定条件下分

别测试，记录 CO 在 TCD 检测器和 CH_4 在 FID 检测器上的色谱峰面积。

⑥ 关闭气相色谱仪　实验结束，先将 TCD 池体温度，FID 检测器温度、柱温和进样口温度均降至室温，再依次关闭 TCD 桥电流、气相色谱仪和氮-氢-空气三气发生器。

（2）离子色谱法测定甲酸含量。

① 流动相及甲酸钠标准溶液的配制　称取 0.1512 g $NaHCO_3$ 和 0.1802 g Na_2CO_3 溶于 1 L 超纯水中，得到含 1.7 $mmol \cdot L^{-1}$ $NaHCO_3$ 和 1.8 $mmol \cdot L^{-1}$ Na_2CO_3 的混合溶液，采用 0.45 μm 水系滤膜过滤、超声脱气，作为离子色谱流动相备用。

准确称取 0.1510 g HCOONa，用超纯水溶解、定容至 10 mL 比色管，得到 220 $mmol \cdot L^{-1}$ 甲酸根储备液，并梯度稀释成一系列浓度不同的甲酸钠标准溶液：1.1 $mmol \cdot L^{-1}$，0.55 $mmol \cdot L^{-1}$，0.44 $mmol \cdot L^{-1}$，0.22 $mmol \cdot L^{-1}$，0.11 $mmol \cdot L^{-1}$，0.055 $mmol \cdot L^{-1}$。

② 离子色谱仪操作步骤　以万通离子色谱仪 883 为例，将流动相转入溶剂瓶，依次打开离子色谱仪开关和工作软件 Magic Net，依次点击“工作平台”—“平衡”—“启动硬件”，将色谱仪上的排气阀门逆时针拧松，开启蠕动泵，将流动相管道中的气泡排出，10 min 后拧紧排气阀。缓慢调节流动相流速至 1 $mL \cdot min^{-1}$，运行 30 min 左右，观察仪器的压力和电导率是否稳定，若波动不超过0.3 MPa 和 0.01 $\mu s \cdot cm^{-1}$，且背景电导率不超过 14 $\mu s \cdot cm^{-1}$，即可开始进样测试。

③ 甲酸钠标准样品的测定　采用六通阀进样，定量环体积为 10 μL。测试前，先用超纯水清洗进样口，再按照甲酸钠浓度由低到高顺序依次测试，记录相应的保留时间和色谱峰面积。

④ 实际样品中甲酸含量的测定　光催化反应结束，待 CO 和 CH_4 测定完毕后，打开反应器，收集反应器内的液体，进行离子色谱测试，每个样品平行测试 2 次。测试前及更换样品时，须先用超纯水清洗进样口并进样清洗色谱流动相管路。

⑤ 关闭离子色谱仪　测试结束，用超纯水进样清洗进样口和色谱流动相管路。点击软件上的“关闭仪器”，再关闭离子色谱仪开关。

五、数据处理与分析

（1）根据 $g-C_3N_4$ 的红外光谱、Raman 光谱、紫外-可见漫反射光谱和光致发光光谱及 XRD、SEM 和 BET 等测试结果，结合文献调研，分析其特征基团、能带、形貌、晶型和比表面积等理化性质。

（2）解析 CO_2 及相关产物的红外光谱，指出各基团频率区吸收峰的归属，总结影响红外吸收频率及强度的因素。

（3）绘制气相色谱法测定 CO 和 CH_4 及离子色谱法测定甲酸的标准曲线，计算 $g-C_3N_4$ 光催化还原 CO_2 产生 CO、CH_4 和甲酸的产量。

六、注意事项

（1）热聚合法制备 $g-C_3N_4$ 反应结束，但马弗炉未降至室温前，不要用手触碰坩埚，以防烫伤。

（2）将光催化反应器中的气体导入红外光谱气体池时，需将反应器倾斜一定角度，谨防底部液体倒吸入气体池。

(3) 使用气相色谱仪时,须严格遵守"先通气、再开机"及"先关机、再关气"的基本操作原则,避免损坏仪器;调节 TCD 桥电流时,不得超过其额定电流。

(4) 相关涉及 CO 使用的实验,确保气路气密性良好,并将尾气引入通风柜。

(5) 离子色谱实验使用的水溶液应采用超纯水配制,避免基质干扰。

七、思考题

(1) 比较 g-C_3N_4 的红外光谱图和拉曼光谱图,总结分子结构对红外光谱和拉曼光谱影响的区别?

(2) 根据原子质量对红外吸收频率的影响规律,思考如何利用红外光谱法对产物 CO 进行溯源,即鉴别 CO 来源于 CO_2 而不是其他物质?

(3) 采用 GC-TCD 测定 CO 时,如何提高检测灵敏度? 对比 CO 和 CH_4 在 TCD 检测器和 FID 检测器上的响应,总结 TCD 检测器和 FID 检测器的特点。

(4) 在气相色谱法中,采用外标法定量时应注意哪些问题?

八、参考文献

(华中科技大学 王楠、闫凯)

实验 4-9 二维材料及其异质结的制备与光学性质探索

一、实验目的

(1) 能够阐述显微拉曼光谱仪的构造与工作原理。

(2) 能够利用显微拉曼光谱仪进行拉曼光谱、反射光谱、光致发光光谱和二次谐波产生光谱的测量,并能够阐述拉曼光谱、反射光谱、光致发光光谱、二次谐波产生光谱的原理和光路切换要点。

(3) 能够利用机械剥离法和定点转移方法制备二维材料及其异质结。

(4) 能够利用显微拉曼光谱仪开展二维材料及其异质结的光学性质探索。

二、实验原理

基于光与物质相互作用类型的多样性,材料对光子的散射、吸收、发射、二次谐波产生等过程可以产生不同选律的光学跃迁。利用光谱学分析方法,可以对物质的组成、结构和性质进行分析。本实验以多功能显微拉曼光谱仪为研究工具,对二维材料及其异质结的结构和光学性质进行探索。

1. 二维材料和二维异质结简介

二维层状材料指由单个或几个原子层所构成的晶体材料，其典型代表包括：① 石墨烯；② 类似于石墨烯的化合物，如六方氮化硼（h-BN）和石墨相氮化碳（g-C_3N_4）；③ 过渡金属硫族化合物（transition metal dichalcogenides，TMDC，如 2H 相 MoS_2），如图 4-9-1 所示；④ 黑磷；⑤ VA 族同素异形体，如砷、锑和铋；⑥ 过渡金属的碳化物、氮化物等。多数二维层状材料都有与之对应的母体层状材料。在母体层状材料中，每一单元层由单原子层或几个原子层构成，每个单元层内原子一般以强共价键或离子键结合在一起，而层与层之间则仅依靠弱的范德华力相结合。在外力作用下，层与层之间很容易分离，从而形成相应的二维层状材料。

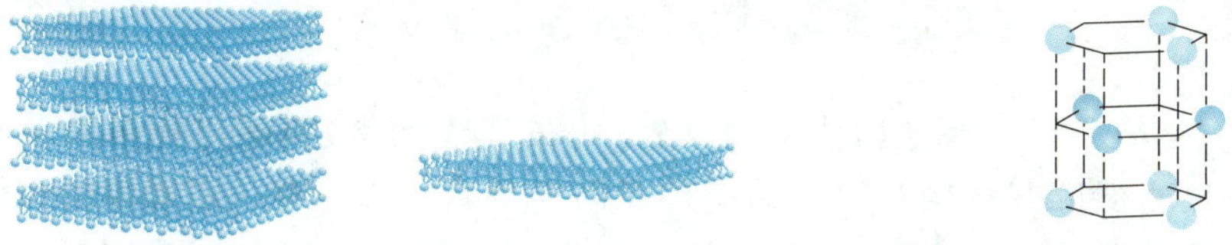

(a) 母体层状材料的结构示意图　(b) 单层TMDC的结构示意图　(c) 单层TMDC(MX_2,其中M=Mo,W;X=S,Se)中M原子和X原子构成的三棱柱结构

图 4-9-1　2H 相 TMDC 的结构示意图

当层状材料减薄至单层时，在这种极限尺寸下，可能会呈现不同于母体材料的新奇现象。例如，单层的二硫化钼（MoS_2）相比于它的母体层状材料，能带结构发生显著变化，例如，层间耦合的消失，一方面导致了单层具有更大的能带间隙，另一方面还使其从母体层状材料的间接带隙转变为单层的直接带隙。因此，单层的光致发光强度相比于其块体材料提高了 2 个数量级，在发光与光电器件领域具有重要应用潜力。

将不同的二维层状材料按特定顺序或角度堆叠在一起，形成由范德华力维系的双层或多层异质结构称为二维异质结（2D heterostructures）。采用这种方法可以自下而上地构筑出传统材料合成工艺所不能实现的人工结构，大大丰富了材料的设计自由度。因此，探索各种二维异质结中蕴含的新奇物理化学性质并进行功能开发受到广泛关注。很多有趣的现象陆续被报道，例如，在石墨烯/石墨烯同质结中发现的莫特绝缘体和非常规超导体，石墨烯/碘化铬/石墨烯异质结中的超强隧穿磁阻，过渡金属硫族化合物异质结中的长寿命层间激子等。基于此，多种新型器件陆续被开发，如垂直隧穿晶体管、原子级厚度的 p-n 结、光电传感器和光伏器件等，它们大多集高速、低能耗、柔性和透明等优点于一身。可以设想，随着制备技术的成熟及各种新想法的出现，越来越多的二维异质结将会不断涌现。伴随而来的新现象和新器件无疑将推动物理学、化学和材料学等领域的迅猛发展。

本实验以机械剥离法、定点转移法制备的二维材料及其异质结构为研究对象，以显微拉曼光谱仪为主要分析工具，与同学们一起开启一场二维材料科学世界的探索之旅。

2. 二维材料及其异质结的光谱学表征

二维晶体中的电子能级结构、振动指纹、晶格对称性和发光特性信息可分别通过吸收光谱（本实验采用反射模式测量）、拉曼光谱、二次谐波产生光谱和光致发光光谱获得。本实验利用多功能显微拉曼光谱仪，通过光路切换，实现上述光谱信号的分别采集。不同光谱学方法对应的能级跃迁示意图如图 4-9-2 所示，下面分别对其物理过程做简要介绍。

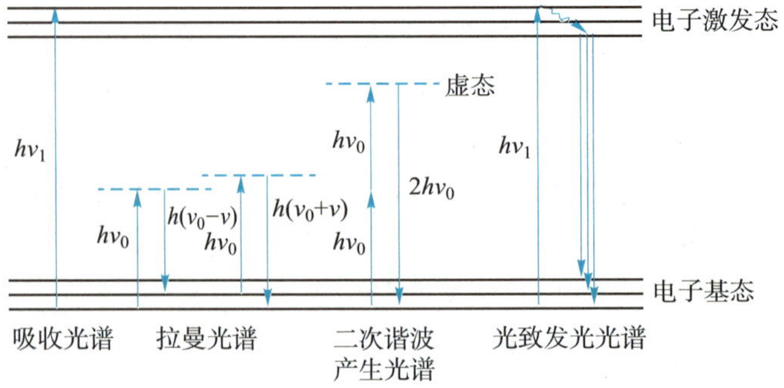

图 4-9-2 吸收光谱、拉曼光谱、二次谐波产生光谱、光致发光光谱对应的能级跃迁示意图

（1）吸收光谱 吸收光谱（本实验主要为紫外-可见吸收光谱）是通过测量物质对不同波长的光的吸收程度来研究其结构和性质的一种光谱学技术。当具有一定能量的光子照射到物质上并发生光吸收时，电子从较低电子能级跃迁到较高激发态电子能级，同时可能伴随分子内振动能级或转动能级的跃迁。在二维 TMDC 材料中，由于强烈的量子限域效应和减弱的介电屏蔽，光激发后电子和空穴（电子被激发产生跃迁后，在原地产生一个携带相同电荷量的空位）会受到库仑作用力的束缚形成激子，在吸收光谱中会产生明显的激子吸收峰。这些激子吸收峰的精确位置和强度依赖于材料的层数及环境因素。因此通过吸收光谱可以探测二维 TMDC 材料的带隙大小、激子结合能及对环境因素（如温度、压力、光照和应力等）的响应，也可以用于二维 TMDC 材料的成分鉴定、晶体质量评估及层数确定。

（2）拉曼光谱 拉曼光谱是通过测量散射光与入射光的频率变化来研究物质的振动和转动模式，进而分析物质结构指纹的光谱学技术。在二维材料中，拉曼光谱能够反映层数依赖的声子（晶格振动的简正模式对应的准粒子）结构和晶体指纹。以 TMDC 为例，实验中可以通过检测在高波数拉曼光谱中面内声子和面外声子的峰间距（200～500 cm^{-1}）或超低波数拉曼光谱中层间呼吸或剪切声子的峰位（信号区域 0～50 cm^{-1}）来判断 TMDC 样品的层数。有趣的是，原子层集体性运动还能诱导一种新型拉曼散射效应——“力学拉曼散射”的发生，该技术为层状晶体全局结构表征和隐藏界面探测提供了机遇。可扫描二维码 4-9-1 了解拉曼光谱测定层数原理。

在二维异质结中，层与层之间除了会发生电荷相互作用之外，其原子层间还会发生晶格振动的耦合，并受到层间相互作用影响。层间晶格振动（层间声子）有可能通过电子-声子耦合效应对异质结的性质及由此制备的器件性能产生影响。例如，在 MoS_2/WSe_2 和 $MoSe_2/MoS_2$ 异质结中观察到了层间呼吸声子模式（layer-breathing mode，LBM）。位于 30～40 cm^{-1} 的 LBM 只在异质结区域出现，且其峰位与层间堆垛角度相关，因此该模式可作为表征异质结界面耦合强度的有效手段，如图 4-9-3 所示。

（3）二次谐波产生光谱 二次谐波产生（second harmonic generation，SHG）是通过测量物质在强激光作用下产生倍频光的强度来研究其结构对称性和晶格取向等性质的一种非线性光谱学技术。当强激光（如脉冲激光）照射到非中心对称材料时，材料在强光电场作用下产生非线性极化，两个频率相同的光子通过非线性介质相互作用生成一个两倍频率的新光

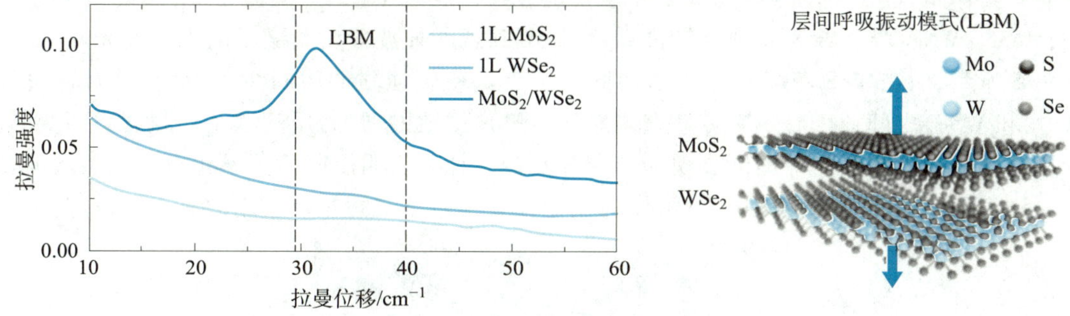

(a) (b)

图 4-9-3 (a) 单层 TMDC 及其异质结在低波数区域的层间呼吸振动模式的拉曼光谱；(b) 与拉曼光谱所对应的异质结结构与振动模式的示意图

二维码 4-9-1 二维材料的拉曼光谱层数识别

子。在线性光学中，材料的极化响应与入射光的强度成正比。然而，在非线性光学中，材料的 n 阶极化强度与其对应 n 阶极化率成正比（其中 $n=1,2,3\cdots$）。二次谐波产生属于二阶非线性光学效应，其强度与二阶非线性极化分量相关，非线性极化强度可表示为

$$P(2\omega)=\chi^{(2)}E^2(\omega) \tag{4.9.1}$$

式中：$\chi^{(2)}$ 是材料的二阶非线性极化率；$E(\omega)$ 是入射光的电场强度，频率为 ω。

二次谐波产生的重要条件是中心对称性破缺及相位匹配。二维 TMDC 材料具有可调控的对称性破缺特性，是研究二次谐波产生的理想材料体系。如单层 WS_2 由于缺乏中心对称性，能够实现高效的 SHG 信号辐射。同时，通过测量偏振依赖的 SHG 信号的强度，可以表征 TMDC 材料的对称性和晶格取向等重要信息。此外，在 2H 相堆垛晶体中，随着 TMDC 材料层数的增加，中心对称性随奇偶层振荡变化，因此，SHG 光谱可以用于区分单层与多层 TMDC、进行少层无损层数鉴定及堆垛构型识别等。

(4) 光致发光光谱　光致发光（photoluminescence，PL）光谱是通过测量物质吸收光并随后发光来研究其电子能级结构的技术。物质吸收光子获得能量，电子由基态能级跃迁至激发态能级，通过辐射跃迁方式返回基态发射光子。对二维半导体材料而言，受到能量接近或大于其带隙的光激发时，会产生束缚态电子-空穴对（激子），而后激子可以通过发射光子的方式进行辐射复合或以热耗散等方式进行非辐射复合。本实验中单层 TMDC 材料为直接带隙材料，而两层及以上层数的 TMDC 材料则为间接带隙材料。由于直接带隙材料的发光效率远高于间接带隙材料，且多层的能带重整会导致激子发射峰红移，因此可通过光致发光峰强度与峰位信息分辨这一类 TMDC 材料是否为单层。

① 二维异质结中的层间激子　以二维 TMDC 材料为例，当任意两者组合形成二维异质结时，除 $MoTe_2/WSe_2$ 及 WTe_2/WSe_2 异质结外，其余二维异质结彼此的能带相互交错，都是Ⅱ型能带排列，如图 4-9-4 所示。在这种能带排列中，光生载流子（电子和空穴）分别位于异质界面两侧不同的分子层内。在适当地调控异质双层的层间距与扭转角后，由于较强的

库仑相互作用，位于不同层内的电子和空穴也会结合成激子（即层间激子）并复合发光。例如，$MoSe_2/WSe_2$ 异质结为Ⅱ型能带排列，可检测到近红外波段层间激子的光致发光峰，如图 4-9-5 所示；而在 MoS_2/WSe_2 异质结中同样可以观察到强烈的层间激子效应，并且通过在 MoS_2 和 WSe_2 之间插入 h-BN，发现随着插入 h-BN 层数的增加，层间激子的强度逐渐变弱，异质结区域的光致发光峰逐渐表现为单层样品的特征。表明层间激子不仅可调制发光波长并应用于光电器件与通信领域，也可作为表征二维异质结层间相互作用的有力手段。

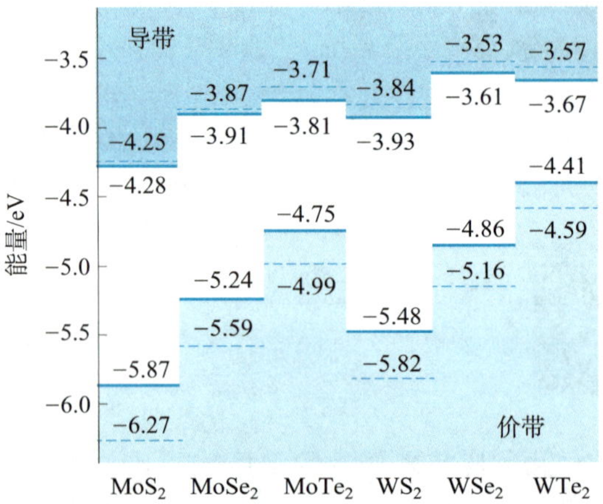

实线数据由 Perdew-Burke-Ernzerhof (PBE)函数计算得到，
虚线数据由 Heyd-Scuseria-Ernzerhof (HSE06) 混合函数得到

图 4-9-4 理论计算得出的 TMDC 能带结构图

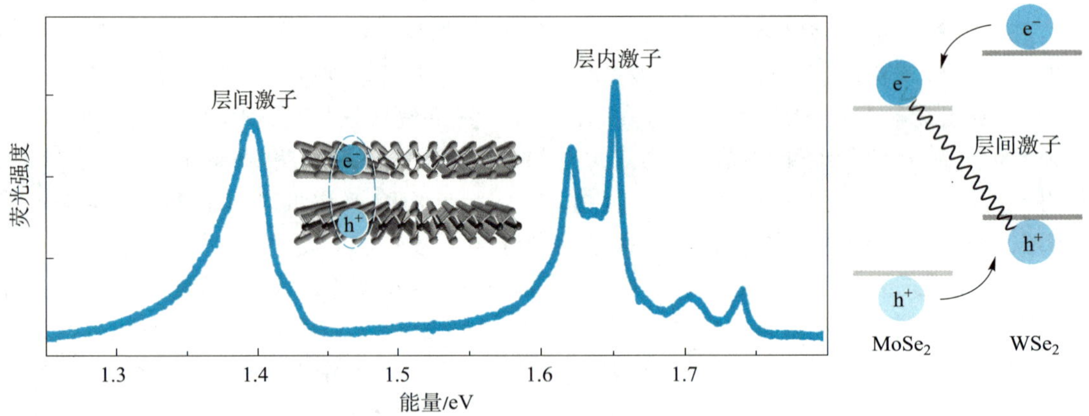

图 4-9-5 $MoSe_2/WSe_2$ 异质结中的层间激子示意图及其对应的光致发光光谱

② 二维异质结中的光致发光闪烁 不同于传统半导体异质结，二维异质结界面处的电荷转移对界面结构的变化更加敏感，进而影响二维层状材料自身的性质。Xu 等①发现纳米尺度的距离变化可显著影响二维异质结的发光行为，如图 4-9-6 所示。由单层 MoS_2、WS_2、$MoSe_2$ 和 WSe_2 两两组合构成的Ⅱ型异质结在受到恒定强度激发光的照射下，当异质结的层间距较大时，不再出现层间激子，而可能发生有趣的光致发光闪烁现象，即异质结中各组成

① 扫描本实验参考文献二维码，自行查找阅读参考文献[14]。

材料发出的光致发光强度随时间变化而改变，在“亮态”和“暗态”之间随机切换。另外，由于独特的间歇性电荷转移机制，异质结中不同材料的光致发光信号在闪烁时表现出明显的关联性。

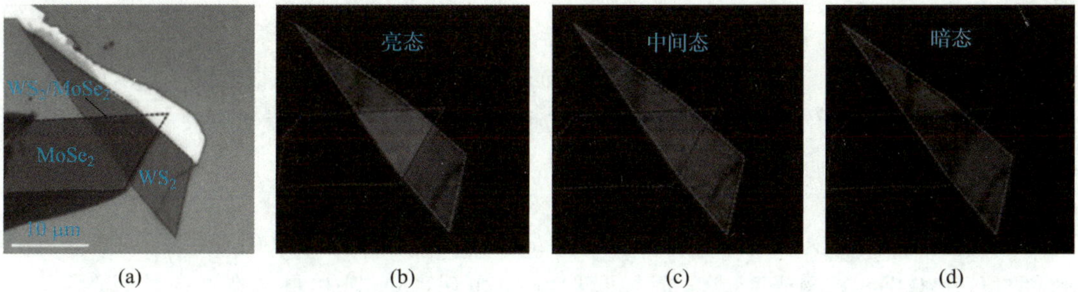

图 4-9-6　(a) $WS_2/MoSe_2$ 异质结的光学照片；(b)～(d) 分别为异质结中 WS_2 在亮态、中间态和暗态时的光致发光照片

三、仪器与试剂

1. 实验仪器

三维显微操纵系统；光学显微镜；多功能显微拉曼光谱仪；光功率计。

2. 试剂及耗材

石墨、MoS_2、WS_2、$MoSe_2$ 和 WSe_2 的块状晶体；Ultra-Tape 蓝胶带；聚二甲基硅氧烷(polydimethylsiloxane，PDMS)薄膜；载玻片；硅片(带 90 nm 氧化层)；石英片；镊子。

四、实验步骤

基础实验

1. 单层二维层状材料的制备

单层二维层状材料使用机械剥离法制备得到。步骤如下：

(1) 首先取一小片晶体，将其放置在胶带上，反复对折胶带，利用胶带将晶体逐渐以“一分为二，二分为四”的形式剥离减薄。

(2) 减薄到适宜程度后(此时胶带上的晶体呈灰色的半透明状)，将晶体贴到置于干净载玻片上的 PDMS 膜上，轻微按压，使带有晶体的胶带表面与 PDMS 表面有良好的接触。

(3) 静置贴合 20 min 后，将胶带揭开，PDMS 表面会留有层数不同的晶体片层。

(4) 使用光学显微镜观察和寻找单层样品。层数不同的样品具有不同的光学衬度，单层样品具有最低的衬度。通过与标准样品的比对，判断样品的层数。

2. 单层材料的层数识别

(1) 二维材料的光学衬度图像采集与层数判断　使用光学显微镜寻找不同层数的二维材料。选取合适的曝光条件对样品进行显微成像和光学照片拍摄，记录样品在基底上的位置，以备后续表征使用。

① 打开显微镜光源开关，将硅片置于载物台上，在 5×物镜下，调节亮度旋钮，调整目镜位置以获得明亮圆形视野，并缓慢调节粗准焦螺旋升起载物台，直到视野内最亮且出现样品模糊像。随后缓慢调节细准焦螺旋至可以清晰看到硅片表面。

② 转动转换器至 20×物镜,微调细准焦螺旋至可以清晰看到样品。通过旋转 *XY* 旋钮平移载物台来更换所观察的区域,以观察不同厚度的二维材料薄层。

③ 确定样品位点后,转动至 100×物镜,微调细准焦螺旋至对焦成功,观察样品形貌与衬度。

④ 按照上述步骤,拍照保存 5×与 100×光学图像,可保存 20×光学图像作为补充。记录每张照片的拍摄条件(样品位点、曝光时间、物镜放大倍数)。

(2) 二维材料的光致发光光谱与层数识别　使用光致发光光谱检测样品层数,可将单层和多层样品有效鉴别出来。

① 将样品放置到载物台上,仿照光学显微镜操作,在 100×物镜下聚焦样品。

② 设置激发波长为 532 nm,光栅为 100 $gr\cdot mm^{-1}$,共聚焦孔径 100 μm,采集时间设置为最低数值(如 0.01 s),激光衰减设置为最低数值(如 0.1%),观察材料在对应波长附近的信号(WSe_2:750 nm,MoS_2:660 nm),逐渐增加采集时间或降低激光衰减直至信号强度处于 2000~5000 cps①,或者加至高数值后仍无信号。根据光致发光信号的峰强度与峰位置情况判断样品层数。

探索实验

3. 二维异质结的制备

采用干法定点转移方法制备二维异质结。为了方便描述,用于制备异质结的两种单层材料分别称为"单层 1"和"单层 2"。如图 4-9-7 所示,具体步骤如下:

图 4-9-7　二维异质结的制备流程图

(1) 将带有单层 1 的 PDMS 膜小心地贴到干净的目标基底表面,放入真空腔中,等待 1 h,让单层 1 与目标基底表面充分地相互作用。

(2) 将样品从真空腔中拿出,缓慢地将 PDMS 与目标基底揭开,单层 1 留在基底表面。

(3) 通过三维显微操作系统将另一片 PDMS 膜上单层 2 与目标基底上单层 1 对准,调整好位置和角度,缓慢贴合在一起。将样品放入真空腔中等待 3 h,然后将 PDMS 从目标基底上揭开,使单层 2 留在目标基底上,同时与单层 1 构成异质结。

(4) 若要探索层间激子和层间声子,异质结样品需在氩气氛中、200 ℃下退火 1 h。

4. 二维异质结样品的光学性质探索

(1) 层间激子性质(选做)　探索该性质时,推荐同时制备 $MoSe_2/WSe_2$ 及 MoS_2/WSe_2 两种异质结。使用多功能显微拉曼光谱仪测量层间激子的光致发光光谱。具体步骤如下:

① 选择 532 nm 波长的激光作为激发光,在功率 2~20 μW 范围内选择镜头下激光到达样品的功率。

---

① cps 为 counts per second,即每秒计数。

② 根据所选异质结的组合，设定合适的采谱能量区间，在 1~600 s 的范围内，尝试不同的采谱时间，分别采集单层 1、单层 2 和异质结区域的光致发光光谱，直到达到足够的信噪比。

③ 分别采集 $MoSe_2/WSe_2$ 和 MoS_2/WSe_2 两种异质结的光致发光光谱，并导出数据。

（2）光致发光闪烁性质（选做） 探索该性质时，推荐使用 $WS_2/MoSe_2$ 或 WS_2/WSe_2 异质结，因为它们的光致发光强度足够强且发光峰位间隔较远，有利于进行关联动态分析。使用多功能显微拉曼光谱仪分别测量单层样品和异质结样品的光致发光光谱时序曲线。具体测量步骤如下：

① 选择 532 nm 波长的激光作为激发光，调节到达样品的激光功率为 2~20 μW。

② 设定仪器的采谱范围为 580~900 nm，在 0.1~1 s 范围内，尝试不同的采谱时间，采集单层材料的光致发光光谱。

③ 根据异质结区域两种材料的光致发光光谱峰位，改变光谱窗口的中心波长，使得单个窗口可以同时采集两种材料的光致发光峰。

④ 采集光致发光光谱时序曲线。设置单谱的采谱时间为 0.1 s，总时间为 120 s，进行“time mapping”采集。分别将单层 1、单层 2 和异质结区域移动到光斑处，采集三组多谱文件。

⑤ 在光谱处理软件中，分别选定单层 1 和单层 2 的光致发光峰范围，得出各个区域光致发光强度随时间的变化曲线，即光致发光光谱时序曲线，并导出数据。

（3）层间声子性质（选做） 可以选择 MoS_2、WS_2、$MoSe_2$ 和 WSe_2 中的任意两个来构成异质结，使用多功能显微拉曼光谱仪测量单层与异质结区域的拉曼光谱。具体测量步骤如下：

① 选择激发光波长为 532 nm，切换至低波数拉曼测量模式，设定激光功率为 50 μW。

② 设定仪器的采谱范围为 5~560 cm^{-1}，在 1~120 s 范围内尝试不同的采谱时间，探索信噪比适当的采集条件。

③ 分别采集单层 1、单层 2 和异质结区域的拉曼光谱，导出数据。

（4）非线性光学性质——二次谐波产生（选做） 选择 MoS_2、WS_2、$MoSe_2$ 和 WSe_2 中的任意两种来构成异质结，使用多功能显微拉曼光谱仪测量单层与异质结区域的二次谐波产生光谱。具体测量步骤如下：

① 选择适宜波长（λ_0，如 785 nm 或 1064 nm 等）的线偏振激光作为激发光，设定到达样品的激发光功率大于 20 mW。

② 设定仪器的采谱窗口中心波长为 $\lambda_0/2$，采谱时间 1 s，调节聚散焦使信号强度达到最大，分别采集单层 1、单层 2 和异质结区域的 SHG 光谱。

③ 探索步骤②中获得信号的功率依赖性和偏振依赖性。

五、注意事项

（1）测量时应利用实时采集模式选取适当的光谱采集条件，注意避免过曝光（会导致检测器损坏）。

（2）100×物镜工作距离很短，在清晰成像时镜头会离样品很近，因此在调整时务必缓慢，并时刻注意镜头与样品距离，避免碰坏物镜。

(3) 激光辐射会对人眼和皮肤造成伤害,实验中须严格注意防护。

六、数据处理与分析

1. 对单层材料的层数识别结果分析与讨论

(1) 衬度是图像上不同区域间存在的明暗程度的差异,实验中采用的光学显微镜为反射显微镜,通过反射光强度变化测定对应二维材料的衬度。可以通过调节激发滤光片、光阑等设置尝试提高材料的衬度,并思考原因。

(2) 综合所选择的两种层数识别方法所获得的数据和结果,对比它们各自的优点、缺点和最佳适用场景并说明原因。

(3) 除了用"Ultra-Tape 蓝胶带"制备单层及少层二维层状材料晶体,还可用 PDMS、Scotch 胶带代替"Ultra-Tape 蓝胶带",感兴趣的同学可通过实践找出这些方法的区别。

2. 对层间激子的结果分析与讨论

(1) 将光致发光光谱进行拟合,首先提取出峰位、半峰宽和峰面积等信息,然后将异质结与独立单层 TMDC 材料的光谱进行对比。

(2) 结合层间激子的产生机制,讨论以下问题:层间激子的光致发光峰是哪一个? 为什么? $MoSe_2/WSe_2$ 和 MoS_2/WSe_2 异质结的层间激子峰有什么区别? 为什么?

3. 对光致发光闪烁的结果分析与讨论

(1) 在同一张图中给出单层 1、单层 2 和异质结的光致发光强度随着时间动态变化的时序曲线,分析以上曲线的相关性。

(2) 除了材料光致发光强度的变化,光谱的其他特征有哪些变化? 如果光致发光闪烁的来源是间歇性电荷转移,讨论电荷转移如何影响光致发光强度,并给出简易的机理模型。

4. 对层间声子的结果分析与讨论

(1) 将拉曼光谱进行拟合,给出峰位、半峰宽和峰强度等信息并进行归属。

(2) 讨论异质结区域与独立单层区域的拉曼光谱有哪些不同,分别从峰的数量、峰强度和峰位置三个方面比较。

(3) 根据层间声子的来源,讨论以下问题:哪一个拉曼峰是层间声子的振动模式? 为什么在这个波数区域? 与其他拉曼峰有什么不同? 闪烁性异质结是否有层间声子,为什么?

5. 对非线性光学性质——二次谐波产生光谱结果分析与讨论

(1) 以单层材料(如 WSe_2 或 WS_2)为例,作 SHG 信号强度随激发光功率的变化关系图,并验证 SHG 信号强度与激发光功率是否成二次关系。

(2) 将单层及异质结区域随角度的 SHG 强度曲线拟合,判断单层材料的晶格取向与异质结堆叠角度。

七、思考题

(1) 机械剥离制备的样品时通常会出现看起来很整齐的边缘结构,为什么? 如何判断这条边的晶格取向?

(2) 拉曼光谱和光致发光光谱的原理分别是什么? 如何在实验上区分拉曼信号和光致发光信号?

(3) 单层二维材料有层间呼吸模或层间剪切模吗? 请自行查阅相关资料,并做出回答。

(4) 单层 TMDC 的光致发光光谱随激发光功率增加会有什么样的变化趋势？请查阅文献并解释发生该变化的原因。

(5) 制备异质结时，单层 1 或单层 2 为什么留在目标基底表面，而不是 PDMS 表面？

(6) 二维异质结有三种能带排列方式，分别为Ⅰ型、Ⅱ型和Ⅲ型，请画出示意图。根据层间激子形成原理，并请扫描本实验参考文献二维码，根据文献[13]估计单层 MoS_2、WS_2、$MoSe_2$ 和 WSe_2 两两组合所形成异质结的层间激子中，光致发光峰波长最长的层间激子发射应该是哪个组合？大致发光波长是多少纳米？

八、参考文献

（南京大学　徐伟高，华东师范大学　郑婷婷）

附录：
分析方法和分析结果的评价指标

一种高效的分析方法应具备如下特征：出色的检测能力，可靠且易获得的分析结果，广泛的适用性，尽可能简便的操作步骤。通常，分析方法建立后，其检测能力用灵敏度和检出限衡量，其分析结果可靠性用不确定度来评估，其定性和定量适用性分别用抗干扰能力和校正曲线的线性范围来评估。此外，分析速度和便利性、仪器和试剂成本、对操作人员的技术要求等因素是评价分析方法便捷性、性价比和智能化的重要指标。

一个理想的分析结果应具备如下特征：随机误差小、无系统误差。随机误差和系统误差分别影响测定结果的精密度和准确度，是两个非常重要的结果评估指标。获得一个同等精密度和准确度的分析结果，不同操作人员所花费的精力和成本往往不同。为此，需用测定次数来衡量对于一个分析结果所花费的代价。通常，随机误差的评估用标准偏差或相对标准偏差，系统误差的评估用误差或相对误差。在报告分析结果时，应给出测定平均值、（相对）标准偏差、误差和测定次数等信息以对该分析结果进行客观评价。

1. 灵敏度

灵敏度（sensitivity）是指单位浓度或单位量的待测组分导致的响应信号的变化值。灵敏度是一项公认能有效衡量分析方法对待测组分量（或浓度）的微小差别的分辨能力的指标。

根据国际纯粹与应用化学联合会（IUPAC）规定，灵敏度是指待测组分的校准曲线在低浓度区间的斜率，因此，也被称为校准灵敏度（calibration sensitivity）。校准曲线方程为

$$A=bc+d \quad (附.1)$$

式中：A 代表信号值，b 则代表灵敏度，c 代表待测物质浓度，d 代表空白（校准曲线在 y 轴上的截距）。校准曲线分两种：以标准溶液配制系列不同浓度梯度的溶液测得的校准曲线称为标准曲线；以实际样品为基底，配制浓度梯度的加标样品，经样品预处理后测得的校准曲线为工作曲线。如果校准曲线是标准曲线，其截距为仪器分析的空白；如果校准曲线是工作曲线，其截距为分析方法的空白。

分析方法的灵敏度依赖于检测器的灵敏度和仪器放大器的放大倍数。然而，通常随着仪器放大倍数的提高，测试噪声（noise）也会随之增大，故仪器的信噪比（signal to noise ratio，S/N 或 SNR）和检出能力并不一定会得到改善。因此，为客观衡量分析方法的检测能力，需同时提供灵敏度和检出限，否则比较不同分析方法的检测能力就没有意义了。

2. 检出限

检出限（limit of detection，LOD）是指分析方法确证在样品中存在某一待测组分的信号时所需要的该组分的最小含量或最低浓度。通常，检出限指在测定误差遵从正态分布的条

件下,分析方法以适当置信度检出待测组分的最小量或最低浓度。检出限的计算可以通过考察空白样品的统计特性来实现,可用式(附.1)描述:

$$\overline{A}_l=\overline{A}_b+ks_b \qquad (附.2)$$

式中:$\overline{A}_l$ 为样品浓度在检出限水平时多次测量所得信号的平均值;

$\overline{A}_b$ 为空白样品多次测量所得信号的平均值;

s_b 为分析方法的标准偏差;

k 为指定置信水平确定的系数。

以 $c=0$(即空白样品)代入校准曲线[式(附.1)],可得 $\overline{A}_b=d$,故当被测组分浓度在检出限水平(以 c_l 表示)时,不难计算出

$$c_l=\frac{\overline{A}_l-\overline{A}_b}{b}=\frac{ks_b}{b} \qquad (附.3)$$

当 k 值取 3 时,通常其置信度约为 90%,式(附.3)变为

$$c_l=\frac{3s_b}{b} \qquad (附.4)$$

检出限同时考虑了分析方法的灵敏度及仪器的测量噪声,已被广泛用于评估分析方法的检测能力。

此外,评估检测能力有时也会用到定量限(limit of quantitation, LOQ),是指测定误差在满足预定要求下(在可接受的回收率和相对标准偏差),分析方法实际能准确定量的某组分的含量或浓度的下限。它不仅与测定噪声有关,也受到"空白值"(即背景信号)绝对水平的限制。假设 $\frac{A_l}{A_b}=k$ 是从空白值 A_b 中分辨分析信号 A_l 的阈值,则实际可测定的含量(浓度)下限,也即定量限 c_m 为

$$c_m=\frac{A_l-A_b}{b}=\frac{(k-1)A_b}{b} \qquad (附.5)$$

从式(附.5)可看出,空白值 A_b 越高,c_m 则越大,分辨一个分析信号就越困难,实际能测定到的浓度下限就越高,检测能力越差。一般以 10 倍空白信号的标准偏差的响应值所对应的含量或浓度作为定量限,有时也用 3 倍检出限作为定量限。定量限与样品的基底密切相关,基底越复杂取的倍率越高。

3. 精密度

精密度(precision)指的是多次重复测定某一分析物同一含量(或浓度)时,各测定值之间彼此相符合的程度,其所表征的是随机误差(random error)的大小。随机误差在多次测定过程中会不可避免地产生,其大小使用标准偏差来衡量,标准偏差越小代表随机误差越小,分析方法的精密度越高。若测量精密度不足,则分析准确度就可能不达标。如果测量精密度好,而分析准确度不好,则需要考虑系统误差。

单次测定的标准偏差 s(即绝对标准偏差,absolute standard deviation)的计算公式为

$$s=\sqrt{\frac{\sum_{i=1}^{n}(x_i-\overline{x})^2}{n-1}} \qquad (附.6)$$

式中:n 为测定次数;

x_i 为单次测定的信号；

$\bar{x}$ 为 n 次测定的信号的算术平均值。

单次测定的标准偏差的统计学意义是在 n 次测定中平均每一次测定的标准偏差，是用来表征一组测定值离散性的特征参数。

精密度的评估还可用平均值的标准偏差 s_m（standard error of the mean），其与单次测定的标准偏差 s 之间的关系为

$$s_m = \frac{s}{\sqrt{n}} \tag{附.7}$$

应当注意的是，精密度同待测组分的含量或浓度有关。因此，在报告精密度时，应该指明获得该精密度所对应的待测组分的含量或浓度大小。此外，还应标注出所获得精密度为室内精密度还是室间精密度。二者的区别在于多次重复测定实验是由同一分析人员在同一条件下在短期内得到（室内精密度），还是不同实验室不同分析人员在不同条件下得到（室间精密度）。

标准偏差是一种实用性高、接受范围广的精密度评估指标。具备诸多优点，例如：①全部测定值都参与了标准偏差的计算，充分考虑了多次测定所得到的待测物质信息；②对异常情况的反应非常灵敏，当一组测量值中出现了明显离群的信号数值时，标准偏差会随之明显变大。

此外，还有如下其他几种常见的精密度评估指标：

（1）相对标准偏差$\left(\text{relative standard deviation, RSD，计算公式为 RSD} = \frac{s}{\bar{x}}\right)$；

（2）样本方差（variance，计算公式为 s^2）；

（3）变异系数$\left(\text{coefficient of variation, CV，计算公式为 CV} = \frac{S}{\bar{X}} \times 100\%\right)$。

值得注意的是，样本方差也是总体方差的无偏估计值，是精密度最有效的量度之一。

4. 准确度

准确度（accuracy）是指在一定实验条件下多次测定的平均值与真值的符合程度，用于表征分析方法的系统误差。系统误差（systematic error）主要源于如下一些固有因素：

（1）仪器误差、试剂误差。激发光源强度校正不达标，检测器工作状态不理想，试剂不纯等因素都会造成测量值的不准确。

（2）操作误差。该误差主要来自操作人员的主观操作不当。

（3）方法误差。这是分析方法原理本身存在的误差，如荧光光谱分析中待测样品对入射光的散射造成的分析结果不准确。

系统误差具备单向性的特征，即正负、大小有一定规律性，多次平行测试会多次重复出现，若能找到出现的原因并对其加以测定便能消除，因此也称为“可测误差”。但应注意的是，仅增加平行测定次数并不能将系统误差消除或减弱。

系统误差以误差（即绝对误差）或相对误差来进行衡量。误差或相对误差越小，则系统误差越小，准确度越高。误差 Δ_a 的定义公式为

$$\Delta_a = \mu - \tau \tag{附.8}$$

相对误差 Δ_r 的定义公式为

$$\Delta_r = \frac{\Delta_a}{\tau} \times 100\% \qquad (附.9)$$

式中:μ 为多次平行测定的算术平均值,τ 为真值。

在实际测试工作中,通常用标准物质或标准方法进行对照试验,在无标准物质或标准方法时,常用加入待测组分的高纯度的待测物质进行加标回收实验来评估准确度。值得注意的是,用回收实验的回收率所评估的分析准确度,只适用于系统误差随浓度改变的情景,而不能发现测定中的系统误差。

在误差 Δ 较小时,多次平行测定的平均值 μ 接近于真值 τ,因此实际工作中常将 μ 作为 τ 的近似估计值使用。

5. 定性适用性——抗干扰能力

如上所言,分析方法的定性适用性通常用抗干扰能力来评估,一般采取两种途径进行评估。一种是评估分析方法对目标物的选择性,即用该分析方法分析非目标物。理想状态下,非目标物的测量值都在系统误差范围内。另一种是测定抗干扰能力,即加入不同的非目标物作为干扰物质,测定目标物的回收率。根据回收率判断分析方法对非目标物的抗干扰能力并确定其所允许存在的量或浓度范围。然而,在实际测定过程中,各物质之间存在相互作用,总的干扰效应往往并不是各个物质单独存在时产生的干扰效应的简单相加。因此,上述测定方法存在一定的偏差,故推荐采用正交实验法,考察多种干扰物质共存条件下的目标物回收率,进而使用方差分析等显著性检验方法评价分析方法的抗干扰能力。需要指出的是,在面对食品检验、环境监测和医学检验等领域的实际样品中微量甚至痕量目标物的测定时,几乎没有一种分析方法能够直接测定目标物。此时,样品预处理是必要步骤,其耗时约占整个分析方法时长的三分之二。

6. 定量适用性

分析方法的定量适用性通常用校准曲线的线性范围来评估。线性范围是指在分析过程中,分析信号与样品中分析物的量或浓度之间呈线性关系的浓度区间,此时可以通过式(附.1)所示的方程来准确描述和预测分析物的量或浓度与其产生的分析信号之间的关系。理想的分析方法的线性范围应该尽可能宽,涵盖两个甚至多个数量级的浓度范围,从而可以在一个大的浓度区间内进行准确分析,提高分析方法的定量适用性。例如在仪器分析方法中,荧光光谱法的线性范围通常可达到 4~5 个数量级,而吸收光谱法的线性范围通常仅有 2~3 个数量级。

7. 实验数据可靠性评价方法

在分析化学中,确定分析方法的可靠性十分重要,可靠性评估的方法有以下几种。

(1) 标准品法:以已知纯度或符合要求的标准物质为样品,根据分析方法的测定值与真实值之间的偏差来评价方法的可靠性。

(2) 对照法:待验证方法和标准方法同时分析同一个样品,根据两种方法所得测定结果之间的差异来评价待验证方法的可靠性。

(3) 加标回收法:将已知浓度的标准物质加入待测样品中,然后采用完全相同的分析步骤进行测定,计算加标前后样品浓度的变化(加标量一般不大于待测样品中目标物含量的 3 倍),以此来评价方法的准确度。加标回收率 R 通过式(附.10)计算:

$$R=\frac{c_2-c_1}{c_0}\times 100\% \qquad \text{(附.10)}$$

式中：c_0 为加标量，即加标样品中目标物浓度增加的理论值，c_1 为待测样品中目标物的测定浓度，c_2 为加标样品中目标物的测定浓度。

此外，确保实验数据可靠性的其他关键步骤包括：

采样方法：在避免污染的前提下，合理选择采样点和采样量，确保样本的选取能够代表被检测对象的整体特征。

仪器校准：使用已知浓度的标准物质定期校准仪器，确保仪器的测量结果准确可靠。

质量控制：使用已知浓度的质控样品进行质量控制，监测分析方法的准确性和稳定性，及时采取纠正措施。

数据分析：清洗和整理所采集的原始数据，使用合适的化学计量学方法对数据进行分析，得出准确的结论。

从采样到数据分析的每一个环节都至关重要，共同构成了系统的分析方法，以确保最终分析结果的可靠性和有效性。

附录 参考文献

（清华大学 刘洋，厦门大学 刘国坤、任斌，华中科技大学 肖菲）

化学“101 计划”核心教材目录

1.《普通化学》	杨　娟
2.《无机化学(上册)》	朱亚先　匡　勤　蔡　苹　邱晓航
3.《无机化学(下册)》	朱亚先　匡　勤　胡　涛　王颖霞
4.《有机化学(上册)》	张丹维　王彦广　裴　坚
5.《有机化学(下册)》	张丹维　王彦广　裴　坚
6.《分析化学》	蒋健晖　宦双燕　李攻科　李　娜　谭蔚泓
7.《物理化学教程》	彭笑刚
8.《物理化学：一种分子途径》	Donald A. McQuarrie　John D. Simon 著 侯文华　李　伟　吴　强　彭路明　黎书华　译
9.《结构化学》	庄　林
10.《高分子化学与物理》	张　希　刘世勇
11.《化学生物学(上册)》	刘　磊　陈　鹏
12.《化学生物学(中册)》	刘　磊　陈　鹏
13.《化学生物学(下册)》	刘　磊　陈　鹏
14.《基础化学实验》	张剑荣　章文伟　邓顺柳　李维红　任艳平 李一峻　李厚金　淳　远　马　荔
15.《化学实验基本操作规范建议》	张剑荣　李厚金　淳　远　任艳平　李一峻 张树永
16.《合成化学实验(上册)》	苏成勇　陈洪燕　郭玉鹏　惠新平
17.《合成化学实验(下册)》	苏成勇　陈洪燕　陈思翀
18.《化学测量学实验(上册)》	任　斌
19.《化学测量学实验(中册)》	任　斌
20.《化学测量学实验(下册)》	任　斌
21.《化学生物学实验》	王　初　贾桂芳　邹　鹏

详细信息